フェミニズム国際法学の構築

山下泰子・植野妙実子 編著

中央大学出版部

はしがき

　20世紀最後の四半世紀に，われわれは，国連の主催する一連の国際会議を通じて，国際法秩序のあり方が，ジェンダーを機軸に大きく転換しつつあることを経験した。女性差別撤廃条約と選択議定書は，そうしたなかで，ジェンダー視点から国際法学を再構築するための重要なトゥールと位置づけることができる。本書は，このような認識の下に，ジェンダー視点を縦軸に，女性差別撤廃条約選択議定書を横軸にして，フェミニズム国際法学の構築を試みるものである。

　ところで，国際法学をジェンダーの視点から批判的に再構築するフェミニズム国際法学の学問的な営みは，世界的にもはじまったばかりである。少なくとも，日本やアジアにおいて，こうした視点に立って国際法・国際関係論を包括的に論じたものはない。また，女性差別撤廃条約選択議定書は，その重要性にもかかわらず，本格的な研究は未だなされていない。したがって，多角的に選択議定書の分析を行った本研究の意義は大きいと自負している。

　フェミニズム国際法の中核としての人権の保障は，たとえそれが国際的なものであろうとも，ジェンダー視点をもつ個人の人権の尊重にある。そこで，個人と国際人権機構を結びつけるものとして，NGOの役割が重要になる。本研究のメンバーは全員，女性差別撤廃条約の研究・普及を目的に1987年に設立された国際女性の地位協会（会長：赤松良子）に所属している。同協会は，1998年以降，国連経済社会理事会の協議資格をもつNGOとして活動しており，2003年の第29会期女性差別撤廃委員会における第３回日本レポート審議に際して結成された，日本女性差別撤廃条約NGOネットワーク（JNNC）の中核として活躍している。

　JNNCは，女性差別撤廃条約に関心をもつ45以上のNGOのネットワークであり，日本レポート審議には，57人ものメンバーがニューヨークに飛んだ。そ

の中には，直接性差別の被害をうけている者もおり，JNNC のロビー活動は，インパクトのあるものになった。女性差別撤廃委員会の「最終コメント」には，そうした NGO の主張が取り入れられた。なかでも，職場における間接性差別を訴えた住友電工事件では，2003年暮れには，大阪高等裁判所で，国際社会の動向を念頭においた和解が成立し，ジェンダー・アプローチの有用性が実証された。私たちは，この機会に，日本政府に女性差別撤廃条約選択議定書の批准を強く求めたいと思う。

　本書は，2001・02年度の科研費補助研究「フェミニズム国際法学の構築—女性差別撤廃条約選択議定書の研究—」の成果である。本研究は，国際法，国際女性学，法女性学，憲法，労働法，英米法，社会保障法，家族法，情報学などさまざまな分野の研究者と実践的な経験をもつ弁護士たちの学際的研究である。この共同研究の中で，私たちは，研究視点の理論的基礎をえるために，フェミニズム国際法学の基本書ともいうべき Hilary Charlesworth and Christine Chinkin, *The boundaries of international law: A feminist Analysis*（Manchester University Press, 2000）の検討を行った。現在，同書の翻訳が進んでいる。

　また，本研究のメンバーの一部は，中央大学日本比較法研究所の女性の権利グループに属している。同研究グループも女性差別撤廃条約の意義を従来から強く認識し，フェミニズム国際法学の構築に寄与したいと願っている。そうしたことから，本書は，中央大学出版部から上梓されることになった。

　厳しい出版事情の中，ご尽力いただいた中央大学出版部副部長平山勝基氏ならびに編集部の小川砂織氏に，心からお礼を申し上げる次第である。最後に，中央大学大学院博士後期課程の谷口洋幸氏と立正大学法学部助教授の川眞田嘉壽子氏の編集作業への貢献も，ここに記して感謝を申し上げたい。

2004年4月15日

　　　　　　　　　　　　　　　　　　　編集代表　山　下　泰　子
　　　　　　　　　　　　　　　　　　　　　　　　植　野　妙実子

凡　例

本書においては，別段の記載のある場合を除いて，次の略語を用いている。

□ 条　約

女性差別撤廃条約——女子に対するあらゆる形態の差別の撤廃に関する条約（Convention on the Elimination of All Forms of Discrimination against Women），1979年12月18日採択。United Nations Treaty Series（以下 UNTS）vol.1249, p.13.

女性差別撤廃条約選択議定書——女子に対するあらゆる形態の差別の撤廃に関する条約の選択議定書（Optional Protocol to the Convention on the Elimination of All Forms of Discrimination Against Women），1999年10月6日，国連総会決議54／4.

社会権規約——経済的，社会的及び文化的権利に関する国際規約（International Covenant on Economic, Social and Cultural Rights），1966年12月16日採択。UNTS vol.999, p.3.

自由権規約——市民的及び政治的権利に関する国際規約（International Covenant on Civil and Political Rights），1966年12月16日採択。UNTS vol. 999, p.171.

難民条約——難民の地位に関する条約（Convention relating to the Status of Refugees），1951年7月28日採択。UNTS vol.189, p.150.

人種差別撤廃条約——あらゆる形態の人種差別の撤廃に関する国際条約（International Convention on the Elimination of All Forms of Racial Discrimination），1965年12月21日採択。UNTS vol.660, p.195.

拷問禁止条約——拷問及び他の残虐な，非人道的な又は品位を傷つける取扱い又は刑罰に関する条約（Convention against Torture and Other Cruel, Inhuman or Degrading Treatment or Punishment），1984年12月10日採択。UNTS vol.1465, p.85.

子どもの権利条約——児童の権利に関する条約（Convention on the Rights of the Child），1989年11月20日，国連総会決議44／25.

条約法条約——条約法に関するウィーン条約（Vienna Convention on the Law of Treaties），1969年3月23日採択。UNTS vol.1155, p.331.

□ 国連機関，条約機関等

女性の地位委員会（または CSW）——The Commission on the Status of Women. 外務省訳は「婦人の地位委員会」。1946年6月設置。

女性差別撤廃委員会（または CEDAW）——Committee on the Elimination of Discrimination against Women. 女性差別撤廃条約17条にもとづいて設置された委員会。

□ 国際会議，成果文書等

メキシコ世界女性会議——国際女性年世界会議（The World Conference of the International Women's Year, 1975年6月19日～7月2日）。開催地メキシコシティ（メキシコ）。

メキシコ宣言——女性の平等と開発と平和への貢献に関するメキシコ宣言（The Declaration of Mexico on the Equality of Women and Their Contribution to Development and Peace）。国際女性年世界会議において採択。

メキシコ世界行動計画——国際女性年の目標を実施するための世界行動計画（The World Plan of Action for the Implementation of the Objectives of the International Women's Year）。国際女性年世界会議において採択。

コペンハーゲン世界女性会議——国連女性の10年中間年世界会議（The World Conference of the United Nations Decade for Women: Equality, Development and Peace, 1980年7月14日～7月30日）。開催地コペンハーゲン（デンマーク）。

コペンハーゲン行動プログラム──国連女性の10年後半期行動プログラム（The Programme of Action for the Second Half of the United Nations Decade for Women）。国連女性の10年中間年世界会議において採択。

ナイロビ世界女性会議──国連女性の10年をしめくくる世界会議（The World Conference to Review and Appraise the Achievements of the United Nations Decade for Women: Equality, Development and Peace, 1985年7月15日～7月26日）。開催地ナイロビ（ケニア）。

ナイロビ将来戦略──女性の地位向上のためのナイロビ将来戦略（The Nairobi Forward-looking Strategies for the Advancement of Women）。国連女性の10年をしめくくる世界会議において採択。

北京世界女性会議──第4回世界女性会議（Forth World Conference on Women, 1995年9月4日～9月15日）。開催地北京（中国）。

北京宣言──The Beijing Declaration. 第4回世界女性会議において採択。

北京行動綱領──The Platform for Action. 第4回世界女性会議において採択。

国連女性2000年会議──第23回国連特別総会「女性2000年会議：21世紀に向けての男女平等，開発および平和」（Twenty-third special session of the General Assembly entitled "Women 2000: gender equality, development and peace for the twenty-first century", 2000年6月5日～6月10日）。開催地ニューヨーク（アメリカ）。

2000年政治宣言──The Political Declaration, 第23回国連特別総会において採択。

2000年成果文書──北京宣言及び行動綱領実施のための更なる行動とイニシアティブ（成果文書）（The Further actions and initiatives to implement the Beijing Declaration and the Platform for Action (Outcome Document)），第23回国連特別総会において採択。

世界人権会議──ウィーン世界人権会議（The World Conference on Human Rights, 1993年6月14日～6月25日）。開催地ウィーン（オーストリア）。

ウィーン宣言および行動計画──The Vienna Declaration and Programme of Action. ウィーン世界人権会議において採択。

目　次

はしがき
凡　例

第Ⅰ部　国際法学におけるジェンダーの主流化

第1章　国際法におけるフェミニスト・アプローチ
……………………………………………阿部　浩己… *3*
 1　オスカーへのフェアウェル　*3*
 2　2つの目標に向けた発掘作業　*8*
 3　ドメスティック・イデオロギー　*16*
 4　境界を引き直す　*24*

第2章　グローバルな女性運動の形成と展開 ……織田由紀子… *41*
 はじめに　*41*
 1　1975年以前の女性運動　*42*
 2　国連女性の10年　*47*
 3　国連女性の10年以降　*51*
 4　北京世界女性会議およびその後　*58*
 おわりに　*61*

第3章　フェミニズム国際人権法の展開……………金城　清子… *69*
 はじめに　*69*
 1　法の下の平等を保障した日本国憲法と
  女性の人権　*70*

2　公的領域から私的領域へ　*75*
　　3　人権保障のための国家責任　*78*
　　おわりに　*82*

第4章　国際人権保障システムにおける
　　　　「ジェンダーの主流化」……………川眞田嘉壽子…*86*
　　はじめに　*86*
　　1　開発分野とジェンダーの主流化　*88*
　　2　人権委員会とジェンダーの主流化　*90*
　　3　人権高等弁務官事務所とジェンダーの主流化　*92*
　　4　人権条約機関とジェンダーの主流化　*94*
　　おわりに　*101*

第Ⅱ部　女性差別撤廃条約の現状と課題

第1章　女性差別撤廃条約とNGOの役割…………山下　泰子…*109*
　　はじめに　*109*
　　1　女性差別撤廃条約の現状と課題　*111*
　　2　国連世界会議文書にみる女性差別撤廃条約　*118*
　　3　女性差別撤廃委員会における
　　　　日本レポート審議とNGO　*127*
　　おわりに　*138*

第2章　女性差別撤廃条約への留保……………谷口　洋幸…*147*
　　はじめに　*147*
　　1　留保規定とその問題点　*148*
　　2　留保と留保に対する異議の現状　*152*
　　3　女性差別撤廃委員会の対応　*156*
　　おわりに　*159*

第3章　女性差別撤廃委員会の構成と性格………渡辺　美穂…*171*

はじめに　171
　　1　人権機関の活動に個人的資格でのぞむ委員　172
　　2　委員をとりまく環境　182
　　おわりに　190

第Ⅲ部　女性差別撤廃条約選択議定書の分析

第1章　制定過程の研究 ………………………………軽部　恵子…199
　　はじめに　199
　　1　女性差別撤廃条約選択議定書制定までの動き　200
　　2　女性の地位委員会作業部会における
　　　　選択議定書の制定過程　204
　　おわりに　211

第2章　個人通報資格についての一考察……………西立野園子…217
　　はじめに　217
　　1　個人通報制度の起草過程　217
　　2　通報資格のある被害者　220
　　3　通報資格のある第三者　223
　　4　「権利を侵害された」被害者の意味　227
　　5　通報の受理要件　228
　　おわりに　229

第3章　個人通報制度の検討 …………………………申　　惠丰…233
　　はじめに　233
　　1　通報対象　234
　　2　通報処理のプロセス　244
　　3　見解のフォローアップ　246
　　おわりに　249

第4章　調査制度の検討 ………………………………林　　陽子…253

　　　　はじめに　*253*
　　　1　調査手続の主体　*254*
　　　2　調査の対象・契機　*254*
　　　3　調査の手続　*255*
　　　4　調査の結果とフォローアップ　*256*
　　　5　適用除外宣言　*256*
　　　6　通報者の保護　*257*
　　　7　留　　保　*258*
第5章　委員会・締約国の実行と手続規則 ………山下由紀子…*262*
　　　　はじめに　*262*
　　　1　委員会の決議・提案と締約国の実行　*263*
　　　2　手続規則　*267*
　　　　おわりに　*275*

第Ⅳ部　女性差別撤廃条約選択議定書と日本

第1章　制定過程における日本政府の対応 ………奥山亜喜子…*291*
　　　　はじめに　*291*
　　　1　女性差別撤廃委員会提案7の採択と
　　　　日本政府の対応　*292*
　　　2　女性の地位委員会作業部会設置以後の
　　　　日本の対応　*296*
　　　　おわりに　*301*
第2章　個人通報制度への日本政府の姿勢
　　　　………………………………………………有澤　知子…*306*
　　　　はじめに　*306*
　　　1　自由権規約第1選択議定書への
　　　　日本政府の姿勢　*307*

2　女性差別撤廃条約選択議定書への
　　　　日本政府の姿勢　*317*
　　おわりに　*323*

第3章　「司法権の独立」論に基づく反対論批判 …山下　威士…*328*
　　はじめに　*328*
　　1　司法権の独立の意味　*328*
　　2　個人通報制度導入に反対する根拠　*332*
　　3　個人通報制度導入への反対論の検討　*337*
　　おわりに　*341*

第4章　国際人権条約に関する日本の判例 ………堀口　悦子…*348*
　　はじめに　*348*
　　1　国内裁判における国際人権法の適用　*349*
　　2　刑事事件と国際人権法　*352*
　　3　他の判例と国際人権法　*358*
　　おわりに　*360*

第5章　選択議定書に基づく救済可能性のある事例
　　　　……………………………………………中島　通子…*367*
　　はじめに　*367*
　　1　雇用における女性差別　*369*
　　2　家族における性差別　*382*
　　3　女性に対する暴力　*388*
　　おわりに　*390*

第Ⅴ部　関連人権条約および関連機関の実行

第1章　自由権規約 ………………………………佐伯　富樹…*395*
　　はじめに　*395*

1　自由権規約の性による差別禁止規定と
　　　「差別」の定義　*396*
　　2　性に基づく差別に関する事例など　*398*
　　3　女性に対する「暴力」について　*401*
　　4　自由権規約の規範的発展　*403*
　　おわりに　*407*

第2章　社会権規約 …………………………藤本　俊明…*411*
　　はじめに　*411*
　　1　社会権規約における女性の権利と
　　　ジェンダーの主流化　*412*
　　2　社会権規約委員会による個人通報制度案　*418*
　　おわりに　*424*

第3章　ヨーロッパ人権条約 ………………………今井　雅子…*429*
　　はじめに　*429*
　　1　ヨーロッパ人権条約の人権保障と性差別　*430*
　　2　ヨーロッパ人権裁判所における
　　　個人申立ての事例　*435*
　　3　ジェンダー平等を促進する
　　　ヨーロッパ審議会の取組み　*442*
　　おわりに　*446*

第4章　米州人権条約 ………………………………吉村　祥子…*449*
　　はじめに　*449*
　　1　米州機構の成立と人権保障機関　*450*
　　2　女性に関する米州機構の機関と取組み　*454*
　　3　米州機構の人権保障機関における
　　　ジェンダー平等への取組み　*459*
　　おわりに　*464*

第5章 国際労働機関 ……………………………浅倉むつ子…467
  はじめに　467
  1　ジェンダーの主流化　467
  2　ILO条約・勧告の変遷　472
  3　条約の履行確保　476
  4　ILO条約の遵守と日本　480
  おわりに　487

第Ⅵ部　女性の人権に関する各国の対応

第1章　アジア太平洋地域……………………………橋本ヒロ子…495
  はじめに　495
  1　アジア太平洋地域における女性の地位　496
  2　女性の地位向上政策ならびにジェンダーの
　　 主流化に関する事例研究　505
  3　今後の課題　515
  おわりに　516

第2章　イタリア ……………………………………松浦　千誉…519
  はじめに　519
  1　国連，欧州審議会，EU／ECとイタリア　520
  2　法律の変化　522
  3　ジェンダー平等の推進機構　532
  4　今日の課題　535
  おわりに　535

第3章　スウェーデン ………………………………古橋エツ子…539
  はじめに　539
  1　女性差別撤廃条約の批准と政府レポート　539
  2　ジェンダー平等への政策　546

3　女性の人権確立　*548*
　　　おわりに　*550*
第4章　フランス ………………………………植野妙実子…*558*
　　はじめに　*558*
　　　1　3つの国際機関とフランス　*560*
　　　2　北京世界女性会議とフランス　*563*
　　　3　女性差別撤廃条約とフランス　*574*
　　　おわりに　*580*
第5章　アメリカ合衆国 ………………………………武田万里子…*585*
　　はじめに　*585*
　　　1　合衆国における女性の現状　*586*
　　　2　人権条約と合衆国　*590*
　　　3　女性差別撤廃条約と合衆国　*593*
　　　おわりに　*599*

第Ⅰ部　国際法学におけるジェンダーの主流化

第1章　国際法におけるフェミニスト・アプローチ

　ただ単に女性がいればいいのではない。沈黙を強いられ，価値を貶められた思考方法を見つけ出し，探求し，再考し，再評価する熱意と能力こそが必要なのだ。そのためには，男性にも中心的役割を担ってもらわなければならない[1]。

1　オスカーへのフェアウェル

　ジェンダーの視点を用いて法事象に接近するフェミニスト・アプローチが国際法学において本格的に台頭してきたのは，1990年代に入ってからのことである。その出現を鮮烈に知らしめたのは，ヒラリー・チャールズワースとクリスチーン・チンキン，シェリィ・ライトという3人の論客がアメリカ国際法雑誌に共同で寄稿した「国際法におけるフェミニスト・アプローチ」であった[2]。国際法学の在り方への名状しがたい違和感を拭い切れずにいた私のようなものにとって，この論文は，沈殿する違和感の実体を見事にいいあてた，胸のすくようなものに感じられた。1行また1行と読み進むにつれて，普遍性や体系性の厚き外套にくるまれた国際法学の男性中心性が前景化し，わくわくするような知的興奮をかきたてられたことを覚えている。

　10年以上の歳月を経てなお輝きを失わぬその論考が刊行された2年後の1993年，「国際法に女性の経験は反映されているのか」というチャールズワースらの批判的問いかけに呼応し，アメリカ国際法学会は「国際法における女性・分科会」が中心になって1日がかりの研究集会を開催した。学際的で刺激的な議論に彩られたその集会の成果はほどなく同学会から『現実を紡ぎ直す－女性と国際法』となって刊行され世界に広められることになった[3]。その頃カナダでも，レベッカ・クック主導の下，トロント大学で「女性のための国際人権法に

関する検討会」が招集され（1992年9月），その会合に向けて準備された諸論文をベースに『女性の人権―国内的および国際的視座』が公刊された[4]。

　ラディカル・フェミニズムの視点を導入し，法の風景を大幅に書き替えたキャサリン・マッキノンに代表されるように，この分野での理論的あるいは実務面での進展は北米を1つの拠点にみられたといってよい。その事実に照らしてみれば，国際法学におけるフェミニスト・アプローチの展開がアメリカやカナダを舞台としていたことに特段の驚きはないように思われるかもしれない。だが，実際のところ，チャールズワースやチンキンらはアメリカの学者ではなく，オーストラリア出身の研究者であった。そして国際法におけるフェミニスト・アプローチに関する最初の研究会合もまた，北米ではなくオーストラリアで開かれていたのである。1990年にオーストラリア国立大学で開催されたその会合には，世界屈指の国際法学者，コロンビア大学のオスカー・シャクターも参加していた。チャールズワースが，その折のシャクターにかかわるとてもおもしろいエピソードを記しているので，紹介しておこう[5]。

　　その会合に先立って開かれていた『国際法における同意の役割』に関する会議に，当代きっての国際法学者が大勢集まっていた。尊敬すべき彼ら男性研究者のなかには，その会議が終わった後，フェミニストたちの会合にも顔を出してくれたものがいた。オスカー・シャクター教授もそうだった。彼らは広範なテーマを扱った諸報告に耳を傾けてくれたのだが，報告のなかには，客観的な分析を求める学界のしきたりを無視するものもあった。怒りにあふれ，熱情的で感情的だったのだ。そしてなにより悪いことに，彼女たちの報告は個人的なものであった。あきらかに，会議室にぽつぽつと座っていた男性たちは不安感を覚えていた。いつもと違ってまわりを女性に囲まれ，自分たちの学問を非紳士的なやり方でズケズケと攻撃されたのだから…。翌日，同僚の男性が忠告してくれた…大切なテーマについての学問的論争には全面的に賛成だけれど，会合の進め方はまずかったね。最もまずかったのは，著名なゲストの方々を疎遠にし，困惑させてしまったことだ。なかでも，『オスカーを疎外してしまった』ことだ，と。

「オスカー」とはもちろん，オスカー・シャクターその人であるが，同時にそこには，彼に表象される主流国際法学の在り方も含意されていた。その標的をめがけまったく異質な方法で批判の矢を放つフェミニストたちの報告は，従来の学問的手法からはほど遠く，主流のなかに身をおく研究者にはあたかも「オスカー」の存在を透過するか，そうでなければ「オスカー」からの離別を宣言する破壊的な営みにも映ったのかもしれない。

「オスカーを疎外してしまった」という批判は「国際法学の作法に反する」という批判にも通ずる響きがあるが，そうした主流からの強い圧力を受けながらも，フェミニストたちはその後も国際人権法や国際人道法の在り方をジェンダーの視点に立って照射し，学問的にも実務的にも少なからぬ成果を生み出していった。だが，人権／人道法の分野を超えて国際法を横断的に解析する記念碑的業績となったのは，なんといってもチャールズワースとチンキンという2人の先達が2000年に刊行した『国際法の境界－フェミニスト分析』[6]であったろう。

「国際法におけるフェミニスト・アプローチ」，『現実を紡ぎ直す』，『女性の人権』という1990年代を彩った代表的なフェミニストの作品は，それぞれ，フェルナンド・テソン，マルティ・コスケニエミ，アンソニー・ダマトといった有力な男性国際法学者により広く紹介されていた[7]。もっとも同じ男性とはいっても，テソンはアメリカのリベラリスト，コスケニエミはフィンランドを本拠とする批判法学徒というように，依拠する認識枠組みが異なっていたことから，フェミニストの営みへの評価にも当然にかなりの温度差がみられた。その温度差は今日まで変ることなく引き続いているのかもしれないが，そうだとしても，『国際法の境界』は，フェミニスト・アプローチが「国際法学の主流にはかかわりのない，風変わりな附随物」[8]ではなくなったことを広範に認知させるに十分な内実をもつものであった。ちなみに，同書の著者は現在ではともに世界の国際法学の在り方に大きな影響力をもつアメリカ国際法雑誌の編集委員であり，また，「国際法における方法論に関するシンポジウム」を特集した同雑誌93巻2号（1999年）でも，フェミニスト・アプローチが実証主義などと

ならび，国際法学の代表的な方法論の1つとして取り上げられるまでになっている[9]。

『国際法の境界』は，コロンビア・ロースクールの気鋭の国際法学者ホセ・アルバレスの犀利な文章により，好意的かつ批判的に論評されている[10]が，そこでも述べられているように，「フェミニスト理論…がもたらした進展にもかかわらず，実務あるいは研究に携わるあまりに多くの国際法曹が依然としてフェミニスト分析を一時の流行かそれ以下のものとみなしている」[11]事態は現在でも本質的には変っていない。こうした事態は，アメリカでもオーストラリアでもヨーロッパでもみられるが，その位相は，私たちの住むこの日本において格段に顕著である。

国際法学においてジェンダーはなぜ有意な分析視角として認められてこなかったのか[12]。この問いに対する定型化された解は用意されていないものの，おそらくその1つは，国際法学における女性研究者の絶対的な不足にあったのではないか。あるいは，抽象的な国際法の諸概念・原則が女性の実生活にはかかわりのないものと考えられたきたためなのかもしれない。女性の問題を語ることを揶揄するアカデミック・セクシズムの存在が，フェミニズムの発現を阻む重要な要因として機能してきたことも間違いないところだろう。だが日本の国際法学についていえば，それらとならび，いやそれら以上に，強力な「同調圧力」の存在を無視するわけにはいかない。端的にいえば，方法論や法の政治性などについての議論を歓迎せぬ実証主義＝実定法主義の潮流が——少なくともこの20年余の間——あまりに強く[13]，しかもその潮流からの逸脱を許さぬ有形無形の圧力があまりに強くはたらいてきたということである。

むろん日本にも，自然法，法社会学，第三世界アプローチなどに親和性を見出す傑出した国際法学者も少なくない。だが，主流への強い同調圧力がはたらくなかで，そうした魅力的な研究手法は必ずしも大きな求心力を生み出してこなかった。北米やオーストラリアなどでフェミニスト・アプローチが台頭しえた背景には，グロチウス学派，法政策学派，批判法学派，自然法主義といったさまざまな学問的潮流が，支配的な国際法学の在り方を批判的に問い続けてい

た事情があった。そのようにさまざまな方法論が可能である,という包摂的な雰囲気がなければ,新しい方法論への挑戦はもとより,新たな方法論への共感を表明することすら容易でない[14]。

　国際法の研究に携わる者は,国際法学の専門家集団のなかで生き残るために必要な身体技法を戦略的に身につけるのが常である。それは,その集団のなかで正統とみられる見方を高く評価する知覚・評価図式の構築をもたらす[15]。憲法学に携わる安念潤司は,日本では憲法学者の大部分が,「研究者になった当初から専業憲法学者であり,かつ一生そうであり続けるところに特異性がある。しかも…憲法学者の大部分は,学者としての全キャリアばかりでなく,社会人としての全キャリアを専業憲法学者として過ごすのである。…日本の法律学界は,専門学科ごとに構成された一種のギルドないしカルテルであって,学問の自由は,対文部［科学］省との関係では声高に叫ばれても,仲間うちでの適用は慎重に回避されてきた。日本の憲法学者は…一般の新卒者が何々株式会社に入社するのと同じように,憲法学界に『入社』するのである」[16]というが,ここにある「憲法」という言葉はそのまま「国際法」に置き換えることができる。知覚に埋め込まれた身体技法に抗うことは,私たちにただでさえ極度の緊張をもたらす。ましてそこが閉鎖的な「会社」となれば,緊張の度合いは何倍にも増幅されよう。

　ただそうはいっても,身体技法は,当人がまったくコントロールできないものではない。極度の緊張に立ち向かう勇気と努力さえあれば変革は可能である。フェミニストたちは,男（女？）性研究者の前でフェミニズムやジェンダーという言葉をもち出した瞬間にどれほど冷淡な視線を受け,したがってどれほど強い緊張を強いられるかを体験上知っているだけに,連帯やネットワークの意義にことのほか敏感である。私たちは,国際法学界に「入社」したのかもしれない。しかし,私たちとかかわりがあるのはなにも同じ「会社」の同僚だけではあるまい。「ジェンダーについてほぼ完全な沈黙が続くかぎり,ジェンダーに関心を抱く者は,その関心を深める作業を挫かれるか,または,学問の外であるいはもっと受容性のある他の学問領域でその関心を深めるしかな

い」[17]。そうした認識が，フェミニストたちを，学問横断的な，あるいは国境を越える連帯・ネットワークの構築に駆り立てている。フェミニズム国際法学もまた，そうした連帯・ネットワークに支えられてはじめて可能になっているように思う。

2　2つの目標に向けた発掘作業

(1) アイデンティティの所在

フェミニスト・アプローチが拠り所とする分析道具＝ジェンダーは，性差が生物学的に決定づけられているのではなく，社会的に構築されたものであることを指し示す。もっとも，社会的・文化的性差の射程がどこまで広がるのかについては議論があり，生物学的性差（セックス）までもがジェンダーに含まれる，つまり社会的に構築されたものであると説く論者も少なくない。ここでその議論に立ち入るつもりはないが，ただジェンダーにより明らかにされる性差が，竹村和子の知見を借りるなら，＜2つの差異＞ではなく＜1つの差別＞を意味しているということには留意しておきたい[18]。

> ボーヴォワールも指摘しているように，社会には2つの性があるように見えるが，じつは1つの性しか存在しておらず，それは『男』という性である。逆説的なことだが，社会に1つしか性がない—男という性しかない—ということは，男は弁別されるために性を持ち出さなくてもよいということである。だから男は性によってしるしづけられることはなく，『普遍的な人間主体』になりうるが，他方，女は，普遍ではない『特殊』，主体にはなりえない『他者』，性によってしるしづけられている存在だとみなされる。女はその特殊な性であることが強調されて，『ジェンダー化された存在』と解釈されるのである。

国際法にかかわる知を生産し，その体系化をはかってきたのは男性である。国際法の2大法源とされる条約と慣習法の定立にかかわる圧倒的多数は今でも男性だろうし，「法則決定の補助手段としての…諸国の最も優秀な国際法学者の学説」（国際司法裁判所規程38条1(d)）もまた，男性の手によるものであっ

た。先に述べたシャクターはいうまでもなく、ローターパクトにしてもジェサップにしても、マックネアにしてもフィッツモーリスにしても、あるいは田畑茂二郎にしても山本草二にしても、いずれも男性の学者である。彼らのつくり出した知が、つまりは男性知が、客観的で普遍的な、したがって正統な国際法学=人間知として承認されてきた。むろんそれは、彼らの卓抜した能力ゆえのことではあるが、同時に彼らが皆、しるしづけのない「普遍的な人間主体」であったことも見落としてはならない。

公の場において、男は、男として名乗り出る必要はない。男は「自然」なのだから。しかし女は名乗り出なくてはならない。いや、名乗り出なくても、特殊な存在としての位置を与えられることになる。1999年のアメリカ国際法雑誌でフェミニスト・アプローチの相貌を論じたチャールズワースはこういっている。「いつもいつもフェミニストと位置づけられる日が終わり、一人前の国際法学者として認められる日がやってくるのを望んでいる」[19]。

むろん、彼女は敗北主義的な諦観の境地を表明したわけではない。フェミニズムは、みずからが特殊な存在であることをはばかることなく認めながら、その一方で、普遍的なるものもじつは特殊なものにすぎないことを喝破する。フェミニズム批評の言説分析を歴史学に取り入れたジョージ・スコットがいうように、「偏りを自認することは、普遍的な説明の追求において敗北したと認めることではない…。むしろそれは、普遍的な説明はこれまでも可能ではなかったし、いまも可能ではない［ことを］示唆している」[20]。スコットは「自らの偏りを認めることで、返す刀で正史を僭称するものに対して、『おまえはただの男性史にすぎない』と宣告した」[21]のである。チャールズワースもまたチンキン、ライトと共に著した先駆的な業績のなかで、スコットと同じような指摘をしていた。「私たちが主張したいのは、国際法の立法構造も国際法規の内容も、ともに男性に特権を与えるものであるということである。女性の利益が認められる場合があっても、それは周縁に追いやられてしまっている。国際法は、徹底的にジェンダー化されたシステムなのだ」[22]。

普遍的な知が男性知の別表現であるように、普遍性という外套にくるまれた

国際法も男性化された法制度にすぎない。フェミニスト・アプローチはまずそのことを学術的／理論的に明らかにすることに力を注ぐ。国際法における知の生産・受容過程が男性によって支配されてきたことに起因する不均衡な法（学）の実態を，ジェンダーという分析道具を用いて抉り出すのである。だが，フェミニストの営みはそれだけにとどまらない。国際社会の現実を変革するという政治的闘いに貢献することがもう１つの重要な目標として掲げられる。キャサリン・マッキノンがいうように，「フェミニズムとは多様な現実にコミットしていくための手法で，経験的な側面と分析的な側面とをもち，現実について語るだけでなく現実の問題を解明しようと願い，理論の上だけでなく実際に何かを成し遂げようとするもの」[23]なのだ。

「フェミニズムの視点から眺めれば，世界はまったく違って見えてきて，ほとんどすべてのことを別のアングルから捉えられるようになります」というマッキノンの指摘[24]は，フェミニスト・アプローチの面白みを言葉巧みに伝えていると思うが，ただ，みずからのアイデンティティをはっきりさせ，政治的な闘いへの参画を公言してはばからぬフェミニストの姿勢は，中立的な立場から客観的真理・正義への接近をはかる従来の学問のあり方とは大きく異なっている。それだけに激しい非難と反発を受けることになる。あるいは，「アイデンティティを捨象した，人間理性の行使主体として思考を展開するという作法」にはずれているとして，無視ないしは軽視の対象と化す[25]。だが，フェミニストの側からすれば，これまでの国際法（学）もまた，男性中心主義という特定の立場を―客観性の外套のもとに―再生産する政治的営みであり，したがってフェミニスト・アプローチのひそみにならっていうなら，マスキュリニスト・アプローチとでも命名されてしかるべきものなのである。

（2）沈黙を聞く

第２波フェミニズムの流れのなかで，フェミニスト理論は多彩な展開をみせた。１人１派といってもいいほどであるが，一般には，リベラル，文化派，ラディカル，ポスト・モダン，ポスト・コロニアル，などといった名称のもとに

分類されている[26]。国際法におけるフェミニスト・アプローチは，こういったフェミニスト理論のいずれかに専属的に連結されているわけではない。「平等」をキーワードとするリベラル・フェミニズムであれ，「責任・世話の倫理」に能動的意味を付与する文化派フェミニズムであれ，「個人的なことは政治的なこと」という標語によって最もよく知られるラディカル・フェミニズムであれ，国際社会の現実を読み解き，変革するのに好適であれば状況に応じて採用する。

その手法は，「考古学的な発掘作業」にもなぞらえられる[27]。規範・制度が幾重にも折り重なった国際法の各層に潜むジェンダーの位相を，多様な理論的成果を駆使しながら掘り起こしていくのである。国際機関における女性の不在，女性を不可視化する国際法原則・規則の実態，さらに国際法の根幹を成す国家や紛争，安全保障といった諸概念に組み込まれたジェンダー。それらを順次，丹念に発掘していく。

その際とくに重視するのは，国際法という壮大な制度的知のなかで一貫して強いられてきた「沈黙」の意味である。国際法の実相は，現前するものをみつめるだけでは明らかにならない。存在しないもの，葬られてきたもの，軽視されてきたものを発掘することにこそ重要な意味がある。そして，国際法の発掘作業を進めていくとあらゆる段階でつきあたるのが女性の沈黙なのである。チャールズワースはいう。「この現象は，国際法の躯体を弱める単なる隙間あるいは窪みとして急いで修繕すれば修復されるようなものではない。女性の沈黙はむしろ，国際法秩序の構造上不可欠の一部，つまり国際法秩序の安定にとって決定的な要素なのだ」[28]。

他の学問分野がそうであるように，国際法学もまた，2項対立あるいは2元的な思考枠組みを前提として組み立てられてきた。法的／政治的，合理／不合理，客観／主観，理性(論理)／情緒，冷静／感情，秩序／アナキー，文明／自然，能動的／受動的，明瞭／曖昧，抽象的／具体的(個人的)，公／私…といった具合に。見落としてならないのは，フランシス・オルセンも指摘するように，こうした思考の構造が明瞭にジェンダー化されていることである[29]。

二元論には…3つの特徴がある。第1に，これらの二元論は，性的に構築されている。すなわち，それぞれの二元論各要素の一方は男性的，そして他方は女性的であると認識されている。第2に，それぞれの二元論の各要素は互いに対等ではなく，上下の関係にある。すなわち，それぞれの対において，男性的と考えられている方の要素は望ましく優れたものとされるのに対し，もう一方の方の要素は，劣った，駄目な要素として否定的に捉えられるのである。そして第3に，法は，この二元論の，男性の側とされる諸要素からなるものと捉えられている。

　男性的要素，女性的要素が人間に生まれながらに備わっているというつもりはない。ただ，ジェンダー化された社会のなかで構築される男性性，女性性が，うえで指摘された要素によって表象されることはたしかであろう。となれば，国際法（学）が構造上，男性的要素によって支えられていることは疑いなく，そうである以上，女性が国際法から排除され沈黙を強いられてきたのは当然の成り行きであったということにもなる。

　フェミニスト・アプローチは，2分法のなかで否定的に処せられてきた主観，情緒，感情，受動，曖昧，具体（個人），私，といった諸要素を議論の場に意図的に召喚することにより，国際法がいかにジェンダー化された論理の下にあるのかを浮き上がらせる。先に，オスカー・シャクターの出席したフェミニストの会議における研究報告が怒りにあふれ，熱情的で感情的で，おまけに個人的なものであったということをチャールズワースの言を引用して紹介したが，それはけっして否定的にとるべき事態ではなく，むしろそれこそがフェミニズムの本旨であったといってよい。国際法においてジェンダーを前面に出したはじめての本格的会合であっただけに，なおのことそういえよう。アメリカ国際法学会の会合において，私的で主観的で個人的で，あたかも体系を無視したかのように論を展開するフェミニストの報告を聞いた後，不快な表情を浮かべ，いささかのためらいもなく否定的な評価を下す有力な国際法学者に私も出くわしたことがあるが，そのためらいのなさこそが，ほかならぬジェンダーの発現だったのだと，いまさらながら思っている[30]。

フェミニズムは女性の全的解放という明確な目標をもっている[31]。フェミニスト・アプローチは，国際法のジェンダー構造を明るみに出し，その変革を追求することで，フェミニズム運動の政治的闘争に積極的にかかわっていく。だが，フェミニズムが解放しようとしている女性とはどのような女性なのだろう。国際法におけるフェミニスト・アプローチがモデルとする女性はいったいどこにいるのだろうか。

　ポスト構造主義の段階を迎え，女性もフェミニズムも一枚岩でないことがますます鮮明になってきている。ポストモダン・フェミニズムあるいは第三世界フェミニズムの言説は，「女性の共同体」（＝シスターフッド）の構築が著しく困難になっていることを雄弁に物語っている。チャンドラ・モハンティが的確に表現するように，「女性は，階級，文化，宗教その他のイデオロギー的諸制度・枠組みの複雑な相互連関を通じて女性として構成されている」[32]。「北」の女性と「南」の女性とを，女性というだけで一括りにするのではあまりに大雑把だろうし，「北」の女性であっても，階級や人種などが違えば共通の言語を流通させることは必ずしも容易でない。「『同じ女』だからといって，それぞれが立っている地平は決して地続きなのではない」[33]。

　とはいえ，政治的主張としてのフェミニズムの有効性を保とうとするのなら，「女性」というカテゴリーを放棄するわけにはいくまい。女性間の「内なる差異」の過度の強調は，フェミニズムの脱政治化を促進し，結局は現行制度（＝特権的な男性の立場）をさらに強化するだけに終わってしまうかもしれない。ポスト・モダンの現在にあっても，特定の問題に立ち向かうために，「女性」という想像の共同体を暫定的・戦略的に立ち上げることはなお可能である。「前進を続けるため，ある立場をとることを可能にするため，そういう定義は必要だと感じている。…私は女として自らの定義を構築するが，それは，女がもっているとされる本質によってではなく，広く一般に使われている言葉によって行われる」とガヤトリ・スピヴァクはいう[34]。またポスト構造主義の最先端を走るジュディス・バトラーも，「ある種の政治実践は，目のまえの目標を達成するためにつくられる偶発的な基盤にしたがって，アイデンティティ

を設定していく」[35]と述べている。国際法におけるフェミニスト・アプローチも，同質の普遍的な女性（それは往々にして北の中産階級の女性となるのだが）を無批判に範型とするのではなく，世界の多様な女性の存在を前提としたうえで実践的・暫定的に「女」というカテゴリーを創り／直していくことを念頭におくなのべきだろう[36]。

フェミニスト・アプローチには，現行の国際法制度をジェンダーの視点から批判するだけで，体系化された代替案を示していないという批判が向けられるかもしれない。いきあたりばったりの批判を重ねるだけでなく，フェミニズムの思想を投射した国際法を，体系性・普遍性・一貫性をもって示してみよ，という批判である[37]。男性知によって培われてきた学問観を前提にしたこの種の批判は，日本でも，フェミニスト・アプローチの拡大にともなって多くなっていくのではないか。

こうした批判に対する1つの回答は，文化派フェミニズムに括られるキャロル・ギリガンの「もうひとつの声」を国際法の根幹に据えて法規範・制度を再構築していくことであろう[38]。他者への共感や分かち合いを重視する，「責任」と「思いやりの倫理（ethics of care）」に依拠した法制度の構築ということである。教育心理学者ギリガンは，マッキノンとともに，フェミニズムの展開に大きな影響を与えたが，彼女によれば，男性は，他者から切り離された平等な個人が「権利」や「正義の倫理」の下に共存する社会を志向する。それに対して女性は，他者とつながり，「思いやりの倫理」を大切にしながら生を営んでいるという。

先に述べたように2分法思考に支配された国際法（学）において重視されてきたのは，いうまでもなく，共感や思いやりではなく，権利であり正義であった。権利や正義の法制化が追求されることはあっても，思いやりの倫理に基づく国際法の在り方が自覚的に追求されることはなかったといってよい。そもそも思いやりには国際法上の価値がないとされてきたのだから，当然ではあったのだが。けれどもギリガンが示したように，劣位におかれた「女性の声」に積極的な意味づけを与えられるなら，そうした価値を前景化させたうえで国際法

制度を全面的に再構築することも可能かもしれない。フェミニスト・アプローチは，そうした知的営みを重ねながら，「もうひとつの国際法」を体系化していくことができるかもしれない。

だがマッキノンの疑念を持ち出すまでもなく，「もうひとつの声」が女性の本当の声なのか，それが本当に女性の解放につながるのか，ということについてフェミニズムは明快な答えを出せずにいる。「フェミニズムである限り，『女性的な価値』を賞揚することなしに，未来を構想することは不可能である。しかし，現在の男根中心主義社会の現実は，『真の』女性的な価値を見いだすことを妨げている」[39]。「女性の声」に基づく法言説は，後に述べるように，膠着した事態を打開し，国際法の境界を押し広げる豊かな可能性をもっている。そのことは間違いない。しかし，その声に基づいて築かれる「もうひとつの秩序」は，果たして女性の全的解放につながるものなのだろうか。少なくとも，それが新たな抑圧につながらないという保証はないのではないか[40]。

「女」というカテゴリーを立ち上げることが困難になっていることはすでに述べた。そうした現状が示唆しているのは，女性の解放に向けた，普遍的通用力をもつグランド・セオリーの構築がますます困難になっているということである。1つの体系を示せ，という抑圧的な批判に応答することは，解放言説たるフェミニズムにとってかえって有害な結果を生み出すことになってしまうかもしれない。それが，「もうひとつの声」を押し出したものであったとしても，である。フェミニスト・アプローチは，他の法理論を駆逐するような一貫性ある法体系の構築をめざすのではなく（その営為自体が新たな抑圧への加担になってしまうおそれがあるから…），ジェンダーの視点に基づいて客観性と中立性を装う国際法（学）の限界を問い，国際法をより包摂的な法へといざなうところに最大の存在意義があるのではないだろうか。「あらゆるフェミニスト理論は破壊的な戦略をとる。『ゲリラ戦の形で，家父長制の最大の弱点を撃つ』。家父長的言説が，『普遍的でも代表的でもなく，一面的で党派的にすぎない』ことを明るみに出すのである。…フェミニストは，永遠に局外者，過激な反逆者の位置にある」[41]。体系的一貫性の追求ではなく，多様な女性の経験に

よって国際法の限界を浮き彫りにし，その境界を押し広げていくこと。問いかけること，聞くこと，対話すること。そこにフェミニスト・アプローチの妙味があるのだろう[42]。そして，そうした営みの蓄積のなかから，新たな国際社会の姿が徐々にみえてくるのかもしれない。

3　ドメスティック・イデオロギー

（1）法を支える人間の経験

「近代国家においては，性は，市民（国民）を，資本主義が要請する人格／身体に，また国民国家の体制に合致する人格／身体に仕立てあげるために動員された主要な装置だった。それは，人をはっきりと男か女に弁別し，そして男には公的領域，女には私的領域（ドメスティックな領域）を振りあて…るものであ［った］」[43]。中産階級が階級的卓越性を作りあげるために捏造した男性性と女性性の神話に基づく近代家父長制が，中産層の拡大につれ，公私による男女の振り分けを自然化し普遍化していったとされる。公は男，私は女。こうした2元的構造は，国際法の在り方にもそのまま投影されている[44]。

フェミニスト・アプローチは，考古学的な発掘作業の手法により，沈黙を強いられてきた要素・価値を掘り起こし（つまり議論の場に召喚し），国際法のジェンダー性＝男性中心性を抉り出す。発掘作業の対象は，国際機関の実態から国際法規則・原則，基本概念へと拡張していくのだが，そのすべての段階で女性の沈黙がみられるということについてはすでに触れた。その理由を多少とも単純化していえば，女性が私的領域に割り振られているのに，国際法が公的領域にしか関心を示してこなかったからにほかならない。

第2波フェミニズムのなかでマルクス主義フェミニストが発見したように，公的領域で行う男性の生産労働は有償労働として評価されるのに対し，家事・育児・介護といった再生産労働は無償労働として，同じ労働であっても社会的に低く評価される。後者の労働の主たる担い手が女性なのだが，女性は生産労働に従事している場合であっても後者の労働に従事することを要求される[45]。

そうなれば，毎年10週間余りもジュネーブに滞在することを要求される国連国際法委員会の委員が長らく男性のみによって占められてきたのは，偶然というより構造的な帰結ということになるのではないか。この点は，人権諸条約機関の委員などについても少なからずあてはまろうし，国際法過程の重要な担い手である外交官たちの世界が女性の沈黙によって彩られてきた背景についても同じことがいえよう[46]。

　国際法の定立と適用にかかわる国際的な場に，女性の姿は依然として少ない。法的／政治的に重要なポストであればあるほどそうである。私的領域での負担が少ない者あるいは無償労働を担わないでよい者でなければ充足できないような条件が－暗黙裡であっても－有資格の基準となっている事情が大きく与っている。事は，女性と男性を入れ替えればすむわけではない。男性と同じ生活パターンを送ることのできる女性が増えればよいわけではまったくない。問題は，特定の生活パターンを送ることのできる者，つまり公的領域における仕事に専念できる者のみの参加をえて法の定立と適用がなされてきたところにある。そのどこが悪いのか。マッキノンはいう[47]。

　　法の生命は経験であって，論理ではないという事実はコモン・ローに限ったことではありません。すべての法の陰には人間の，もしあなたが注意深く読めば，その血が行間に流れていることがわかる人間の物語が隠されています。条文が条文を生むのではありません。人間の生活が条文を生むのです。問題の核心は－政治と歴史の問題，つまり法の問題の核心は－誰の経験がどの法のもととなっているかにあります。

　国際法も人間の経験によってつくられる。その人間が特定の者に限られるなら，法を支える人間の経験もまた限られたものにならざるをえない。国際法をつくり運用してきた人々は，公的領域での仕事に心おきなく専念できる者であり，その圧倒的多数が男性であった。ジェンダー化された社会に生きる女性たちは，国際法の影響を直接に受けているにもかかわらず，公的領域から排除され，自分たちの声を国際法過程につなぐ回路を与えられてこなかったのである。それは，いかに男性が「善意」であっても，女性の経験が法過程から排除

される事態をもたらす。そこが問題なのだ。国際法規則・原則を検討することで、その実相に迫ってみよう。

（2）人権／人道の仮面

　法規に刻み込まれたジェンダーの発掘が最も進んでいるのは人権法と人道法の分野においてである。まず人権法についてみてみる。国際人権規範が男性の経験に基づいていることを示す典型的な例が拷問禁止規範である。1984年に採択された拷問禁止条約は、拷問の成立のために公務員の直接または間接の関与を求めている。いいかえれば、公的領域での重大な暴力行為が拷問として鎮圧の対象とされているのである。その理由を、国連人権委員会第2代拷問特別報告者ナイジェル・ロドリーは次のように説明していた。「私的な行為は通常の犯罪行為なので国内法の執行により鎮圧を期待できる。拷問について国際的関心が生じるのは、国家自身が市民の保護機能を放棄し、法執行官による犯罪行為を承認する場合だけである」[48]。

　公的領域にあって、公務員による重大な暴力の被害を受ける女性ももちろん少なくない。しかし、この定義では、家庭や地域といった私的領域において圧倒的多数の女性が夫などから受け続ける暴力は、いかに「激しい苦痛」を伴うものであろうと、カバーされないことになってしまう。国内法による形式的な規制の有無にかかわらず、女性への暴力が放置され蔓延する事態は、「国家自身が市民の保護機能を放棄し」ているに等しいといえないのか。フェミストたちは、私的領域での女性への暴力が単なる個人的な逸脱行為でも文化的な因習でもなく、男女間の不均衡な権力関係の発現として、男性の支配／女性の従属を構造化する政治的な営みであることを理論化した[49]。そしてそれを、1993年12月、国連総会において「女性に対する暴力の撤廃に関する宣言」として結晶化させたのである。しかしその画期的な宣言は、女性への暴力を国際人権法上の問題であると明言することは注意深く避けた。国際法の関心を公的領域に限定しようとするジェンダー力学が政府代表レベルで最後まで強くはたらいていたためである[50]。

自由権規約（「市民的および政治的権利に関する国際規約」）6条の定める生命に対する権利は自由権規範の中核を占める規範といっていいが，そこでも念頭におかれてきたのは公的領域における恣意的な生命の剥奪であった。女性たちが私的領域で被る様々な生命への危機（女児殺害，妊産婦の死亡，名誉殺人，ダウリ殺人，栄養失調など）は同条の射程外に放り出されてきたといってよい。その一方，社会権の分野でも，たとえば労働条件の保障は，フォーマル・セクターでの有償労働のみを視野にいれ，無償の再生産労働あるいはインフォーマル・セクターにおける非正規労働には関連法規の適用が排除されてきた。それはとりもなおさず，多くの女性たちの労働が保護の対象から除かれるということを意味する。

　「その政治的地位を自由に決定し並びにその経済的，社会的及び文化的発展を自由に追求する」ことをすべての人民に保障する自決権は，自由権と社会権の礎に位置づけられる重要なものだが，「決定し」，「追求する」人民内での力関係への関心が稀薄なため，政治的，経済的，社会的に不利な条件を強いられた女性の意思は，この権利の行使にあたってほぼ例外なく脇に追いやられてきた。人民は同質の人間からなっているわけではないのに，あたかも1つの「自(self)」があるかのように装われてきた。集団内での力関係が温存されたまま人民の権利が行使されるなら，その帰結は社会的資源を欠いている女性の2級市民化にいきつくことは必定である。女性たちにとってみれば，外国の支配の次にやってくるのは男性の支配ということになり，その意味で，自決権の行使は彼女たちになんらの解放ももたらさないということにもなってしまう[51]。

　女性の権利・地位について論ずる際に最も強調されるのは「平等」規範であろう。実際のところ，男女の平等という理念自体にはなんの瑕疵もないようにみえる。だが，人権規範全般が男性規範として顕現しているなかで平等を求めることは，女性に「男性になれ」というにも等しい。社会構造が変らなければ女性の男性化は不可能であり，そうなれば，女性たちは平等でないという理由で別異の扱いを正当化され，その結果，男女間の不均衡な力関係はますます深まっていくことになる。平等の追求は，規範全体がジェンダー化しているなか

にあっては，逆の効果をもたらしかねない[52]。

　人道法はどうだろうか。国際人道法は武力紛争下における犠牲者の保護を意図しているものとされる。その理念を否定するつもりは毛頭ないが，しかし実際には，「人道」という麗句とは裏腹に，この法体系はあきらかに軍事的利益を優先的に保護してきた。「戦争法は，意図的に，人道的価値を犠牲にして軍事的必要性に特権を与えるものであった」[53]。人道法の有力な作り手になってきたのは軍人（とその周辺にいる人々）である。フェミニストの立場から人道法を分析する数少ない研究者の1人アデレード大学のジュディス・ガーダムがいうように，「戦闘行為の規制範囲と規則の内容を主に決めているのは軍人たちである。既得権益をもつ集団の影響がこれほど強い国際法の分野はほかにないだろう。彼らの目的を達成する原理は，『軍事的必要』なのだ」[54]。

　1949年のジュネーブ4条約のうち，戦闘員の保護に向けられたものは3つ，文民の保護に向けられたものはわずか1つである。捕虜の待遇に関する第3条約は，143カ条もの詳細な規定からなるだけでなく，これに5つの附属文書を加えて，武器を置いた戦闘員に実に手厚い処遇を保障するものとなっている。だが1995年の国連開発計画の年次報告によれば，女性は正規軍を構成する戦闘員のわずか2％にすぎず[55]，圧倒的多数の女性は文民たる住民として紛争地域にとどまっている。難民化している女性も少なくない。人道法もまた，公的領域で戦闘員として行動する者＝男性の保護を優先し，私的領域にとどまる女性には，副次的な関心しか示してこなかったということになるのではないか。この点は，1977年の第1追加議定書（「国際的武力紛争の犠牲者の保護に関し，1949年8月12日のジュネーブ諸条約に追加される議定書」）により文民の保護の範囲が拡大された後であっても依然として妥当する[56]。

　人道法のジェンダー構造は，武力紛争にかかわる最も基本的な原則である「均衡性の原則」をみるといっそうあきらかになる。慣習法化しているとみられるこの原則は，1977年の第1追加議定書51条5(b)に明文で規定されている。同条項は，禁止される無差別攻撃を，「予期される具体的かつ直接的な軍事的利益との比較において，過度に，巻き添えによる文民の死亡，文民の傷

害，民用物の損壊，又はこれらの複合した事態を引き起こすことが予測される攻撃」と定義する。このなかでとくに重要なのは「過度に」あるいは「巻き添えによる」という文言だが，主観的判断に開かれたこの文言の解釈を専管的に所掌してきたのは男性の軍人たちである。当然ながら，彼らは軍事的利益の実現に最優先価値をおく。そのため，イラクにおいてあれほど大規模に文民（その多くは女性と子ども）の被害を引き起こした1991年の湾岸戦争においてさえ，米国政府は人道法を遵守したという見解である[57]。2001年10月に始まった米英のアフガニスタン空爆が引き起こしたとてつもない文民への被害も，軍事的利益の前にまったくの沈黙を強いられたままだ。

　本質的な問題は，均衡性の判断に際して考慮するよう求められてきたのが，攻撃によって生じる直接的な被害に限定されてきたことである。攻撃を受けたことにより生命や身体，精神への深刻な被害が中長期的に生じても，それは均衡性の原則を左右するものとは考えられてきていない。攻撃によって大量の住民が難民化し（その多くが女性である），その生活が激変してしまうことも考慮の対象外だ[58]。フォト・ジャーナリストの広河隆一は，マスメディアが報じぬ空爆後のアフガニスタンの実態を丁寧な取材を通じて私たちに知らせてくれる。彼の撮影した一群の写真には，「爆撃のショックで言葉を失ってしまった子ども」，「爆撃のショックで精神障害になった子ども」，「飛行機の音を聞くとパニックになる子ども」たちの姿がおさめられている[59]。すべて，米英の空爆が引き起こした非人道的な被害である。しかしこの子たちを襲った条理のかけらもない惨劇，そしてこの子たちに生涯付き添わねばならぬ女性たちの過重な負担は，均衡性の原則にとってつゆほどの意味もなさないとされているのが実情である。均衡性の原則は，戦闘員（男性）の体現する軍事的必要性を優先してきており，そこには，攻撃の影響を長きにわたって被り続ける女性たちの姿は，まったく投影されていない。

　ところで，1949年の4つの条約と1977年の2つの追加議定書は，合計43カ条において武力紛争下における女性の処遇を規定している。しかし，ガーダムは，それらすべての条項が，個人としての女性ではなく，他者との関係のなか

におかれた女性の保護に向けられていることに注意を喚起する。実に19カ条は，母体あるいは母親を保護するものであり，実質的には子どもを守ることに向けられているといってよいものだ[60]。

　人道法において，女性は男性の眼差しの下にその存在態様を規定されている。そのことを最も浮き立たせているのがレイプの取扱いであろう[61]。文民の保護に関するジュネーブ第4条約27条は，女性がレイプその他の性暴力から「特別に保護しなければならない」存在である旨を規定する。レイプを禁止するというのではなく，レイプから女性を保護するというのだから，女性は保護の手を差し伸べられるか弱き存在とみなされていることがわかる[62]。それだけでなく，同条は，性暴力から女性を保護するのは，女性自身の身体の自由を守るためなのではなく，その「名誉」が侵害されるからなのだという。「そのようなアプローチは，男性のレイプ観を大いに映し出したものであり，女性がレイプをどうみているかについてはほとんど関わりがない」[63]。

　文民条約は，紛争当事国（占領国）の国民，共同交戦国の国民，中立国の国民を保護の対象から除いている。したがって少なからぬ女性は，武力紛争下において，規定上，レイプからの保護を受けられないままにおかれていた。そうした事態を是正したのが1977年の第1追加議定書なのだが，レイプからの保護について規定する同議定書76条でも，女性は依然として「特別の尊重の対象」とされている。女性が特別に尊重されねばならないのは，出産と育児を担う存在だからのようだ[64]。また，レイプはジュネーブ条約に対する「重大な違反」とはされておらず，内戦に適用されるジュネーブ条約共通3条もレイプについては言及していない。なにより，戦場においてレイプの事例は枚挙にいとまがないのに，実行者の処罰はほとんどなされてこなかった[65]。武力紛争下における性暴力は，男性による私的な逸脱行為とみなされてきたこと，あるいは，そもそも，文民条約などの規定にもかかわらず，女性をレイプすることが軍事的に有効な戦略と認められてきたことがその背景にあるのかもしれない[66]。

　1990年代に入って「過去の克服のグローバル化」が進み，歴史の闇に葬られていた日本軍性奴隷制問題がクローズアップされることになった。ちょうど時

期を同じくして，旧ユーゴスラビアとルワンダにおける比類なき蛮行が国際的な関心を集めるようになった。女性たちの国境を超える強力な連帯があってのことだが，そうして国際的に台頭したフェミニズム運動は，武力紛争下における性暴力を女性の視点から捉え直す機運を醸成し，旧ユーゴスラビア，ルワンダ国際刑事法廷や常設国際刑事裁判所の営みのなかに明瞭な足跡を残すことになった。

　フェミニズム運動の誇るべき成果は，国際社会の最も重大な犯罪として処罰されるべき人道に対する罪，戦争犯罪のなかにレイプをはじめとする性暴力を明記させたところに端的にあらわれている。このほか，ルワンダ国際刑事法廷で審理されたアカイェス事件では，レイプがジェノサイド罪を構成することが認められるまでになった[67]。だが，この顕著な司法上の成果をそのまま手放しで喜ぶわけにはいかない。国際刑事法廷が関心を寄せるのは，広範な，組織的な，または大規模な攻撃の一部として実行された性暴力に限定されていることを忘れてはならない。つまり，女性個人の身体の自由は副次的なことであり，真に重視されているのは，その女性が属する集団の利益なのである。ジェノサイドとしてのレイプも，特定の集団を破壊する意図をもって行われたものでなければそもそも成立しないのだ。

　ここにも，「公」＝集団の利益と，「私」＝女性個人の利益とを区分し，前者のみに法の適用を及ぼそうとする２分法思考がみてとれるのではないか。チャールズワースが述べるように，「一定のレイプを国際法上公的なものと定義する結果，私的なレイプは深刻でないかのようになってしまう。この区分は，女性の経験を参照してなされたものではない。男性が支配する公的領域への影響に鑑みてなされたものである」[68]。

　人道法については，もう１点，武力紛争を国際的なものと非国際的なものとに分類している点にもジェンダーが潜んでいることを指摘しておきたい。これまで人道法は，国際的な武力紛争の事態を優先的に規制し，国内での紛争についてはほとんど関心を寄せてこなかった。しかしこの区分が，武力紛争の被害を一方的に受ける女性の経験に基づくものでないことは明らかだろう。生命や

身体，生活への甚大な影響を被る一般住民たる女性にとって，紛争が国際的な性質をもつものなのか非国際的なものなのかは，本質的に重要なことではあるまい。

　さらにいえば，人道法は武力紛争あるいは攻撃の終結を契機に適用を停止するわけだが，米軍基地の集中する沖縄の女性たちをみればわかるように，紛争の終結が暴力の終息を意味するわけではまったくない。基地と軍隊あるところには必ずといっていいほど性暴力がある。それは，紛争当事者間に停戦の合意が成立し，国連平和維持軍が展開する場合であっても同様である。紛争が終わり「平時」に戻ると，人道法は役割を終えて去っていく。しかしすぐ隣に軍隊が駐留している女性たちにとってみれば，状況が本質的に変るわけではない[69]。

　また，武力紛争や占領が終結しても，日常生活を担う女性たちは，紛争時にまして過酷な状況におかれることが少なくない。10年以上にわたって非軍事的強制措置の適用を受けていたイラクでは，「平時」であるにもかかわらず，大量の人間が日々命を失い，健康を損ない続けていた。アフガニスタンでも，米英の絨毯爆撃が終了し「平時」にもどったはずの今，飢餓や傷病でさらに多くの人々が死に絶えている。そしてイラクでもアフガニスタンでも，その影響を最も強く受けているのが女性たちなのである。

　国際／国内という区分はもとより，紛争の有無に法適用の決定的な基準をおく人道法の存在形態そのものがジェンダー化されているといわなくてはならない。それは，公領域でこの法体系の形成と発展に携わってきた男性たちの偏った経験（しかしこれが「人間知」と呼ばれる！）そのもののあらわれなのである。

4　境界を引き直す

（1）国家と平和をみつめる

　ジェンダーの発掘作業を，国際法の基層を構成する諸概念に進めてみよう。ここでは「国家」と「安全保障」をめぐる風景がフェミニズムの視座に立つと

どのように映るのかについて，その一端を示してみようと思う。

マルティ・コスケニエミは，国際法における国家の概念が特定の声に特権を与え，他の声に沈黙を強いるものであることを的確に指摘している[70]。これにフェミニズムの視点を上乗せしていえば，国際法における国家の概念は，男性の声に特権を与え，女性の声に沈黙を強いるよう構築されたもの，ということになる。

国際法における国家の要件を定式化しているのは，1933年の「国の権利および義務に関するモンテビデオ条約」1条である。同条によれば，国家は，永続的住民，確定した領域，政府，他国と関係を取り結ぶ能力（独立）という4つの要件を備えているものとされる[71]。

第1にあげられている住民は「永続的」であればよいとされるが，かつてアパルトヘイト体制下にあった南アフリカが人種隔離政策を徹底するために独立させたバンツスタンが国際法上の国家として認められなかった例が示唆するように，人種差別的な住民の構成は国家の成立に支障をきたすおそれがあると了解されている。

ところがこれに対して，バチカンのように住民のほぼすべてが男性であっても，国家の成立にはまったく疑問が投げかけられていない。男児を優遇する人口政策を採用している国や性差別的な国籍法によって国民をつくり上げている国であっても，国家の要件の充足には問題がないとされる。「永続的住民」という要件は，住民の構成に反映されている男女間の不均衡な関係性を隠蔽するだけでなく，それを「客観的・中立的」に容認する機能すらもってきた。

「確定した領域」はどうかといえば，この要件も，「政府」，「独立」と一体になって，国家の男性性を指し示すものとなっている。これらの要件が構築する国家のイメージは，侵入を許さぬ境界内に実効的な支配を及ぼす政府が存在し，その政府の率いる国家が自律した存在として他国と関係を取り結ぶというものである。そして，他国と截然と分離された平等な国家が自由な意思に基づいて他国と権利義務関係を築くことで国際社会が構成される，というわけなのだが，このリベラリズムに基づく認識枠組みは，ギリガンが分析する男性の論

理そのものである[72]。男性は，他者から切り離された平等な個人が「権利」や「正義の倫理」の下に共存する社会を志向する，というギリガンの分析である。他者とのつながりや思いやりといった要素により国際社会が構想されるなら，国家の要件にしても，確定した領域・独立など，孤高性・自律性を要求するものには必ずしもならないはずである。たとえば，「人類の共同遺産」といった概念に代表される国際「公」領域が，国家領域の中枢にかぶさってくることがもっとあってもいいはずなのだ。

確定した領域を表象する「不可侵の国境」が侵犯されたとき，国家はときに自衛権を行使して反撃する。あるいは，平和の破壊などとして国連の強制措置が発動されることもある。重要なことは，いずれの場合にも，国境が侵犯される前の状態に戻すこと，つまり確定した領域・実効的政府・独立からなる「原状」を回復することが安全保障にとって最も重要な課題とされてきたことである。2001年の9・11事件の後，安全保障を脅かす主体がこれまでのように国家ではなく非国家行為体に変りつつある旨が強調されるようになった。その言説に潜む政治性についてここで論及するつもりはないが，仮にそれが正しい主張だとしても，安全保障にかかわる国際法学の基本認識に本質的変化があったわけではない。脅威を国境の外に排除し－または封じ込めもしくは殲滅し－安全が脅かされる前の状態に国家を戻すことが肝要という認識である。脅威の淵源は外部にあり，国境の内側は安全（なはず）だ，ということである。

湾岸戦争における米国を中心とした軍事行動は，取り返しのつかぬ甚大な被害をイラクの一般市民に強いているにもかかわらず，国際法学においては，成功例として称揚されることが多い。そうした評価をもたらすポイントは，安保理の授権をえて，国境を侵犯したイラクを押し返し，クウェートを元の状態に戻したというところにある。9・11への対応として米国がアフガニスタンに攻撃を加えたときも，米国の国境の内側は安全だったのに，外部のアフガニスタンから脅威がやってきた，したがってそこを叩き，米国内の安全を取り戻さなければならない，という認識が示された。

安全な「内」と危険な「外」という2元的思考。それは，安全保障論議にお

いて軍事力へのさらなら信奉を煽るもとでもあった。だが，国境の内側は本当に安全なのだろうか。そもそも，領域が確定していることは，いったい誰にとって好ましいのだろう。元どおりの不可侵の国境を回復することは，いったい誰にとっての成功なのだろうか。クウェートの場合，その「解放」は，確定した領域・実効的政府・独立を取り戻しはしたけれど，国境の内側で，女性の解放をもたらしたわけではなかった。女性の参政権は否定されたままだし，女性への暴力は，イラクの占領があろうとなかろうとまったく同じように続いた。いやそれどころか，イラク人とのつながりをもった女性移住労働者への性暴力は，占領終了後にその度合いをましたとの報告もある[73]。「原状」の回復は，彼女たちにとって，いっそうの不安定をもたらすものにほかならなかった。そのどこが「成功」なのか。安全保障について刺激的な論考を発表し続けるオーストラリア国立大学のアン・オーフォードは次のようにいう[74]。

　　強固な国境の内側における安全・一体性，外側における無秩序・相違，というモデルは，多くの人たちにとって，けっして現実を表象するものではなかった。この支配的なモデルは，女性や先住民族，精神病者，ゲイ，レズビアン，民族的・人種的または宗教的少数者など，西欧諸国内の多くの集団の存在を規定する不安定な実情から注意をそらすものである。そうした集団の構成員にとって，強固な国境の存在は，安全どころかみずからの生存すら保証してくれるものではない。

確定した領域をもつ自律した国家が相互に権利義務関係を結び，安定した秩序の下に共存していくという，支配的な国際社会観は，そうした秩序に利益を見出す人々＝エリート男性によって投射され，「自然化」されてきた。いわゆる民族紛争など，国民国家解体への力学を生み出すポスト・モダンの潮流は，安定した秩序を乱す危険な事象として「国際社会」による封じ込めの対象になってきた[75]。だが世界の多くの女性たちの具体的経験に照らすなら，これまでの「国際の平和および安全」は，けっして平和でも安全でもなく，むしろ，国境の内側における女性たちの脆弱で被傷性の強い状況を覆い隠すきわめて政治的な機能を営んできたといってよい。国家，安全保障といった国際法の根幹を

担う基本概念にも，ジェンダーの位相は確然と見て取れるのである[76]。

(2) フェミニスト・アプローチが切り拓くもの

　国際法におけるフェミニスト・アプローチは，国際法のジェンダー構造を明るみに出すことによって，この法体系をより包摂的なものに変革する契機を提供するものである。本章では，人権法や人道法，国家・安全保障概念などをとりあげ，その実相を批判的に分析したわけだが，こうした営みは，なにも国際法の諸規則・諸概念の放棄を勧めるものではない。そうではなくて，そこに潜む男性中心性を浮き彫りにすることによって，国際法の境界を押し広げていくことを希求しているのである。国際法の否定ではなくて，国際法への大きな期待のあらわれといってもよい[77]。拷問禁止・生命権・労働権・自決権，国家の要件，安全保障概念などを，女性の経験を組み入れた，より包摂的なものに変革することで，国際法の普遍的通用力を高めることを求めているといってもよい[78]。

　むろん，その手法はまさにゲリラ的といってよく，ときに狂気の沙汰のように映ることもあるかもしれない。しかし，マリ・マツダの言を引用して岡野八代が想い起こさせてくれるように，「不在を探すこと，沈黙を聞くこと，正常さというどっしりとした重荷によって，ある問いが狂気じみていると言われるときに，そうした問いを問うこと」[79]こそがフェミニストの営みであることは，どんなに強調しても強調しきれるものではない。

　小論を閉じるにあたり，再び安全保障の問題に立ち戻り，フェミニスト・アプローチのもつ可能性について一言しておきたい。9・11の事件を受けて，アメリカでもヨーロッパでも日本でも，国際法にかかわる議論が活発に展開されたことはよく知られている。ただ，それらの議論ほぼすべてに「女性の沈黙」という事象への目配りが欠けていたことはあまり知られていないかもしれない。そのことのもつ意味を明確に指摘したのが，チャールズワースとチンキンであった。彼女たちが9・11について著した論考は，平和の実現に向けたフェミニスト・アプローチの可能性を示唆していて興味深い。1国主義と先制攻撃

ドクトリンをはばかることなく打ち出す米国政府のマスキュリニスト・アプローチによって世界が窒息状態に陥りつつある今，異なる声を発するフェミニスト・アプローチの意義はますます大きくなっている。彼女たちが指し示した分析の跡をたどることで，そのことを再確認しておこう[80]。

　9・11とその後のアメリカの対応は，そのほぼすべての過程を男性によって支配されていた。航空機を不法に奪取したとされる「テロリスト」のなかにも，かれらの支援者と目された者のなかにも，女性の姿はなかった。「テロリスト」たちが描いていた唯一の女性の役割は，英雄的なはたらきをした男性たちに性的な褒賞を与えるバージンとしてのそれであった。9・11の後，米国で英雄的な存在としてスポットライトがあたった人々－ニューヨーク市長，消防隊員たち－もまた男性であった。米国政府も英国政府も，タリバン政権もオサマ・ビン・ラディンをはじめとするアルカイダの人々も皆，男性。マスメディアで意見表明した者も圧倒的に男性であったとされる。つまりは，事件を引き起こしたのも，反撃したのも，救出活動にあたったのも，それらを報道したのも，すべて男性ということになる。

　この事実には，国際法学ではまったくといっていいほど関心が払われてこなかった。公的アリーナを仕切っているのが男性である事態はあまりに自然であり，彼らは男性としてではなく人間として顕現してきたからである。しかしこれが逆であったらどうだろう。たとえば，事件を引き起こしたのがすべて女性となれば，おそらく，事件の異常さは女性の激情性や不安定さに帰結させられるのがオチだろう。女性は，公的な場では，女性という特殊な存在を離れられず，けっして人間にはなれないのだ。

　きわめて特徴的なことに，一連の流れのなかで，女性はしだいにタリバンによる人権抑圧の「被害者」として描かれるようになった。アフガニスタンの女性を解放することが，米国の軍事介入を正当化する理由の１つとしてあげられていった。だがそれはきわめて政治的に動機づけられたものにすぎず，米国政府の支援した北部同盟による女性の劣悪な処遇や米国の同盟国サウジアラビア，クウェートなどにおける女性の人権の抑圧は文字通り等閑に付された。な

により，アフガニスタンにおける女性を救うためのキャンペーンを割り当てられたのは，公職にないローラ・ブッシュであった。つまり，女性の問題は私的領域の問題なので，公職をもたぬ女性が担うほうがよいということである。国連での議論においても，女性は復興を担う「主体」ではなく「被害者」として描かれた。むろん，アフガニスタンにも，アフガニスタン女性革命協会（RAWA）など最前線で主体的に活動を展開する一群の女性たちがいた。だが，彼女たちの存在は露骨なまでに忘却の対象と化されてしまった。

　男性的論理が支配した情景を最も典型的に示したのが，米国議会におけるブッシュ大統領の次の発言である――「私たちの側につくのか，テロリストの側につくのか」。英国のブレア首相もまたこういっている――「私たちは何かをしなくてはならない。そうでなければ何もしないことになってしまう」。2分法思考の極みともいうべきこうした発言，とりわけブッシュの一言に，マスメディアを含め，公的領域を埋め尽くした男性たちは過敏に反応し，「私たち」つまりブッシュの側にいることを進んで証明しようとした。それが，事態をいっそう緊張させ，激烈な武力行使以外の選択肢がないかのごとき状況へと国際社会を追い立てていった。

　フェミニスト・アプローチは，政策決定に携わる者が誰なのかということに関心を払う。なぜなら，抽象的な論理（そんなものは，もともと存在しないのだが）ではなく，具体的な人間の経験こそが法や政策をつくっているからだ。だからそこに男性しかいない事態を意図的に前景化し，その歪みを批判的に照射する。またそれとともに，2分法思考が胚胎する危険性にも注意を喚起する。「何かをするのか，しないのか」といった形で提示される2項のうち，きまって後者が劣位におかれ，前者の選択を迫る社会的圧力がはたらいてきた。しかしフェミニストは，後者を価値的に劣位におくことが必然ではないことを指し示すとともに，根本的には，2分法思考が思考の枠組みを狭め，私たちを隘路に追い込むこと（たとえば，武力行使しか選択肢はありえないという判断にいたること）を指摘する。実際のところ，複雑な現実を2分法思考で対処することほど非現実的なことはあるまい。

第1章　国際法におけるフェミニスト・アプローチ　*31*

　フェミニスト・アプローチは，思考の射程を広げることで，持続可能な解決に向けた選択肢の構築を奨励する。チャールズワースとチンキンはいう。「大きな悲劇の分析の際にセックスとジェンダーをきちんと取り入れれば，私たちの解釈と対応がいかに制約されたものであったかがわかる。国際法と国際政治の暗黙裏にジェンダー化された前提を見定め，それを揺さぶっていけば，眼前にあるきわめて差し迫った問題について，より幅のある，そして，より持続的な解決策を想像しはじめることができるであろう」[81]。

　限界づけられているかのようにみえる現実を，想像力を使って揺さぶり，新たな可能性を切り拓くこと。そして法の境界を創造的に押し広げていくこと。フェミニスト・アプローチは，そのダイナミックスを発出する知的源泉なのである[82]。

注

1) Cohen, C., "War, Wimps and Women : Talking Gender and Thinking War," *in* Cooke, M. and Woollacott, A. (eds.), *Gendering War Talk* (1993), p.239.

2) Charlesworth, H., Chinkin, C. and Wright, S., "Feminist Approaches to International Law," *American Journal of International Law*, Vol.85 (1991), pp.613-645. なお，日本の国際法関連の学会でフェミニスト・アプローチについての最初の本格的な報告は，世界法学会2002年度研究大会で申惠丰が行っている。申は，その報告を土台に，後日，フェミニスト・アプローチの相貌と問題点を鋭く描写する「国際法とジェンダー——国際法におけるフェミニズム・アプローチの問題提起とその射程」『世界法年報』22号（2003年）を信頼感あふれる筆致で著した。

3) Dallmeyer, D.G. (ed.), *Reconveiving Reality : Women and International Law* (1993).

4) Cook, R. (ed.), *Human Rights of Women : National and International Perspectives* (1994).

5) Charlesworth, H., "Alienating Oscar? : Feminist Analysis of International Law," *in* Dallmeyer (ed.), *supra* note 3, p.1.

6) Charlesworth, H. and Chinkin, C., *The Boundaries of International Law : A Feminist Analysis* (2000).

7) Tesón, F., "Feminism and International Law : A Reply," *Virginia Journal of International Law*, Vol.33 (1994), p.647 ; Koskenniemi, M., "Book Review," *American Journal of International Law*, Vol.89 (1995), pp.227-230 (reviewing *Reconveiving Reality : Women and International Law*, supra note 3) ; D'Amato, A., "Book Review," *Ibid*., Vol.89 (1995), pp.840-844 (reviewing *Human Rights of Women : National and International Perspectives*, supra note 4).
8) Charlesworth and Chinkin, *supra* note 6, p.19.
9) See Ratner, S. and Slaughter, A.M. (eds.), "Symposium on Method in International Law," *American Journal of International Law*, Vol.93 (1999), pp.291-423.
10) Alvarez, J.E., "Book Review," *Ibid*., Vol.95 (2001), pp.459-464 (reviewing *The Boundaries of International Law : A Feminist Analysis*, supra note 6).
11) *Ibid*., p.459.
12) むろん，この問いは，国際法学だけでなく，法律学一般に向けられることでもある（紙谷雅子「ジェンダーとフェミニスト法理論」『岩波講座　現代の法 11 ジェンダーと法』（岩波書店，1997年）45頁）。こうした状況にある「日本の法律学において，女性の視点から再検討することをいろいろな機会に主張したのは金城清子が恐らく最初であり，金城清子『法女性学のすすめ』が最初のまとまった著作であると思われる」（同上）。『法女性学のすすめ』は1983年に有斐閣から出版されたものだが，金城は孤立無援にも近い状況のなかで，その後も果敢に法女性学の研究を深めその成果を発表し続けていく。興味深いことに，2002年に出版した金城の書物には，法女性学ではなく『ジェンダーの法律学』（有斐閣）というタイトルが冠された。その事情を同書（2，4頁）は次のように述べる。「法律学は，女性の参画を排除し，女性の視点を欠落させたものであり，法男性学にすぎないとして，女性の視点からの法律学の再検討をめざした法女性学を提唱し，『法女性学のすすめ』（有斐閣，第4版まで刊行）を出版したのは，1983年のことだった。その後，女性の視点からの法律学研究は，広く行われるようになり，国の女性政策に大きな影響を与えてきた。…男性にとっても，性別分業は，非人間的，自己拘束的で，さまざまな不利益をもたらしていると意識されるようになってきた。このように女性の問題提起から始まった性別分業への異議申し立ては男性にも共有されるようになってきたのである。ジェンダーの法律学は，歴史的，文化的に形成されてきたジェンダーによって，女性ばかりでなく，男性も，その人としての尊厳や幸福追求権などの人権を奪われてきていることを明ら

かにする。そしてその変革の方向を法律学の分野で探り，ジェンダーにとらわれない，ジェンダー・フリーな法や制度のあり方を考察するものである。したがってジェンダーの法律学は，男女の共同参画によって追究されなければならない」。男女共同参画という表現は，性差別撤廃という過程を踏まずに一足飛びにジェンダー・フリーな社会が到来するかのような響きを漂わせており，その使用にはためらいを覚えるが（「男女共同参画」の陥穽については，「男女共同参画の資格と誤算」の特集を組んでいる『インパクション』131号（2002年7月）が詳しい。また，牟田和恵「男女共同参画時代の＜女帝＞論とフェミニズム」『現代思想』2003年1月号，115-129頁も参照)，金城のこの指摘は，男性も国際法におけるフェミニスト・アプローチに参入すべきことを奨励するものとして，とても勇気づけられる。なお，国際法の分野において理論・実践両面で「女性の人権」を追究してきた代表的存在が山下泰子であることはここに改めて確認するまでもないが（彼女の代表的な著作として，『女性差別撤廃条約の研究』（尚学社，1996年)），フェミニスト・アプローチは，山下がこれまで扱ってこなかった国際法の分野にもジェンダーの視座を用いて分析を及ぼしていく。その意味で，これまでの蓄積を踏まえつつ，研究の射程は格段に広がっていくことになろう。

13) この点につき，たとえば，大沼保昭「国際社会における法と政治－国際法学の『実定法主義』と国際政治学の『現実主義』の呪縛を超えて」国際法学会編『日本と国際法の100年　第1巻　国際社会の法と政治』（三省堂，2001年）2,6頁（注13）参照。

14) これとは対照的に，コスケニエミは，批判的な観点からではあるが，フィンランドの法学界が自由で多元的な伝統の下にあることを指摘している（Koskenniemi, M., "Letter to the Editors of the Symposium," *American Journal of International Law*, Vol.93 (1999), p.353)。

15) ピエール・ブリュドゥーのいう「ハビタス」（知覚に組み込まれた慣習）ということだが，この「構造化する構造」のメカニズムについては，ピエール・ブリュドゥー=石井洋二郎訳『ディスタンクシオン』（藤原書店，1990年）参照。また，江原由美子『ジェンダー秩序』（勁草書房，2001年）第3章も参照した。

16) 樋口陽一編『ホーンブック憲法』[改訂版]（北樹出版，2000年）66,67頁。

17) Halliday, F., "Hidden From International Relations : Women and the International Arena," *Millennium*, Vol.17 (1988), p.419.

18) 竹村和子『フェミニズム』（岩波書店，2000年）19頁。

19) Charlesworth, H., "Feminist Methods in International Law," *American Jour-*

nal of International Law, *supra* note 9, p.379.
20) ジョーン・スコット=荻野美穂訳『ジェンダーと歴史学』（平凡社，1992年）29頁。
21) 上野千鶴子『差異の政治学』（岩波書店，2002年）22頁。
22) Charlesworth, Chinkin and Wright, *supra* note 2, pp.614-615.
23) キャサリン・マッキノン=上野直子訳「フェミニズムが法学教育を変える—根本原理への問い直し」『世界』706号（2002年10月）260頁。
24) 同上。
25) 寺尾美子「ジェンダーが切り拓く地平」『ジュリスト』1237号（2003年1月）17頁。
26) こうしたフェミニスト理論については，さしあたり，江原由美子・金井淑子編『フェミニズム』（新曜社，1997年）参照。また，フェミニスト理論と法のかかわりについて簡潔に分析を加えたものに，紙谷，前掲論文，（注12）。さらに，フェミニスト理論がカナダの憲法判例にいかに影響を与えたのかを分析するものとして，Mahoney, K., "Theoretical Perspectives on Women's Human Rights and Strategies for their Implementation," *Brooklyn Journal of International Law*, Vol.21 (1996), pp.799-856. この論文は，国際法における女性の人権についても，フェミニスト理論を用いて分析を加えており，実に有用である。
27) Charlesworth and Chinkin, *supra* note 6, p.49.
28) Charlesworth, *supra* note 19, p.381.
29) Olsen, F., "The Sex of Law," *in* Kairys, D. (ed.), *Politics of Law* (3rd ed. 1998), p.691. 翻訳は，寺尾，前掲論文，（注25），15頁によった。
30) 女性的なものとして劣位におかれてきた価値を召喚することによって，フェミニスト・アプローチは2分法の再構成をはかろうとしているのではなく，むしろ，そうした2分法自体の脱構築を目指している。
31) なお，フェミニズムが女性の全的解放を目指すというとき，そこで念頭におかれている解放とは，性差別からの解放だけではない。そこには，女性をとりまくあらゆる抑圧，すなわち階級差別，人種差別，不均衡な国際経済構造といったものからの解放も含意されている。抑圧構造は，「これは性差別，これは人種差別」などときれいに分解できるものではなく，むしろ相互に連動し強化しあって存在している。先進国の一握りの恵まれた女性であればいざ知らず，おそらく世界の圧倒的多数の女性にとって，性差別の側面だけを切り取ることは不可能だろうし，仮にそれができたところで抑圧からの解放が実現するわけではない。抑圧構造すべてが取り除かれなくてはならない。

国際法におけるフェミニスト・アプローチも，抑圧構造全体の解体を視野にいれて挑戦的な議論を続けていかなくてはならないだろう。その際，先進工業国の市民という「位置」にある日本のフェミニストには，みずからが被る抑圧だけでなく，みずからが加担する抑圧構造の解体に向けて自覚的に関わっていくことがとくに求められている。こうした視点の重要性を執拗なまでに訴えるものとして，岡真理『彼女の「正しい」名前とは何か――第三世界フェミニズムの思想』(青土社，2000年)。また，鄭暎惠「フェミニズムのなかのレイシズム――フェミニズムは誰のものか」江原・金井編，前掲書，(注26)，89-113頁も参照。

32) Mohanty, C., "Under Western Eyes: Feminist Scholarship and Colonial Discourse," *Feminist Review*, Vol.30 (1988), p.74.
33) 鄭，前掲論文，(注31)，111頁。
34) ガヤトリ・スピヴァク=鈴木聡・大野雅子ほか訳『文化としての他者』(紀伊国屋書店，1990年) 68頁。
35) ジュディス・バトラー=竹村和子訳『ジェンダートラブル――フェミニズムとアイデンティティの攪乱』(青土社，1999年) 44頁。
36) 9・11以後アメリカでは，アメリカによる軍事行動を正当化する口実としてタリバン政権下における女性の抑圧を利用する「国家フェミニズム」が台頭した。フェミニズムが「他者を軍事的に攻撃するために破壊的な論理として用いられ…た」のである。にもかかわらず，そうした「現実から目を遠ざけ，争点の抽象化に逃げ，さらにそれに疑問を感じないフェミニズム団体…，行動につなげられないフェミニストたち」(前田眞理子「『テロ後』とフェミニズムの論理――誰のための，何のための解放か」『法律時報』2002年5月号，46頁)。「第三世界」フェミニストたちはこれまで，先進国のフェミニストに向けて，南の女性の解放を考えるなら，まずなすべきは，支援の手を差し伸べることではなくて，南の人々を搾取する国際的な抑圧構造の解体に向けて自国(北の国家)の在り方・政策を変えることではないか，という正当な批判を加えてきた。だが9・11以後のアメリカのフェミニズムをみると，みずからが加担する抑圧構造に無頓着などころか，アフガニスタン女性による解放運動の存在をまったく視野にいれず，「南」の人々の破壊に進んで加わっているとしか思えない。これでは，抑圧からの解放どころか，単なる覇権志向にすぎなくなってしまう。他方で日本については，91年8月にはじめて日本軍性奴隷制の被害者(サバイバー)が名乗りをあげて以来，「慰安婦」問題にコミットし，日本国の法政策の転換を求めて行動する国際法研究者が皆無にも等しかった事実を想起しないわけにはいかない。この事実は，女性の

全的解放というフェミニズムの理念と，旧植民地保有国の市民として果たすべき連帯行動の意義（＝支援の手を直接差し伸べるということ以上に，彼女たちに抑圧を強いる日本国の在り方・政策を変えるようはたらきかけること）がまったくといっていいほど国際法学のなかで共有されていなかったことを意味している。アメリカ・日本とアフガニスタン・朝鮮半島との関係性はあきらかに非対称なものである。帝国主義あるいは植民地主義といった言葉で表象されうるその不均衡な力関係が生み出す抑圧構造には，できるかぎり敏感でありたいものだ。国際社会全体に射程を伸ばすフェミニズム国際法学の担い手にはそれが強く求められるのではないか。

37) See Fellmeth, A., "Feminism and International Law : Theory, Methodology, and Substantive Reform," *Human Rights Quarterly*, Vol.22 (2000), pp.681, 682.
38) Gilligan, C., *In a Different Voice* (1982), 岩男寿美子監訳『もう一つの声』（川島書店，1986年）．
39) 岡野八代「境界のフェミニズム」『現代思想』2003年1号，149頁．
40) フェルメスは，他者とのつながりを大切にするギリガンの倫理を前面に立ててフェミニズム国際法学を再構築する可能性を示唆する（Fellmeth, *supra* note 37, pp.684-686）。そのこと自体にただちに異議を申し立てるつもりはないが，ただ彼がいうように集団安全保障，世界貿易機関（WTO），欧州連合などが「思いやりの倫理」の可能性を指し示していると解する見方には賛同しかねる。確かに，他者とのつながりを大切にする「思いやりの倫理」がウェストファリア体制を体現する2国間主義よりも，国連体制に代表される多国間主義に同調性があることは間違いないだろうが，だからといって，かんじんの多国間主義の実態が男性支配エリート間の談合的つながりにすぎないのであれば，その帰結は女性にとってけっして福音にはなりえない。たとえば，世界貿易機関は，疑いなく多国間主義の発現ではあるけれど，この機関の主導のもとに推進される世界大の自由貿易/市場原理は，女性の人権にとって最大の脅威となって立ちあらわれている（See *e.g.*, Orford, A., "Contesting Globalization : A Feminist Perspective on the Future of Human Rights," *Transnational Law and Contemporary Problems*, Vol.8 (1998), pp.171-198）。「思いやりの倫理」を彼のように説く場合には，フェミニスト理論の名の下に新たな抑圧を正当化することになりかねない。
41) Charlesworth, *supra* note 5, p.3.
42) Charlesworth, *supra* note 19, p.379.
43) 竹村，前掲書，（注18），11-12頁．

44) ただし，公私の境界は1つの国家においても流動的であり，世界的にみれば，境界確定にあたっての相違はいっそう顕著である（たとえば，アフリカの状況については次の文献を参照。Murray, R., *The African Commission on Human and People's Rights* (2000), pp.33-47)。しかし女性が私的領域に周縁化されて配置されていることについては，いずれの国/社会であっても変らない（Charlesworth and Chinkin, *supra* note 6, p.59)。
45) 1995年の北京女性会議で採択された行動綱領でさえ女性に2重の役割を求めるものであったことにつき，see Otto, D., "Holding up Half the Sky, But for Whose Benefit? A Critical Analysis of the Fourth World Conference on Women," *Australian Feminist Law Journal*, Vol.6 (1996), p.21.
46) Knop, K., "Re/Statements : Feminism and State Sovereignty in International Law," *Transnational Law and Contemporary Problems*, Vol.3 (1993), pp.312-313.
47) キャサリン・マッキノン「戦時の犯罪，平時の犯罪」S.シュート・S.ハーリー編=中島吉弘・松田まゆみ訳『人権について』（みすず書房，1998年）103-104頁。
48) Rodley, N., "The Evolution of the International Protection of Torture," *in* Amnesty International (ed.), *The Universal Declaration of Human Rights 1948-1988 : Human Rights, The United Nations and Amnesty International* (1988), p.63.
49) See *e.g.,* Bunch, C., "Women's Rights as Human Rights : Toward a Re-vision of Human Rights," *Human Rights Quarterly*, Vol.12 (1990), pp.490-491.
50) Charlesworth and Chinkin, *supra* note 6, pp.235-236.
51) 以上につき，see *id*., pp.231-244.
52) 阿部浩己『国際人権の地平』（現代人文社，2003年）106-108頁。
53) Jochnik, C.and Normand,R., "The Legitimation of Violence : A Critical History of the Laws of War," *Harvard International Law Journal*, Vol.35 (1994), p.50.
54) Gardam, J., "Women and the Law of Armed Conflict : Why the Silence?" *International and Comparative Law Quarterly*, Vol.46 (1997), p.62.
55) United Nations Development Program, Human Development Report (1995), p.45.
56) この議定書の締結を，最大の軍事大国である米国は一貫して拒んできており，日本も現時点まで未締結のままである。
57) United States : Department of Defense Report to Congress on the Conduct

of the Persian Gulf War? Appendix on the Role of the Law of War, reprinted in *International Legal Materials*, Vol.31 (1992), p.612.
58) Gardam, J. and Charlesworth, H., "Protection of Women in Armed Conflict," *Human Rights Quarterly*, Vol.22 (2000), pp.161-162.
59) 広河隆一「アフガニスタン空爆の犠牲者」『週刊金曜日』2003年1月31日号, 32-39頁。
60) Gardam, *supra* note 54, p.57.
61) See Chinkin, C., "Rape and Sexual Abuse of Women in International Law," *European Journal of International Law*, Vol.5 (1994), pp.326-341.
62) こうした女性の見方は, 赤十字国際委員会の注釈書にもみられる。See Pictet, J. (ed.), *Commentary on Geneva Convention II for the Amelioration of the Condition of Wounded, Sick and Shipwrecked Members of Armed Forces at Sea* (1960), p.92.
63) Gardam, *supra* note 54, p.74.
64) Charlesworth, *supra* note 19, p.386.
65) Gardam, G.J., "The Law of Armed Conflict : A Gendered Regime?" *in* Dallmeyer (ed.), *supra* note 3, pp.184-185.
66) 長谷川博子「儀礼としての性暴力—戦争期のレイプの意味について」小森陽一・高橋哲哉編『ナショナル・ヒストリーを超えて』(東京大学出版会, 1998年) 287-304頁。See also, Brownmiller, S., *Against our Will : Men, Women and Rape* (1975).
67) Prosecutor v. Akayesu, Judgment, No.96-4-T (Sep. 2, 1998) available *at* http://www.un.org/ictr. 前田朗『戦争犯罪論』(青木書店, 2000年) 76-109頁。
68) Charlesworth, *supra* note 19, p.388.
69) Enloe, C., *The Morning After : Sexual Politics at the End of the Cold War* (1993), pp.118-120.
70) Koskenniemi, M., *From Apology to Utopia : The Structures of International Legal Argument* (1989), p.499.
71) 国家については, 承認の法的効果をめぐり, 創設的効果説と宣言的効果説が対立してきたことがよく知られているが, いずれの学説を採用するにせよ, 国際法上の国家であるためにはこの4つの要件を備えていることが最低限必要なことにはかわりない。だが, なぜ国家として認知されるにはこの4つの要件が必要なのか。ありていにいってしまえば, それは, 国際法の言説実践が, そう決めたからである。つまり, 国家は国際法という法言説によって構築されるのであって, その逆ではない。国際法に先立って国家が存在し

ているわけではないのである。「女」というカテゴリーが言説実践によって産出されている（バトラー，前掲書，（注35），21頁）のとまったく同じことである。この点に関連して，国家の要件をこのように設定することにより，国家以外の存在を非正統化する効果があることに留意すべきだろう。たとえば，先住民族のように，領域がないかあるいは自治を認められた土地があっても独立を欠く存在は，国家でないとして，一人前の法主体性を否定される。それは，国際法における国家の優位性を法言説を用いて（再）刻印することであり，さらにいえば，先進工業国の植民地支配という清算しきれぬ負の歴史をまるごと忘却させる国際法の暴力性をあらわしてもいる。

72) 男性の論理が本質主義的に規定されているのか，社会的に構築されているのかはここでは問わない。
73) See Charlesworth and Chinkin, *supra* note 6, p.262.
74) Orford, A., "The Politics of Collective Security," *Michigan Journal of International Law*, Vol.17 (1996), p.397.
75) *Ibid*., pp.399-400.
76) このほか，同じように女性を不可視化する国家責任の法理や国際経済法の現状にも高度のジェンダー性があらわれているが，その分析は別の機会に行いたい。
77) アルバレスは，チャールズワースとチンキンが登場してから10年以上たった今日，彼女たちが国際法の「破壊者」ではなく「改革者」であることに同意することは「驚くほど容易」になったと述べる（Alvarez, *supra* note 10, p.461）。
78) フェミニストの営みは，国際刑事分野のみならず，人権法の分野でも漸進的に法制度の変革をもたらしつつある。女性差別撤廃条約選択議定書の作成はその顕著な例である。こうした展開については，山下泰子の次の2つの論考を参照。「国際人権保障における『女性の人権』―フェミニズム国際法学の視座」国際法学会編『日本と国際法の100年 第4巻 人権』（三省堂，2001年）68-100頁，「女性差別撤廃条約採択後の国際人権の展開」『ジュリスト』（注25），31-47頁。
79) 岡野，前掲論文，（注39），148頁。
80) Charlesworth, H. and Chinkin, C., "Sex, Gender, and September 11," *American Journal of International Law*, Vol.96 (2002), pp.600-605. ここでの分析は，2003年3-4月にかけて行われた米英によるイラク攻撃とその後の占領についても基本的に妥当する。米英のイラク攻撃と占領をめぐる国際法上の問題については，さしあたり，阿部浩己「帝国の『法』に対抗する」『季刊

ピープルズ・プラン』22号（2003年春），「国際法からみた『イラク復興支援』」『世界』2003年8月号，「帝国と，まっとうさを求める人間たちの声」『神奈川大学評論』45号（2003年），「派兵は『不正義』への加担である」『世界』2003年12月号参照。
81) Charlesworth and Chinkin, *supra* note 80, p.605.
82) 日本軍性奴隷制問題に新たな視角を提供した女性国際戦犯法廷の営みとその最終判決は，国際法の境界を創造的に押し広げようとするフェミニストたちがもたらした歴史的な成果である。その詳細について，VAWW-NET Japan 編『女性国際戦犯法廷の全記録Ⅰ』（緑風出版，2002年）参照。また，申，前掲論文，（注2）も，この法廷の営みに高い評価を与えている。

(阿部　浩己)

第2章　グローバルな女性運動の形成と展開

はじめに

　世界各地で，女性たちは男性とともに，より良い社会をつくるために自分たちが直面している課題を取り上げ，運動を展開してきた。女性運動の始まりは，先進国であれ途上国であれ，多くの場合草の根にある。とはいえ，女性運動の定義は簡単ではない。ここでは女性運動を，女性を主な担い手をとする，男女平等や女性の関心事を活動の目的に掲げる，労働運動や他の社会運動とは自立的な集団的活動，と緩やかに定義する[1]。
　女性運動はそもそも，問題や課題に対してそれを解決し社会を変革しようとする人びとの活動の集成であり，必ずしも国連に向かうものではないが，本章では国連に収斂する女性運動に焦点をあてる。そのため，女性NGOによる国連に対する働きかけを女性運動と見なす場合もある。このように国連に向かう運動に限定することは，豊かな女性運動の一部を見るにすぎないことを肝に銘じたい。
　本章では，女性運動が国連の場を通じて発言の場を確保し，男女平等の実現を国連の議題に載せ，女性に関する会議を開催させ，それへの参加の過程で表面化してきた「南」と「北」の違いを克服し，またさまざまな手法を獲得しながら進展してきた歩みを，20世紀後半，とくに1975年以降の時代に焦点をあてて跡づける。全体としては，女性運動を大きく次の4期に分けて考える。
　第1期は，女性運動の始まりから1975年までの長い時期。19世紀後半から欧米の中産階級の女性を中心に，国際的な連携に基づき，国際連盟および国際連合の設立およびそこに女性の関心事を反映させるよう働きかけてきた時期であ

る。とくに国連設立後は、女性の地位委員会（CSW）の設立や女性差別撤廃宣言のような、国連の枠組みを通じて女性の地位向上を進めてきた。

第2期は、1975年の国際女性年から始まる国連女性の10年の時期である。この時期は女性の課題の優先順位をめぐって途上国と先進国の優先事項の違いが鮮明になったが、国連女性の10年を経て、開発と女性に対する理解が進み、女性運動の共通の課題が模索されるようになった。女性運動がグローバル性を獲得した時期といえる[2]。

第3期は、1990年代以降、グローバル・フェミニズム[3]となった女性運動が、環境、人権、人口などをテーマとした一連の国連の会議において女性の主流化、ジェンダー化に成功し、権利に基づくアプローチを獲得した時期である。その後、1995年の北京世界女性会議を経て、ジェンダーの視点の主流化としての定着をみた。

第4期は、北京世界女性会議後NGOが国連のパートナーとしての地歩を固めてきた時期である。NGOの女性たちは、コーカスを形成してロビー活動を展開しただけでなく、オルタナティブ・レポートを作成するなどして国連のパートナーとして認められるようになった。

以上のように女性運動の変遷を追った後、グローバル・フェミニズムとなった女性運動の課題を示唆する。それは、グローバルな女性運動のなかで、ローカル・フェミニズムのもつ多様性をいかに保障するかという課題である。

1　1975年以前の女性運動

（1）女性参政権運動，平和運動

19世紀後半、女性運動が国際的な広がりをもち始めた時の中心的課題は、女性の参政権獲得であった。後に第1波フェミニズムと呼ばれるようになったこの時期の運動は活発で、1904年には女性参政権を求める国際組織として国際女性参政権同盟（IWSA：International Woman Suffrage Alliance）[4]が結成された。この時期の女性運動の主な担い手は、経済的豊かさを享受することができ

た欧米諸国の中産階級の女性たちであったが，女性参政権運動の国際的広がりは欧米に限るものではなかった。たとえばフィリピンでは，1912年にアメリカとオランダから2人の女性参政権活動家が訪問したのを機に，それまで個々に活動していた女性グループにより，女性参政権獲得を目的とする女性向上協会（Society for the Advancement of Women）が結成され，その後のフィリピンにおける女性参政権運動の種子となった[5]。またインドにおいても，女性参政権運動は20世紀初頭に非常に盛んになり，1913年にブタペストで行われた IWSA の会議には代表が参加した[6]。

他方，平和運動はヨーロッパの主婦の間から始まり，最初の国際女性 NGO の誕生に結びついた。1850年代，英国では，3,000人以上の女性が150もの「オリーブの葉サークル（Olive Leaf Circles）」というグループに属し，毎月会合を開き，平和の問題を議論していた。女性たちは雑誌を刊行したり，平和のメッセージを海外の新聞に寄稿したりして，家庭にいながら海外の女性たちとつながって活動していた[7]。このような草の根の運動を背景に，1893年のシカゴの万国博覧会では「世界のすべての大陸から集まった女性たちによる，大規模な女性の会議が初めて開かれた」[8]。

1915年には，ヨーロッパの女性参政権運動と平和運動が連携して，ハーグで「女性国際平和会議」が開かれた。第1次世界大戦開始8カ月後に開かれたこの会議には，欧米の12カ国から1,200人以上もの女性の参政権運動や平和運動の活動家が集まった。会議は戦争の早期終結，和平交渉の開始，平和の構築を各国政府に呼びかける決議を採択し，女性の参政権の確立，女性の参加に基づく恒久的な国際機関の設立を要求した。また，恒久平和を求める国際女性委員会（ICWPP：International Committee of Women for Permanent Peace）を設立し，本拠をアムステルダムにおいた[9]。ICWPP は，1919年にはベルサイユ会議に合わせて第2回女性国際平和会議を開催し，ベルサイユで交渉中の政府代表に対し，ドイツ，オーストリアに対する食糧制裁を中止し，和平合意に女性憲章を含めるよう圧力をかけた。そしてこの会議から，国際的な女性団体「女性国際平和自由連盟（WILPF：Women's International League for Peace and

Freedom)」が誕生し，ジェーン・アダムズが会長に就任した[10]。

また，女性団体は，1919年には連合国参政権会議(IASC：Inter-Allied Suffrage Conference) を結成し，国際連盟における意思決定の地位への女性の参加を要求し，全加盟国が普通選挙権を推進すること，外国人と結婚した女性の国籍保全，女性と子どもの人身売買および公娼制度の廃止などを提言した[11]。これを受けて国際連盟では，人道的労働条件の推進，女性と子どもの人身売買防止，国際連盟における女性の採用などが決議された[12),13]。さらに，国際労働機関(ILO) の結成により女性労働者の国際的組織化も進み，1919年には国際女性労働者会議（IFWW：International Federation of Working Women）が結成され，ILOの活動開始以後は，女性の権利を議題に載せるよう圧力をかけた。女性団体と労働組合の女性はまた，女性国際団体連絡委員会（Liaison Committee of Women's International Organizations）を結成し，国際連盟およびILOの会議を監視した。

このような形で，1920・30年代，女性団体は女性および女性の権利が無視されないよう運動した。この結果，1915年以前は15にすぎなかった国際的な女性団体は1930年には31に倍増していた[14]。また，直接的に国際連盟に働きかけることはしなかったが，アジア太平洋地域でも女性のネットワークが始まっていた。汎太平洋東南アジア婦人協会（PPSEAWA：Pan-Pacific and South East Asia Women's Association）は1928年に始まった会議体のネットワークで，以後，第2次世界大戦中の中断を除いて今日まで，ほぼ3年に1回会議を開催してきている。1928年ホノルルで開催された第1回会合には，日本を含む汎太平洋地域の国や島から13カ国[15] 計179人もの女性代表が参加した[16]。1930年の第2回目の会議で汎太平洋婦人協会として正式に発足し，その後1955年に現在の名称になった。また，ラテンアメリカの女性たちは，1928年の米州国際会議に米州女性委員会（IACW：Inter-American Commission of Women）を結成するのに力があった。IACW は後に国際連合において影響力を発揮した。

以上のように，初期の女性運動は，教育を受けた都市中産階級を主な担い手とするものではあったが[17]，国を越えて，参政権や平和など共通する関心事に

取り組み，国際連盟など国際社会に女性の決定への参加を要求してきた。

（2）国際連合の誕生と女性政府代表の活躍

　国際連合（国連）創設以降，国連のアジェンダに女性の課題を統合する仕事の多くは，政府代表として参加していた女性が主導的役割を果たした。女性NGOは，国連憲章に女性に関する文言をいれ，CSWを設立するよう圧力を掛けたが[18]，その影響力は後の時代に比べると大きいものではなかった。

　国連に向けた女性運動の最初の課題は，国連憲章の前文に男女同権の文言をいれ，性別にかかわらず人権と基本的自由が保障されるべきことを明確に規定することであった。政府代表として参加していた女性たちと42のNGOの代表がこれに取り組んだ[19]。さらに，1946年ロンドンで開かれた第1回国連総会では，アメリカ政府代表のエレノア・ルーズベルトが，17人の女性政府代表たちと共同で準備した「世界の女性たちにむけての公開書簡」を読みあげた。これは世界の女性たちに平和と復興への参加を呼びかけるもので，国連における最初の女性による公式の意思表明であった[20]。

　1948年に採択された世界人権宣言をめぐる政府代表女性たちの活躍もめざましかった。人権宣言の前文の草案では「各人（everyone）」となっていたところを，ドミニカ共和国代表のミネルヴァ・ベルナディーノは，この表現ではすべての個人を意味しない国があるとして，国連憲章と同様に男女と明記するよう主張した。また，草案では人をあらわす言葉として英語のmenが用いられていたが，これを「すべての人間は（human　beings）」（1条）という表現にした[21]。

　日本は，1956年の国連加盟前から女性の政治的権利条約を批准しており，加盟後はただちにCSWの委員に立候補，当選するなど，国連の女性の地位向上の取組みに積極的に参加してきた。そして1957年には，市川房枝，藤田たきを中心に「国連NGO国内婦人委員会」を設立し，民間からこの動きを支援した[22]。この後今日まで，女性の問題を扱う国連総会第三委員会への日本政府代表団に，このNGOが推薦した人を加えることが慣行になっている[23]。

以上のように，1950・60年代，女性の課題を国連の議題にするにあたり力があったのは，主にはCSWに参集した女性の政府代表であった。

(3) 開発における女性

　1960年代と1970年代前半は，国連においては，開発および開発における女性の役割が強調され始めた時期である[24]。開発が重視されるようになった背景には，国連の加盟国に新興独立国が増え，国連加盟国のうち開発途上国の方が多くなったことがある。51カ国で始まった加盟国は1965年には118カ国と倍以上になり，新興加盟国の間で西欧先進国主導の国連運営に対する不満の声があがってきた[25]。加えて，1961－70年の第1次国連開発の10年の結果，女性が開発の便益を男性と同等に受けられないでいることが広く認識されるようになり，開発における女性が注目されるようになった。その後国連は，1970年代を第2次開発の10年とした。そしてそこでの文書には「すべての開発の取り組みにおける女性の完全なる統合」が含まれた[26]。これを受けてCSWは，社会開発委員会と協力して，1972年，女性の統合に関する専門家会合を召集した。このとき招かれた専門家のなかには，『経済開発における女性の役割』（1970）を著したボゼラップも含まれていた[27]。

　1960年代末から1970年代にかけての第2波フェミニズムの運動の広がりは，開発援助や開発の専門家にもおよんだ。この分野の専門家の集まりであるSID (Society for International Development) に，開発と女性に関心をもつグループとしてWID (Women in Development) 部会が生まれ，SID／WIDが結成された。SID／WIDは，SIDの意思決定への女性の参加，開発援助機関における女性の雇用の増加を求めただけでなく，途上国において開発が女性に不利な状況をもたらしている事態にも注意を喚起した。SID／WIDのメンバーは，アメリカ政府国務省の女性官僚を巻き込み，1973年にはアメリカの議会で，政府開発援助における女性の統合を求めるパーシー修正案が可決された。さらにこれを提案したパーシー上院議員は，1974年，国連総会においても開発における女性に関する決議をするよう提案した[28]。

この時期，開発における女性という問題を提起し，国連の議題にすることに部分的ながら成功したのは，第2波フェミニズム運動の影響を強く受けた開発に関心をもつ主には国際機関の女性たちで，当事者である途上国の草の根の女性たちではなかった。途上国の女性たちは，それまでも参政権運動，独立運動などさまざまな運動を展開してきていたが[29]，それらは国連に向かうものではなかった。

2　国連女性の10年

　国連における男女平等への取組みにもかかわらず，1970年代になってもその達成には程遠い状態であった。そこで国連は，それまでの個別課題に対する基準づくりから，総合的基準づくりへとアプローチを変えた[30]。この総合的基準づくりのあらわれが，1967年の「女性差別撤廃宣言」および1979年の「女性差別撤廃条約」の制定であり，1975年の国際女性年世界会議に始まる一連の世界女性会議の開催と，そこでの行動計画，将来戦略などの採択，そして国連女性の10年であった。

（1）国連世界女性会議と NGO フォーラムの開催

　1975年を国際女性年にしようとの発案は，1972年の CSW にオブザーバーとして参加していた国際女性 NGO，国際民主女性連盟（WIDF：Women's International Democratic Federation）から出たものだった[31]。この女性 NGO 提案と働きかけを受け，CSW で決定後，国連総会に提案し，1972年12月に総会で決議された。しかしこの時は，国際女性年とすることが決まっただけで，世界女性会議をすることは決まっていなかった[32]。

　一方，国連で働く女性たちは，1960年代後半から1970年代前半の第2波フェミニズム運動およびアファーマティブ・アクション（積極的格差是正措置）推進の動きに呼応して，国連の意思決定にかかわる地位への女性の登用を提起した。それに答えて，最初の女性の国連事務総長補佐（Assistant Secretary General) にヘルヴィ・シピラが任命された。シピラは内外の女性の力を背景に，1974年の総会で，1975年の国際女性年を記念して世界会議を開催するとの決議を採択するのに成功した[33]。

1975年「平等・開発・平和」をテーマにメキシコシティで開かれた国際女性年世界会議は，その成果としてメキシコ世界行動計画を採択し，1976年からの10年を「国連女性の10年」とした。国際女性年世界会議は，女性の視点に立って女性の課題と世界の問題を話し合った最初の地球規模の国際会議であり，国連にとってのターニングポイントであっただけでなく[34]，女性運動に大きなはずみと影響力をもたらすものであった。この会議に参加した政府代表1,200人中73％が女性，133人の代表団長のうち，113人が女性であった[35], [36]。NGO も含めて多くの女性にとっては，このような国連による国際会議への参加ははじめてのことであった。

女性の運動にとって重要なのは，NGO フォーラムである国際女性年トリビューンが併催され，約6,000人[37]の NGO の女性が参加したことである[38]。この時の NGO フォーラムへの参加者は，幅の広さ，情熱において，それ以前の国連の会議[39]とは異なるものであり，「歴史上もっとも啓蒙的な会議」であったとされている[40]。その後も，1980年のコペンハーゲン世界女性会議の NGO フォーラムには約7,000人が集まり，1985年ナイロビ世界女性会議の NGO フォーラムの参加者は約1万5,000人を記録した[41]。さらに，1995年の北京での第4回世界女性会議の NGO フォーラムの参加者は3万人にも達した[42]。女性運動へのインパクトという点から見れば，この NGO フォーラムに参加した女性の間で生まれたシナジーこそ重要なものであった[43]。

とはいえ，会議に集まった女性たちは，政府間会議の決定に影響力を及ぼすためのロビー活動については新しく学ぶべきことが多かった[44]。国連の決定に効果的に影響を及ぼすためには，準備会合の段階での働きかけが重要であり，出発前に自国の政府に対して行っておかなければならないこと，その声を強くするためには国際的協調が大切であることについて，女性たちは一連の世界女性会議を通じて学習し，その成果は10年後のナイロビ世界女性会議で生かされ

た。

　1976年に生まれた情報提供型の女性NGOであるInternational Women's Tribune Center（IWTC）は，以後今日まで，国連の会議に関する知識やアドボカシー活動にかかわる実践的技能を，世界の女性NGOやコミュニティで活動しているNGOに伝達・教育し，それを通じて世界中の女性たちが国連にアクセスするのを支援してきている。

（2）女性差別撤廃条約

　女性差別撤廃条約の採択と女性差別撤廃委員会の発足は，国連女性の10年のハイライトであり，その後の女性運動に大きな力となるものであった。1967年に採択されていた女性差別撤廃宣言は，差別的な慣習や慣行の廃止を含むあらゆる形の差別の廃止を求めるものではあったが宣言であり，男女平等を推進するには十分な力をもたなかった。

　女性差別撤廃条約の起草作業は1974年に特別作業部会が設置されたときから始まった。この草案文書に対する修正意見のなかには10のNGOからのものが，政府，専門機関と並んで含まれており[45]，NGOもその制定に寄与したが，条約草案は基本的には国連によってつくられた。条約は1979年12月の国連総会で採択され[46]，1980年のコペンハーゲン世界女性会議において署名式が行われ，日本を含む64カ国が署名した[47]。同時に条約の履行を監視するための女性差別撤廃委員会（CEDAW）が設立された。

　条約は，加盟国政府に女性差別撤廃を義務づけており，女性運動の力強い道具である。政府に義務づけられているCEDAWへの報告とCEDAWによる勧告を利用して女性NGOは各国政府に圧力をかけることもできる。女性差別撤廃条約との関連で言えば女性NGOの働きは，条約制定過程よりその後の各国政府への働きかけに力があった。条約に関する啓発活動を展開し，政府に署名，批准を促し，さらにはその実施を監視する活動を活発に展開してきた[48]。

　日本においても同様である[49]。日本国内における女性運動からの圧力がなければ1980年の日本政府の署名はなかったであろう。国際的にも，International

Women's Rights Action Watch（IWRAW）のような，女子差別撤廃条約の実施の監視を主要な活動目的にした女性NGOが生まれた。これらの女性運動の力もあり批准国は増え続けている。

（3）「南」と「北」

　1975－85年に開かれた合計3回の世界女性会議は，世界の女性たちが一堂に集い，語り合う機会を提供した。とりわけ開発途上国の女性たちにとっては，自分たち意見を表明する場として重要であったが，同時にそこでは「南」と「北」の女性の意見の違いも鮮明になった。すでに，国際女性年のテーマである「平等・開発・平和」を決めるに当っても先進国と途上国間で意見の違いが見られたが[50]，メキシコ世界女性会議では，政府間会議だけでなくNGOフォーラムにおいても，何が女性の課題かについて「南」と「北」の違いが表面化し，しばしば論争になった。それは，参加した日本人によると，「…経済的侵略の問題を抜きにして女性問題を語ることはできない」とアジアやアフリカの女性たちが詰め寄る，という状態であった。むろん，話し合っていくうちに途上国の主張は理解されるようになるのであるが，このような対立は1980年のコペンハーゲン世界女性会議においても見られた[51]。

　この状態に対し，両者の理解を深め，共通のビジョンを示すためのさまざまな試みが行われた。たとえば，バンコク・ペーパーと呼ばれる宣言文は，1979年，国連女性と開発アジア太平洋センターの呼びかけで集まった開発途上国と先進国の女性により作成されたものである。ここでは，性に基づく差別と貧困，政治的・経済的不公正の両方を課題とし，女性の決定権という共通の目標を掲げることにより，対立を乗り越えようとしている[52]。さらに，DAWN (Development Alternatives with Women for a New Era) は開発途上国の女性の立場にたった新しいビジョンを示した。DAWNは1984年，インドのバンガロールに集まった「南」の女性の研究者や活動家からなるNGOである。それまで「開発と女性」が開発への女性の統合を提唱してきたことに対し，開発のあり方そのものを女性の視点から問い直すべきであるという問題意識を共有してお

り，途上国の貧困女性を中心に据えた開発を進めるよう提言した[53]。

 こうしてようやく1985年のナイロビ世界女性会議では，平等・開発・平和の相互関係性に対する共通の理解を獲得することができた。このような南北の相互理解が進んだ背景には，1980年代に先進工業国における経済の停滞と貧困の女性化が顕在化したこともある。欧米の女性たちにも，ジェンダー平等の主張を経済開発の要求に優先すべきではないことが実感されるようになったのである。こうして，法的平等や女性に対する暴力，リプロダクティブ・ライツなどを経済や開発と関係させて主張することの重要さが，広く理解されるようになり[54]，開発途上国の女性の課題，とくに貧困問題が女性運動の課題として統合された。

 また，国連女性の10年の間に開かれた合計3回のNGOフォーラムなどを通じて，先進国の女性と開発途上国の女性が直接出会ったことも互の理解と尊敬の念を醸成するのに役立った。例えば，1985年ナイロビ大学で行われたNGOフォーラムに参加していたアフリカ女性の自信に満ちた態度と存在感あふれる言動は，ヨーロッパの女性に忘れがたい印象を与えたという[55]。

 こうして，南北の対立を乗り越え，共通の理解にたつグローバル・フェミニズムといえるものが形成されたのである[56]。

3 国連女性の10年以降

 国連は1990年代に，環境，人権，人口，社会開発，居住，食糧などのさまざまなテーマに関する世界レベルの会議をつぎつぎに開催した。女性運動はこれらの国連の会議のアジェンダに女性および女性の課題を統合し，ジェンダー化することに成功した[57]。その背景には，前述のように国連女性の10年の間にグローバル・フェミニズムが成立したことがある。女性運動がグローバルで強固なものになった結果，国連に対するロビー活動の効果をあげることができた。また女性たちが国連女性の10年の間に，国連に対するロビー活動に関してスキルや戦術を身につけてきたことも，これらの動きを促進した。加えて，1990年

代になると，国連はNGOをパートナーと見るようになり，政府とNGOの間の交流・連携・理解も進んだ。

（1）国連環境開発会議における女性の主流化
(a)「アジェンダ21」における女性

国連環境開発会議（UNCED，地球サミット）は，1972年の国連人間環境会議から20年後の1992年にリオデジャネイロで開かれた，地球環境と持続可能な開発に関する会議である。「アジェンダ21」はその採択文書である。

「アジェンダ21」では，持続可能な開発を推進する主体として9つの主要グループが特定され，女性はそのなかの1つとなることができた[58]。「アジェンダ21」では，それぞれの主要グループごとに1章ずつ割り当てられ，各グループが持続可能な開発を推進するために，地球規模で取り組むべき活動が書かれている。第24章は「持続可能かつ公平な開発に向けた女性のための地球規模の行動」というタイトルのもと，女性が持続可能な開発を推進する行動主体の一員として活動できるようにするために，政府，国際機関が行うべき取組みが書かれている。これは，持続可能な開発への取組みに，女性の地位向上のための取組みを統合したという点で画期的な文書であった。

(b)「健康な惑星のための世界女性会議」と「女性の行動計画21」

「アジェンダ21」において，女性を主要グループの1つとすることや第24章の草案作成にあたっては，女性運動の働きが大きかった。中心的に活躍したのはWEDO（Women's Environment and Development Organization）という女性NGOである。WEDOは1980年設立されたニューヨークに事務所をもつ国際的女性NGOで，元米国下院議員のベラ・アブザク（Bella Abzug）は共同創立者の1人である。彼女は，国連の会議に影響を及ぼすためには，十分な準備と，国連の文言を駆使しながら適切なタイミングで介入することが大切であることを，1980年代の一連の国際女性会議を通じて学んでいた。また，UNCEDの準備会合に女性の参加が少ないことを懸念していた。

そこでWEDOは他のNGOとともに，1991年マイアミで，NGOによる世界

レベルの会議「健康な惑星のための世界女性会議」を開催した。NGOによる会議にもかかわらず，世界83カ国から約1,500人もの人びとが集まり，さまざまな意見の違いを超えて「女性の行動計画21——健康な惑星に向けて」（Women's Action Agenda 21）を採択することができた[59]。この「女性の行動計画21」は，民主主義，環境倫理，生物多様性，遺伝子操作，代替エネルギー，人口政策，対外債務と貿易，貧困，女性の権利などの幅広い課題を含んでおり，その核心は女性のエンパワーメントであった[60]。これは，1992年4月の第4回の準備会合でUNCED事務局長に手渡された。

(c) ロビー活動と女性コーカス

「アジェンダ21」全体を通して女性という言葉は172回も出てくるが[61]，実は，準備会合の草案の段階では女性についての言及は少なく，しかも貧困分野に限られており，子どもとともに「弱者」または被害者として扱われていたにすぎなかった[62]。1992年「アジェンダ21」の草案が発表されると，WEDOはすぐに作業グループを組織し，各分野に分かれてテキストの文書を分析し，自分たちの「女性の行動アジェンダ」と照らし合わせながら，草案の文言に対する詳細な修正案を作成した[63]。また，UNCEDの会議においてNGOとして発言する機会もえた。これらの周到な準備，UNCED会議事務局と緊密な連携，各国政府への組織的ロビー活動が「アジェンダ21」に結実したのである。

この時ロビー活動の手法の1つとして導入されたものが女性コーカスである。女性コーカスは会議に参加している人びとのうち女性の課題に関心のある人びとが集まり，情報交換と戦略を共有するためのものである。この手法を導入したことにより，女性グループの結束をもたらしただけでなく，会議において女性グループの存在を際立たせ，効果的なロビー活動をすることができた。この女性コーカス方式は，この後1990年代のすべての国連の会議および準備会合で採用された[64]。

また，「アジェンダ21」において女性を主要グループの1つとすることができたことは，その後の持続可能な開発に関する会議において，女性の発言の場を確保することにつながった。UNCEDの後生まれた国連の持続可能な開発委

員会（CSD）では，ステイクホルダー（利害関係者）の参加を制度化しており，UNCED から10年後の2002年に開かれた持続可能な開発に関する世界首脳会議（WSSD）においても，地域準備会合の段階から，国連の公式行事の一部としてステイクホルダー間の対話が組み込まれていた。女性は「アジェンダ21」において主要グループの1つに入っていたことから，WSSD においてもステイクホルダーとして発言の機会を保障された。

（2）世界人権会議と女性に対する暴力
（a）女性に対する暴力を運動にする

女性に対する暴力という言葉は最初からあったわけではない。レイプ，家庭内暴力，性的虐待，女性性器切除，女性の性的奴隷，ダウリ殺人，女性政治囚に対する拷問，セクシュアル・ハラスメント，女性の人身売買，戦争時の性奴隷制など，個々別々の問題として取り上げられていたものが，女性に対する暴力という名前を与えられることにより，これらが同じ問題なのだということが認識されるようになり，運動として展開できるようになったのである[65]。

女性に対する暴力が国連のアジェンダになる前から，草の根レベルで女性たちはこの問題に取り組んでいた。殴られる女性のためのシェルターが最初に開設されたのは1971年ロンドンにおいてであり，1976年3月にはブリュッセルで第1回女性に対する犯罪に関する国際法廷が開かれ，40カ国から2,000人もの女性が参加し，家庭内暴力，レイプ，買春，女性性器切除など女性に対する暴力について話し合った[66]。また，1970年代末までに，フィリピンの GABRIELA によるものをはじめ，チリ，インド，バングラデシュなど世界の各地で，さまざまな形の女性への暴力に対する取組みが始まっていた。1981年に「ラテンアメリカとカリブ地域のフェミニストの出会い」会議に集まった参加者は，1960年にドミニカ共和国で3人の姉妹が治安部隊に殺された11月25日を「女性に対する暴力反対の日」とすることを提案[67]，後に「ジェンダー暴力に対する16日間の行動」に発展した。その後女性に対する暴力に関する運動の中心となるシャーロット・バンチ（Charlotte Bunch）とキャスリーン・バリィ（Kathleen

Barry) は，1983年コペンハーゲンで女性の人身売買に関するワークショップを開き，開発途上国，先進国計24カ国から参加者が集まった[68]。

1985年のナイロビ世界女性会議では，これら草の根の活動を受けて女性に対する暴力を国連のアジェンダに載せるための種がまかれた。NGOフォーラムで女性に対する暴力反対国際ネットワーク（INAVAW：International Network against Violence against Women）が結成された。その後，1987年にはようやく国連で「家族における女性に対する暴力」に関する会議が開かれ，この問題に対する調査が行われ，国連における取組みが始動した。そして，これに応えてますます多くのNGOがこの問題に関心をもつようになり，ネットワークを形成し，さらなる国連の取組みを求める圧力となった。こうして，1990年代の初めには，米国ラトガース大学の女性のグローバル・リーダーシップセンター（CWGL：Center for Women's Global Leadership）を核にこの問題に関心を持つ個人や団体のネットワークが形成され，1993年にウィーンで開催される国連世界人権会議の準備会合への参加と，前ユーゴスラビアにおける民族浄化をシンボルに，戦争下における女性への暴力に関するグローバル・キャンペーンを展開するとの方針が決まった[69]。

(b)「女性の権利は人権である」―世界人権会議

世界人権会議の準備は，「1993年の世界人権会議において，女性の人権をあらゆる段階で取り上げ，ジェンダーに基づく暴力は人権侵害であることを認め，緊急の対応策がとられることを求める」との請願キャンペーンから始まった。120カ国25万人もの署名[70]を集めることができたこの請願キャンペーンを通じて，ジェンダーに基づく暴力は，文化，人種，階級の違いにより異なる形をとることがあるものの世界共通の現象であり，明白な人権侵害であるとの認識を広く共有することができた。この署名，請願活動は，世界人権会議後1995年の北京世界女性会議に向けて再開され，北京での会議までに148カ国から100万人以上もの署名を集めた[71]。

世界人権会議の採択文書である「行動計画」の草案の段階では，女性の人権は言及されていなかった。しかし，請願運動を背景に女性コーカスを中心にロ

ビー活動を展開した結果,女性および少女の人権が普遍的人権の一部であること,公的領域であると私的領域であるとを問わず女性に対する暴力は廃絶されるべきこと,などを含むことに成功した。国連における人権への取組みは,それまでは国家による個人の人権の侵害に関するもので,女性に対する暴力のように私的領域における暴力の問題に対する取組みは遅れていた。ここで私的領域における人権侵害を文書にいれることができたことは,人権の取組みの歴史に新しい頁を開くものであった[72]。またこの会議の成果を受け,1993年,国連総会で女性に対する差別撤廃宣言が採択され,1994年には国連人権委員会により,スリランカのラディカ・クマラスワミが女性に対する暴力特別報告官に任命された。

会議に並行して開かれたNGOフォーラムには,世界各地の1,500以上のNGOを代表して3,000人以上が参加し,その49%は女性であった。そのなかでもハイライトは「女性の人権法廷」で,25カ国から33人もの女性が3人の判事や傍聴人を前に自分が経験した暴力について証言した[73]。これには途上国のNGOから多くの参加者があり,女性に対する暴力が「南」と「北」の女性に共通する課題であることを印象づけることができた。

こうして,それまで個々の問題として存在していたさまざまな形の女性に対する暴力は,女性に対する暴力と命名されることにより,国際的な女性運動としての拡がりをもち,国連の世界人権会議で「女性に対する暴力は人権侵害である」とのメッセージを確かなものにすることができた。さらに,2年後の北京における第4回世界女性会議では,女性に対する暴力や人権課題に関する国連や政府の約束事を実施するよう求める動きに進展した。すなわち,それまでの運動が,女性に対する暴力が女性の人権問題として認識されていないことを問題にしてきたのに対し,1990年代以降はその認識は所与のものとして,具体的な取組みと成果を求めるようになったのである[74]。

(3) 国際人口開発会議とリプロダクティブ・ヘルス／ライツ

1994年,カイロで開かれた国連国際人口開発会議(ICPD)は,女性の関心

事を人口政策の議論に統合することに成功した画期的な会議であった。この会議に向けて，1992年，国際女性の健康同盟（IWHC：International Women's Health Coalition）を中心に「女性の声94同盟（Women's Voices '94 Alliance）」を形成し，世界規模のキャンペーンを始めた。人口政策に女性のリプロダクティブ・ヘルス／ライツを統合するため，100以上の女性団体が参加して「人口政策に関する女性宣言」案を作成した。またこれについて討議するため，国，地域，国際レベルでいくつもの会議が開かれ，リプロダクティブ・ヘルスに関する共通の理解をつくり出した。その代表的なものの1つが1994年1月にリオデジャネイロで開かれた「フェミニスト準備会合」である。これには79カ国から215人の女性が参加し[75]，国連の採択文書の草案を詳細に検討し，政府代表へのロビー活動，準備会合でのロビー活動，メディアとの連携の3点を戦略にした活動方針を立てた。これらの周到な準備をへて，カイロでのICPDの時には，ジェンダー平等，リプロダクティブ・ライツ，男性の責任に関する理解が女性NGOの間で共有されていた[76]。

　カイロでのICPDにおいても女性コーカスが形成され，WEDOを中心に毎朝情報の共有化とロビー活動戦略が決められ，参加した女性たちは行動に移した。さらに，午後には政府間会議に参加しているNGOおよびメディアが参加して調整会議が開かれた。また少数部隊からなる政府代表へのロビー活動専門家集団も形成された。これらの組織的活動の結果，女性の健康とエンパワーメントを中心にすえた人口と開発に対するアプローチを，国連文書に獲得することができた。そして，カイロ後に向けて「ICPDを監視する女性たち」というネットワークまで生まれた。

　カイロ人口会議の特徴の1つに，NGO代表が多数政府代表団に加わったことがある。これらの何人かは「フェミニスト準備会合」の参加者であり，NGOの主張を理解していた。アメリカ政府代表団の半数以上はNGO出身者でこれにはIWHCの副代表も含まれていた[77]。

(4) 人権アプローチの確立

世界人権会議で大きな力となった女性の権利は人権であるとのキャンペーンは、その後、国際人口開発会議（ICPD）(1994年)、世界社会開発サミット（WSSD）(1995年)、北京世界女性会議（1995年）を経て、人権課題と文化的、社会的、経済的課題との統合を模索した。たとえば、1995年のコペンハーゲンにおける社会開発サミットのNGOフォーラムにおいて、CWGLとDAWNの共催により「経済的公正と女性人権に関する審問 (Hearing on Economic Justice and Women's Human Rights)」が開かれた。そこでは、世界の各地で1980年代より進行していた構造調整プログラム、社会福祉予算の削減、貿易政策の変更、経済制裁などが、いかに女性の移住労働者、人身売買、買売春の増加という形をとって女性の人権を侵害しているかについて報告された[78]。1995年の北京世界女性会議のNGOフォーラムでもこの審問方式が採用され[79]、多くの草の根の女性の問題を人権の視点からとらえ直す機会を提供した。

また北京世界女性会議では、人権コーカスはその成果文書である行動綱領のあらゆる分野に女性の人権の視点を統合しようとした[80]。これによって、経済のグローバル化のように、「南」と「北」では異なる影響をもたらすような課題を、人権という共通する枠組みでとらえることができるようになった。ここに至り、女性運動は、社会的・経済的課題を、人権という枠組みで主張するという、人権アプローチを獲得したのである。

4 北京世界女性会議およびその後

(1) 北京世界女性会議とNGOの参加

女性運動にとって1990年代のハイライトは、1995年に北京で開催された第4回世界女性会議（北京世界女性会議）とNGOフォーラムへの参加である。189カ国の代表により採択された北京宣言および行動綱領は、それまでの女性運動の結晶であり、この後の運動を進める道具でもあった。行動綱領には、女性のエンパワーメントとジェンダーの視点の主流化が含まれ、1990年代後半の運動

の指針となった。

　北京世界女性会議では，準備過程から国連により組織的に，NGOの参加が図られた。1993年，国連の資金援助により国際NGO委員会（International NGO Committee）がつくられ，国連内にNGOフォーラム事務局ができた。そして，世界の5地域の国連地域委員会に予算を割り当て，NGOと協力してNGOの意見をまとめる機会を作るように奨励した。これらのNGOの意見は，行動綱領草案策定過程で統合されることになっていた。また国連は北京世界女性会議の準備機関であるCSWに，ナイロビ将来戦略の実施に関する報告書を提出するよう求めていたが，その報告書の作成にあたっても，各国政府に対し，NGOの参加を得て国内委員会を立ち上げるよう要求していた。

　NGOの参加はアジア太平洋地域の場合は次のような過程をたどった[81]。まず，アジア太平洋地域のフォーカル・ポイントとして，タンピュイーン・スマリー汎太平洋東南アジア婦人協会（PPSEAWA）会長が指名された。彼女は地域の主だった女性グループに声をかけ，これに応じて集まった人たちが，アジア太平洋NGOワーキング・グループ（APNGOWGまたはAPWG：Asia Pacific NGO Working Group）を結成した[82]。そして，1993年にマニラで「アジア太平洋地域 開発における女性に関するNGOシンポジウム」を開催し，その成果を"黄色い冊子"にまとめた。これはロビー活動用の文書として，1994年6月ジャカルタで開催された北京世界女性会議の地域準備会議である国連第2回アジア太平洋大臣会議や1995年の北京世界女性会議において用いられた。

　北京市郊外の懐柔県で開かれたNGOフォーラムには，4万7,000人以上が参加し，その数において今世紀最大であったばかりか[83]，そこに結集されたエネルギーもまたすさまじいものであった。国連女性の10年後に生まれた多くの女性グループが新しいアイディアをもって参加し[84]，NGOフォーラムは，もはや国連女性の10年の間に見られたような「南」と「北」の違いを克服する場ではなかった。議論のテーマの先進性，参加者の多様性において，NGOフォーラムは，制度化し硬直化した政府間会議より，国際的，開放的でさえあった[85]。参加者は「女性の眼で世界を見」，女性の課題だけでなく世界の課題を

話し合おうとしたのである。

(2) 国連女性2000年会議

　北京世界女性会議で証明した女性運動のエネルギーは，北京から5年後の2000年に開かれた第23回国連特別総会（UNGASS）「女性2000年会議：21世紀に向けての男女平等，開発および平和」でさらなる展開を見せた。国連女性2000年会議は，北京世界女性会議後の5年間に行動綱領の実施がどれほど進展し，今後取り組むべき課題は何かを特定するために開かれたもので，この会議の成果は2000年政治宣言，2000年成果文書として採択された。

　国連女性2000年会議では，北京会議の時のようなNGOの参加を進めるための国連による特別な配慮はなかったが，すでに国連の会議や成果の見直しの過程にNGOが参加することは当たり前になっており，また女性運動の側も，国連の会議に効果的ロビー活動を展開するための洗練されたノウハウを身につけていた。以下の日本を含むアジア太平洋地域における国連女性2000年会議の準備過程の状況からも，女性運動がいかに自立的に進められているかをうかがい知ることができる[86]。

　1999年3月のCSW第44会期は国連女性2000年会議の準備会合も兼ねていたが，そこに集まったNGOの女性たちは，翌年，2000年6月の国連女性2000年会議までに，政府の報告に対するNGOによるオルタナティブ・レポート（グローバル・レポート）を作成する計画をたてた。そこで，アジア太平洋地域からCSWに参加していたNGOの女性たちは，国連アジア太平洋経済社会委員会（ESCAP）により開催されるアジア太平洋地域準備会合に地域の女性の声を反映させるためNGOシンポジウムを開催すること，グローバル・レポートに統合するためのアジア太平洋地域のオルタナティブ・レポートを作成することを決めた。

　ESCAPによるアジア太平洋地域準備会合は1999年10月に開催されることが決まっていたことから，それに地域の女性の声を反映させるために，逆算して，1999年9月にNGOによるシンポジウムをもつことを決めた。これは北京

世界女性会議の前，1993年にマニラで開催された女性NGOのシンポジウムに匹敵するものであるが，北京世界女性会議の時と違い，アジア太平洋地域の女性NGOは国連の先導なしに，自発的にしかもすばやく対応した。北京世界女性会議のNGOフォーラムの成功に力があったAPNGOWGは，北京後は行動綱領の実施を監視するためのネットワークであるアジア太平洋ウォッチ（APW）に名称を変えていたが，このAPWを中心に，NGOシンポジウムの実行委員会を立ち上げ，取り組んだのであった。

そのうえ，このシンポジウムまでに，アジア太平洋地域の各国で，北京行動綱領の実施に関する国別NGOレポートを作成し，9月のNGOシンポジウムに持ち寄ることになっていた。日本ではCSW直後の1999年4月にNGOレポートをつくる会が活動を開始し，わずか3カ月の間に延べ300の団体と個人の意見を集約し，8月には『日本NGOレポート』を作りあげた[87]。このレポートはさらに東アジアのレポートにまとめられ，8月末にバンコクで開かれたアジア太平洋地域のNGOシンポジウムに持ち寄り，アジア太平洋地域のレポートを作成した。このようなすばやい対応が可能となったのは，コンピュータやインターネットの普及に負うところも大きいが，女性運動のなかに1995年の北京世界女性会議の経験が蓄積されていたことも見逃せない。こうして，2000年6月までにはグローバル・レポートが完成し，国連女性2000年会議の折議長に手渡された。

おわりに

世界の女性運動は19世紀からの長い歴史をもつが，1975年の国際女性年以降，飛躍的にその結集力をまし，女性の地位向上を進める国連のパートナーとしての地位を築いてきた。「国連女性の10年」の間に開かれた世界女性会議の場を通じて，当初は「南」と「北」の意見の違いが鮮明になったが，相互理解と意見の違いを克服する努力を通じて共通の基盤を獲得してきた。そして1980年代後半からは，女性に対する暴力のような南北の共通の課題を設定し，権利ア

プローチに基づき，グローバル・フェミニズムとしての運動を展開してきた。

女性運動はまた「国連女性の10年」を通じて，国連への働きかけ（ロビー活動）の手法を学習し，新しい運動を展開した。1990年代には，環境，人権，人口，社会開発などをテーマとする国連による国際会議が数多く開催されたが，これに対し，女性コーカスの形成，世界規模での請願運動の展開，会議前の組織的準備，レポートの作成などの多様な手法で臨み，これらの会議に女性の関心事やジェンダーの視点を統合することに成功してきたのである。

最後に，本章では触れなかったが，残された課題がないわけではない。女性NGOやそのネットワーク，そして，それらの活動総体である女性運動は，女性を1つのまとまったグループとして，そのまとまりを背景に国連に働きかけてきた。しかし，その過程で生ずる多様な異なる女性の声をどう保障しながら，まとまった力として運動をすすめるかということは未解決の課題である。アムリタ・バスーのようなグローバル・フェミニズムに対するローカル・フェミニズムの主張は，単に途上国の草の根の女性の声を保障するだけでは十分でないことを示唆している[88]。運動としての力をもつための力の集中と個々の声を生かすという拡散の動きを，どのような形で運動の力にするかは，女性運動の今後の課題といえる。

注

1) Molyneux, Maxine, "Analysing Women's Movements," *in* Cecil Jackson and Ruth Pearson (eds.), *Feminist Visions of Development : Gender Analysis and Policy* (London and New York : Routledge, 1998), pp.65-88も参考にした。

2) 20世紀の女性運動を"北"の女性運動の担い手と"南"の女性運動の担い手が互いに相手を受け入れるようになった過程ととらえる見方は，ボールディング，伊藤が提示している。エリーズ・ボールディング「20世紀における女性運動と社会変革」坂本義和編『世界政治の構造変動4　市民運動』（岩波書店，1995年）1-45頁，伊藤るり「＜グローバル・フェミニズム＞と途上国女性の運動—WIDと女性のエンパワーメントをめぐって」坂本義和編『世界政治の構造変動4　市民運動』（岩波書店，1995年）47-83頁。Bunch, Charlotte

and Carrillo, Roxanna, "Feminist Perspectives on Women in Development," *in* Tinker, Irene (ed.), *Persistent Inequalities : Women and World Development* (New York and Oxford : Oxford University Press, 1990), pp.70-82.

3) グローバル・フェミニズムの主張は，ボールディング，前掲論文，(注2)，伊藤，前掲論文，(注 2)，土佐弘之『グローバル／ジェンダー・ポリティクス―国際関係論とフェミニズム』(世界思想社，2000年), Basu, Amrita "Introduction," *in* Basu, Amrita (ed.), *The Challenge of Local Feminisms, Women's Movements in Global Perspectives* (Boulder : Westview Press, 1995), pp.1-21, Bunch and Carrillo, *Ibid*., pp.70-82, Stienstra, Deborah, "Dancing Resistance from Rio to Beijing : Transnational Women's Organizing and United Nations Conferences, 1992-6," *in* Marchand, Marianne H. and Runyan, Anne Sisson (eds.), *Gender and Global Restructuring : Sightings, Sites and Resistances* (London and New York : Routledge, 2000), pp.209-224など。

4) ベルリンで行われた国際女性評議会（ICW）の一分科会として生まれたもの。ICW は世界中の国内女性評議会からなる国際的団体で1888年ワシントンD.C.で設立された(リサ・タトル『フェミニズム事典』(明石書店，1991年) 178頁)。

5) Santiago, Lilia Quindoza, "Rebirthing Babaye : The Women's Movement in the Philippines," *in* Basu, Amrita (ed.), *The Challenge of Local Feminism* (Boulder : Westview Press, 1995), pp.118-119, Jayawardena, Kumari, *Feminism and Nationalism in the Third World* (London and New Jersey : Zed Books Ltd., 1986), pp.163-164.

6) 長崎暢子「20世紀のインド社会と女性」押川文子編著『南アジアの社会変容と女性』(アジア経済研究所，1997年) 230-231頁。

7) Meyer, Mary K. "The Women's International League for Peace and Freedom : Organizing Women for Peace in the War System," *in* Meyer, Mary K. and Prügl, Elisabeth (eds.), *Gender Politics in Global Governance* (Lanham and Maryland : Rowman & Littlefield Publishers, INC., 1999), p.108.

8) ボールディング，前掲論文，(注 2)，6 頁。Burdett-Coutts, *The Baroness. Women's Mission* (New York : Charles Scribner's Sons, 1893)より引用。

9) Meyer, *supra* note 7, pp.109-110.

10) WILPF は1945年の「国際機構に関する連合国会議」(サンフランシスコ会議)にも参加，その後も平和，非武装，人権分野の取り組みに女性の関心事や女性の声を統合するよう活動している (Meyer, *supra* note 7, pp.117-18)。

11) Pietila, Hilkka, *Engendering the Global Agenda : The Story of Women and*

the United Nations (Geneva and New York : UN Non-Governmental Liaison Service (NGLS), 2002), pp.2-3.
12) Pietila, *Ibid*., pp.2-3.
13) 既婚女性の国籍に関する両性間の平等に関しては，1933年モンテビデオ条約が採択された（国際連合『国際連合と女性の地位向上1945-1996』（国際女性の地位協会，発行年不明）9頁）。
14) ボールディング，前掲論文，（注2），6頁。
15) 日本汎太平洋東南アジア婦人協会編『汎太平洋東南アジア婦人協会六十年史』（ドメス出版，1993年）15頁。
16) 日本から第1回会議への参加者は，市川房枝，藤田たきなど後に活躍する女性合計25人。（日本汎太平洋東南アジア婦人協会編，前掲書，（注15），15-24頁）
17) ボールディング，前掲論文，（注1），6頁。
18) Tinker, Irene, "Nongovernmental Organizations : An Alternative Power Base for Women?" *in* Meyer, Mary K. and Prügl, Elisabeth (eds.), *Gender Politics in Global Governance* (Lanham, Maryland : Rowman & Littlefield Publishers, INC., 1999), p.95.
19) 国際連合，前掲書，（注13），10頁，Pietila, *supra* note 11, pp.11-12.
20) Pietila, *supra* note 11, p.12.
21) Pietila, *supra* note 11, pp.17-18.
22) 国連NGO国内婦人委員会は，1957年，国連経済社会理事会（ECOSOC）の協議的資格をもつ女性NGO（日本キリスト教女子青年会，日本婦人有権者同盟，大学婦人協会，日本キリスト教婦人矯風会，婦人国際平和自由連盟日本支部，日本女性法律家協会，日本汎太平洋東南アジア婦人協会）の7団体で結成され，1972年以降，日本看護協会，日本BPW連合会，日本女医会が加わり10団体となった（山下泰子「日本の女性NGOと国連」『国際問題』2003年6月（No.519），52頁）。国際婦人年日本大会の決議を実現するための連絡会編『連帯と行動―国際婦人年連絡会の記録』（財団法人市川房枝記念会出版部，1989年）21頁。福田菊『国連とNGO』（三省堂，1988年）219頁，高橋展子「女子差別撤廃条約の誕生に携わって」国際女性の地位委員会編『世界から日本へのメッセージ』（尚学社，1989年）9頁。
23) 福田菊，前掲書，（注22），219頁。伊東すみ子『女性・人権・NGO』（尚学社，1989年）4頁。
24) 国際連合，前掲書，（注13），25頁。
25) 馬橋憲男『国連とNGO』（有信堂，1999年）60頁。

26) Tinker, Irene, "The Making of a Field : Advocates, Practitioners, and Scholars," *in* Tinker, Irene (ed.), *Persistent Inequalities : Women and World Development* (New York and Oxford : Oxford University Press, 1990), p.29. Margaret Bruce の話として引用。
27) Tinker, *supra* note 26, p.29.
28) Tinker, *supra* note 26, pp.30-31.
29) 第三世界の女性運動についてはたとえば Jayawardena, *supra* note 5, 長崎暢子, 前掲論文, (注6) など。インドの SEWA (Self-Employed Women's Association) はその日暮らしの女性自営労働者の組合として1972年に結成され, チプコ運動も1970年代初めに始まった。SEWA については, 伊藤るり「社会運動と女性のエンパワーメント」田中由美子他編著『開発とジェンダー』(国際協力出版会, 2002年) 240-255頁, 甲斐田万智子「働く女性の声を政策につなげる SEWA」斉藤千宏編著『NGO 大国インド』(明石書店, 1997) など。チプコ運動については, Kumar, Radha, "From Chipko to Sati : The Contemporary Indian Women's Movement," *in* Basu, Amrita (ed.), *The Challenge of Local Feminisms : Women's Movements in Global Perspectives* (Boulder : Westview Press, 1995), pp.58-86, Jain, Shobita, "Standing up for Trees : Women's Role in the Chipko Movement," *in* Sontheimer, Sally (ed.), *Women and the Environment : A Reader : Crisis and Development in the Third World* (New York : Monthly Review Press, 1991), pp.163-178.
30) 福田菊, 前掲書, (注22), 188-190頁。
31) Pietila, *supra* note 11, pp.30-31. Chen, Martha Alter, "Engendering World Conferences : The International Women's Movement and the UN," *in* Weiss, Thomas G. and Gordenker, Leon (eds.), *NGOs, the UN, and Global Governance* (Boulder and London : Lynne Rienner Publishers, 1996), p.140. 国際婦人年大阪の会編『資料国際婦人年』(創元社, 1985年) 7頁。
32) 1970年代にはこのほか, 人間環境会議 (ストックホルム), 人口会議 (ブカレスト), 食糧会議 (ローマ), 人間居住会議 (ハビタット) (バンクーバー), 水会議 (マルデルプラザ), 砂漠化会議 (ナイロビ) と国連が主催する世界会議が数多く開かれた。
33) Tinker, *supra* note 26, p.29.
34) 堀内光子「国連における女性の地位向上への取組み」国際女性の地位委員会編『世界から日本へのメッセージ』(尚学社, 1989年) 38頁。
35) Pietila, *supra* note 11, p.34.
36) 日本政府首席代表は民間の藤田たき。

37) 国際連合，前掲書，（注13），36頁。なお，同書69頁では5,000人足らずとなっており，Pietila, *supra* note 11, p.40.では4,000人とされている。
38) 国連の会議と並行してNGOの会議を開催する方式は1972年の世界人間環境会議で最初に採用された（Pietila, *supra* note 11, p.41脚注）。
39) 1972年世界人間環境会議，1974年ブカレスト人口会議。
40) 国際連合，前掲書，（注13），33頁。
41) 国際連合，前掲書，（注13），36頁。Pietila, *supra* note 11, p.40では約1万6,000人。
42) 国際連合，前掲書，（注13），36頁。Pietila, *supra* note 11, p.41では約5万人。
43) たとえば，メキシコの会議に連なる日本の運動については，国際婦人年日本大会の決議を実現するための連絡会編，前掲書，（注22）。また，参加した日本人の経験は，松井やより『愛と怒りと闘う勇気』（岩波書店，2003年）89-91頁，吉武輝子「平和と国際連帯」行動する会記録集編集委員会編『行動する女たちが拓いた道―メキシコからニューヨークへ』（未来社，1999年）など。
44) Pietila, Hilkka and Jeanne Vickers, *Making Women Matter : The Role of the United Nations* (London and New Jersey : Zed Books, 1994), p.83.
45) 国際連合，前掲書，（注13），38頁，山下泰子「女子差別撤廃条約の意義」国際女性の地位委員会編『世界から日本へのメッセージ』（尚学社，1989年）19頁。
46) 制定までの国連における審議の様子は，高橋展子，前掲論文，（注22），国際女性の地位委員会編『世界から日本へのメッセージ』（尚学社，1989年）参照。
47) 国際連合，前掲書，（注13），40頁。
48) Fraser, Arvonne S., "The Convention on the Elimination of All Forms of Discrimination Against women (The Women's Convention)," *in* Winslow, Anne (ed.), *Women, Politics, and the United Nations* (Greenwood Pub Group, 1995), p.89.
49) 日本における女性NGOによる女性差別撤廃条約への署名を働きかけについては，国際婦人年日本大会の決議を実現するための連絡会編，前掲書，（注22），国際女性の地位委員会編，前掲書，（注22），国際婦人年大阪の会，前掲書，（注31）など。フィンランドの例はPietila and Vickers, *supra* note 44, p.128.
50) 高橋展子，前掲論文，（注22），6頁。

51) Bunch and Carrillo, *supra* note 2, pp.70-71.
52) Bunch and Carrillo, *supra* note 2, p.77. IWTC からの引用。
53) Sen, Gita and Grown, Caren, *Development, Crises, and Alternative Visions : Third World Women's Perspectives* (Monthly Review Press, 1987).
54) Bunch and Carrillo, *supra* note 2, p.72.
55) Pietila, *supra* note 11, p.41.
56) グローバル・フェミニズムの誕生をめぐっては,伊藤,前掲論文,(注2),47-83頁,土佐弘之,前掲書,(注3), Basu, *supra* note 3, pp.1-21, Bunch and Carrillo, *supra* note 2, pp.70-82, Stienstra, *supra* note 3, pp.209-224など。
57) この視点は Chen, *supra* note 31, pp.139-155, Pietila and Vickers, *supra* note 44。
58) 他は,青年,先住民族,NGO,労働組合,地方自治体,産業界,科学技術者,農民。
59) Pietila and Vickers, *supra* note 44, p.135.
60) Abzug, Bella, "Preface," *in* Braidotti, Rosi *et. als*. (ed.) *Women, the Environment and Sustainable Development* (London : Zed books, 1994).
61) WEDO Gender Analysis of the WSSD Plan of Implementation による。第24章以外での言及は145回あった, *at* http://www.wedo.org/sus_dev/statement2.htm 参照。
62) Pietila and Vickers, *supra* note 44, p.137.
63) Pietila and Vickers, *supra* note 44, p.136.
64) UNCED における女性コーカスの組織的活動とその成果については Pietila and Vickers, *supra* note 44。
65) Keck, Margaret E. and Sikkink, Kathryn, *Activists beyond Borders : Advocacy Networks in International Politics* (Ithaca and London : Cornell University Press, 1998), p.171.
66) Keck and Sikkink, *Ibid*., p.175.
67) Keck and Sikkink, *supra* note 65, p.177.
68) Keck and Sikkink, *supra* note 65, p.178. なお,シャーロット・バンチは女性に対する暴力は「南」と「北」に共通する問題であり,国際的なネットワークに広がる可能性があるとみていた。
69) CWGL は1989年に設立された。このほか協力団体として Asian Women's Human Rights Council をはじめとする8つの女性 NGO と国連女性開発基金(UNIFEM)の名前があがっている(Bunch, Charlotte and Reilly, Niamh, *Demanding Accountability : The Global Campaign and Vienna Tribunal for*

Women's Human Rights (Center for Women's Global Leadership and United Nations Development Fund for Women, 1994), p.iii. また，資金的にはフォード財団をはじめとする助成団体からの資金が大きな力になった。アメリカにおけるさまざまな財団からの女性の権利や女性に対する暴力に関するプロジェクトへの資金供与は，1988年24万1,000ドルから，1993年には324万7,800ドルへと大きく増えた。

70) Pietila, *supra* note 11, p.53. なお Keck and Sikkink, *supra* note 65, p.186では123カ国30万人。
71) Bunch, Charlotte *et. als.*, "International Networking for Women's Human Rights," *in* Edwards Michael and Gaventa John (eds.), *Global Citizen Action* (London : Earthcan Publications Ltd., 2001), p.218.
72) Keck and Sikkink, *supra* note 65, pp.172-173.
73) Keck and Sikkink, *supra* note 65, p.187.
74) Bunch, *et. als.*, *supra* note 71, p.220.
75) Chen, *supra* note 31, p.148.
76) Chen, *supra* note 31, p.148.
77) Chen, *supra* note 31, pp.148-149.
78) Bunch, *et. als.*, *supra* note 71, p.220.
79) Global Tribunal on Accountability for Women's Human Rights.
80) Bunch *et. als.*, *supra* note 71, p.221.
81) 織田由紀子「北京世界女性会議の成果を監視する」『アジア女性研究』10号，118頁。Pittaway, Eileen ed., *Asia-Pacific Women 2000*, pp.7-11に基づいている。
82) 松井やより，前掲書，（注43），167-173頁。
83) 国際連合，前掲書，（注13），61頁。
84) たとえばカンボジアの女性たちは「世界を紡ごう」というキャンペーンを展開した（松井やより，前掲書，（注43），170頁）。West, Lois, "UN Women's Conferences and Feminist Politics," *in* Meyer, Mary K. and Prügl, Elisabeth (eds.), *Gender Politics in Global Governance* (Lanham, Maryland : Rowman & Littlefield Publishers, INC., 1999), pp.182-193.
85) West, *Ibid*., pp.191-193.
86) 織田，前掲論文，（注81），120-121頁参照。
87) 山下，前掲論文，（注22），55-56頁参照。
88) Basu, *supra* note 3.

（織田由紀子）

第3章　フェミニズム国際人権法の展開

はじめに

　私は，1983年に，『法女性学のすすめ』[1]を出版して以来，今日まで，20年にわたり，女性と法律の問題に関心をもち続けてきている。そのなかで，強く実感するのは，日本における女性の人権状況は，国連を中心とした国際社会での人権論の発展に，大きく影響されてきたということである。すなわち，国際人権法におけるジェンダーの主流化が，日本の女性の人権状況を大きく改善してきたのである。

　いうまでもなく日本では，1946年に制定された日本国憲法によって，「法の下の平等」が保障されている。しかし，この条文上の保障にもかかわらず，女性が，その人権の保障を求めたとき，さまざまな障害が存在していた。

　ところで，日本の憲法学の泰斗である奥平康弘は，最近出版された宮台真司との『憲法対論』のなかで，「フェミニズム憲法はあるか」という問に，次のようにのべている。

　　　一国の憲法としてあるのは，その国に住むすべての人々のための規範であるのであって，フェミニストや女性一般に役立たない憲法なんて「憲法」ではない。けれどもフェミニストだけの憲法などというものは，ない。その意味で，「フェミニズムの憲法はあるか」と問われたら，僕は，そんなものはないよ，という答えになる。フェミニズムをはじめとした，マイノリティの人たちの権利問題というのは憲法にある。日本国憲法はそれに対応できるかという問題はもちろんあるわけですね[2]。

　確かに，憲法が言葉の真の意味での人権を保障しているならば，氏の指摘す

るとおりであろう。しかし，女性の人権保障という視点から見るならば，最も問題なのは，憲法がこれまで，女性の人権保障について，対応できてきたかということであろう。

そこで1では，これまで，女性がその状況を改善するために立ち上がったとき，憲法，そして憲法学がどのような役割を果たしてきたのかについて，歴史的に振り返ってみたい。そのうえで，国際人権法におけるジェンダーの主流化が，人権法の構造をどのように変革してきたのかを検討したい。具体的には，2で，これまで憲法は，国家権力に対するものであって，私人間の法律関係には及ばないとして，公的領域に限ってきた人権の保障が，私的領域での人権をその射程に収めることとなった経過を考察する。さらに3では，人権，とくに平等権の法的性格をめぐって考察したい。伝統的な憲法学では，平等権は自由権（消極的権利，negative right）であるとして，その保障のための，国の積極的な責任は否定されてきた。しかし国際社会では，女性の人権の保障のために，ポジティブ・アクションが実施され，国の責任が強調されている。

このようにして，国際人権法は，これまでの人権法の構造を大きく変革してきている。おわりにでは，日本においては，国際人権法の展開が，具体的な国の施策をどう変化させてきたか，さらに伝統的な憲法学の論理にどのようなインパクトを与えてきたかを考えてみたい。

1　法の下の平等を保障した日本国憲法と女性の人権

（1）憲法は国家と個人を規律するものであり，私人間には及ばない
（a）定年制差別裁判をめぐって

戦後から1960年代までは，働く女性の多くは，学校を卒業してから結婚するまでの数年間働き，結婚・出産を機会に退職して家庭に入るという若年未婚型の就労形態が一般的であった。しかし，その後女性たちが若年未婚型のパターンを脱して，働き続けようとした時，そこに立ちはだかったのは，性別分業を前提とした差別定年制（結婚退職制，出産退職制，若年定年制，差別定年制[3]）

であった。女性のみの定年制は，年功序列賃金体系の下で，女性を低賃金の労働のみに位置づけるとともに，景気に対応した雇用政策の一環として，いわば企業の合理化策として，1960年代から多くの企業で導入されたのである。

これらを１つ１つ克服していったのは，法の下の平等を保障した憲法だけを拠り所として提起された，差別定年制は無効であると主張した裁判であった。しかしそこには，論理的に大きな障害があった。憲法は国家と個人との関係を規律するものであり，憲法の保障する法の下の平等も，法律によって，具体的には企業と労働者の関係を規律する労働基準法に規定されていなければ，私人間の関係には効力が及ばないという，伝統的な憲法学の論理であった。そして労働基準法は，国籍，信条，社会的身分については，賃金，労働時間その他の労働条件についての差別を禁止している（３条）が，性については，賃金についてのみ禁止している（４条）にすぎないのである。政府（内閣法制局）も，この考え方を踏襲し，定年制差別裁判では，女性たちの権利主張を抑える見解を発表していたのである。このような状況は，女性たちが裁判を進めていくにあたって，勝訴の可能性をめぐって，多くの危惧をもたらしたのであった。

しかし裁判所は，一般条項を援用して，性による差別の禁止は，法の根本原則であり公の秩序を構成するとし，公の秩序に反する行為を無効と定めた民法90条によって，差別定年制を無効としたのであった[4]。

(b) 女性に対する人権侵害を放置してきた伝統的憲法学

憲法は，国家と個人の関係を規律するという伝統的な憲法学の論理は，男性の視点からの発想に基づくものであろう。さまざまな問題が，人権として意識され，憲法上，人権と構成されて保障されるようになるためには，それらが社会的な問題として取り上げられていく必要がある。したがって言論の自由，信教の自由など，公的領域における人権保障については，近代民主主義革命にあっては，前近代的な体制の下での抑圧が強く意識されていたから，人権のカタログのなかに，真っ先に書き加えられたのであった。しかし，家族，そして地域社会など私的領域においては，男性は主人公であったから，男性の視点からは，私的領域での人権侵害が意識されることはなく，人権としてカタログ化さ

れないまま，今日に至っている。しかし女性の視点から見るならば，家族，地域社会などでこそ，その人権が抑圧されてきたのである。したがって女性が人間としての尊厳をもって生活していくには，公的領域だけでなく，私的領域での人権の保障が極めて重要である。にもかかわらず人々の活動領域を公的領域と私的領域に二分し，公的領域のみを憲法の対象とし，女性の人権保障にとって重要な私的領域をないがしろにしてきたこれまでの人権論は，女性の人権侵害を放置してきたといっても過言ではなかろう。

（2）自由権と解されてきた平等権
(a) 差別されない自由，差別からの解放

　伝統的な憲法学では，憲法が保障する平等とは，「差別からの自由」「差別からの解放」として，形式的平等，すなわち「抽象的な法のレベルでの名目上の平等」を保障したもので，「社会的経済的関係における事実上の平等」を保障するものではない[5]，とされてきた。たとえば，伊藤正巳は，次のように説いている。

> 平等とは差別を受けないことである。通俗用語としては，差別的取扱いといえば，不利益を科することをいうが，ここでいうのは，法の科する不利益，たとえば刑罰において差別されないことのみではなく，法の与える利益，教育をうける権利について，合理的な理由なしに一部の者を優遇することを禁止する。およそ法的に取り扱いが均等であることを要求するのが法の下の平等である。しかし，重要な点は，近代憲法の保障する法的平等は，法の取り扱いの均等といういわば形式的な平等であることである。これは「機会の平等」といわれることもある[6]。

　伝統的な憲法学では，平等権は自由権（消極的人権，negative right）と構成されてきたのである。

(b) 法律上の平等保障したにすぎない戦後の民主改革

　法の下の平等を保障した憲法14条は，性差別を当然のこととしてきた戦前の，法や制度の「従来のたてまえを最も変革したもの」[7] であった。「一切の

選挙における選挙権および被選挙権の平等，官公吏任用の資格や公の採用試験における受験資格の均等が男女間に要求され，また教育を受ける権利，健康で文化的な最低限度の生活を営む権利等を平等ならしめる要があり，賃金等の勤労の条件も性別に基づく区別は許されない」[8]こととなり，根本的な法制度の改革が行われた。さらに家庭生活における個人の尊厳と男女の平等を保障した24条にしたがって，民法，刑法なども改正された。妻の無能力者制度は廃止され，夫婦の氏，同居義務，財産関係，相続関係なども形式的には男女平等な規定となった。妻と妻の相姦者のみを処罰し，夫の婚姻外の性関係については，相手の女性が独身である場合には不問に付していた姦通罪は廃止された。このようにして，いわゆる戦後の民主改革によって，法律上の男女の地位は，原則として平等なものとなった。ここに原則としてという言葉を敢えて挿入したのは，これら一連の法制度の改革が，けっして完全なものではなかったからである[9]。しかし戦後の一連の改革が，女性を法律による差別から解放し，その地位を飛躍的に向上させたことは，いくら強調しても強調しすぎることはない。

(c) 誤っていた同一のスタートラインに並んだとの評価

このような戦後の民主改革は，女性を「家」という軛から解き放った。女性が，男性とともに国家の構成員として，男性と平等に社会参画が認められたものと，女性たちからも熱狂的に歓迎された。法律上の差別がなくなり，選挙権を獲得し，男女に同一の機会が保障されたのだから，男女は，ここで同一のスタートラインに並んだのだと評価されたのである。そして女性が自覚し，努力することによって，女性の地位を高め，さらには真の男女平等を実現することができるという期待と展望をもって，多くの女性たちが積極的に努力を重ねていった。だが女性たちの期待と努力にもかかわらず，厚い壁が厳然として存在し続け，平等の実現を阻んできた。表の世論調査の結果は，戦後の，日本の女性たちの，この経験をヴィヴィッドに物語っている。まず，労働省婦人少年局が，続いて総理府広報室が，女性を対象として，「男女の地位を平等にするにはどうしたらよいか」という調査を，継続的に行ってきた。表は，その結果を比較して作成したものである[10]。

表　男女の地位を平等にするにはどうしたらよいか。

(複数回答，単位%)

	1949年	1955年	1975年
女性が自覚し，努力する	74	30	24
家庭生活の合理化	27	17	11
男性の理解や協力	19	31	31
女性の経済的独立	3	19	19
古い封建的な慣習をなくす	2	19	37

　戦後改革の直後であった1949年には、「女性が自覚し，努力する」と答えた女性が70％を超えている。男女は、法律上平等になったのだから、あとは女性の努力にかかっているとして、多くの女性たちが、新しく開かれた大学の門をくぐり、あらゆるところで民主化が叫ばれたのであった。しかしその後は、女性の努力派は激減する。かわって、かつては少数だった「古い封建的な慣習をなくす」「男性の理解や協力」「女性の経済的独立」などが増加している。これは女性たちが、自覚し、努力するなかで、それだけではどうにもならないさまざまな障害に阻まれたことを物語っている。それが、「慣習」であり、「男性の無理解や非協力」、そして「男性への経済的依存」だったのである。このような、戦後50余年にわたる女性の経験は、3で述べるように、国際連合に集う女性たちの経験とも一致している。

(d) 平等実現に向けての国家の責任…平等権を積極的権利（positive right）として

　法律上平等になったとしても、いわゆる機会の平等が、あらゆる場で保障されるわけではない。たとえば雇用では、性別分業に基づいて、家事・育児は女性の役割であるとして、男性は基幹労働者、女性は補助労働者として位置づけられ、女性であるということだけで、さまざまな差別の対象とされてきたのである。にもかかわらず、企業と働く女性という私人間の法律関係には、憲法の平等権の保障は及ばないとされてきたばかりではない。差別を禁止する法律さえ制定されることもなく、企業による女性に対する差別は放置されてきたのである。

このような戦後の経験は，国家の平等実現に向けての責任を明確に位置づけて，平等権を積極的権利とし，国家が積極的に施策を展開していくことが必要なことを物語っていよう。

　ところで私は，かつて全国憲法研究会で，平等権は自由権としてだけではなく，国家がその実現に対して積極的にかかわる必要があり，そのためは社会権としての保障が必要であるとの考えを述べたことがあった。その時の，伝統的な憲法学からの反対論は熾烈なものであった。国家権力は悪であり，憲法学の基本は，国家権力を如何に制限するかにある，それなのに，人権の保障のために，国家権力の積極的な介入を要請するなどということは，本末転倒もはなはだしいというものであった。当時でも，生存権などの社会権はすでに日本の憲法学でも，人権のカタログのなかに，掲げられていたにもかかわらずである。その当時は，国際人権法も，フェミニズム法学も，きわめて未発達な状況にあって，私の考え方を補強してくれる論理は皆無であった。そして憲法学については，まったくの門外漢にすぎなかった私には，このような，厳しい反感に立ち向かっていく勇気も，能力も，残念ながらなかった。なによりも，産声をあげたばかりの法女性学確立の時期にあり，伝統的な憲法学と理論闘争をする時間はなかった。本章は，このような伝統的な憲法学に対する20年ぶりの反論でもある。

2　公的領域から私的領域へ

（1）公的領域のみを対象としてきた国際人権法

　これまでの国際人権法は，公的領域のみを規制の対象としてきた。たとえば，市民的および政治的権利に関する国際規約は，「すべての人間は，生命に対する固有の権利を有する。」（6条）と規定している。生命に対する権利は，人間の存在にとって，基本的な権利といえよう。ところでこの規定は，これまでは公的な行動によって，恣意的に生命を奪われない権利であると解されてきた。しかし女性は，公的行動だけではなく，私的領域で生命の危機にさらされ

てきている。中絶を禁止している国では，安全な中絶が受けられないために多くの女性が生命を失っている。男の子の出生が強く望まれる国では，出生前診断によって女の子と判明すると中絶の対象になる。ここでは，女性は生まれることすら許されないのである。さらに女性に対する暴力の結果，多くの女性が生命を奪われている。女性に対する暴力は普遍的に存在し，その結果，多くの女性の生命が危機的状況におかれているのに，国際人権法の形成には，ほとんど反映されてこなかった。これは，伝統的に人権保障の対象が，公的領域にだけ限定され，私的領域はプライベイトなものとして，法的規制の対象からはずされてきたからである。しかしこのことは，私的領域での男性の支配を見えないものとしてきたばかりではない。私的領域での男性の支配を正当化し，さらに強化してきたのである[11]。私的領域こそ女性の人権保障にとって重要な領域なのだから，この領域こそが，人権法の対象とされなければならない。

（2）女性に対する暴力を基点として

しかも，女性に対する暴力は，構造的な男女の力の不均衡から発生するものである。シャーロット・バンチは，このような暴力は，「社会における男性と女性との権力，支配，特権の構造的な関係から惹き起こされる。女性に対する暴力は，家庭，仕事の場，そして公的な領域での，男性の支配という政治的な関係を維持するために，中心的な役割を果たしている。」と指摘している。女性に対する暴力が，このように構造的なものであり，男性の支配・女性の従属を永続化させる道具であるとしたら，これを国際人権法の対象としていくことの必要性は，いくら強調してもしすぎることはない。このような基本的な認識を基盤として，女性たちの大掛かりな運動が展開された結果，女性に対する暴力を取っ掛かりとして，私的領域が，はじめて国際人権法の対象とされることとなった。ここで，人権法の対象は公的領域であるという，国際人権法の大原則を，女性たちが，どのようにして変革してきたのか，その歴史をたどっておこう。

（3）ナイロビ世界女性会議から

　1979年に国際連合で採択された女性差別撤廃条約には，女性に対する暴力を禁止する明確な規定は存在しない。この時点では，まだ，女性に対する暴力は，見えない存在だったのである。この問題が，はじめて明記された国際的文書は，1985年のナイロビ世界女性会議で採択された「ナイロビ将来戦略」である。このことがきっかけとなって，国連でも女性に対する暴力が取り上げられるようになるが，はじめは犯罪予防という観点からであった。1991年になると，社会経済理事会と女性の地位委員会が，女性に対する暴力は，さらなる国際的な対応が必要な重要な問題であると決定する。そして条約締約国の，女性差別撤廃委員会への報告にこの問題を含めること，女性に対する暴力についての特別報告者を指名すること，女性への暴力撤廃宣言を起草すること，この3点が，女性に対する暴力に取り組んでいくために必要だとされた。1992年には，女性差別撤廃委員会が，一般勧告19を出して，ジェンダーに基づく暴力は女性に対する差別であり，締約国に対して，委員会への報告書に，この問題についての報告を含めることを要請した。

　この問題に関しての，ターニングポイントは，1993年に開かれた国連ウィーン人権会議であった。ウィーン宣言と行動計画には，国連人権委員会による特別報告者の任命，女性に対する暴力撤廃宣言の採択が必要であるとしている。その結果，1993年には，女性に対する暴力撤廃宣言が国連総会で採択され，さらに1995年には，特別報告者が任命された。1995年のカイロ人口会議，北京世界女性会議でも，武力抗争の際のレイプは，戦争犯罪であると規定されるなど，女性に対する暴力は，さらに明確な位置づけがされて，今日に至っている。

（4）国際的規制の対象となった私的領域

　女性に対する暴力撤廃宣言は，1条で，次のように規定している。

　　この宣言の適用上，「女性に対する暴力」とは，ジェンダーに基づく暴力行為であって，公的生活で起こるか私的生活かを問わず，女性に対する身体的，性

的もしくは心理的危害または苦痛（かかる行為の威嚇を含む），強制または恣意的自由の剥奪となる，または，なるおそれのあるものをいう。

ここではじめて，公的領域に加えて，私的領域が，国際人権法の対象とされたのであった。さらに2条では，女性に対する暴力を例示しているが，私的領域を第1にとりあげている。すなわち，家庭において発生する身体的，性的，および心理的暴力であって，殴打，女児に対する性的虐待，持参金に関連する暴力，夫婦間における強姦，女性の性器切除および女性に有害な伝統的慣行などである。第2が，強姦，性的虐待，セクシュアル・ハラスメント，女性の売買および強制売春などの社会的領域であり，従来，国際人権法の唯一の対象であった公的領域での女性に対する暴力は，国家によって行われ，または許される身体的，性的，心理的暴力として，第3番目に言及されている。

ところで私的領域での人権侵害について，国際人権法の対象としたことの意味が問われなければならないであろう。伝統的な人権論者は，女性運動は，非常に広範な問題を人権問題に取り込もうとしているが，このことは人権そのものと，今日の国際社会において人権のもつ意味を崩壊させてしまうだろうと非難している。しかし特別報告者に指名されたラディカ・クマラスワミは，このような国連の動きを通じて，人権の概念がこれまでよりも豊かなものなったばかりでなく，新しい問題提起に対して，人権のパラダイムがフレキシブルに対応してきたことを示していると評価している[12]。

3　人権保障のための国家責任

（1）法律上の平等から事実上の平等へ

国連の活動を跡づけてみると，かなり早くから，平等達成のためには，国家が積極的にかかわる必要があるとして，国家の責任を明確に規定してきた。たとえば，女性差別撤廃宣言2条は，次のように規定している。

　　女性を差別的に扱う現行の法律，慣習，規則，慣行を廃止し，男女の権利の平等に対し十分な法的保護を確立するために，すべての適切な措置がとられな

ければならない。

　これは平等権の消極的な側面と積極的な側面の2つを規定したものである。消極的には，女性に対して差別となる法律などを廃止することであり，積極的には，男女平等を保障するために，適切な法的保護を確立することである[13]。本条が審議されたときには，慣習や慣行は，法律や規則と異なり，国の力で直ちに廃止できるものではなく，教育や漸進的な改革の過程でなくしていく性格のものなのだから，「廃止する（abolish）」を，「修正する（modify）」に改めるべきであるとの意見が出された。しかし，女性に対する差別の大きな原因となってきた慣習や慣行の廃止こそ，女性差別撤廃宣言の中心的な課題であるとの主張が多数を占め，原案どおり採択されたという経緯がある[14]。

　ところで慣習・慣行は，国連でもこれまで，性差別の根源と指摘され，加盟国に対しては，その廃止のために適切な措置をとるように呼びかけてきた。確かに慣習や慣行による差別は，法律や規則による差別のように，国が差別に直接関与するものではない。しかし慣習・慣行こそ差別問題の根源に存在しているのであるから，国が関与しないからといって，そのまま放置しておくことは許されず，むしろその撤廃に向けて，国が積極的に介入することが必要だとされたのである。そこで宣言は，「偏見を打破し，女性が劣等であるという考え方に基づく慣習的その他すべての慣行を廃止する方向に世論を育成し，国民の熱意を向けるために，適切な措置がとられなければならない」（3条）と規定した。

　女性の地位委員会は，宣言の実施状況を調査したが，そこで明らかになったのは，多くの国で法律上の男女平等の保障にかかわらず，現実には女性に対する広範な差別が存在するということであった。すなわち，法律上の平等（de jure equality）と，事実上の平等（de facto equality）との間の，大きな隔たりであった。したがって，女性差別撤廃条約の起草にあたっては，如何にこの隔たりを解消し，いかに事実上の男女の平等を実現するかに，最大の関心が払われた。

(2) 平等達成のための国の責任の強調

女性差別撤廃条約は，3条で，次のように規定している。

> 締約国は，男性との平等を基礎とする人権および基本的自由の行使および享有を女性に保障することを目的として，女性の十分な発展および向上を確保するための，すべての適切な措置（立法を含む）をあらゆる分野，特に，政治的，社会的，経済的および文化的分野においてとる。

3条は，事実上の平等達成へ向けての，国家の責任を明確にした規定である。国家は，法律によって差別しない，すなわち平等権を消極的権利として保障していくだけでは十分ではない。さらに女性が男性と平等に人権および基本的自由を行使し，享受できるように，積極的に，必要なあらゆる措置・施策を導入しなければならない。平等権を積極的な権利と位置づけて，平等実現のための国家責任を明確に規定しているのである。

(3) 条約が国家に義務づけた具体的措置

条約は，第1に，女性に対して差別となる「法律・規則」（2条f），「刑罰規定」（同g）などを廃止しなければならないとした。法のレベルでの，形式上の男女平等の保障である。しかしそれだけではない。

第2に条約は，「差別を禁止する立法その他の措置」（2条b），「個人，団体又は企業による差別を撤廃するための措置」（同e），「女性に対して差別となる慣習，慣行の修正，廃止のための措置」（同f）をとることを，締約国の義務であるとした。国家は男女平等を実現するために，進んで私的領域にまで介入し，差別的な慣習，慣行，そして私人間の差別を廃止していく義務を負うとしたのである。

さらに条約は，特性論や役割論に基づいて形成されてきた，人々の心のなかの観念，認識，偏見，さらには行動様式や慣習を変革していくために，国家は，適切な措置をとらなければならないとしている（5条）。

また親（母ではない）が，家庭責任と職業上の責任，社会活動への参加を両立することができるように，保育施設など社会サービスを充実させるために，

適切な措置をとることを，国家の責任としている（11条2e）。

（4）平等実現のための暫定的特別措置

事実上の平等を実現していくには，過去の差別を解消し，男女を真に同一のスタートラインに並ばせるための暫定的特別措置（positive action, affirmative action）が必要であると認識されるようになる。しかしこのような特別措置は，事実上の平等の実現という高い目的を達成するものではあるが，女性に対する有利な特別扱いをその内容としているために，アメリカなどでは，男性に対する差別（逆差別）であると，つぎつぎに訴訟が提起され，そのことが暫定的特別措置を進めていくにあたっての大きな障害となった。そこで条約では，暫定的特別措置は，差別ではないと明確に規定したのである（4条1項）。

以上述べたように，女性差別撤廃条約は，男女の平等権を積極的権利と位置づけて，事実上の平等を実現していくための，国家責任を明確に定めているのである。

この結果，国家責任は，伝統的な国際法学が説くようにみずからの行為からだけでなく，女性の権利を侵害する行為を予防し，告発し，処罰しなかったときにも発生することとなった。

（5）女性に対する暴力撤廃宣言では

女性に対する暴力撤廃宣言でも，前述の流れを受けて，暴力の撤廃に向けた国家の責任を強調していることはいうまでもない。4条は，まず，「国家は，女性に対する暴力を非難すべきであり，その撤廃に関する義務を回避するために，いかなる慣習，伝統または宗教的考慮をも援用するべきではない。国家は，女性に対する暴力を撤廃する政策をすべての適切な手段を遅滞なく追求し，その目的のために，次のことを実施しなければならないとして，「女性に対する暴力を実施することを控えること」(b)に加えて，「これらの行為が国家によってなされるか，私人によってなされるかを問わず，女性に対する暴力を防止し，調査し，国内法にしたがって処罰するために相当な注意を払うこ

と」(c) と規定している。このようにして，国際人権法の分野では，プライバシーも，国家権力の不介入を正当化する理由とはならなくなったのである[15]。

おわりに

(1) 女性の人権は第4世代の人権

市民的・政治的権利は第1世代の人権，経済的・社会的・文化的権利は第2世代の人権，そして開発の権利は第3世代の人権であるといわれてきた。また，確立の時期によって，第1世代の人権は19世紀的人権，第2世代の人権は20世紀的人権ともいわれる。ラディカ・クマラスワミは，公的領域と私的領域という区分をなくし，人権保障の対象領域を私的領域にまで拡大したことをもって，女性の人権は，第4世代の人権であるという[16]。

私は，女性の人権は，20.5世紀的人権であることを付け加えたい。近代民主革命，社会主義革命をきっかけとした自由主義国家の変容，そして発展途上国の権利主張によって，さまざまな権利が人権として形成されてきた。しかし人類の半分を占める女性の人権は，当然含まれているという想定にもかかわらず，確立してきたのは，何と20世紀も半ば以降であり，それも，女性たちの幅広い国際的連帯によってであった。

(2) 女性の人権確立へ向けての国の施策の展開

日本は，女性の人権確立へ向けての国連の動きに引きずられながら，ともかくも，女性の人権確立へ向けての，遅々とした歩みを続けてきた。この意味で，日本では，女性の人権は，外圧によって，ともかくも改善の方向に向かっている。ここでは，紙幅の関係でごく最近のことだけを紹介しておこう。

まず，1999年には，男女共同参画社会基本法が制定された。基本法は，「国は，…男女共同参画社会の形成についての基本理念にのっとり，男女共同参画社会の形成を促進に関する施策（積極的改善措置を含む）を総合的に策定し，および実施する責務を有する」（8条）と規定して，男女平等な共同参画社会

の形成を促進するための国の責任を明確に規定している。ところで積極的改善措置とは，いわゆるポジティブ・アクション，アファーマティブ・アクションと称されてきたもので，女性差別撤廃条約が規定する暫定的特別措置のことである。かつて日本では，アファーマティブ・アクションについては，政策担当者や研究者の間で，逆差別であると非常に不人気な施策であった。それがともかくも，基本法で明確に位置づけられ，実施することが義務づけられたことの意味は大きい。これからの問題は，いかに実質的に意味のあるプログラムを実施していくかということであろう。さらに，自治体に対しても，国と同様な責務が課せられている。また2001年には，中央官庁などの改革が行われ，内閣府に男女共同参画会議がおかれることになった。そして男女共同参画室は，男女共同参画局に格上げされ，強力な権限をもつことになった。2001年には，「配偶者からの暴力の防止および被害者の保護に関する法律」（DV法）が制定されている。DV法は，配偶者からの暴力を防止し，被害者を保護することを，国および自治体の義務とし，私的領域での女性の人権保障を国家の責任としたのである。

（3）伝統的憲法学へのインパクト

　第4世代の人権にも擬される女性の国際人権法の発展は，これまでの伝統的な人権法を変革する可能性をもっている[17]。日本の憲法学ではどうなのだろうか。

　ジュリスト（2003年1月1-15日合併号）は，「ジェンダーと法」を特集しているが，最近の国際人権法の発展を踏まえた論考も見られる[18]。しかしながら，伝統的憲法学は，相変わらず不動のようである。たとえば，前述した奥平康弘は，自由主義的国家間に基づいて，国家権力は悪との前提に立って，人権保障のために国家権力の発動を要請するなどもってのほかだとして，次のように述べている。

　　　…権力は制限されなければならないという前提，立憲主義というものの前提
　　が僕にはあるわけですよ。いまや権力は制限すべきものではない，現代の難問

の数々を片付けるためには，国家・政府は好きなことを好きな手続きでやってくださいというような憲法を想定しろとか，その中で人々の生き方を想定しろと言われても僕にはできない[19]。

　確かに，日本は，北欧諸国のように，国家が率先して，女性に対する人権侵害を廃絶しようとしている国々とは異なっている。したがって，女性の人権保障のためとはいえ，国家権力の介入を肯定することは危険かもしれない。しかし，これまでは，ドメスティック・バイオレンスの被害者が，警察に連絡し，暴行・傷害の犯罪現場に警察官が駆けつけてきても，犯罪が家族のなかで発生し，加害者が夫であると判明すると，家族というプライバシーに国家権力はかかわらないからと，犯罪の捜査も行わず，現場を立ち去ったのであった。このような状況に比較して，家族のなかでの暴力に光を当て，DVを犯罪として，加害者を処罰すること，被害者の救済を国家の責任としたことによって，やっと被害者救済の道が開かれたのである。しかも国家権力が好き勝手に介入するのではない。国家権力のありようは，公的な問題として，人々の監視の対象となったのである。

　女性の人権をめぐる国際人権法の展開は，日本では，まだ伝統的な憲法学の論理に，インパクトを与えたとは，残念ながらいい難い。奥平氏の言葉を借りるなら，日本国憲法は，「フェミニストや女性一般に役立たない憲法」，「憲法」ではないという段階にとどまっているように見える。そこで，女性差別撤廃条約をはじめとしたフェミニズム国際人権法は，これからも，女性たちの，もう1つの憲法として，女性の人権保障にあたって大きな役割を担わされている。

注

1）金城清子『法女性学のすすめ』（有斐閣，1983年）。
2）奥平康弘・宮台真司『憲法対論―転換期を生きぬく力』（平凡社新書，2002年）172頁。
3）女性の定年を30歳などとする若年定年制ほど低年齢での退職を強要するものではないが，男性の定年が60歳なのに，女性のそれを55歳，45歳などと，数年の差を設けたものが，小分類の差別定年制である。

4) 結婚退職制については，住友セメント事件（東京地判昭和41・12・20），茂原市役所事件（千葉地判昭和43・5・20）など，若年定年制については，東急機関工業事件（東京地判昭和44・7・1），名古屋放送事件（名古屋高判昭和49・9・30）など，差別定年制については，有名な日産自動車事件（最判昭和56・3・24）がある。この判決をもって，一連の差別定年制裁判は，女性側の勝訴によって終わり，すべての定年についての異なった取扱いは許されないとの判例が確立した。
5) 法学協会『注釈日本国憲法』（有斐閣，1954年）上巻，352頁。
6) 伊藤正巳『憲法』（弘文堂，1982年）236頁。
7) 法学協会，前掲書，（注5），353頁。
8) 同上，353頁。
9) 戦後のいわゆる民主改革の積み残したものについては，金城清子『ジェンダーの法律学』（有斐閣，2001年）などを参照されたい。
10) 選択肢に表現の差があるものについては，内容によって比較した。
11) Charlesworth H., "What are Women's International Human Rights?," *in* Cook R. J. (ed.), *Human Rights of Women* (University of Pennsylvania Press, 1994), p.69.
12) Coomaraswamy R., "Reinventing International Law : Women's Rights as Human Rights in International Community," *in* Ness P. V., (ed.), *Debating Human Rights* (Routledge, 1999), p.173.
13) Mcdougal M., *The Outlawing of Sex-Based Discrimination in Human Rights and World Public Order* (Yale University Press, 1980), p.629.
14) United Nations, Equal Right for Women : Call for Action (OPI/494, 1973), p.3.
15) Coomaraswamy, *supra* note 12, p.177.
16) *Ibid*., p.178.
17) Charlesworth, *supra* note 11, p.58.
18) たとえば，井上典之「平等保障の理論展開—結果の平等・積極的差別是正措置をめぐって」など。
19) 奥平康弘・宮台真司，前掲書，（注2），182頁。

（金城　清子）

第4章　国際人権保障システムにおける「ジェンダーの主流化」

はじめに

　第2次世界大戦後，平和を実現するためには人権の保障が不可欠との立場から，人権の国際的保障は戦後の普遍的国際機関である国際連合を中心に熱心に進められ，多くの成果をあげてきた。この国連の人権保障システムは，国際法の新領域，国際人権法の中心的役割を担うまでに成長した。

　他方，国連は，当初から女性の地位向上に力をいれ女性の地位委員会（CSW）を設立し，世界女性年の設定，世界女性会議の開催，女性差別撤廃条約の採択など多くの貢献をしてきた。しかし，女性の地位委員会をはじめとする女性関連の機関は，通常の人権機関とは別個の機関として存在し，女性問題は人権問題とはみなされず，女性の問題は女性の機関に任せればよいという時代が長く続いた。これが，国連システム内部における女性機関，女性問題の周縁化である。

　それが，フェミニズム運動やフェミニズム法学の学説に支えられてパラダイムの転換を見せ，周縁化からの脱却を図るのは，1993年の世界人権会議と1995年の北京世界女性会議においてである。世界人権会議では，「女性の権利は，人権である」とされ，すべての「国連システム全体への女性の人権の統合」が求められた（ウィーン宣言および行動計画Ⅰ18パラグラフおよびⅡ37パラグラフ）。北京世界女性会議では，ジェンダー（社会的・文化的性別）という用語が最終文書にはじめて用いられた。最終文書の1つ北京行動綱領では，「すべての女性および女児の人権は，国連の人権活動の不可欠な一部をなすべきである。すべての女性および女児の平等な地位および人権を国連システム全体の活

動の主流に組み入れ，国連機関および機構全体を通じてこれらの問題に定期的かつ組織的に対処するために，真剣な取り組みが必要である。」（I 221パラグラフ），として，国連機構全体へのジェンダーの主流化の指令がくだった[1]。

　国連内部におけるジェンダーの主流化とは，「あらゆるレベルにおいて，法制度・政策・プログラムなどの計画された活動について男女それぞれにとっての意義を評価する過程」であって，別言すれば「男女の不平等の連続を断ち切り，男女が平等に利益をえられるために，すべての政治的・経済的・社会的側面において，男性女性それぞれの関心と経験を政策およびプログラムを企画・実施・監視・評価する次元に統合する戦略である。ジェンダーの主流化の究極の目的は，ジェンダーの平等の達成である。」と定義される[2]。

　つまり，ジェンダーの主流化の過程は，「すべての職員の日常業務の一部となるように，その機関が資金提供し運営しているすべての活動にジェンダーの関心を導入することであり，適切なガイドラインや訓練の整備を通じて，組織全体にジェンダー問題に対する責任を持つようにすることである」[3]。

　「ジェンダーの主流化」の1つの大きな流れは，女性機関自体の機能強化，つまり女性差別撤廃委員会（CEDAW）の機能強化と女性差別撤廃条約選択議定書の成立である[4]のだが，もう1つの流れは，周縁化された状況にあった女性の人権・ジェンダー視点を主流である人権保障機関でどのように統合・導入していくのかという問題である。前者については本書の第Ⅱ部・第Ⅲ部の論文を参照頂くとして，本章では主に後者の問題について，女性の地位委員会や女性差別撤廃委員会など女性関連機関を除く，人権保障を任務とする主流人権保障機関（人権委員会，国連人権高等弁務官事務所（以下OHCHRと略す），国際人権条約の監視機関である，自由権規約委員会，社会権規約委員会，子どもの権利委員会，人種差別撤廃委員会，拷問等禁止委員会）について分析する。

　このような問題の分析の前に，まず，ジェンダーの主流化のうねりが起こる契機となった点について検討する必要があろう。その1つは，「女性に対する暴力」に関する国際的認識の高まりであり，1990年代の前半に起こった旧ユー

ゴ紛争で発生した組織的レイプや強制妊娠といった重大な人権侵害である。ジェンダーの主流化は，こうした紛争地域における人権保障という「国際人道法」の分野に浸透し，1998年の国際刑事裁判所（ICC）規程のなかに，性的暴力が「人道に対する罪」「戦争犯罪」を構成することを明記（7条1項（g）），8条2項（xxii））し，裁判手続の点でもジェンダーに配慮した規定が随所に見られる（36条8項(a)(iii)・8項(b)，43条6項，68条1項・2項など）点は，注目に値する。この点については，別に詳しい論文[5]があるのでそれに譲るとして，本章では，人権分野へのジェンダーの主流化に影響を与えたと思われる，国連システムのなかのもう1つの分野——「開発」分野——について検討したいと考える。国連の開発分野では，比較的早い段階から，女性の役割に注目し，ジェンダーへの配慮を行ってきた。この開発分野において「ジェンダーの主流化」の先駆的ともいえる取組みが始まっていたことを検討し，人権分野との連関も明らかにしていきたい。

1 開発分野とジェンダーの主流化

(1) WID と GAD

　ジェンダー概念を政策に取り入れたのは，開発分野が先駆的といえる。1980年代半ば以降，主要な国際開発援助機関の多くが，その活動や計画に「ジェンダー」概念をとりこみ，1996年までには，ほとんどの経済的人道的機関がこれに従っている[6]。

　1970年代に入って，これまでの経済成長中心型の開発戦略の問題点がさまざまに露呈されてきた。途上国の女性が開発過程でとくに不利な，周縁化された状況にあることに鑑み，女性差別撤廃宣言でも，また1971年から始まる第2次国連開発戦略においても，開発努力全体に女性が完全に統合されることが求められた。しかし，開発に女性を統合するにあたって，「女性が地域で果たしている社会的・経済的役割に十分配慮をしていなかったために，開発が女性をかえって傷つけ，また全体的な開発効果をも低下させるという事態が生じた。こ

こに WID（Women in Development：開発における女性）が国際社会及び国内の政策課題として登場したのである」[7]。WID の視点は，女性差別撤廃条約の規定にも盛り込まれ，その14条に農村女性の条文が設けられている。

　WID は，開発計画や援助において女性を受益者および担い手として，開発のあらゆる分野－政策決定，実施，評価－への女性の参加を奨励する。しかしながら，WID は既存の男女の社会的関係，社会構造を所与のものとみなしたことから，女性の地位向上に必ずしも直結しないという欠点が露呈された。

　こうした反省から，1980年代半ばから，ジェンダー間の関係に着目する必要性が叫ばれ，GAD（Gender and Development）が登場した。GAD は，ジェンダー間の不平等な関係やその背景となる社会・経済構造に着目し，不利な立場にいる女性，男性のエンパワーメントの促進を通じて，社会変革を図る戦略的アプローチである[8]。

　GAD は，以下の3点で WID と異なる。まず，第1に焦点をジェンダー，男女の不平等な権力関係に移行する。第2に，すべての社会，政治，経済構造をジェンダーの違いという視点から検証し直す。第3に，ジェンダーの平等を達成するには，「社会全体を変える変革」が必要である。ジェンダーの平等を達成するためには，ジェンダーの役割と社会制度の再編が必要となり，この意味で「ジェンダー」を主流化するということは，社会変革を目指すものとなるのである[9]。

（2）国連開発システムにおけるジェンダーの組織化

　国際開発戦略やナイロビ将来戦略に基づいて，国連の開発関連機関で，国連総会の補助機関である国連開発戦略（UNDP），国連児童基金（ユニセフ・UNICEF），国連人口基金（UNFPA），経済社会理事会の地域委員会である国連アジア極東経済委員会（ECAFE），ラテン・アメリカ・カリブ経済委員会（ECLAC），国連の専門機関の国連教育科学文化機関（UNESCO），世界保健機関（WHO），国際労働機関（ILO）などが，WID 担当部門や専門スタッフをおいて，WID のための活動を拡充強化してきた[10]。その他，1976年には途上国

女性の開発努力を支援するための国連女性開発基金（UNIFEM）が総会によって設置され，1975年には経済社会理事会によって，国際女性調査訓練研究所（INSTRAW）が設立された。これら機関が，効率よく活動できるようにするために「女性と開発のためのシステムワイド中期計画」を1990年以降進めている。WID の概念自体は，前述のように問題点を含むものではあったが，「1つのテーマについて機構全体をカバーする計画が作成されたのは国連史上かつてない画期的なことであった」[11]。

また，1990年からは「人間開発報告書」を発行して人間開発指標（HDI）の公表を行っており，1995年からはジェンダー開発指標（GDI）とジェンダーエンパワーメント指標（GEM）の各国別の公表を行うようになっており，国連統計局・UNIFEM・INSTRAW・ILO などでジェンダーに敏感な比較統計への取組みも始まっている。

国連の人権機関も時期は少し遅れたが，これら開発分野の経験からえるところは大きく[12]，その反省も含めて，とくにシステム整備など開発分野のさまざまな政策が，人権分野にも効果的に生かされることが望まれている。最近の動きとして注目されるのは，UNDP，ユニセフ，国連人口基金などの国連開発グループ内部における発展の権利に関するアド・ホック・グループの存在である。その議長を OHCHR が務めていることから，開発分野への人権保障の拡大が図られている[13]。発展の権利は，開発分野と人権分野の融合から生まれた概念であって，人権を「人間の発展」という視点から再構成し人権の効果的保障を実現する概念であるから[14]，発展の権利の実施過程においてジェンダーへの配慮がなされるなら，両分野におけるジェンダーの主流化を加速化することになろう[15]。

2　人権委員会とジェンダーの主流化

人権委員会は，憲章68条に基づき1946年に設立された，現在51カ国の政府代表から構成される政治的機関であって，国際社会で生起するすべての人権問題

について審議し，決議を採択することができる。ジェンダーの主流化に関して注目されるのは，この委員会の人権保護活動に関する国別およびテーマ別調査手続といわれるものである。

　1995年，人権委員会は，調査手続における特別報告者・特別代表・特別専門家および作業部会（調査手続に関係する専門家）に対して，女性の人権が報告書や国連システム全体の作業に組み込まれるような方法を検討するよう要請した[16]。1996年には，人権委員会は，調査手続に関係する専門家が任務遂行の際にジェンダー視点を考慮するべきであるとの決議を採択した。このなかで，報告書にジェンダー別の統計を含めること，女性を対象とした人権侵害の実行と特徴を提示すること，および関係者間（とくに女性に対する暴力に関する特別報告者）での協力と情報交換を行うことを求めた[17]。

（1）テーマ別調査手続

　それまで，ジェンダー問題に無関心であった人権委員会が，1993年，「女性に対する暴力」に関する特別報告者を任命した。ジェンダー問題がテーマとされて，女性のテーマ別報告者が任命されたことは，まさにジェンダーの主流化の1つの展開といえよう[18]。

　他のすべてのテーマ別特別報告者が，ジェンダー視点に配慮しているとは言い難いというのが現状だが，その数は確実に増えている。たとえば，1998年では，子どもの売買・買春・ポルノグラフィーに関する特別報告者は，子ども（とくに女児）の性的搾取の防止のためにメディアや教育の影響を効果的に分析した[19]。また，思想表現の自由に関する特別報告者は，女性は文化的偏見から寡黙であることを強要され，家族計画や人格における不平等に関する情報の欠如は女性の権利の侵害であると述べている[20]。2000年の例では，略式または恣意的処刑に関する特別報告者は，女性の生命に対する権利の侵害を指摘し，とくに「名誉殺人」といわれる殺人について女性に対する暴力に関する報告者と連携を取りながら詳細に分析し，かかる慣習の根絶を主張している[21]。その他，多くの報告書にも，ジェンダー視点が組み込まれている[22]。2001年になる

と，この年の報告書全体の傾向として女性に関する特別の章を設けたり女性に特別の影響のある問題を取りあげている。また，教育・識字・保健サービスへのアクセス，財産権，意思決定過程への参加の権利，有害な伝統的慣行などのジェンダーに基づく人権侵害に対して，ほとんどの報告者が言及している。とくに，名誉犯罪（crimes of honour）やレイプ・性的虐待などの女性に対する暴力への言及が多くなされた[23]。

(2) 国別調査手続

国別報告者のジェンダーの主流化に対する態度も，次第にその方向性を示し始めている。

たとえば，1997年の事例では，ミャンマー特別報告者は，軍隊による女児のレイプ，女性に対する暴力，強制的移住を報告した[24]。また，赤道ギニアの特別報告者は，女性の状況に関する特別の章を設けて報告しているし，スーダンの報告者は，公共の場における厳格な男女の分離に深い関心を示した[25]。2000年の事例では，ブルンディ特別報告者が，伝統と経済問題から女性差別が生じていることを指摘し女性の状況を詳細に報告している。ミャンマー，ボスニア・ヘルツェゴビナ，イランの特別報告者がジェンダーに配慮した報告書を提出している[26]。2001年では，イラン，コンゴ，ブルンジ，赤道ギニア，カンボジアの各特別報告者はとりわけ女性の状況を詳細に報告・分析している[27]。

以上のように，人権委員会の調査手続においても，年々ジェンダーの主流化が進展していることがわかる。人権委員会は，国連の人権問題に関する政治機関の中核として人権条約機関への影響も大きいだけに，ジェンダーの主流化推進の鍵を握っているといえる。

3　人権高等弁務官事務所とジェンダーの主流化

人権高等弁務官は，1993年の世界人権会議の勧告を受けて国連総会決議48／141により設置された。任務としては，すべての人権の促進・保護，発展の権

利の実現，助言的サービス・技術的財政的援助の提供，国連の人権教育，広報プログラムの調整，国連内の人権の促進・保護活動の調整その他多岐にわたる。また，設置と同時に人権センターは人権高等弁務官事務所（OHCHR）に統合された[28]。2代目人権高等弁務官のメアリー・ロビンソンの活躍は，その役割が人権の伸張にとって非常に大切なポストであることを国連のシステム全体に知らしめた。

　ロビンソンの弁務官就任の1997年9月以降，OHCHRはさまざまな積極的活動を開始した。ジェンダーの主流化に関しては，1998年経済社会理事会決定1997／2「国連システム全体におけるジェンダーの主流化」に基づいて，OHCHRは，女性の地位向上部との協力の下，すべての人権活動にジェンダー視点を導入し，女性の人権がすべての活動の重要な要素として組み込まれることを支援する役割をえた。

　OHCHRは，ジェンダーの主流化のために，女性の地位向上部との協力を強化し共同作業計画を策定した[29]。また，女性の地位向上部その他の国連の機関との協力によって，ジェンダーの主流化に関するさまざまなセミナー，ワークショップ，専門家グループ会合，およびパネル・ディスカッションを主催している[30]。さらに，現地プレゼンスの活動においても，1999年ボスニア・ヘルツェゴビナにおいてジェンダー調整グループを設立し，グアテマラやパレスチナの活動へのジェンダー視点の導入に尽力している[31]。

　OHCHRとジェンダーの主流化を検討するとき，世界中の女性に影響を効果的に与えることができるOHCHRの技術協力プログラムの存在は重要である。技術協力は国家の要請に基づき，以下に掲げたさまざまな手段によって実施される。憲法・法制度改革，国内の人権機関の設立強化，裁判官・検察官・警察官・刑務所職員のための司法行政の訓練，軍人・平和維持軍兵士のための人権法・人道法の教授，定期報告書の作成準備における訓練，教員の訓練・カリキュラム開発，地域人権機関・NGO・市民グループの支援などである[32]。

　ジェンダー主流化に関する技術協力には，自由権重視のジェンダー化された人権システムの存在や女性機関の周縁化が障害になっている部分はあるが，ジ

ェンダー主流化への動きは確実に始まっている。たとえば，1998年，このプログラムへのジェンダー視点の導入する特別プロジェクトがOHCHRによって作成され，女性の地位向上部とともにこの実施にあたっている[33]。また，1999年には女性の地位向上部とともに，このプログラムを実施するうえで，スタッフやコンサルタントを対象としたジェンダー・ガイドラインの作成が開始された[34]。同年，カンボジア，エルサルバドル，ネパール，パレスチナ，南アフリカ，イタリア，スイスで技術協力プログラムに基づく訓練活動を行っている[35]。今後は，女性に与えるプログラムの影響の分析，プログラムの準備段階における女性の参加，アファーマティブ・アクションの導入，女性の周縁化を計測可能な指標による把握，技術協力スタッフの教育・訓練などの整備が求められる[36]。

4 人権条約機関とジェンダーの主流化

　人権条約機関はそれぞれの条約の実施を監視する委員会を設立している。条約機関は国際人権システムの重要な部分で，これら条約に基づく義務として，締約国は条約の国内実施の進捗状況をそれぞれの委員会に報告することを求められる。これが，報告制度と呼ばれるもので，各締約国から各委員会に提出された定期報告書を各委員会が審査しそれに対して最終所見を出してその後の条約実施のアドヴァイスを行う。また，各委員会は，条約の解釈を一般的意見という形で提出する。

　また，一定の条件の下で，自由権規約委員会，人種差別撤廃委員会，拷問禁止委員会，女性差別撤廃委員会では，個人通報も受理・審査できる。

　本章では，主に，各委員会の活動－たとえば，ガイドラインの作成，一般的意見，定期報告書審査－における議論から，委員会がジェンダーの主流化についていかに対応しているのかを検討する。

（1）人権条約機関議長会議

　人権条約機関議長会議は，条約機関相互の作業の調整と共通問題への共同の対処を目指して，年1回の会合を開いている。

　1995年の人権センターとUNIFEMが合同で開催した「国連の人権活動およびプログラムへのジェンダー視点の統合のためのガイドラインの発展に関する専門家会議」[37]の提言に基づき，1996年の議長会議（第6回会合）で，以下の勧告を採択した[38]。

(a) 条約機関は，事前および本会合の作業方法，一般的意見，一般的勧告ならびに最終所見のなかに，ジェンダー視点を導入しなければならない。

(b) 締約国による定期報告書準備のためのガイドラインは，個々の委員会による審議のために女性の人権に関する特定の情報を提供する必要を反映するよう改訂されなければならない。

(c) 調査手続の実施に際して，条約機関は対象領域の女性の状況に関する情報を収集する特別な努力を行うべきである。

(d) 条約機関は，締約国および他の国連専門機関から性別のデータを継続して求め，その国の定期報告書審査の際に利用するべきである。

(e) 条約機関は，女性の人権に関する進歩，発展，状況に関する情報を相互に交換する努力をしなければならない。

(f) 定期報告書をまとめる際に可能なかぎりジェンダーが含まれる用語の使用に対して注意を払わなければならない。

　こうして，ジェンダーの主流化に関する具体的取組みが，各人権機関に求められることになったのである。

（2）自由権規約委員会

　自由権規約委員会は，自由権規約が1976年に発効したのを受けて，同年活動を開始した。委員会の任務は，報告制度，国家通報制度，個人通報制度のすべてにかかわる。

　2003年7月の段階では，18名の委員のうち女性は2名である。

自由権規約委員会は，これまでもアファーマティブ・アクションを肯定し，法律上事実上の平等を認める見解を示し，従来の男女の平等な権利の保障については積極的な姿勢を見せてきた。委員会は差別を取り扱い，規約で保障されている他の権利にも差別の禁止を拡大してきた。一般的意見[39]や個人通報[40]においてその意欲は明白であったが，その「差別是正は『男性並みの平等モデル』によって実現される旧来型認識を出ておらず，一般的意見の多くも不均衡なジェンダー構造への想像力を全く欠いたものに留まっていた」[41]のである。

しかし，その後，一連のジェンダー主流化への動きがみられるようになった。1995年には，定期報告書のなかにジェンダーに固有の情報を締約国が提出しなければならないことを要求するようガイドラインを改訂した[42]。1994年の改選で女性差別撤廃委員会の前委員が参加して女性委員が増加したため，その際にジェンダーへの感受性が増大したといわれている[43]。2000年には，3条の男女の平等な権利に関する一般的意見28を採択した。これは1981年に採択された一般的意見4の改訂である。この意見28の1条では，20年の経験から先の一般的意見4を改訂するとし，この改訂は自由権規約で保障された権利の女性による享受に対する重要な影響に配慮することを目的とすると明確に述べられている[44]。

他方，人権委員会にはまだジェンダーの主流化という点で，一貫性のないところもみられる。ガイドラインを改訂したにもかかわらず，女性の地位に関する情報は十分えられているとはいえず，個々の条文が女性に適用されるべき方法についての説明もない。まだ多くの一般的意見は，ジェンダーの主流化に対応しておらず，今後は先の一般的意見28のように，以前に出された一般的意見もジェンダー視点で書き直される必要がある。自由権規約委員会は，人権条約機関の中核であるだけに，この委員会の今後の展開がジェンダーの主流化の将来に大きく影響を与えることになろう。

（3）社会権規約委員会

社会権規約委員会は，自由権規約とならび国際人権規約を構成する社会権規

第4章　国際人権保障システムにおける「ジェンダーの主流化」　97

約の実施を監視するために，経済社会理事会によって1985年に設置された機関で，1987年より活動を開始した。2003年7月の段階で，18名の委員のうち2名が女性である。

この委員会はジェンダーの主流化について，先進的な委員会である。1995年の条約機関議長会議の勧告に対して，最初に対応したのがこの社会権規約委員会であった。

同委員会は，多くの革新的な作業方法と手続を開発することによって，効率性をあげてきた。広い範囲から情報を収集し，NGOと国連専門機関の参加を積極的に奨励している。委員たちは特定の権利や条項について委員間で議論をするために特別の日程を割いている。

1991年には，報告ガイドラインを，特定の条項（6条・7条・9－13条）に対する事実上・法律上の女性の状況に関する情報や男女別のデータの提供を締約国に求めることができるよう改訂した[45]。

定期報告書審査の際の質問表の作成や口頭質問に際しても，社会権規約の保障する女性の権利の享受と保護に注意を払い，最終所見でも女性の地位にたびたび言及している。

一般的意見においても，次第にジェンダーの主流化が認められるが，まだ多く問題が残されている。たとえば，ガラギエールによれば，十分な住居に対する権利（11条1項）に関する一般的意見4および7では，一定のジェンダー配慮が見られるものの，女性が主たる家計者である場合が多いのに女性の所有権が否定されるなどの，住居取得に対する不平等が存在する点に触れられていないし，構造調整政策の影響を女性がより多く受けている点にも言及がないとの指摘がある[46]。老人の経済的社会的権利に関する一般的意見6では，ジェンダーへの配慮があったのは社会保障に対する権利だけであった。

その後も次々に，一般的意見が採択されるが，明示的にジェンダーへの配慮が見られるのは，1999年の教育の権利に関する一般的意見13以降である。一般的意見13では，教育が女性のエンパワーメントに不可欠であると言及されている[47]。しかし，形式上もジェンダー視点を明確に取りこんだといえるのは，2000

年採択の到達可能な最高水準の健康に対する権利に関する一般的意見14[48]であろう。この勧告には,「ジェンダー視点」および「女性と健康に対する権利」いう項目を別個に立てている。前者では「国家が男女の健康の改善を図るために,健康関連の政策,計画,プログラムおよび調査において,ジェンダー視点を統合することを委員会は勧告する。生物的および社会文化的要因は,男女の健康に影響を与える上で重要な役割を果たすことをジェンダーに基づくアプローチは認めている。性別の健康および社会経済的データの算出は,健康における不平等を認識しかつ修正するうえで重要である。」と述べている。後者の項目では,女性に対する差別をなくすためには,ライフスパンのなかで女性の健康に対する権利を実現する包括的戦略をとるべきこと,女性に影響のある疾病の防止や高度な保健技術へのアクセスの確保,など具体的な事項が述べられている。

(4) 子どもの権利委員会

子どもの権利委員会は,子どもの権利に関する条約の発効に伴い1990年に設置され,翌年より活動を開始した。2003年7月の段階で,10名の委員のうち7名が女性委員である。この委員会は,とくにジェンダーに敏感な条約機関の1つである。1991年の活動開始当初から質問表や口頭質問のなかにジェンダーへの配慮を示している。会期前の私的な作業部会では,委員はNGOや国際機構から多くの情報をうることができる。「一般討議の日」には,経済搾取,あるいは学校家庭内における子どもに対する暴力といった毎回のテーマにそって話合いがもたれる[49]。

委員会は,定期報告書の審査,最終所見の準備のすべてにおいて,多様な視点から,女児の状況に言及している。委員会は,ジェンダーに基づく差別に関心をもち,国内法や慣習法・宗教法のなかに残っている場合,法改正や政府機関の増設,さらに公務員に対する適切な訓練を求めることもある。委員会が近年定期報告書審査においてとくに関心をもっているのは,女児の健康と教育である。前者では,出産時の死亡,栄養不良,新生児死亡,女性性器切除などの

悪しき慣習の廃止,食糧,少女の妊娠・性感染症（とくにHIV/AIDSなど）が高い関心を示している[50]。後者については,学校への在籍率や中途退学率におけるジェンダー格差,学校内における性的虐待や暴力,妊娠した女子生徒の教育の権利,カリキュラムにおけるジェンダー平等などに関心が示された。特別に保護すべき権利として,性的虐待,搾取および人身売買からの保護があげられた[51]。

2001年1月,子どもの権利委員会は,一般的意見（教育の目的に関する29条1項）を採択した。委員会はこのなかで,すべての段階の教育カリキュラムにジェンダー平等の原則の尊重が必要で,ジェンダー差別は,ジェンダーの平等と両立しないカリキュラムや教科書その他の教材の使用によるばかりでなく,少女が与えられた教育機会からえられる成果を制限する学校や措置,さらには女児の参加を拒むような危険で非友好的な環境などによっても強化されると述べた[52]。また,同委員会は2001年10月,2000年に採択された「武力紛争への子どもの関与に関する選択議定書」(2002年2月12日に発効)に基づき提出される第1次定期報告書提出に関するガイドラインを採択し,性別のデータ,18歳未満の子どもの志願兵の数,軍隊の管理下にある学校に通学する子どもの数に関するデータが含まれることを求めた。また,年齢や性に基づく子どもの特定のニーズを考慮した情報も含むよう要請した[53]。

(5) 人種差別撤廃委員会

この委員会は,人種差別撤廃条約が1969年に発効したことから,1970年から活動を開始している最も歴史のある人権条約機関である。2003年7月の段階で,18名の委員のうち1名が女性である。締約国の定期報告書審査に加え,国家通報,個人通報を受理・審査する。1996年の人権条約機関議長会議において,この委員会議長は,定期報告書にジェンダー視点を導入することは,根本的な誤りがある,つまり,人種差別撤廃委員会は人種差別事例を取り扱うのであって,女性問題は女性差別撤廃委員会の仕事であると述べた。このように,委員会は,他の委員会がジェンダーの主流化に動き出した後も長く消極的姿勢

を崩さなかった[54]。

しかし、変化は訪れた。委員会は、1999年8月の第55会期において、法の前の平等・権利享有の無差別に関する5条のガイドラインを改訂した。このなかで、委員会は、人種差別がとくに女性に影響を与えることを委員会が把握できるよう、定期報告書のなかに女性に関する情報を加えることを求めたのである。そして、2000年3月、その第56会期において「人種差別分野に関連するジェンダー」と題する一般的勧告25において、人種差別は常に男女に平等・同一に影響を与えるものではなく、女性だけに特別な影響を与える場合も存在する。従来この点を委員会で意識してこなかった点を指摘し、委員会が今後人種差別と結びつくジェンダー要因を認識する努力を行うとの方向性が示された[55]。

2001年3月の第58会期では、委員会は、ますますジェンダーと人種差別の関係に注目した最終所見を採択するようになった。定期報告書審査の際にジェンダーに基づく差別も検討の対象とすること、さらにジェンダーに基づく差別に関する統計データを政府レポートに含めるよう要請した。同会期に採択された「ロマ民族に対する差別」と題する一般的勧告27でも、ジェンダー視点を導入して、締約国に対して、二重の差別に悩むロマ民族の女性たちの状況を配慮するよう勧告し、学校・情報訓練部門・保健システム・健康プログラムの策定などのいずれの場面でも、女性および女児の特定の状況を考慮するよう求めた[56]。2002年8月の第59会期では、委員会は南アジアの人身売買、移民労働者、リプロダクティヴ・ヘルスなどのテーマのなかで、女性や女児の状況に特別の注意を向けている[57]。

(6) 拷問禁止委員会

拷問禁止委員会は、拷問等禁止条約（拷問及び他の残虐な、非人道的又は品位を傷つける取扱い又は刑罰に関する条約）が1987年に発効したため、1988年から活動を行っている。任務は、定期報告書審査、国家通報審査および個人通報審査に加え、組織的拷問に関する調査を行う。2003年7月の段階で、10名

の委員のうち1名が女性である。人権システムが拷問にジェンダー化された側面を与えているという人権委員会の拷問禁止特別報告者の指摘にもかかわらず，人種差別撤廃委員会同様，拷問禁止委員会の活動（報告審査，ガイドラインなど）において，ジェンダーに無関心な時期が続いていた。

ところが，2000年に女性委員が1名委員会に加わり，彼女が委員会のなかでのジェンダー問題のフォーカル・ポイントに任命された。その結果，彼女がジェンダーに基づく拷問形態により敏感なアプローチを展開するよう委員会を促し，この委員会への大きなジェンダー・インパクトを引き起こしている[58]。

たとえば，この女性委員は，2000年の第25会期の会合で，アルメニアの定期報告書の審査の際に，「受刑者の処遇について，刑務所内の性的暴力は監視されているのか，その監視の成果はどうか，女性受刑者は男女いずれの監視員によって監視されているか。」などのジェンダー視点の質問を行っており，男女別の統計を含め受刑者の状況に対する統計が少ないことを指摘した。さらに，彼女は，委員会において最近6－7カ月のジェンダーに関する国際的な動き（たとえば，女性差別撤廃条約の選択議定書の発効や安全保障理事会が採択した「武力紛争下における女性に関する決議」など）について報告した[59]。その数年前までのこの委員会の消極的姿勢からは，大きく転換したことに驚かされる。

おわりに

国連人権メカニズムは，以上のように，ジェンダーの主流化に一定の成果をあげており，人権侵害とジェンダーの密接な関係を次第に認識し始めているし，少なくともジェンダー視点導入の意欲が感じられる。しかし，同時に多くの課題も残されている。ジェンダーの主流化の実現のために，以下の点を提言したい。

（a）人権システムへのジェンダー視点の導入に関する明確な政策が策定されることが求めるられる。ジェンダーに関する政策が，国連の人権システムの高

級レベルで明確にされ，国連の政治機関で承認されなければならない。問題の明確化が行われ，解決の詳細な解説が含まれなければならない。解決の実施にあたっては，中心になるアクターを明確にし，責任を与えることも必要である。財源や実施のタイムテーブルが示されなければならない。

(b) 定期報告書作成の際のガイドラインにジェンダー視点を導入することは，各国政府をジェンダーに敏感にするために重要である[60]。ガイドライン作成の際には，言語のジェンダーバイアスを取り除き，男女別の統計の推進，NGOなど多方面からの情報の収集なども求められる。こうしたガイドラインの整備によって，権利の享有がいかに男性の生活に関連づけられているのか，権利の実体的内容が男女でいかに異なるか，こうした差異がいかに権利の適用や適切な救済の決定に影響を与えるのかを検討することになる。各国政府にジェンダーへの感受性を高める効果があり，各国国内におけるジェンダーの主流化も促進されるのである。ガイドラインは将来の解釈や再解釈の際に条約機関を援助する有用な手段ともなりうる。また，一般的意見作成でも，ガイドラインの存在は重要な影響を与える。その際，女性差別撤廃条約の主旨や実体規定に言及すべきである。

(c) 報告制度にジェンダーの主流化を実現するためには，他に，審査の方法や質問表作成などにジェンダー視点の導入が求められる。また，委員の情報収集にもよりジェンダーに配慮した手法（たとえば女性NGOとの会合を必ず設ける）が取り入れられるべきであり，また各委員会の審査に関するデータベースをより充実させる必要がある。

(d) ジェンダー問題およびガイドラインの実施における訓練が，事務局職員，条約機関や作業部会の委員，特別報告者・特別代表，コンサルタントに対して行われる必要がある。この訓練はジェンダー問題への意識を高め，政策を現実のものにするための技術能力の開発を目的とする。中心になるプログラムは，専門家グループのアドヴァイスが有効に利用されるべきである。

(e) ジェンダーの主流化に関して実施した政策を評価する手続の樹立も求められる。明確な行為目標や無作為の明確化がこの評価手続には重要である。説

明責任を明確にし不必要な官僚化を防止するために，ジェンダー主流化政策の責任をシステム全体に負わせるべきである。

(f) 政策実施の責任を考えると，国連の政治機関が導入プロセスに参加しなければならない。とくに人権委員会は，任務の明確化と監視の重要な責任を果たすべきと考える。と同時に，国連の人権保障システムの調整役である人権高等弁務官も，国連事務局（とくに女性の地位向上部）との強い連携を保ちながら，人権システム間の調整（主流間および主流と周縁間）や再構築など，このジェンダーの主流化については重要な役割を果たすことが求められる。

(g) 人権システムにおける女性の比率が著しく低く，地域配分は考慮されても性別配分の平等原則は確立していない。世界のすべての地域からの女性代表の増加が求められる。

拷問禁止委員会の例でもわかるように，女性委員が1名でも加わると，ジェンダーの主流化は明らかに促進されている。各人権機関における女性の参加もジェンダーの主流化の重要課題である。

以上の諸点が，今後いかに達成されるかによって，ジェンダーの主流化の実現の可否が決まってくるであろう。ジェンダーの視点を組み込んで，国際法や国連メカニズムがいかに変遷を遂げられるのか。その試みはまだ緒についたばかりである。

注

1) その他関連のパラグラフは,以下の通り。79, 105, 123, 141, 164, 189, 202, 222, 229, 230 (h), 238, 252, 273。
2) Report of the Economic and Social Council for 1997, Chapter Ⅳ.
3) Hilary Charlesworth and Christine Chinkin, *The Boundaries of International Law* : Feminist Analysis (Manchester University Press, 2000), p.195.
4) この点については，たとえば，阿部浩己「国際人権と女性」『労働法律旬報』1487号（2000年）19-29頁。西立野園子「女子差別撤廃条約選択議定書」『ジュリスト』1176号（2000年）74-81頁。山下泰子「国際人権保障における『女性の人権』」国際法学会編『日本と国際法の100年 4. 人権』（三省堂，2001年）68-100頁。

5) 申恵丰「国際法とジェンダー」『世界法年報』22号(2003年)144頁。
6) Technical Assistance and Women: from Mainstreaming towards Institutional Accountability, Report of the Secretary General to the Commission on Status of Women, U.N. Doc. E/CN.6/1995/6(1994) pp.9-10.
7) 国際女性の地位協会編『女性関連法データブック』(三省堂,1998年)475頁。
8) 同上,476頁。
9) 国連経済社会問題局・女性の地位向上部『開発と女性の役割－グローバリゼイション,ジェンダー,労働』(1999年国連調査報告)[訳 日本ネグロスキャンペーン委員会・農村オルターナティヴズ]9-10頁。
10) 国際女性の地位協会編,前掲書,(注6),476頁。
11) 同上,476-477頁。
12) Anne Gallagher, "Ending the Marginalization: Strategies for Incorporating Women into the United Nations Human Rights System," *Human Rights Quarterly*, Vol.19 (1997), p.288.
13) 阿部浩己・今井直・藤本俊明『テキストブック国際人権法』(日本評論社,2002年)191頁。
14) 「発展の権利に関する宣言」国連総会決議41/128(1986)。8条では,「発展過程への女性の積極的参加を確保するために,効果的な措置がとられなければならない」と規定する。発展の権利に関しては,たとえば,川眞田嘉壽子「人権としての発展の権利―その意義と将来」宮崎繁樹編『現代国際人権の課題』(三省堂,1988年)。
15) UNDP,世銀およびILO内部のジェンダーの主流化について,S. Razavi and C. Miller, *Gender Mainstreaming; A Study of Efforts by the UNDP, the World Bank and the ILO to Institutionalize Gender Issue* (Geneva, UN Research Institute for Development, 1995).

　　世銀のジェンダーアプローチについては以下の文献も参考になる。The World Bank, *Engendering Development: through Gender Equality in Rights, Resources, and Voice* (2001),(世界銀行『男女平等と経済発展―世界銀行政策リサーチレポート』(翻訳 関本勘次他)(シュプリンガー・フェアラーク東京株式会社,2002年))。

　　また,ILOの動きについては,とくに以下を参照のこと。林弘子「ジェンダー主流化と性差別禁止法」『ジュリスト』1237号(2003年)77-88頁。
16) The Question of Integrating the Human Rights of Women throughout the UN System, Report of Secretary-General, U.N.Doc. E/CN.4/1998/49(1997), paras.

23-41.
17) U.N.Doc. E/CN.4/1997/3(1996).
18) Brenda Crossman, "Gender Performance, Sexual Subjects and International Law", *Canadian Journal of Law and Jurisprudence*, Vol.15 (2002), pp.285-288.
19) U.N. Doc. E/CN.4/1998/49 (1997), para.51.
20) *Ibid*., para. 52.
21) U.N. Doc. E/CN.4/2001/71(2000), paras.45-50.
22) *Ibid*., paras. 51-56.
23) U.N. Doc. E/CN.4/2002/81 (2001), paras.41-60.
24) U.N. Doc. E/CN.4/1998/49(1997), *supra* note 19, para.45.
25) *Ibid*., paras. 47-48.
26) U.N. Doc. E/CN.4/2001/71(2000), paras.41-44.
27) U.N. Doc. E/CN.4/2002/81(2001), paras.43-48.
28) 阿部浩己他, 前掲書, (注12), 76頁。
29) U.N. Doc. E/CN.4/1998/49/Add.1 (1997).
30) たとえば, 最近の例をあげると, 1999年人権委員会におけるジェンダーの主流化に関するパネルディスカッション, 2000年の特別総会「女性2000年会議」においても女性の地位向上部やUNIFEMとの共催パネルディスカッション, 2001年の国連人口基金との共催による「女性の健康への人権アプローチ」と題するセミナーのフォローアップ, 反人種主義・差別撤廃世界会議における「重層的な女性差別に関するパネルディスカッション」および「人種とジェンダーに基づく重層的差別・先住民女性に対するワークショップ」など多岐にわたる (See U.N. Doc. E/CN.4/2000/67 (1999), *supra* note 21 and 23)。
31) U.N. Doc. E/CN.4/2000/67 (1999), paras.23-29.
32) Gallagher, *supra* note 11, p.321.
33) U.N. Doc. E/CN.4/1999/67 (1998), para.27.
34) U.N. Doc. E/CN.4/2000/67 (1999), para.22.
35) *Ibid*., para.30.
36) Gallagher, *supra* note 11, pp.327-328.
37) Expert Group Meeting on the Development of Guidelines for the Integration of Gender Perspectives into Human Rights Activities and Programs, U.N.Doc. E/CN.4/1996/105 (1995).
38) U.N. Doc. E/CN.4/1998/49, *supra* note 22, para.24.
39) CCPR General Comment 4 (1981), 16 (1988), 18 (1989), 19 (1990).

40) ブロークス（Broeks）対オランダ事件　No.172/1984（1987）.
41) 阿部浩己, 前掲論文, （注4）, 22頁.
42) U.N. Doc. CCPR/C/20/Rev. 2 (1995).
43) 阿部浩己, 前掲論文, （注4）, 22頁.
44) CCPR General Comment 28, U.N.Doc., CCPR/C/21/Rev.1/Add.10 (2000).
45) Gallagher, *supra* note 11, p.300.
46) *Ibid*., p.301.
47) CESCR General Comment 13, U.N.Doc. E/CN.12/1999/10 (1998).
48) CESCR General Comment 14, U.N.Doc. E/CN.12/2000/4 (1999).
49) Gallagher, *supra* note 11, p.301.
50) U.N. Doc. E/CN.4/2002/81, *supra* note 21, para.27.
51) *Ibid*., para. 29.
52) U.N. Doc. CRA/C/103 (2001), annex Ⅸ, appendix. para.10.
53) U.N. Doc. CRC/OP/AC/1 (2001).
54) Gallagher, supra note 11, p.304.
55) CERD General Comment 25 (2000).
56) U.N. Doc. E/CN.4/2002/81, *supra* note 21, para.35.
57) *Ibid*.
58) CAT/C/SR.440 (2001), para.32.
59) *Ibid*., para.44.
60) Gallagher, *supra* note 11, pp.306-309.

（川眞田嘉壽子）

# 第Ⅱ部　女性差別撤廃条約の現状と課題

第1章　女性差別撤廃条約と NGO の役割

はじめに

　フェミニズム国際法学において，その中核に位置づけられるのが，女子に対するあらゆる形態の差別の撤廃に関する条約（Convention on the Elimination of All Forms of Discrimination against Women[1]，以下，「女性差別撤廃条約」ないしは「条約」と称する）である。条約は，文字どおり「世界女性の権利章典」である。20世紀最後の四半世紀に，国連は，国際女性年（1975年），国連女性の10年（1976-85年）を設定して，女性の地位向上に努めた。条約は，1979年12月18日，第34回国連総会で採択されたのであり，まさに世界が女性の地位向上に邁進していたそのさ中に誕生したのであって，20世紀がわれわれに残した最大の遺産といって過言ではない。

　国際法におけるフェミニスト・アプローチは，第2波フェミニズム運動を引き継いでいる。マッキノンのことばを借りれば，「法の生命は経験であって，論理ではないという事実はコモン・ローに限ったことではありません。すべての法の陰には人間の，もしあなたが注意深く読めば，その血が行間に流れていることがわかる人間の物語が隠されています。条文が条文を生むのではありません。人間の生活が条文を生む」[2]のである。そこで語られるのは，「わたしの経験・わたしの生活」であり，「わたしの経験・わたしの生活」に集積された矛盾の克服が，「固定化された男女役割分担観念の変革」という理念となった。この理念は，1975年，史上初の世界女性会議が生んだ世界行動計画に盛り込まれ[3]，女性差別撤廃条約の中心理念[4]として定着した。

　この20世紀の盛り上がりの中心は，国連の主催した世界女性会議にあった。

1975年の国際女性年世界会議からはじまる4回の世界女性会議は，NGOフォーラムの開催を伴ったことによって，草の根で活躍する女性たちを国際舞台に近づけ，その影響力を遺憾なく発揮させた。ブトロス・ブトロス=ガーリ国連事務総長は，「国連女性の10年は，国連そのものを，各国政府が政策や協議事項を設定する機構から，政策や方針が草の根レベルからNGOによって生みだされる機構へと根本的に変化させることに貢献した。NGOは，差別や抑圧に苦しんでいる女性たちの声に国連の注意を向けさせた」[5]と評価した。フェミニズム国際法学は，まさにこうした女性運動に基礎づけられている。

一方，女性差別撤廃条約とても制定当時の時代的制約を受けているのであって，自ずから限界をもっている。もっとも顕著な例を2つあげれば，1つは，女性に対する暴力についての条文を含んでいないことであり，もう1つは，すでに他の人権条約には盛り込まれていた権利侵害に対する個人通報制度の欠如であった。前者は，1993年12月12日，女性に対する暴力の撤廃に関する宣言が第48回国連総会で採択され，後者は，1999年10月6日，第54回国連総会で女性差別撤廃条約選択議定書の採択となって実現した。

ところで，フェミニズム国際法学のアプローチには，いくつかの特徴的なものがある。1つは，グローカル[6]という視点である。つまり，国連を中心とする国際的な動きと国内的ないしは地域の女性政策が互いに影響しあい，連動する関係にあるということである。これを仲介したのが，世界女性会議であった。第2は，とりわけ，この分野では，研究者自身が実際の運動を担ったり，研究者と運動家が一体となって行動する場面が多いことである。第3は，女性の地位向上という共通項によって，官民が緊張関係を保持しつつも，共働しうる可能性をもっているということである。

筆者自身，1985年のナイロビ世界女性会議NGOフォーラム以来，1995年の北京世界女性会議，国連女性2000年会議の傍聴に参加し，1988年以来10数回女性差別撤廃委員会の傍聴をしてきた。また，1987年に国際女性の地位協会を設立し，研究者と市民女性が一体となって女性差別撤廃条約の研究・普及に努力してきた。ちなみに，国際女性の地位協会[7]は，1998年以降，国連経済社会

理事会の協議資格をえて活動している。こうした筆者自身の経験からも，フェミニズム国際法学の上述のような特徴を確信をもって述べることができる。

　そこで，本章では，まず，女性差別撤廃条約の現状と課題を述べ，ついで，NGO の直接的な影響が反映されうる世界女性会議の最終文書に，女性差別撤廃条約がどのように規定されているかを検討し，最後に，2003年7月開催された第29会期女性差別撤廃委員会による日本レポート審議を題材に，フェミニズム国際法学への NGO の役割を検証する。

1　女性差別撤廃条約の現状と課題

（1）**女性差別撤廃条約・選択議定書の締約国**

（a）条約締約国の状況

　女性差別撤廃条約締約国は，2004年2月3日現在，175カ国を数える[8]。これは，国連加盟国の90%以上を意味している。2000年以降の締約国のなかには，サウジアラビア（2000.9.7），朝鮮民主主義人民共和国（2001.2.27），モーリタニア（2001.5.10），ソロモン諸島（2002.5.6），バーレイン（2002.6.18），アフガニスタン（203.3.5），シリア（2003.3.28），東ティモール（2003.4.16），サントメ・プリンシペ（2003.6.3），サン・マリノ（2003.12.10）が含まれている。署名のみで批准ないし加入をしていない国に，アメリカがある。署名も，批准，加入もしていない国連加盟国としては，ブルネイ，イラン，ミクロネシア連邦，オマーン，パラオ，ソマリア，スーダン，スワジランド，アラブ首長国連邦，ザイール等があげられる。

　なかでも注目されるのが，アメリカの動向である。カーター民主党政権が人権外交を標榜していたアメリカは，1980年7月17日，コペンハーゲン世界女性会議における署名式で署名したが，それ以降目立った動きがなかった。しかし，遂に2002年7月30日，女性差別撤廃条約の批准案件は，上院外務委員会で12：7をもって可決され，9月に上院本会議にかけられることになった。上院では，3分の2の賛成によって，条約が承認されることが期待されたが，中間

選挙における共和党の圧勝によって，結局条約承認案件は上院本会議にかけられることなく廃案になった[9]。

　他には，イスラム諸国とオセアニア諸国が残っている。イスラム諸国についていえば，厳格な戒律が支配的なサウジアラビアの批准が，他の国々を批准にむかわせないであろうか。女性性器切除や名誉犯罪など多くの問題をかかえる地域が，世界共通の場に参加することの重要性ははかり知れない。

　紛争がひとまず終結したアフガニスタンや独立間もない東ティモールの批准をみると，条約批准は国際社会へ参加するためのステップになっているかのようである。

(b) 初期の選択議定書締約国の傾向

　1999年10月6日，第54回国連総会で採択された女性差別撤廃条約選択議定書は，2004年2月3日現在，75の署名国と60の締約国を擁するに至っている[10]。1999年12月10日の人権デーには，国連本部において選択議定書の署名式が開催され，23カ国が署名を行った。2000年6月に国連女性2000年会議が開催されたことも，選択議定書の批准促進に役立った。地域的分布とその特徴は，つぎのようになる。

【アフリカ】2000年3カ国のみ。ナミビアが，国連総会特別会期「国連女性2000年会議」の議長国だった影響があったと思われる。マリについては，元女性差別撤廃委員のディアロ・ソマレが，非常に熱心に推進していた。

【欧州等】2000年8カ国，2001年7カ国，2002年10カ国，2003年4カ国，2004年1カ国の合計30カ国，これまでの締約国の半数を占める。北欧6カ国，仏，独，伊，オーストリア，オランダ，カナダなど指導的な国がすでに締約国になっている。イタリア，ドイツは，女性差別撤廃委員会委員がいる国。この中には，旧東欧諸国14カ国が含まれている。

【アジア・太平洋】2000年3カ国，2002年3カ国，2003年1カ国の合計7カ国。このうち，バングラディシュ，スリランカ，フィリピンは，元あるいは現職の女性差別撤廃委員会委員がいる。モンゴルは，初代の女性差別撤廃委員会議長の国である。ニュージーランドは，選択議定書制定の功労者で，元女性差

別撤廃委員会委員のシルビア・カートライトが総督を務める国である。

【ラテンアメリカ・カリブ海】2001年7カ国，2002年5カ国の12カ国。ラテンアメリカ諸国の批准の多さが目立つ。メキシコは，女性差別撤廃委員会議長の国だった。

【西アジア】2002年キプロス1カ国のみ。

これまでの傾向としては，世界の6割を占めるアジア・太平洋の締約国が極端に少ない。

ヨーロッパなど女性政策先進国は，ほとんどがすでに批准した。現在の23人の女性差別撤廃委員会委員の出身国では，12カ国が批准，6カ国が署名している。署名も批准もしていないのは，アルジェリア，エジプト，タンザニア，韓国と日本の5カ国に過ぎない。日本は，女性差別撤廃委員会委員を出している国でもあり，早期の批准が望まれる[11]。

(2) 女性差別撤廃条約への留保

フェミニスト国際法学者がまず最初に問題にしたのが，女性差別撤廃条約に対するおびただしい数の留保である[12]。当初から，この条約は，無数に穴のあいたスイス・チーズのようだといわれ，女性の人権に対する締約国の姿勢に疑問が呈されてきた[13]。紛争解決条項についての留保（29条2項）は，条約自身が認めている。しかし，それ以外の留保が，41カ国によってなされている。条約は，留保を容認しながらも，28条2項で「この条約の趣旨および目的と両立しない留保は，認められない」と規定している[14]。なかでも，もっとも件数が多く，明らかに28条2項違反と考えられるのが，イスラム諸国による宗教法・シャリアを理由とする留保である[15]。

条約は，機会の平等だけでなく，結果の平等も保障しており，慣習・慣行における差別を撤廃し，事実上の平等を要請している。それだけに，宗教法を生活の規範としている国々にとって，困難な問題が提起されるのは当然であろう。しかし，モーリタニアやサウジアラビアのような条約全般にかかわる包括的一括留保はとうてい認められないし，締約国の義務を定める2条の留保も条

約そのものの適用を排除する効果をもつものであって,認めることができない。

　この点に関して,第6会期女性差別撤廃委員会（1987年）による「イスラムの法および慣習のもとでの女性の地位について,国連システム全体とりわけ専門機関と女性の地位委員会による調査研究を要請する決定」が,その年の第1通常会期経済社会理事会と第42回国連総会第三委員会において,「主としてイスラム諸国からの反発的発言が相次ぎ,結局この決定については何らの行動もとらない,言い換えれば決定としての効力を認めないとの決議が多数決により成立した」[16]のは,惜しまれる。この決定は,バングラディシュのレポート審議を契機に,メルバト・タラウェイ委員（エジプト）から提案されたものであって,現在でも,多文化・多宗教社会の人権概念の相互理解による共通化の糸口を見いだすための有効な手段と考えられる。この点について,選択議定書の調査権を活用して,女性差別撤廃委員会自身が調査に乗り出す可能性が検討されるべきである。女性差別撤廃条約を真に実効化し,女性に対する差別を撤廃するためには,宗教におけるジェンダー・バイアスを精査する作業が必須である。キリスト教文化圏17億6,000万人,イスラム教圏11億人,儒教文化圏15億人,ヒンドゥー教圏8億人など,まさに多様な宗教観の共存する国際社会において,いかにして共通の人権概念を構築するか,女性差別撤廃条約の留保はそうした根元的な問題を包含している。

　委員会が,とくに問題にしているのが,2条（締約国の差別撤廃義務）と16条（婚姻・家族関係における差別撤廃義務）に関する留保である。委員会は,2条を条約の中核と位置づけ,締約国は条約の批准によって,女性に対するあらゆる形態の差別を非難し,差別を撤廃するために(a)号から(g)号に規定された政策を遂行することに合意したことの確認を求めている。それには,いかなる伝統,宗教,文化的慣行も,いかなる国内法も政策も,条約を侵犯する正当化事由とはなりえないと述べている。また,16条に対する留保は,いかなる国内的,伝統的,宗教的,文化的理由にも基づいていようとも,条約と両立するものではない,としている[17]。

委員会は，その一般的勧告第4および第20において，条約の留保を取りあげた。前者においては，条約の趣旨および目的と両立しない留保の撤回を締約国会議で検討するよう求め，後者では，1993年の世界人権会議に，条約の留保の検討を求めた。これを受けて世界人権会議の「ウィーン宣言および行動計画」は，「国家は，（女性差別撤廃）条約の趣旨および目的に反し又は国際条約法と両立しない留保を撤回することを要請される」と規定した。続いて，委員会は，北京世界女性会議への報告書でも，留保を「条約に対するもっとも重大な挑戦」と位置づけた。「北京行動綱領」は，条約への留保を制限し，明確化し，限定すること，条約の趣旨および目的に反する留保を撤回することを，各国政府に要求した。このことは，さらに国連女性2000年会議でも，繰り返されている[18]。

（3）女性差別撤廃委員会による締約国レポート審議
(a) 女性差別撤廃委員会審議の性格

　女性差別撤廃条約上の実施措置は，報告制度である。条約のモニター機関である女性差別撤廃委員会は，1982年創設以来，2004年1月の第30会期までに，第1次レポート128，第2次レポート100，第3次レポート79，第4次レポート52，第5次レポート27，第6次レポート1の審議を終えた[19]。

　委員会審議の性格は，「建設的対話」である。第21会期委員会冒頭に開催された「女性差別撤廃条約採択20周年記念式典」（1999年6月7日）にあたって，イヴァンカ・コルティ元女性差別撤廃委員会議長も，この20年の委員会の最大の功績を，女性の人権を護る過程で独立性を維持してきたこと，締約国との「建設的対話」を確立してきたこと，NGOとの協力を進めてきたことにあると述べている[20]。

　委員会は，他の人権条約機関より遅れて，ようやく第13会期（1994年）から審議終了後，国別に「最終コメント」を出すようになった。しかし，第14会期に出された日本政府への「最終コメント」は，自由権規約委員会，社会権規約委員会，子どもの権利委員会，人種差別撤廃委員会の「最終見解」と比較する

と，質量ともにいかにも見劣りのするものであった（社会権規約委員会の5分の1程度）。これには女性差別撤廃委員会委員のうち高級公務員や外交官など政策決定に携わる者が増加傾向にあることも原因になっているのではないか危惧される。もともと委員会委員は，条約18条によって，「徳望が高く，かつ，この条約が対象とする分野において十分な能力を有する専門家」であることが要請されている。政府から独立の専門家であってはじめて，他国の条約実施状況について明確なコメントをすることが可能となるのではないかと思われる[21]。

　しかし，第29会期の日本政府に対する「最終コメント」は，本章3（4）に述べるように，評価のできるものであった。この点，女性差別撤廃委員会におけるレポート審議に，NGOがいかに有効に参加できるかも「最終コメント」を充実したものにする重要な要素であることを実感した。

(b) 女性差別撤廃委員会の会期：条約20条1項の改正

　委員会は，「原則として毎年2週間を超えない期間会合する」（20条1項）。しかし，175もの締約国を擁する条約のモニター機関として，とてもこの会合期間では締約国レポートの審議は，間に合わない。たとえば，子どもの権利委員会や人種差別撤廃委員会が，年2回3週間ずつ開催されるのと比較して，3分の1の会期しか予定されていなかった。

　こうした状況を改善するため，すでに1995年4月22日の締約国会議の決定を経て，同年の第50会期国連総会は，「委員会の会合の期間は，国際連合総会の承認を条件として，この条約の締約国会議において決定する」とする条約20条1項の改正を採択した。しかし，7年を経過した現在も，締約国の3分の2以上の受諾という条約改正の要件が満たされていない。なぜ，締約国は，みずから提案した条約改正を早期に受諾しないのであろう。日本政府は，2003年3月，第3回レポート審議を前に，20条1項の改正を受諾した。なお，現状では，委員会は暫定的に毎年2回3週間ずつ会合をもっており，さらに2002年は，未処理のレポート審議のための特別会期を3週間もった[22]。

　第27会期委員会（2002年6月）の日程をみるかぎり，委員会は，3週間15日間30会合のうち，実に20会合を作業部会として非公開にしている。NGOとの

協力関係を大切にしてきた委員会としては，議論の透明性を図る意味でも，非公開会合はできるだけ限定的にするべきである。国連の財政難を理由に，各委員の発言内容が要約されて載る「サマリー・レコード」の公表が，1990年代に廃止されたのも，非常に残念である。

なお，委員会審議が行われる国のNGOからのヒヤリングが，第1週と2週目に設定されているのは重要である。また，定期レポートの審議については，政府への「質問事項（List of Issues）」を作成するために，審議のある会期の直前の会期終了後に1週間の作業部会が開催される。ここでも，NGOは，ブリーフィングを行うことができる。活用するNGOが少ないためか，委員のうちには，この制度について認識していない人もいると聞く。是非，十分広報をして，折角の制度が活用されるようにすべきである。条約が，「事実上の平等」を目ざし，習慣・慣行における差別の撤廃を指向している以上，NGOからの生の声を委員が知ることこそ重要だからである。

(c) 女性差別撤廃委員会による一般的勧告

女性差別撤廃委員会には，条約21条により，「締約国から得た報告および情報の検討に基づく一般的な性格を有する勧告」をする権限が与えられている。委員会は，2004年2月現在25の一般的勧告を採択している。最初の10年間に採択されたものは，国別レポートの内容，留保，暫定的特別措置，エイズなど，その時々に重要とされたテーマに関する，比較的短い，やや控えめな勧告が多かった。しかし，第10会期（1991年）を迎えた委員会は，一般的勧告の在り方を検討し，一般的勧告は，各条文の解釈，条文間の関係，条文横断的とする事項について行うこととした。これによって，より詳細で分析的な内容になってきている。97年には，さらに一般的勧告の採択を3段階に分けて行うことを決定した。すなわち，初年度には，委員，NGO，そのテーマの関係者で，自由な討議をする。翌年には，1人の委員がたたき台をつくり，それを基にして作業部会で検討する。さらにその後の会期で，手直しされた案が委員会によって採択されるというものである[23]。

一般的勧告は，委員会による条約解釈の指針であって，いわば先例の役割を

果たすものである。各国政府はもちろん，NGO も，条約の解釈のみならず，国内法制を検討する際にも，委員会の勧告を活用すべきである。なお2004年1月，第30会期の委員会で，数年間を要した条約4条1項（暫定的特別措置）に関する一般的勧告25がようやく採択され，第31会期から条約2条（締約国の差別撤廃義務）に関する一般的勧告の審議に入ることが決定した。

2 国連世界会議文書にみる女性差別撤廃条約

女性差別撤廃条約は，国連の女性の地位向上への取組みの基軸である。国連世界女性会議では，政府間会議と平行してNGOフォーラムが開催され，政府間会議の数倍の女性たちが参加した。正確な数は不明としかいえないが，国連文書は，NGOフォーラム参加者数を，メキシコシティ5,000人，ナイロビ1万5,000人，北京3万人としている[24]。

国連自身，ジェンダー平等のためのもっとも顕著で積極的な推進力は，NGOであるとし，国連女性の10年が，国連そのものを，政策や方針がNGOによって生みだされる機構へと変化させることに貢献した[25]と評価したのは，前述のとおりである。

確かに，国連世界女性会議に集まる女性たちのエネルギーには，圧倒的なものがあるし，女性の地位委員会や女性差別撤廃委員会の傍聴に集まるフェミニストたちの専門性の高さと行動力には目を見張るものがある。NGOは，国内外でネットワークを形成し，女性の地位委員会の会期中は，連日ミーティングを開催する。そこで集約された意見は，ロビイングを通じて国連の政策となり，世界へ発信されるのである[26]。

女性差別撤廃条約は，1979年12月18日に第34回国連総会で採択された。つぎに，条約採択前のメキシコ世界女性会議（1975年，第1回世界女性会議）から，採択直後，署名式を行ったコペンハーゲン世界女性会議（1980年，第2回世界女性会議），さらには，国連女性の10年をしめくくるナイロビ世界女性会議（1985年，第3回世界女性会議），世界人権宣言45周年の世界人権会議（1993

年，ウィーン），最大規模の女性会議となった北京世界女性会議（1995年，第4回世界女性会議），最後に，第23回国連特別総会として開催された国連女性2000年会議（2000年，国連本部・ニューヨーク）のそれぞれの最終文書では，条約が，どのように扱われているのかを検討したい。

（1）メキシコ世界女性会議

　メキシコで史上初の世界女性会議が開催された1975年は，当時隔年開催だった女性の地位委員会の開催されない年だった。前年（1974年）の女性の地位委員会は，単一の総括的な条約を策定することを決議していた。また，作業部会を組織し，女性差別撤廃のための新たな国際文書の作業部会案を策定し，それを各国に送付し，コメントをうけるという段階だった[27]。

　そこで，メキシコ世界女性会議の世界行動計画196パラグラフは，女性に対する差別を撤廃するための条約を起草し，実現することに優先権をおかねばならないこと，その実施のための有効な手段を用意しなければならないことを記述している[28]。序章16パラグラフが，固定化された男女役割分担観念の変革の必要性を説き，女性だけではなく，男性の伝統的役割を変える必要があると述べ，それが女性差別撤廃条約の中心理念第5条に位置づけられたのも特筆すべきである[29]。

　また，メキシコ世界女性会議は，「男女の平等と女性差別の撤廃」という決議を採択した。そのなかで，女性差別撤廃条約に関する国連による草案作成を促進する必要があることを考慮し，各国には，女性の地位委員会作業部会案へのコメントを要請されていることに留意すること，経済社会理事会には，第26会期女性の地位委員会（1976年）が条約草案を完成するよう要請すること，関係当事者すべてに，1976年に条約の採択を優先議題にすることを要請した[30]。

　作業部会案には，40カ国，4専門機関，10のNGOからコメントが寄せられ，審議のたたき台とされた。その後，1976年には，女性の地位委員会は第26会期と再開26会期の2会期の会合をもち，12月17日女性の地位委員会案を採択した。

(2) コペンハーゲン世界女性会議

1976年から85年までの国連女性の10年の中間年，1980年にコペンハーゲンにおいて第2回世界女性会議が開催された。世界会議の席上，女性差別撤廃条約の署名式が開催され，7月17日に51カ国（日本を含む）が署名，1カ国が批准書寄託，1カ国が署名および批准を行った。29日に再度開催された署名式で，さらに5カ国が署名を行い，条約の早期発効に弾みをつけた。コペンハーゲン世界女性会議は，「条約の署名により，女性差別撤廃に向けての制度的な枠組みづくりに寄与した」と評価されている。

その成果文書である「国連女性の10年後半期行動プログラム」[31]は，賛成94（日本を含む），反対4（アメリカ，カナダ，オーストラリア，イスラエル），棄権22（西欧諸国等）で採択された。

後半期行動プログラムでは，第2部国内レベルの行動プログラム62パラグラフで，政府に女性差別撤廃条約の規定の実施を要請している。また，第3部国際・地域レベルの行動プログラム252パラグラフ（a）で，国連および国連内の組織は，国家が，女性差別撤廃条約に署名，批准し，行動プログラム期間の早い時期に条約が発効するよう促すことを定めている。続いて，253パラグラフで，女性差別撤廃条約が発効した場合，女性差別撤廃委員会が，条約の下での報告制度による監視を行うべきことを述べている。ここでは，何故，国内レベルの行動プログラムに，未批准国の批准促進が入らなかったのかが疑問である。

なお，コペンハーゲン世界女性会議の決議28は，各国に，条約の署名・批准の促進を訴え，専門機関やNGOに条約規定の広報活動を求めるものであった。

(3) ナイロビ世界女性会議

ナイロビ大学で開催されたNGOフォーラムでは，769のワークショップが開催された。そのなかに，会期中毎日開催されたミネソタ大学ハンフリィ研究所とコロンビア大学共催による「女性差別撤廃条約」と題するワークショップ

があった。そこには，政府代表も含めて，女性差別撤廃委員会委員，国会議員，弁護士，研究者などさまざまな参加者が延べ500人におよび，各国の条約の状況について話し合われたのが注目される[32]。

最終日に，はじめてコンセンサスで採択された「女性の地位向上のためのナイロビ将来戦略」は，国連女性の10年を総括し，2000年までをターゲットとする15年計画である。その第1章平等C国内レベルにおける措置「憲法上および法制上の措置」の最初の60パラグラフでは，女性差別撤廃条約に署名・批准ないし加入していない政府は，そのための必要な措置を講じなければならないし，政府は，女性差別撤廃条約その他の国際文書の遵守のため，国内法の見直しや勧告を行う適切な機関の設置の可能性を検討すべきである，としている[33]。

日本は，ちょうどナイロビ世界女性会議の期間中に女性差別撤廃条約の効力発生を迎えたため，「女子差別撤廃条約の批准促進に関する決議案」の提案国（共同提案国20カ国）となった。

女性差別撤廃条約は，すでに1981年9月3日に国際的効力を発生し，翌1982年には，女性差別撤廃委員会も設立された。そうした状況のなかで，ナイロビ将来戦略は，未批准の国には「まず，批准を」，批准国には国内の機関を設置して，「実行を」促す趣旨の文言になっている。注目されるのは，条約実施のために，国内法の見直し等を行う機関の設置を促している点である。日本には，未だそうした機関は設置されていない。

（4）世界人権会議

1993年1月，世界人権宣言45周年を記念する世界人権会議まであと1年5カ月という時期に，会議の議題に女性の権利が含まれていないことを，ニューヨークの国連人権センター所長エルサ・ストマトポウロウ（Elsa Stamatopoulou）から聞いたときほど，驚いたことはなかった。女性差別撤廃条約の研究・普及のためのアメリカのNGO・国際女性の権利監視協会（International Women's Rights Action Watch=IWRAW）のセミナーの席上であった。

ストマトポウロウは，女性の権利が，国連の人権システムで周縁化されていることを指摘した。ここから「女性の権利は人権である（Women's Rights are Human Rights.）」というメッセージが，IWRAWの5,000のメーリングリストを通じて世界のNGOに発信され，結果的には，女性の人権も議題に載り，6月のウィーンは女性NGOで溢れることになった[34]。このことは，また，フェミニストたちが自覚的に女性の人権問題に取組む契機を与えることになり，ここから，フェミニズム国際法学の主張が明確化された。

「ウィーン宣言および行動計画」は，「女性の平等な地位および女性の人権は，国際連合全体の活動の中心に統合されるべきである」とし，女性差別撤廃条約の強化を提唱した。まず，「国連は，西暦2000年までに世界のすべての国が，女性差別撤廃条約を批准するよう奨励する」と述べ，続いて，女性差別撤廃条約につけられた留保の撤回を要請し，女性差別撤廃委員会に女性に対する情報の広報を要請するとともに，女性差別撤廃委員会と女性の地位委員会に女性差別撤廃条約への請願権導入の可能性を直ちに検討するよう要請した[35]。

ここではじめて，女性の人権のメインストリーム化が提唱され，女性差別撤廃条約に個人通報制度を設ける可能性が国際文書に明記されたのであった。個人通報制度は，すでに1966年の自由権規約第1選択議定書にあったにもかかわらず，女性差別撤廃条約の制定過程では，デンマークの主張に見られたくらいで，ほとんど議論にもならなかった。これらは，フェミニズム国際法学者の悲願とされていたことがらであって，それらが「ウィーン宣言および行動計画」にとり入れられたのは，いわば窮地に立たされたことで，逆に「女性の権利は人権である」の主張が強力に推進された結果といって過言ではない。

（5）北京世界女性会議

第4回世界女性会議は，政府間会議代表団にNGOフォーラムの参加者を加えると5万人を超す規模となった。最終日には，コンセンサスで「北京宣言」と「北京行動綱領」が採択された。北京行動綱領については，12の重大問題領域が設定され，それぞれについてナイロビ将来戦略の実施の見直しと評価，今

後の解決すべき課題について詳細な問題提起がなされた[36]。

　北京行動綱領は，女性差別撤廃条約について，第2章世界的枠組みの最初で支持を表明している。また，第3章の重大問題領域I「人権」と第5章制度的整備C国際レベル（e）女性差別撤廃委員会およびその他の条約機構の部分で展開している[37]。

　第3章「人権」部分では，①2000年までに，すべての国による女性差別撤廃条約の批准とその実施の確保，②条約の趣旨および目的と両立しない留保の撤回，③女性の人権を含む権利の保護および促進のための独立した国内機関の創設・強化，④条約締約国は，すべての国内法，政策，慣行および手続きを見直し，条約を実施すること，⑤締約国の条約実施報告書の提出には，ガイドラインを守り，NGOを巻き込み，期限を厳守すること，⑥女性差別撤廃委員会の会合に関する条約20条1項の改正を通じて，十分な会合時間を確保し，能率的な作業方法を促進して，委員会が権限を完全に遂行できるようにすること，⑦個人通報に関する選択議定書案の策定を目的とする女性の地位委員会のプロセスを，その実現に関する意見を含む事務総長報告を考慮しつつ，支援すること，と規定された。

　①については，世界人権会議ウィーン行動計画（ⅡBパラグラフ39）が，2000年までに，条約「批准の奨励」だったのから，「批准の確保」へ一歩進んでいる。「条約の実施」については，北京行動綱領124パラグラフ（f）で，委員会の一般的勧告第19「女性に対する暴力について」を考慮して実施することが求められている。その他，ハビタット世界行動計画（パラグラフ96（e），119（1），1994年イスタンブール），社会開発サミット行動計画（第4章73（b），1995年コペンハーゲン），国際人口・開発会議行動計画（第4章5，1994年カイロ）も女性差別撤廃条約の批准や実施について言及している。

　②も，世界人権会議ウィーン行動計画（ⅡAパラグラフ5，ⅡB（3）パラグラフ39）とほぼ同一の規定である。女性に対する暴力撤廃宣言（第4条（a），1993年），社会開発サミット行動計画（第4章71（i））にも同様の規定が見られる。

③については，ナイロビ将来戦略以来の主張であり，世界人権会議ウィーン行動計画（Ⅰパラグラフ36）より詳細な規定を置いている。なお，社会開発サミット行動計画（第1章17（e））も，人権の履行とあらゆる形態の差別の撤廃のために，国内機関の機能を強化することを求めている。

④についても，世界人権会議ウィーン行動計画（ⅡEパラグラフ83）が，国際的人権文書に含まれている基準を国内法に編入することを求めているのと対応しているが，北京行動綱領の方がより詳細な規定になっている。

⑦は，まさに世界人権会議ウィーン行動計画（ⅡB（3）パラグラフ40）の提起した選択議定書の検討を，さらに前進させる内容になっている。選択議定書については，ウィーン行動計画の策定された1993年6月以降，1994年には，第13会期女性差別撤廃委員会による提案5「条約への選択議定書の可能性」の採択，第38会期女性の地位委員会による「第39会期に選択議定書の導入可能性について検討すること」の決定，マーストリヒトにおけるNGO専門家会議の開催，1995年には，第14会期女性差別撤廃委員会による提案7「女性差別撤廃条約への選択議定書の骨子」の採択，第39会期女性の地位委員会による「第40会期中に，選択議定書に関する作業部会を構成する」旨の決議があったことが背景となっている[38]。なお，選択議定書の内容として，「調査権」がカッコつきで原案にあったが，北京行動綱領には盛り込まれなかった。

1993年の世界人権会議にむけて成立した「女性の権利は人権である」の主張は，北京会議の主題となり，多くの代表演説でも言及され，北京宣言第14パラグラフに明記されるに至った。そのため，女性差別撤廃条約に関する北京行動綱領の記述も，これまでとは比較にならないくらい詳細なものになった。1975年以来4回の世界女性会議を通じて女性たちが蓄積したものは大きい。

(6) 国連女性2000年会議

1999年3月，女性の地位委員会の傍聴から，2000年の会議が，NGOフォーラムぬきの国連総会特別会期になることを知った世界の女性NGOネットワークは，「世界女性NGOレポート」をつくることに決定した。日本でも急遽4

月18日に「NGOレポートをつくる会」[39]を発足させ，北京行動綱領の12の重大問題領域にそって全国から意見を集めた。7月18日には検討会をして，領域ごとの意見をまとめ，1冊の『日本NGOレポート：女性2000年会議にむけて』を刊行した。短時間に57団体と111人の個人からの意見をまとめることができたのは，見事だった。8月17・18日には，ソウルで東アジアのNGOレポート：*East Asian NGO Report on Beijing＋5 Review* (August1999) が検討され，さらに8月31日から9月3日まで，タイのカセサート大学でアジア太平洋NGOシンポジウムを開催して，ESCAP地域NGOレポート：*Asia-Pacific Women 2000：Gender Equality, Development and Peace for the Twenty-First Century* (The Asia Pacific NGO Symposium, 31August-4 September 1999, Thailand) をまとめた。これが，国連女性2000年会議の会期中に世界NGOレポート：*NGO Alternative Global Report to the United Nations General Assembly*, Special Session 5 Years after Beijing (June 5-9, 2000) となって結実した。

　国連女性2000年会議の間も，経済社会理事会の協議資格のあるNGOのメンバーは，毎朝1時間のミーティングをもち，会議の傍聴を行った。テーマ別コーカス・ミーティングや地域別コーカス・ミーティングも毎日開催されて，情報交換をし，それぞれが有益なロビイングを展開した。プロライフ派によるバックラッシュもあり，NGOフォーラムのない国連総会特別会期は，「北京から後退しない」のがやっとという状況ではあったが，NGOは確実に力をつけてきており，ITを活用したネットワーク化にも成功している。NGOによる政策提言は，名実ともに実効性のあるものになりつつあることが実感された。

　国連女性2000年会議の「政治宣言」と「成果文書」[40]において，女性差別撤廃条約は，つぎのように言及された。まず，「政治宣言」の第4パラグラフで，「女性差別撤廃条約の普遍的批准の達成」が再確認された。これは，ウィーン世界人権会議行動計画，北京行動綱領が，2000年までの普遍的批准を提唱したにもかかわらず，1995年9月の145カ国から2000年6月の165カ国まで20カ国の増加にすぎず，なお20カ国以上の未締約国があることによる。しかし，

ここでは，北京行動綱領のようなターゲットが示されてはいない。

「成果文書」では，第2章「行動綱領の12の重大問題領域実施に関する成果と障害」Ⅰ「女性の人権」26パラグラフで，「成果」として，女性差別撤廃条約の締約国が165カ国になったこと，第54回総会において女性差別撤廃条約選択議定書が採択されたこと，NGOの意識啓発や支援活動が選択議定書の採択実現に貢献したこと，女性NGOは，「女性の権利は人権である」という認識の啓発に貢献しており，国際刑事裁判所ローマ規程へのジェンダー視点の組入れにも支援活動をしたこと，国連人権高等弁務官や人権委員会の活動を含む国連組織への女性の人権の統合，ジェンダーの主流化にも成果があったことをあげている。選択議定書と国際刑事裁判所ローマ規程の採択は，北京以降の女性の人権に関するもっとも大きな成果であることは間違いない。「障害」としては，2000年までにあらゆる国の女性差別撤廃条約批准を目標としたが，達成できなかったこと，依然として条約への大量の留保が付されていることをあげている。

第4章「行動綱領の完全かつ更なる実施の達成および障害克服のための行動とイニシアティブ」A「国内レベルで取るべき行動」（各国政府により）68パラグラフ（c）は，女性差別撤廃条約を批准し，同条約に対する留保を制限し，同条約の目標および目的に反する，あるいは国際条約法と相容れない留保を撤回する，（d）は，女性差別撤廃条約の選択議定書の署名および批准を検討する，ことを規定した。

第4章C「国際レベルで取るべき行動」（国連システムおよび適当な場合は国際・地域機関により）85パラグラフ（g）は，締約国の要請があった場合，女性差別撤廃条約の履行能力の開発にむけてこれらの国を支援し，また，締約国が女性差別撤廃委員会の一般的勧告と「最終コメント」に注意を払うことを奨励する，と規定した。

国連文書が，女性NGOの貢献を高く評価している点が注目されるし，それは，実態を示している。NGOのサポートなしには，選択議定書もローマ規程のジェンダー関連条項もありえなかったであろう。なお，国連女性2000年会議

の傍聴に集った NGO は，選択議定書の署名・批准を2005年までに実現するようターゲットを設定することをロビイングしたが容れられず，国際刑事裁判所ローマ規程の批准ともども「検討する」にとどまったのは残念であった。なお，国連文書が，女性差別撤廃委員会の「最終コメント」に言及したのは，はじめてであり，評価できる。

　他方，北京行動綱領からの，実質的な後退も多い。たとえば，①女性の人権を含む権利の保護および促進のための独立した国内機関の創設・強化，②すべての国内法，政策，慣行および手続きを見直し，条約を実施すること，③締約国の条約実施報告書の提出には，ガイドラインを守り，NGO を巻き込み，期限を厳守すること，④女性差別撤廃委員会の会合に関する条約20条1項の改正を通じて，十分な会合時間を確保し，能率的な作業方法を促進して，委員会が権限を完全に遂行できるようにすること，などが成果文書にはない。

　これには，女性差別撤廃条約に関する事項だけではないが，NGO フォーラムを伴わない国連総会特別会期として開催された国連女性2000年会議の限界があらわれているといえよう。結局，会議は，北京行動綱領が今後も継続して効力をもつことを確認し，北京からの「後退はなかった」(注38)という議長声明を発表せざるをえなかった。NGO の貢献を評価するのであれば，NGO フォーラムのある世界女性会議の開催こそ重要である。

　日本政府代表のステートメントに，女性差別撤廃条約への言及が一切なかったのも，理解に苦しむところであった。

3　女性差別撤廃委員会における日本レポート審議[41]と NGO

(1) 女性差別撤廃委員会における日本レポート審議

　条約は，その18条で，条約実施のためにとった措置およびこれらの措置によってもたらされた進歩に関するレポートを，最初は1年以内，その後は少なくとも4年ごとに国連に提出し，委員会による審査を受けることを締約国に義務づけている。なお，条約が事実上の平等を求めていることから，レポートに

は，差別の実態や差別撤廃の障害についても触れること，レポート作成には，必ずNGOの意見を聞くことが求められている。

日本の場合，条約は，1980年7月17日に署名，1985年6月24日に国会承認，同年6月25日に批准書を国連事務総長に寄託，その30日後の7月25日に効力発生を迎えた。その後これまでに，日本は，第1次レポート（CEDAW/C/5, Add. 48, 1987年3月），第2次レポート（CEDAW/C/13, JPN/2, 1992年2月），第3次レポート（CEDAW/C/18, JPN/3, 1993年10月），第4次レポート（CEDAW/C, JPN/4, 1998年7月），第5次レポート（CEDAW/C/JPN/5, 2002年9月）の5つのレポートを国連に提出した。それに対して，1988年2月18/19日に第7会期委員会で第1次レポートを対象とした第1回日本レポート審議，1994年1月27/28日に第13会期委員会で第2次・第3次レポートを一括した第2回日本レポート審議[42]，2003年7月8日に第29会期委員会で第4次・第5次レポートを一括した第3回日本レポート審議が行われた。

第1回レポート審議では，総論として，日本の経済的地位と女性の現状，女性問題担当省設置の示唆，女性差別撤廃条約批准の効果，レポートとNGOの関係，法制度と実態のギャップといった日本の現実を直視した質問が相次いだ。なかでも，質疑の際には，やや否定的な回答をした父親もとれる育児介護休業法の制定，ILO家族責任（156号）条約の批准が実現したのは，この審議の直接の効果といってよい。

第2回レポート審議の際には，委員会によって，日本の報告に対する「最終コメント」[43]が審議の翌年（1995年）に採択された。そこでは，日本女性の社会経済的地位が低いこと，均等法の導入にもかかわらず個別の差別が継続していること，日本の報告がアジア諸国からの女性に対する性的搾取や第2次世界大戦中の女性に対する性的搾取に関する問題に真剣に答えていないことに委員会の関心がむけられた。またNGOとの効果的な対話をすること，性産業に関する詳細な情報を提出すること，戦争に関連する犯罪を取り扱うための具体的措置をとること，企業における昇進や賃金についての間接的な差別のためにとった措置について報告すべきことが求められた。

（2）女性差別撤廃委員会における日本レポート審議とNGO

ここでは，2003年7月8日，第29会期の委員会において，第2回から実に9年ぶりに行われた，第3回日本レポート審議に焦点をあてて論述する。

過去2回の日本レポート審議では，日本のNGOは統一行動をとることがなかった。第1回レポート審議（1988年）には，前年に結成されたばかりの国際女性の地位協会（JAIWR）から3名（大脇雅子弁護士，浅倉むつ子東京都立大学助教授，山下泰子文京女子短期大学教授，いずれも当時）と他の団体からの1名が，とるものもとりあえずニューヨーク入りしたという状況だった。第2回レポート審議（1994年）には，国際女性の地位協会は態勢を整え，第2次レポートの分析に基づくNGOレポートを携えて，13名が国連に出かけた。他にも，日本弁護士連合会3名，「日本からの手紙」8名の合計24名がレポート審議を傍聴した。NGOレポートも10団体が提出した[44]。

その後，1998年に国際女性の地位協会は，国連経済社会理事会の協議資格を取得し，毎年の女性差別撤廃委員会に傍聴者を派遣して，年報『国際女性』に委員会における他の国々のレポート審議状況を連載してきた。われわれは，これらの活動のなかから，NGOとしての効果的なロビイング方法を学んできた。また，委員会のレポート審議のプロセスにおいても，NGOの意見表明の機会が整備されるようになってきた。

そこで今回は，第29会期の委員会での日本レポート審議に向けて，日本のNGOが効果的にロビー活動を行うために，国際女性の地位協会が呼びかけ，「日本女性差別撤廃条約NGOネットワーク（JNNC：Japan NGO Network for CEDAW）」を2002年12月23日に結成した[45]。

（3）日本女性差別撤廃条約NGOネットワークのアプローチ

次に，第29会期女性差別撤廃委員会における日本レポート審議を例に，条約の報告制度の実際のプロセスとJNNCの活動を紹介する。

(a) 第29会期女性差別撤廃委員会会期前作業部会

2003年2月3日午後3時から4時まで，国連本部第9会議室において，第29

会期の会期前作業部会において，NGOからのブリーフィングが行われた。これは，本番のレポート審議をスムーズに運ぶため，あらかじめ審議対象の締約国政府に対して委員会の主要な関心事項を整理し，「質問事項（List of Issues）」[46]を策定するための作業部会である。作業部会メンバーは，Mr. Goran Melander（スウェーデン）作業部会議長，Ms. Sjamsiah Achmad（インドネシア）日本担当，Ms. Maria Yolanda Ferrer Gomez（キューバ），Ms. Fatima Kwaku（ナイジェリア）の4名の委員であった。日本側からは，国際女性の地位協会，日本弁護士連合会，ワーキング・ウィメンズ・ネットワーク，自由人権協会，反差別国際運動日本委員会の5団体から13名が参加し，JNNCからの意見を述べ，質疑に答えた。ここで表明されたNGOの意見は，直接委員会の質問事項に影響を及ぼすことになった。

(b) 質問事項に対するNGO回答

JNNCの活動は，国連のみに向かっていた訳ではない。常に内閣府男女共同参画局とよい意味での緊張関係を維持しながら，条約の国内的実施の確保という共通目的に向かって協調関係をもつことを旨として国内向けの活動をした。

「質問事項」は，委員会から直接は日本政府に宛てたものであるが，JNNCもNGOの回答をつくって主張を明確化することになった。そこで，いち早く「質問事項」を日本語に訳し，それぞれの関係NGOが分担してつくった回答を，JNNCの共通回答としてまとめた。

4月9日には，坂東眞理子内閣府男女共同参画局長に「質問事項に対するNGO回答」[47]を提出し，政府のつくる回答[48]に反映していただくよう要望した。さらに，5月12日には，JNNCは，衆・参女性議員懇談会との共催で，衆議院第1議員会館で省庁交渉を行った。これには，内閣府，警察庁，法務省，外務省，文部科学省，厚生労働省から担当者11人の出席があり，議員および議員代理が24名出席した。活発な意見表明の結果，時間切れになったが，各省庁から文書で回答をえることができた[49]。

(c) NGOレポートの国連への一括送付

5月16日，14のNGOの「個別のレポート」，19のNGOが参加し一本化した

「日本 NGO サマリーレポート」[50]，それに「質問事項に対する NGO 回答」を，それぞれ33部ずつ国連本部事務局宛に送付した。一括資料を1カ月前に送付するというのは，2月の作業部会からの要請による。ダンボール箱いっぱいの資料は，18キロの重さになった。第2回レポート審議の際に，日本から10のNGO がバラバラに委員宛にレポートを送付したことが不評だったことから，今回は是非とも1つの箱にいれて送付する必要があった。スペイン語しか解さない委員のためにスペイン語バージョンも用意した。

(d) JNNC 主催ランチタイム・ブリーフィング[51]

7月初旬，日本から JNNC メンバーの16団体57人が，第3回日本レポート審議の傍聴のためにニューヨーク入りした。それぞれフライトもホテルも違うNGO メンバーが，7月7日11時，国連ビル1階のカフェテリアに全員集合した。

前の週から国連内で準備をしていた人々の努力が実り，7日午後2時から3時まで，国連本部第6会議室において，JNNC 独自のランチタイム・ブリーフィングが実現した。委員会の開催されている第2会議場と同じ地下1階の第6会議室は，同時通訳ブースもあり，マイク・コントロールの技術者までついており，いかに国連が NGO を大切にしているかが，感じられる計らいだった。

このブリーフィングには，在籍22人の委員のうち，11人が出席した。なかには，Ms. Ayse Feridre Acar 委員会議長（トルコ），Ms. Heisoo Sin 委員会副議長（韓国），Ms. Christine Kapalata 報告者（タンザニア），2人だけの男性のMr. Goran Melander 委員（スウェーデン）と Mr. Conelis Flinterman 委員（オランダ），それに日本担当の Ms. Sjamshia Achmad 委員（インドネシア）も含まれていた。委員たちの大切なお昼休みに，食事も出ないブリーフィングに，このように大勢の委員が集まり，真剣に日本の NGO の意見を聞いてくださったのは，委員の関心の高さを物語るものであった。

自由人権協会，VAWW-NET ジャパン，日本弁護士連合会，反差別国際運動日本委員会，部落解放同盟，北海道ウタリ協会札幌支部，ワーキング・ウィメンズ・ネットワーク，均等待遇2003，日本婦人団体連合会，なくそう戸籍と婚

外子差別・交流会，国際女性の地位協会，I（アイ）女性会議なら（発言順）の12団体が意見を述べ，質疑に入った。質問に対する回答が，1時間のブリーフィングには収まりきらず，3時から開催された委員会第616会合の時間内に残された回答を英語にして会議場にもち込んだ。

(e) CEDAW616会合における NGO ブリーフィング[52]

委員会では，その会期に審議される国に対する NGO の意見を聞く会合を設けている。これまでは，委員会初日の午後の会合にインフォーマル・ミーティングという時間帯をとって開催されてきた。しかし，3週間の会期の最初にこの会合が行われると，後半に審議される国の NGO は，2週間以上も待たなければならず，そうでなくても物価の高いニューヨークでの滞在は，容易ではない。そこで，今会期から，NGO を2つに分けて，最初の週に審議される国だけを，初日のブリーフィングとし，第2週以降の審議にあてられている国は，第2週の最初の日の夕方5時から6時までを，それにあてることになった。

第29会期の委員会は，6月30日からはじまっていたが，日本は後半の審議になったため，この会期にレポート審議が行われる8つの国のうち，後半の5カ国とともに，7月7日午後5時から6時まで，委員会の会議場でブリーフィングが行われた。1国10分間の割りあてなので，JNNC は，論点を絞り，国際女性の地位協会，ワーキング・ウィメンズ・ネットワーク，反差別国際運動日本委員会，なくそう戸籍と婚外子差別・交流会が，代表して意見を述べた。とりわけ，マイノリティの女性や雇用における性差別訴訟や婚外子訴訟の原告の参加は，大きなインパクトを与えた。また，JNNC 以外に，日本の戦時「慰安婦」問題について，インドネシアの NGO が意見発表をしたのが，注目された[53]。

JNNC の発言内容については，メーリングリストに公開し，すべての NGO の合意をえながら準備をすすめたものであり，発言時間の短いことを補うために英文の文書にして委員一人ひとりに配布した。こうして，われわれ NGO としてできることはすべてやり尽くして，翌日の日本レポート審議を待った。

(f) 日本レポート審議の傍聴

7月8日，第29会期の委員会第617会合（10：00-13：00）と第618会合（1

5：00−17：30）の合計5時間30分が日本レポート審議にあてられた。日本政府は，坂東眞理子内閣府男女共同参画局長を首席代表とする15名の代表団であった。まず，坂東首席代表の30分間のスピーチ[54]があり，これに続いて，全般的な総括，条約第1部総論，第2部公的生活に関する権利，第3部社会的生活に関する権利，第4部私的生活に関する権利の5部に分けて質疑が行われた。

委員会審議のやり方は，私の前2回の経験からすれば，今回の質疑には格段の進歩がみられ，内容も緻密になってきており，相互に「建設的対話」を心がけていると思われた。日本では，男女共同参画社会基本法の成立や改正男女雇用機会均等法の公布などそこそこ進歩があるように感じているかも知れないが，事実上の平等は進んでおらず，フラストレーションを感じると複数の委員が指摘すると，「自分もそう思う」と坂東首席代表が答えるなど，率直な対話であったことを，議長が評価した[55]。

（4）「最終コメント」の意義

8月9日，国連のホームページに，日本に対する「最終コメント」[56]が掲載された。第2回日本レポート審議の「最終コメント」が，審議の翌年に出たのを考えれば，審議後ひと月程度で，いち早く「最終コメント」がホームページに掲載されて誰もがそれにアプローチできるようになったこと，8月11日には，JNNCの仮訳ができあがり，参議院議員会館で記者発表し，あわせてホームページに公開したこと，さらには10日ほどで内閣府のホームページに日本政府仮訳が公開されたことは，特筆すべきである。

「最終コメント」は，「はじめに」（paras.12−14），「評価すべき点」（paras.15−20），「主要な関心分野および勧告」（paras.21−42）から構成されている。第1回レポート審議の際には，まだ「最終コメント」を出すという制度ができておらず，日本の第2回レポート審議の行われた1994年にはじめてこの制度が導入された。しかし，その時のコメントは，全体で11パラグラフ，「提案と勧告」は3パラグラフにすぎなかったのと比較すると，今回の「最終コメント」は質量ともに充実したものである。

「最終コメント」は、女性差別撤廃委員会による女性差別撤廃条約の有権解釈の意味をもつ。もとよりそれは、法的拘束力をもつものではないが、締約国は少なくとも、「最終コメント」の内容を誠実に履行することが要請される。なお、勧告内容の強弱により、数種の動詞が使われている。'recommend' 12箇所、'request' 7箇所、'urge' 6箇所、'call upon' 1箇所、'encourage' 1箇所、'strongly believe' 1箇所である。これらの法的拘束力を有しない国際「合意」の拘束性について、検討することが必要である[57]。

「主要な関心分野および勧告」の主な課題は、「間接差別」(paras.21－22)、「ステレオタイプ」(paras.23－24)、「DV・移住労働者・戦時下の慰安婦」(paras.25－26)、「人身売買」(paras.27－28)、「マイノリティ女性」(paras.29－30)、「意思決定過程における女性の参画」(paras.31－32)、「雇用差別および職業と家族的責任との両立」(paras.33－34)、「民法上の差別規定」(paras.35－36)、「人権擁護法案」(paras.37－38)、「選択議定書」(paras.39－40)、「次回のレポートに盛り込むべき内容」(para.40)、「最終コメントの周知」(para.41)、「他の国連文書への言及」(para.42) となっている。このうち、「間接差別」から「選択議定書」までのパラグラフは、主要な懸念と勧告が2つのパラグラフにセットの形で示され、理解しやすい。

これらのうち、ほとんどの項目にJNNCのロビイングの効果をみることができる。なかでも、「間接差別」「民法上の差別規定」については、2月の「質問事項」を策定する作業部会から、7月の委員会まで一貫して、性差別裁判を原告として闘っている人たちが、熱心にロビイングに参加し、まさに自身の体験を直接、委員にぶつけた事項であった。ジェンダー法学が、ジェンダー化された社会に生きる女性たちが自分自身の経験から法へアプローチすることを方法論としていることから考えれば、このような一人称で差別を語ることのできる人々の国際会議への参加は、もっとも重要な事例である。

(a)「間接差別」

「最終コメント」22パラグラフが、「主要な関心分野および勧告」の冒頭、「間接差別」について、「「委員会は、条約第1条にそって、直接差別および間

接差別の両方を含む，女性に対する差別の定義を国内法に盛り込むことを勧告する」と明言した。「間接差別」は，第2回日本レポート審議の「最終コメント」でも，「女性が直面している昇進や賃金についての間接的な差別を取り扱うためにとった措置について報告すべきである」[58]と勧告していたにもかかわらず，その後9年間の進展は，わずかに2002年11月から有識者による男女雇用機会均等政策研究会を開催して，「間接差別」について検討を開始したにすぎず，審議の過程でも委員から，その対応の遅さに驚きの声があがった。「最終コメント」は，次のように勧告している。

　[パラグラフ21] 委員会は，憲法が両性の平等を規定しているにもかかわらず，国内法に差別の具体的な定義が含まれていないことに懸念を表する。

　[パラグラフ22] 委員会は，条約第1条に沿って，直接差別および間接差別の両方を含む，女性に対する差別の定義を国内法に盛り込むことを勧告する。また，委員会は，条約に関する認識，とくに間接差別の意味と範囲についての認識を向上させるためのキャンペーンを，とりわけ国会議員，裁判官および法曹関係者一般を対象に行うことを勧告する。

(b) 家族法・婚外子差別

　「民法改正」はさらに古く，委員会による第1回日本レポート審議のときから，婚外子差別や夫婦別姓に関する問題が提起されていた。第2回日本レポート審議の際は，国内で法制審議会民法部会での家族法改正の検討が進行していたため，このことが評価されて，「最終コメント」には表記されなかった。しかし，今回，婚外子差別裁判の原告が参加し，ロビイングしたことにより，審議の過程でも，9人の委員がつぎつぎに民法に条約違反があるという見解を示し，「最終コメント」では，次のように明言した。

　[パラグラフ35] 委員会は，民法のなかに現在でも依然として差別的な条項が残っていることに懸念を表明する。そのなかには，結婚最低年齢や，離婚後の女性が再婚するために必要な待婚期間，および結婚した夫婦の氏の選択に関する条項が含まれる。委員会は，また，婚外子に対する戸籍と相続権に関する法律および行政実務上の差別，そして，それらが女性に対してもたらす重大な

影響についても懸念する。

　[パラグラフ36] 委員会は日本政府に対して，民法のなかにいまだに残る差別的な条項を削除し，立法や行政実務を女性差別撤廃条約に適合させることを求める。

(c) マイノリティ女性

　今回とくにはじめて審議で取りあげられたのが，「マイノリティ女性」の問題である。第4次・第5次レポートともまったくこの問題には触れておらず，審議の際，坂東首席代表が，今までマイノリティ女性についての性別調査が行われておらず，統計もないことを率直に認め，問題点の検討を約束した。被差別部落やアイヌ民族の女性が日本レポート審議の傍聴に参加したことの意義が明白であった。この点について「最終コメント」は，次のように総括した。

　[パラグラフ29] 委員会は，日本におけるマイノリティ女性の状況についての情報が報告書には欠如していることに懸念を表明する。委員会は，それらのマイノリティ女性が，教育，雇用，健康，社会福祉，および暴力にさらされていることに関して，みずからの共同体内部を含めた場面で直面しうる複合的な形態の差別と周縁化に懸念を表明する。

　[パラグラフ30] 委員会は日本政府に対し，次回のレポートでは，日本におけるマイノリティ女性の状況について，分類ごとの内訳を示すデータを含む包括的な情報，とりわけ教育，雇用，健康状態，受けている暴力に関する情報を提供するよう求める。

(d) 条約の法的性格と締約国の実施義務

　女性差別撤廃条約の法的性格について，外務省は，JNNCの質問に対して，「条約によって女子に対する差別を撤廃し男女の平等を確保することを目的として種々の措置を採ることが義務付けられているとしても，これらの措置は，直ちに差別の撤廃や男女の平等を実現するものである必要は必ずしもなく，条約上の要請を相当の実効性をもって実現するものであれば，漸進的に効果を生ずる方法であっても許容されると解されます」と回答していた[59]。

　日本レポート審議のなかでは，「条約2条は，法律上および事実上の差別撤

廃を『遅滞なく』実施することを規定している」(Ms. Schopp-Schilling［ドイツ］)「あらゆる差別を撤廃する立法措置の達成予定はいつか」(Ms. Achmad［インドネシア］)「基本法には，差別的立法の改正が規定されているか」Ms. Gomez［キューバ］)「国内法には，条約に基づいた差別禁止規定があるか」(Ms. Gnancadja［ベニン］)「国際人権条約は，日本の法の一部であるはずなのに，裁判において女性差別撤廃条約や他の人権条約が援用されないのはなぜか。人権条約に言及した判例はあるか。条約の自動執行性についての政府代表団の見解はいかがか」(Mr. Flinterman［オランダ］)「法制度は社会を変える一助になる。条約に規定されている『差別』の定義は，憲法の定義だけでは不十分であり，日本の法制のなかで明確にさせる必要がある」(Mr. Melander［スウェーデン］) といった指摘が相次ぎ，条約締約国としての日本の実施義務が明らかにされた[60]。

(e) 選択議定書の批准要請

委員会作業部会からの「質問事項」に対し，外務省は，現在，個人通報制度を定めた各種の人権条約の下での具体的な通報事案について研究しているとして，自由権規約の選択議定書の下で規約人権委員会が扱った通報事例を中心に検討を行っている，とその具体的な条文を示して回答した。JNNCからの選択議定書批准に関する質問にも，外務省は，同様な回答をし，「締結に向けての具体的な見通しについては現在のところ回答できる段階ではない」と述べた[61]。

これに対し，レポート審議のなかでは，議長の冒頭発言から閉会のことばまで，5人の委員が延べ6回，選択議定書の批准を要請した。なかでも「選択議定書は，司法の女性差別を撤廃しようとする努力を支援するものとして，むしろ司法権の独立を支えるものである」(Ms. Schopp-Schilling［ドイツ］)という発言は傾聴に値する。外務省が，「委員会の指摘を持ち帰り，75カ国が署名し，53カ国が批准している現実を受け止めて，日本の批准を予想しながら検討をしていきたい」と述べたのは，やや前向きの兆しと受け止めたい。

「最終コメント」39パラグラフは，「条約の選択議定書の批准を，日本政府

が引き続き検討することを要請する」とし、個人通報制度が、日本国内での「司法権の独立」を侵かす可能性があるとの懸念を念頭に、「委員会は、選択議定書により提供される制度は、司法の独立性を強化し、女性に対する差別への理解をすすめる上において司法を補助するものであると強く確信している」と述べた。

選択議定書の批准は、単に国内的手続きによって救済されなかった女性が、条約に基づいて委員会へ申立てできるというだけではなく、日本の裁判所での訴訟において条約が使われるようになる可能性を含んでいる。人権条約は、国民一人ひとりの人権と直接かかわってはじめて意義をもつのであって、1日も早い選択議定書の批准を望みたい。

(5) 女性差別撤廃条約に言及した裁判例

女性差別撤廃条約に言及した裁判例については、7月8日の女性差別撤廃委員会における審議で、政府代表からの具体的な回答がなかった。このことから、福島瑞穂参議院議員が、7月17日の参議院法務委員会で質問をし、法務省から女性差別撤廃条約に言及した国を当事者とする訴訟は4件であるとの回答をえた。

おわりに

2003年8月10日の『朝日新聞』[62]は、第2面で「一般職などに女性偏り『差別と法定義を』国連委勧告」という見出しで、女性差別撤廃委員会による日本政府への「最終コメント」を報じ、第34面で「芽吹くジェンダー法学、法科大学院各校で講座開設へ」として、ようやくわが国でも人々の関心が向きはじめたジェンダーを視座におく法学の萌芽を伝えた。

前者では、委員会が条約に基づく国内法制の改定やとくに議員や司法関係者への性差別の認識強化を指摘しており、後者では、「『強姦罪の法定刑が強盗より軽いのはなぜ?』『婚姻とは何か。』来春開校する法科大学院で『ジェンダー

第 1 章 女性差別撤廃条約と NGO の役割 139

表 国を当事者とする訴訟において女性差別撤廃条約に言及した裁判例[63]

	判決年月日等	要 旨	女性差別撤廃条約関連部分
1	東京地裁 昭和62年（1987年） 12月16日判決	1 内縁の妻の連れ子および内縁の妻との間の未認知の子は、扶養控除の対象となる「扶養親族」に含まれない。 2 内縁の妻の連れ子および内縁の妻との間の未認知の子は、所得税法上扶養控除の対象となる「扶養親族」に含まれない。	原告は、女子差別撤廃条約16条1d等の規定ないしその趣旨をあげて、事実上の子は、扶養控除の対象とすべきであると主張するが、上記規定は、そもそも租税に関するものではないし、また、租税における扶養控除の取扱いにおいて、事実上の親族を法律上の親族と区別して取り扱うことを禁止したものとは解されない。
	1の控訴審：東京高裁平成元年（1989年）9月19日判決	同 上	同 上
	1の上告審：最高裁平成3年（1991年）10月17日 第一小法廷判決	同 上	同 上
2	広島地裁 平成3年（1991年） 1月28日判決	1 民法733条を立法し、これを廃止しなかった国会議員又は内閣の行為に、国家賠償法上の違法性はないとされた事例。 2 再婚禁止期間中に受けた不利益が、補失補償の対象となる特別の犠牲に当たらないとされた事例。 3 女子に対するあらゆる形体の差別の撤廃に関する条約（昭和60年（1985年）条約第7号）前文、2条、15条および16条ならびに市民的および政治的権利に関する国際規約（昭和54年（1979年）条約第7号）23条は、締約国に対して、合理的な理由を有する男女間での取扱いの相違をも禁止し、あるいは「婚姻をしかつ家庭を形成する権利」に対して合理的な理由による制限を加えることまでも禁止していると解すべき理由はない。	女子に対するあらゆる形態の差別の撤廃に関する条約（昭和60年条約第7号）前文、2条、15条および16条ならびに市民的および政治的権利に関する国際規約（昭和54年条約第7号）23条は、締約国に対して、合理的な理由を有する男女間での取扱いの相違をも禁止し、あるいは「婚姻をしかつ家庭を形成する権利」に対して合理的な理由による制限を加えることまでも禁止していると解すべき理由はない。
	広島高裁 平成3年（1991年） 11月28日判決	同 上	同 上

140　第Ⅱ部　女性差別撤廃条約の現状と課題

3	大阪地裁 平成12年（2000年） 7月31日判決＊	1　同じ高卒社員でありながら，採用後に男女間で異なる処遇がなされた結果生じた賃金格差等が，幹部候補要員として全社採用で採用されたか，定型的補助的業務従事要員として事務所採用で採用されたかという採用区分によるものであるとされた事例。 2　旧男女雇用機会均等法8条が求める男女均等取扱いは条件が同一の男女間での機会均等であるから，男女間の格差について採用区分ごとに差別の有無を判断すべきであるとして調停不開始決定をした行政庁の判断に誤りはないとされた事例。	原告らは，男子は全社採用，女子は事務所採用という採用区分自体が男女別労務管理であり，違法な男女差別であるとし，このことを前提として，女子差別撤廃条約等を根拠に，指針という採用区分には上記のような違法な男女差別を含むものと解すべきである等と主張するが，原告らが採用された昭和40年ころの社会情勢等に照らすと，被告会社が，高卒女子を全社採用の事務職の募集対象としなかったことは，当時としては未だ公序良俗に反するとまではいえない。
4	大阪地裁 平成13年（2001年） 6月27日判決	原告らの各調停申請はいずれにおいても，原告らが，差別の対象としているのは同じ一般職の未婚女性であり，本件は女性間の差別の問題であるので，大阪婦人少年室長が原告らの2回にわたる本件調停申立について，昇進，昇格について，女子労働者の昇進，昇格を男子労働者と比べて不利な取扱いをしないように求めている男女の均等な機会および待遇の確保等女子労働者の福祉の増進に関する法律（現行の「雇用の分野における男女の均等な機会および待遇の確保に関する法律」であり，平成9年（1997年）法律第92号による改正前のもの（以下「法」という。））8条（現行6条）に基づき，指針ないしは法の具体的な努力目標についての明確化の観点から新設された改正指針2（3）ロが示した事業主に講ずるように努めるべき措置に係るものではなく，法15条（現行13条）に基づく調停対象事項ではないとした判断に違法な点はない。	女子差別撤廃条約については，同条約1条が，「男女の平等を基礎として」と規定しており，男子との比較において女子が差別を受ける場合を「女子に対する差別」と位置づけていることは明らかであり，女子が女子との比較で差別を受けることは「女子に対する差別」とはいえない。

＊本件は，2003年12月24日，大阪高裁第14民事部（井垣敏生裁判長）において和解が成立した。和解勧告の中で，裁判長は，「間接的な差別に対しても十分な配慮が求められている」とし，「男女差別の撤廃に向けた国際的な取組み」を考慮するとして，控訴人の主張を大幅に取り入れた。ここに，女性差別撤廃委員会「最終コメント」の反映を見ることができる。

と法学』という新しい分野が生まれようとしている。研究者や弁護士が取り組んできた多様な問題を『ジェンダーと法』という形で体系的に見るのが狙い」と述べている。この2つの記事は，ジェンダーという視点で法を見直すという共通の目的をもっている。

　2003年7月8日，奇しくも女性差別撤廃委員会で日本レポートが審議されたその日，国連開発計画（UNDP）が『人間開発報告書2003』を発表した。それによれば，日本女性の社会進出度を示すジェンダー・エンパワーメント指数は，昨年の32位をさらに12も下回り，44位になってしまった。せめて人間開発指数の9位と並ばなければ，いつまでたっても日本は，「女性問題小国」の誹りを免れない。

　女性差別撤廃委員会委員の指摘を待つまでもなく，日本は女性差別撤廃条約の締約国であり，条約上の義務を誠実に履行することが求められている。「最終コメント」は，果たすべき義務の内容を明確にするものであって，日本政府の誠実な対応が求められる。

　今回の日本レポート審議にあたって，JNNCのとった行動は，委員会の審議・コメントに非常に大きな影響力を与えた。これはまさに，女性政策に関心をもつNGOが，グローカルに問題解決に向かおうとする試みの第1歩と捉えることができ，日本の女性政策が，NGOの指摘を吸収しつつ国連で討議され，国内の政策に影響を及ぼすという構造が明確に示されている。JNNCは，さらに，全国各地で，国連女性差別撤廃委員会の日本への「最終コメント」の広報をすること，「最終コメント」をテーブルに乗せて，くりかえし，関係省庁との交渉をすること，選択議定書の批准を要請することを目的に活動する予定である。

　条約を機軸とするすべての法制度の見直しは，北京行動綱領230パラグラフ（g）や，国連女性2000年会議成果文書68パラグラフ（b）の要請でもあり，条約批准から18年を経過した経済大国日本の国際的義務である。今回の「最終コメント」に盛り込まれた勧告を実行するためにも，男女共同参画会議に「女性差別撤廃条約専門調査会」を設置して，取り組むべきではないだろうか。

そして，何より重要なのは，選択議定書の批准を確実なものにすることである。女性差別撤廃条約選択議定書は，フェミニズム法学の中核として，もっとも大切なトゥールになるに違いない。それは，人々が，「わたしの経験」を法的要求に変える鍵となるものだからである。

注

1) UN Treaty Series, vol.1249, No.20378, p.13. 採択：1979年12月18日（第34回国連総会），効力発生：1981年9月3日，日本国：1980年7月17日署名，85年6月24日国会承認，6月25日批准書寄託，7月1日公布（条約7号），7月25日発効。
2) キャサリン・マッキノン「戦時の犯罪，平時の犯罪」S. シュート・S. ハーリー編＝中島吉弘・松田まゆみ訳『人権について』（みすず書房，1998年）103-104頁。
3) 世界行動計画序章16パラグラフ。
4) 女性差別撤廃条約前文14パラグラフ，5条。
5) United Nations, *The United Nations and The Advancement of Women 1945-1996*, 1996, para.290, para.148, 国際女性の地位協会訳『国際連合と女性の地位向上1945-1996』（国際女性の地位協会，1998年）35-36頁。
（6）山脇直司「グローカル公共哲学の構想」佐々木毅編『21世紀公共哲学の地平』（東大出版会，2002年）36-41頁。
7) 国際女性の地位協会（Japanese Association of International Women's Rights）1987年9月20日設立。〒356-8533埼玉県入間郡大井町亀久保1196文京学院大学山下泰子研究室。会長赤松良子。国連経済社会理事会協議資格 NGO・ID number 1194.
8) *At* http://www.un.org/womenwatch/daw/cedaw (as of February 3, 2004).
9) 『京都新聞』2002年7月31日夕刊。
10) *At* http://www.un.org/womenwatch/daw/cedaw (as of February 3, 2004).
マリ，スリランカ，カナダは加入。バングラディシュとキューバが10条に基づき，調査制度に関する8条，9条の適用除外を宣言している。
11) 本書第Ⅲ部第5章（山下由紀子担当）に別の角度からの分析がある。
12) *At* http://www.un.org/womenwatch/daw/cedaw (as of October 23, 2002), 詳しくは，本書第Ⅱ部第2章（谷口洋幸担当）参照。
13) Rebecca Cook, "Reservation to the Convention on the Elimination of All

Forms of Discrimination against Women", *Virginia Journal of International Law*, Vol.30, No.3 (1990), p.644, pp.643-716.
14) 山下泰子「女性差別撤廃条約における留保」『女性差別撤廃条約の研究』（尚学社，1996年）208-237頁。2002年現在，国際法委員会が「条約留保のガイドライン」の策定にあたっているのが注目される。
15) ①モーリタニア，サウジアラビアは，条文を特定せず，シャリアを優先，②2条【締約国の差別撤廃義務】バーレーン，バングラディシュ，エジプト，リビア，モロッコ，③5条【役割分担の否定】マレーシア，④7条【政治的・公的活動における平等】マレーシア，⑤9条【国籍に関する平等】マレーシア，⑥16条【婚姻・家族関係における差別撤廃】バーレーン，エジプト，イラク，モルジブ，マレーシア，バングラディシュ，リビア，クウェート (U.N. Doc. CEDAW/SP/2002/12)。
16) 伊東すみ子「女子差別撤廃委員会」国際女性の地位協会編『女子差別撤廃条約―国際化の中の女性の地位』（三省堂，1990年）50-51頁。
17) *At* http://www.un.org/womenwatch/daw/cedaw/reservations.htm (as of December 5, 2002).
18) 山下，前掲論文，（注14），208-237頁。U.N. Doc. A/42/38, para.579, A/47/38, A/CONF.157/24, Part I, Chap. III, Sect. II, para.39, A/CONF.177/7, paras.48-53, A/CONF.177/20, para.230 (c), A/S-23/10/Rev.1, para.27.
19) 山下威士・山下泰子「女性差別撤廃条約・選択議定書締約国―レポート提出・審議一覧」『国際女性』17号（2003年）31-38頁に，*at* http://www.un.org. womenwatch/daw/cedaw/30th sess.htm により加筆。
20) U.N. Doc. WOM1126 (as of June 7, 1999), 女性差別撤廃委員会の構成と性格については，本書第Ⅱ部第3章（渡辺美穂担当）参照。
21) 自由人権協会は，この件で，2001年12月26日，内閣府に申入れをした（人権新聞2002年1月25日）。
22) U.N. Doc. GA/RES.56/229 (24 December 2001), *at* http://www.un.org/women-wattchldaw/cedaw/ex-sess.htm.
23) *At* http://www.un.org/daw/cedaw/recommendations.htm のサイトで，すべての一般的勧告の全文が公開されている。（日本語訳）一般的勧告第1-20は，『国際女性』7号（1993年）184-193頁，第21は，『同』8号（1994年）57-62頁，第24は，『同』13号（1999年）29-33頁。*at* http://www.iwraw-ap.org (as of March 23, 2004).
24) United Nations, *supra* note 5, para.290.
25) *Ibid*., paras.290, 148.

26) 筆者自身，2000年3月，国連女性2000年会議の準備会合としての女性の地位委員会を傍聴をして，その感を深くした。
27) 山下泰子「女性差別撤廃条約の制定過程」『女性差別撤廃条約の研究』(尚学社，1996年) 65-82頁。
28) U.N. Doc. E/CONF.66/34, 1976, para.196.
29) *Ibid*., para.16.
30) 第2委員会決議ⅩⅨ。
31) U.N. Doc.A/CONF.94/35 (287 paras.)
32) 山下泰子「女子差別撤廃条約とナイロビNGOフォーラム」婦人研究者グループ編『世界女性の将来戦略と私たち』(草の根出版，1986年) 32-43頁。
33) U.N. Doc. A/CONF.116/28/Rev.1, 1986, para.60.
34) 山下泰子「『女性の人権』の国際的保障の動向——個人通報制度の導入にむけて」『労働法律旬報』1367号 (1995年) 18-27頁。
35) U.N. Doc. Vienna Declaration and Programme of Action, 1993, Part Ⅲ,Ⅱ, C. The Equal Status and Rights of Women, paras.2, 4 and 5.
36) U.N. Doc. A/CONF.177/20.
37) 山下泰子「第4回世界女性会議と女性差別撤廃条約」『国際女性』9号 (1995年) 122-125頁。
38) 山下泰子，前掲論文，(注34)，18-27頁。
37) 日本NGOレポートをつくる会は，北京JACに事務局をおいて活動をした。その後2001年に，日本女性監視機構 (JAWW=Japan Women Watch，会長原ひろ子) として再編され，1999年のシンポジウム時に結成されたAsia Pacific Women Watch (APWW) の国内機構としての活動をしている。現在，2005年の「北京＋10」に向けた第2回目の「日本NGOレポート」の策定にとりかかっている。
40) 総理府仮訳『国連特別総会「女性2000年会議」(2000年6月5日-10日) のアドホック全体会合に関する報告書』(2000年9月)。
41) 第Ⅱ部第1章3の初出は，山下泰子「国連女性差別撤廃委員会における日本レポートの審議とNGO」『労働法律旬報』(2003年9月初旬号)，これに加筆した。
42) 山下泰子「日本政府第1次レポートの第7会期女性差別撤廃委員会における審議」「日本政府第2次レポート・第3次レポートの第13会期女性差別撤廃委員会における審議」『女性差別撤廃条約の研究』(尚学社，1996年) 364-395, 396-424頁，外務省「女子差別撤廃条約実施状況報告」(仮訳) 1987年5月，国際女性の地位協会『国際女性 '89』第2号 (1989年) 51-71頁，日本国

政府「女子差別撤廃条約実施状況報告第2回報告」（仮訳）1992年2月,『国際女性'92』第6号（1992年）115-136頁, 日本政府「女子差別撤廃条約実施状況第3次報告」（仮訳）1993年10月,『国際女性』第8号（1994年）139-177頁, 日本国政府「女子差別撤廃条約実施状況第4回報告」（仮訳）平成10年7月,『国際女性』第12号（1993年）154-209頁, 日本国政府「女子差別撤廃条約実施状況第5回報告」（仮訳）平成14年9月,『国際女性』第16号（2002年）121-186頁。

43) U.N. Doc. A/50/38, paras.626-636, 山下泰子訳「日本政府レポートに対する女性差別撤廃委員会による最終コメント」山下, 前掲書, （注42）, 422-424頁。

44) 国際女性の地位協会「日本第2次レポートの問題点」『国際女性』第7号（1993年）58-123頁, 国際女性の地位協会『女子差別撤廃条約の報告制度と日本政府レポート』（東京女性財団研究助成報告書, 1994年）。

45) 45の女性差別撤廃条約に関心をもつNGOのネットワーク, 代表世話人：山下泰子, 事務局：〒356-8533埼玉県入間郡大井町亀久保1196文京学院大学山下研究室, at http://www.jaiwr.org/jnnc, 赤松良子・山下泰子監修, JNNC編『女性差別撤廃条約とNGO』明石書店（2003年）参照。

46) U.N. Doc. CEDAW/PSWG/2003/Ⅱ/CRP.1/Add.3, 日本語訳は, JNNCのホームページ, at http://www.jaiwr.org/jnncに掲載。また, 国際女性の地位協会編『国際女性』第17号（2003年）, 105-140頁に, 政府回答, NGO回答とともに掲載。

47) JNNC「女性差別撤廃委員会第29会期事前作業部会『定期レポート審議に関する課題および質問事項一覧：日本』—NGO回答」2003年4月21日, 同上書, 105-140頁に掲載。

48) 日本政府「第4・5回報告書審査に関する女子差別撤廃委員会からの質問事項に対する回答」＜仮訳＞, 日本弁護士連合会主催, 第28回「国際人権に関する研究会：女性差別撤廃条約に基づく日本政府報告書審査について」2003年6月11日弁護士会館1702会議室において配布, 105-140頁に掲載。

49) 内閣府, 警察庁, 法務省, 外務省, 文部科学省, 厚生労働省「衆・参女性議員懇談会『女性差別撤廃条約に関する日本政府報告審議に向けて』（5月12日）において日本女性差別撤廃条約NGOネットワークから各省庁へ宛てた質問事項への回答」2003年5月, 日本弁護士連合会主催,（注48）の研究会において配布。

50) JNNC編, 前掲書,（注45）, 50-81頁。

51) JNNC編, 同上書, 91-97頁。

52) JNNC編, 同上書, 98-102頁。

53）ヌルシャバユ・カチャスンカナ「『慰安婦』問題への訴え」国際女性の地位協会編『国際女性』第17号（2003年）210-211頁。
54）日本政府「女子差別撤廃条約実施状況第4回・第5回報告審議における首席代表報告」（仮訳），2003年8月，内閣府男女共同参画局ホームページ，at http://www.gender.go.jp/teppai/4th5th-intno.pdp に公開，国際女性の地位協会編『国際女性』第17号（2003年），104-112頁に掲載。
55）U.N. Doc. Press Release, WOM/1408/Rev.1, CEDAW 617th & 618th Meeting (AM & PM) 2003年7月9日，「第9会期女性差別撤廃委員会第5次日本レポート審議全記録」（2003年7月8日，国連本部第2会議場）国際女性の地位協会『国際女性』第17号（2003年）141-184頁。
56）U.N. Doc. CEDAW/C/2003/II/crp.3/Add.1/Rev.1，日本政府「日本の報告に対する最終コメント」（仮訳）が内閣府ホームページ（注54）に公開されており，JNNC のよる訳もホームページ（注45）公開されている。
57）CEDAW のような国連機関の「最終コメント」の分析ではないが，共同宣言などについての中村耕一郎『国際「合意」論序説』（東信堂，2002年）は参考になる。
58）U.N. Doc. A/50/38, para.636，日本国政府「日本の報告に対する最終コメント」（仮訳）636パラグラフ。
59）前掲（注49）。
60）前掲（注55）。
61）前掲（注48），および前掲（注49）。
62）2003年8月10日付け『朝日新聞』朝刊，14版。
63）2003年7月17日，法務省より福島瑞穂事務所が入手した資料を整理したもの。質疑については，156-参-法務委員会-23号（2003年7月17日，未定稿）。

（山下　泰子）

第2章　女性差別撤廃条約への留保

はじめに

　女性差別撤廃条約への留保は，その質，量ともに，条約の実効性を損なわせるものとして問題視されている。とりわけ条約2条（締約国の差別撤廃義務）や16条（婚姻・家族関係における差別撤廃）といった根本規定への留保や，留保の対象となる条文や内容を明記しない一般的留保などは，条約の存在それ自体に対する挑戦といえる[1]。

　本章は女性差別撤廃条約への留保について，その沿革と現状，ならびに女性差別撤廃委員会の対応に焦点をあてて検討をすすめる。最初に，そもそも女性差別撤廃条約にはどのような経緯で留保規定が盛り込まれるようになったのか，その起草過程をたどる。ここでは留保の有効性判断をめぐる見解の対立を俯瞰しながら，女性差別撤廃条約の留保規定もこの対立を解消していないことを示す。次に条約に付された留保と，それらの留保に対する異議の現状を検討する。2002年の第12回締約国会議時点での留保一覧（本章末尾の資料を参照）をもとに，どの規定にどのような留保が付されているか，またそれらの留保に対してどの締約国がどういった異議を申し立てているのかを見ていく。とくに2000年以降の新規加盟国（バーレーン，朝鮮民主主義人民共和国（以下，北朝鮮），モーリタニア，サウジアラビア）の留保を例に考察をすすめる。奇しくもこれら新規加盟国は女性差別撤廃条約への留保のうち従来から批判の対象とされてきた種類の留保を付したのである。留保の経緯と現状を踏まえ，最後に留保問題に対する女性差別撤廃委員会の取組みを検討する。具体的には，国連総会や経済社会理事会への働きかけとその失敗，さらに2つの一般的勧告と締

約国レポート審議における留保問題への対応を見ていくこととする。

1 留保規定とその問題点

(1) 28条および29条2項

　女性差別撤廃条約は28条において実体規定への留保制度を設けている。同条に基づく留保は，条約を批准する際，または条約に加入する際に行うものとされている（1項）。

　条約の起草過程では，当初から留保の規定を挿入すること自体への反発が相次いだ[2]。留保を全面的に禁止する主張や特定の規定に対してのみ留保を許容する見解，さらには一般法たる条約法条約19条に依拠すれば良いといった意見が出された。この対立を背景に，フィリピン政府が提出した最初の条約草案には留保規定が盛り込まれなかった。ところが，審議の中盤を過ぎた頃，デンマーク政府から次のような留保規定の挿入が提案された。内容や文言からもわかるように，デンマーク政府の提案は人種差別撤廃条約を雛形としていた。

　　1．国際連合事務総長は，批准または加入の際に行われた留保の書面を受領し，かつ，この条約の締約国である国又は締約国となることができるすべての国に送付する。留保に反対する国は，通報の日から90日の期間内に，これを受諾しない旨を事務総長に通告する。

　　2．この条約の趣旨および目的と両立しない留保は認められず，また，この条約により設置される特別な団体の活動を妨げる効果を有する留保も認められない。留保は，この条約の締約国の少なくとも3分の2以上が反対するときは，両立しないものまたは妨げられるものとみなされる。

　　3．留保は，事務総長にあてた通告によりいつでも撤回することができる。このようにして通報された通告は，受領された日に効力を生ずる[3]。

　1976年に女性の地位委員会から経済社会理事会へと草案の審議がうつされた際，留保規定については日本政府から主に以下の2点について疑問がよせられた。第1に，草案2項の集団判断制度と両立性の判断はどのような関係にある

のか。言い換えれば，3分の2の国から異議がなければ当該留保は条約の趣旨および目的と両立しているとみなされるのか。第2に，集団判断制度によって条約の趣旨および目的と非両立と判断された留保は，いかなる効果をもつのか。留保国は当該留保がなかったものとして条約に拘束されるのか，条約そのものの当事国となれないのか，それとも別の効果を生じるのか[4]。日本政府が提起したこれらの疑問は，条約法条約の留保制度について許容性学派と対抗力学派が対立する点そのものである[5]。その後，全体作業部会において異議申立て制度（草案1項後段）と集団的判断制度（草案2項後段）の部分を削除する形で妥協がはかられ，現行のような規定へと落ち着いた。

女性差別撤廃条約では29条の紛争解決条項にも留保を付すことができる。29条は条約の解釈と適用の問題が外交交渉で解決されない場合に，仲裁や国際司法裁判所に付託できることを定める（1項）。この条項への拘束を拒む国家は，2項に基づいて「署名もしくは批准または…加入」の際に1項への留保を付すことができる[6]。29条の規定によれば，実体規定への留保も「条約の解釈又は適用」の問題として仲裁や国際司法裁判所に付託できることになる。ただし女性差別撤廃条約は締約国の利益が相互に衝突し合わない規範的な性質の条約であることから，締約国がこの手続を踏むことは実際問題として考えにくい。これは国家通報制度（40条）が一度も利用されていない現状からも明らかである。しかし少なくとも制度上は，この紛争解決条項が条約の実現にとって重要な規定であることは間違いない[7]。

（2）留保に対する異議

女性差別撤廃条約には異議申立て制度の規定が存在しない。前述のとおり，デンマーク政府の草案には人種差別撤廃条約20条にならい，「通告から90日以内の異議申立て」が提唱されていた。この異議申立て制度に疑問を投げかけたのも日本政府であった。草案について日本政府は，留保国と異議申立て国との条約関係の曖昧さを指摘した。この疑問は条約法条約の起草過程でも，異議申立ての効果に関する国連国際法委員会と条約法会議の立場の違いとしてあらわ

れていた。国連国際法委員会が同意原則を重視して異議申立て国と留保国の間の条約発生を認めない立場であったのに対して、条約法会議は異議申立て国と留保国の間には、留保の部分を除いた条約関係が発生するとの立場をとったのである。国際司法裁判所のジェノサイド条約留保事件の勧告的意見は条約法会議の立場であり、最終的には条約法会議の立場が条約法条約に採用された。結果的に条約法条約は異議の効果について極めて複雑な制度をつくってしまったのである[8]。女性差別撤廃条約の起草過程でも条約法条約がかかえる困難を乗り越えられず、最終的には一般法たる条約法条約にしたがえば足るとの意見が優勢となった。このため、女性差別撤廃条約は条約法条約の異議申立て制度がかかえる問題をそのまま踏襲してしまったのである。

(3) 留保の有効性判断

条約28条2項はいわゆる「両立性の原則」を規定する。周知のとおりこの原則は国際司法裁判所がジェノサイド条約留保事件の勧告的意見で定式化したものである。同勧告的意見はジェノサイド条約のもつ普遍的・人道的な性格を理由に、国際連盟時代の「全当事国一致の原則」を緩和して、条約への広汎な参加を可能にすること（普遍性の要請）を重視した判断であった。この両立性の原則は条約法条約にも採用され、留保が許されない一類型として規定された（19条 (c)）。

しかし条約法条約の留保制度は、成立当初から「欠陥ある制度」として批判の矢面に立たされてきた。たとえば誰が両立しているか否かの判断を下すのか、両立しないと判断された留保の効果はどうなるのか、といった制度上の曖昧さが存在していたのである。後者の問題について許容性学派は、両立性を有しない留保はそもそも無効であって、受諾や異議のシステムの対象にはならないと主張し、対抗力学派は留保の有効性が他の締約国の受諾や異議に基づいて判断されると主張する。しかし昨今の実行が双方の立場とも完全には合致しないことも指摘されており[9]、留保については国連国際法委員会で継続的に審議がなされている[10]。

他方で，人権条約への留保にはそもそも条約法条約の留保制度が馴染まないという根強い見解もある。これは自由権規約人権委員会などが主張する立場である[11]。委員会は締約国が留保について絶対的な判断権限を有していることに疑問を唱え，人権条約の特殊性と条約法条約の曖昧な留保制度を理由に委員会が両立性を判断するに相応しい機関であると考えた[12]。同委員会は許容されない留保が分離可能であるとの立場から，「留保国について規約は留保の利益を除いて効力を有する」と説く[13]。また委員会は，不正確，一般的な留保を批難し，条約全体に対する留保について再考を促した。これに対してイギリス，アメリカ，フランスを中心に，留保は締約国の専権に基づくこと，および受諾した文書から留保を分離することは締約国の意思に合致しないことを理由に，委員会の立場に批判が浴びせられた。この意見対立について国連国際法委員会は条約法条約体制が人権条約にも適用されること，ならびに，条約の趣旨および目的が留保の妥当性を判断する際には最も重要な基準であることを確認した[14]。国連国際法委員会は人権条約実施機関が留保の許容性について意見を述べ，勧告を行う権能を有していることは認めるものの[15]，これは留保に関する締約国の伝統的な役割を排除するものではないという[16]。すなわち，留保国こそが留保の撤回，修正，または条約からの脱退によって留保の非許容性に応答できるという理解である[17]。人権諸条約が他の条約とは異なる留保制度に服するか否かの問題は，国連国際法委員会も認めるように，人権条約に実施機関が存在するため，その任務の遂行上，考慮せざるをえない問題である。先述のとおり，女性差別撤廃条約では条約法条約と類似の留保規定を設けており，異議申立てについては条約法条約そのものの規制がおよぶ。したがって女性差別撤廃条約の留保問題は，人権条約への留保の特殊性をめぐる見解の対立構図を含め，留保制度そのものの一般的な議論の多くがほぼそのままあてはまることになる。このように一般化可能な女性差別撤廃条約の留保問題であるが，この条約への留保に何らかの特徴はみられるのだろうか。以下に現状と対応に分けて検討をすすめる。

2 留保と留保に対する異議の現状

女性差別撤廃条約には具体的にどのような留保が付されているのか，またどのような異議申立てがなされているのか。以下では締約国が付した留保とその留保に対する異議を具体的に検討する。留保の現状については，これまで多くの論者が充実した検討を行ってきた[18]。本節では2002年の第12回締約国会議の資料を素材として留保の現状を検討する[19]。全体の内容については末尾の資料をご参照いただくとして，ここでは第12回締約国会議に新しく出てきた事象―問題として目新しいものではないが―に，焦点をあてる。すなわち2000年の第11回締約国会議以降に条約へ加入したバーレーン，朝鮮民主主義人民共和国（以下，北朝鮮），モーリタニア，サウジアラビアの4カ国の留保と，それらの留保に対する異議を中心に検討をすすめる[20]。

（1）留保の現状

対象となる条文や内容を特定しない留保，いわゆる一般的留保は，女性差別撤廃条約の実効性に疑問を生じさせている[21]。第12回締約国会議の段階で14カ国が条文を明記しない留保を付している。たとえば2001年に加入したモーリタニアは「イスラーム・シャリーアに反せず，またわが国の憲法にしたがう限りにおいて，…［条約の］あらゆる規定を承認」する旨の留保を付している。また2000年に加入したサウジアラビアは「条約の規定とイスラーム法の規定が抵触する場合，サウジアラビア王国は…条約規定を遵守する義務を負わない」との留保を付した。このようなイスラーム法（シャリーア）を優先適用する旨の一般的留保は以前から批判の標的となってきたものである[22]。条文を明記しない他の留保としては，憲法や国内法を理由とした留保（レソト，パキスタン，シンガポールなど）や王位継承や軍隊の雇用のような対象を限定した留保（スペイン，イギリス）などがある。

女性差別撤廃条約に付された留保のもう1つの大きな問題は，条約の総則部

分にあたる第1部の規定（1条から5条）への留保である。たとえば2002年に加入したバーレーンは締約国の差別撤廃義務を定める2条について「イスラーム・シャリーアの規定の範囲内で履行を確保する」との留保を付し，シャリーアを条約よりも優先する立場を表明した。また北朝鮮は内容を明記することなく，「2条 (f) …の規定には拘束されない」との留保を付した。2条 (f) は女性に対する差別となる法律，規則，慣習および慣行の廃止を規定しており，女性差別撤廃条約の生命線ともいえる部分である[23]。2条については他にもイスラーム・シャリーアを優先する旨の留保（バングラデシュ，エジプト，リビアなど）や憲法や国内法を優先する旨の留保（アルジェリア，レソト，シンガポールなど），また慣習や慣行を優先させる留保（ニジェール，ニュージーランド）などがある。

　その他に留保の標的となっている主な条文として，9条（国籍に関する平等），15条（法の前の男女平等），16条（婚姻・家族関係における差別撤廃）がある。たとえば9条2項（子の国籍に関する男女平等）に対して，新規加盟国のうちバーレーン，北朝鮮，サウジアラビアが内容を明記せずに留保を付している。9条2項については，母系の国籍取得を制限する国内法を優先させる締約国が多い（アルジェリア，エジプト，クウェート，モロッコなど）。またバーレーンは15条4項（移動，居住，住居の選択に関する男女平等）の適用についてとくに内容を明記せずに留保し，16条全体についてイスラーム・シャリーアを優先する旨の留保を付している。15条については居所や住所，婚姻・家族関係に限って適用を除外する留保が多い点，また16条についてはイスラーム・シャリーアを優先する留保も多いが，他の条文に比べて非イスラーム教圏の締約国が国内法優先の留保を多く付している点に特徴がある。

　なお紛争解決条項については33カ国が留保を付している。このうち8カ国は紛争解決の付託方法や手段を限定する内容を明記しているものの，残りの諸国はとくに明確な限定をしていない。紛争解決条項への留保はこれまでに旧共産圏諸国の多くが撤回をしているが，それ以外の締約国の撤回はほとんどみられない。

(2) 異議の現状

　先述のとおり，女性差別撤廃条約には独自の異議申立て制度は存在しない。1991年時点では8つの締約国が異議申立てを行うに留まっていたが[24]，2002年の時点では総計15の締約国が異議申立てを行っている。異議申立ての理由は大きく次の3つに分類できる。すなわち，（1）条約の趣旨目的に反する（28条2項や条約法条約19条に基づく異議），（2）留保の対象・内容が包括的または不特定（一般的留保への異議），（3）国際条約上の義務の不履行を正当化する根拠として国内法を援用することはできない（一般国際法上の原則に基づく異議），以上の3分類である。

　上記のとおり新規加盟国はこれまでにも問題視されていた一般的留保や根本規定への留保を付している。これに対して多くの諸国から異議申立てがなされており，たとえばモーリタニアの留保には9カ国が異議を申し立てている。このうちフィンランドの異議は，留保の一般的性質，国内法の援用，趣旨目的との非両立の3点すべてを理由にあげている。

　　…内容を特定せずに，宗教や他の国内法への一般的な言及をもって行われる留保は，留保国が条約にどの程度コミットメントするのかを他の締約国に対して明確にしておらず，したがって条約上の義務履行について留保国のコミットメントに深刻な疑念が生じる。

　　さらに，留保は条約解釈の一般原則に拘束されており，それによれば締約国は条約義務が履行できないことの正当化事由として国内法の規定を援用することはできないのである。

　　…条約28条が条約の趣旨および目的と両立しない留保を許容していないことも想起する。

　　以上の理由によりフィンランド政府はモーリタニア政府の条約に対する…留保に異議を申立てる。

　モーリタニアの留保に対してはノルウェーが同様の異議を申し立てている。この他，オーストリア，デンマーク，ドイツ，ポルトガル，スウェーデンの5カ国が留保の一般的性質と趣旨目的違反を理由として，オランダが国内法の援

用と趣旨目的違反を理由として，そしてイギリスが留保の一般的性質を理由として異議を申し立てた。モーリタニアと同じく，イスラーム・シャリーアを優先する旨の留保を付したサウジアラビアに対しては，上記9カ国に加えて，フランス，スペイン，アイルランドが異議を申し立てている。

また北朝鮮による2条 (f) および9条2項の留保についてはオーストリアから次のような異議が申立てられた。

> 条約28条2項によって条約の趣旨および目的と両立しない留保は許されないことに鑑み，オーストリア政府は2条 (f) および9条2項に対する留保に異議を申し立てる。
>
> この2つの条項は，女性に対する既存の差別や子どもの国籍のような特定の差別形態の撤廃を要求する条約の基本的な側面をもつものである。

このような趣旨目的の違反を理由とする異議申立ては，裏を返せば，各締約国がどの規定のどういった内容を条約の趣旨目的と考えているかを示すものである。今後も異議申立ての増加が予想されるため，それらを精査することは，各締約国の考える条約の趣旨目的の輪郭を明らかにすることにつながるものと考えられる。

女性差別撤廃条約に付された留保は多種多様にわたるが，今日ではそれぞれの留保に対する異議申立ても多くなっている。これまで条約そのものの効力発生を妨げる旨の異議申立て（条約法条約20条4項 (b) 但書）はなされていないが，もちろんだからといってその留保が有効であると即決することはできない。そもそも伝統的な国家間条約のように互恵的な性格をもたない人権条約の効力発生を妨げる意味は皆無に等しいのである。また，留保に対する異議申立てが政治的意図によって左右されやすいことにも注意が必要である。実際に同じような内容や文言の留保であるにもかかわらず，一方では異議を表明し，他方では表明しないということが現に行われている[25]。このことからも，女性差別撤廃条約において異議申立てと留保の有効性に有意な関係を一貫した論理をもって予断することは困難であろう。

3 女性差別撤廃委員会の対応

これまでみてきたように，女性差別撤廃条約の留保制度それ自体にも，また実際に付されている留保や異議申立てにも，解決困難な問題が横たわっている。これらの問題に条約実施機関である女性差別撤廃委員会はどのように取り組んできたか。最後に，留保問題に対する女性差別撤廃委員会の対応を時系列に検討する。

(1) 国連システムへの問いかけ

1986年に開催された第3回締約国会議は，国連事務総長に対して留保問題に関する締約国の見解を調査するよう要請した。この要請に基づいて事務総長は当時の87の締約国に対して留保問題に関する見解を要請したが，回答をよせたのはわずか17カ国であった。各締約国の回答はさまざまであり，両立しない留保を明示した回答（スペイン）や，両立しない留保の見直しを要請する回答（スウェーデン），また各締約国の留保を付す権利を強調する回答（ソビエト，日本）などがよせられた。これらの回答を踏まえて国連総会第3委員会に提出された事務総長の報告書は，留保問題の解決に直接つながるような決議を引き出すことはできなかった[26]。

また女性差別撤廃委員会は1987年，経済社会理事会に対し，留保の効果をより完全に評価できるように，「イスラーム法および慣習のもとにある女性の地位について…研究を促進し，あるいはこれに着手するよう」要請する決定を採択した。しかし経済社会理事会は，この決定をイスラーム社会に対する攻撃の口実とみなしたバングラデシュやエジプトといったイスラーム諸国の反発によって，いかなる行動もとらない（no action）決議を採択した。総会もこの決議を支持したため，女性差別撤廃委員会から国連システムへの問いかけは失敗におわった[27]。

（2）留保をめぐる勧告

　女性差別撤廃委員会は留保に関して2つの一般的勧告（委員会は締約国からえた報告や情報の検討に基づく提案や一般的な成果を有する勧告を行う権能を有している（21条））を採択している。一般的勧告4は条約の趣旨および目的と両立しないと思われる留保の多さについて懸念を表明し、締約国に対して当該留保の撤回を念頭に置いた再検討を要請した[28]。1992年に出された一般的勧告20において女性差別撤廃委員会は、世界人権会議に向けた取り組みとして、締約国に以下のことを勧告した。

　(a) 他の人権条約への留保状況に照らして、この条約に付された留保の有効性と留保の法的効果について問題を提起すること。

　(b) あらゆる人権条約の履行を強化するために、それらの留保を再検討すること。

　(c) この条約に他の人権条約に匹敵する留保手続きの導入を考慮すること[29]。

　これを受けて世界人権会議の成果文書であるウィーン宣言および行動計画には、諸国が国際人権条約に付している留保を可能なかぎり狭く定式化し、非両立的な留保をなくすとともに、撤回を念頭に置いた留保の定期的な再検討を確保する計画が盛り込まれた[30]。さらに北京世界女性会議で採択された北京行動綱領では、女性差別撤廃条約に対する留保の制限すること、条約の趣旨および目的との両立性を確保するために留保の正確で厳密な定式化をはかること、ならびに、両立しない留保の撤回を奨励している[31]。

　このような勧告や人権会議の成果文書からの圧力を通じて、締約国は次第に留保を限定化し、さらには撤回をはじめるようになってきた。この傾向を促進したのが、次に示す女性差別撤廃委員会の締約国レポート審議の場面である。

（3）締約国レポート審議における建設的対話

　女性差別撤廃条約の締約国は、その国について条約が発効してから1年以内に「条約実施のためにとった立法上、司法上、行政上その他の措置によりもたらされた進歩に関する報告書」を提出しなければならない。その後は少なくと

も4年毎に定期レポートを提出することが義務づけられている（18条）。女性差別撤廃委員会はこれらの定期レポートを審議し、条約の履行に向けた委員会と締約国の建設的対話（constructive dialogue）を行っている[32]。たとえ実体規定に広汎な留保を付している締約国であっても、締約国である以上はこの報告制度に服することになる。これまで女性差別撤廃委員会は締約国レポート審議の過程で、個別国家の留保問題を取りあげてきた。たとえばリビアは第1次レポート審議以前に付していた一般的留保について、審議後、その範囲を限定する修正を行っている[33]。

このような締約国レポート審議での留保をめぐる建設的対話は、1995年のレポート作成ガイドラインの改訂によって留保項目の記入が定式化されたためにより活発化された[34]。現行のレポート作成のガイドラインは、留保項目の記入について以下のように要請する[35]。

> 締約国が条約のあらゆる条項に付した留保および宣言について説明を行うことで、それらを継続していることの正当性を述べなければならない。…国内法および国内政策においてあらゆる留保または宣言が与えた詳細な影響を説明しなければならない。条約を特定しない一般的留保を付している締約国や、2条および／または3条に対して一般的留保を付している締約国は、その影響と当該留保の内容解釈を報告しなければならない。締約国は他の条約の同権の権利規定に対する留保または宣言について、情報を提供しなければならない。

締約国レポートに留保の説明を要求することで、女性差別撤廃委員会は留保の具体的な内容や影響を把握し、留保の撤回を効果的に促すことに成功している。このような建設的対話の地道な努力によって、先述のリビアの例にみられるように、女性差別撤廃条約に付された留保は少しずつ限定的なものになってきたのである。

締約国レポート審議の最終コメントの中では、留保に関する建設的対話は具体的に次のような形であらわれている。（1）締約国が付している留保に対する憂慮の念や撤回の要請、（2）これまで付していた留保を撤回したことへの謝意、（3）留保を付さずに条約に加入したことへの謝意、（4）留保に対する

異議申立てを行っていることへの謝意。たとえば第24会期（2000年6月12日—30日）の締約国レポート審議をみると[36]，（1）モルジブ（条約7条（a），6条への留保），エジプト（2条，9条2項，16条への留保），（2）ジャマイカ（9条2項の留保を撤回），（3）ブルンディ，カザフスタン，ウズベキスタン，（4）フィンランドが例に挙がる。単に問題のある留保への非難のみならず，留保の撤回を賞賛し，さらには留保を付さずに加入した国家や多くの異議を申立てた国家への謝意を繰り返す女性差別撤廃委員会の最終コメントは，留保の有効性について権力的な判断を試みる自由権規約人権委員会の立場とは性質を異にしていると評価できる。

おわりに

本章では，条約法条約上の留保制度の欠陥を引きついだ女性差別撤廃条約が，現実的な留保の問題に直面しながらも，女性差別撤廃委員会と締約国との建設的対話が留保の定式化や撤回を促している一端が見えてきた。他方で北京世界女性会議の前後に行われた多くの新規加入においてさえ留保の付与が続いたことや[37]，先述のとおり2000年以後の新規加盟国も問題の多い留保を付していることで，このような女性差別撤廃委員会の努力は相殺されかねない。この点において，第III部でとりあげられる選択議定書をもとにした女性差別撤廃委員会のさらなる活躍が期待されるところである。

最後に留保問題をめぐるフェミニズム国際法学の課題として，1つの問題を提示し本章を閉じることとする。人権条約について主張される留保の有効性判断の特殊性が女性差別撤廃条約にもあてはまることは確かである[38]。では人権条約のなかでも女性差別撤廃条約の特性に由来する，さらなる特殊性は存在するのであろうか。たとえば，国家と性支配構造の相関関係や，次章で論じられる女性差別撤廃委員会の構成は，女性差別撤廃条約に付された留保の有効性判断の議論に何らかの影響を与えるのか。すなわち，近代国家こそが性支配構造の立役者であるというフェミニズムの洞察は，性（別）に基づく差別の撤廃を

めざす本条約への留保の判断権限が専ら国家に属しているとの見解に一石を投じうるのか。また対話を重視する女性差別撤廃委員会の性格や構成は，留保の有効性を判断する権限機関として他の人権条約機関よりも高い正当性を保持するものなのか。これらの問題に回答を導き出すことが，これからのフェミニズム国際法学の課題である。

注

1) 女性差別撤廃条約への留保の問題性について具体的な留保の内容に踏み込んだ論考は数多い。たとえば，山下泰子『女性差別撤廃条約の研究』（尚学社，1996年）208-237頁，金井英隆「女子差別撤廃条約に対する留保とその許容性」『帝塚山論集』78号（1993年）60-91頁，軽部恵子「国連女性差別撤廃条約および選択議定書の留保に関する一考察—条約の実効性確保の観点から（1）・（2）・（3）」『桃山学院大学社会学論集』34巻2号（2000年）27-43頁，『桃山学院大学経済経営論集』42巻3号（2001年）25-245頁，『同』42巻4号（2001年）99-119頁，小寺初世子「人権条約による人権保障の実効性について—留保の問題を中心に」『広島平和科学』21号（1998年）191-225頁。
2) 起草の経緯については, Cook, Rebecca, "Reservation to the Convention on the Elimination of All Forms of Discrimination Against Women," *Virginia Journal of International Law,* vol.30, 1993, pp.673-678 ; Clark, Belinda, "The Vienna Convention Reservations Regime and the Convention on Discrimination against Women," *American Journal of International Law,* vol.85 1991 ; 金井，前掲論文，（注1），81-83頁。
3) 日本語訳は，金井，前掲論文，（注1），82頁を参照した。
4) Cook, *supra* note 2.
5) たとえば，中野徹也「条約法条約における留保の『有効性』の決定について（一）・（二完）」『関西大学法学論集』48巻5・6合併号（1999年）202-254頁，『同』49巻1号（1999年）72-97頁参照。
6) 文言上は1項に拘束されない旨を「宣言する（declare）」ものであるが，2項は同時にその「宣言」を指して「そのような留保（such a reservation）」と規定している。このため，ここでは宣言と留保を厳密に区別する必要はないと考えられる。
7) 金井，前掲論文，（注1），63頁，軽部，前掲論文（1），（注1），33頁。
8) 中野，前掲論文（一），（注5），216-240頁。

9) 同上。
10) とくに特別報告者アラン・ペレ（Alain Pellet）の第3報告書以降，留保のガイドライン作成が進められていることは注目される。See *e.g.* U. N. Doc. A/CN.4/526/Add.1. また，国連人権促進保護小委員会のフランソワーズ・ハンプソン（Françoise Hampson）による「人権条約への留保に関する研究報告」(E/CN.4/Sub.2/1998/28, E/CN.4/Sub.2/2002/34) は，人権条約に特化した留保問題の検討を行っており，今後のさらなる検討が期待される。
11) 薬師寺公夫「人権条約に付された留保の取扱い—人権条約実施機関の対応の仕方を中心として」『国際法外交雑誌』83巻4号（1985年）1-60頁，中野徹也「人権諸条約に対する留保—条約法の適用可能性とその限界」『関西大学法学論集』50巻3号（2000年）49-93頁，坂元茂樹「人権条約と留保規則—国連国際法委員会の最近の作業を中心に」『国際人権』9号（1998年）29-33頁。
12) 一般的意見24は次のように述べる。「締約国の履行を審査する義務の範囲を認識するために…委員会は本規約の趣旨および目的ならびに一般国際法と留保の両立性につき見解を示す必要がある.」(U.N. Doc. HRI/Gen/1/Rev.2, para.18.)
13) U.N. Doc. HRI/Gen/1/Rev.2, para.18.
14) Alain Pellet, *Second Report on Reservations to Treaties,* U.N. Doc. A/CN.4/477, para.1.
15) *Ibid.*
16) *Ibid.*, para.6.
17) *Ibid.*, para.10.
18) 前掲（注1）。
19) U.N. Doc. CEDAW/SP/2002/2.
20) 第11回締約国会議の資料をもとに状況分析を行った論考として，軽部，前掲論文（2）（3），（注1）。
21) 小寺，前掲論文，（注1）。
22) Charlesworth, Hilary and Christine Chinkin, *The Boundaries of International Law : A Feminist Analysis* (Manchester University Press, 2000), pp.102-106.
23) 山下，前掲書，（注1），101頁。
24) 同上，223頁。
25) たとえば，2条(f)項や9条2項が条約の基本的な側面を体現しているとして北朝鮮の留保に異議を唱えたオーストリア政府は，同じ条項に留保を付

しているニュージーランドやイラク，アルジェリア，クウェート，チュニジアなどには異議を申立てていない。

26) See Clark, *supra* note 2, pp.283-287.
27) *Ibid*., p.288.
28) U.N. Doc. A/42/38, 10 April 1987.
29) General Recommendation No.20 (11th session, 1992), U.N. Doc. A/47/38, 30 January 1992.
30) ウィーン宣言および行動計画，Ⅱ，第39条。
31) 北京行動綱領，第230段落（b）項。
32) 報告制度の詳細については，山下，前掲書，（注１），238-286頁。締約国レポートの提出・審議状況をチャートで示した資料として，山下威士・山下泰子「女性差別撤廃条約・選択議定書締約国―レポート提出・審議状況一覧」『国際女性』14号（2000年）28-35頁参照。また，締約国レポート審議については，国際女性の地位協会発行の『国際女性』（尚学社）に締約国レポート審議の抄訳が会期ごとに随時掲載されているのであわせて参照されたい。
33) ただし，置き換えられた留保も２条と相続に言明しており，シャリーアの内容を明示していない点ではいまだ批判を免れるものではない。See Charlesworth, *supra* note 22, pp.105-106.
34) レポート提出のガイドラインについて，詳しくは山下，前掲書，（注１），245-251頁参照。留保の記入を求める改訂については，U.N. Doc. CEDAW/C/1994/WG.1/Rev.1, 31 January 1994.
35) C2., *Reporting Guidelines, at* www.un.org/womenwatch/daw/cedaw/guidelines.pdf (as of August 6, 2003).
36) U.N. Doc. A/56/38. 抄訳は国際女性編集委員会編訳「CEDAW 第23会期および第24会期における各国レポート審議概要―国連報告書の抄訳」『国際女性』14号（2001年）50-76頁。
37) Charlesworth, *supra* note 22, pp.112-113.
38) Clark, *supra* note 2, pp.285-286.

（谷口　洋幸）

資料：女性差別撤廃条約の留保国・異議申立て国一覧

条文	留保国	形式	内容	異議申立て国（内容＊）
条文明記なし	オーストラリア	宣言	各州の法システムに基づいて実施する	
	チリ	宣言	いくつかの規定が国内法に合致していないが，民法改正検討委員会によって条約適合的な改正を検討中	
	フランス	宣言	女性に有利な国内法を阻害しないよう解釈	
	レソト	留保	国内法制定につき憲法を優先	フィンランド（趣旨目的，一般的，国内法） オランダ（趣旨目的，国内法）
	モーリタニア	留保	イスラーム・シャリーアと憲法を優先	フィンランド，ノルウェー（趣旨目的，一般的，国内法） オーストリア，デンマーク，ドイツ，ポルトガル，スウェーデン（趣旨目的，一般的） オランダ（趣旨目的，国内法） イギリス（一般的）
	メキシコ	宣言	国内法の形式と手続きに基づいて適用	
	パキスタン	宣言	憲法を優先	フィンランド（趣旨目的，一般的，国内法） オーストリア，ドイツ（趣旨目的，一般的） オランダ，ノルウェー（趣旨目的，国内法）
	サウジアラビア	留保	イスラーム法規範を優先	フィンランド（趣旨目的，一般的，国内法） オーストリア，デンマーク，フランス，ノルウェー，ポルトガル，スペイン，スウェーデン（趣旨目的，一般的） オランダ（趣旨目的，国内法） ドイツ（趣旨目的） アイルランド，イギリス（一般的）
	シンガポール	留保	出入国，滞在，労働，市民権の付与については国内法を優先	フィンランド（趣旨目的，一般的，国内法） ノルウェー（趣旨目的，国内法） オランダ（趣旨目的）
	スペイン	宣言	王位継承について憲法を優先	
	タイ	宣言	条約の目的と憲法の原則は合致している	
	チュニジア	一般的宣言	憲法（第1章）を優先	
	イギリス	留保	王位，爵位，叙勲，叙階や宗教教義，宗教令，国王軍への入隊には適用しない	

第Ⅱ部 女性差別撤廃条約の現状と課題

条文		留保国	形式	内容	異議申立て国（内容＊）
条文明記なし（続き）		イギリス	留保	バージン諸島，フォークランド（マルヴィナス）諸島，マン島，南ジョージア・南サンドイッチ諸島，タークス・カイコス諸島に準用	アルゼンチン（マルヴィナス（フォークランド）諸島，南ジョージア・南サンドイッチ諸島の領有権問題は未解決）
前文		フランス	宣言	とくに11段落，文脈的に不適当	
		ドイツ	宣言	11段落は UNC, ICCPR, ICESCR の民族自決権にしたがって解釈	
		オランダ	宣言	10, 11段落は政治的考慮にすぎず挿入すべきでない	
1条		リヒテンシュタイン	留保	憲法（3条）を優先	
		イギリス	留保	女性に有利な法律，規則，慣習，慣行の修正や廃止は課されない	
2条	全体	アルジェリア	留保	家族法を優先	オランダ，ノルウェー（趣旨目的，国内法） ドイツ（国内法）
		バーレーン	留保	イスラーム・シャリーアを優先	
		バングラデシュ	留保	コーランとスンナに基づくシャリーア法を優先	ドイツ（趣旨目的，国内法） メキシコ，オランダ，スウェーデン（趣旨目的）
		エジプト	一般的留保	イスラーム・シャリーアを優先	ドイツ（趣旨目的，国内法） オランダ，スウェーデン（趣旨目的）
		レソト	留保	憲法（王位継承），国内法（族長承継）の優先，宗教事項への適用なし（とくに(e)）	フィンランド（趣旨目的，一般的，国内法） オランダ（趣旨目的，国内法）
		リビア	留保	男女ともに遺産相続分の決定に関するイスラーム・シャリーアの強行法規を優先	フィンランド（趣旨目的，一般的，国内法） ドイツ，ノルウェー（趣旨目的，国内法） メキシコ，オランダ，スウェーデン（趣旨目的） デンマーク（国内法）
		モロッコ	宣言	王位継承に関する憲法規定を優先，イスラーム・シャリーアや国内法（個人身分法）を優先	オランダ（趣旨目的）
		シンガポール	留保	マイノリティの宗教法や身分法を優先	フィンランド（趣旨目的，一般的，国内法） ノルウェー（趣旨目的，国内法） オランダ（趣旨目的）
		イギリス	留保	女性に有利な処遇を規定する措置をとらない	
	(a)	バハマ	留保	明記せず	
	(d)(f)	ニジェール	留保	慣習や慣行を廃止するあらゆる適切な措置について（とくに相続），既存の慣習や慣行を国家権力が改廃することができない	デンマーク，フィンランド，スウェーデン（趣旨目的） ノルウェー（国内法）

第 2 章 女性差別撤廃条約への留保　*165*

条文	留保国	形式	内容	異議申立て国（内容＊）
2条（続き）(f)	ニュージーランド	留保	クック諸島の族長継承について慣習を優先	メキシコ（趣旨目的）
(f)	北朝鮮	留保	明記せず	オーストリア，デンマーク，フィンランド，ドイツ，オランダ，ノルウェー，ポルトガル，スペイン，スウェーデン（趣旨目的） イギリス（一般的） フランス（明記せず）
(f)(g)	イラク	留保	明記せず	ドイツ（趣旨目的，国内法） メキシコ，オランダ，スウェーデン（趣旨目的）
5条 (a)	インド	宣言	個人的事項への不干渉政策を優先	オランダ（趣旨目的）
(a)	マレーシア	留保	イスラーム・シャリーア法と連邦憲法を優先	フィンランド（趣旨目的，一般的，国内法） オランダ，ノルウェー（国内法，趣旨目的） ドイツ（趣旨目的）
(a)	ニュージーランド	留保	クック諸島の族長継承について慣習を優先	メキシコ（趣旨目的）
(a)	ニジェール	留保	既存の慣習や慣行を国家権力が改廃することはできない	デンマーク，フィンランド，ノルウェー，スウェーデン（趣旨目的）
(b)	ニジェール	宣言	「家族に関する公教育」と解釈，ICCPR 17条にならう	フィンランド，スウェーデン（趣旨目的） ノルウェー（私教育も含む）
(b)	フランス	宣言	「家族に関する公教育」と解釈，ICCPR 17条，ECHR 8条にならう	
(b)	フランス	留保	親権の「共同」行使が前提ではない	
7条 全体	ルクセンブルク	留保	公爵位継承について憲法を優先	
(a)	クウェート	留保	選挙法（選挙権，被選挙権は男性のみ）を優先	フィンランド，ノルウェー（趣旨目的，国内法） オランダ，スウェーデン（趣旨目的）
(a)	モルジブ	留保	憲法（34条）を優先	フィンランド（一般的，趣旨目的，国内法） ドイツ，ノルウェー（趣旨目的，国内法） オーストリア，カナダ，オランダ，ポルトガル，スウェーデン（趣旨目的）
(b)	イスラエル	留保	宗教裁判所判事の任用のみ宗教法を優先	
(b)	マレーシア	留保	イスラーム・シャリーア法と連邦憲法を優先	フィンランド（趣旨目的，一般的，国内法） ノルウェー（趣旨目的，国内法） ドイツ（趣旨目的）
(b)	スイス	留保	自衛を除く武力紛争での任務について国内法を優先	

条文		留保国	形式	内容	異議申立て国（内容*）
9条	全体	フランス	宣言	国籍法96条2項を優先	
		韓国	留保	明記せず	ドイツ（趣旨目的，国内法） メキシコ，オランダ（趣旨目的）
		イギリス	留保	国内法（時限的，過渡的規定）を優先	
	1	トルコ	宣言	国籍法5条1項，15条，17条と合致しているが，同法の目的は無国籍の防止	
	1, 2	イラク	留保	明記せず	ドイツ（趣旨目的，国内法） メキシコ，オランダ，スウェーデン（趣旨目的）
	2	アルジェリア	留保	国籍法（母系の国籍取得を制限），家族法（41条，43条；父親への親権付与）を優先	オランダ，ノルウェー（国内法，趣旨目的） ドイツ（国内法）
	2	バハマ	留保	明記せず	
	2	北朝鮮	留保	明記せず	オーストリア，デンマーク，フィンランド，ドイツ，オランダ，ノルウェー，ポルトガル，スペイン，スウェーデン（趣旨目的） フランス（明記せず）
	2	エジプト	留保	父系国籍付与の国内法・慣習を優先	ドイツ（趣旨目的，国内法） メキシコ，オランダ，スウェーデン（趣旨目的）
	2	バーレーン	留保	明記せず	
	2	ヨルダン	留保	明記せず	スウェーデン（趣旨目的）
	2	クウェート	留保	国籍法（父系の国籍）を優先	フィンランド，ノルウェー（趣旨目的，国内法） オランダ，スウェーデン（趣旨目的）
	2	レバノン	留保	明記せず	オーストリア（趣旨目的，一般的） オランダ，スウェーデン（趣旨目的）
	2	マレーシア	宣言	イスラーム・シャリーア法と連邦憲法を優先	フィンランド（趣旨目的，一般的，国内法） オランダ，ノルウェー（国内法，趣旨目的） ドイツ（趣旨目的）
	2	モロッコ	留保	国籍法（母系の国籍取得に制限的）を優先	オランダ（趣旨目的）
	2	サウジアラビア	留保	明記せず	オーストリア，デンマーク，フィンランド，ドイツ，アイルランド，オランダ，ノルウェー，ポルトガル，スペイン（趣旨目的） イギリス（一般的） フランス（明記せず）

第2章 女性差別撤廃条約への留保

条文		留保国	形式	内　容	異議申立て国（内容＊）
9条(続き)	2	チュニジア	留保	国籍法（第4章）を優先	ドイツ（趣旨目的，国内法） オランダ，スウェーデン（趣旨目的）
11条	全体	オーストリア	留保	夜間労働，特別保護を要する労働には適用しない	
		マレーシア	留保	男女間の平等のみを基礎とした差別禁止規定と解釈する	
		イギリス	留保	退職年金，遺族年金等について社会保障法44, 47, 49, 66条を優先	
	1	マルタ	留保	4条2項により，女性や胎児の健康，安全保持のための労働権の制限は可能	
	1	シンガポール	留保	4条2項により，女性や胎児の健康，安全保持のための労働権の制限は可能，マイノリティ女性に関する法制定は不要	フィンランド（趣旨目的，一般的，国内法） オランダ，ノルウェー（趣旨目的，国内法）
	1(b)(c)(d)	アイルランド	留保	雇用機会と賃金に関しては，国内法（反差別法，雇用平等法），EEC基準に基づく措置で十分。社会保障については国内法で十分	
	2(b)	オーストラリア	留保	有給・有償育児休暇の措置を講じる用意はない	
	2(b)	ニュージーランド	留保	軍隊，暴力行為をともなう法執行部隊には適用しない	
13条	全体	マルタ	留保	税法（妻の収入を夫の収入とみなす），社会保障法（世帯主である夫が受取人）を優先，家族財産法の関連規定改正まで適用しない	
	(b)(c)	アイルランド	留保	私的部門による現行の法政策が適切	
14条	2(c)	フランス	留保	国内法上の条件を充たす女性に社会保障を与える	
	2(h)	フランス	留保	無償享受を意味しない	
15条	全体	マルタ	留保	家族財産法の関連規定改正まで適用しない	
	2	スイス	留保	婚姻制度について国内法（民法9条(e)，10条）を優先	
	2, 3	ベルギー	留保	夫婦の権利義務，婚姻契約に関する国内法の改正以前には遡及しない	
	2, 4	トルコ	留保	民法を優先	ドイツ（趣旨目的，国内法） メキシコ，オランダ（趣旨目的）
	3	イギリス	留保	契約や私的文書の包括的無効を意味しない	
	4	アルジェリア	留保	家族法（4章37条）を優先	オランダ，ノルウェー（国内法，趣旨目的） ドイツ（国内法）

168 第Ⅱ部 女性差別撤廃条約の現状と課題

条文	留保国	形式	内容	異議申立て国（内容*）
15条（続き） 4	ヨルダン	留保	女性の居所，住所は夫にともなう	スウェーデン（趣旨目的）
4	バーレーン	留保	明記せず	
4	モロッコ	宣言	住所，居所の選択について個人身分法（34, 36条）を優先	オランダ（趣旨目的）
4	ニジェール	留保	居所，住所の選択権は未婚女性にのみ認められる，既存の慣習や慣行を国家権力が改廃することはできない	デンマーク，フィンランド，ノルウェー，スウェーデン（趣旨目的）
4	チュニジア	宣言	個人身分法（26条, 61条）を優先	ドイツ（趣旨目的，国内法）オランダ，スウェーデン（趣旨目的）
16条 全体	アルジェリア	留保	家族法を優先	ドイツ（国内法）オランダ，ノルウェー（趣旨目的，国内法）
	バーレーン	留保	イスラーム・シャリーアを優先	
	イスラエル	留保	宗教共同体の身分法を優先	
	エジプト	留保	婚姻と家族についてイスラーム・シャリーアを優先（シャリーアは男女の均等な権利義務を規定している）	ドイツ（趣旨目的，国内法）メキシコ，オランダ，スウェーデン（趣旨目的）
	イラク	留保	イスラーム・シャリーアを優先（夫の権利と均等な権利を認めている）	ドイツ（趣旨目的，国内法）メキシコ，オランダ，スウェーデン（趣旨目的）
	モルジブ	留保	婚姻と家族関係についてイスラーム・シャリーアを優先	フィンランド（一般的，趣旨目的，国内法）ドイツ，ノルウェー（趣旨目的，国内法）オーストリア，カナダ，オランダ，ポルトガル，スウェーデン（趣旨目的）
	マルタ	留保	家族財産法の関連規定改正まで	
	モロッコ	留保	婚姻締結と解消の権利についてイスラーム・シャリーアを優先	オランダ（趣旨目的）
	シンガポール	留保	マイノリティの宗教法や身分法を優先	フィンランド（趣旨目的，一般的，国内法）ノルウェー（趣旨目的，国内法）オランダ（趣旨目的）
	タイ	留保	明記せず	ドイツ（趣旨目的，国内法）メキシコ，オランダ，スウェーデン（趣旨目的）
1	インド	宣言	個人的事項への不干渉政策を優先	オランダ（趣旨目的）
2	インド	宣言	婚姻登録の義務づけは不可能（多様な慣習，宗教，低識字率）	オランダ（趣旨目的）
1(a)(c)(f)(g)	マレーシア	留保	イスラーム・シャリーア法と連邦憲法を優先	フィンランド（趣旨目的，一般的，国内法）オランダ（趣旨目的，国内法）ドイツ（趣旨目的）
1(c)	バングラデシュ	留保	コーランとスンナに基づくシャリーア法を優先	ドイツ（趣旨目的，国内法）メキシコ，オランダ，スウェーデン（趣旨目的）

条文	留保国	形式	内容	異議申立て国（内容＊）
16条 (続き) 1(c)	ヨルダン	留保	婚姻解消時の扶養，補償には適用しない	スウェーデン（趣旨目的）
1(d)(g)	ヨルダン	留保	明記せず	スウェーデン（趣旨目的）
1(c)(d)	リビア	留保	イスラーム・シャリーアによる女性への権利保障を優先	フィンランド（趣旨目的，一般的，国内法） ドイツ，ノルウェー（趣旨目的，国内法） メキシコ，オランダ，スウェーデン（趣旨目的） デンマーク（国内法）
1(c)(d)(f)	レバノン	留保	明記せず	オーストリア（趣旨目的，一般的） オランダ，スウェーデン（趣旨目的）
1(g)	レバノン	留保	姓の選択権には適用しない	オーストリア（趣旨目的，一般的） オランダ，スウェーデン（趣旨目的）
1(c)(d)(f)	チュニジア	留保	明記せず	ドイツ（趣旨目的，国内法） オランダ，スウェーデン（趣旨目的）
1(g)(h)	チュニジア	留保	個人身分法（子の姓，遺産相続）を優先	ドイツ（趣旨目的，国内法） オランダ，スウェーデン（趣旨目的）
1(c)(d)(f)(g)	トルコ	留保	民法を優先	ドイツ（趣旨目的，国内法） メキシコ，オランダ（趣旨目的）
1(c)(e)(g)	ニジェール	留保	既存の慣習と国内法に反する，既存の慣習や慣行を国家権力は改廃できない	デンマーク，フィンランド，ノルウェー，スウェーデン（趣旨目的）
1(d)	フランス	留保	親権の「共同」行使が前提ではない，民法383条を優先	
1(d)(f)	アイルランド	留保	非嫡出子の後見，養育，監護について，男性に女性とまったく同一の権利を認める必然性はない	
1(e)	マルタ	留保	堕胎の合法化義務は適用しない	
1(f)	クウェート	留保	国教のイスラーム・シャリーアを優先	フィンランド，ノルウェー（趣旨目的，一般的） オランダ，スウェーデン（趣旨目的）
1(f)	イギリス	留保	子の利益の至上性は直結しない（後見と養子縁組の間の相違）	
1(g)	フランス	留保	姓の選択の権利を留保	
1(g)	ルクセンブルク	留保	子の姓の選択には適用しない	
1(g)	韓国	留保	明記せず	ドイツ（趣旨目的，国内法） メキシコ，オランダ（趣旨目的）

170　第Ⅱ部　女性差別撤廃条約の現状と課題

条　文	留　保　国	形式	内　　容	異議申立て国（内容＊）
16条（続き） 1(g)	スイス	留保	姓について国内法（民法160条，8条(a)）を優先	
1(h)	スイス	留保	婚姻制度について国内法（民法9条(e)，10条）を優先	
1(h)	バハマ	留保	明記せず	
29条	アルジェリア インドネシア チュニジア	留保	仲裁，ICJ付託は関係当事国の合意による	
	モロッコ ニジェール	留保	関係当事国の合意による仲裁のみ	
	エジプト イラク	留保	仲裁には付さない	
	キューバ	留保	外交ルートによる直接交渉で解決する	
	アルゼンチン バハマ バーレーン ブラジル **北朝鮮** フランス エルサルバドル エチオピア インド サウジアラビア レバノン モーリシャス ミャンマー パキスタン シンガポール クウェート タイ ベトナム トリニダードトバゴ トルコ イエメン ベネズエラ ジャマイカ	留保	明記せず	
	中国 イスラエル	宣言	明記せず	
不明	イタリア	留保	条約法条約19条に認められる内容の行使を留保	

＊　趣旨目的＝条約の趣旨・目的に反する（28条2項，条約法条約19条等を根拠）。一般的＝留保の対象・内容が包括的または不特定。国内法＝国際条約上の義務の不履行を正当化する根拠として国内法を援用することはできない。
＊＊　各条文の表題は，大沼保明・藤田久一編代『国際条約集 2001年度版』（有斐閣，2001年）をもとにしている。
＊＊＊　根拠資料は，U.N. Doc. CEDAW/SP/2002/2, 26 July 2002.

第3章　女性差別撤廃委員会の構成と性格

はじめに

　1990年代以降，女性差別撤廃委員会（以下，CEDAW）を含めた国連の人権条約6機関[1]における抜本改革の必要性が多くの場面で取りあげられ，さまざまな専門家が現行制度の問題点を指摘し，改革のための提案を行ってきた。この背景には，条約締約国数が一貫して増加を続けるなか，レポート提出義務を果たさない締約国や審議待ちレポートの増加，経済・社会のグローバル化の進展により国境を超えて噴出している新たな課題への対応が間に合わないといった現状がある。一方，女性差別撤廃条約の選択議定書採択により委員の責務がいっそう重くなるなかで，国連の人権予算はそれに見合った増額が望めず，きわめて厳しい財源と人的資源のなかでいかに効率的，効果的運営を行っていくかということも大きな課題になってきている。くわえて，新たな貢献を期待されているNGOの役割をどうするかなど，条約制定当時に比べ大幅にかわってきた委員会をとりまく環境にきちんと対応できる機構づくりが重要となってきている。

　この章では，女性差別撤廃委員会の性格について，選出された委員とその委員会運営に焦点をあててみていく。委員会の重要な責務である監視業務の成果は，各人権委員会を構成するそれぞれの委員の能力に負うところが大きい。このようななか，ジェンダーの主流化の核ともなるべきCEDAW委員の能力に疑問を付す声は，委員会の機能を強化することでよりいっそう人権向上を進めようとする側からも，反対に委員の実力を問うことで，委員会での決定事項に疑いをはさもうとする側両者から聞こえてきている[2]。とくにバックログや留保

問題を抱える上に選択議定書が採択されたことで，法律専門家集団とはいえない女性差別撤廃委員会の対応能力に疑問を抱く声は少なくない。

本章では，まず女性差別撤廃条約の委員会の性格を，委員構成や選出手順について必要に応じて他の人権機関とも比較しながら分析する。次に，1990年代を通じてCEDAWを含む6機関機構改革についてさまざまな提言と実施がなされてきたが，CEDAWの委員が期待されているジェンダー主流化の推進力としての役割を実体的に強化するための審議運営，手続き規則を通じた機能や，ほかの人権機関や国連機関との関わり方にも触れながら，委員の中立性を担保し，かつ現在の限られた資源のなかでもできる委員会活動の最適化をはかれる方法について考えてみる[3]。

1　人権機関の活動に個人的資格でのぞむ委員

（1）女性差別撤廃委員会による締約国レポート審議

人権条約機関は，実体規定をもつほかに，締約国による遵守を監視するための実施措置を制度化している。大きく分類すると①報告制度，②国家通報制度，③個人通報制度，④調査制度の4種類の制度からなる。本節では，このうち①の報告制度と制度を担う委員の選出方法や資格について考察する[4]。

人権条約機関にとって，締約国が提出するレポートに基づく報告制度は，制度を担保する中心要素であり，委員に課された中心責務である。6人権機関のすべてがこの制度を採用している。具体的には，締約国が定期的に，条約の人権規定を遵守しているかどうかについて報告書を提出し，各機関がこれを検討する制度である。

女性差別撤廃条約17条は，条約の目的を実行していく23人の委員[5]については「徳望が高く，かつ，この条約が対象とする分野において十分な能力を有する専門家で構成する」とし，「締約国の国民のなかから締約国により選出され」，かつ「個人資格で職務を遂行する」と規定する。またその選出にあたり，「委員の配分が地理的に衡平に行われることならびに異なる文明形態およ

び主要な法体系が代表されることを考慮」することを条件にしている。

　すべての人権機関の委員は，各委員会ごとに，2年に1度ずつ開催される締約国間会議において選出されるが，この選出過程については女性差別撤廃委員会に限らず，さまざまな批判や改善の提案が寄せられている。国連の選挙自体が，大変大きな政治的枠組みの要素でもあり，委員の席が各国間における票の交換の対象となることもあり，政府代表で構成される締約国間選挙を実力主義にすること自体がきわめて難しい。問題は，選挙において委員の専門性や知識についてほとんど考慮がなされていないことが，独立した専門家としてなされるべき審議内容や委員会活動に影響をおよぼしているかどうかである。

(2) 委員の待遇

　人権条約機関の委員の仕事は年間10週間前後にわたり開催される会期中に活動することを要請されるパートタイム労働であり，6ある機関の半分は無償労働である[6]。HRC, CEDAW, CRC については各委員へ3,000ドルの賞与が支給される[7]。もちろん国連本会期以外にも会期準備を行うための非公開事前作業部会会議への出席や，大量の資料の読み込みと分析を行い審議の準備をする必要もあり，委員の負担は大変に大きい。委員は大抵ほかの仕事にも就いているので，そのために会期を欠席することが委員としての仕事を妨げることもある。人権機関によっては欠席した間の給与に関しては支払わないなどの規定を置くところもあるが，そもそも仕事量に見合った賞与ではないためこのような減額制度の効果はあまりない。CEDAW の手続き規則は，欠席期間が頻発するような委員に対しては，辞任勧告が下されることになっているが，この措置をとることは最終手段に近い場合になるとみられる[8]。委員活動を監視する国際的 NGO 等も，委員が審議すべてにきちんと出席をしているかどうかなどを厳しくチェックし，もし委員会活動をおろそかにしているような状況がみられる場合は，声をあげていく必要があると思われる。ただし，現実には実際委員の活動が質量ともに増大するなか，本会期外の任務も増えてきている。また以降述べるように，パートタイム職であることは比較的時間の都合をつけやすい政

府関係者が委員に多く指名される一因でもある。人権機関の委員職をフルタイムにする必要性について人権機関の効率化研究レポートなども提言しており,予算面のメドがつく可能性は低いが,今後検討の余地ある課題と思われる。

(3) 委員の中立性

不定期な拘束時間と多大な仕事量が要求される委員活動は,個々人の本来の職務とのバランスをとりにくく,結果的に政府役人,外務大臣,大使などがその役目を務めることが多いことに,人権機関活動に個人的資格でのぞむべき委員の中立性を疑う声は高い。実際に過去人権機関に指名または選出された候補947人の履歴書を調査した結果(表1)を見ると,実に半分以上を政府関係者が占めていることがわかる。また興味深いのが,これをさらに各委員会ごとに見ていくとCEDAW,CRC,CERD,CESCRの4機関に比べ,個別事案を取り扱うHRCとCATにおいては政府により雇用されている委員の比率が15%程度低いことである。今後,選択議定書が発効したCEDAWにおいても,委員の非政府関係者の比率が高まっていくか注視していく必要がある。

表1　人権機関に指名・選出された候補者履歴[9]

	指　名	選　出
政府関係者	51%	48%
NGO関係者	42%	45%
不明	7%	7%

ところで,評価の高い委員のなかには政府の仕事に就いているものも多く,一概に政府関係者だという理由のみで,委員の候補からはずすことは難しい。ただし,機関を問わず,委員が会期期間中に自国の政府関係者と接触することは多く,場合によっては審議後,最終コメントの採択前に関係国と話をしていることもある。CEDAWの場合当該審議国出身の委員がレポート審議には関わらないこととされているが,自国の国に直接・間接的に関わってくるそのほかの国の審議に影響をおよぼしたり,一般勧告の採択,個人通報の調査などについて,政府関係の職に就く委員が,政府の意向について大きな影響を受けることは避けられず,中立性が保証されているとはいいがたい。

CEDAW委員は,「個人資格で職務を遂行する」はずだが,委員会の設置当初は,とくに外交官や大使など政府関係者が委員の多くを占め,なかには,政府代表として国連のほかの機関の代表を務めるものもいたため,委員会の中立性を損なっていた危険性も大きかった。当時は,事務局自体が委員を出身国であらわすこともあった[10]。1980年代はとくにイデオロギー対決が委員会の議論のなかにも多くみられ,CEDAWの活動に重大な影響を与えた[11]。

　2002年8月に行われた第10回締約国会議において選出された委員の内訳を見てみると,2002年末で任期の切れる12議席に,現職委員も含めて24人が立候補(内現職委員7人)したが,このうち政府関係者は16人で立候補者の6割強を占めている[12]。選挙結果は政府関係者が7人,非政府関係者は5人となっており,人権機関平均と当該当選者中の政府関係者比率を比べるとCEDAWの方が政府関係者比率が高いことがわかる。とくにCEDAWの場合気になるのは最終コメントが出るタイミングとの関係である。ほかの人権機関の場合いずれも最終コメントを採択する前に政府にドラフトがみせられることはなく,場合によってはプレスリリースと同時に政府側に渡す機関も多い反面,CEDAWの場合は最終コメントを発表する前にドラフト原稿を政府代表に渡し,コメントなども受けつけるということもいわれている[13]。この方法では最終コメントに対して政府側から何らかの圧力や影響を受ける可能性は大きい。政府関係者が委員になっていることがこのような慣例を生んでいる可能性もあり,また実際に政府から何らかの働きかけがあった場合に,委員が政府関係者の場合は中立的な対応でもって個人の見識で判断を下すことがきわめて難しくなる危険性も含んでいる。最終コメントの公開は,インターネットを通じてより迅速に,一般でも入手できるようになってきている。直近の29会期にて審議された国々のレポートは,会期終了後約1カ月たらずで国連のホームページで公開された。少なくともこのような予断を許さない迅速な勧告の一般公開を今後もいっそう進めてほしい。

　CEDAWの活動初期にあたる1980年代から外交官などの政府関係者が委員として選ばれていたが[14],当時は女性の人権や国際法などの専門知識のほか,語

学力や国際経験が豊富な委員にふさわしい人材が供給面で不足していたことが，消極的選択理由としてありえたとしても，現在は，上記のような経験を豊富に積み，政府関係の職には就いていない候補者は十分いると思われる。日本を例にとってみても，国際機関で働く日本女性の比率は，国内の雇用指標よりも高く，民間の委員候補は十分いると考えられる。人権保障を促進するための準司法的役割も担う機関である CEDAW においては，委員の中立性を疑う余地を与えない新制度づくりが望まれる。

この点，2002年に国連事務総長が人権活動に関する行動計画を発表した際に，人権保護の強化と推進のためには人権条約締約国が「選挙」などにおいて，政治的思惑や主義主張を優先させることが人権委員会の信用性も有益性も無にすることであると，強く警鐘をならしている[15]。また CEDAW の議長をつとめたアバカ委員が委員会の中立性，独立性について委員会のなかで議論する必要性を訴えていることは[16]，この重要なテーマについて実際に関わっている委員自身が，問題として取りあげ，検討する必要性を感じていることを示している。

(4) 男女のバランス

現委員であるスウェーデン出身のメランダー氏を含めて CEDAW は過去に3人しか男性委員を選出していない[17]。男性委員の少なさについて，女性だけの議会だと批判する声もあるが，2003年の28会期においては，新たに委員として選出されたオランダのフリンターマン氏が入り，はじめて23名中男性委員が2席を占めることになった。CEDAW の場合，締約国政府が指名する候補者のほとんどが女性であり，選挙で男性が忌避されているというよりも，女性の人権を取り扱うには当事者として最適の候補者であるとして，各国が女性委員を推薦した結果であるといえる[18]。とくに女性の人権の現状をかんがみれば，CEDAW 委員が女性であることには積極的価値と必要性が見出されると思う。また，CEDAW の委員の仕事は国連会議場で審議を行うだけではない。毎年数名の委員は諸外国の女性に条約や女性の人権の普及やトレーニング活動を行って

いる。女性と健康，暴力被害など女性が被る権利侵害について被害者が心を開いて話をするには，女性委員がより適任とされる活動も多い。CEDAWの委員がみずから「女性」として条約に規定される人権侵害被害の当事者の気持ちを共有できることが，根底での一体感につながっていることは，過去の委員も述べているところである[19]。次に，人権機関全体でみれば，CERD，HRC，CESCR，CATなどの4機関における女性の比率は20％以下であり，女性の委員を増やすことはジェンダー視点を欠いてきた国際人権機関のなかでも大きな課題である。今後人権機関間の連携や交流がもっと進めば，CEDAWでの任期を終えた委員が他人権機関の仕事に就くこともでき，ジェンダー主流化を他の人権機関にも広げていく推進力になれるであろう。現に，日本の委員を務めた多谷千賀子氏も，CEDAWを経て，国際刑事裁判所の判事に任命された。現時点で，CEDAWが女性委員を中心としていることは，目的を果たすために必要不可欠な段階にあるからといえる。

（5）委員の地域配分

各人権条約はそれぞれが，委員の選出の際に「地域配分を考慮」するように何らかの規定をもっている。HRCの場合は2001年に地域配分の重要性を再度強調する決議のなかで，地域配分のクォータ制を提言している[20]。この背景には地域の社会，経済システムや主要法体系をバランス良く包含し，あらゆる地域の事情にも精通し，的確な判断をすることが人権機関の専門家委員として求められることがある。CEDAWの初代委員は1982年に38締約国から23人選出されたが，早期批准国は東欧諸国が多かったため，地域バランスもそれを反映していた。その後，西側諸国，アフリカ諸国の加盟が増加し，地域バランスもそれを反映するようになる。

大きく分けられた世界5地域についても，アジアは日本を含む東アジアから，東南アジア，南アジア，中東を含む宗教，政治，社会，経済的にもまったく違う国々から成立つことを勘案すると，今回のアジア出身の委員に中近東の委員が1人も含まれず，アフリカ大陸が7カ国に対して，南米が2人というの

は，地域バランスをとることの難しさを示している[21]。また，2001年前任委員の任期途中から引き継ぐ形となっていたイスラエル出身の法学者ラダイ委員は，筆者が傍聴した27会期においても的確で積極的な質問や発言を行い条約の趣旨や目的を深く理解している見識や姿勢が傍聴していたNGOからは高い評価を受けながら，再任を果たせなかったことは，現在のイスラエルを取り巻く政治状況が少なからぬ影響を与えていることは否めない。

表2　CEDAW締約国の大陸地域別構成

	アフリカ	アジア太平洋	中南米カリブ	欧米	西アジア
第29会期 （2003年7月）	5	5	2	9	2
2002年7月1日 現在締約国	49	41	33	24	33

出典：Past and Present Members of the CEDAW, at http://www.un.org/womenwatch/daw/cedaw/members.PDF (*as* of June 1, 2002)

（6）委員会議長

人権機関の種類を問わず，議長に与えられた権限と議事進行の裁量権は，議会の活動に少なからぬ影響を与える。議長役の機能と権限についてはCEDAWの手続き規則[22]に規定してあるが，まず国連で行われる会議にCEDAWが公に招かれた場合は可能なかぎり議長が出席をする（規則18-3）。CEDAWと他の機関との窓口役も果たす議長は，ジェンダー主流化活動に大きな役割を果たしているのである。また，議事進行においては，限られた審議時間内で政府代表や委員の発言を効果的に割り振り，質問への回答をはぐらかす政府代表などに合間合間で適切な指導をする議長の役割は「建設的対話」の是非に大きく影響する（規則30）。議長を務めるものの能力や女性の人権に関する見識の高さや使命感は非常に重要である。

すべての人権機関が議長を選挙によって選んでいるが，CEDAWはCERDとともに，議長を選出するにあたり，地域的持ちまわりを考慮しており，場合によっては地域内部で選出された議長候補を全体で承認する形をとることもある[23]。実際CEDAWの過去の議長の出身地域をみてみると，多少の前後はある

が，地域ごとに順番に持ちまわりをしており，通常1期4年間以上CEDAWで委員を務めたものが選出されている。

表3　CEDAW議長を務めた委員

議長	出身国	地域	議長任期	期間	議長になるまでの在任期間
Ider	モンゴル	アジア	1	1982–1984	0年
Bernard	ガイアナ	中南米	2	1985–1988	3年
Evatt	オーストラリア	欧米	1	1989–1990	4年
Tallawy	エジプト	西アジア	1	1991–1992	4年
Corti	イタリア	欧米	2	1993–1996	6年
Khan	バングラデシュ	アジア	1	1997–1998	4年
Gonzalez	メキシコ	中南米	1	1999–2000	12年
Abaka	ガーナ	アフリカ	1	2001–2002	10年
Acar	トルコ	欧米	1	2003–	6年

出典：Chairpersons of the CEDAW, at http://www.un.org/womenwatch/daw/cedaw/cedaw20/chairperson.htm (*as* of June 1, 2002)

（7）委員の任期

　CEDAW委員の任期は4年間であり，2年ごとの締約国会議の選挙で定数の半分が入れ替わる。過去に委員を務めたものの任期をみると，2期以上務めたものが半分以上いる。とくに，CEDAWの委員の年数については4年という任期が短すぎるという指摘は見当たらなかったが，人権機関の機構改革を提案するなかには，人権機関の委員の任期を6年で再任なしにすることで，政府の意向に縛られない委員の活動を望めるとする意見もある。再任なしとすることが中立性の担保にどれだけ効果があるかわからないが，2期以上務めた委員の数

は過去1期のみ務めた委員の約半分であることが，表4からわかる。

任期の長さについては簡単には結論は出せないが，委員が限られた時間のなかで果たさなければいけない仕事の量は膨大であり，また委員の半分が2年ごとに入れ替わるために，すべての委員が条約や一般勧告の内容はもちろんだが，審議に重要な影響を与える議会の運営方法などについて把握できていない恐れがある[24]。この点については，事務局による委員に対するブリーフィングを徹底させる必要があり，まずは条約や委員の活動について良く理解している専門家を選出していくことが密度の高い議会活動に任期にかぎらずつながっていくと思われる。

表4　1982—2002までを務めた委員89名の在任期間*

1　期	56
2　期	17
3　期	7
4　期	2
途中終了**	7

＊2004年に期間を満了するものについては，2004年満了するものとみなしている。
＊＊1期未満で途中終了，もしくはそれを継ぎ再選されなかったものを含む。

出典：Past and Present Members of CEDAW, at http://www.un.org/womenwatch/daw/cedaw/members.PDF (*as* of June 1, 2002)

（8）法律家

CEDAWが選択議定書を採択し個人通報制度を開始するようになることから，CEDAWの委員に法律家が少ないことを指摘する意見は多い。実際に，委員の構成に法律家を求める規定をもつ人権機関はHRCとCATだけであり，これも「望ましい」とする規定にとどまっている[25]。この点についてCEDAWの2002年度末までのおよび2003年からの委員23人の構成をみてみると，新たに選出された12人のうち法学者，裁判官，などの法律家が7名である。2003年1月会期から入れ替わる新メンバーを含めた23人全体でみても，そのうち法律家が

7名を占める。そのほとんどを法律家が構成するHRCに比べた場合，法律家の占める比率は低いが，全体の委員数が18名にくらべてCEDAWの委員は23名とひとまわり大きな構成である。定員数が多い分，幅広い分野の専門家をそろえているともいえる。前述したように，政府関係者を減らし，人権，女性問題を専門に関わってきている専門家を選出することは必然的に法律家を増やすことにもなると思う。法律家であることを必須条件とすることについては今後引き続き検討していく必要があるだろう。ただし，委員会の実務を委員と二人三脚で担う事務局スタッフについては，選択議定書の採択により法律的知識や実務経験が問われることが予想される。

(9) 29会期における委員の活動

ちなみに，29会期から審議を速報するプレスリリースに委員の名前が質問と共に出るようになった。筆者が聞いていた日本の審議と照らしあわせても，必ずしも100％正確な審議録ではなく，多少省略されている質問もあるが，機械的にプレスリリースに登場した委員の質問回数を数えてみると，日本を除く2次以降のレポート審議をした5カ国の場合，以下の通りである。

ブラジル	22委員	（のべ37質問）
フランス	18委員	（のべ24質問）
モロッコ	17委員	（のべ31質問）
ニュージーランド	20委員	（のべ32質問）
コスタリカ	17委員	（のべ22質問）

プレスリリースは必ずしも正確に審議のすべてを反映しているわけではなく，発言回数も審議の質を保証するものではないが，ほぼまんべんなく全委員が発言しているように見える半面，その内容をみていくと，各委員の理解度，洞察力，ジェンダー意識などがみえてくる。また，出身地域外の国からの質問も多い反面，関係が深く，理解の深い国に対しては，とくに多くの質問がでることから，地域バランスもまた重要であることがわかる。質問回数は通常1国の審議において，各委員が1回から2回が通常であるが，上記のブラジルレ

ポート審議においては、メキシコの委員が5回、キューバの委員が3回質問をしている。同じように、モロッコの審議においては、エジプト、ナイジェリア、フランスが計4回ずつ質問を行っている。

2 委員をとりまく環境

これまで、選出された委員の性格を形作る要素についてさまざまな角度からみてきたが、ここでは、以下委員をとりまく環境と活動規則について考察してみたい。ここでとりあげる規則は、委員会レベルで柔軟に変えていくことができる作業ルールである。委員会は作業の迅速化をはかるため、ここ最近会期中に時間を割き、委員全体で Ways and Means of Expediting the Work of Committee について討議を行ってきたが[26]、作業効率化などについてほかの人権機関が少人数の作業グループで本会期外でインフォーマルに行うことが通常であるのにくらべると、全員参加で取り組んだものの、2002年に採択された CEDAW の作業迅速化方策に関する文書[27]を見ると、抜本的改革とはいいがたい面がある。委員の活動の一環である他機関とのやりとりやジェンダー主流化を念頭におきながら、検討を行いたい。

(1) 国内候補選出の過程

現職の政府公務員が委員を務めることについての是非については1でも論議したが、今後 CEDAW の選択議定書が発効したのとともに個人通報を受理し、実際に調査活動を行うことになると委員に対してはよりいっそう厳格な中立性が求められるであろう。この場合、人権機関の委員に指名される際の条件に、中立性を確保できる一定の条件が付される事を各機関が決議する事が望ましいのだが、各国からの代表に政府関係者が指名されている現状では、締約国の国内レベルで対応するべき余地は高い。国際 NGO 組織である IWRAW-AP[28] は女性差別撤廃条約に関して NGO が行う重要な活動の1つに、委員の国内選出過程に対してもっと NGO が政府に働きかける事を呼びかけている[29]。実際コ

スタリカなどでは，政府に候補者リストをNGOが提出してロビイング活動を行っているようである。日本でも日本弁護士連合会[30]や自由人権協会[31]が，意見書や声明という形で，政府に対して選出過程の情報公開や，政府の方針に拘束される恐れのない，独立した見識をもった委員を選出するように要望しているが，このような意見に対する日本政府の回答は不十分である。委員の中立性を確保する前提条件である国内プロセスへの取組みを重視し，委員会によるガイドラインの作成や，国内NGOと共同して候補者選定などに取り組んでいく試みが今後必要である。

（2）事務局

人権高等弁務官事務所（以下，OHCHR）では約30名の専門家がCEDAWを除く5人権機関の74名の委員会活動を支えている[32]。5人の事務局スタッフが委員1人を支える勘定であり，また一箇所に集中しているためその情報伝達・事務処理能力の相乗効果は高い。CEDAWは女性の地位向上部（以下，DAW）の女性の権利局に所属する人員わずか3, 4名で23人の委員による170を超える締約国のレポート審議を支えている。事務局の活動は会議の運営はもちろん，実際の審議内容にも大きな影響をおよぼす。具体的に例をあげると，委員が政府に送付する質問事項リストのドラフト作成や，委員がレポートを検討する際の資料収集，最終コメントのなかの政府発表をまとめた概要ドラフトなど委員の仕事の中身と効率に幅広い影響をおよぼしている[33]。また，ほかの人権機関の情報を委員に伝えると同時に，CEDAWで決まった事項をOHCHRに流す窓口役ともなる事務局は，物理的にジェネーブから隔離されているCEDAWの議事運営や活動内容がほかの人権機関と共同歩調をとれるようにするための重要な役割を担っている。これは同時に，現状の機構的，距離的に隔離された状況が続くなかで，ジュネーブに本拠を置く人権機関に女性の人権を盛り込んでいくジェンダー主流化のために，事務局は委員以上に重要な窓口となっていることも意味する。事務局がOHCHRと密な連絡を取ることが今後もいっそう重要となってくる。これについては，女性の権利局のトップであったジェーン・コ

ナーズ氏が，2003年から人権高等弁務官事務所のシニアー人権オフィサーに就任しニューヨークからジュネーブに動いたことは，今後ジェンダー主流化が進展するための大きな促進力となるであろう。

(3) 技術導入と情報公開

ところで，国連の予算は締約国数の増加に比例した増額は到底望めない。人権機関の活動が拡大するなかで，その動きを制約するのが国連の慢性的財政問題であるが，技術や工夫による改善の余地はある。

まず，新しい情報技術を使うことによって国連の悪名高い複雑なシステムをわかりやすく，多くの人々が国連の活動にアクセスしやすい形に改善するべきである。これについてはOHCHRでもDAWでも1990年代後半以降ウエブサイトの大幅な手直しが行われてきているが，十分とはいえない。

たとえばNGOへの情報公開についても，一般勧告の起草にあたりNGOなどから広く意見を求めることが運営規則の一環として決定されているが，現在進行中の条約4条(a)の暫定的特別措置に関するドラフト案に対する意見の募集も，IWRAW-APなどのウエブサイトで，委員会がNGOのコメントを受け付けていることが書いてあるが，CEDAWのホームページにはまったくこのことについて触れられていない[34]。また，NGOの事前作業部会や本会議への参加を促すのであれば，ウエブサイト上で広く参加手法を知らしめるべきである。CRCがこの点はもっともNGO参加型機関として成功している。ただし，この1年あまりでCEDAWのホームページも目覚ましく改善されている[35]。審議されるレポートのPDFファイルが事前にホームページに公開されるようになったのは，27会期頃からである。また，27会期の段階では，NGOによる事前作業部会への非公式情報提供の機会があることを委員のほとんどが知らなかった。女性差別撤廃条約日本NGOネットワークの代表が，28会期後の事前作業部会に出向いた際には，時間も場所も現地についてから，女性の権利局の担当から聞き出したが，29会期終了後の事前作業部会への参加については，ホームページ上で日時とNGOの参加について，周知されることになった。先に述べ

たが，審議内容のプレスリリースに，委員の名前ものせる形が復活したことは，審議内容をより詳しく知ることができるとともに，委員の活動にNGOが注力していく点でも，委員の意欲を引き出す面でも有効に思われる。今後いっそう改善が進むことが望ましい。

（4）人権条約機関議長間会議

CEDAWはながらくほかの人権機関と正式な連絡機構をもっていなかったが，年1回開催される人権委員会議長間会議に第2回からCEDAW議長も参加し，CEDAWとほか5機関とを結ぶ細いパイプとなってきた。議長間会議はCEDAWにとってはほかの人権機関についての情報をえるとともに，CEDAWの活動と条約をほかの機関に知らしめる，女性の人権の主流化を進める窓口にもなるのである。以下，そのなかでもCEDAWに関係した提案や決議事項についてみていきたい。

1996年に開催された人権条約機関議長間会議においては，人権条約機関の活動をより広く知らしめるために，会期ごとに行われる定期的記者会見にNGOを招くことが検討された[36]。

1997年，1998年にそれぞれ開催された第8，9回会議において，重大な問題に的を絞った定期レポートの作成を行うことが提案された[37]。また第8回会議においては，発言の度に繰り返され貴重な時間を無駄に浪費しているとされた外交辞令的挨拶については，議長に任せることなども議題にあがっている。

第9回会議においては，人権機関間でのジェンダー主流化を進めるための提案として，5人権機関の事務局であるOHCHRとDAWとの密接な連携による情報交換に加え，相互に情報交換の窓口になる担当委員を置いたり，また共同の作業グループを立ちあげて，人権機関ごとに違う一般勧告の内容の統一を図ること，などがあげられている[38]。実際一般勧告の起草のタイミングを合わせることになったCEDAWの条約7，8条とHRCの条約25条や，CEDAWの12条とCESCRの12条などは，提案されているような人権機関間の連携や協力を高めることになった[39]。

議長間会議以外では，CEDAW議長はCSWや人権委員会への出席や，少数者の保護と差別防止に関する人権小委員会などに出席をしている。また1994年以降，CEDAWは各人権機関のコンタクト役となる委員をそれぞれ指名し，本会期中にそれぞれの委員会におけるCEDAWに関連した事項についてのフィードバック報告をさせている。今後ますますこのような形での人的・情報交換が高まれば間接的に条約を知らしめ，ほかの人権に影響を与えることにつながる。

(5) 参加促進型議事運営
(a) 情報公開

1997年までに委員会が策定した一般勧告は，ほかの人権機関のそれとくらべるとプログラム規定的であるとの指摘もあった。しかし，1997年に一般勧告策定方法を他の国連機関やNGOを巻き込んだ3段階の手続きで行うことが決まり，広く委員会外から情報やコメントを受け入れるように変ってきている[40]。ただし，この方法にしても情報の開示に関してはまだまだ改善の余地は大きい。先に述べたように一般勧告第25の策定に関連して，IWRAW-APなどのNGOのページを見ると委員会がNGOの意見を募集中といった情報が掲載されているが，CEDAWのホームページにはその旨記載がない。2002年半ばから，HP担当を採用し，急速にページが充実し，入手できる情報量も増えている。情報の量は，CEDAWの活動の透明性を増すと同時に，NGOなどとの連携による相乗効果を生み出す。今後いっそうの充実を進める必要がある。

(b) 外部資源の活用

委員会の活動はニューヨークの国連ビルのなかだけではなく，テーマ別に資金援助をうける事で通常の業務以外の活動を行う事がある。例をあげると，選択議定書の草案となったマーストリヒトドラフトが起草された会議はNGOや国際人権法グループとの共催であったし，NGOのCEDAW審議時にロビイングのトレーニングを行うIWRAW-APのスポンサーはUNIFEMである。また，2002年の春にスウェーデンのラウル・ワレンベルグ人権人道法研究所で開催さ

れた作業会議では CEDAW の作業迅速化方策に関する文書[41]がまとめられた。

OHCHR の場合，事業別決算書もウエブサイトで見ることができさまざまなスポンサーによるプロジェクトが行われている。プロジェクトに関してはきちんと管理されないと，体系的活動に結びつかないとの批判もあるが，CEDAW が部分的に業務の促進をはかるには，このような共同プロジェクトやスポンサーを DAW を通じて，ホームページ上で公開して募っていく事も一案だと思われる。ルンドのセミナーでは，CEDAW 議長もスウェーデン議会に出席し，スウェーデン政府が CEDAW に提出した政府レポートについての最終コメントについてセミナーがもたれ条約の普及効果も高かったと思われる。今後資金不足を解消し，NGO と CEDAW が協働で条約普及に相乗効果をもたらすような企画の提案を促す情報公開型・参加型運営について検討していくのも一案だと思われる。

（6）会期前の作業部会

委員会がレポート審議を始めたのは1983年からであり，締約国代表が委員の前で報告し，委員が質問した事項に国側代表が後日回答するなど，CEDAW の基本規則はほかの人権機関を見習ったものである。委員会の審議は「建設的対話」といわれるが，ムチより飴と評されることもあり，その拘束力をもたない活動の実効性を疑問視する声も多かったわけだが，実際初期の委員同士の間では，報告の目的や意義について，各国の条約実施状況を評価する必要性について意見はわれていたようである[42]。

そのようななか CEDAW はほかの人権機関にくらべて系統的審議手続き規則の導入に後向きだったといわれるが，1990年代半ばから少しずつほかの人権機関の手法を習った規則づくりが進んでいる。

本審議において効果的質疑応答や質の高い最終コメントが出されることに大きな影響をおよぼすのが，事前に行われる作業部会（Pre-sessional Working Group）である。事前作業部会は当初，当該政府レポートが審議される会期直

前に開催されていたが,政府に対して充分に回答の準備を与えないという批判から,ほかの人権機関の例をもとに,当該レポート審議の1会期前にもたれることになった[43]。事前作業部会は異なる地域出身の委員4名からなり,事前にレポートを審議して,質問事項や問題事項などを検討する[44]。1会期前に事前作業部会がもたれることにより,本審議前に余裕をもって政府が回答できるように質問を送ることができ,審議内容に深みを増すことになるわけだが,重箱の隅をつつくような細かい質問数が増えて重大な問題を見逃してしまうことも恐れたことから,事前作業部会の会合で作成する質問事項数については50以下に抑えることもきめられた[45]。

ところで事前作業部会は定期レポートの審議に限られており,締約国政府と建設的対話と良好な関係を保つために初期レポートの検討ははずされている。しかしほかの人権機関は初期レポートも事前作業部会での検討対象にしていることからも,CEDAWのこの姿勢は少し政府を意識しすぎた対応に思えなくもない。初期レポートの提出が遅れている問題国は,とくに審議締切間際にレポートを提出することも少なくなく,事前作業部会で検討できない場合が多いかもしれないが,とくに初期レポートだからこそ,政府側もレポートの形式的不備をはじめとして,要領がわかっていない政府側の事前準備の手助けにもなる質問状の作成は,事前に検討を行うことが委員と締約国との信頼関係を損なうことになるとは思えず,4年に1度の審議をムダにしないようなあらゆる手段がとられるべきであろう。

さて,事前作業部会の具体的作業方法としては17会期までは各委員が事務局を通じて質問事項を事前作業部会に提出する方法をとっていたが,17会期において,当該国を担当する国別報告者（CR）を含む3名からなるグループごとに審議される国に関する質問事項を責任もって作成する方法に変った。このような責任分担の明確化は時間の限られた委員の仕事を割り振ることで,責任の所在も明確になり審議の向上につながると思われる。（なお,CEDAWは事務局が事前作業部会の前にCRに質問事項のドラフトを提供するように要請しており,HRCなどは,CRが事前作業部会に質問事項を提出する責任を負ってい

る。)

　会期中の作業グループについては，現在 CEDAW の場合は全メンバーが関わり，会期中に会合を行っている。重要な事項（28会期現在は今後の運営手続き，勧告）が決定される場に全員参加で臨むということは全員参加という意味では民主的であるものの，非効率的でもある。他の機関が同様のテーマを小人数のグループで担当して討議を行っているのとは対照的であり，CEDAW はコンセンサス型であるともいえるが，これが議事決定の遅れ，ひいては改革の遅れをもたらしている可能性も否めない。

　ところで国別報告者を務める委員の名前を公にしない機関は HRC と CEDAW である[46]。他の機関は CRC のように必要に応じて担当委員の住所や email アドレスを教えてくれる場合もある。個人の資格で出席している独立した委員であれば，国別報告者が誰かということを伏せる必要については疑問を感じざるをえない[47]。

(7) 情報公開

　また上記の国別報告者の公表にも関連するが，原則公開のルールに成り立つ委員会審議であるが，ILO や UNESCO，WHO などの国連機関が委員会に対して行う報告が常に非公開であることについては疑問を感じざるをえない。実際，上記機関が CEDAW に提出する国連公文書としての報告書には，比較的情報量が多い ILO 以外は地理や人口などの基本情報のみを記載したものが多く，非公開であるこれら機関の口頭報告は公開文書も残らないため NGO などによるアクセスは難しい。NGO は CEDAW と他機関の連携をいっそう高める媒介役ともなる。必要ない場面での報告の公開を求めていくことが望ましい。

　また，事前作業部会で作成される事前の質問事項を国連文書として発表し，ウェブサイトでみることができるようにしている機関が多いなか，CEDAW の場合は事前の入手が難しい[48]。CEDAW の質問事項は審議の行方に大きな影響を与え，NGO のロビイングにも関わってくる事柄であり，質問事項のウェブサイト上での公開についてとくに障害はないと思える。実際，29会期に向けた

日本の第3回レポート審議において，日本のNGOは審議が行われる前に，日本政府から質問票を入手した。これによって，実際の審議が行われる前に，政府とNGOの間で建設的対話をもつ機会もでき，審議の充実に非常に役立ったといえる。

(8) 委員の専門特化

人権機関中，委員の数が最大で，出身分野も多岐に渡るCEDAW委員だが，審議向上に役立つような専門性を生かした方法はとられていない。委員がとくに関心の高い分野を特定し，同じ分野に関心のある委員同士は会期前にお互いに連絡をとることで，分野ごとの主要問題の明確化に貢献することが試みられることになったが，現実にはこの手法は実施されているようにはみえない[49]。委員が幅広い見識をもつことも重要だが，限られた資源と時間のなかで膨大なレポートを審議し，かつ問題の傾向や原因の分析を行うには各委員の専門性を増すことが不可欠である。そして，これを実効するためには，委員の関心分野などを公にし，NGOなどからの情報がスムーズに関心の高い委員に届くようにすることが大切だと思われる。これはCRについてもいえる。委員会によって指名されたCRを発表することは，政府代表などから不当な働きかけがある恐れも否めないが，それよりも責任の明確化に役立ち，最終的には他の委員からのチェック機能もNGOからの効果的働きにつながるなど有益な点のほうが多いだろう。

おわりに

女性差別撤廃委員会を含む6人権機関に求められる役割は，増大する一方である。互いに重複する部分の多い現在の人権機関の活動のなかで，それぞれに提出するレポートの統合や，現在ジュネーブとニューヨークにわかれている人権機関事務局自体の統合の提案などはかなり以前から国連が依頼した機構改革のコンサルタントからも提言されてきているが[50]，実際に抜本的改革案を具体

化する大きな機構改革がなされるかどうかはこれを実行する国連トップの政治決断次第である。

国連事務総長は2003年に予定する行動計画のなかの人権強化活動として，以下の4点をかかげている：

① 国家レベルでの人権機構を強化していく支援を行う。
② 複雑な国連人権機関とその手続き規則が締約国に対する負担になっている問題に関して2003年9月までにUNHCHRが各人権機関とより洗練された報告制度について検討し，提案を行う。
③ 現在40以上ある特別報告者の指名等, special proceduresについて検討を行い，UNHCHRは2003年9月までに改善措置について提案する。
④ 予算不足が活動に深刻な影響を与えており，事態打開のために複数の資金源から活動資金を確保しているが，このやり方は散発的・断片的活動につながっている。2003年3月までにUNHHRはマネジメント能力強化のための計画案を提出する。

もし，今度こそこの調査報告の結果が国連人権機関の一元化などの抜本的改革につながるのであれば，今まで人権機構のなかでは周縁に位置づけられてきたCEDAWにとって大きな意味をもつ。本章では委員会の性格を明らかにするとともに，その行動内容や審議活動を具体的にみてきた。すでに，国連のコンサルタントが提案しているように，CEDAWの機能や処理能力がOHCHRに一元化されれば大きく改善されることは疑いの余地がない。2003年9月の報告次第では人権の一元化に大きく動き出すかもしれない[51]。

その際にやはり重要なのは，ここでみてきた女性差別撤廃委員会の性格を踏まえたうえで，委員会は現在の女性の人権に関する貴重な専門性に加えて，その中立性の強化，情報公開とNGOとの連携行動の強化とともに，国際人権法のエキスパートとしての能力強化をはかることで，女性の人権をしっかり主流に根付かせていけるようにしていくことである。

注

1) Convention on the Elimination of All Forms of Discrimination against Women (CEDAW), International Convention on the Elimination of All Forms of Racial Discrimination (CERD), International Covenant on Civil and Political Rights (ICCPR), International Covenant on Economic, Social, and Cultural Rights (ICESCR), Convention against Torture and Other Cruel, Inhuman or Degrading Treatment or Punishment (CAT), Convention on the Rights of the Child (CRC) の6人権条約に基づく自由権規約委員会，社会権規約委員会，人種差別撤廃委員会，女性差別撤廃委員会，拷問禁止委員会，子どもの権利委員会，以上6機関について，以降括弧内の省略記号を使う。
2) NGOの声の代表は Clapham, Andrew, "UN human rights reporting procedures : An NGO perspective", in Philip Alston ed., *The Future of UN Human Rights Treaty Montoring* (Cambridge University Press, 2000) p.188.
3) なお，CEDAW委員会の審議能力に対する限界や深刻な問題として指摘される締約国による留保問題，条約の開催期間の延長問題（条約20条1項の改正），バックログ問題（これについては2002年の特別会期をもって，一時的に解消されている）などについては，ほかの研究と重なる部分でもあるので，この報告では取りあげない。
4) 阿部浩己他『テキストブック国際人権法』（日本評論社）76–77頁。
5) CEDAW条約17条。現在23人とされる CEDAW の委員定員数は6機関中最大である。
6) A/55/278, para.12.
7) E/CN.4/1997/74, para.84.
8) A/56/38, Annex I, Rule 13(1)-(5).
9) Anne F. Bayefsky, "The UN Human Rights Treaty System : Universality at the Crossroads", April 2001, The Report, p.108, *at* http://www.bayefsky.com/report.php.
10) Elizabeth Evatt, "Finding a Voice for Women's Rights ; The Early Days of CEDAW," *Geo. Wash Int'l L. Rev*., 515(2001), p.522.
11) この間の経緯などについては，*ibid*., p.524.
12) CEDAW/SP/2002/3, CEDAW/SP/2002/3/Add.1.
13) Anne F. Bayefsky, "The UN Human Rights Treaty System : Universality at the Crossroads", April 2001, Annex 2, 85, *at* http://www.bayefsky.com/report.php. （但，筆者が2003年に傍聴した際は，確認できなかった）
14) Evatt, *supra* note 10, p.523. 初代委員のなかでも，政府関係の公務に就きな

がら，高い見識と独立した個人としての姿勢を崩さずに多大な貢献をしたものの名前が紹介されている。
15) A/57/387, para.46.
16) UN Press Releases Committee on Elimination of Discrimination against Women 589th Meeting, *at* http://193.194.138.190/huricane/huricane.nsf/Newsroom? OpenFrameset.
17) 最初の1名も同じスウェーデン出身のJohan Nordenfelt氏であり第1期委員として1982年に選出された。同氏は条約を起草した第3委員会のメンバーでもあった。
18) もっともこのような積極的意義だけでなく，人権でも傍流扱いされてきた女性の人権であるため，男性でなく女性が消極的選択として選ばれたという要素も多少ならず否定できない。
19) Evatt, *supra* note 10, para.9.
20) Commission on Human Rights resolution 2001/76, "Equitable geographical distribution of the membership of the human rights treaty bodies".
21) 第10回締約国間会議において委員を選出する会議が終了したあとで，再選を果たせなかったSaint Kitts & Nevisの委員が，新しい顔ぶれを見てカリブ出身者がいなくなってしまったことを嘆いたことも，地域の事情をよりよくわかっている委員の存在が大きいことを伺わせる（UN Press Release, 29 August 2002, "State Parties to Women's Anti-Discrimination Convention Elect 12 Experts Monitoring Committee."）。
22) Annex I to the CEDAW Report A/56/38 Rule 18, Rule 30.
23) 投票によって選出されたのは，初代議長のみで，以降話し合いによる地域別持ちまわりとなっている。Rules of Procedure of the Committee on the Elimination of Discrimination Against Women R. 12, U.N. GAOR, 56th Sess., Supp. No. 38, Annex 1, at 92, U.N. Doc. A/56/38.
24) 筆者が26会期に傍聴した際に，NGOの事前作業部会への出席について何人かの委員に質問したところ，そのような例はないと即答した委員が数人いた。
25) HRCの設置を規定するICCPR28条は，委員が'recognized competence in the field of human rights'をもつこととしており，締約国が委員を選出する際に'legal experience'をもつものの有意義性を考慮するようにと規定している。
26) 議題としては作業の効率化と条約21条の2つ。
27) CEDAW/C/2002/II/4 Annex I.
28) 国際女性の権利監視協会—アジア太平洋 (International Women' Rights Action

Watch-Asia Pacific.)

29) Influencing the Composition of the Committee on the Elimination of Discrimination against Women (CEDAW), *at* http://www.iwraw-ap.org/NGO&CEDAW-members.html.

30) 日本弁護士連合会。*At* http://www.nichibenren.or.jp/jp/katsudo/sytyou/iken/02/2002_7.html.

31) 社団法人自由人権協会声明書，*at* http://www.jclu.org 参照。

32) A/57/488 para 7, 8.

33) 日本のNGOは29会期の審議に向けてまとめたNGOレポートを，23人の委員分，まとめてDAWに審議の1カ月以上も前に送付したが，会期が開始して，レポートが委員に配布されていないことに気づいたNGOからの指摘があるまで，人手不足の事務局のなかで，配布されずに放置されていた。

34) 2003年1月末現在。

35) 筆者が2002年7月に当時女性の権利局長だったジェーン・コナーズ氏から，「新しくウエブサイトを担当するアシスタントが入った」という情報を聞いた頃から，ホームページで公開される情報の速度と量が大幅に増えた。国連の人材不足を指摘する一面である。

36) Clapham, *supra* note 2, p.191.

37) Bustelo, Mara "The Committee on the Elimination of Discrimination of Women at the cross roads", *in* Philin Alston ed., *ibid.*, p.87. Report of the Eighth Meeting of Persons Chairing the Human Rights Treaty Bodies, A/52/507, para.35; Report of the Ninth Meeting of Persons Chairing the Human Rights Treaty Bodies, A/53/125, paras.30 and 31. (HRC is considering a similar approach : CCPR/C/61/MET.1, paras.18-25.)

38) HRI/MC/1998/6, para.113, 114.

39) HRI/MC/1998/6, para.110.

40) Report of the CEDAW (sixteenth and seventeenth sessions), note17, para.480, p.127.

41) CEDAW/C/2002/4.

42) Evatt, *supra* note 10, p.520.

43) General Assembly, Official Records, Fifty-second Session, Supplement No.38 (A/52/38/Rev.1), Part I, Decision 16(III) (Evatt, *ibid*, p.88).

  最初の会合は1999年1月の第20会期終了後に，第21会期の準備会合として開催された。

44) 日本のNGOとして女性差別撤廃条約NGOネットワークが出席した第29会

期の事前作業部会については，詳しくは本書第Ⅱ部第1章（山下泰子担当）を参照。
45) CEDAWの事前作業部会から日本政府に出された質問票については，at http://www.jaiwr.org/jnnc/を参照。
46) Bayefsky, *supra* note 13, Annex II 39.
47) 第29会期に審議された日本の場合，事前作業部会において，NGOとの対話のなかでアフマド委員は自分が日本の国別報告者であることをいったことからも，国別報告者が誰かということについては秘密ではなくなってきているようだが，積極的に公開はされていない。
48) Bayefsky, *supra* note 13, Annex II 43.
49) Evatt, *supra* note 10, note 17, para.371.
50) A/44/668, paras. 179 and 182, 183.
51) 筆者がこの原稿を書き上げて以降も，国連人権条約機関の機能と効率強化に向けたさまざまな取組みが進められた。2003年秋に来日したCEDAWのショップシリング委員からはデータベースの共通化に向けた取組みや，個人通報制度への対応にあたって，人権条約機関間の連携を強化する動きなどが紹介された。当面CEDAWのジュネーブ移転の可能性は薄いようだが，情報システムや機関間の会合の強化，審議手続き等の共通枠組み作りの動きがCEDAWの機能強化につながることは間違いないだろう。それと同時に，2003年には市民社会と国連の連携強化に向けたパネルが立ち上げられ，国連改革への提言をまとめるため活動している。ジェンダーメインストリーミングの要である女性差別撤廃委員会が今後，市民社会とのつながり，他人権条約との連携の中でさらに進展することを見守りたい。

（渡辺　美穂）

第Ⅲ部　女性差別撤廃条約選択議定書の分析

第1章 制定過程の研究

はじめに

　1999年10月6日，国連総会は女性差別撤廃条約の国内適用を強化するため，女性差別撤廃条約選択議定書をコンセンサスで採択した[1]。選択議定書案は，経済社会理事会の機能委員会である「女性の地位委員会」(CSW) の作業部会が第40会期 (1996年) から第43会期 (1999年) の4年間をかけて討議し，第43会期末に採択したものである。2004年2月3日現在で選択議定書の署名国は75カ国にのぼり，批准国は60カ国となった[2]。

　選択議定書は，締約国の管轄下にある個人等が人権侵害された旨を女性差別撤廃委員会 (CEDAW) に申し立てる個人通報制度と，委員会が一定の条件の下に締約国における人権状況を調査する制度の双方を有している。前者は選択議定書の全締約国に適用されるが，後者は締約国が委員会の権限を認めない旨を宣言しないかぎり適用される，選択的適用除外すなわち「オプト・アウト条項」(opt-out clause) を採用している。

　国連の採択した人権条約に基づく既存の個人通報制度には，自由権規約第1選択議定書、人種差別撤廃条約14条，拷問禁止条約22条，および1990年12月18日に国連総会で採択され，2003年7月1日に効力発生した「すべての移住労働者およびその家族の権利の保護に関する国際条約」77条 (以下「移住労働者条約」と略す) がある。ただし，人種差別撤廃条約，拷問禁止条約、および移住労働者条約の個人通報制度は選択的適用すなわち「オプト・イン条項」(opt-in clause) のため，条約の批准にくわえて，委員会が通報を受理し審議する権限を有することを締約国が認める旨の宣言を行わなければ，条約内に規定された

個人通報制度は当該締約国に対して適用されない。委員会による調査制度は拷問禁止条約20条にはじめて導入されたものだが，同条約では調査制度にオプト・アウト条項を採っているため，締約国は条約同28条の規定に基づき，条約の署名・批准・加入の際，条約の国内適用を監視する拷問禁止委員会の権限を認めない旨を宣言できる。

　個人通報制度と委員会による調査制度の2つを包含する女性差別撤廃条約選択議定書は，国連の人権保障システムの発展を反映する一方，女性の人権に関する選択議定書を早期に完成させ，コンセンサスで採択するという目標のために，各国が意見の相違を残したまま政治的に妥協した点も多かった。選択議定書案を制定したCSW作業部会は，非公式ベースで開催されたため会議の様子を記したサマリーレコードは作成されず，代わりに作業部会の報告と議長サマリーがCSWの活動報告書に収録されているのみである。さらに，選択議定書案が完成したCSW第43会期（1999年）には議長サマリーすら作成されず，討議の様子を伺い知る唯一の国連側の記録は，作業部会報告における「一般的見解の交換」（U.N. Doc E/1999/27, Appendix II）のみである。そこで，本章でははじめに選択議定書制定の経緯[3]を概観したうえで，とくに国連側の記録がほとんどないCSW第43会期における争点と各国が合意に至った議論の経緯を，主に筆者の傍聴記録を基に検討する[4]。

1　女性差別撤廃条約選択議定書制定までの動き

　国際女性年（International Women's Year）にあたる1975年6月，メキシコの首都メキシコシティでメキシコ世界女性会議が開かれた。そして，会議の成果文書として，女性の権利を包括的に保障する人権条約の制定を求めた「メキシコ宣言」および「メキシコ世界行動計画」が採択された。女性の人権に対する認識が国際的に高まった国際女性年の2年前，CSW作業部会で女性差別撤廃条約の制定が開始されていた。その過程で，条約の実施措置が締約国の報告審査（18条）だけでは不十分であるとの認識に基づき，個人通報制度の導入が提

案されたが，同制度はアパルトヘイトや人種差別のような「重大な国際犯罪」のために必要とされるもので，女性差別のような分野で「法廷」として行動する機関を設置するのは不適当であるとの反対がなされたため，最終的に報告制度のみとなった[5]。女性差別撤廃条約最終案は国連総会で1979年12月8日に賛成130,反対0,棄権10で決議34／180として採択され，1981年9月3日に効力発生した。

しかし，女性の人権保障には条約に基づいた個人通報制度が必要であるという認識が徐々にCSW内で生まれていった。元来CSWは，1947年の経済社会理事会決議76(V)および1950年の同決議304(XI)に基づき，女性の地位に関する通報を非公開の会合で毎回検討してきた。1974年になると，通報制度を1503手続に統合するというソ連案が可決されて，通報の検討が中断していた[6]。だが，1983年に経済社会理事会が，CSW内に通報を検討し報告を作成する作業部会を設置する決議を採択し[7]，1984年から通報の検討が再開された。1986年に経済社会理事会は，CSWが通報を検討するなかで必要であれば理事会に勧告するよう求めた[8]。1990年に理事会は，ケニアの首都ナイロビで開かれたナイロビ世界女性会議（1985年）で採択された成果文書「ナイロビ将来戦略」の国内適用を監視するうえで，CSWの通報制度が中心的な役割を果たしていると認識する一方，女性の地位に関する既存の個人通報制度を検討した報告を提出するよう国連事務総長に要請した[9]。この決議に基づき，CSW第35会期（1991年）に提出された事務総長報告では，CSW，自由権規約第1選択議定書，人種差別撤廃条約，拷問禁止条約，国連教育科学文化機関（UNESCO），国際労働機関（ILO）の各個人通報制度，いわゆる1503手続，および特別報告者制度の手続とその有効性が検討された。また，CSWに送付される通報の傾向として「拘禁中の女性に対する暴力」が存在し，CSW通報制度の本来の機能には含まれないものの，通報に関する調査と人権侵害の是正の必要性が指摘された[10]。

一方，「女性に対する暴力」の問題を通じて，女性の権利に関する選択議定書の必要性が経済社会理事会およびCEDAWで提起された。1988年に経済社会

理事会は，家族内および社会に存在する女性に対する暴力を根絶するための努力の統合を継続するよう要請する決議を採択した[11]。翌年，CEDAW は女性差別撤廃条約の締約国に対し，暴力根絶の手段を条約18条に基づく報告に含めるよう勧告した[12]。1991年に理事会は，女性に対する暴力に関する専門家会議を同年または1992年に開催する旨を決議した[13]。1991年11月11日から15日の5日間，国連事務総長がすべての地域から任命し，個人の資格によってウィーンに参集した14人の専門家は，「女性に対する暴力」に取り組む手段として，宣言の起草，特別報告者の任命，CSW 通報制度の強化をあげ，これが不十分な場合は，条約に付随した1ないし複数の選択議定書の制定を検討すべきであると提言した[14]。だが，この提言に対し，CEDAW は第11会期（1992年）に採択した「一般的勧告19」のなかで，個人通報は「女性に対する暴力」など一部の人権侵害でなく，条約全体を対象にした制度を創設するよう提案した[15]。また，第12会期（1993年）では条約21条に基づき，「提案4」として複数の選択議定書を起草する可能性について研究する必要があると主張した[16]。

　経済社会理事会，CSW，CEDAW で別個に提起された個人通報制度および女性差別撤廃条約に付随した選択議定書の必要性は，1993年6月にウィーンで開催された世界人権会議で，ようやく1つに統合された。会議で採択された「ウィーン宣言および行動計画」は，CEDAW に付随した選択議定書の準備を通じて，請願権の導入の可能性を速やかに検討するよう，CSW および CEDAW に要請した[17]。この勧告を受けて，1994年に開催された CEDAW 第13会期は「提案5」のなかで，5−10人の独立した専門家の会合を年内に開催し，そこで CEDAW に付随した個人通報に関する選択議定書を準備させるため，CSW が国連事務総長に要請する旨を提案した[18]。

　1994年9月29日から10月1日まで，オランダ政府，オーストリア政府，およびヨーロッパ人権基金が資金を提供し，オランダのマーストリヒトでマーストリヒト人権センター（Maastricht Centre for Human Rights at the University of Limburg）と NGO「国際人権法グループ」のプロジェクトチーム（Women in the Law Project, International Human Rights Law Group）が「女性差別撤廃条約

選択議定書の採択に関する専門家グループ会議」を共催した。会議は24カ条からなる独自の選択議定書案（以下「マーストリヒト草案」と略す）を採択した[19]。同草案の1条から10条には個人通報制度が，11条から13条には「深刻または組織的な人権侵害」を対象にした委員会の調査制度が取り入れられた。

　CEDAW第14会期の会合は1995年1－2月に開催され，ニュージーランド出身のCEDAW委員で，マーストリヒトの会議に参加したカートライト（Silvia R. Cartwright）が，マーストリヒト草案の論点や自身が提起した論点をまとめた文書（U.N. Doc. CEDAW/C/1995/WG.1/WP.1）を提出した。CEDAWがカートライトの叩き台をマーストリヒト草案とともに検討した結果，草案の論点の大半を取り入れ，個人通報と委員会の調査制度からなる選択議定書の諸要素（elements）を「提案7」として発表した[20]。この提案は概ねマーストリヒト草案に倣っており，選択議定書案は個人通報および委員会による調査の2つの手続を含むべきであると明記していた[21]。委員会の報告を受けた国連総会は同年2月に，CSWおよびCEDAWが「（女性差別撤廃）条約に付随した選択議定書の準備を通じて，請願の権利を導入する可能性を速やかに検討する」よう要請した[22]。

　総会決議を受け，1995年7月に経済社会理事会は，各国政府，政府間機構，およびNGOから選択議定書に関する意見書を国連事務総長が招請し，それらをまとめてCSWへ提出するよう要請した[23]。そして，CSWの会期中に開催される，すべての国連加盟国に開かれた「自由参加の作業部会」（Open-ended working group）の設置を決定した[24]。経済社会理事会の決議を受けて，事務総長は選択議定書に関する各国の意見を求める8月15日付書簡を国連加盟国へ宛てて送付した[25]。

　1995年9月4日から15日まで開かれた北京世界女性会議は，女性の人権を向上させる戦略的目標の一環として，女性差別撤廃条約に付随した選択議定書案の制定を支持する項目を含む「北京宣言」および「北京行動綱領」を採択した[26]。このように，1995年夏から初秋にかけて国連の諸機関では選択議定書の是非を巡る議論が終了し，選択議定書の制定が最終的に決定された。

2 女性の地位委員会作業部会における選択議定書の制定過程

(1) CSW 第40会期—各国からの意見聴取と一般的討議

CSW 第40会期(1996年)は3月11日から22日にかけて開催された。作業部会議長には12日にノルウェー代表が選出されたが「予期せぬ事情」により辞任し，14日にはオーストリアの外交官でニューヨークの国連代表部に勤務していたヴェアゲッター氏(Aloisia Wörgetter)が新たに選出された[27]。作業部会は，国連事務総長が政府や国際機関，NGO から寄せられた選択議定書案に対する意見をまとめた報告(U.N. Doc. E/CN.6/1996/10 and Corr.1 and Add.1 and 2)と CEDAW の「提案7」に基づき，各国政府が選択議定書案に対する意見を全体および要素ごとに表明する形式を採った[28]。

討議では，選択議定書を制定すれば女性差別撤廃条約の実効性を高め，個人通報制度を有する既存の人権条約のメカニズムと同等になると主張された[29]。また，選択議定書の準備は世界人権会議および北京世界女性会議のフォローアップに主要な要素であると指摘された[30]。一方，新しい選択議定書案と既存の個人通報制度の重複を避ける必要性や，選択議定書案の採択に伴う財政的影響も指摘された[31]。

通報事由も討議の大きな焦点となった。その背景には，条約が事実上の女性差別撤廃実現を目指して，女性に関する市民的・政治的権利の保障のみならず，経済的・社会的権利の確保，公的機関による女性差別撤廃の確保(2条(d))，私人による差別撤廃のため適当な措置(2条(e))を締約国に求めていることがあげられる。フロアでは，条約の全規定を通報事由か否かに分類することの危険性や，通報事由の判断を委員会のみに託すことの是非が議論された[32]。また，通報資格として要素7に「個人，集団，または組織」(an individual, group or organization)が列記されているが，「集団」と「組織」の違い，「組織」が非政府組織を意味するか，「その問題に十分な利益を持った個人または集団」による代理申立ての範囲が曖昧，などの指摘が出された[33]。

会期終了間近の21日に，議長は選択議定書案に関する決議案（U.N. Doc. E/CN.6/1996/L.11）を提出した。これには，①国連事務総長が政府，政府間機構，NGO に対し，「提案7」を鑑みたうえでさらに意見を提出するよう招請すること，②事務総長が CSW に対し，上記の意見を含む包括的な報告書を次回に提出すること，③事務総長が CSW に対し，人権条約および国連憲章の下にある既存の個人通報および調査制度の比較要旨を次回に提出すること，④経済社会理事会が女性差別撤廃条約の選択議定書案を検討する作業部会の任務を更新する決定を採択するよう勧告することが含まれており，会期最終日の22日にCSW 決議40／8として採択された[34]。「作業部会任務の更新」は，7月22日に経済社会理事会決定1996／240として採択された[35]。

（2）CSW 第41会期——議長案に基づく討議の開始

CSW 第41会期は3月10日から21日の約2週間にわたって開催された。冒頭には，前年の討議結果を踏まえた非公式の選択議定書議長案（U.N. Doc. E/CN.6/1997/WG/L.1）が提出された[36]。このほか，政府等からの追加意見をまとめた事務総長報告（U.N. Doc. E/CN.6/1997/5），および既存の個人通報制度を比較した事務総長報告（U.N. Doc. E/CN.6/1997/4）が提出された。そして，経済社会理事会決定1996／240に基づき，CEDAW のカートライトが参考人として作業部会に出席し，必要に応じて条文に関する論点を説明した。

作業部会の討議で焦点となった議長案の条文は，通報の資格と事由（2条），通報の許容性（4条），締約国による暫定措置の要請（5条），委員会から締約国への照会（6条），通報の審議（7条），締約国による救済措置（8条），委員会による提案や勧告（9条），委員会による調査（10条），および締約国の対応（11条）であった。なかでも，2条と4条に最も議論が集中し，政府代表から多数の代替案が提出された。議長案2条は「提案7」と同様に、通報資格として「個人」（individuals），「個人の集団」（groups of individuals），および「組織」（organizations）を含んでいた。また前年と同様に，通報事由を条約中の権利の侵害とするか，義務懈怠を含むか否かで作業部会は対立した[37]。

第三者による代理申立てを広げたい国がある一方,選択議定書の目的が個人の救済である以上資格を広げるべきではなく,調査制度を利用すべきとの意見も出された[38]。通報の許容性では,ほかの国際審査手続より厳しくすると女性差別になることが指摘された[39]が,時間的範囲や重複の禁止などが修正案として提出された[40]。

20日に作業部会は第3回の公式会合を開き,作業部会の報告書案(U.N. Doc. E/CN.6/1997/WG/L.2),および前年の討議結果を含んだ改定選択議定書案(U.N. Doc. E/CN.6/1997/WG/L.3 and Add.1)を採択した。また,会期中の討議内容をまとめた議長サマリー(U.N. Doc. E/CN.6/1997/WG/L.4)をCSWの報告書に含める決定をした[41]。そして,1998年および1999年のCSW会期中に作業部会の活動を継続するCSW決議41／3が3月21日に,経済社会理事会決定1997／227が同年7月21日にそれぞれ採択された。

(3) CSW 第42会期——通報資格と許容性に関する議論の紛糾

CSW第42会期は3月2日から13日まで開催された。1998年は世界人権会議開催5周年かつ世界人権宣言採択50周年にあたった。また,会期優先テーマが「女性に対する暴力」,「武力紛争状況下の女性」,「女児」,および「女性の人権」であったため,個人通報制度をもつ選択議定書案の完成に期待が高まった。作業部会議長は引き続きヴェアゲッターが務め,経済社会理事会決定1997／227に基づき,カートライトCEDAW委員も参考人として出席した。作業部会には前年のCSW決議41／3に基づき,女性差別撤廃条約選択議定書案と自由権規約第1選択議定書,人種差別撤廃条約,拷問禁止条約,移住労働者条約の各々の個人通報制度,および拷問禁止条約の調査制度を比較した国連事務総長報告(U.N. Doc. E/CN.6/1998/7)と,CEDAW第18会期の成果をまとめた事務総長報告(U.N. Doc. E/CN.6/1998/CRP.1)が提出された。

作業部会は通報資格と事由(議定書案2条)から取り組んだが,複数ある2条案には通報資格が個人(an individual / individuals),[個人の]集団(groups [of individuals]),集団(organizations),そして代理申立てを可能にする「~

のために」(on behalf of) が文字通り入り乱れていた[42]。会議では，先進国の人権NGOが無関係の被害者のために通報を提出することを懸念し，厳格な通報資格を定めようとしたアルジェリア，中国，キューバ，エジプトと，強力な個人通報制度を創設するため代理申立ての範囲を積極的に広げたい西欧諸国およびフィリピンやガーナなど一部アジア・アフリカ諸国が対立していた。自由権規約第1選択議定書，人種差別撤廃条約，拷問禁止条約の各委員会の手続規則では，被害者が指定した代理人からの通報は本人からの通報として受理し，被害者自身が通報を提出できない，あるいは代理人を指定できない場合，通報の著者が被害者のために行動することを正当化するよう求める慣行が確立している旨が，国連人権高等弁務官事務所の代表から説明された[43]。だが，通報事由を本体の条約中の権利侵害にするか，あるいは規定違反や不作為を含むかについても，相変わらず各国の意見が対立していた[44]ため，2条は合意されなかった。会期末の議定書案2条からは「組織」が削除され，そのほかの語句はすべて未決定の選択肢として残された。

議長は会期第1週の途中から通報の許容性（4条），通報の審議の基となる情報（7条），委員会による調査（10，11条）を討議し始めたが，2条で合意がないまま議論を進めたため，いずれも確定できなかった。もっとも，通報の許容性については前年に提出された多数の案を整理し，未決定の選択肢に残しつつも，1項に国内的救済完了の原則（不当な遅延および効果のない救済を除く）を，2項にほかの国際審査との重複の回避，条約の規定との両立性，通報提出の権利濫用の禁止，時間的範囲の基準を含むことで合意した[45]。通報の審議の基となる情報には，「文書にされた情報」と「記録された情報」の双方が併記された[46]。委員会による調査は，調査の対象が「深刻［かつ］［または］系統的な（人権）侵害」(serious [and][or] systematic violation) となっていたが，個別の人権侵害のケースは個人通報で取り上げられるので，「かつ」を選択すべきという意見もあり[47]，選択肢はそのまま残された。委員会による調査制度は一部の国に抵抗感が大きかったので，議長はオプト・アウト条項を導入することで反対国の妥協を引き出そうとしたが，オプト・イン条項も選択肢に

含めるべきとの意見があり，最終的に両案が併記された[48]。

　留保（20条）は当初大きな争点になると予想されていたため，作業部会議長は第1週の最終日にこの問題を取り上げた。はじめに女性差別撤廃条約は国連の人権条約のなかでも留保が多いこと，そして，留保の形態にはオプト・イン，オプト・アウトなどさまざまな形式があることを，参考人のカートライトが説明した[49]。議長は週末を利用して各国代表がこの問題を話し合うことを期待していたが，実現しなかった。翌週の作業部会では，留保が条約法条約に認められた原則であると主張する国と，選択議定書の機能を保障するために留保を明示的かつ全面的に禁止するよう主張する国とが鋭く対立した。そこで、議長が委員会の調査制度にオプト・アウト条項を導入したが，ほかの条文にも多くの未確定の選択肢が残されていたため，議定書案の討議は進まなかった[50]。さらに，会期最終日には米国とエジプトの代表団長がそれぞれ，留保が認められなければ選択議定書を批准できないと発言した。議長は夕方から政府代表たちを会議場横の小部屋に集め，妥協点を探るべく5時間近くも話し合ったが，最終的に失敗に終わった。

（4）CSW 第43会期——通報資格と許容性に関する交渉と妥協

　CSW 第43会期[51]は3月1日から12日だったが，討議可能なのは実質的に3月1日から10日までの計8日間であった。1999年12月に女性差別撤廃条約採択20周年の記念行事が予定されており，議長がオーストリア外交官として国連代表部に勤務する任期が年内に終了するという個人的な理由もあり，議定書案の完成が急がれていた。

　会期冒頭，CSW 作業部会は代理申立てが既存の個人通報制度の慣行と委員会規則に倣うことで基本的に合意したものの，選択議定書本文，宣言，議長声明，委員会手続規則のいずれにするかで合意できなかった。また，各国の代理申立ての修正案が微妙に異なり，文言を巡って対立を続けていた。袋小路に入った事態を打開するため，議長は3日目から午前中に NGO が傍聴できる公開の非公式会合を開き，午後は非公開の非公式会合として，政府代表が NGO に

気兼ねなく発言できる環境を整えた。また，ルーマニア代表のサンドルー（Victoria Sandru）に「調整役」（facilitator）を依頼して，3日午後の会合から議事進行を担当させた。

第1週の議論はほとんど通報資格に関する2条に費やされた。調整役が4日に示した2条案は，「個人または［個人の］集団」が通報資格で，第三者が通報を提出する場合は被害者の同意をえるか，同意なしに行動することを正当化するよう求めていた。だが，この案の各箇所を修正する案をシリア，パキスタン，ポーランド，マラウィ，英国代表がそれぞれ提出し，5日にはインドが同じ趣旨の修正案を提出した。フロアからこれ以上新たな修正案の提出を認めるべきではないという意見が出されたが，議論が収束する気配は一向になかった。

会期第2週に入り，議定書最終案を6つの国連公用語に翻訳する期限が迫ってきたため，議長は定例の朝10時から午後1時，午後3時から6時の会合にくわえて，3月8日には午後8時から11時まで，9日には午後7時から10時まで夜間会合を開き，8日午後から9日夜まで計5回の会合をすべて非公開にした。作業部会は2条の代理申立てを巡って相変わらず対立を続けていたが，9日夜に①通報提出者を「個人」（individuals）および「個人の集団」（groups of individuals）に限定する，②被害者本人が通報できない場合を想定して，本人以外の提出を可能にするべく「～のために」（on behalf of）という文言を残す，③第三者が通報を提出する場合は本人の同意をえるか，本人が拘束中などで同意をえられない場合は，同意なしに提出する正当性を証明するという妥協案が出され，各国はこれに合意した。また，通報事由は権利の侵害に限定することが合意された。

2条の合意により，そのほかの争点も一気に解決された。委員会による調査の対象（議定書案10条）は「深刻な［かつ］［または］系統的な（人権）侵害」（serious [and][or] systematic violation）と提案されていたのを，「深刻な」を「重大な」（grave）に差し替えて通報できる人権侵害の度合いを狭める一方，「かつ」ではなく「または」を選択することで調査の対象を広げた[52]。委員会

の調査制度（議定書案11条 bis，最終案8条）はオプト・イン条項とオプト・アウト条項が併記されていたが，原則加入を意味する後者が採用された。効力発生に必要な批准国数（議定書案18条，最終案15条）は，5,10,20カ国という3つの選択肢の中間をとって10カ国にされた。留保（議定書案20条，最終案17条）については，選択議定書が締約国が批准を「選択」できるものであるという意見が出され，また，調査制度がオプト・アウト条項になったため，すべての留保が禁止された。

通報の審議の基となる情報（7条）は，翌10日の公式会合で正式に合意が成立した。作業部会では，発展途上国の女性の識字率が低いことを考慮して「文書にされた情報」(written information) に限定しないよう，発展途上国の政府代表が度々主張してきた。くわえて，科学技術が急速に進歩・発展する時代に，「文書」あるいはそれ以外の形式に制限することが無意味になるおそれがあると述べた英国の意見が通り，1998年末の案の「すべての［文書にされた］［あるいは記録された］情報」(all [written][or recorded] information) という文言から，「すべての情報」(all information) に変更された。

10日朝には，6つの国連公用語を母国語とする政府代表が集まって起草委員会を開催し，細かい調整作業を行った。そして，午前中の第2回公式会合で議長が議定書案の読みあげを行った。このとき，一部のアフリカ諸国の代表が通報提出の要件が厳格になったことに抗議する声明を読み始め，議事が一時停止するというハプニングがあったが，議長や主要国が説得して，約1時間後に事態は収拾された。読みあげは午後1時過ぎまでに終了し，午後の会合では付帯決議の文言が検討および修正された。翌11日の午前中に作業部会第2回公式会合が開催され，議定書最終案（U.N. Doc. E/CN.6/1999/WG/L.2）と付帯決議案（U.N. Doc. E/CN.6/1999/WG/L.3）がコンセンサスで採択された[53]。

しかし，選択議定書案の採択が政治的な妥協によるところが大きかったのは，議定書最終案の採択後に表明された各国の解釈声明からも明らかである。通報事由には条約中の権利の侵害にくわえて，義務の懈怠や締約国の不作為も含むべきという意見は全日程を通じて根強く[54]，ヨーロッパ諸国からは締約国

の義務も権利に含めるべきとの解釈声明が出された[55]。代理申立てについては,厳格に解して例外的に認めるべきと表明した国[56]がある一方,被害者本人に挙証責任が負わされたことへの批判[57]や,既存の人権条約の委員会手続規則にしたがって理解すべきという主張[58]が出された。委員会の調査対象となる「重大または系統的な人権侵害」については,個別の事例は調査対象に含まれないとする声明が複数表明された[59]一方,「委員会の機能を妨げることなく広く解釈す」べきとの主張もあった[60]。選択議定書におけるすべての留保が禁止になったことへの不満は大きく,確立された慣行に反することへの懸念[61],留保の禁止が選択議定書の機能に与える影響への懸念[62],選択議定書における留保の禁止を先例としないとする宣言[63]が表明された。2000年の効力発生を目指して選択議定書案をコンセンサスで採択するという目標の下,解釈声明に封じ込められた意見の相違は,これらの国々が選択議定書の締約国として通報や調査の対象となったとき,通報資格,通報の許容性や調査要件を巡る対立として再びあらわれる可能性があるだろう[64]。

おわりに

最後に,選択議定書案がCSW作業部会で採択された以降の経緯について触れたい。CSW第43会期末の1999年3月12日,作業部会議長はCSW本会議に作業部会報告案（U.N. Doc. E/CN.6/1999/L.1 and Add.1),選択議定書最終案,および「女性差別撤廃条約選択議定書」と題する決議案を上程し,作業部会報告案を一部口頭で訂正した[65]。決議案は経済社会理事会から国連総会に宛てたもので,選択議定書案本文のほかに,国連総会が議定書を採択すること,各国が議定書を署名・批准・加入するよう促すこと,国連事務総長が議定書発効以降に,女性差別撤廃条約と選択議定書の双方の国内適用を監視することになるCEDAWが効果的に機能するため,必要なスタッフと設備を提供することを要請した[66]。同日,CSWは一連の文書をコンセンサスで採択した。

選択議定書と付帯決議は,7月28日に経済社会理事会決議1999／13として,

10月6日に国連総会決議54／4として，それぞれコンセンサスで採択された。12月10日の署名式に臨んだ国は23カ国にのぼり，2000年5月までに14カ国が新たに署名した。そして，5月26日にはナミビアとセネガルが，5月31日にデンマークが批准した。

2000年6月5日から9日の5日間，ニューヨークの国連本部で開催された国連女性2000年会議では，「北京宣言」および「北京行動綱領」を完全かついっそう適用させるため，選択議定書の署名および批准を検討するよう各国政府に促す項目を含んだ決議案が採択された[67]。特別総会中に5カ国が選択議定書に署名し，6月9日にフランスが批准を，15日にタイが署名と批准を同時に行った。同年9月に入って19カ国が署名し，オーストリア，バングラディシュ，アイルランド，ニュージーランド，イタリアが順次批准したため，選択議定書16条1項に基づき，10番目の批准国イタリアの批准書が寄託された3カ月後の2000年12月22日に選択議定書が効力発生した。なお，委員会による調査制度をオプト・アウトした締約国は，実質的にバングラディシュとキューバの2カ国である[68]。

注

1) U.N. Doc. A/RES/54/4, 15 October 1999.
2) *At* http://www.un.org/womenwatch/daw/cedaw/sigop.htm (as of 10 February 2004). 本書第Ⅲ部第5章（山下由紀子担当）も参照のこと。
3) 選択議定書制定の経緯は，Andrew Byrnes and Jane Connors, "Enforcing the Human Rights of Women: A Comlaints Procedure for the Women's Convention?", *Brooklyn Journal of International Law*, Vol.21, No.3 (1996), pp.685-698, Amnesty International, "The Optional Protocol to the Women's Convention: Enabling Women to Claim Their Rights at the International Level," December 1997, IOR 51/04/97, pp.1-7, Silvia Cartwright, "Rights and Remedies: The Declaration of an Optional Protocol to the Convention on the Elimination of All Forms of Discrimination against Women," *Otago Law Review*, Vol.9, No.2 (1998), pp.241-247, 山下泰子『女性差別撤廃条約の研究』（尚学社，1996年）296-306頁を参照。
4) 筆者はCSW第42-43会期作業部会をNGO「国際女性の地位協会」の派遣で

傍聴した。詳細は，拙稿「女性差別撤廃条約選択議定書案の研究：国連女性の地位委員会第42会期および第43会期の議論を中心に」『桃山学院大学社会学論集』33巻1号（1999年）を参照。
5）ベルギー代表は，条約の効力が発生し次第，アドホックな作業部会創設の可能性を検討する第21条 bis 案を提出した（U.N. Doc. E/CN.6/SR.673, 16 December 1976, paras.93-94）。また，オランダ代表は国家通報制度と個人通報制度の導入，および国内外の非政府組織が報告を提出する権利を付与するよう主張した（U.N. Doc. A/32/218, 21 September 1977, para.151）。これらの案が採択されなかった理由として，女性の人権侵害がそのほかの人権侵害ほど深刻視されず，既存の個人通報制度の慣行も十分蓄積されていなかったことがあげられる（西立野園子「女子差別撤廃条約選択議定書：個人通報手続と調査手続の導入」『ジュリスト』No. 1176（2000年4月15日）74頁。
6）この間の経緯は，Margaret E. Galey, "International Enforcement of Women's Rights," *Human Rights Quarterly*, Vol.6, No.4 (1984), pp.465-471を参照。
7）U.N. Doc. Economic and Social Council (hereinafter "Ecosoc") Resolution 1983/27, 26 May 1983. この決議は，「女性に対する系統的な不公正および差別的な行動のパターンに関する信頼できる証拠を有する通報を受理したCSW」は，経済社会理事会がとるべき行動を同理事会に勧告できるとした。ただし，この通報は個々の女性の人権侵害の救済を目的とするものではなかった。西立野，前掲論文，（注5），79頁，（注2）。
8）U.N. Doc. Ecosoc Resolution 1986/29, 23 May 1986, para.5.
9）U.N. Doc. Ecosoc Resolution 1990/8, 24 May 1990, paras.6-7.
10）U.N. Doc. E/CN.6/1991/10, 9 November 1990, paras.22, 27.
11）U.N. Doc. Ecosoc Resolution 1988/27, 26 May 1988.
12）U.N. Doc. Committee on the Elimination of Discrimination against Women (hereinafter "CEDAW"), General Recommendation No.12 (1989). (hereinafter "CEDAW")
13）U.N. Doc. Ecosoc Resolution 1991/18, 30 May 1991, para.6.
14）U.N. Doc. E/CN.6/1992/4, 6 December 1992, para.2, Annex, paras.15-25. 会議は選択議定書が女性に対する暴力の撤廃に効果がない場合は別個に条約を起草する可能性も検討した（*ibid*., para.26）。会議が起草した「女性に対する暴力宣言」（*ibid*., Appendix, pp.11-14）を基に，国連総会は1993年12月20日に「女性に対する暴力の撤廃に関する宣言」（決議48／104）を採択した。
15）U.N. Doc. A/47/38, 1 Feburary 1992, paras. 455(a)-(b). 同年の一般的勧告19「女性に対する暴力」では，性に基づく暴力も条約1条の「女性に対する差

別」に含まれるとされた。CEDAW, General Recommendation No.19 (1992), paras. 6-7.
16) U.N. Doc. A/48/38, 25 February 1993, Suggestion 4, "World Conference on Human Rights (1993)," para.6(a).
17) The Vienna Declaration and the Program of Action, U.N. Doc. A/CONF.157/24 (1993), Part I, "Report of the World Conference on Human Rights," Chapter III, Section II, para.40.
18) U.N. Doc. A/49/38, 12 April 1994, Suggestion 5, "Feasibility of preparing an optional protocol to the Convention."
19) マーストリヒト草案は, *Brooklyn Journal of International Law*, Vol.21, No.3 (1996), pp.784-797に採録。この年, CSWは何ら行動を起こさなかったが, マーストリヒトの会議にはCEDAW委員3名, 自由権規約とその選択議定書の監視機関である人権委員会委員, 人種差別撤廃条約委員も出席していた。山下, 前掲書, (注3), 300頁。
20) U.N. Doc. A/50/38, 31 May 1995, Suggestion 7, "Elements for an optional protocol to the Convention on the Elimination of All Forms of Discrimination against Women," pp.8-11.「提案7」では, 選択議定書に国家通報制度を含めない一方, すべての留保を禁止すると明記されていた (*ibid*., para.28.)。カートライトによると, CEDAW内に設置された作業部会で, 選択議定書制定に向けた提案が審議され, 委員会はマーストリヒト草案をそっくり採択することの危険性を認識し, 国連加盟国は議定書制定に一義的な影響を及ぼそうとすると想定していた。「提案7」に中国, エチオピア, インドネシア, および日本の委員は消極的だったが, 最終的にインドネシアのみが反対を議事録に記載した。Cartwright, *supra* note 3, p.243.
21) Suggestion 7, para.6.
22) U.N. Doc. A/RES/49/164, 24 February 1995, the 9th paragraph.
23) U.N. Doc. Ecosoc Resolution 1995/29, 24 July 1995, paras.5-6.
24) *Ibid*., para.7.
25) 国連事務総長報告書は, U.N. Doc. E/CN.6/1996/10, 10 January 1996, Section III, "Views and comments expressed by governments and other entities" である。意見を提出したのはオーストラリア, オーストリア, リヒテンシュタイン, オランダ, ドイツ, フィンランド, ニュージーランド, トルコ, メキシコ, ペルー, コロンビア, エクアドル, ノルウェー, ウクライナの計14カ国と19のNGOであった (*ibid*., paras.15-16)。
26) "The Beijing Declaration and Platform for Action," U.N. Doc. A/CONF.177/20,

para.230 (k).
27) U.N. Doc. E/1996/26, Annex III, para.2.
28) *Ibid*., para.3.
29) *Ibid*., para.12.
30) *Ibid*., para.13.
31) *Ibid*., paras.14, 19.
32) *Ibid*., paras.23-25, 104-111.
33) *Ibid*., para.32-33.
34) U.N. Doc. E/1996/26, pp.30-31.
35) U.N. Doc. Ecosoc Decision 1996/240, reprinted in E/1996/96, p.95.
36) 締約国から原案が提出されなかったため、議長が「提案7」に基づき各国と交渉し、修正したものを議長案としてまとめた。Cartwright, *supra* note 3, p.245.
37) U.N. Doc. E/1997/27, Appendix II, paras.16-18.
38) *Ibid*., para.15.
39) *Ibid*., para.22.
40) 選択議定書に対する留保の必要性を減らすために、既存の委員会で慣行になっている許容性の要件が選択議定書案に挿入された。Cartwright, *supra* note 3, p.251.
41) U.N. Doc. E/1997/27, Annex III, para.14.
42) *Ibid*., Appendix I.
43) U.N. Doc. E/1998/27, Appendix II, para.4., U.N. Doc. E/CN.6/1997/4, 21 January 1997, paras.47-48, U.N. Doc. E/CN.6/1998/7, 19 December 1997, para.11, 人権委員会手続規則90 (b)、人種差別撤廃委員会手続規則91 (b)、拷問禁止委員会手続規則107 (1) (b) も参照。
44) U.N. Doc. E/1998/27, Appendix II, para.7.
45) *Ibid*., Appendix I, and Appendix II, paras. 10-14.
46) U.N. Doc. E/1998/27, Appendix I, and Appendix II, para.24.
47) *Ibid*., Appendix II, para.31.
48) *Ibid*., paras.33-34.
49) "Reservation and the Draft Optional Protocol," unofficial paper, distributed on 5 March 1998.
50) U.N. Doc. E/1998/27, paras.50-55.
51) CSW第43会期の作業部会議論に関する情報は、とくに断り書きがないかぎり、作業部会の討議を記録した筆者の傍聴メモと日本政府ブリーフィングに

基づく。
52) 「ニュアンスの上で強弱，軽重があるとして，現実，具体的場合に両者の区別は困難だと思われる」が，日本とイスラエルが解釈声明のなかで述べているように，「個々の偶発的な権利の侵害は対象にならないと考えるのが妥当と思われる。」西立野，前掲論文，(注5)，77頁，注39，81頁，日本とイスラエルの解釈声明，U.N. Doc., E/1999/27, pp.66, 67.
53) U.N. Doc. E/1999/27, Annex II, para.22.
54) *Ibid*., Appendix II, para.17, U.N. Doc. E/1998/27, Appendix II, para.7.作業部会議長自身も，通報の対象に義務の懈怠を含むべきという説であった。Wörgetter, "The Draft Optional Protocol to the Convention on the Elimination of All Forms of Discriminatioin against Women," *Austrian Review of International and European Law*, Vol.2 (1997), pp.264-265.
55) デンマーク，ドイツの解釈声明，*supra* note 53, pp.62, 63.
56) 中国，エジプトの解釈声明，*ibid*., pp.61, 63.
57) ガーナの解釈声明，*ibid*., p.64. ただし，既存の個人通報制度では挙証責任は通報者にあるという慣行が確立している。西立野，前掲論文，(注5)，76頁，(注26)，80頁。
58) ドイツの解釈声明，*ibid*., p.63.
59) 中国，エジプト，日本，イスラエルの解釈声明，*ibid*., pp. 61, 63, 66, 67.
60) ガーナの解釈声明，*ibid*., p.64.
61) 米国の解釈声明，*ibid*., p.71.
62) ロシアの解釈声明，*ibid*., p.70.
63) アルジェリア，中国，ヨルダンの解釈声明，*ibid*., pp.59, 61, 68-69.
64) 2001年1-2月のCEDAW第24会期で採択された手続規則(U.N. Doc. CEDAW/C/ROP, 26 January 2001) の問題点については，多谷千香子「個人通報制度に関する女子差別撤廃条約選択議定書の発効について」『ジュリスト』No.1199 (2001年4月15日) 42-46頁を参照。
65) *Supra* note 53, Chapter V, paras.2, 5, and 6.
66) *Ibid*., Chapter I, paras.1, 2, and 6, pp.1-2.
67) U.N. Doc. A/S-23/10/Rev.1 (2000), Draft Resolution II, "Further actions and initiatives to implement the Beijing Declaration and Platform for Action," para.67(d).
68) *At* http://www.unhchr.ch/html/menu3/b/treaty11_asp.htm (as of 22 August 2003).

（軽部　恵子）

第2章　個人通報資格についての一考察

はじめに

　女性差別撤廃条約選択議定書は，女性差別撤廃条約の履行保障制度を強化するために，個人通報手続と調査手続を導入するものである。そのうち個人通報制度は，締約国による女性差別撤廃条約の侵害を，国際的な専門家委員会である女性差別撤廃委員会に通報し，その審議に付することによって，被害者の救済をはかることを目的とするものである。そこでいかなる者の権利について，いかなる事由に基づいて，いかなる者が通報できるのかということは，この制度の核心的な部分であるといえる。本章では，女性差別撤廃条約選択議定書2条，3条およびその選択議定書手続規則56, 58, 68をもとにこれらの問題について考察する。

1　個人通報制度の起草過程

　通報資格については，女性差別撤廃条約選択議定書（以下選択議定書）の起草過程を通じて広狭さまざまな意見が出されたが，最終的に同議定書には以下のように規定された。

　　2条　「通報は，締約国の管轄のもとにある個人または個人の集団であって，条約に定めるいずれかの権利の当該締約国による侵害の被害者であると主張する者より，またはそれらの者のために提出することができる。通報が個人または個人の集団のために提出される場合は，通報者が個人または個人の集団の同意なくしてそれらのために行動することを正当化することができない限

り，当該通報はそれらの者の同意がなければならない。」(筆者訳)

(Article 2 ; Communications may be submitted by or on behalf of individuals or groups of individuals, under the jurisdiction of a State Party, claiming to be victims of a violation of any of the rights set forth in the Convention by that State Party. Where a communication is submitted on behalf of individuals or groups of individuals, this shall be with their consent unless the author can justify acting on their behalf without such consent.)

以下に本条の起草過程を通じて提出された草案およびそれに対する代替案を辿ってみる。第41回(1997年)婦人の地位委員会(以下CSW)において，選択議定書作成のための作業部会に，チェアパースンが提出した最初の草案は次のようなものであった[1]。

　2条: 通報は(a)条約におけるいずれかの権利の侵害を被ったと主張し，もしくは条約のもとでの締約国の義務の不遵守によって直接影響を受けた(directly affected)と主張する個人(individual)，集団(group)または組織(organization)によって，あるいは，(b)条約に定める権利のいずれかを締約国が侵害したこと，もしくは条約のもとでの義務を締約国が履行しなかったことを主張する個人，集団または組織であって，委員会の意見においてその問題に十分な関心(sufficient interest)をもつものによって提出できる。

作業部会の第1読会では，これをたたき台に議論がなされ，以下のようないくつかの代替案が出された。

　(代替案1):通報は，条約に定められた権利のいずれかが締約国によって侵害されたと主張する，締約国の管轄下にある個人［で利用可能な国内救済手段を尽くした者］によって［もしくは個人のために］提出できる。

　(代替案2):通報は(a)条約に定められた権利のいずれかが締約国によって侵害されたと主張する，締約国の管轄下にある個人［で利用可能な国内救済手段を尽くした者］によって［もしくは個人のために］提出できる。(b)女性の権利を擁護することを目的とし，かつ条約に定められた権利の侵害を被ったと主張する人(person or persons)の同意を得た団体(association)または非政府

組織（NGO）によって提出できる。

（2条（a）への代替案）：(a) 通報は，条約中の規定の侵害ないし，故意の不履行によって損害をこうむった議定書の締約国の管轄下にある個人または個人の集団によって提出できる。

（2条（b）への代替案）：(b) 問題に十分な／確立された関心（sufficient/established interest）をもつ個人，集団（group）または組織（organization）が，条約に定める権利のいずれかを締約国が侵害したことを主張する個人や個人の集団（group of individuals）のために提出できる。

（2条（b）への代替案）：(b) 例外的な根拠に基づいて，通報は（i）適正に指名された被害者の代理（representative）（ii）被害者が自身で行動することや代理を指名することが不可能な状況において，被害者のために行動する個人や個人の集団［影響を受けた人が通報を提出することないし代理を指名することが不可能であることを証明（establish）したところの被害者のために行動する個人または個人の集団］によって提出できる。

第1読会を踏まえて，翌年の第42回 CSW において，選択議定書作成のための作業部会にチェアパースンは次のような草案を提出した[2]。

　　2条：通報は，条約に規定された［権利］［規定］の締約国による，［行動ないし行動の懈怠］による侵害の被害者であると主張する個人または［個人の］集団（[group [of individuals]]）が提出することができる。

これに対しては以下のような代替案が出された。

（代替案）：通報は，締約国の下にあって，条約に規定された権利の侵害による被害者であると主張する個人または個人の集団，ないしそれらの者のためにする者，［組織／組織が指名する代理人（representative）］が提出することができる。

以上のような起草過程を睨みながら，個人通報に関する資格者について検討することとする。

2 通報資格のある被害者

(1) 個人および個人の集団

　通報は，議定書の締約国の管轄下にある「個人または個人の集団」(an individual or a group of individuals) の権利の侵害について，被害者自身によって行われると規定されている（議定書2条）。その内「個人」については起草過程を通じて一貫して認められていたところであり問題はない。その他に通報資格のある者として，1のところで見たように第1草案2条 (a) は，「集団 (group) または組織 (organization)」をあげていた。前者は人の集まりあるいは集合体を指し，後者はそれが有機的に組織化されたものと解される。それに対して第1草案の2条 (a) の代替案，2条 (b) の代替案および第2草案とその代替案では，単なる「集団」ではなく，「個人の集団」(group of individuals) と規定されたが，最終的に後者として採択された。

　ところで日本は人種差別撤廃条約を1995年に国会承認し，加入書寄託を行ったが，その際通報資格者である "group of individuals" の公定訳は「集団」とされた（14条）。また女性差別撤廃条約選択議定書の仮訳，試訳においても同様に，"group of individuals" を「集団」と翻訳している例が多く見受けられる。しかし "group of individuals" を単に「集団」と訳すると，あたかも集団自体，すなわち "group per se" が，被害者として通報できるかのように受け取られかねない。しかし次項（2）のところで述べるように，それは起草者の意図とは異なる。"group of individuals" とは，構成する1人ひとりが識別 (identify) 可能な集団を意味するとされる[3]。また起草過程で gourp と group of individuals が使い分けられていたことに鑑みて，両者の区別を明確に示すべく，"group of individuals" については単なる「集団」ではなく，文字通り「個人の集団」と訳するのが適切だと考える。

　次にどのような場合に，集団を構成する1人ひとりが識別 (identify) 可能とみなされ，"group of individuals" として通報資格を有するかを，個人通報制

度をもつ既存条約の先例から検討する。自由権規約の第1選択議定書は，通報権者として個人のみを規定しているが（1条），プラクティスにおいては「個人の集団」による通報を認めてきた。たとえば収用による先住民の環境と経済基盤の破壊に関する Ominayak, Chief of the Lubicon Lake Band v Canada のケースで，自由権規約委員会は，「同様の影響を受けたと主張する個人の集団（group of individuals）が，集合して（collectively），彼らの権利の侵害について通報を提出することに何ら反対しない」と明言した[4]。また同規約委員会は，オランダ政府が核弾頭を取り付けた巡航ミサイルのオランダ領土での展開に同意したことは，生命に対する権利を定めた自由権規約第6条に違反するとして6,588人の市民が通報をした E. W. et al. v. The Netherlands のケースでは，「通報者の<u>1人ひとりが議定書1条にいう意味での犠牲者であるなら</u>ば，議定書のもとに大勢の人が1つの訴え（a case）をすることを妨げるものは何もない」とした（下線は筆者）[5]。以上より，ある同一の行為あるいは法令の適用の結果，同じ様な権利の侵害を受けたとする何人かの個人が，個別に通報する代りに，集合して1つの通報，訴えを行う場合，その訴えが個々の権利を反映しているかぎり，「個人」による通報に匹敵，相当するものとみなして，それを認めるというのが規約委員会の考えだと思われる。本議定書中の「個人の集団」の意味も，そのようなものとして解されるべきであろう。

ところで個人通報制度を有する人権条約中，「個人の集団」"group of individuals"の通報資格を明記するのは，他には人種差別撤廃条約があるのみである。その理由は，人種差別がある人種集団をターゲットとして行われることが往々にしてあるからだと考えられるが，女性に対する差別や権利の侵害についても同様のことがいえよう。そこで「個人の集団」による通報を認めることによって，同一の事件，原因にもとづく被害者である女性が個々に通報し，それを委員会が1つひとつ審査するという煩雑さを軽減するというメリットが大きいとして，通報資格者として「個人」と別に「個人の集団」を併記したものと考えられる。

なお，"group of individuals"として通報する場合には，group（集団）名と共

に，個人名リストを添付するというのが多くの国の解釈である[6]。また上記先例のように集団のなかの誰か個人を代表者（先住民のルビコン湖族の酋長）として通報することも可能である。

(2) 組織，NGO等？

次に自然人以外の組織，集団自体などが，女性差別撤廃条約上の彼ら自身の権利を侵害されたとして通報することが認められるか否かを考察する。1で見たように作業部会の第1読会の草案には，「集団 (group) または組織 (organization)」があげられていた。それに対しては，そもそも集団や組織等はそれ自体人権の保持者ではなく，したがって条約の侵害の直接の被害者にはなりえないこと，また議定書の主たる目的はあくまで個人の権利の侵害への救済の提供にあるべきだとの反論がなされた[7]。しかしデンマークなど一部の国は，条約の規定は個人の権利のみに関わるものではないとして（たとえば条約13条 (b) の銀行貸付等，金融上の信用の供与の規定などはそれに該当しよう），議定書の2条の中で「NGO」に言及し，女性差別撤廃条約に規定する権利を侵害されたと主張するNGOについて通報資格を認めるよう主張した。結局その主張は容れられず，第1草案の「集団または組織」は条文から消えた。しかしながらそれらの国々は，第42回CSWでの選択議定書の最終案の採択の際になされた解釈声明中で，NGOは2条にいう「個人の集団」のなかに含まれ，彼らの権利の侵害に対して通報権をもつものと解すると述べている[8]。これはNGO自体の条約上の権利の侵害について，NGOを「個人の集団」と見立てて通報可能としようというものと思われるが，そのような解釈は既述のような「個人の集団」の立法趣旨とは相容れないであろう。

ただしNGOのなかには女性の地位の向上あるいは女性の権利の保護を目的とするものが数多くあるが，そうしたNGOに対する差別が，それを構成する個々のメンバーの権利の侵害とみなされるような場合にNGOの名（ないしその代表者の名）によって通報することは可能だが，それはあくまで本来の意味での個人の集団による通報として認められるものである。そのような例とし

て，ある会議への NGO の参加の申請が拒否され，その結果会員たちが会議から締め出されたような場合が挙げられる。ちなみに個人通報を認める他の人権条約の規定においても，被害者としての通報権者は自然人に限られている[9]。

3 通報資格のある第三者

　選択議定書は，被害者自身が締約国による女性差別撤廃条約の違反を通報する以外に，第三者が被害者の「ために」（on behalf of），通報することができると定める（2条）。これはさまざまな事情から被害者本人が通報することが困難あるいは不可能な場合がありうることが，既存の個人通報制度のプラクティスからも十分想定されるためである。しかし個人通報制度を有する国連条約の内，条約中においてこのように第三者の個人通報権を明記するのは，本議定書のほかには，拷問禁止条約（2条）があるのみである。これは被害者本人が拘禁中あるいは強制失踪などの理由で通報が困難なことが多いことを配慮したものであろう。それに対して本議定書が第三者の通報を明記するのは，女性差別が広汎かつ深刻な途上国において，女性の多くが読み書きができないことや極端な貧困状態にあることと関係があると考えられる。

　選択議定書は，「ために」通報できる第三者として，被害者が「同意」を与えた者の通報権を認める（2条）。これに対応する女性差別撤廃条約選択議定書手続規則（68の1）は，通報は被害者であると主張する個人または個人の集団が「指名する代理人，または被害者であると主張する者が同意した場合には，その者のためにする第三者によって提出されることができる」と規定する。任意代理人として通報するほか，「同意」さえあれば，基本的に誰でも被害者のために通報することができる。これによってたとえば途上国に多い読み書きのできない女性が，第三者に代筆を依頼し，通報してもらうことが可能である。また第1読会の代替案2（b）に見られるように，「女性の権利を擁護することを目的と（する）…団体またはNGO」が，被害者の同意をえて通報することも大いに考えられよう。この場合確かに被害者本人の「同意」がえら

れたことを委員会はいずれかの段階で何らかの方法で確認する必要があると思われるが，そのことについては手続規定にも記載がない。

　選択議定書はさらに，上記のような同意がない場合には「同意なくしてそれらのもの（個人または個人の集団）のために行動することを正当化できる」者に通報資格が認められると規定する。この資格要件は日本の提案によるもので，「ために」通報できる第三者について狭く，具体的に規定しようとする国と，文言に曖昧さを残して広く解釈する余地を残そうとする国に分かれていたところ，これによって合意ができたものである[10]。これに関する選択議定書手続規則は，「通報者がその行為の正当性を示すことができる場合には，被害者であると主張する者のために，その同意なしに通報を提出することができる」と規定し（規則68の２），表現の仕方は変えているが，内容は議定書と全く同じである。ただし形式面については，通報者は当該規則の２項に基づいて通報を提出しようとする場合，その行為の「正当性を示す理由を書面にて提出する」ことを要求している（規則68の３）。

　「同意なくしてそのもののために行動することを正当化できる」とはどのような場合かについてだが，まず被害者が意思無能力者である場合に法定代理人が通報する場合はこれに該当しよう。ところで「ために」の意味に関して，CSWでの選択議定書最終案の採択の際に，日本，EU，ガーナを始めとするアフリカ諸国，その他の国が，既存の人権条約の手続規則の下で確立されたプラクティスに照らして解釈する旨の声明を行った[11]。そこで個人通報制度をもつ人権条約，すなわち自由権規約第１選択議定書，人種差別撤廃条約，拷問禁止条約およびその手続規則，プラクティスを眺めることにする。まず自由権規約第１選択議定書については，そもそも第三者が被害者の「ために」通報できるという規定はない。しかし通報資格に関して「同意なくして行動することを正当化できる」いう表現は，規約委員会の先例においてしばしば見られる。たとえば，Grill Motta v Uruguay のケースにおいて，第三者たる通報者が「被害者のために行動していることを正当化する根拠と状況（circumstances）」を提示しなかったとして，規約委員会はその通報の受理を拒否した[12]。そしてプラクテ

ィスを反映して改正された1994年の自由権規約手続規則に,被害者自身が通報不可能な時には被害者の「ために」する通報を受理することと規定された(自由権規約手続規則90-b)。具体的には,被害者が死亡している場合あるいは失踪者や被拘禁者などのために,その近親者が行う通報が該当するとされる[13]。近親者の範囲については,規約委員会は,さまざまなたぐいの近親者の通報を受理してきた[14]。

　一方,被害者のためにする第三者からの通報を,規約委員会が受理しなかった例として,「不当な処遇を受けているすべての受刑者は,自由権規約委員会が事件を取り上げることに感謝するであろう」として拘禁されて不当な処遇を受けている受刑者一般のために,「問題に関心」のある NGO が行った通報がある[15]。ところで女性差別撤廃条約選択議定書作業部会の第1読会において,「問題に十分な／確立した関心(sufficient/established interest)をもつ」個人,集団,組織が権利を侵害されたと主張する個人または個人の集団の「ために」通報できるとの案が出された(2条(b)への代替案)。この場合「問題に十分な／確立した関心をもつ」者とは近親者を別として,例えば法律家(団体),あるいは医師(団体)など,女性の政治的,経済的権利の侵害あるいは女性の肉体的な損傷,出産などに専門家として対処するような立場にある者などがそれに該当すると考えられる。その他にも,女性の権利の擁護を専ら目的として活動する NGO もこれに該当するであろう。この代替案の支持国は,このような第三者による通報は,被害者に特定することなく多数の女性を利するものであり,したがってシステマティックで広汎な女性の権利の侵害に取り組むためには,このように広く通報資格を認めるべきであると主張した[16]。しかしそれに対しては通報手続の主な目的は個人の権利の侵害を扱うことにあるので,直接影響を受けない者に通報資格を拡大するのは望ましくないこと,そしてシステマティックで広汎な権利の侵害は同議定書に別に定める調査手続(8条,9条)の対象とするべきだとの反対がなされ,この代替案は容れられなかった経緯がある[17],[18]。以上より被害者自身が通報不能の状態にある場合,被害者の権利の侵害によって直接影響を受けない第三者は,たとえ「問題に十分

な／確立した関心」をもっていても、被害者自身に救済手続の道を開くという個人通報制度本来の趣旨に照らして、被害者の「ために」同意なく通報することを正当化することはできないと考えられる。もし「問題に十分な／確立した関心をもつ」第三者に通報資格を認めると、現実問題として女性差別撤廃委員会の手に負えないほどの通報が寄せられ、委員会が機能不全に陥り、個人の救済という制度の目的が果たせなくなる恐れがあることからも、そこまで第三者を拡大するべきでないであろう。

　次に人種差別撤廃条約の手続規則を見ると、一般的なルールとして通報は、本人、指名された代理人および近親者によって提出されるべきであるとしたうえで、それ以外の者による場合も、被害者自身が通報不可能で、かつ通報者が被害者のために行動することを正当化できる場合には、例外的に委員会はその者による通報を受理できると規定する（人種差別撤廃条約手続規則91-b）。拷問禁止条約手続規則にも類似の規定がある（拷問禁止条約手続規則107-1b）。そこで問題は、人種差別撤廃条約手続規則および拷問禁止条約手続規則にいう指名された代理人および被害者本人が通報不能な際に、近親者以外で例外的に通報することが許されるのはどんな場合かである。先に検討したように、個人通報制度が被害者個人の救済を目的とするものであることから、それは被害者の権利の侵害によって直接影響を受ける、立場のものであるべきだと考える。たとえば生活を共にする近しい友人、知人などはそれに該当することがあろう。

　以上、選択議定書の起草過程ならびに既存条約の規則あるいはプラクティスに照らしてみると、女性差別撤廃条約に関して、被害者の同意なくして通報することが正当化されるものとしては、法定代理人、および本人が死亡、失踪、拘禁されているなどの理由により被害者自身による通報が不可能な場合には、その近親者および被害者の権利の侵害によって直接影響を受けるところの近親者に匹敵する関係の者がそれに該当すると考えられる。

　なお「個人の集団」のために第三者が通報をする場合に、イスラエルはその解釈声明において、集団を構成する1人ひとりの同意が必要だと述べてい

る[19]。「個人の集団」による通報が，既述のように本来個々にその権利の侵害について通報しうる者について便宜的に一括して行うものということであれば，イスラエルの解釈は妥当だと考える。

4 「権利を侵害された」被害者の意味

通報者は締約国の管轄下にあって「女性差別撤廃条約に定めるいずれかの権利の当該締約国による侵害の被害者（victim）であると主張する者」，またはそれらの者のために提出するのでなくてはならない（2条）。ところで自由権規約第1選択議定書も同様に，締約国の管轄下にある個人であって「規約に定めるいずれかの権利の右の締約国による侵害の被害者であると主張する者からの通報」を委員会は受理，検討すると規定する（1条）。規約委員会は，条約が規定している権利の侵害によって当人が個人的に（personally）に影響されるのでなくては，被害者とはみなされないとして，民衆訴訟という方法によって，国の法令やプラクティスが条約に違反しているとする抽象的な申立てを受けつけない旨しばしば強調してきた[20]。

他方，人種差別撤廃条約（14条）も，自由権規約第一選択議定書と同じく「条約の定めるいずれかの権利の当該締約国による侵害の被害者であると主張する」ものからの通報を認めている。しかしイタリア，デンマーク（フィンランド，アイスランド，ノルウエーの代表），コスタ・リカ（アルゼンチンなど9カ国代表）などの国々は女性差別撤廃条約選択議定書採択の際の解釈声明のなかで，人種差別撤廃条約14条とそれに基づく同委員会のプラクティスに照らして，通報の対象は直接的な個人の権利の侵害のみならず，国家の義務違反ないし条約全体をカバーするものと理解すると共に，女性差別撤廃委員会は「国家の義務は即ち個人への権利の付与」であるというプリンシプルを受け入れて，広く個人の通報権を認めることを希望すると述べている[21]。

ところで女性差別撤廃条約には，直接に個人の権利を定めた規定の外に，国家の義務として規定された条文がある。そこで議定書の制定過程においては，

「個人の権利の侵害」だけでなく,締約国の「義務の懈怠」も通報の対象として併記する,あるいは条約上の「すべての規定の侵害」を通報の対象として規定し,もって構造的,システマティックな女性差別,女性の権利の侵害に対処できるようにするのが望ましいとの意見が出された[22]。しかしそのような見解に対しては,国家の「義務の懈怠」によって個人が直接影響を受ける場合には,個人の「権利の侵害」として扱うことができるので,「義務の懈怠」を敢えて併記する必要はないこと,また個人通報制度はそもそも個人の権利の救済を目的とするものであるから,個人の権利の侵害と直接結びつかないような締約国の義務(たとえば女性差別撤廃委員会への定期的な国家報告義務)の懈怠について,個人が通報するのはおかしいとの反対意見が出され,結局「権利の侵害」の被害者であることを主張する者のみが通報することができると規定されることになった経緯がある[23]。このような制定過程に照らすと,女性差別撤廃条約選択議定書に関しては,自由権規約第1選択議定書の場合と同様民衆訴訟は許されない趣旨だと考えるべきであろう。したがって条約によって付与された権利を直接侵害された被害者,あるいは条約違反の法令ないしプラクティスが,個人を害する形で具現された場合の被害者のみが,条約の定める「権利を侵害された」として通報することが可能であり,イタリア,デンマーク等の解釈宣言は妥当ではないと考える。

なお,権利の侵害を受けたことを通報するには,被害者は選択議定書の締約国たる加害国の管轄下にあるものでなくてはならないが,国籍は関係ない。

5 通報の受理要件

選択議定書は通報の形式的な受理要件に関して以下のように規定する。

　　3条 「通報は,書面によらなければならず,かつ匿名であってはならない。委員会は,条約の締約国であるがこの議定書の締約国でないものについての通報を受理してはならない。」

手続規則56-3も,同じく通報は,(a) 書面によること,(b) 匿名でないこ

と，(c) 議定書の締約国を訴えるものでなくてはならないとする。また規則58は，事務総長は，被害者の姓名，生年月日，住所，職業ならびに身元の確認について，説明ないし追加的情報を要請することができるとしている。この内，書面の要件に関しては，途上国の女性には非識字者が多いことから，その是非について選択議定書の制定過程において若干議論があったが，うえで述べたように，当人が同意を与えた場合に第三者が通報できるとすることによって，この問題はクリアされた。

匿名であってはならないことは，女性差別撤廃条約の履行保障制度としての個人通報が，特定の個人の人権侵害の救済を目的としていることと不可分の関係にあると考えられる。通報者の身元を明かすことは時として通報者に不利益あるいは危険が伴うことが考えられるが，訴えられている国に反論の機会を与え，また通報者に追加的な情報を要求し，そのうえで委員会が公正に検討をするためにも通報者の非匿名性の要件は致し方ないところであろう。なお既述（2 －(1)）のように個人の集団として通報するときには，集団名のほかにそれを構成する者のリストを添えなくてはならないであろう。

お わ り に

以上，女性差別撤廃条約選択議定書における個人通報について，その資格要件を主体，客体，形式の面から考察を行ったが，今後現実に問題化しそうなこととして，1) NGO の被害者としての通報資格，2) 民衆訴訟の可否，3) ためにする (on behalf of) 第3者の範囲の3点が挙げられる。

3) に関しては，規定が抽象的であり，該当者を網羅的に想定するのは困難である。女性差別撤廃委員会は，3で述べた既存条約のプラクティスを参考にしながら，具体的な事例について個々に判断していくことになろうが，いずれにしても例外的な場合にのみ適用されるべきものと考える[24]。

前2者すなわち1)，2) は，制定過程から導きだされると思われる解釈と，1部の国が CSW での議定書採択の際に行った解釈宣言との間に齟齬があ

る。しかしながら１）については，既述のように，手続規則58において，事務総長が被害者の姓名，生年月日，住所，職業等について追加情報を要請できるとあるが，さらにその後女性差別撤廃委員会によって作成された通報提出希望者のためのガイドラインは，「被害者であると主張する者に関する情報」（２）として，姓名，パスポート番号，性別，配偶者その他を記載することとしている。その内容から同委員会は，通報資格のある被害者として，自然人のみを想定しており，NGO は想定していないと推量するのが妥当であろうと考える。

２）については，既存条約のプラクティスも一致しておらず難しいところであるが，これに関しても，ガイドラインが参考になる。ガイドラインの４は，「侵害の性質」の項目において，通報者が情報を提供するべき事柄として，"Description of alleged violation(s) and alleged perpetrator(s)" を挙げている。ところで "perpetrator" とは，「人に対して悪事を働く者」を意味し，単に法律に違反し，人に危害を加えない場合は，"perpetrator" とは言わない。（それに対して violator, offender は単なる法律違反者という意味で用いることができる。）そこでこのガイドラインからは，個人が直接に権利を侵害された場合に限って，その侵害者を通報することができるものと解され，民衆訴訟は視野に入れられていないものと推測される。

注

1) E/CN.6/1997/WG/L.1.
2) E/CN.6/1998/WG/L.2.
3) E/CN.6/1997/WG/L.4, para.11. Chairperson's Summary of 1997. E/1999/27. E/CN.6/1999/10, p.68 （日本の解釈宣言）。
4) Communication No.167/1984 : CCPR/C/38/D/167/1984.
5) E.W.*et al*. v The Netherlands. Communication No.429/1990 : CCPR/C/47/D/429/1990.
6) 西立野園子「女子差別撤廃条約選択議定書―個人通報手続と調査手続の導入」『ジュリスト』No.1176（2000年４月15日）80頁，註12。*Supra* note 3.
7) *Supra* note 1, para.11.
8) デンマーク，フィンランド，アイスランド，ノルウエー，イタリア。E/1999/

27. E/CN.6/1999/10, pp.62-67.
9) 個人通報制度をもつ人権条約には自由権規約，人種差別撤廃条約，拷問禁止条約，移住労働者条約（未発効）がある。社会権規約については現在起草中である（E/CN.6/1997/4, para.46）。本文2(1)にあげた自由権規約選択議定書の先例参照。
10) Chairperson's Summary of 1998, E/CN.6/WG/L.2, para.8.
11) E/1999/27. E/CN.6/1999/10, pp.63, 64, 67.
12) GAOR, 35th Session, Supplement No.40(A/35/40), Report of Human Rights Committee, p.132.
13) Chaiperson's Summary of 1998, *op.cit.*, para.7.
14) Massera v Uruguay, GAOR, 34th Session, Supplement No.40(A/34/40), Report of Human Rights Committee, p.124. P.R. Ghandlhi, *The Human Rights Conmuttee and the Rights of Individual Communication-Law-and Practice*, 1998, p.85.
15) T. オブサール他『国際人権「自由権」規約入門』（明石書店，1994年）32頁。
16) Chairperson's Summary of 1997, *supra* note 6, para.15.
17) *Ibid*.
18) システマティックな女性差別に関しては，その他にもCSWに対する個人通報と人権委員会に対する個人通報制度が存在する。それらに関しては，被害者個人と直接に関係のない一般の第3者も通報することが可能であるが，両制度は個々の女性の権利の侵害の救済を目的とするものではなく，国連としての女性差別に対するポリシー・メイキングのための貴重な情報源を提供するものであり，議定書の趣旨と異なる。前者は，女性に対するシステマティックで不公正かつ差別的な行動パターンについてCSWへの個人通報を認めた経済社会理事会決議。ESCR83/27. ESCR93/11. ESCR76(V). ESCR304 (XI).
後者は所謂1503手続きといわれる経済社会理事会決議で，大規模人権侵害の改善に向けて国連のとるべき措置を決定する。SCR1503 (XLVIII).
19) E/CN.6/1999/10, pp.66-67.
20) *D.F.et al.* v Sweden, GAOR., 40th Session Supplement No.40(A/40/40), Report of Human Rights Committee, p.228. No.128/1982.
A.R.S.v Canada(S.D.I., p.29 at p.30.)のケースで規約委員会は，「個人は国の法律を抽象的に批判することはできない，なぜならば選択議定書は彼らが規約違反の被害者であると主張するときのみに，委員会に事件をもって来る権利を与えるからである」と述べた。

21) E/1999/27. E/CN.6/1999/10, *op.cit*., pp.62, 67. OP 1手続規則90-b. Report of Human Rights Committee, A/51/40, para.388.
22) E/1999/27. E/CN. 6/1999/10, paras.16-18. 1997年の草案の2条(a)への代替案。
23) *Ibid*., para.17.
24) E/CN.6/1997/WG/L.4, para.13.

(西立野園子)

第3章　個人通報制度の検討

はじめに

　本章では，女性［女子］差別撤廃条約（以下，条約）の選択議定書[1]（以下，議定書）が規定する個人通報制度について，何を通報の対象とできるのかという通報対象（通報事由，通報の事項的管轄）の問題，女性差別撤廃委員会（以下，委員会）による通報処理のプロセス，および，委員会が採択する見解の遵守確保のための事後的なフォローアップという3つの側面をそれぞれ分析する。このうち，とくに重点をおいて検討すべきは通報対象であって，本議定書は，経済的および社会的権利を含む諸権利を幅広く規定した条約に個人通報制度を設けたものとして，普遍的レベルの人権条約としては，経済的，社会的および文化的権利に関する国際規約（以下，「社会権規約」）の個人通報制度（未実現）に先駆ける画期的な意義をもっている[2]。現時点（2003年1月）ではまだ実際の通報審査が行われるに至っていないため，全体の分析は議定書とその起草過程，委員会の手続規則[3]，ほかの人権条約の個人通報制度との比較検討等が中心となるが，この通報対象の問題については，経済的，社会的および文化的権利をとくに念頭においた国家の多面的義務，およびそれをもとにした国家の義務違反の認定をめぐって近年顕著に展開している学説の知見をも取り入れつつ分析を行いたい。後でみるように，通報対象の問題は実際には，条約上の国家の義務違反が生じる態様，およびそれに対する委員会の法的評価の可能性に密接に絡む事柄であり，これらの問題と合わせた分析が理論的にも実践的にも不可欠であると考えるからである。なお，議定書は個人通報制度のほか調査制度を設けており，これについては別の章に譲るが，本章のテーマに関

連するかぎりで調査制度についても言及することがある。

1 通報対象

議定書によれば,個人ないし個人の集団は,「条約に定めるいずれかの権利の侵害」の被害者であると主張する通報を行うことができる(2条)。なお,「条約上に定める権利の重大な又は組織的な侵害」を締約国が行っているとされる場合には,議定書8条以下に規定されている調査制度の対象になる。

上記2条の規定で重要な点は,通報対象は条約上のすべての「権利の侵害」であって,権利の性質等による限定や区別はなされていないということである。この点について,起草過程での議論を参照しながら以下に詳しく検討したい。

(1) 権利の性格および司法判断適合性をめぐって

議定書の起草過程においては,個人通報の対象となる権利について,権利の性質および司法判断適合性という観点から相当な議論がなされている。

1995年に,議定書の起草について各国政府,国際機関およびNGOの見解が求められ,それに回答した15カ国および19のNGOの所見が翌年に女性の地位委員会に報告されたなかでは,条約上の権利の性質および司法判断適合性の問題につき,政府のなかには,慎重な立場をとるものもなくはなかった。たとえば,ニュージーランドは,権利の性質というよりも義務の性格という形でであるが,条約は市民的および政治的性格の義務と経済的,社会的および文化的性格の義務という異なったカテゴリーの義務の双方を含んでおり,救済手続を考案するにあたってはそのような義務の性格・カテゴリーの相違に注意が払われるべきであるという所見を提出した[4]。これは,いわゆる自由権か社会権かという権利の二分論的な思考に基づき,それぞれにふさわしい権利実現手段を区別するという見地からの意見とみることができる。

しかしながら,1996年に,議定書を検討する女性の地位委員会作業部会が開

催した意見交換の会合では，多くの国家代表が，条約規定を司法判断に適合する（justiciable）ものとそうでない（non-justiciable）ものにカテゴリー分けすることは条約の一体性を損い，権利間にヒエラルキーをもち込むことになるという懸念を表明した[5]。また，この会合では，市民的および政治的権利に関する国際規約（以下，自由権規約）の人権委員会（以下，自由権規約委員会）の委員が数名参加して意見を述べたが，委員らは，女性差別撤廃条約それ自体が平等・無差別原則に則っているのだから，すべての規定はそれに結びつけて考えることが可能である，また，自由権規約委員会の経験でも，司法判断適合性は程度の問題であることが明らかになっている，という指摘を行った[6]。そして，この年に政府および関連機関の追加的所見が要請され，それに対する21カ国の回答，1の国際機関および12のNGOの所見が翌年，議定書を検討中の女性の地位委員会作業部会に提出された段階では，多数の政府および諸機関が権利の司法判断適合性の問題について所見を述べたが，そこでは条約上の権利の司法判断適合性に肯定的な意見が圧倒的であった。すべての人権は多少なりとも司法判断に適合すると考えられること，条約が基礎としている無差別・平等の原則それ自体が，多くの人権条約メカニズムのもとで司法判断可能とされているということ等である[7]。たとえプログラム的性格の強い条約規定であっても，条約義務の誠実な遵守という原則（*pacta sunt servanda*）にしたがい，締約国が最低限必要な措置をとったか否かを条約機関が判断することは十分可能である，との指摘もなされた[8]。また，やはり広くみられた懸念は，条約規定を司法判断可能なものとそうでないものとに分けることは条約の一体性を損うということであって，人権の不可分性・相互依存性が繰り返し強調されているなかで，すべての人権に同等の監視手続を設けることには大きな意義があること，市民的および政治的権利が消極的権利で経済的，社会的および文化的権利が積極的権利だというカテゴリー化は人権問題への統合的アプローチにとって有害だということが明らかになっていること等が指摘された[9]。そして，古典的な市民的および政治的権利の多くもその享受のためには国家の積極的な行動を必要とするものになっていること，市民的および政治的権利を規定

した条約文も「民主的社会において必要な」といった曖昧な文言を多く含むこと，自由権規約委員会やヨーロッパ人権裁判所の先例・判例をみても人権のカテゴリー分けは妥当していないこと，社会権規約委員会の一般的意見でも同規約上の権利の司法判断適合性を積極的に解していること等もふまえ，結論的には，司法判断適合性は，権利の性質というよりは具体的事案の状況により，あくまで程度の差の問題である，とされたのである[10]。

こうして，当初は慎重論もあったものの，すべての権利が対象をすべきだという立場にはるかに多くの支持があり，議定書2条の規定の採用に至ったのである。このようにすべての権利を対象としたことは，あらゆる権利はそれに対応する義務を複数生じさせ[11]，その少なくともいずれかの面で権利侵害を認定できるという理論的観点[12]からも妥当である。社会権規約の個人通報制度が未だ実現しないなかにあって，議定書が条約上の権利すべてについて準司法的な個人通報制度の適用を認めたことは，人権の不可分性の原則を監視手続のうえでも実践に移したものとして1つの大きな前進である[13]。うえにみた通り，起草過程では市民的および政治的権利を規定した条約の下でも，条約上の曖昧な文言の解釈が個人通報の事例の蓄積を通じて発展してきていることが参照されていたが，女性差別撤廃条約でこうしてすべての権利を対象とした個人通報制度の運用は，条約規範の意味内容の明確化に向けてきわめて重要な意味をもつこととなろう。

(2) 権利の侵害か，国家の義務違反か

ところで，通報対象に関係する重要な論点として，条約規定のなかには，個人の権利というよりも，適切な措置をとる国家の義務という形で規定しているものも少なくないが，そうした国家の義務を個人通報の対象としてどのように考えるかという問題がある。起草過程をみると，締約国による条約上の義務の過怠（failure to comply）をも通報対象に含めることは，直接の権利侵害の場合だけでなく必要な措置をとる締約国の義務の不履行をも委員会が検討しうることとなり望ましいという意見も出されたが，多くの国は，個人通報制度にお

いては権利の侵害を主張する必要があるとの見解を支持した[14]。しかしこの点については，複数の国が，議定書草案に対する解釈宣言のなかで，2条にいう「権利の侵害」は，他の人権条約の下での実行に照らして広く解釈されるべきであるとの見解を表明していることが注目される。たとえばデンマークは，フィンランド，アイスランドおよびノルウェーをも代表しての解釈宣言として，「条文における『権利』の語は，他の人権条約の確立した慣行にしたがって解釈され，条約全体を包含するものと解釈される」べきであるとし，この関連で，人種差別撤廃条約の個人通報制度と同条約の委員会の実行に言及している[15]。同様にイタリアも，「2条にいう『権利』の語は条約に定められたすべての実体規定をさし，社会的および文化的達成にも関連するものと理解する。したがって我々は，委員会は，権利の直接の侵害に関する通報の場合だけでなく，女性差別撤廃条約に定められた義務の国家による不履行の場合にも通報を受理するという見解である」としている[16]。

　上述のデンマークの宣言は人種差別撤廃条約に言及しているが，同条約も，個人通報制度を定めた14条では議定書2条と同様に「この条約に定めるいずれかの権利の侵害」を通報対象としているから，そこでの実行は確かに，本議定書の個人通報制度の運用にあたって参照すべき先例である。人種差別撤廃条約の個人通報制度の実行をみると，実際に，私人による人種差別的言動を訴追しないことが同条約4条（人種差別・扇動の禁止）・6条（効果的救済）と合わせ読んだ2条1項(d)（個人・集団による人種差別を禁止し終わらせる義務）に反すると主張された事例で，通報が受理され，4条および6条による締約国の義務について本案の検討が行われている[17]。そしてこの事案では，結果的に，当事国が私人による人種差別に対する措置を怠り，効果的な救済も与えなかったことをもって4条と6条に違反したと認定しているのである[18]。このような先例があることからすれば，議定書2条における通報対象も，締約国の条約上の義務の過怠を広く対象として解釈する方向性は十分考えられよう。ただ，個人通報制度においては個人の権利侵害にかかわらない事柄を抽象的に争えるわけではなく，国家の義務過怠により当該個人ないし個人の集団が権利侵

害を受けたことを何らかの証拠をもって示すことが必要とされよう[19]。うえにあげた人種差別撤廃条約の個人通報の事例も，通報者本人が人種差別を受け，加害者が訴追されないことについて当事国の義務違反を訴えたものであった。

（3）権利侵害にかかわる国家の義務違反の態様

うえにみたように，通報対象となる「権利の侵害」の範囲は，それ自体，「国家のどのような義務違反（不履行）が権利侵害となりうるか」という問題でもあり，国家の義務違反（不履行）の態様の問題と密接に絡み合っている。実際，個人通報制度を設けるための議定書の起草過程では，国家の義務違反（不履行）に対する法的評価の可能性の問題が，権利の司法判断適合性をめぐる問題と併せてしばしば議論の対象となった。

これにつき，（1）で言及した女性の地位委員会への報告書（1996年）では，所見を述べた国のなかには，個人通報制度というよりも国家の義務履行の評価そのものに対して懐疑的な姿勢を示した国もあった。それは日本であって，日本政府は，条約は締約国にあらゆる適切な措置をとる義務を課しているが，どの程度までとは明記していない，したがってたとえば，社会的・文化的行動様式を変えるために適切な措置をとることとした5条(a)を締約国が履行したか否かを委員会が判断するのは「ほとんど不可能である」とのきわめて消極的な意見を表明していた[20]。

しかし，日本のような立場は例外的であって，所見を寄せたほかの多くの国は，国家の義務違反の認定の可能性について積極的な見解をとった。（1）で述べたように，1997年の追加所見では，条約上の権利の司法判断適合性について肯定的な方向性が示されたが，そこでは，たとえプログラム的性格の強い条約規定であっても，条約義務の誠実な遵守の原則にしたがい，締約国が最低限必要な措置をとったか否かを条約機関が判断することは十分可能であると指摘されていた。その際には，委員会は，各条約規定にしたがい，締約国に与えられる裁量の幅（margin of appreciation）について考慮する必要性があるという考えも示されている[21]。議定書草案についての各国見解をまとめた1998年の報

告書では，多くの国が，締約国の作為（an act）による権利侵害と不作為（failure to act）による権利侵害とについて通報制度を設けるべきだとの立場をとっている[22]。そして，議定書草案に対する解釈声明では，相当数の国が，個人通報制度において委員会が締約国の不作為による権利侵害についても審査対象とできることについて，明確に立場を表明している。たとえばオーストリアは，条約は積極的措置をとることをも締約国に求めており，したがって，委員会は，締約国が必要な措置をとったかどうかについても審査できるとしている[23]。また，カナダは，「女性差別撤廃条約上の権利の侵害又は義務の違反（violations of rights or obligations）をもたらす締約国の作為又は不作為（an act or failure to act）」が通報（および調査）手続の根拠になるという理解を表明しているが[24]，同様の見解はほかに，コスタリカ[25]，ドイツ[26]，イタリア[27]等によっても表明されている。

このように，条約上の権利の侵害と締約国の義務違反とは分かちがたい関係にあるが，ここで，締約国の作為による場合と不作為による場合の相違を意識しつつ，国のどのような義務違反の場合に権利侵害が生じうるかについて整理してみたい。近年，国際人権法の学説では，主に経済的，社会的および文化的権利の効果的実現という文脈で，国家の多面的な義務の類型化と，それをもとにした国家の義務違反認定の可能性をめぐって目覚しい理論的進展がみられ，条約機関の実務にも大きな影響を与えているが，そこでの議論は，本議定書の個人通報制度にとっても非常に有益であり，今後の委員会の作業にとって多大な示唆を与えるものと考えられる。

国家の多面的な義務の類型化は，論者によって異なるが，概ね，①尊重（respect），②保護（protect），③充足（fulfil）の3つ，またはこれに④促進（promote）を加えた枠組みでとらえられる[28]。尊重とは，国家がみずから積極的に権利侵害をしないこと，保護とは，私人等第三者による侵害から権利を守ること，充足とは，国家による直接の権利の充足を必要とする場合にそれを行うこと，促進とは，権利の実現を促す環境整備をすることをさす。住居に対する権利を例にとると，順に，現に居住している住居からの強制立退きを国が行わ

ないこと，家主等による強制立退きから居住者を守るための立法・行政措置および司法的保護を行うこと，適正な住居を妥当な価格で提供すること，住居に対するすべての人の権利の実現に資するようなさまざまな基盤整備を行うこと，といった国家の多面的な義務を考えることができる。

そして，この枠組みに則って考えれば，国の義務違反を最も認定しやすいのは，尊重義務および保護義務の側面，すなわち，尊重義務の違反となる国による直接の作為，および，私人間の権利保護のために必要な措置を怠るという保護義務の不作為の場合である。尊重義務は権利侵害をしないという不作為義務であるから，即時的であり，その違反は直ちに国家の義務違反として認定できる。保護義務の側面では，国が人権を保障すべき義務を負っているにもかかわらず，私人による権利の侵害を実効的に防止しかつ救済するために立法・行政・司法的措置をとることを怠れば，締約国に人権保障の義務を課した人権条約上，国はその不作為につき義務違反を問われうる。そのような締約国の不作為による義務違反については，ヨーロッパ人権条約，米州人権条約，自由権規約の個人通報制度の下で数多くの先例がある[29]。また，私人による権利侵害の危険が急迫している場合には，国家の義務はそれに応じて即時性をもち，私人の人権侵害に対応する緊急性が高い場合にそれを怠れば国家はその不作為について義務違反を問われうる。このことは，社会権規約上も，条約の認める権利の行使に関連して私人が殺害の脅迫を行った事実につき，報告制度の枠内ではあるが同規約委員会によって明確に認められている[30]。本章で上にあげた人種差別撤廃条約の事例も，同委員会が，「人種的暴力の脅迫がなされ，とくにそれが公衆の面前でかつ集団によってであるときには，相当の注意をもってかつ迅速にこれを調査するのは締約国の義務である。本件では，締約国はこれを怠った」として当事国の条約違反を認定したものである[31]。注目すべきことに，女性差別撤廃委員会自身も，国家のこのような条約義務違反についてすでに明確な認識を示している。1992年採択の一般的意見19「女性に対する暴力」のなかでは，「一般国際法および具体的な人権規約上，国家は，権利の侵害を防止するため相当の注意をもって行動すること又は，暴力行為を調査および処罰し

かつ賠償を与えることを怠った場合には，私的行為についても責任を負いうる」としているのである[32]。

次に，これらに対して，充足の側面では，国家の義務はより漸進的であり，権利の実現に向けて適切な措置をとるにあたっての国の裁量の幅が大きくなるといえる[33]。しかし他方で，充足の側面で国の義務違反が問題とされることはないかといえば，それはそうではない。先にあげた多くの国の見解は，締約国の不作為による権利侵害の場合も通報対象となることを強調していたが，起草過程では，いわゆるプログラム規定的性格の強い条約規定であっても，条約の誠実な遵守という大原則に照らし，締約国が最低限必要な措置をとったかどうかの判断は十分になしうるとの見解も示されていた。

このような考え方は，経済的，社会的および文化的権利に関する国家の義務違反認定の可能性をめぐる近年の学説，また人権条約機関の実行に十分に符合するものである。国家の多面的な義務に関する理論的展開を背景として，充足義務の側面が多いこれらの権利についても国家の義務違反が生じうることは，現在の学説ではきわめて有力になっている。1997年にオランダのマーストリヒトで国際人権法学者・人権NGO代表らによって採択された「経済的，社会的および文化的権利の侵害に関するマーストリヒト・ガイドライン」は，国家の義務を尊重，保護および充足という3類型でとらえたうえで，国家の作為（acts of commission）により権利の侵害が生ずる場合，国家の不作為（acts of omission）により権利の侵害が生ずる場合について，それぞれ具体例をあげている[34]。そして，後者の，必要な措置をとらないという不作為による権利侵害の例としては，条約で要求されている適切な措置をとらないこと，条約実施のための法を執行せず又はそのための政策を実施しないこと，等があげられているのである[35]。また，社会権規約委員会は以前から，権利の完全な実現のため措置をとる（同規約2条1項）義務につき，権利の完全な実現は漸進的な目標であるにしても「措置をとる」こと自体は即時的な法的義務であるとの立場を明らかにしているが（一般的意見第3）[36]，より最近の一般的意見では上述のような国家の多面的な義務の枠組みを明示的に採用し，食料に対する権利に関す

る国家の義務について，「食料に対する他人の権利を侵害することを防止するため，個人又は集団の行動を規制しないこと」という保護義務にあたるもののほか，「飢餓からの自由のために必要な最低限のレベルの充足を確保しなかった場合」という充足義務をもあげ，この充足義務が履行できない場合には締約国側に説明責任があるとの見解を明らかにしている[37]。このようにみてくると，女性差別撤廃条約の場合も，充足的な国家の義務にかかわる場合でも，義務違反を認定することは不可能なわけではなく，締約国が適切な措置をとる義務をどれだけ誠実に履行したかという観点から委員会の判断が及びうるといえよう。

　女性差別撤廃委員会の委員（2000年当時）を務めた多谷千香子氏は，国家の義務を尊重・保護・充足の側面からとらえたうえで，自由権規約の個人通報の場合は国家の尊重義務違反の主張が典型的であるのに対し，賃金や配置・昇進等についての事実上の差別を取り上げる本条約議定書の場合は，国家の不作為（労働基準法が事実上の差別防止規定を欠くことや，賃金差別を是正する積極的施策がないこと等）が問題になるだろうとしているが[38]，ここで，条約の具体的な規定を例にとって，個人の権利侵害となる国家の義務違反の態様を考えてみよう。

　(a)　まず，国の作為による権利侵害（尊重義務違反）としては，「女性に対する差別となるいかなる行為又は慣行も差し控え」ることを義務づけた2条(d)に反するような国の差別行為の場合等が考えられ，この場合には国の直接の作為による条約違反が直ちに認定しうるであろう。

　(b)　次に，第三者による権利侵害から権利を保護するための措置をとらないことによる権利侵害（保護義務違反）は，あらゆる差別の撤廃を目指した本条約に関しては中核的部分を占める領域であり，多谷氏の指摘する通り，個人通報制度において最も頻繁に扱われるところになると考えられる。条約は2条(e)で「個人，団体又は企業による女性に対する差別を撤廃するためのすべての適当な措置をとること」を締約国に義務づけているほか，とりわけ雇用のような分野においては，女性差別を撤廃するためのすべての適当な措置をとる

こと（11条1項），婚姻又は母性を理由とする女性差別を防止しかつ女性に対して実効的な労働の権利を確保するための適当な措置をとること（11条2項）等，私人間あるいは個人と企業との間における女性差別を撤廃するために措置をとることを重ねて義務づけている。これらの規定は「すべての適当な措置」としていることから，具体的に何が適当な措置であるかについての第一次的な裁量は締約国にあるが，締約国が何ら適当な立法・行政措置をとらず，又はそれらが実際の差別の防止・是正において明白に不十分ないし非実効的であれば，実効的な措置をとらなかったという締約国の不作為は条約違反とされうる。その場合，個人，団体又は企業による差別一般については，2条(e)の一般規定のみを根拠にすることも可能と考えられるが，実体規定のなかにより具体的な権利規定がある場合には，それらの権利の侵害を申し立てることとなろう。条約規定の多くは，締約国が措置をとるべきことと併せて，一定の権利の確保を明記しており（たとえば，11条1項では，「男女の平等を基礎として同一の権利，とくに次の権利を確保することを目的として」雇用分野の差別撤廃のためすべての「適当な措置をとる」，として，(a)−(f)で，労働の権利，同一の雇用機会についての権利，昇進その他の労働に係るすべての給付および条件についての権利，職業訓練および再訓練を受ける権利，同一価値労働同一報酬および同一待遇についての権利，労働の質の評価に関する取扱いの平等についての権利，社会保障についての権利，有給休暇についての権利，作業条件に係る健康の保護および安全についての権利等の具体的な諸権利を掲げている），個人は，これらの権利が確保されていない場合に，権利の実効的確保のために十分な措置をとらないという締約国の義務違反を主張して通報を行うことができよう。

(c) 最後に，権利の充足のための措置をとらないという不作為による権利侵害（充足義務の違反）としては，たとえば，12条2項（締約国は女性に対し，妊娠，分娩および産後の期間中の適当なサービスならびに妊娠および授乳の期間中の適当な栄養を確保する）のように締約国が積極的な権利充足の措置を要求されているのに対し，何らそのような措置をとらないか，または，締約国の

第一次的な裁量を考慮しても「適当な措置」をとったといえないと判断される場合が考えられる。14条2項も，農村女性に対して次の権利を確保するとして「適当な生活条件（とくに住居，衛生，電力および水の供給，運輸ならびに通信に関する条件）を享受する権利」（2項(f)）のように国家による権利の充足が必要な権利を含んでいるが，この権利の充足のためにとるべき措置については締約国の裁量が大であるにしても，そのために何らの措置もとっていないことが示される場合には，締約国の条約違反および個人の権利侵害は十分に認定しうるであろう。

2 通報処理のプロセス

通報処理のプロセスに関しては，注目されるのが，緊急の措置である暫定措置について明記されていることである。そこで，以下ではまず暫定措置について概観し，次に，通報処理の一般的プロセスについて検討する。

（1）暫定措置の明記

暫定措置（仮保全措置）は，他の人権条約の個人通報制度では，条約中に明文規定がないものの，条約機関の実行で行われてきたものである。自由権規約委員会，人種差別撤廃委員会，拷問等禁止委員会はそれぞれ手続規則で暫定措置を定め（自由権規約委員会手続規則86，人種差別撤廃委員会手続規則94-3，拷問等禁止委員会手続規則108-9），実際の事例でもしばしば適用してきた。たとえば自由権規約の個人通報で，公正な裁判を経ずに死刑を科されたと主張される事例で，死刑の執行停止を要請するようなケースである[39]。

女性差別撤廃条約選択議定書はこれを明文化し，委員会は，主張されている違反の被害者に生じうる回復不可能な損害を避けるために必要と考える暫定措置をとるよう求める要請を，当事国による緊急の検討のため送付することができるとした（5条1項）。併せて，委員会手続規則は，委員会，作業部会または報告者は，被害者に対する回復不可能な損害を避けるために必要と考える要

請を，当事国に送付できるとしている（規則63-1, 2）。

（2）通報処理の一般的プロセス

　通報処理の一般的なプロセスとして，議定書および手続規則に定められているものは次の通りである。委員会は，作業部会を設置または報告者を任命し（規則62），通報について受理可能性の検討を行う（議定書4条，通報の受理に関する決定-規則64）。

　当事国に照会するまでもなく不受理とみなされるものを除き，委員会，作業部会または報告者は，通報者が身元の開示に同意する場合には，通報受理後速やかに，当事国に書面で内密に注意を喚起し，回答を要請する（議定書6条1項，規則69－1）。通報者の身元はその明示的な同意なしに明らかにされないということは，他にもたとえば人種差別撤廃条約の個人通報制度で規定されており（14条6項(a)），通報者を当事国の圧力や迫害から保護するためにおかれている要件である。なお，上記の回答要請には，受理可能性についての決定を意味しない旨の陳述を含む（規則69－2）。回答の要請を受けた当事国は，2カ月以内に，通報が拒否されるべきことをその根拠を示して要請できる（規則69－5）。また，当事国は，6カ月以内に，とられた救済措置等に関する説明を委員会に書面で提出しなければならない（議定書6条2項）。このとき同時に当事国は，受理可能性と本案に関する説明または意見を委員会に提出することとされる（規則69－3）。

　なお，国内救済完了の要件をめぐっては，自由権規約の個人通報制度においても，当事国が国内救済未完了を漠然とした文言で主張するという事例が数多くみられたが，同規約委員会はごく初期の決定から，一般的な文言での否定では不十分であり，「その事件の状況において通報者に利用可能であったとされる救済措置の詳細な情報を，その救済措置が効果的であるとの相当な見込みが存在するとの証拠を付して」提出しないかぎり通報を非許容とはできないとの立場を確立している[40]。女性差別撤廃委員会の手続規則はこうした実行を取り入れ，当事国が国内救済未完了を主張する場合には，当該事件特定の状況にお

いて利用できる救済措置の詳細を示さなければならないとした（規則69-6）。

委員会は，当事国および通報者によって委員会に提出されたすべての情報に照らし，非公開の会合で通報を審査する（議定書7条1項，2項）。審査の結果，委員会は見解（views），また勧告があれば勧告（recommendations）を採択し，当事国に送付する（議定書7条3項，規則72）。委員は，個別意見がある場合にはその要約を付記することができる（規則72-6）。見解および勧告は公開される。

委員会が採択する見解・勧告の内容については今後の実行を待たなければならないが，当事国の条約違反の有無，および違反認定の場合には適切な措置をとるべきとする勧告が含まれうると考えられる。国家の不作為を条約違反と認定した場合に，国家がとるべき措置について，個人の救済との関係でどの程度踏み込むかは，今後の興味深い論点の1つである[41]。

3 見解のフォローアップ

人権条約の個人通報制度は，個人が権利侵害の申立てを条約機関に直接行うことができる制度であるが，人権裁判所を設けている地域的人権条約体制の場合[42]を除けば，条約機関は事案を審理した後，条約違反があった場合には当事国に対して何らかの措置をとるよう勧告するにとどまり，条約機関みずからが国内的措置をとりまたは直接に賠償等の救済を与えるわけではない。したがって，個人通報制度が個人の権利救済にとって実効的なものとなりうるかどうかは，条約機関が採択した見解や勧告を当事国がどれだけ誠実に受け止め，その遵守のために必要な措置をとるかに大きくかかっている。個人通報制度で条約機関が当事国の条約違反を認定した場合，その遵守をどのように確保するかというフォローアップの問題は，自由権規約はじめ他の個人通報制度の下でも共通の重要な課題となっているが，議定書は，先行機関の実行を取り入れつつ，以下にみるようにフォローアップ体制の強化を図っている。

（1）フォローアップ体制の強化

自由権規約等の個人通報制度と同様に，委員会が採択する見解や勧告には形式的意味での法的拘束力はない。しかし，法的拘束力がないということは法的意義がないということと同義ではない。当事国と通報者双方からの主張の提出に基づき，準司法的といえる公平な手続を経て採択するものであるから，その結論は高い権威を帯び，当事国はこれを誠実に受け止める責任があると考えるべきである。この責任について，既存の人権条約では条約中に明文規定がなかったが，議定書は，当事国は委員会の見解および勧告がある場合にはその勧告に「十分な考慮（due consideration）」を払わなければならないと規定し（7条4項），個人通報制度の実効化に向け，当事国の義務について一歩踏み込んだものとなった。締約国は，委員会の見解・勧告に十分な考慮を払い，かつ6カ月以内に，とった措置に関する情報を含む書面を委員会に送付しなければならない（議定書7条4項）。なお手続規則では，6カ月の後も，委員会はさらなる情報の提出を求めることができるとされている（規則73-2）。

また，自由権規約委員会では，1990年から「見解のフォローアップのための特別報告者」が任命され，この報告者が当事国および通報者と連絡をとりつつ，委員会が見解のなかで要請した措置のフォローアップについて委員会に報告するという方法がとられている[43]。1994年には，手続規則の改正によって，この特別報告者はフォローアップ任務の行使のため適切な行動をとることができるとされている[44]。女性差別撤廃条約の手続規則もこうした先例を取り入れ，見解のフォローアップのための報告者または作業部会の任命について定めるとともに（規則73-4），この報告者または作業部会は当事国と適切な接触・行動をとり，かつ委員会によるさらなる行動のための勧告ができることを規定している（規則73-5）。

さらに，フォローアップに関して重要な点は，定期的な監視手続である国家報告制度とのリンクである。これは自由権規約委員会も活用してきた手法であり，同委員会の報告審議では，個人通報の事例で規約違反という見解が出されている国に対して，その後とった措置について質問を行うことがルーティン的

に行われている[45]。このため,自由権規約の下では,報告作成のためのガイドラインのなかに,個人通報制度において委員会が当該国の規約違反を認定した見解を出している場合に,それに関連してどのような措置がとられたかを説明する部分を含むべきであるとの一節が盛り込まれるに至っている[46]。議定書は,「委員会が適当と考える措置を含め,委員会の見解および勧告がある場合にはその勧告に応じて締約国がとった措置に関する追加的情報」を,条約18条に基づく締約国の報告書により提出するよう要請することができると明記した(7条5項)。

(2) 見解・勧告の法的意義に関連する論点

次に,見解のフォローアップというよりも見解の法的意義そのものに関連する付随的な論点であるが,個人通報制度という準司法的制度において見解・勧告を行う以上は,委員会が法的分析の面で一定の資質を有することが要請されることも指摘しておくべきであろう。現在のところ,女性差別撤廃委員会のメンバーのうち,自由権規約委員会等と比べても法律家の割合は決して多くない。もちろん,これは,法律家でないメンバーの方が重要性において低いということではない。女性差別は多くの場合,当該社会の根強い社会的,経済的,政治的,文化的諸要因と密接に絡み合っているから,そうしたさまざまな側面についての視点を提供する多方面の専門家が含まれていることはむしろ非常に望ましい。ただ,たとえば報告制度において委員会が採択している国別の総括所見にしても,他の条約機関のものと比べると非常に簡潔であり,改善の余地が大いにみられる。個人通報制度の導入に伴い,先例の蓄積による条約解釈の発展という観点からも,委員会の見解・勧告が締約国に真摯に受け止められ遵守されるためにも,レベルの高い法的分析のできる陣容を委員会が備えていることが今後重要になってくることは間違いないと思われる。

おわりに

　女性差別撤廃条約の発効からすでに20年以上を経過し，条約の国内的な普及には大きな進展（日本ではたとえば，条約批准に伴う男女雇用機会均等法の制定）もみられるものの，日本を含め世界各地では依然として根強い女性差別が広く存在し，条約の実施はまだ途上の課題である。人権条約における個人通報制度は，人権主体たる個人がみずから直接に条約機関に対し判定を求めることができるものである点で，条約上の客観的な権利保障が常に個人の主観的権利の側から試され続けることを可能にするという，他の国際的実施措置にはない重要な意義をもっている[47]。個人通報制度は，侵害の被害者にとって国際的な申立ての道を開くものであると同時に，それにとどまらず，個人の申立てを窓口として国内法の改廃や行政実務の変化等に影響し，結果的に当事国の条約実施の改善に大きく資することがありうるが[48]，個人のイニシアチブでそのように国家の条約実施を刺激し，促進することができることがこの制度の多大な利点なのである。議定書は2000年12月22日に発効したが，今後この個人通報制度が多くの締約国で活用されることが望まれる。また，多くの事例が処理されるにつれて，委員会の条約解釈を通して条約規範が明確化していくことも個人通報制度の重要な副産物であり，今後の展開が期待される。

注

1) Optional Protocol to the Convention on the Elimination of All Forms of Discrimination against Women, U.N. Doc. A/RES/54/4 (1999), Annex. 議定書の邦訳は，大沼保昭・藤田久一編集代表『国際条約集（2001年版）』（有斐閣，2001年）764頁以下に掲載のものに基本的に依拠したが，「女子」の部分を「女性」にする（公定訳が条約本体につき「女子」を用いていることによるが，正文がWomenであるのに対し，日本語の「女子」は不適切である）等の変更を加えた。

2) なお，経済的，社会的権利を含む普遍的人権条約としては，人種差別撤廃条約も個人通報制度を有し（14条），同条約の委員会がすでにこれを運用して

いる。しかし，人種差別撤廃条約では，5条（e）に例示された経済的，社会的および文化的権利の享有にあたって人種等による差別なく法律の前の平等を保障することが義務づけられているにとどまるのに対し，女性差別撤廃条約は，社会および家庭における男女の伝統的役割の変更による男女の完全な平等の達成を目指し（前文），女性に対して多岐にわたる経済的，社会的および文化的権利そのものを確保する義務を締約国に課している（10-14条）。

3）委員会の手続規則は，U.N. Doc. A/56/38, Annex I. 選択議定書に関する手続規則は，この中の第3部（56-75が個人通報手続に関するもの，76-91が調査手続に関するもの）として新たに追加された形になっている。第3部の邦訳は，「女子差別撤廃条約選択議定書手続規則」（西立野園子訳）『国際女性』15号（2001年）68頁以下。

4）*Views Submitted by Governments, intergovernmental and non-governmental organizations on the elaboration of a draft protocol to the Convention on the Elimination of All Forms of Discrimination against Women*, U. N. Doc. E/CN.6/1996/10, and Corr.1, and Add. 1 and 2, paras.48-49.

5）*Summary of exchange of views on elements contained in suggestion 7 held in the open-ended working group in 1996*, U.N. Doc. E/1996/26, Annex III, para.107.

6）U.N. Doc. E/1996/26, Annex III, *Appendix : Summary of presentations by, and exchange of views with, experts of the Human Rights Committee acting in their individual capacity*, paras.3-4.

7）*Additional Views of Governments, intergovernmental organizations and non-governmental organizations on an optional protocol to the Convention*, U.N. Doc. E/CN.6/1997/5, para.39.

8）U.N. Doc. E/CN.6/1997/5, para.48.

9）U.N. Doc. E/CN.6/1997/5, paras.43-44,50.

10）U.N. Doc. E/CN.6/1997/5, paras.50-52, 59-60.

11）権利概念における権利と義務の相関性については，申『人権条約上の国家の義務』（日本評論社，1999年）18-20頁を参照。

12）人権保障のための国家の多面的義務の枠組みと，そのコロラリーとしての司法的救済の可能性については，詳しくは同上，355頁以下を参照。本稿でも，1(2)で言及する。

13）M.G.E.Bijnsdrop, "The Strength of the Optional Protocol to the United Nations Women's Convention", *Netherlands Quarterly of Human Rights*, vol.18 (2000), p.342.

14) *Chairperson's summary of views and comments made by delegations during the negotiations on a draft optional protocol to the Convention on the Elimination of All Forms of Discrimination against Women in 1997*, U.N. Doc. E/1997/27, Appendix II, paras.16-18.
15) *Interpretative Statements on the draft optional protocol to the Convention on the Elimination of All Forms of Discrimination against Women*, U.N. Doc. E/1999/27, Annex II, Denmark.
16) U.N. Doc. E/1999/27, Annex II, Italy.
17) Communication No.4/1991, J.K.v. the Netherlands, U.N. Doc. A/48/18, Annex IV.
18) *Ibid*., paras.6.5-6.7.
19) 西立野園子「女子差別撤廃条約選択議定書―個人通報手続と調査手続の導入」『ジュリスト』1176号（2000年）76頁。
20) U.N. Doc. E/CN.6/1996/10, and Corr. 1, and Add. 1 and 2, para.50.
21) U.N. Doc. E/CN.6/1997/5, para.48.
22) *Chairperson's summary of views expressed and comments made by delegations during the negotiations on the optional protocol to the Convention on the Elimination of All Forms of Discriminations against Women in 1998*, U.N. Doc. E/1998/27, Appendix II, para.7.
23) *Interpretative Statements on the draft optional protocol to the Convention on the Elimination of All Forms of Discrimination against Women, op. cit.*, Austria.
24) *Ibid*., Canada.
25) *Ibid*., Costa Rica.
26) *Ibid*., Germany.
27) *Ibid*., Italy.
28) 詳しくは，申，前掲書，(注11)，355頁以下を参照。
29) 同上，360頁以下，およびそこにあげられている事例を参照。
30) 同上，324-325，および361頁。
31) Communication No.4/1991, *supra* note 17, paras.6.5-6.7.
32) General Recommendation 19, U.N. Doc. CEDAW/C/1992/L.1/Add.15, para.10.
なお，国家の義務，とりわけ私人間の人権侵害を防止・救済するという国家の義務については，行為の義務か結果の義務かという視点からの分析もありうるが，本章では紙面の制約もあり，別章に譲ることとしたい（申，前掲書，(注11)，360頁以下）。ここでは，人権条約機関の実行が共通に示している見解は，人権を確保する義務を負っている締約国は適切な立法によって権

利侵害を防止するとともに，権利侵害に対しては適切な行政措置をとる必要があるが，行政措置による権利の確保とは合理的な範囲でなしうるすべてのことを行うということであり，締約国がなしうる措置をすべてとったことを示せば，結果が失敗だったことのみをもって条約違反が認定されるわけではない，というものであることを記しておく（詳しくは同上，363頁）。

33) Bijnsdrop, *supra* note 13, p.339.
34) "The Maastricht Guideline on Violations of Economic, Social and Cultural Rights", *Human Rights Quarterly*, vol.20 (1998), paras.6, 14-15.
35) *Ibid.*, para.15.
36) General Comment No.3 (1990), para.2. U.N. Doc. E/1991/23, p.84. 邦訳は申「『「経済的，社会的及び文化的権利に関する委員会』の一般的意見」」『青山法学論集』第38巻第1号（1996年），97頁。
37) General Comment No.12 (1999), paras.14-19. U.N. Doc. E/C. 12/1999/5, pp.4-5. 邦訳は申「『「経済的，社会的及び文化的権利に関する委員会』の一般的意見（3）」」『青山法学論集』第42巻第2号（2000年）157-159頁。
38) 多谷千香子「第22・23回女子差別撤廃委員会の報告」『国際女性』14号（2000年）21-22頁。
39) 佐藤文夫「通報手続の展開」宮崎繁樹編集・翻訳代表『国際人権規約先例集─規約人権委員会精選決定集第2集』（東信堂，1995年）32-33頁。
40) 佐藤文夫「通報手続の概要」国際人権規約翻訳編集委員会編『国際人権規約先例集─規約人権委員会精選決定集第1集』（東信堂，1989年）35頁。
41) 多谷，前掲論文，（注38），22頁。
42) ヨーロッパ人権条約では，ヨーロッパ人権裁判所が条約違反を認定し，かつ当該締約国の国内法が部分的賠償しか認めていない場合には，必要な場合裁判所は被害者に公正な満足を与えなければならないと明記されており（41条），これに基づいて裁判所が具体的に金銭賠償を認定した事例も多数存在する（米倉由美子「ヨーロッパ人権裁判所による『公正な満足』としての宣言的判決の付与（一）」『筑波法政』第30号（2001年））。
43) U.N. Doc. A/45/40, vol.II, Annex XI, pp.205-206.
44) U.N. Doc. A/49/40, vol.I, pp.84, 111.
45) 申，前掲書，（注11），117頁および脚注を参照。
46) Revised Guideline for the preparation of State Party reports, part B, para.5.
47) この点につき，より詳しくは申，前掲書，（注11），55頁および脚注を参照。
48) 同上，56頁および脚注を参照。

（申　恵丰）

第4章　調査制度の検討

は じ め に

　1994年に女性差別撤廃委員会（CEDAW）の要請によりオランダのマーストリヒトで開かれた「女性差別撤廃条約選択議定書に関する専門家会議」[1]は，全24条から成る女性差別撤廃条約の選択議定書案[2]を採択し，この草案はその後に続くCSWやCEDAWでの選択議定書の審議のたたき台となった。同草案は，1条から10条までを個人通報制度（a communication procedure），11条から13条までを調査制度（an inquiry procedure）に充てている。

　成立した女性差別撤廃条約選択議定書（以下「CEDAW-OP」）は，マーストリヒト草案を継受しており，8条から10条を調査制度に充てている。条約上の委員会による調査制度は，1984年に国連で採択された拷問禁止条約（以下 CAT）20条にはじめて組み込まれたものである。同条約は，個人からの人権侵害の通報を待って調査が開始される個人通報制度と異なり，人権侵害（拷問）が系統的に行われていると十分疑うに足りる情報を拷問禁止委員会が受け取った場合，委員会が調査に着手する権限を規定している。締約国による人権侵害の度合いが深刻であればあるほど，個人通報が困難となることが予想されるため，調査制度は従前の国際的な人権保障の枠組みを深化させるものであるといえる[3]。他方で，委員会と対象国の不必要な政治的対立を招くおそれがあり，人的・財政的に委員会の資源が不足している現状での実効性に疑問がもたれ，CEDAWでの調査制度の審議の過程でもこれらの点について反対意見が出されている[4]。

　以下ではCEDAW-OPの調査手続について，必要な範囲でCAT中での調査

手続との異同に触れながら分析をする。なお本章では，CEDAW-OP の日本語訳として最も多く用いられている国連広報センターの非公式訳に依拠し，すでに批准されている CAT の日本語訳には外務省の仮訳を使用した。そのため英語原文では同じ用語であっても日本語として引用する際に訳文が異なっている場合がある。

1 調査手続の主体

調査手続の主体は，いずれの条約でも条約の監視機構としての委員会（CEDAW-OP では女性差別撤廃委員会，CAT では拷問禁止委員会）である。

2 調査の対象・契機

いずれの条約でも，調査の対象は締約国である。CEDAW-OP は「締約国による条約に定める権利の重大又は組織的な侵害を示唆する信頼できる情報を受理した場合」（If the Committee receives reliable information indicating grave or systematic violations by a State Party）を調査の契機としている。

これに対して，CAT では「いずれかの締約国の領域内における拷問の制度的な実行の存在が十分な根拠をもって示されていると認める信頼すべき情報を受領した場合」（if the Committee receives information which appears to it to contain well-founded indications that torture is being systematically practised in the territory of a State Party）とされていた。

さらに，1503手続が要件として「重大かつ組織的な」serious and systematic と規定していることとの対比において，どのような人権侵害についての情報があれば調査を開始するのか，について，CEDAW-OP 採択にあたり，CSW 作業部会で議論がなされた。当初は，1503手続にならい「重大かつ組織的な」権利の侵害とする意見が大勢を占めたが，より要件を緩和するために「重大または系統的な」serious or systematic にすべきであるとの主張がアフリカ，ラテン

アメリカなどから出された。最終的に日本が serious よりハイレベル（要件が厳しい）「重大な」grave を使用し，その代わりに and をやめて or とする妥協案を提出したところ，双方の受け入れるところとなった[5]。「重大または組織的な」という点について日本は解釈声明を出し，個々の偶発的な権利の侵害は対象にならない，としている[6]が，偶発的であれ「重大な」権利侵害が発生した場合に調査開始の要件ではないのか，疑問は残る。

3　調査の手続

　調査手続については，個人通報制度による通報の手続と併せて，手続規則が制定されている[7]。この手続規則は女性差別撤廃条約の既存の手続規則に対して新たに追加される形をとっている[8]。
　手続規則による調査の手法は次のようなものである。
（1）委員会は寄せられた情報に関する予備的検討を実施する（規則82）。検討の結果，受け取った情報が信頼でき，締約国による深刻ないし一貫した形態の侵害を示すと確信した場合には，当事国に対し一定の期限までにその情報に関する所見の提出を求めることができる（規則83，1項）。委員会は，締約国の代表，政府組織，NGO，個人から追加情報を受け取ることができる。
（2）委員会は，定められた期限内に，ひとりまたは複数の委員に調査報告書の作成を命じることができる（CEDAW-OP 8条2項前段，規則84）。十分な根拠および当事国の同意がある場合は，調査に同国領域への訪問を含めることができる（CEDAW-OP 8条2項後段，規則86，1および2項）。訪問についての当事国の同意は事務総長を通じて求める（規則86，2項）。
（3）当事国の同意があれば，委員会に任命された，メンバーが調査に関する事実認定のため訪問に聴聞を含めることができる（規則87，1項）。
（4）調査は極秘に行う（CEDAW-OP 8条5項）。

以上の手続はCAT20条とほぼ同様の内容になっている。しかしながら2002年12月の国連総会において成立したCATの選択議定書は、締約国の拘禁施設を当事国の同意なしで査察できることを規定し、条約機関としてのモニタリング機能を強化する内容となっている[9]。今後、CEDAW-OPの締約国が増えてくるにつれ、当事国の同意の要件の見直しがなされる可能性もあるが、締約国の委員会に対する信頼が大きな前提条件となるであろう。

4 調査の結果とフォローアップ

　委員会は調査の結果をコメントおよび勧告と共に、当事国に送付する（CEDAW-OP8条3項）。このコメント・勧告に関する当事国の実行を促すために、CEDAW-OPはフォローアップ手続を規定する。すなわち、当事国は、コメントおよび勧告を受け取ってから6カ月以内に委員会に見解を提出する（同8条4項）こととされ、さらに必要がある場合は、委員会は当事国に対し、上記6カ月の期間満了後も調査に応じて執った措置を知らせるよう要請できる（同9条2項）。

　委員会は、これら当事国によって執られた措置を、条約18条に基づく政府報告書に記載するよう促すことができる（CEDAW-OP9条1項）。

5 適用除外宣言

　調査制度は、個人通報制度に比較して、被害者の特定が困難な場合に有意義であり、また差別の根本的な原因に焦点を合わせることができるとして、多くの国の支持をえた[10]。他方で、委員会と当事国の間に十分な信頼関係のないときに、委員会が調査を開始することは当事国との間にいたずらに緊張・対立を招きやすいこと、委員会の人的・物的資源に限界があることなどから、審議の際に議長によって選択的適用除外宣言（いわゆるオプト・アウト方式）が提案された。これは各国に選択的に調査制度の適用を認めない宣言を認めるもので

あり，いわば選択議定書のなかのさらなる選択権を定めたものである。この点については，選択議定書そのものに留保を認めないこととの関連で議論の対象となり，また調査手続を受諾するための宣言をするオプト・イン方式にするのか，排除するための宣言をするオプト・アウト方式にするのかについても，意見が分かれたところであった。最終的には後者で合意がなされたが，軽部（注4の文献80頁）は，「…留保を全面禁止にするための直接の交換条件ではなかったが，留保ができないことで批准をためらう国を減らし，選択議定書への加入国を増やすために前42会期で起草された条文であった。これにより国連や人権NGOによる国家への過度な干渉を嫌う国々が懸念を和らげて議定書に加入するようになれば，締約国が委員会の調査を認めない宣言を付しても個人通報制度は必ず適用されるので，女性の人権保障という議定書の目的上，決してマイナスではない。」とその背景を説明している。

これに対して，CATでは留保自体が禁止されておらず，調査手続についても28条で留保できる旨を明示している[11]。

6　通報者の保護

CEDAW-OP11条は，締約国に対して「この議定書にしたがって委員会へ通報を行った結果として，虐待あるいは脅迫を受けないよう，あらゆる適切な措置を講じる」ことを規定する。この条文は個人通報制度，調査制度の双方を対象とするものである。1990年以来，人権委員会は通報者に対する報復の禁止に関する決議を繰り返し行い，本条文は人権条約としてはじめてその趣旨を明記したものである[12]。手続規則はさらにきめ細かく，「委員会は，締約国が第11条に基づく義務に違反したという信頼できる情報をえた場合は，関係締約国に，その問題と第11条に基づく義務が履行されるよう保障するためにとっている行動を明らかにする書面での説明もしくは意見を提出するよう求めることができる」という規定を置いている。

7 留　保

　個人通報制度をもつ既存条約で留保を禁止したものは存在しないが，本議定書は留保を禁止する規定を置いた（CEDAW-OP17条）。ただし，調査制度との関連では，上述のとおり，調査制度のみに関するオプト・アウト方式が採用されているので，留保の必要がなくなっている。

注

1) The Expert Group Meeting on the Adoption of an Optional Protocol to the Convention on the Elimination of All Forms of Discrimination against Women.
2) 草案全文は，*Brooklyn Journal of International Law*, vol.21, no.3 (1996) に掲載されている。
3) 拷問禁止条約全般については，アムネスティ・インターナショナル日本支部編，今井直監修『拷問等禁止条約―NGO が創った国際基準』（現代人文社，2000年）を参照。
4) Chairperson's Summary of 1997, para.58, 59. (E/1997/27CSW, Appendix II). これらの懸念が調査制度からのオプト・アウトを認める根拠となったと思われる。
5) 西立野園子「女子差別撤廃条約選択議定書―個人通報制度と調査制度の導入」『ジュリスト』1176号（2000年4月15日号）77頁。軽部恵子「女性差別撤廃条約選択議定書案の研究―国連女性の地位委員会第42-43会期の作業部会における討議を中心に」『桃山学院大学社会学論集』第33巻1号，77-78頁によれば，「1項の「深刻」(serious) を「重大な」(grave) に変更することによって，人権侵害の度合いを引き上げた。同時に，「かつ」(and) と「または」(or) の選択肢から「または」を残し，委員会が調査できる人権侵害を「重大」「系統的」「重大かつ系統的」の3種類に増やすことで作業部会は合意した」。
6) E/1999/27, E/CN.6/1999/10.
7) CEDAW/C/ROP.
8) したがって選択議定書に関する手続規則は規則56から規則91までであり，そのうち規則76から規則91までが調査手続に関連したものである。西立野園子教授による全文の訳が『国際女性』No.15（2001年）68-73頁に掲載されて

いる。
9) 加盟国の同意なしの査察制度を盛り込んだ CAT の選択議定書は，2002年7月に経済社会理事会に諮られ，賛成多数で可決された。同年12月の総会では賛成127,反対4（米国，ナイジェリア，パラウ，マーシャル諸島），棄権42で可決された。
10) 西立野，前掲論文，（注5），77頁。
11) CAT28条1項は「各国は，この条約の署名もしくは批准またはこの条約への加入の際に，委員会が第20条に規定する権限を有することを認めない旨を宣言することができる」と規定する。
12) 西立野，前掲論文，（注5），78頁。

（林　　陽子）

260　第Ⅲ部　女性差別撤廃条約選択議定書の分析

資料：女性差別撤廃

1. 個人通報制度
女性差別撤廃条約で保障されている権利が侵害されたとき通報し、救済を申し立てることができる制度

通報

提出 → 受理について検討 注2 → 受理 → 検討・審査 注4（非公開の会合） → 結果

必要により：暫定的措置の要請
注意の喚起（極秘）注3
事実関係・とった措置の説明書（6か月以内）
見解（勧告）
回答書 注5（6か月以内）

通報者
個人・個人の集団・代って通報する人（同意が必要）

注1　●文書・匿名でないこと　●国内救済手続きが尽くされていること

注1　ただし、そうした手続が不当に引き延ばされたり、効果的な救済の見込みがない場合は、この限りでは
注2　受理されない通報があることに注意
注3　受通報者が、身分を明らかにして良いというときにとれる措置
注4　委員会は、制度の実効性を担保するため、作業部会・特別報告者を任命することができる
注5　委員会の要請があれば、この後も講じた措置についての情報を提供する。条約の国家報告書への記載も

第4章 調査制度の検討

択議定書の2つの制度

2. 調査制度

女性差別撤廃条約に定める権利の、重大または組織的な侵害があるという信頼できる情報に対して、女性差別撤廃委員会が調査し、是正のための勧告をする制度

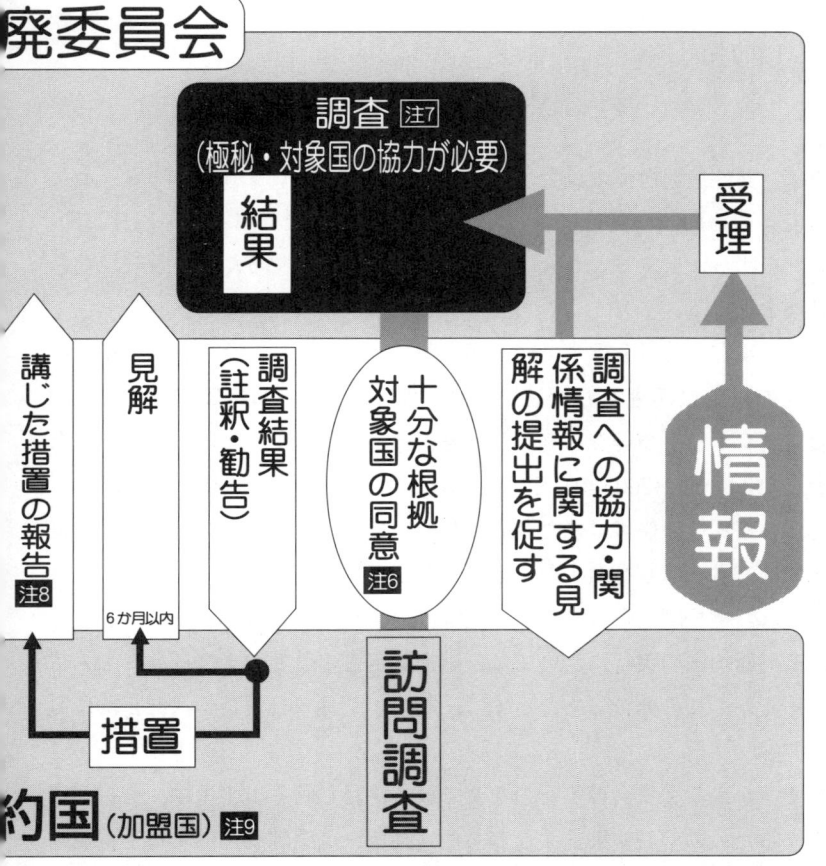

廃委員会

調査 注7
（極秘・対象国の協力が必要）
結果

受理

情報

調査への協力・関係情報に関する見解の提出を促す

講じた措置の報告 注8

見解

調査結果（註釈・勧告）

十分な根拠 対象国の同意 注6

6か月以内

措置

訪問調査

約国（加盟国）注9

---

6 締約国は、議定書の署名・批准・加入の際、委員会の調査権限を認めないことを宣言することができる
7 委員会は、調査のために1人または複数の委員を指名することができる
8 委員会は、6か月以降も、調査に対して講じた措置の通知を提出するように促すことができる
  また、講じた措置を条約の国家報告書に記載するように促すこともできる
9 2つの制度の利用は、いずれもその問題が議定書締約国に対するものであることが条件

国際女性の地位協会編『やさしく学ぼう女性の権利：女性差別撤廃条約と選択議定書』（尚学社、2003年）24－25頁（作成・中田美子）

第5章　委員会・締約国の実行と手続規則

はじめに

　ここでは，女性差別撤廃委員会（以下，委員会またはCEDAWと呼ぶ）と女性差別撤廃条約締約国の実行について，選択議定書の発効（2000年12月22日）以降の状況を明らかにするとともに，選択議定書を運用するための手続規則について考察を加える。

　2003年7月現在，委員会はすでに第29会期に入っており，その討議を終えている。同会期以前に開催された特別会期（2002年8月5日－23日）は，条約締約国の定期レポートの審査に終始し，選択議定書に関する問題を扱っていない。また，第28会期（2003年1月13日－31日），第29会期（2003年6月30日－7月18日）の正式な報告書は未だ公表されていない。したがって，委員会の実行については，もっぱら第24会期－第27会期を素材にして，具体的には，各会期で採択された選択議定書に関係する決議・提案その他を概観する。

　また，条約締約国の実行については，選択議定書の署名および批准・加入状況を分析するが，この分析にあたっては，2003年7月末日現在の状況を基にしている。

　ところで，かかる委員会の実行のなかで最も注目される出来事は，選択議定書を運用するための手続規則，すなわち個人通報・調査制度に関する手続規則の採択（第24会期）であった。そこで本章では，とくにこの手続規則の成立経緯・特徴，手続規則が今後運用される際に予想される問題点・改善点についても，言及したいと考える。

1 委員会の決議・提案と締約国の実行

(1) 委員会の決議・提案

各会期における選択議定書に関する決議・提案は，以下のとおりである。

(a) 第24会期（2001年1月15日－2月2日）[1]

選択議定書を実際に運用するための手続規則が採択された。同規則62に基づき，作業部会が設けられ，メンバーに Hanna Beate Shöpp-Schilling（議長），Aída González Martinez, Savitri Goonesekere, Fatima Kwaku, 多谷千香子の5名の委員が任命された。

(b) 第25会期（2001年7月2日－20日）[2]

女性の地位向上部（DAW）に対し，選択議定書に基づき提出される通報の登録のために，国連人権高等弁務官事務所（OHCHR）と同様の，非公開の電子データベースを設け，DAW でつくられるデータベースと OHCHR のデータベース間で情報交流が行われるための措置を講じるよう提案がなされた。DAW に対し，本件に関する進展を次会期で報告するよう要請がなされた。

選択議定書12条に基づき，国連総会に提出される委員会の年次報告書のなかに，第5章「選択議定書に関してとられた活動」が設けられた。これによると，前会期で設置された作業部会は，第25会期中に2回の会合をもち，通報の受領・審議の手順，議定書批准奨励のための国連の活動，通報モデルの作成について話し合った。委員会は，作業部会に対し，通報モデル案を作成し，第26会期までに委員に配布するよう要請した。

多谷千香子委員が委員を辞職したために，作業部会のメンバーとして新たに Feng Cui が任命された。

国連の内部機関と専門機関による報告書[3]のためのガイドラインが採択された。委員会はこのガイドラインで，国連の内部機関・専門機関に対し，選択議定書の批准を支援するためにみずからがとった活動を報告書に盛り込むよう要請した。

(c) 第26会期（2002年1月14日－2月1日）[4]

通報モデル―英文と日本語訳（筆者仮訳）については，本章の章末を参照されたい―が採択された[5]。

この通報モデルでは，通報者と被害者それぞれのパスポート／身分証明書番号，性別，配偶者／子どもの有無も記載事項とされているが，その他の点では，自由権規約の通報モデル[6]と大差ない。

(d) 第27会期（2002年6月3日－21日）[7]

選択議定書に関して，以下の勧告が行われた。

① DAWとOHCHRの協力

委員会はDAWと協力し，他の人権条約が規定する個人通報制度との連携に関するガイドラインを作成する。また，DAWとOHCHRの通報チーム（Petition Team）との制度上の協力関係を発展させ，さらに，OHCHRの支援サービス部門（Support Services Branch）内にCEDAWのための総合窓口を設置する。同窓口は，支援サービス部門が準備した通報の要約をジェンダーの観点をもって分析し，みずからの見解を通報データベースに入力し，関連条約機関の注意を喚起することを任務とする。

女性差別撤廃条約の個人通報の事務局は，DAWが務めることになる。従来より，国連のその他の個人通報制度にかかわる条約，すなわち，自由権規約，人種差別撤廃条約，拷問等禁止条約，移住労働者保護条約[8]の事務局は，OHCHRの通報チームである。上記のガイドラインが作成されれば，DAWと通報チームとの手続の整合性，情報の相互交流が促進されるであろう。

② 通報の処理手続

DAWは，今後受領する通報―明らかに根拠のない申立てや，処理されていない申立ても含めて―の内容と数について，作業部会に定期報告書を提出する。報告される通報には，DAWが直接受領したものに加えて，他の手続を経由して受領したもの，登録のために要約された，あるいは要約中のもの，DAWが受領したもののOHCHRに転送されたものが含まれる。

十分明白な情報を記した通報を受領した場合には，DAWは作業部会に要約

を提出する。作業部会がかかるケースを登録すべきか否かを決定する。

③ アウトリーチと調査

DAW は，条約と選択議定書に関するアウトリーチ活動を強化する。DAW はまた，選択議定書のいくつかの規定について，委員会のために報告書を準備する。すなわち，4条2項(a)の「同一の問題」および「他の国際的調査または解決手続の下」，ならびに同条項(e)の「通報の対象となった事実が，本議定書が発効する以前に発生している」の3点にかかわる報告書である。さらに，7条3項－5項に関して，フォローアップに関する関係締約国の説明責任，他の個人通報手続で勧告された救済内容，および関係締約国による委員会の見解の実施についても，報告書を準備する。

DAW が作成することになる上記の報告書を基にして，委員会は，他の国際手続に付託されている事件や議定書発効前の事件に関する自己の判断を決することになる。また，フォローアップに関しても，より具体的な方針を明らかにするであろう。

なお，委員会は本会期で，条約締約国の定期レポート作成ガイドラインの改定を決定した[9]。新ガイドラインのFでは，個人通報や調査手続の対象となった締約国は，個人通報と調査手続に関してみずからがとった措置を定期レポートに含めなければならないことが明記された。このことは，選択議定書（7条5項，9条1項），さらに手続規則（規則73-2・3, 90）にみられるように，これまでフォローアップに関する情報を定期レポートに含めるよう要請することができるとされていた措置が，一段と強い表現で，つまり義務として求められるようになったことを意味する。

（2）条約締約国の実行

2003年7月31日現在，選択議定書に署名した国の数は75カ国，批准・加入した国の数は54カ国である。このなかに，自由権規約第1選択議定書を署名も批准もしていない国が14カ国（アルバニア，バングラディシュ，ベリーズ，ブラジル，ブルンジ，カンボジア，キューバ，インドネシア，カザフスタン，ナイ

ジェリア，ソロモン諸島，タイ，東ティモール，トルコ）含まれていることは，注目に値する。

　署名および批准・加入状況を時系列で示した資料——本章の章末を参照されたい——をみると，国連女性2000年会議や国連ミレニアム・サミットの際に，多くの国々が署名や批准をしており，これらの会議が署名・批准を促進する絶好の機会となったことは明らかである[10]。

　ちなみに，委員会はこれまで，条約締約国の定期レポートの審査の際に，すでに署名や批准を行っている国に対しては称賛の意をあらわし，未署名・未批准の国には早期の署名・批准を促してきた。特別会期（2002年8月5日－23日）では，定期レポートの審査を受けた国11カ国のうち，すでに7カ国が，第28会期（2003年1月13日－31日）では8カ国のうち5カ国が，第29会期（2003年6月30日－7月18日）では8カ国のうち6カ国が，署名や批准・加入をすませていた。定期レポートの審査は一般に，選択議定書への署名や批准・加入に影響を及ぼしているのであろうか。

　選択議定書が採択された直後の第22会期から第29会期までをみてみると，この間に定期レポートが審査された国の数は，72カ国である。これらの国のうち，2003年7月31日までに選択議定書に署名した国は，36カ国，批准・加入した国は，28カ国である。定期レポート審査を受けた国の署名の割合は 36÷72＝50.00％，批准・加入の割合は 28÷72＝38.89％になる。2003年7月現在，条約の締約国は，174カ国であり，上記のとおり選択議定書に署名した国は，75カ国，批准・加入した国は，54カ国であるから，条約締約国における署名の割合は 75÷174＝43.10％，批准・加入の割合は 54÷174＝31.34％になる。これらの数字をみるかぎり，定期レポートの審査は選択議定書の署名や批准・加入に対して，決して大きいとはいえないが，影響を及ぼしていると看取することができる。

2 手続規則

(1) 成立までの経緯

　選択議定書は，1999年3月の女性の地位委員会第43会期で最終案が採択され，同年10月6日に国連総会で採択された。そして，2000年9月22日のイタリアの批准によって，同議定書16条1項が定める10カ国の批准国数という発効条件を満たし，3カ月後の12月22日に効力を生じた。

　選択議定書を実際に運用するための手続規則は，選択議定書14条「委員会は，みずからの手続規則を定め，この議定書によって与えられた権限を行使する際には，これに従う」に則り，CEDAWによって作成された。女性差別撤廃条約選択議定書では手続規則を制定する権限を明記したことで，権限に関する討議を避け，手続規則採択に向けて迅速な行動がとることができた。

　実際に，CEDAWでは，選択議定書が国連総会で採択された直後の第22会期（2000年1月―2月開催）で，Silvia Cartwright委員に対し，選択議定書の運用に関する提案を含むワーキング・ペーパーを準備するよう要請がなされた。第23会期（2000年6月開催）では，Cartwright委員が作成したワーキング・ペーパー（CEDAW/C/2000/II/WP.2）を基に，手続規則について討議が行われたが，最終決定には至らず，討議は次会期に継続して行われることになった。しかしながら，ドイツ政府の申し出を受けて，手続規則を検討するための会合が同年11月27―30日にベルリンで開かれ，そこで議論が詰められた結果，手続規則の最終草案が完成した。同草案は，第24会期（2001年1月―2月開催）において，変更を加えられることなく，正式に採択されるに至った。

　選択議定書のための手続規則は，「女性差別撤廃委員会の手続規則」に，第3部（規則56―規則91）として挿入された。

(2) 個人通報の処理過程

　手続規則の規定によると，個人通報は次のように処理されることになる。

(a) 通報の受領

受領した通報は，常設登録簿に記録され，要約された内容がサマリーリストに記載される（規則57)[11]。要約された内容は，定例の会期で委員に配布される（規則59)。

通報内容が不十分であるときは[12]，通報者に対し，次の事項に関する説明を期限内に提出するよう求めることができる（規則58-1)。すなわち，(a) 被害者の氏名，住所，生年月日，職業および身元の証明，(b) 通報が向けられた締約国名，(c) 通報の目的，(d) 申立ての事実，(e) 国内的救済措置を尽くすために通報者および／または被害者がとった手段，(f) 同一の事案が他の国際的調査または解決の手続において審議されている，あるいは審議された範囲，(g) 違反が主張される条約の規定など，である。これらの事項は，通報モデルの記載事項に含まれている。

(b) 締約国への通知

通報は受領されると，通報者の同意をえて身元を開示し[13]，可及的速やかに，かつ内密に関係締約国に連絡し，通報に関する回答を書面で提出するよう要請する（規則69-1)。かかる要請を受けてから6カ月以内に，関係締約国は，とられた救済措置とともに，受理可能性と本案に関する説明または意見を書面で提出しなければならない（規則69-3)。なお，関係締約国が通報の不受理を主張する場合には，上記の要請を受けてから2カ月以内に，その根拠を示す書面を提出しなければならない（規則69-5)。各当事者には，他の当事者による提出物が送付され，それに関して意見を述べる機会が与えられる（規則69-9)。

(c) 委員会による審議

通報は，原則として事務局が受領した順番で処理され（規則65)，委員によって検討されることになる。ただし，当該通報に個人的利害を有する委員，当該通報に含まれる事件に関する決定にかかわったことのある委員，ならびに関係締約国の国民である委員は，通報の審議に加わることはできない（規則60)。また，何らかの理由で委員自身が参加すべきでないと判断する場合には，審議

から辞退する旨を議長に通知する（規則61）。

　委員会は，円滑な審議を促すために5名以下の委員で構成される作業部会を必要に応じて設置し，また1名以上の報告者を指名することができる（規則62）。こうした作業部会と報告者が各通報を検討し，その結果を委員会に勧告する。

　委員会，作業部会または報告者は，通報の受領後から本案決定までのいかなるときにも，被害者に対する回復不可能な損害を回避するのに必要な暫定措置をとるよう，関係締約国に要請することができる（規則63）。

　通報の審議は，原則として非公開である（規則74）。

(d)　受理可能性の決定[14]

　委員会または作業部会は，選択議定書2条－4条にしたがい，通報の受理可能性について審議する（規則67, 72-4）。委員会は単純多数決により，作業部会は全委員の一致をもって受理可能性を決定する（規則64）。作業部会で全委員の一致で受理可能と決定されない場合は，委員会で決定される。

　通報内容に十分な情報が含まれていれば，関係締約国からの本案に関する説明や意見の提出を待たずに，受理可能性を判断する。委員会が不受理と決定した場合には，その決定と理由は可及的速やかに通報者と関係締約国に通知され（規則70-1），その決定に参加した委員は，個別的意見の要約を添付するよう求めることができる（規則70-3）。関係締約国が本案に関する説明や意見を提出する前に，受理可能と決定した場合には，その決定とすべての関連情報は関係締約国に通知され，その決定は通報者にも通知される（規則71-1）。

　その後，受理・不受理いずれの決定も，締約国，通報者，代理人から提出された説明，意見または要望書によって，見直され無効にされる可能性がある（規則70-2, 71-2）[15]。

(e)　見解と勧告の決定

　委員会または作業部会は，通報者と関係締約国から提出された，受理可能性と本案に関するすべての情報を他の当事者に送付し，それらの情報と必要な場合には国連機関その他の機関の文書や情報を検討したうえで，見解と勧告を作成し，委員会の単純多数決で見解と勧告を決定する。見解と勧告は，通報者と

関係締約国に送付される(規則72-1・2・5)。その決定に参加した委員は,個別的意見の要約を添付するよう求めることができる(規則72-6)。

(f) フォローアップ

関係締約国は,見解の提示後6カ月以内に,見解と勧告に関してとった行動を含めて,委員会に書面で回答を提出しなければならない(規則73-1)。委員会はその後も関係締約国に対し,さらなる情報の提出を要請することができ,また,かかる情報を条約実施に関する定期レポートに含めるよう要請することもできる(規則73-2・3)[16]。委員会は,締約国による見解と勧告の実施を確認するために,特別報告者を指名し,または作業部会を設置しなければならない(規則73-4)。かかる特別報告者や作業部会は,フォローアップに必要な接触と行動をとることができ,必要であれば,さらなる行動をとるよう委員会に勧告する。特別報告者と作業部会の活動内容は,定期的に委員会に報告される(規則73-5・6)。委員会は,年次報告書にフォローアップに関する活動を記載しなければならない(規則73-6)。

(3) 調査手続の過程

手続規則によると,調査手続は次のように行われる。

(a) 情報の受領

委員会が受領した情報は,常設登録簿に記載され,必要な場合には,要約された内容が委員に配布される(規則78,79)。提出された情報は,委員会による検討を目的としていることが明示され,あるいはそう判断されるものでなければならない(規則77)。なお,匿名による情報を排除する規則はないので,匿名によるものも許されると解釈することができる[17]。

(b) 情報の検討

委員会はまず,情報の内容と情報源の信頼性を確認する(規則82)。すなわち,「締約国による条約に定める権利の重大なまたは組織的な(grave or systematic)侵害を示唆する信頼できる情報」(議定書8条)であるか否かを判断する。組織的な侵害には侵害の継続性が含まれるが,「または(or)」という文言

から，単発であっても重大な侵害であれば，要件は満たされる。

信頼性が確認できた場合，委員会は，関係締約国に対し，情報に関する所見を期限内に提出するよう要請する。委員会は，関係締約国の代表，政府組織，NGO あるいは個人からの追加情報を受け取り，国連機関に文書を要求することもできる（規則83-1-3・5）。情報を調査し一定期限内に報告書を作成するよう，1名以上の担当委員を指名することができる（規則84-1）。

調査は秘密に行われ，会合は非公開である（規則80,81）。ただし，委員会の年次報告書には，調査活動の概要が盛り込まれる（議定書12条）。なお，年次報告書が出される前に，委員会は，その概要について関係締約国と協議することができる（規則80-2）。

(c) 訪問と聴聞

委員会は，十分な根拠がある場合には，関係締約国を訪問し，関係者を聴聞することができる。これには，当事国の同意をえていることが条件となる（規則86,87）。なお，委員会の調査や聴聞に協力した個人が，虐待や脅迫を受けることのないよう，委員会は締約国に対し，適切な措置をとるべき旨を通知する（規則87-4）。

(d) 調査結果

委員会は，担当委員が提出した調査結果を審議した後，調査結果を意見や勧告とともに関係締約国に送付する（規則89-1）。

(e) フォローアップ

関係締約国は，その後6カ月以内に，委員会の調査結果，意見，勧告に対する所見を提出しなければならない（規則89-2）。委員会はその後も関係締約国に対し，さらなる情報の提出を要請することができ，条約実施に関する定期レポートに情報を含めるよう要請することもできる（規則90）[18]。

(4) 特　徴

(a) 通報処理の迅速化

通報処理の迅速化を図るため，自由権規約の手続規則[19] にならい，受理可

能性と本案の審議が原則として同時並行で行われるほか[20]，本手続規則では，関係締約国による通報に関する書面については6カ月以内，通報の拒否を主張する書面については2カ月以内というように，書面の提出期限が明示されている。

これまでの個人通報制度が抱える問題点の1つは，通報受領から最終見解の決定までに時間がかかりすぎることであった。たとえば，自由権規約第1選択議定書の場合，平均で4年かかっており，不受理の決定についても，それまでに要する時間は平均で2.5年であった[21]。なぜこのように時間がかかるのか。その理由として，書面の提出期限の曖昧さが指摘できよう。すなわち，関係締約国に対し期限が厳格に課されないこと，期限に関する規則が守られないこと，期限が定められてもその延長を求めてくること，さらには期限の延長の要求は通常受けいれられること，期限の延長は通報者に知らされないことが指摘されていた[22]。本選択議定書手続規則では，その条文のなかで具体的な期限が設定されたことによって，期限遵守の重要性が明確にされた。このことは，関係締約国さらには委員会自身にとっても，通報処理の迅速化に向けて抗しきれない圧力となるであろう。

とはいえ，関係締約国から返答がえられない可能性は否定できない。自由権規約第1選択議定書の場合，規約人権委員会からの何らかの情報・資料の提出要請に対し，これを無視するなど非協力的態度がとられたときは，そうした態度をとった関係国には決してよい結果はもたらされないという先例が定着しているようである[23]。CEDAWも，かかる先例を大いに参考にすべきであろう。

(b) 手続の秘密性・非公開

手続の秘密性・非公開についても，本手続規則は，個人通報に関しては自由権規約の手続規則[24]にならって規則74で，調査手続に関しては拷問等禁止条約の手続規則[25]にならって規則80および81で，それぞれの秘密性・非公開に関する規定を置いている。

とりわけ，個人通報の秘密性に関する規則74は，次のとおり詳細である。すなわち，審議の非公開（規則74-1），要約・サマリーリストを含むすべての

作業文書の秘密性（規則74-2），見解が提示される以前の通報，提出物その他の情報の非公開（規則74-3），通報者や被害者の名前と身元の非公表の可能性(規則74-4・5），通報者や関係締約国の守秘の可能性（規則74-6），を規定する。

ただし，通報者と被害者の名前と身元を公表しないとする要請と決定にしたがいつつも，受理可能性，本案および審議停止に関する委員会の決定は公表し（規則74-8），審議された通報の要約，関係締約国の説明・意見および委員会の提案・勧告の要約は，年次報告書に記載される（規則74-10）。フォローアップに関しては，原則として秘密とはされない（規則74-11）。また，委員会は，報道機関と一般社会向けにコミュニケを発表することができる（規則75）。

個人通報の秘密性・非公開が原則とされたのは，委員会の判断が未確定の段階では，通報を公開することによって関係締約国に国際的な圧力をかけるよりも，被害者であると主張する者あるいは通報者のプライバシーと安全を確保することが優先されたためと考えられる。したがって，委員会の判断が確定した段階では，非公開を正当化する理由はなくなったとみるべきである。委員会の最終決定については，手続規則に明示の規定がなくとも，早期に公表されると解されるべきである[26]。

調査手続でも，すべての文書と委員会の措置は秘密とされるが，年次報告書に調査活動の概要を含めるとされ，最終的には公表される（議定書12条）。拷問等禁止条約では，年次報告書で調査活動が常に公開されるわけではなく，公開される場合も，関係締約国と協議することが前提条件となっている（拷問等禁止条約20条5項，同手続規則84）[27]。調査が秘密に進められ，年次報告書でもその活動の報告がないとすれば，調査を要請した個人や団体でさえ，調査が開始されたこと，場合によっては調査が終了したことも知らないという事態が生じうる[28]。この点，女性差別撤廃条約の調査手続では，上記のとおり，年次報告書に調査活動の概要を含めることが求められており，その際に締約国と協議することは条件とされていない（規則80-2）ので，若干ながら改善がみられる。ちなみに，拷問等禁止条約がとる非公開原則が，調査制度の実効性を阻

害しているという指摘もある[29]。調査手続では匿名による情報提供も可能であり，情報提供者のプライバシーと安全は確保されている。それゆえに，手続を公開することにより関係締約国に圧力をかける方が得策と考えられる場合は積極的に公開してよいのではないかと思われる。

(c) 見解のフォローアップ

本手続規則は，当初からフォローアップに関する規定を置いている（規則73, 90）。選択議定書は，関係締約国に対し，委員会の見解と勧告の適正な検討（due consideration），6カ月以内の回答書の提出，条約実施に関する定期レポートでの情報提供を規定するが（7条），手続規則はこれに加えて，特別報告者の指名または作業部会の設置の必要性，委員会のさらなる行動の可能性にも言及した規定を置いている。

自由権規約第1選択議定書の場合，関係締約国が委員会の見解のなかで示された措置を実施しない事態が続いたため，フォローアップについて工夫と改善を進め，フォローアップ[30]と特別報告者[31]に関する規定を手続規則に追加するに至った。それにとどまらず，規約人権委員会では，フォローアップに関する情報提供を行った国と行わなかった国のリストを作成すること，情報提供を督促すること，フォローアップに関するコミュニケを毎年発行すること，NGOからの情報を歓迎することを決定している[32]。CEDAWにおいても，関係締約国が委員会の勧告を実施しない事態が続けば，さらなる厳しい措置の導入が考慮されて然るべきであろう。

個人通報に関するCEDAWの判断は，規約人権委員会のそれと同様，個人の救済を目指した具体的な内容になることが予想される[33]。そうした具体的な見解・勧告が示されてこそ，個人通報と調査の両制度は存在意義をもつことになるが，さらに，厳格なフォローアップ措置の採用によって，両制度が個人に与えるメリットが現実のものとなることを期待したい[34]。

おわりに

　手続規則と通報モデルが迅速に作成されたことは高く評価されてよい。とはいえ，通報権者としてNGOが明記されなかったことは，期待されていた分，失望も大きく，また，関係締約国の管轄の下にないNGOに通報を認める可能性についても，CEDAWで合意があったにもかかわらず[35]，これが明記されることはなかった。いずれにせよ，手続規則と通報モデルの成立によって，個人通報・調査制度を運用するための最低条件は整った[36]。しかしながら，他の個人通報手続の下で通報処理が迅速に行われておらず，このことが大きな問題となっていることに留意する必要がある。本章で言及した以外の原因として，たとえば，翻訳者の不足[37]，地理的配分に十分な配慮を欠いた作業部会の構成，委員の法律に関する知識不足などをあげることができよう。CEDAWには，これらの点を踏まえて，迅速な通報・情報処理に取り組むよう，最大限の努力を傾けてもらいたい。

注

1) 同会期の活動内容については，U.N. Doc. A/56/38 (Part I)参照。
2) 同会期の活動内容については，U.N. Doc. A/56/38 (Part II)参照。
3) CEDAWの各会期には，ユネスコ，FAO，ILOなどの機関が女性差別撤廃条約に関連する自己の活動について報告書を提出している。
4) 同会期の活動内容については，U.N. Doc. A/57/38 (Part I) 参照。
5) 委員から，ガイドラインと通報モデルは早急に必要であり，形式にすぎないので議論をせず即刻採決すべきだという強い主張があり，ガイドライン・通報モデル案は議論されることなく採択された。斎賀富美子「第26・27回女子差別委員会報告」『国際女性』第16号（2002年）21-22頁。
6) この通報モデルは，さまざまな文献・資料で紹介されている。たとえば，女性差別撤廃条約手続規則草案（U.N. Doc. CEDAW/C/2001/I/4）の添付資料を参照。
7) 同会期の活動内容については，U.N. Doc. A/57/38 (Part II)を参照。
8) この点については，2001年の人権条約機関議長会議でも確認されている。

U.N. Doc. HRI/MC/2001/Misc.2. なお,移住労働者保護条約は,2003年7月1日に発効した。
9) 改定されたガイドラインは, U.N. Doc. A/57/38 (Part II) annex や DAW のホームページ, at http://www.un.org/womenwatch/daw/cedaw/reporting.htm を参照。
10) 女性の地位委員会第44会期開催時の NGO の会合で,国連女性2000年会議の際に選択議定書の署名式を開くことが提案されていたが,実現には至らなかった。この点につき,山下泰子「女性差別撤廃条約選択議定書の採択後の状況」『国際女性』第14号(2000年)76頁を参照。この提案が実現していれば,さらに多くの国が署名していたものと思われる。
11) 上記のとおり,CEDAW は第27会期で通報の受領・要約・登録について決定した。それによれば,DAW が直接あるいは間接的に受領した通報のうち,十分な情報を含むものについては,その要約を作業部会に提出する。かかる通報の登録に関しては,作業部会が決定することになる。
12) 自由権規約の個人通報では,通報内容が不十分とされるケースは多い。受領した通報のうち,25%が通報の目的が不明確,50%が違反する条文が不明確,50%が申立て事実が不明確,75%が国内的救済措置についてまったく言及がないという。Anne F. Bayefsky, "The UN Human Rights Treaty System : Universality at the Crossroads", (2001), p.30, at http://www.yorku.ca/hrights/Report/findreport.pdf 参照。
13) 人種差別撤廃条約にも類似の規定があるが(14条6項(a)),1997年1月までの時点で,通報者が身元の開示を拒否したケースはなかった。Report of the Secretary-General, Comparative Summary of Existing Communications and Inquiry Procedures and Practices under International Human Rights Instruments and under the Charter of the United Nations, U.N. Doc. E/CN.6/1997/4, paras. 72-73.
14) 受理可能性の決定と下記の本案の審議は,原則として同時に並行して行われる。多谷千香子「個人通報制度に関する女子差別撤廃条約選択議定書の発効について」『ジュリスト』1199号(2001年)42頁を参照。さらに,この点を示唆する資料として, "How to Complain About Human Rights Treaty Violation : The Committee on the Elimination of Discrimination Against Women-Description", at http://www.bayefsky.com/complain/37_cedaw.php?pf=1参照。もっとも,手続規則72-4が明記するとおり,受理可能であることは,本案決定の前提条件である。
15) 通報不受理の決定の見直しは,主に国内的救済手続の未完了を理由に受理

されなかった通報について，後に国内的救済手続が完了したために不受理とする理由がなくなった場合が想定されている。多谷，前掲論文，（注14），43頁参照。
16) 上記のとおり，CEDAW第27会期で採択された定期レポート作成のための改定ガイドラインで，定期レポートでの情報提供は義務づけられた。
17) "How to Complain About Human Rights Treaty Violations : The Investigative Mechanisms", at http://www.bayefsky.com/complain/46_investigations.php? pf=1参照。
18) 前掲（注16）参照。調査手続に関しても，定期レポートでの情報提供は義務づけられた。
19) 自由権規約手続規則91-2。
20) 前掲（注14）参照。
21) Bayefsky, *supra* note 12, p.25.
22) *Ibid*.
23) 宮崎繁樹編『国際人権規約先例集―規約人権委員会精選決定集第2集』（1995年）参照。
24) 自由権規約手続規則96，97。これらは，何度かの改正を重ねた末，本手続規則の基となる秘密性に関する規定となるに至った。
25) 拷問等禁止条約の手続規則も改正を重ねているが，2001年の改正手続規則（U.N. Doc. CAT/C/3/Rev.4）でも規則72で手続の非公開が規定されている。
26) 自由権規約の1997年の改正前の手続規則では，委員会の通報不受理の決定と本案に関する最終決定に関しては，当事者に送付された後「間もなく」公表するとされていたが，最新の手続規則にこうした規定はなく，また，拷問等禁止条約の手続規則にもこうした規定はない。しかし実際には，年次報告書に先立って公表されている。たとえば，OHCHRは自由権規約委員会第76会期（2002年10月14日-11月11日開催）と拷問禁止委員会第29会期（2002年11月11日-22日開催）での個人通報に関する決定を同年12月24日づけのプレスリリースで公表している。OHCHRのホームページ（at http://www.unhchr.ch）参照。
27) 拷問等禁止条約の1993年度以降の年次報告書では，1994年度（U.N. Doc. A/49/44）1件，1995年度（A/50/44）1件，1996年度（A/51/44）1件，1999年度（A/55/44）1件，2000年度（A/55/44）1件，2001年度（A/56/44）1件，2002年度（A/57/44）1件の調査内容と結論が含まれているが，1993年度，1997年度，1998年度の年次報告書ではそれまでの会期で調査手続にあてられた会合数だけが明らかにされている。
28) "How to Complain About Human Rights Treaty Violations : The Investigative

Mechanisms", *supra* note 17.
29) 今井直「拷問等禁止条約の意義,その運用の実際,ヨーロッパ拷問禁止条約との異同について」, *at* http://www.jca/apc.org/cpr/nl14/imai.html 参照。
30) U.N. Doc. A/45/40, annex XI.
31) U.N. Doc. A/49/40, Vol. 2, annex XI.
32) U.N. Doc. A/49/40, Vol. 1, para. 466. 規約人権委員会のフォローアップについては,佐藤文夫「自由権規約個人通報制度の現状と若干の評価」『国際法外交雑誌』第98巻第1・2合併号(1999年6月)80-93頁,阿部浩己・今井直・藤本俊明『テキストブック国際人権法(第2版)』(2002年)147-148頁を参照。
33) 多谷,前掲論文,(注14),45頁は,「通報は,賃金や配置・昇進などについての事実上の差別について国家の不作為を取り上げ,最終見解は,"通報者は事実上賃金差別を受けており,通報者らに対する賃金差別は CEDAW に違反する"といった当該通報者の救済を内容とした具体的なものになると思われる。つまり,単に,"事実上の賃金格差を是正する適正な措置をとるべきである"といった一般的な見解ではレポート審査に当たっての CEDAW のコメント(concluding comment)と何ら異ならないからである。」としている。
34) 多谷,前掲論文,(注14),45頁,山下泰子「女性差別撤廃条約採択後の国際人権の展開」『ジュリスト』1237号(2003年)42頁参照。
35) 多谷,前掲論文,(注14),44頁参照。Cartwright 委員が作成したワーキング・ペーパー(CEDAW/C/2000/II/WP.2)では,この旨が規定されていた。多谷千香子「個人通報制度の法的課題—女子差別撤廃条約選択議定書「手続き規則」をめぐって」『ジュリスト』1185号(2000年)76頁参照。
36) CEDAW 第27会期開催時点で,個人通報は1件も受領されていない。斎賀,前掲論文,(注5),25頁。
37) CEDAW の公式言語はアラビア語,中国語,英語,フランス語,ロシア語,スペイン語の6カ国語である(手続規則24)。自由権規約では公式言語は同様の6カ国語,作業言語はそのうちの中国語を除く5カ国語とされている(自由権規約手続規則28)。OHCHR には1,300件のロシア語による通報,700件のその他の言語による通報が寄せられているということであるが,OHCHR の通報チームには,ロシア語を理解するのは短期契約職員1名だけで,アラビア語にいたっては,理解できる職員はまったくいないため,他の部署の職員が臨時で手伝っている状況だという。Bayefsky, *supra* note 12, p.31, Review of Recent Development to the Work of the Treaty Bodies Status of the Annual Appeal 2001, U.N. Doc. HRI/MC/2001/2.

(山下由紀子)

資料1：女性差別撤廃条約選択議定書　署名および批准・加入状況
署名国：75カ国，締約国：53カ国

(2003年7月31日現在)

年月日	署名国(批准日)	批准国	国際会議など，CEDAW審査レポートの ゴチックは署名／批准国
1999年12月10日	セネガル (2000年5月26日)		女性差別撤廃条約選択議定書署名式
	デンマーク (2000年5月31日)		
	フランス (2000年6月9日)		
	オーストリア (2000年9月6日)		
	イタリア (2000年9月22日)		
	ボリビア (2000年9月27日)		
	フィンランド (2000年12月29日)		
	チェコ (2001年2月26日)		
	アイスランド (2001年3月6日)		
	コスタリカ (2001年9月20日)		
	リヒテンシュタイン (2001年10月24日)		
	ドイツ (2002年1月15日)		
	ギリシャ (2002年1月24日)		
	エクアドル (2002年2月5日)		
	ノルウェー (2002年3月5日)		
	メキシコ (2002年3月15日)		
	オランダ (2002年5月22日)		
	スウェーデン (2003年4月24日)		
	ルクセンブルク (2003年7月1日)		
	ベルギー		
	チリ		
	コロンビア		
	スロベニア		

第Ⅲ部　女性差別撤廃条約選択議定書の分析

12月28日	パラグアイ (2001年5月14日)		CEDAW22会期（1／17～2／4）（審査レポート：ベラルーシ，ブルキナ・ファソ，コンゴ民主共和国，ドイツ，インド，ヨルダン，ルクセンブルク，ミャンマー）
2000年2月16日	ポルトガル (2002年4月26日)		
2月24日	ガーナ		
2月28日	アルゼンチン		CSW44会期（2／28～3／17）国連女性2000年会議会準備委員会
	インドネシア		
3月14日	スペイン (2001年7月6日)		
	ドミニカ (2001年8月10日)		
3月17日	キューバ		
	ベネズエラ (2002年5月13日)		
3月21日	フィリピン		
4月3日	マケドニア		
5月9日	ウルグアイ (2001年7月26日)		
5月19日	ナミビア (2000年5月26日)		
5月25日	ベニン		
5月26日		セネガル	
		ナミビア	
5月31日		デンマーク	
6月5日	スロバキア (2000年11月17日)		国連女性2000年会議（6／5～9）
	クロアチア (2001年3月7日)		
6月6日	アゼルバイジャン (2001年6月1日)		
	ブルガリア		
6月9日	パナマ (2001年5月9日)		
		フランス	
6月14日	タイ (2000年6月14日)	タイ	CEDAW23会期（6／12～30）（審査レポート：オーストリア，カメルーン，キューバ，イラク，リトアニア，モルドバ，ルーマニア）
9月6日	バングラデシュ (2000年9月6日)	バングラデシュ	国連ミレニアム・サミット（9／6～8）
	カザフスタン (2001年8月24日)		
	レソト		
	ルーマニア		
	サントメ・プリンシペ		
		オーストリア	

第5章 委員会・締約国の実行と手続規則 *281*

9月7日	アイルランド (2000年9月7日)	アイルランド	
	ニュージーランド (2000年9月7日)	ニュージーランド	
	モンゴル (2002年3月28日)		
	グアテマラ (2002年5月9日)		
	ボスニア・ヘルツェゴビナ (2002年9月4日)		
	マダガスカル		
	マラウイ		
	タジキスタン		
	ウクライナ		
9月8日	リトアニア		
	ナイジェリア		
	シエラレオネ		
	トルコ (2002年10月29日)		
9月12日	ギニア・ビサウ		
9月22日		イタリア	
9月27日		ボリビア	
11月17日		スロバキア	
12月5日		マリ	
12月22日	ペルー (2001年4月9日)		
		ハンガリー	
12月29日		フィンランド	CEDAW24会期（1／15～2／2）（審査レポート：ブルンジ、エジプト、フィンランド、ジャマイカ、**カザフスタン**、モルディブ、**モンゴル**、ウズベキスタン）
2001年2月8日	キプロス (2002年4月26日)		
2月26日		チェコ	
3月6日		アイスランド	CSW45会期（3／6～16）
3月7日		クロアチア	
3月13日	ブラジル (2002年6月28日)		
4月4日	エルサルバドル		
4月9日		ペルー	
5月8日	ロシア		
5月9日		パナマ	CSW45会期（5／9～11）
5月14日		パラグアイ	
6月1日		アゼルバイジャン	
7月6日		スペイン	CEDAW25会期（7／2～20）（審査レポート：**アンドラ**、ギニア、ガイアナ、**オランダ**、ニカラグア、シンガポール、**スウェーデン**、ベトナム）
7月9日	アンドラ (2002年10月14日)		

7月26日		ウルグアイ	
8月10日		ドミニカ	
8月24日		カザフスタン	
9月20日		コスタリカ	
10月24日		リヒテンシュタイン	
11月11日	カンボジア		
	モーリシャス		
11月13日	ブルンジ		
11月16日	ブルキナ・ファソ		
12月18日	ネパール		
2002年1月15日		ドイツ	CEDAW26会期（1／14～2／1）（審査レポート：エストニア，フィジー，アイスランド，ポルトガル，ロシア，スリランカ，トリニダード・トバゴ，ウルグアイ）
1月24日		ギリシャ	
2月5日		エクアドル	
3月5日		ノルウェー	CSW46会期（3／4～15）
3月15日		メキシコ	
3月28日		モンゴル	
4月26日		ポルトガル	
		キプロス	
4月29日	ベラルーシ		
5月6日		ソロモン諸島	
5月9日		グアテマラ	
5月13日		ベネズエラ	
5月22日		オランダ	CEDAW27会期（6／3～21）（審査レポート：ベルギー，デンマーク，セントクリストファー・ネイビス，スリナム，チュニジア，ウクライナ，ザンビア）
6月28日		ブラジル	
7月22日	セーシェル		
		キルギスタン	
7月30日		グルジア	CEDAW特別会期（8／5～23）（審査レポート：アルゼンチン，アルメニア，バルバドス，チェコ，ギリシャ，グアテマラ，ハンガリー，メキシコ，ペルー，ウガンダ，イエメン）ヨハネスブルク・サミット（8／26～9／4）
9月4日		ボスニア・ヘルツェゴビナ	
10月14日		アンドラ	
10月15日		スリランカ	
10月18日		カナダ	
10月29日		トルコ	CEDAW28会期（1／13～31）（審査レポート：スイス，ケニア，アルバニア，ノルウェー，エルサルバドル，ルクセンブルク，カナダ，コンゴ共和国）CSW47会期（3／3～13）
12月9日		ベリーズ	
2003年4月16日		東ティモール	
4月24日		スウェーデン	
6月23日		アルバニア	
7月1日		ルクセンブルク	CEDAW29会期（6／30～7／18）（審査レポート：ブラジル，コスタリカ，エクアドル，フランス，日本，モロッコ，ニュージーランド，スロベニア）
7月31日		セルビア・モンテネグロ	

出典：*At* http://www.un.org/womenwatch/daw/cedaw/

資料 2 ： Guidelines for submission

The following questionnaire provides a guideline for those who wish to submit a communication for consideration by the Committee on the Elimination of Discrimination against Women under the Optional Protocol to the Convention on the Elimination of All Forms of Discrimination against Women. Please provide as much information as available in response to the items listed below.

Send your communication to :

Committee on the Elimination of Discrimination against Women

c/o Division for the Advancement of Women, Department of Economic and Social Affairs

United Nations Secretariat

2 United Nations Plaza

DC-2/12th Floor

New York, NY 10017

United States of America

Fax : 1-212-963-3463

1. Information concerning the author(s) of the communication
- Family name
- First name
- Date and place of birth
- Nationality/citizenship
- Passport/identity card number (if available)
- Sex
- Marital status/children
- Profession
- Ethnic background, religious affiliation, social group (if relevant)
- Present address

- Mailing address for confidential correspondence (if other than present address)
- Fax/telephone/e-mail
- Indicate whether you are submitting the communication as :

  —Alleged victim(s). If there is a group of individuals alleged to be victims, provide basic information about each individual.

  —On behalf of the alleged victim(s). Provide evidence showing the consent of the victim(s), or reasons that justify submitting the communication without such consent.

2. **Information concerning the alleged victim(s) (if other than the author)**
   - Family name
   - First name
   - Date and place of birth
   - Nationality/citizenship
   - Passport/identity card number (if available)
   - Sex
   - Marital status/children
   - Profession
   - Ethnic background, religious affiliation, social group (if relevant)
   - Present address
   - Mailing address for confidential correspondence (if other than present address)
   - Fax/telephone/e-mail

3. **Information on the State party concerned**
   - Name of the State party (country)

4. **Nature of the alleged violation(s)**

   Provide detailed information to substantiate your claim, including :

- Description of alleged violation(s) and alleged perpetrator(s)
- Date(s)
- Place(s)
- Provisions of the Convention on the Elimination of All Forms of Discrimination against Women that were allegedly violated. If the communication refers to more than one provision, describe each issue separately.

5. Steps taken to exhaust domestic remedies

Describe the action taken to exhaust domestic remedies; for example, attempts to obtain legal, administrative, legislative, policy or programme remedies, including :
- Type(s) of remedy sought
- Date(s)
- Place(s)
- Who initiated the action
- Which authority or body was addressed
- Name of court hearing the case (if any)
- If domestic remedies have not been exhausted, explain why.

Please note : Enclose copies of all relevant documentation.

6. Other international procedures

Has the same matter already been examined or is it being examined under another procedure of international investigation or settlement? If yes, explain :
- Type of procedure(s)
- Date(s)
- Place(s)
- Results (if any)

Please note : Enclose copies of all relevant documentation.

7. Date and signature

Date/place : _____

Signature of author(s) and/or victim(s)：

_____

8. List of documents attached (do *not* send originals, only copies)
通報提出のガイドライン

以下の質問は，女性差別撤廃委員会による審議のための通報の提出希望者のためのガイドラインである。下記の事項に答え，可能な限り多くの情報を提供してください。

通報の送付先
Committee on the Elimination of Discrimination against Women
c/o Division for the Advancement of Women, Department of Economic and Social Affairs
United Nations Secretariat
2 United Nations Plaza
DC-2/12th Floor
New York, NY 10017
United States of America
Fax : 1-212-963-3463

1. 通報者に関する情報
   ・姓
   ・名
   ・生年月日および出生地
   ・国籍／市民権
   ・パスポート／身分証明書番号（可能であれば）
   ・性別
   ・配偶者／子どもの有無
   ・職業

・民族的背景，信仰する宗教，社会集団（関連があれば）
・現住所
・内密の通信のための連絡先住所（現住所と異なる場合）
・ファックス／電話／e-mail
・次のどちらに該当するかを明示する
－被害者であると主張する者。被害者であると主張する個人の集団である場合には，個々の個人に関する基本的な情報を提出すること。
－被害者であると主張する者に代わる者。被害者の同意を示す証拠，もしくは同意のない通報の提出を正当化する理由を提出すること。
2. 被害者であると主張する者に関する情報（通報者と異なる場合）
 ・姓
 ・名
 ・生年月日および出生地
 ・国籍／市民権
 ・パスポート／身分証明書番号（可能であれば）
 ・性別
 ・配偶者／子どもの有無
 ・職業
 ・民族的背景，信仰する宗教，社会集団（関連があれば）
 ・現住所
 ・内密の通信のための連絡先住所（現住所と異なる場合）
 ・ファックス／電話／e-mail
3. 関係締約国に関する情報
 ・締約国名
4. 主張する侵害の内容
 申立てを立証するために，以下を含む詳細な情報を提出すること。
 ・主張する侵害の説明および実行者
 ・日付

・場所
   ・侵害されたと主張する女性差別撤廃条約の条項。通報が1つ以上の条項に関連する場合には，問題点別に述べること
 5. 国内的救済措置
  国内的救済措置，たとえば，法律・行政・立法・政策・計画にかかわる救済を尽くすためにとられた行動について，以下を含めて述べること
   ・要求した救済の種類
   ・日付
   ・場所
   ・行動を起こした者
   ・対応を求めた当局あるいは団体
   ・事件を審理した裁判所（もしあれば）
   ・国内的救済措置を尽くしていない場合には，その理由
   注意：全ての関連文書のコピーを同封すること
 6. その他の国際的手続
  当該事件は国際的な調査あるいは解決手続で審議されたか，あるいは審議中であるか。審議したか，審議中である場合には，次のことを説明すること。
   ・手続の種類
   ・日付
   ・場所
   ・結果（もしあれば）
   注意：全ての関連文書のコピーを同封すること
 7. 日付と署名
 8. 添付書類のリスト（オリジナルは送付しないこと，コピーに限る）

第Ⅳ部　女性差別撤廃条約選択議定書と日本

第1章　制定過程における日本政府の対応

はじめに

　女性差別撤廃条約選択議定書は，1999年10月6日に国連総会決議54／4で採択された。この議定書は，女性差別撤廃条約のさらなる実効性を図るために，個人通報制度と調査制度を備えたものである。個人通報制度とは，条約締約国の管轄下にいる個人が，条約で認められた権利の侵害を根拠に，条約の履行を監視する機関に対して通報することを認める制度である。このような個人通報制度を備える国際文書としては，国連の人権条約だけでも[1]，市民的および政治的権利に関する国際規約選択議定書，人種差別撤廃条約，拷問禁止条約がある[2]。これに対して，調査制度とは，上記通報を通じてえた情報等に基づき調査を行い，その結果に応じて関係締約国に対して権利救済のための勧告を行う制度である。うえにあげたもののうち，拷問禁止条約がこのような調査制度をも備えている。もっとも，日本はこれら個人通報制度，調査制度をまったく受け入れていない。市民的および政治的権利に関する国際規約選択議定書は批准もしていない。また，人種差別撤廃条約，拷問禁止条約に関しては条約全体の批准はしても，個人通報制度に関する規定の受諾宣言は行っていない。このような理由として，日本政府は，従来から「司法権の独立」をあげてきた[3]。

　個人通報制度，調査制度に対する日本政府の否定的姿勢は，女性差別撤廃条約選択議定書に対しても大きく変るところはない。国連女性の地位委員会の選択議定書作業部会が中心となって進めた制定過程においても，後述するように，一貫して慎重な態度をとり続けた。これに対して，NGO（非政府組織）は，制定作業が始まった当初から，選択議定書の制定を支持し，選択議定書案

の各条項に対する積極的な意見を示してきた。初めは選択議定書採択自体に消極的だった日本政府が，のちの採択時において一定の役割を果たし，各国から評価されるようになった[4]のも，このようなNGOの動きが影響を与えたからであろう。

本章は，国際人権条約個人通報制度への日本の姿勢，なかでも女性差別撤廃条約選択議定書「制定過程」に限定した[5]日本の姿勢を明らかにすることを目的としている。本来，条約制定権限を有するのは各国政府代表によって構成される女性の地位委員会であり，したがって，当委員会での制定作業に関する報告書を検討の中心としなければならない。しかしながら，国連が公にしている報告書から日本の政府の姿勢と特定して読み取れる情報は多くない。また，確実に国連の政策に影響を与え続けてきたNGOのダイナミックな動き，日本国内における対応も含めた大きな流れをとらえる必要もある。そこで，政府のみならずNGO，国会なども含め，選択議定書制定に向けて，どのような姿勢をとってきたかについて，前述の報告書だけではなく，実際に作業部会を傍聴した方の論文[6]や，ホームページに載せられたNGOによる声明文，そして制定に至るまでの期間に繰り広げられた選択議定書をめぐる国会での質疑応答の議事録等から明らかになる情報で補充しつつ，振り返っていきたい。具体的には，「女性差別撤廃委員会提案7」に対する日本政府のコメントと，選択議定書作業部会が設置されてからの日本（政府，NGO，国会）の姿勢に分けて述べていく。

1　女性差別撤廃委員会提案7の採択と日本政府の対応

個人通報制度導入に向けた動きは，1993年の世界人権会議で採択された「ウィーン宣言および行動計画」[7]において，女性差別撤廃条約に個人通報制度を導入するための選択議定書の起草が支持されたことに始まる。そして，このような動きは，1994年オランダのマーストリヒトで開かれた，専門家グループ会議[8]で現実化した。この会議では，その後の選択議定書制定作業のたたき台

となった,独自の女性差別撤廃条約選択議定書案(いわゆる「マーストリヒト草案」)が採択された。この草案は,通報制度(1-10条)と調査制度(11-13条)の設立を含むものであった。1995年の1月から2月にかけて開かれた女性差別撤廃委員会第14会期において,このマーストリヒト草案が,シルビア・カートライト委員によって提案され,これに基づく「提案7」[9]を女性差別撤廃委員会が採択した。この「提案7」は女性の地位委員会に送付され,同年3月に開催された同委員会の要請,およびこれを容れた経済社会理事会決議1995／29を受けて,国連事務総長が,政府,政府間組織およびNGOに選択議定書についての見解を提出するよう国連加盟国へ書簡を送付した。このような一連の動きのなかで,選択議定書作成に向けた基盤が確立されていったのである。

　日本政府は,うえにあげた国連事務総長の書簡に対して,選択議定書の制定それ自体に対する意見と,提案7の各要素に対するコメントを送っている[10]。以下それぞれ分けて内容を紹介する。

(1) 選択議定書制定についてのコメント

　日本政府は,当初,選択議定書について慎重に検討すべきとして,制定自体に対して「きわめて消極的態度を示して」[11]いた。それは以下に述べるコメントに明らかである。

(a) 総　　論

　女性差別撤廃条約選択議定書の起草の可能性は,既存の制度やその趣旨を考慮にいれつつ,慎重に検討されるべきである。もし女性の地位向上のために選択議定書を起草するならば,可能なかぎり多くの締約国が受容し,批准し,発展,進歩させられるような形で制定されなければならない[12]。

(b) 既存の国際的な手続との関係について

　女性差別撤廃条約は,政治・経済・社会・文化・市民そしてその他の分野の人権および基本的自由の承認,女性による享受・行使をうたっている。しかしながら,現在存在している通報制度は,市民的・政治的権利の保護を目的とするもののみである。さらに,社会権(経済的社会的および文化的権利に関す

る）規約委員会が，選択議定書の起草の可能性を報告制度確立のために検討してきた，という事実を考慮すべきである[13]。

(c) 受理可能性について

女性差別撤廃条約は締約国に対して，さまざまな分野において，女性差別撤廃のためにあらゆる適切な措置を講じるよう，義務づけている。しかし，条約は個別の規定では，締約国がどこまでそのような義務に拘束されるかを特定していない。通報の受理可能性に関して，提案7は，通報で，「申し立てられた権利の侵害，条約の義務の締約国による不履行を報告すべきである」としている。これとの関係で，女性差別撤廃委員会が，締約国が特定の義務，たとえば，男女の社会的・文化的行動様式を修正するためのあらゆる適正な措置をとるという義務（条約5(a)条）を履行したかどうかを判断することは，ほとんど無理である[14]。

（2）「提案7」についてのコメント

提案7は，選択議定書に含まれるべき29の要素について述べられたものであり，作成の基盤（要素第1－第4），個別要素（要素第5－第16），調査手続（要素第17－第23），一般的事項（要素第24－第29）から構成されている。日本はそのうち，要素第7，第12，第13，第17，第24－第26について意見を提出している。以下それぞれ紹介する。

(a) 要素第7について

要素第7では，条約上の権利を侵害されているか，もしくは締約国が条約上の義務を怠ったことにより直接害をこうむったと主張する個人，団体または組織からの通報，さらには当該，問題に重要な関心をもつ者からの通報を広く認めていた[15]。

これに対して日本は，「選択議定書が起草されるなら，通報の適格性は，自由権規約第1議定書の例にならい，条約上の権利が締約国により侵害され，被害者になったと訴える個人に限定されるべきである。それゆえに，委員会は，条約上の義務の締約国による不履行により直接害をこうむったと主張する個

人，団体，機関やその事に重大な利害をもつ個人，団体からの通報を受理するべきではない」[16]。と回答した。

通報の主体に関するこの要素は，選択議定書採択寸前まで議論の対象となっていた。

(b) 要素第12について

要素第12は，通報を審議する際に，委員会が締約国，報告作成者からの情報のほか，他の関係情報も参照できるとしている[17]。

これに対して，日本は，「委員会は，関係締約国と報告作成者によりもたらされた情報に照らして通報を検討するべきであり，他の情報源からえた情報を参照すべきではない。通報の検討においては，デュープロセスを通じて確立された事実にしかるべき尊重を与えるべきである」[18]と回答した。

(c) 要素第13について

要素第13では，委員会が救済措置や義務履行措置について勧告できること，締約国には救済措置と勧告を実施する義務があり，結果の報告も義務づけられることが述べられている[19]。

これに対して，日本は，「選択議定書の通報手続は，締約国の司法権の独立に抵触するおそれがある。条約選択議定書の準備においては，一般的性質をもつべきとされる委員会の意見や勧告も，締約国に対する法的拘束力をもつべきではないということ，そして措置を講じるかどうかについては締約国に委ねられねばならないことを認識する必要がある」[20]と回答している。

(d) 要素第17について

要素第17では，締約国による条約上の権利侵害，義務不履行が深刻 (serious) または組織的 (systematic) であり，信頼できる通報であることを要件として，委員会の調査権限が認められている[21]。この要素に関しては，後でも述べるように，選択議定書制定過程全体を通じて議論が繰り広げられた。

これに対して，「拷問禁止条約20条[22]は，拷問禁止委員会が，拷問の制度的な実行の存在が十分な根拠をもって示されていると認める信頼すべき情報を受領した場合，調査できるという手続を制度化した。これに対して，提案7は，

委員会が条約上の権利に対する深刻または制度的な侵害もしくは条約上の義務の不履行を指摘する信頼すべき情報を受領すると調査を開始する。これとの関連で，もし選択議定書が起草されれば，2つの疑義が生じる。1つは，委員会にとって，そもそも調査手続は適しているか。もう1つは，もし適しているとして，そのような行動に出るための基準として，「制度的」かつ／または「深刻」であると立証することが適切であるかどうか，である。とくに後者の要件については，国際的な人権条約の通報手続との関係で用いられてこなかったという事実を考慮にいれる必要がある。これらの疑義を慎重に検討すべきである」[23]。と述べた。

ここの部分も，制定過程全体を通じて最後までもめた部分であり，「制度的」かつ「深刻」なのか，それとも「制度的」または「深刻」なのか，また「深刻な」という用語が適切かについては激しい議論が繰り広げられた。

(e) 要素第24－第26について

締約国の広報活動や，委員会の会期について示した要素第24－第26[24]に対して，日本政府は，「選択議定書が発効すると，それに関連する付随的作業が増え，委員会，事務局，女性の地位向上部に非常な負担を課すことになる。現在の予算や人材のレベルでは，そのような加重負担を背負わせることはできない。それゆえ，慎重に財政的関係と，人材の需要がそのような新たな命令から生じることを検討しなければならない」[25]と懸念を示している。

2　女性の地位委員会作業部会設置以後の日本の対応

女性差別撤廃条約選択議定書の制定過程において，本格的な討議は経済社会理事会決議1995／29に基づき設立された選択議定書作業部会で行われた。この作業部会は，すべての国連加盟国およびオブザーバーが参加可能で，人数に制限を設けない「オープン・エンド」方式を採用した。1996年に開かれた女性の地位委員会第40会期の作業部会では，前述の事務局長書簡に対する各国政府やNGOからの報告[26]，および「提案7」を各要素ごとに検討した。経済社会理

事会決定1996／240により，作業部会の任務は更新されることとなり，女性の地位委員会第41会期以降の作業部会では，作業部会議長のヴェアゲッターが中心となって，会期冒頭に提出される選択議定書案を逐条審議するという形式で議論が進められた。

この作業部会において，採択される最後の瞬間まで議論の中心となったのは，上述日本政府のコメントでも懸案事項とされていた「通報の主体」（議定書案2条），「通報の適格性」（議定書案4条）そして「調査制度」（議定書案10条，最終案8条）であった。政府のみならず，NGOも「国際女性の地位協会」「日本弁護士連合会（日弁連）」などがこの論点に対して，コメントを提出した[27]。しかしながら，この作業部会での審議に関して，国連文書からは誰がどのような意見を出したのか，残念ながら特定することが難しい。そこで以下では，1998年の第42会期に向けて意見を提出した「日本弁護士連合会」の意見書[28]と，第43会期における日本政府のコメントを紹介し，うえの争点をめぐる議論にあらわれた両者の選択議定書に対する対照的な姿勢を明らかにしたい。

（1）NGOの見解
（a）議定書案2条について

2条は，通報提出権者として，「提案7」の要素7を引き継ぎ，直接権利を侵害されている個人あるいは，「個人の集団」，そして本人が通報不可能な場合はそれらの者「のために（on behalf of）」行動する第三者にまで，範囲を広げている。

まず，日弁連は申立て権者を集団や第三者にまで拡大することが「とくに重要である」ととらえ，議定書案を全面的に支持している。その理由として，まず，女性の貧困率，非識字率（法的非識字率はさらに）の高さから申立て手段が存在しないということ，女性には申立てに起因する報復や不利益取扱いを恐れる者が多いということ，とくに暴力を受けやすい集団も存在すること，そして女性に対する差別や暴力が社会構造に組みこまれていること，の4つをあげている。そして実際に，集団，組織による申立てを認めている人権条約とし

て，人種差別撤廃条約14条1項[29]，ヨーロッパ人権条約25条1項[30] が存在していること，第三者による申立てを認める人権条約としては拷問禁止条約22条1項[31]，米州人権条約44条，市民的および政治的権利に関する国際規約の規約人権委員会の実務が存在していることをあげている[32]。

(b) 議定書案4条について

通報の適格性要件について，作業部会では，いずれの国際人権条約でも採用されている「国内的救済完了の原則」（個人が，まず司法制度など，自国の救済手段をつくしていなければならない，という原則）を受理条件とすることについてすでに合意が成立していた。しかしながら，この原則の例外として，「救済が不当に遅延している場合」と「救済に効果が期待できない場合」とを認めるか否かで意見は分かれていた。

これに対して日弁連は，「これまでの他の人権条約[33]の申立て制度と同様に考えるべきである」と述べ，不当に遅延している場合をうえの原則の例外として認め，「とくに制限的とならないような」[34] 要件とすべきであるという立場を示している。

(c) 議定書案10条（最終案8条）について

10条は，個人通報制度と並んで選択議定書のもう1つの柱である調査制度について定めるが，そもそも調査制度を創設するよりも女性差別撤廃条約18条の締約国の報告義務を活用すべきとの意見も出されていた[35]。

日弁連は，武力紛争，とくに民族間，部族間における紛争時の女性に対する暴力，組織的強姦のような問題，各国にまたがる人身売買，売春の強制の問題に対しては，やはり調査手続の方が有効であり，これらの問題に関して国家が義務を怠った場合も調査手続の対象とすべきである，と述べている[36]。

（2）第43会期女性の地位委員会選択議定書作業部会における日本政府の回答

日本政府の態度は，前述のように，選択議定書の採択自体に消極的であったが，その後採択には賛成を唱え，そのかわりに，各条項の解釈について意見を出すように変っていったとされている[37]。もっともこの各条項解釈について

は，従来議論になってきた論点に対して依然慎重な対応をとり続けている。1996－98年の作業部会における議論については各国政府がどのような見解を述べたか，国連文書からは特定できないが，選択議定書最終案について討議した1999年第43会期女性の地位委員会の報告書[38]から，各国政府の見解がそして日本政府の姿勢が確認できる。なかでも注目に値するのは，通報の主体に関する議定書案2条に関するコメントである。以下日本政府のコメントを紹介する。

(a) 議定書案2条について

女性の地位委員会の選択議定書作業部会を通じて，2条をめぐる議論のなかでも最大の争点となっていたのは，「〜のために」(on behalf of) という文言であった。

これに対して日本政府は，「「〜のために」という語は，すでに他の人権に関する文書の手続において確立されてきた慣行にしたがって解釈されるべきである。「個人の団体」は団体における個人を識別するために使われると考える。」[39]と述べ，制限的に解する立場を明確にした。

(b) 議定書案8条（従来の10条）について

調査制度の導入について，日本政府は「選択議定書締約国による，条約において定められた権利の重大または組織的な侵害を指摘する，信頼できる通報の受領により，調査手続が女性差別撤廃委員会によって行われるが，個人的な過失による事例では調査は行われるべきではない。」[40]と述べた。

(c) 議定書案11条について

通報者の保護を定めた11条について，「この条項は，第2条又は第8条により，委員会に通報する個人を保護することを目的としている。しかしながら，選択議定書締約国は，8条に基づき委員会に通報する個人に関しては，11条の義務を何ら負うべきではない。」と日本政府は述べた。

(3) 国内における女性差別撤廃条約選択議定書に対する姿勢

最後に選択議定書制定までの国内の動きにも目を向ける必要があるだろう。国連女性の地位委員会で女性差別撤廃条約選択議定書案がコンセンサス採択さ

れ，本会議での採択を待つばかりとなった1999年6月，男女共同参画社会基本法案が議案となっていた第145回国会において，選択議定書案の採択・批准をめぐる質疑応答がなされた。議事録によると[41]，まず6月3日の衆議院本会議では，松本惟子議員が，司法権の独立を前提として認めつつ，議定書の国連総会での採択と日本の早期批准を求め，外務大臣の見解を求めた。これに対し，高村正彦国務大臣は，我が国が女性差別撤廃条約の締約国として，女性の人権・地位向上に関する議論に積極的に参加してきたが，批准については，「最終的にいかなる案文にて採択されることになるかを見きわめたうえで，検討してまいりたい」と答えるにとどまった。また，6月11日の内閣委員会では，佐々木秀典議員が，前述高村大臣の答弁が消極的だとし，批准のネックとなるものが存在するのか，あるとすれば批准しないことになるのかとの質問をした。これに対する答弁として，上田秀明政府委員，扇村精一政府委員，野中広務国務大臣がそれぞれの立場から答えている。上田政府委員は女性差別撤廃条約の選択議定書の個人通報制度については「個人の通報のほかに，たとえば個人の集団による通報とかあるいは代理人による通報とか，新しい要素もあるやに見うけられ」るので，「最終的にどういう形でまとまるのかを見きわめ，かつその後日本としてこれを締結するについては日本の国内法制との整合性も勘案して検討していく」と述べた。扇村政府委員は法務省サイドとしての立場から，憲法によって司法権の独立が保障されているが，その中核は「外部の干渉から独立した個々の裁判官が法と良心のみに従って具体的な事件について判断を下す」ことにある，という確認をまず行った。そのうえで，個人通報制度が採用され，「ある特定の個別事例について，国連の条約に基づいて設置された委員会が具体的な見解を示すということになると，当該事案あるいはこれと関連する事案に関する裁判官の自由な審理，判断等に影響を及ぼすおそれがあるということが懸念される」と述べている。野中国務大臣は，男女共同参画基本法の趣旨を十分念頭に置き，「前向きに検討していきたい」と述べるにとどまった。その他，衆議院，参議院の両院において，女性差別撤廃条約採択に関する多くの請願が採択されている。このように，国会における質疑応答は，選択

議定書の制定過程に影響を及ぼすような，各条項についての見解ではなく，選択議定書それ自体に対する一定の評価と，議定書採択後の日本の批准の可能性についての議論に終始している。

おわりに

　日本は，女性差別撤廃条約選択議定書案を審議する最後の作業部会（第43会期女性の地位委員会）で，進歩的な議定書を望む西ヨーロッパ諸国やアフリカ諸国と，議定書に厳格な要件を求める中国・キューバ・アルジェリアなどのいわゆる「強硬派」の国々を融和させるため，議長や調整役を支援して議定書の完成に大きく貢献した[42]と評価されている。国際社会において人権保障のための多くの国際文書が成立し，これに加盟し，個人通報制度を導入する国が増えつつある現状において，「司法の独立」という議論はもはや国際レベルでは通用しないと認識し，選択議定書の成立自体には積極的な姿勢を見せたと思われる。しかしながら，議定書制定過程における内容をめぐる議論では，終始消極的な態度をとってきた。大きな争点であった通報の主体について，NGOが対象を広げるべきとの考えをとり続けたのに対し，日本政府は最後まで第三者による通報について，拡大解釈に対する懸念を示した。そして調査制度に関しても，NGOが全面的に支持し，幅広い運用を求めたのに対し，政府は限定した運用を主張し，またこの制度における通報者，被害者の保護には否定的な態度を示したのである。

　女性差別撤廃条約選択議定書は，採択から約1年後の2000年12月12日に発効した。2000年6月から始まった選択議定書の手続規則の準備作業も，11月にベルリンで開催された専門家会議における草案作成，翌年1月の第24回女性差別撤廃委員会における草案の採択で完了した。いよいよ女性差別に関する個人通報制度が動き出したのである。日本政府は依然，「司法権の独立」を理由として選択議定書の批准に消極的であるが，国際女性の地位協会などのNGOは批准に向けて法務省や外務省との交渉を続けている。すでに述べたような，選択

議定書制定過程において，採択に向けて繰り広げられたNGOの活発な提言と国際世論に訴えかける影響力を鑑みると，21世紀は国家の枠を越えてNGOによって支えられる時代[43]になるように思われる。また，選択議定書を署名，もしくは批准した国々のリスト[44]には，日本と同様，国内的に充実した人権保障システムを備え，「司法権の独立」も伝統的に尊重してきた西欧各国も多数見うけられる。選択議定書制定過程に見られた日本政府の消極的な姿勢も，議定書発効後まもなく3年を迎える今，変化を迫られている。

注

1) その他，ヨーロッパ人権条約の個人通報制度がある。詳しくは本書第Ⅲ部第3章（申惠丰担当）参照。
2) 現在，社会的権利に関する国際規約委員会でも個人通報の導入に向けた動きが存在する。詳細は，本書第Ⅴ部第2章（藤本俊明担当）参照のこと。
3) 本書第Ⅳ部第3章（山下威士担当）参照。
4) 目黒依子「第43回婦人の地位委員会報告および2000年特別総会準備委員会」『国際女性』13号（1999年12月）10頁。
5) したがって議定書採択後の日本の姿勢に関する考察はここでは行わない。
6) 作業部会での審議については，軽部恵子「女性差別撤廃条約選択議定書案の研究：国連女性の地位委員会第42-43会期の作業部会における討議を中心に」『桃山学院大学社会学論集』33巻1号（1999年10月）39頁以下を参考にさせていただいた。
7) The Vienna Declaration and the Program of Action, "Report of the World Conference on Human Rights", A/CONF.157/24, part Ⅰ, Chapter Ⅲ, Section Ⅱ, para.40.
8) The Expert Group Meeting on the Adoption of Optional Protocol to the Convention on the Elimination of All Forms of Discrimination against Women.
9) Suggestion 7, "Elements for optional protocol to the Convention on the Elimination of All Forms of Discrimination against Women," A/50/38, 31 May 1995. 「提案7」全文については，小寺初世子「個人通報制度の導入の動き」『国際女性』9号（1995年12月），72頁参照。
10) 事務総長に送付した報告書は，E/CN.6/1996/10, 10 January 1996. 意見を提出したのは，日本のほかに，オーストラリア，オーストリア，リヒテンシュタイン，オランダ，ドイツ，フィンランド，ニュージーランド，トルコ，メ

キシコ，ペルー，コロンビア，エクアドル，ノルウェー，ウクライナの計14カ国となっている[*Ibid*., para.15.なお，当該文書では，日本の国名が抜けているが，後で訂正されている。E/CN.6/1996/10/Corr.1, 23 February 1996.]。

11）米田真澄「女子差別撤廃条約における個人通報制度の検討について」『国際女性』10号（1996年12月）69頁。

12）E/CN.6/1996/10, 10 January 1996, para.31.

13）*Ibid*., para.41.

14）*Ibid*., para.50.

15）A/50/38, 31 May 1995, para.7.

16）E/CN.6/1996/10, 10 January 1996, para.70.

17）A/50/38, 31 May 1995, para.12.その他委員会の審議は非公開とし，必要な場合，関係締約国へ訪問することができると述べている。

18）E/CN.6/1996/10, 10 January 1996, para.94.

19）A/50/38, 31 May 1995, para.13.

20）E/CN.6/1996/10, 10 January 1996, para.99.

21）A/50/38, 31 May 1995, para.17.

22）拷問禁止条約20条1項「委員会は，いずれかの締約国の領域内における拷問の制度的な実行の存在が十分な根拠をもって示されていると認める信頼すべき情報を受領した場合には，当該締約国に対し，当該情報についての検討に協力しおよびこのために当該情報についての見解を提出するよう要請する」

23）E/CN.6/1996/10, 10 January 1996, para.109.

24）A/50/38, 31 May 1995, para.24-26.

25）E/CN.6/1996/10, 10 January 1996, para.120.

26）E/CN.6/1996/10 and Corr.1 and Add.1 and 2.

27）*Cf.ibid*., para.16

28）日本弁護士連合会「女性差別撤廃条約の選択議定書の採択を求める意見書」，1998年2月，*at* http://www.nichibenren.or.jp/katsudo/jinkenlibraly/un/woman/jfba-rep1998参照。上述の争点のほかにも，日弁連は通報審査中の暫定措置（5条），被害者，通報者の秘匿・関係締約国の委員会に対する説明（6条），審議のための情報（7条），救済措置（8条），委員会の意見・提案・勧告（9条）について，意見を提出している。

29）人種差別撤廃条約14条1項「締約国は，この条約に定めるいずれかの権利の当該締約国による侵害の被害者であると主張する当該締約国の管轄の下にある個人又は集団からの通報を，委員会が受理しかつ検討する権限を有することを認める旨を，いつでも宣言することができる。委員会は，宣言を行っ

ていない締約国についての通報を受理してはならない。」（下線は筆者）
30) ヨーロッパ人権条約34条「裁判所は，この条約またはこの条約の議定書に定める権利が締約国の一によって侵害されたと主張する自然人，非政府団体または個人の集団からの申立てを受理することができる。締約国は，この権利の実行的な行使を何ら妨げないことを約束する。」（下線は筆者）
31) 拷問禁止条約22条1項「この条約の締約国は，自国の管轄の下にある個人であっていずれかの締約国によるこの条約の規定の違反の被害者であると主張するものにより又はその者のために行われる通報を，委員会が受理し及び検討する権限を有することを認めることができる宣言を，この条約の規定に基づいていつでも行うことができる。委員会は，宣言を行っていない締約国についての通報を受理してはならない。」（下線は筆者）
32) 日本弁護士連合会，前掲文書，（注28），4頁以下。
33) 市民的および政治的権利に関する国際規約選択議定書5条2項（b）は受理の要件として，「当該個人が，利用しうるすべての国内救済措置を尽くしたこと。ただし，救済措置の適用が不当に遅延する場合は，この限りでない」としている。また，日弁連は，米州人権条約も国内的救済完了の原則の例外として，46条2項（b）「国内法上の救済に訴えることを拒否されたか，またはそれを完了することを妨げられた場合」，2項(c)「不当な遅延があった場合」を規定するとして例示している（下線は筆者）。米州人権条約については，本書第Ⅴ部第4章（吉村祥子担当）参照のこと。なお，「効果的な救済を与える可能性に乏しい場合」を例外として認めているものに，拷問等禁止条約22条5項(b)がある。
34) 日本弁護士連合会，前掲文書，（注28），7頁以下。
35) E/CN.6/1998/WG/L.4,para.27.
36) 日本弁護士連合会，前掲文書，（注28），8頁。
37) 同上，2頁。
38) E/CN.6/1999/10.
39) *Ibid*., para.25.
40) この規定に関して議論になっていた，「深刻な（serious）または／かつ組織的な（systematic）侵害」という争点については，「深刻な」の代わりに「重大な（grave）」を使い，調査の要件を厳しくする一方，「かつ」ではなく「または」をとることで合意をえた。
41) *At* http://www.shugiin.go.jp/index.nsf/html/index_kaigiroku.htm 参照。
42) 軽部，前掲論文，（注6），71頁。
43) 山下泰子「国際人権保障における「女性の人権」」『日本と国際法の100年』

4巻（2001年）100頁。
44）最新のものは，*at* http://www.org/womenwatch/daw/cedaw/sigop.htm 参照のこと。

（奥山亜喜子）

第2章　個人通報制度への日本政府の姿勢

　　　　　　　　　は じ め に

　国際人権規約[1]は,「経済的,社会的及び文化的権利に関する国際規約(以下社会権規約という)」,「市民的及び政治的権利に関する国際規約(以下自由権規約という)」と,「市民的及び政治的権利に関する国際規約の選択議定書(以下第1選択議定書という)」の3つの文書からなるが,世界人権宣言を具体化した法的拘束力をもつ条約として,1966年12月16日の第21回国連総会で採択された。しかし,それらが発効するまでさらに10年かかった。社会権規約が1976年1月3日に,自由権規約が1976年3月23日に,それぞれ効力発生に必要な35カ国が加入して発効した。また,第1選択議定書も効力発生に必要な10カ国が加入して自由権規約と同日に発効した。

　その後1989年12月15日には,第44回国連総会で採択された「死刑の廃止を目的とする市民的及び政治的権利に関する国際規約の第2選択議定書－死刑廃止条約」(以下第2選択議定書という)がこれに付け加えられた。第2選択議定書は1991年7月11日に発効した。

　日本は,1978年5月30日に国際人権規約の社会権規約と自由権規約に署名し,1979年6月6日に国会の承認を経て,6月21日に批准書を寄託し,8月4日に公布した(1979年9月21日発効)が,自由権規約について個人申立制度を定める第1選択議定書を未だに批准していない。また,女性差別撤廃条約についても1980年に署名し,1985年に批准したが,1999年に国連総会で採択された個人申立制度を定める女性差別撤廃条約選択議定書を批准していない。それらを批准しない主たる理由は,司法権の独立を脅かすというものであるが,この

ような理由で批准していない国は国際社会において日本以外にはない。

また，日本は，死刑廃止に関する第2選択議定書も批准していない。その理由は犯罪を厳罰化する必要性と死刑存続を世論が支持しているという理由からである[2]。さらに，拷問禁止条約（22条），人種差別撤廃条約（14条）では，条約上の権利を侵害された人が国際的な救済申立てができるようになっているが，拷問禁止条約を日本は批准していないし，人種差別撤廃条約については，個人申立制度の承認の宣言をしていない。

ここでは個人通報制度を定める国際人権規約第1選択議定書と女性差別撤廃条約選択議定書への日本政府の対応について検討することにする。

1　自由権規約第1選択議定書への日本政府の姿勢

（1）自由権規約第1選択議定書の意義

国際人権規約は，自由権規約，社会権規約，そして，個人の通報制度を規定する第1選択議定書および死刑廃止を規定する第2選択議定書からなっているが，日本は2つの規約を1979年に批准したが，未だに第1選択議定書および第2選択議定書を批准していない。

自由権規約に規定する人権を各国に遵守させるために，3つの具体的な実施措置[3]がとられている。

まず第1に，自由権規約は，国家による報告制度（40条）を規定している。それにより締約国は5年毎に国内における規約の実施状況に関する国家レポートを国連事務総長に提出しなければならない。自由権規約の実施を監視する18名の委員からなる国際人権（自由権）規約委員会（以下規約人権委員会という。自由権規約28条）は公開の会議において，国家レポートの代表の趣旨説明をうけ，審議をして，意見や提言を述べたり，勧告をすることによって，間接的に自由権規約に規定する人権を遵守させることができる。

第2に，締約国間の苦情申立（41条）の制度がある。あらかじめ規約人権委員会の審査権限を認める宣言をしている国相互間においては，規約に定められ

た人権を侵害している国があった場合に，他の国は，その事実を規約人権委員会に通報し，委員会はその審査をすることができる。もっともわが国は，まだこの宣言をしていない。

第3に，締約国が第1選択議定書を批准したり，加入していれば，個人通報制度を利用できる。この制度は自由権規約の権利侵害を受けた個人が国際機関（ここでは規約人権委員会）に救済の申立てをする制度である。このような制度の実効性については，ヨーロッパ人権条約が示している。

第1選択議定書の1条によれば，その国の管轄下にいる個人（国籍は問わない。単数，複数も問わない。代理人による申立てもできる。）が，自由権規約の権利を侵害されたとき，直接，規約人権委員会に対して，救済の申立てをすることができる。なお，団体は申立てすることができず，匿名による申立ても認められない。規約人権委員会は，この個人および当事国から出された書面での申立てを非公開の会合で審査し，申立てが相当な場合にはそれについて委員会の見解を[4]示して，当該国家が人権保障のために必要な措置を講ずることを期待する。

規約人権委員会は，裁判所ではなく，ヨーロッパ人権裁判所のような準司法的な機関でもない。委員会の示す見解は，勧告的なものであり，法的拘束力はない。しかし，委員会の見解は当事者を拘束するのみならず，委員会が事後に同種の事案を審査するにあたっての判断基準となり（その意味で「先例」となる），以後に同様の事案について委員会に通報しようとする個人にとっても重要な意味をもつ。第1選択議定書の起草者は，個人からの申立てについて委員会が見解を述べ，説得することで，締約国が何らかの自発的な措置を講ずることを期待することによって，自由権規約の実効性があがると考えたのである。

第1選択議定書は，1976年3月23日に発効し，1977年から個人申立ての受付を開始した。それ以降規約人権委員会には多くの人権侵害の申立てがなされており，委員会の見解も多数採択されている。2000年4月までに944件の人権侵害の申立てがなされ，受理されなかった通報は283件，委員会の見解が採択された通報が346件，見解が採択された通報のなかで当事国の規約違反が認定さ

れたものは268件あった。なお181件が審査中である[5]。

　上述したように，規約人権委員会が採択する見解は，法的拘束力や強制力をもたない，勧告である。しかし，規約人権委員会の見解は，国際的に，自由権規約の解釈として説得力と高い道徳的権威をもつとされているので，個人の申立てに基づいて規約人権委員会から国内法が自由権規約違反と認定されたことによって，国内法を改正する等の措置が講じられ，人権状況が改善された例も少なくない（たとえばオランダ，フランス等）[6]。

　2002年7月10日の段階で，第1選択議定書を批准または加入している国が102カ国ある[7]。先進国で批准していないのは，日本，アメリカ，イギリスなどである。

（2）日本政府の姿勢

　日本は，1979年に国際人権規約の社会権規約と自由権規約を批准したが，第1選択議定書と第2選択議定書を批准していない。両規約の批准にあたり，国会は「選択議定書の締結については，その運用状況を見守り，積極的に検討すること」等を要望する完全批准を強く求める付帯決議を付した[8]が，第1選択議定書と第2選択議定書は未だに批准されていない。

　日本政府は，規約人権委員会に1991年に提出した第3次国家レポートに関する1993年の委員会審議の際に，第1選択議定書の批准について次のように述べている。「本議定書は，人権の国際的保障のための制度として注目すべき制度であると認識している。しかし，締結に関しては，我が国の司法制度との関係や制度の濫用のおそれも否定し得ないこと等の懸念もあり，検討すべき多くの問題点が残されている。関係省庁間で検討中である。」日本政府は，この時点で第1選択議定書批准の主要な障害は，司法制度との関係と制度の濫用のおそれであるとしたが，その後，政府内でどのような検討がされたか明らかにされず，批准の障害を取り除く努力がなされたことも窺えない[9]。それについては，これまで国会や委員会でなされた政府答弁の要旨からその意図を窺い知るしかできない。

第87回国会の衆議院外務委員会（1979年3月23日）は，国際人権規約承認のための委員会であったが，第1選択議定書が委員会で配布されておらず，議員の請求によって配布されたという経緯がある。賀陽政府委員は，「条約承認を求める対象に入っていないので配布しなかったのですが，全体を判断するうえに必要だというご指摘があるので配布します」と説明した。そして「個人の救済制度として果たして実際に機能するかどうか相当疑問な点があるという判断をもっており，この採択において棄権[10]の国が非常に多かった」と述べて，当面この第1選定議定書に加入することを考えていないと明言している。そして，その理由として，報告制度があることと，日本では，完備した救済制度があり，国内において救済が行われうることをあげている。

同国会の参議院外務委員会（1979年5月24日）でも，賀陽政府委員は，上記と同じ見解を述べ，その理由として，個人が国連機関に出訴するということが一般的にも国際的にもなじんでいないこと，「日本のように人権救済の制度が制度的に極めて完備している国において個人が出訴すると，国連としては個人がその当該国においてどの程度の救済を現実に受けられるか，それを十分尽くしたのかどうかについて問題が生じ，国連の介入が個人の権利侵害に対する救済にどの程度の実効をもつかどうかこれについてもなじまない国がかなりある」からであると説明している。しかし，この制度が極めてすばらしく，多くの実績を示すようなことになれば，批准という選択もありえると述べた。

第104回国会の本会議（1986年1月31日）で，中曽根内閣総理大臣は，「アジア地域では自由権規約第1選択議定書の締約国は現在までなく，個人の通報に基づく国際的な検討制度が有効に機能するかどうかは疑問な点もある。」が，「国会の付帯決議も踏まえ，今後締結に向けて努力してまいりたい。」と述べた。また，同国会の衆議院予算委員会第二分科会（1986年3月7日）において，中平政府委員は，第1選択議定書は，個人通報に基づく国際的な検討制度ではあるが，国際的に普遍性を有する実効的な制度であるかどうか必ずしも疑問なしとしないが，「その制度の運用状況について問題がないのではないかと考える」と述べた。

第112回国会の参議院予算委員会（1988年3月16日）では，宇野内閣総理大臣が，実効的な制度として機能するかどうか，また国内法的整備の問題があるので十分に検討しなければならないと述べた。また，国内法との関係については，遠藤実政府委員が「司法権の独立との関係」の問題を提示した。実効性については，「各国の運用状況を見極めたい」とした。

　第118回国会の衆議院予算委員会第2分科会（1990年4月26日）では，赤尾政府委員が，1990年4月現在で49カ国が第1選択議定書の締約国になっていることを認めたうえで，個人通報制度が「実効性や有効性があるのかという問題が第1。第2に，国内法の体系との関係——たとえば司法制度等の関係に配慮して検討する必要がある」と述べた。

　第120回国会の参議院予算委員会（1991年4月1日）では，中山外務大臣は，第1選択議定書は「人権の国際的な保障のための制度として注目すべき制度であると認識しており，この運用状況も踏まえて関係省庁との間で鋭意検討をしている」が，「わが国司法制度との関係のほか，規約人権委員会においてわが国の実情を十分踏まえたうえで審理が尽くされるか未だ確信がもてないことと，制度濫用のおそれを否定しえないことの懸念のため」検討が終了していない状況にあると説明した。また，佐藤恵法務大臣は「司法制度との関係で，裁判が継続中または確定した具体的な事件についても個人からの通報に基づいて規約人権委員会で審理され，またその委員会から見解が示されることがあると思われるので，司法権の独立，三審制度など司法制度との関係を慎重に検討すべきである。また，制度の濫用のおそれとその他の問題点をどう整理して行くか運用を見て検討しなければならない」と述べた。また，弥富政府委員は，「わが国の実情を踏まえて審理が尽くされるかにも懸念があるので，関係各省とさらに検討していく」と述べた。

　第130回国会閉会後の参議院決算委員会（1994年8月24日）では，人種差別撤廃条約，第1選択議定書と拷問禁止条約が批准できない理由について，高野説明員が，3つの条約とも「その目的，趣旨において政府としても賛同できるものであるので従来から検討を続けてきたが，批准となると条約の忠実な遵

守,実効性の担保という観点から種々の検討を要するので引き続き検討中というのが現状である。」と述べた。そして,人種差別撤廃条約については4条の処罰義務があることと表現の自由との整合性の問題があるので政府部内において調整がついていないこと,また,第1選択議定書については,個人通報制度と「日本国内の司法の独立,これに関係する調整が未だ政府部内において見ていない」こと,そして,拷問禁止条約については,外国政府の公務員が条約違反をして国内にいる場合に捕らえて処罰する義務が生じるが,それを国内法上どう担保し,外国政府との関係において情報を入手し,処罰までもっていけるか事務的になかなか難しく,検討中であると述べた。

第132回国会の参議院予算委員会(1995年3月8日)でも,高野政府委員は,個人通報制度については,国内の司法制度との重複や調整の問題があるので慎重に検討中だと述べた[11]。

最近の国会や委員会においても同様の質問がされているが政府は慎重に検討中であることを繰り返している。第154回国会参議院法務委員会(2002年4月11日)で,森山法務大臣は,個人通報制度は国際的に確立している人権保護の基準として意味があるが,「司法権の独立を含め司法制度との関連で問題が生ずるおそれもある」としたうえで,「条約の実施の効果的な担保を図るという趣旨から注目すべき制度だと思っている。」と述べている。

政府答弁を見ると,政府が第1選択議定書の批准問題に積極的な姿勢で取り組んできたとはいいがたい。批准しない理由は,当初,第1選択議定書の実効性,有効性,制度の濫用の問題であるとされていたが,後に,司法制度,とくに司法権の独立の問題であるとされるようになった。実際のところ,政府が批准しない最大の理由は,最高裁判所が司法の独立との関係で個人申立制度の受諾に難色を示しているからだともいわれているが,国会での質問のなかで,最高裁判所の答弁者は「それは冤罪である」[12]と述べたとされる。

日本政府は,規約人権委員会に,1982年に第1次国家レポート,1988年に第2次国家レポートそして1993年に第3次国家レポートを提出しているが,そこでも第1選択議定書の批准問題について,「本議定書は,人権の国際的保障の

ための制度として注目すべき制度であると認識しているが，締結に関しては，我が国の司法制度との関係や制度の濫用のおそれも否定しえないこと等の懸念もあり，検討すべき多くの問題が残されている。関係省庁間で検討中である。」と述べるにとどまっている。それに対して，第3次国家レポートの審議の際には，規約人権委員会から第1選択議定書を批准するように「日本政府報告へのコメント」のなかで勧告された。また，1998年に第4次国家レポートを審議した規約人権委員会は，29項目に及ぶ「主要な懸念事項と勧告」を含む「最終見解」を採択したが，「第3回レポート審議後の勧告がほとんど実施されていない」という厳しいものであった。その提言においても，規約人権委員会は，日本に自由権規約の2つの選択議定書と拷問禁止条約の締約国となることを勧告している[13]。

　規約人権委員会は司法機関ではなく，規約違反であるという判断を下す権限はあるが，その改善は締約国の自発的な判断に委ねられる。第1選択議定書の批准は，司法制度との関係で問題があるのであろうか？日本の人権救済制度は完備したものなのであろうか？

(3) 制度の濫用と実効性について

　日本政府は，当初，第1選択議定書批准の障害として，制度の濫用をあげていたが，規約人権委員会が個人申立てを審理するためには厳格な受理可能性を満たさなければならないので，制度の濫用にはならないと思われる。実際，2000年9月末までに提起された944件の個人申立て事件のうち，283件は受理不能とされ，それ以外に，取下げや申立ての放棄による審理打ち切りもあり，受理可能性に欠けていたものも含まれていた。濫用のおそれは，規約人権委員会が判断すべきことであるが，濫用の弊害があるとしておらず，日本政府に第1選択議定書の批准を強く勧告している。個人申立て制度の濫用は批准しない理由にはならないと思われる。

　日本政府はまた第1選択議定書批准の障害として，個人申立制度の実効性を挙げている。確かに，規約人権委員会の見解は，当事国に対して法的拘束力を

もつものでなく，勧告にすぎないが，その見解は自由権規約について最も経験および学識に富む専門家の総意をあらわす高い道徳的権威をもつものであり，実効性を確保するために報告制度を利用するなどの方策が考案されている。そして，第1選択議定書の批准国のほとんどは，規約人権委員会の見解にしたがい，国内法を改正するなどの救済措置を自発的に実施している。実効性があるからこそ年々批准国が増加していると考えられる。このことも批准の障害になりえないと思われる[14]。

(4) 司法権の独立について

第1選択議定書を批准すると，規約人権委員会は，個人申立てに基づき締約国の，処分や判決が，自由権規約によって保障されている権利を侵害しているかどうかを判断する（選択議定書1条）。国内法の解釈は締約国の裁判所と行政府が行ない，個人が国内の救済手段を尽くした後で規約人権委員会へ申立てすることになるので（同2条，5条2項(b)），規約人権委員会は，国内裁判所に続く第4審とはいえない。また，規約人権委員会は，自由権規約の権利侵害について判断するのであって，締約国の国内法について判断するのではない。しかし，条約が国内法的効力を有する場合には，行政府や裁判所が自由権規約の解釈を行うこともできるため，これが規約人権委員会の見解と抵触する可能性はあるかもしれない[15]。しかし，委員会の見解は，締約国と申立人を法的に拘束するものでなく，勧告にとどまる。

日本政府が第1選択議定書の批准に慎重な理由は，これを批准し，規約人権委員会の管轄を認めることが，司法権の独立を侵すことにならないか（76条3項），国内法に存在しない上級裁判所を設置することにならないか（76条1項），憲法で禁止されている特別裁判所を設置することにならないか（76条2項）ということである。

日本の裁判所は付随的審査制をとっており，司法権は具体的な法律上の争訟に法を適用して解決を図るものであって，裁判所の判断には法的拘束力（個別的効力）がある。それに対して，規約人権委員会の手続やその見解は，このよ

うな裁判所における司法権の行使と異なっている。

　まず，規約人権委員会は，国内裁判所の行った事実認定に介入しない。司法権の重要な機能の1つである事実認定をなしえないことから，裁判としての特性を欠いている。最も重要なことは，規約人権委員会の見解は，裁判所の判決と異なり，締約国と申立て人を法的に拘束するものではないことである。このような拘束力を有しない規約人権委員会の見解は司法判断とはいえないから，上級裁判所や特別裁判所にあたらないことは明らかである。

　また，規約人権委員会の見解は，裁判官を拘束するものではなく，司法権の独立を侵すものではない。司法権の独立は，裁判官があらゆる批判を受けないことを意味しない。市民の関心の対象となり，批判を受けてこそ，司法府は，健全な発展を遂げることができる[16]。

　第1選択議定書では，個人が自由権規約の権利の被害者であることを明らかにして規約人権委員会に申立てを行い，それに対して規約人権委員会はまず受理可能性を判断する。申立人は，権利侵害について一応の証明がなされる証拠を提出しなければならない。そして規約人権委員会は，受理可能性について，両当事者から入手した文書によるすべての情報に基づいて検討する。そしてその申立てを検討したうえで，その申立てに対する見解を示すが，拘束力のない勧告にとどまる。なお，申立ては非公開の会議で審理され（選択議定書5条3項），選択議定書に基づく規約人権委員会の活動に関するすべての文書は秘密とされる。規約人権委員会の決定は，見解として，関係締約国および申立人に送付される。規約違反が認定される場合には，委員会は，締約国として講ずるべき措置を勧告するのが通例である。

　しかし，規約人権委員会は，1982年から関係締約国が規約人権委員会の見解に対して，どのような措置を採ったかを委員会に出席させて報告させており，1990年からは国連総会への年次報告書のなかで報告に応じた国と応じていない国を公表している。また，締約国の国家レポートのなかで，委員会の見解に対する措置に関する報告を求め，これらの措置によって見解に実効性をもたせようとしている。報告制度を用いることによって関係締約国が自主的に見解の内

容を実施していくことが期待されている。このような手段を尽くしても人権状況が改善されないと判断される場合には、特別報告者を任命し、特定の国の人権状況について調査・報告をすることができる[17]。国際社会のなかで人権の履行状況を審議することによって実質的に人権を保障していこうとするものである。

なお、国際労働機関にも委員会が設置され、ILO条約の解釈について意見や勧告を出しているが、司法権の独立を侵すとは考えられていない。むしろ、裁判所は「報告及び勧告に示されている見解は、現在のILOの条約解釈について尊重すべき見解」であるとしている（大分地判1993年1月19日、判時1457号36,49頁）。

規約人権委員会の手続は、締約国の主権を尊重し、国内裁判所の事実認定を前提とし、勧告的な見解を述べるものである。これに応じるかどうかは行政府と立法府の問題であり、裁判官はILOの委員会の見解と同様、規約人権委員会の見解を聞き、そのうえで個別の事件について判断を下せばよいのであって、司法権の独立が損なわれると考えられない[18]。

また、第1選択議定書の批准と国家主権との関係が問題になっている。しかし、第1選択議定書の起草者は、国際社会に主権国家が存在することを認めたうえで、委員会の手続を規定し、見解の効力を勧告的なものにとどめている。規約人権委員会は、まず国内的な救済を尽くすことを要請して国家主権を尊重し、見解の実施についても最終的には締約国の自主性に待つとしているので、国家主権が制限されることはない。日本政府も、世界人権会議で、人権問題は世界各国の「正当な関心事」であると表明しており、国際社会のなかで人権状況が審議・評価されることは認めている[19]。

最高裁判所の判決の効力は、当該事件に関する個別的効力にとどまり、他の事件やそれ以降の事件に及ぶものではない。当該事件についての最高裁判所の判決の効力は維持されるのであるから、国内における終審裁判所としての判決の効力が否定されるものではなく、国家主権を侵害するものではない。

規約人権委員会が見解を出すにあたって採用している現在の制度は、国家主

権を尊重しつつ，締約国による自発的履行を求めるものである。したがって，この制度が国家主権や司法権の独立を侵すとは考えられない。諸外国にはこのような理由によって批准しない国はなく，むしろ批准理由として国際人権法上の義務を履行しようという強い意思があることを，国際社会に示すことを挙げている国が多い。日本は自由権規約を批准しているのであるから，条約遵守義務をすでに負っている。日本が条約を誠実に遵守し，国際社会において名誉ある地位を占めようとするなら，是非とも第1選択議定書の批准を実現してほしい。

2 女性差別撤廃条約選択議定書への日本政府の姿勢

(1) 選択議定書の意義

女性差別について個人通報制度を認めた女性差別撤廃条約選択議定書は，1999年10月6日に国連総会でコンセンサスによって採択され，12月10日に署名のため解放され（署名式で23カ国が署名した），10番目のイタリアの批准から3カ月目の2000年12月12日に発効した[20]。2002年7月30日現在締約国は43カ国（署名国75カ国）である[21]。

女性差別撤廃条約選択議定書には，条約の実効性を担保するため，個人通報手続と調査手続が定められ，女性差別撤廃委員会が通報の審査および調査を行う[22]。個人通報制度の下で，女性差別撤廃条約の定める権利を侵害された女性個人または個人の集団は，女性差別撤廃委員会に対して条約違反を通報することができる。また調査制度によって，女性差別撤廃委員会は，信頼できる情報に基づいて，締約国における女性の人権の重大または組織的な侵害について調査を行うことができるが，この制度は，これまで拷問等禁止条約にのみ設けられていた強力な条約の履行確保のための制度である。実際の受理手続や最終決定については手続規則が定められている。手続規則は，2001年1月の24回女性差別撤廃委員会で採択された[23]。

(2) 日本政府の姿勢

日本は，自由権規約第1選択議定書を批准していないため，本議定書の制定についても，当初必ずしも積極的とはいえなかった。事務総長へ提出した政府見解では，新たな実施措置の導入が女性差別撤廃委員会や女性の地位向上部に人的，財政的な負担を課すことや，当事国の「司法制度の独立性」を侵すことへの憂慮を示していた。

日本政府の対応について，また，国会での答弁を中心に見ていくことにする。

女性差別撤廃条約選択議定書の採択前の，第145回の国会衆議院内閣委員会（1999年6月11日）で，外務省の上田政府委員は，「女性差別撤廃条約選択議定書については，国連の婦人の地位委員会において議論が行われ，日本もその議論に積極的に参加している。女性差別撤廃条約選定議定書の個人通報制度については個人通報のほかに，集団通報とか代理人による通報とか新しい要素もあると見うけられるので最終的にどういう形でまとまるかを見極め，かつこれを締結するには日本の国内法制等との整合性も勘案して検討して行くことになる」と述べた。また，法務省の房村政府委員は，「個人通報制度と司法権独立の関係が問題となる。憲法によって司法権の独立が保障されているが，その中核は，外部の干渉から独立した裁判官が法と良心のみにしたがって具体的な事件について判断を下すことである。ある特定の個人事案について，国連の条約に基づいて設置された委員会が具体的な見解を示すことになると，当該事案あるいはこれと関連する事案に関する裁判官の自由な審理，判断等に影響を及ぼすおそれがあるということが懸念される。」と述べた。野中国務大臣も「最終的にいかなる案文について採択されるかを十分見極めたうえで，男女共同参画基本法の趣旨を十分念頭に置き，政府としても前向きに検討したいと考えている。」と述べた。

また，女性差別撤廃条約採択後の第151回国会の衆議院法務委員会（2001年3月16日）で，高村法務大臣は，「女性差別撤廃条約選択議定書に規定されている個人通報制度については，条約の実施の効果的担保を図るとの趣旨から注目すべき制度であると考えている。一方で，司法権の独立を含め，司法制度と

の関連で問題が生じるおそれがあると考えられるところでもあり，今後の制度の運用状況等を見つつ真剣に検討を進めてまいりたい」と述べた。

　なお，衆議院と参議院で，多くの女性差別撤廃条約選択議定書の批准に関する請願が採択されている。「平成11年の国連総会において，女性差別撤廃条約選択議定書が採択され，平成12年12月に発効した。選択議定書は，条約違反による権利の侵害について，女性差別撤廃委員会に対し通報をする権限を個人または集団に付与することを内容としている。しかし，政府は選択議定書を採択したが，署名は見送り，批准に消極的な態度をとっている。我が国において女性に対する差別は現在も根深く存在しており，差別に対する苦情申立てや救済機関も未だに確立されていない。選択議定書の批准は，我が国における女性差別の撤廃に対する施策の強化とともに男女平等社会の形成を促進するものである。ついては次の事項について実現を図られたい。一，女子差別撤廃条約選択議定書を早期に批准すること。」[24]

　これらの請願に対し，内閣から6月12日に「第153回国会の参議院において採択された請願の処理経過」という文書が議員に配布され，「国内法制や国内法令との整合性等の観点から政府として慎重に検討あるいは対応したい」と書かれてあった。また，第154回国会の参議院外務防衛委員会（2002年7月31日）では，「条約批准に時間がかかりすぎる」として，検討経過の報告を外務省に要望した。

　第154回国会の参議院内閣委員会（2002年7月16日）で，法務省の寺田政府参考人は，全体の批准の見通しについては外務省の所管であるとしたうえで，個人通報制度が「女性差別撤廃条約の効果的な実施を担保する」点で極めて注目すべき制度であるが，通報制度による具体的な案件についての委員会の意見と国内の裁判所の裁判官の独立した職務の執行との関係が生ずることや，国内的な救済措置が尽くされているということが条件にはなっているが，果たしてどれくらいのものかについて慎重な検討を要することを述べ，「外務省の方とも連絡と取りながら真剣に，慎重に検討を行っている」と述べた。

　同国会の参議院決算委員会（2002年8月8日）閉会後に，締約国が42カ国に

及び、アジア諸国の中でもタイを始め4カ国、インドネシアも署名しているのでその数は増えているが、日本は署名をしていないこと、選択議定書の早期批准を求める請願も154回国会の参議院外交防衛委員会で採択され、本会議でも全会一致で採択されていること、女性差別撤廃条約の実施の効果的な担保を図るためには注目すべき制度と評価されているが、批准となると後ろ向きだということが質問され、川口外務大臣が次のように答弁した。これは条約の実施の効果的な担保を図るうえから非常に注目すべき制度であるが、司法権の独立の問題を含め、我が国の司法制度との関係で問題が生じるおそれがあるので慎重に検討をすべきであるという指摘もあるので、女性差別撤廃条約選択議定書については、その締結の是非につき真剣かつ慎重に検討をしている。合わせて第1選択議定書と司法権の独立に関する質問に対して次のように述べている。第1選択定書、人種差別撤廃条約、拷問禁止条約が個人通報制度について定めているが、「我が国の司法制度との関連で問題が生ずるおそれがあり、たとえば、係争中の案件があるときに個人が委員会に通報をすることがあったら、その結果が司法の場で係争中の案件に影響を与えるおそれがあるということで、司法の独立を含めて問題が生ずるおそれがある」ので、個人通報制度については、締結や宣言をしていない。また、第1選択議定書については102カ国が批准しており、他国では司法制度の独立との関係で問題があると聞かれないという質問については、「それぞれの国においては司法権の独立についての考え方について、それぞれの立場で考えていると思います。我が国の立場については、我が国で議論がなされており、他の国に比べて我が国だけどうしてそこが問題になるかというのは、正に我が国としてはそう考えているということ以外申し上げようがないということでございます。」と述べた。

　また、参議院決算委員会（2002年10月3日）で、森山法務大臣は次のように答弁している。女性差別撤廃条約だけでなく、第1選択議定書のほか、個人通報制度とかかわりのあるものが沢山あり、これらの条約の実施の効果的な担保を図るという趣旨からこの条約は注目すべきものであると考えているが、他方で、司法権の独立ということは大変また別の意味で重要なことである。個人が

直接国連その他に通報するというやり方はそれで1つのアピールの仕方としては私も理解できるし，しかも法的な強制力がないのだからいいのではというお気持ちもわからないではないが，とくに日本の司法制度については大変几帳面で厳正にものを考える傾向があり，仮に国連というような大きな影響力のあるものを背景にそのような個人通報制度が行われ，それが何らかの結論をその場で得るということになると，同時に行われているかもしれない法廷における裁判官の判断に何らかの影響を与えるようになるのではないかということが具体的に心配されるので，そのようなことがないようにどうすればできるかということを検討している。具体的に，個別具体的な事案についてこのような場合にはどうするかというようなことを具体的に検討しているのが現在の状況であって，いつ結論が出るとか，詳しく内容を細かく説明することができないが，そのような状況であり，さらに検討を続けていきたいと思っております。

　第155回国会参議院内閣委員会（2002年11月12日）で，福田官房長官も女性差別撤廃条約選択議定書の批准を求める請願が「151回，153回，154回の外交防衛委員会と本会議で全会一致で採択している」ことを承知していると述べている。

　また，女性団体（北京JAC）のロビイングで，外務省は，選択議定書については，検討中で，自由権規約選択議定書の運用を調査中であるとして，具体的事例について資料提供を約束した。そして，2002年10月9日に外務省人権人道課によって6つの事例が示された[25]。

（3）日本の対応に対する意見・批判

　西欧諸国のほとんどが国際人権規約と女性差別撤廃条約の選択議定書に署名または批准している。また，先進国のなかで個人通報制度に批准していない，イギリス，ドイツは個人通報より強力な手段として，個人がヨーロッパ人権裁判所に対して国による人権侵害を訴えて，拘束力ある判決を求めることができることをあげている。アメリカは，個人通報制度を国内救済制度が十分機能していない国において，それを補完するものと位置づけており，当国には必要な

いとしている。それに対して日本では，法務大臣が，衆議院外務委員会（1999年5月28日）で，拷問禁止条約の批准に際して「個人通報制度の導入は国内救済体制を混乱させるおそれもある」と述べている。このことは，裁判所による救済をさしているので，双方の選択議定書について日本政府が答弁している司法権の独立との関係で問題となると考えられるが，答弁に具体性があまりなく，批准しないための方便にすぎないように思われる。また，日本以外に司法権の独立を理由として個人通報制度を受け入れない国は存在しない。

　たとえ，勧告的効力を超えて事実上の四審制と同様になったとしても，指摘された内容が適正であるかぎり実質的に司法権の独立を害するとはいえないと考えられる。また，裁判官の独立は，裁判官が具体的事件の判断の形成にあたって，法と良心のみにしたがい，他の者の指揮・命令に拘束されないだけでなく，事実上裁判に関して重大な影響を受けないことを含む。しかし，通報は国内的救済を尽くした後にのみ可能であり，勧告は拘束力をもたない。ただし，委員会の見解・勧告はその後の同種の事件における裁判について「先例」となり事実上影響を及ぼす可能性は否定できないところは確かにあり，それに対する対応を報告するよう求めたりしてはいることも事実である。

　さらに，司法権の独立は，元来，立法，行政等からの不当な干渉を排除するためのものであり，権力分立からの要請もあるが，裁判官が外部の圧力や干渉を受けず，公正な立場で職責を果たすことができるように認められてきたものである。国際機関が，適正で納得できる最終見解を出し，勧告的効力をもつものであれば，良心的な世論の裁判批判と同様に国内の遅れた考え方や実態を是正する機動力になるのではないだろうか。裁判官の公正な裁判を妨げるものではなく，それを助け，裁判の独善化の危険を国際的な規準によって抑止する効果があると思われる。

　女性差別撤廃条約への個人通報制度の導入は，「女性の権利は人権である」という主張の成果であった。1993年の世界人権会議のウィーン宣言および行動計画と1995年の世界女性会議の北京宣言，北京行動綱領および戦略目標に女性差別撤廃条約選択議定書の策定がある。

選定議定書は，女性差別撤廃条約の違反について個人や団体が女性差別撤廃委員会に申立てをすることと，条約の重大で系統的な違反に対して女性差別撤廃委員会の調査手続を定めており，女性に対する差別の撤廃と人権の保障を達成するうえで，画期的なものである。

　選択議定書の必要性としては次のことがあげられる。①国連人権保障システムにおいて女性の人権を強化させること，②女性差別撤廃条約における締約国の義務を明確にすること，③女性差別撤廃条約の実施について国家の行動を促すこと，④差別法および差別的慣行を撤廃するよう促すこと，⑤国際人権保障システムにおける実施メカニズムを向上させること，⑥女性差別に関する人権基準について国民の意識を向上させること等である。

おわりに

　選択議定書は，個人が国際機関に対し，条約が保障する人権侵害について通報する手続を定めたもので人権を国際的に保障するための重要な国際文書である。当事国を条約違反について糾弾するというより，その犠牲者を救済することを目的とする。そして，国際人権保障のための条約実施の効果的な担保を図るものである。

　国際人権規約が1966年に採択されてから，30数年経ち，日本が自由権規約と社会権規約を批准したのが1979年であるからそれから20数年経っている。現在，第1選択議定書は，自由権規約の批准国約150カ国の3分の2にあたる102カ国によって批准されており，日本も第3回および第4回の定期レポートの審議の際に規約人権委員から批准の勧告を受けている。また，規約人権委員会が規約違反を指摘する人権侵害に対し，裁判所を含む日本政府は何らの救済措置を講じずに放置するという事態が生じている（非嫡出子の相続分差別，定住外国人に対する年金や恩給の差別，代用監獄の存続など）[26]。

　第1選択議定書を批准すると，国内で権利侵害を受けた個人が国内で救済措置を尽くしても救済を受けられない場合に，この通報制度によって規約人権委

員会に申立てをなすことができる。規約人権委員会は，通報を検討し，関係締約国および個人に対し見解を送付する。この見解には法的拘束力はないが，国際機関である規約人権委員会の人権侵害に対する評価であり，関係締約国に与える政治的影響力はきわめて大きいと考えられる。

　また，女性差別撤廃条約選択議定書は，女性差別撤廃条約の違反について個人または集団が女性差別撤廃委員会に申立てをすることおよび，条約の重大で系統的な違反に対する女性差別撤廃委員会の調査手続を定めており，女性に対する差別の撤廃やすべての女性の基本的人権の保障を達成するうえで画期的なものである。

　日本政府は，国内の選択議定書の批准を求める請願や意見書，声明などにもかかわらず，当初は，制度濫用と実効性について異論を唱えていたが，最近では，司法権の独立を理由に個人通報制度を定める選択議定書等を批准しないでいる。真剣に前向きに検討するという説明があってからずっと批准の問題を先送りしている。司法権の独立を理由にこれらの文書を批准していない国は存在しないし，規約人権委員会や女子差別撤廃委員会の見解は勧告的なものであり，法的拘束力をもたないので，司法権の独立を侵害することはありえない。

　基本的人権の尊重を掲げている憲法をもつ我が国が，国際的人権保障機構に積極的に参加することはきわめて意義のあることであり，我が国の国際的評価を高めることにもなる。また，条約自体を批准しながらもその実効性を担保する選択議定書を批准しないことは憲法98条2項の条約の誠実な遵守義務に違反するのではないだろうか。日本が批准した国際人権条約の下で市民が本来保障されるべき権利を実現させるために，通報を含むあらゆる手段により条約機関に権利の救済を求めて行くことを可能とするだけでなく，条約機関の見解を受け入れ人権状況を改善して行くことが，条約批准国として，また，国際人権保障を実現するために必要なのではないかと思う。日本政府の国会答弁を見ても，その重要性を認めていながら，批准しないということは，国際社会に開かれた国家ではなく，人権保障後進国と受け取られても仕方がないし，答弁も批准しないための方便としか思えない。選択議定書を批准することによって我が

国の人権状況が国際社会において問われることになり，このことによって国内の人権保障が向上することが想定される。国際社会のなかで名誉ある地位を占めたいと思うなら，また，国際社会で重要な役割を発揮しようと思うなら，早期に選択議定書を批准することが必要であると思われる。

注

1) 国際人権規約については，宮崎繁樹編著『解説　国際人権規約』（日本評論社，1996年），アルフレッド・デザイアス他＝第二東京弁護士会訳『国際人権「自由権」規約入門』（明石書店，1994年），阿部浩己他著『テキストブック国際人権法』（日本評論社，1996年），日本弁護士連合会『国際人権規約と日本の司法・市民の権利』（こうち書房，1997年）等参照。

2) 死刑の廃止を目指す，市民的および政治的権利に関する国際規約の第二選択議定書（死刑廃止議定書）は，1989年12月15日に国連総会で採択され，1991年7月11日に発効している。2002年7月10日現在で締約国は47カ国である。締約国の管轄内での死刑の執行を行わず，死刑を廃止するためのすべての必要な措置を講じるものであるが，日本の未批准の理由について長尾立子法務大臣は参議院法務委員会（平成8年8月27日）において，次のように述べている。死刑制度の存続については国民がどう判断するかということが非常に大きな要素であることから見て，条約で一律に決めることはいかがかということがこの反対を投じた理由であった。国民の間でもう少しこの問題について議論がされ，そのなかでコンセンサスが生まれてくる。また，そのことは今の刑罰法規の体系全体をもう1度見直すことにつながって行くことであるが，国民のそういった動きを，議論を待って対処するのがやはり法務省としてのあるべき姿であると考えている。At http://www.ndl.go.jp/　horei_jp/Treaties/un/human_rights/human_rights18. htm (as of July10, 2002)参照。

3) 宮崎，前掲書，（注1），281-303頁参照，国際人権規約翻訳編集委員会編『国際人権規約先例集―規約人権委員会精選決定集第1集』（東信堂，1988年）6-7頁，日本弁護士連合会，前掲書，（注1），25-26頁参照，アムネスティ・インターナショナル日本支部国際人権法チーム『個人通報制度って知っている―自由権規約選択議定書の実現をめざして』（現代人文社，1998年）15-18頁等参照。

4) 規約委員会の見解については，1977年7月-1982年7月，国際人権規約翻訳編集委員会編，前掲書，（注3），1982年10月-1988年4月，国際人権規約翻訳

編集委員会編『国際人権規約先例集——規約人権委員会精選決定集第2集』(東信堂,1995年),Human Rights Committee, *Selected Decisions Under the Optional Protocol*, New York : U.N.CCPR/C/OP/1.1985 ; Human Rights Committee, *Selected Decisions Under the Optional Protocol Volume 2*, New York : U.N.CCPR/C/OP/2 1990. 国際人権 NGO ネットワーク『ウォッチ！規約人権委員会——どこがずれている？人権の国際規準と日本の現状』(日本評論社,1999年) 等参照。

5) 多谷千香子「個人通報制度に関する女子差別撤廃条約選択議定書の発効について」『ジュリスト』1199号 (2001年4月15日) 46頁参照。
6) 日本弁護士連合会, 前掲書, (注1), 271頁参照。
7) 国立国会図書館法令議会資料「市民的及び政治的権利についての国際規約についての選択議定書」, at http://www.ndl.go.jp/horei_jp/Treaties/un/human_rights/human_rights12. htm (as of July10, 2002) 参照。
8) 日本弁護士連合会, 前掲書, (注1), 272頁参照。
9) 同上, 272-273頁参照。
10) 自由権規約と社会権規約はコンセンサスで採択されたが, 自由権規約第1選択議定書は賛成62, 反対2, 棄権38 (日本を含む) で採択された。
11) 国会の答弁については, 日本弁護士連合会, 前掲書, (注1), 276頁, 国際人権 NGO ネットワーク, 前掲書, (注4), 67頁, at http://kokkai.ndl.go.jp/cgi-bin/KOKUMIN/参照。
12) At http://kokkai.ndl.go.jp/cgi-bin/KOKUMIN/参照。153回国会参議院内閣委員会 (2002年11月12日) 川橋幸子議員の質問。
13) 国際人権 NGO ネットワーク, 前掲書, (注4), 25頁参照。その他にも, 我が国の人権擁護委員は法務省の管轄下にあるとし, 警察や入管施設における人権侵害を救済するための独立した機関の設置を勧告している。また, すべての子どもは平等な保護を受ける権利があるとして, 婚外子差別をなくすため, 相続分を嫡出子の2分の1と定める民法900条4合を含む方制度を改正するよう勧告している。At http://kokkai.ndl.go.jp/cgi-bin/KOKUMIN/参照。日弁連の村越進氏の第154回国会参議院憲法調査会 (2002年7月17日) の参考人意見参照。
14) 同上, 283-284頁参照。
15) 日本弁護士連合会, 前掲書, (注1), 275頁参照。
16) 同上, 276-277頁参照。
17) 宮崎, 前掲書, (注1), 301-302頁参照。
18) 日本弁護士連合会, 前掲書, (注1), 277-278頁参照

19) 同上，278-279頁参照。
20) 多谷，前掲論文，(注5)，42頁参照。
21) 山下威士・山下泰子「女性差別撤廃条約・選択議定書締約国—レポート提出・審議状況一覧」『国際女性』16号（200年12月）35頁参照。
22) 西立野園子「女子差別撤廃条約選択議定書—個人通報手続と調査手続の導入」『ジュリスト』1176号（200年4月15日）75-81頁参照。
23) 手続規則については，西立野園子翻訳「女子差別撤廃条約選択議定書手続規則」『国際女性』15号（2001年）68-73頁参照。
24) At http://www.sangiinn.go.jp/japanese/joho1/seogam/current/4167.htm 参照。
25) 北京JAC 第65号（2002年10月1日）3頁。具体例として外務省人権人道課は，係争中の個人通報制度適用例（Communication No.131/1982），裁判の著しい遅延による受理の例（Communication No.27/1978），裁判所の量刑に対する判断に関する訴えが認められた例（Communication No.170/1984），委員会が判断するまでの経過措置を示した例（Commnication No.225/1986），委員会が措置を示した例（Communication No.232/ 1987），最高裁が残っている段階で受理された例（Communication No. 192/1985）を示した。
26) 自由人権協会の「国際人権所条約に保障された通報制度の実現を求める要望書」（2000年12月27日），at http://village.infoweb.ne.jp/ ̄jclc/katsudou/seimei-ikensho/20001227.html 参照。

(有澤　知子)

第3章 「司法権の独立」論に基づく反対論批判

はじめに

　本章において，日本政府の女性差別撤廃条約選択議定書の批准，端的には，個人通報制度の，わが国への導入へ反対する立論を，とくに「司法権の独立」論を根拠にするそれに焦点をあてて，今日の憲法学の立場から検討する。詳細は以下に述べるが，「司法権の独立」という制度の趣旨から考えても，この制度が，人権の保障をより十全なものとしようとする選択議定書の個人通報制度の趣旨に合致するものであれ，決してそれと対立し，矛盾し，相排斥しあうというものでは，ありえないことを証明する。なお，最後に，「司法権の独立」論以外の，同制度の導入に対する反対論の可能性も検討しておく。

1　司法権の独立の意味

(1) 国民の人権保障としての司法権の独立
(a) 司法権の独立は，人権保障の制度である

　司法権の独立という制度は，近代立憲国家にとって，基本的な制度として，ほぼ普遍的に採用されている原則である。たとえば，ジョン失土王のマグナ・カルタを契機とするイングランド・イギリスにおける形成とか，水車小屋アーノルド事件などをへてのプロイセン・ドイツにおける形成[1]など，その制度の細部にわたる点については，各国の歴史的独自性により，それぞれ異なるところはあるが，原則的な内容については，異なるところは，わりに少ない原則である[2]。

司法権の独立について，まず何よりも大切なことは，その原則が，いずれの国においても，司法関係者，とりわけ，裁判官の独善や，その権益を守るためのものとは，理解されていないことである。すなわち，司法権の独立とは，裁判所という制度や裁判官という機関の既得権を守るための制度ではない。どこにおいても，司法権の独立が，まずは王権などの執行権力からの独立を問題にするものであったことは，間違いない。と同時に，その司法権の独立という制度は，司法権を独立させることにより，ある者の権利を守るもの，すなわち，当初は，一部の貴族や特権階級のそれであったにしても，現在においては，現在の憲法上の，その他の制度や原理が，いずれもそうであるように，国民の人権を守り，維持し，促進するためのものである。現代国家や現代法などのすべての制度が，建前上は，市民＝国民の生活＝人権保障の仕組みとして構築されている。司法権の独立という制度は，そのような目的に相応しい制度として，大きな役割をはたすことができたために，現代のヨーロッパをはじめとして，多くの国家において統一的に採用された制度である。このような，この制度の目的を抜きにして，そもそも制度を論ずることはできない。

　以下に述べるように，司法権の独立は，主として講学上の便宜から，「裁判所の独立」と「裁判の独立」の2つの観点から説明されるが，その2つの観点は，決して対等なものではなく，前者は，後者の「裁判の独立」のための手段にすぎないことを理解しておく必要がある。しかし，この原則の理解のためには，「裁判の独立」という観点のみに止まることはできず，さらに進んで，この原則が，「裁判の独立」を保障することにより，司法権本来の任務である，国家権力（確かに，その中心は，現在でも執行権力としての行政権であることは，間違いないが）の行使に対して，国民を守る，とりわけ，少数者を守るという法や憲法の基本精神を実現するものであることを，議論の大前提として基本的に理解しておく必要がある。

(b) 裁判所は，人権の番人である

　ところで，ここで，一歩退いて，現在のわが国の裁判所において処理すべき紛争事例について考えてみよう。紛争当事者という観点から分類すると，裁判

所にもたらされるべき紛争には、以下の3種のものがある。
① 市民対市民の間の紛争　　　　　民事訴訟
② 国家機関対国家機関の間の紛争　行政訴訟
③ 市民対国家機関の間の紛争　　　刑事訴訟、ある種の行政訴訟

　これらの紛争を処理するに際して、裁判所のとるべき態度は、「憲法と良心にもとづいて」（日本国憲法73条）審理を行うことである。すなわち、裁判所は、国民の権利を守る立場にある憲法を中心にする法に基づく判断者の立場にある。この際に、①と②の紛争については、裁判所として、今ここで注意するべき特殊性は、あまりない。

　問題は、③の紛争である。この際に、裁判所は、中立的第三者として、このような紛争に関与すれば足りるとはいえない。すなわち、この種の紛争においては、この紛争に登場してくる双方の当事者は、攻撃・防御能力において、決して対等とはいえない。言うまでもなく、資料収集能力についても、法的知識・運用についても、あらゆる側面で、圧倒的に、国家機関が、有利な立場にある。このため、本来の国民の権利を守るという近代法の役割からしても、バランス論（その根拠づけは、正義論とか、フェアー・プレー論とか、さまざまのものでありうるが）からしても、現代の法は、たとえば、「疑わしきは罰せず」をはじめ、国家権力側に、大きな制約・負担を課す。それは、国家権力に対する基本的猜疑から出発する自由主義的な国家運営思想に支えられながら、近代国家の基本原則になったものの表現である。この趣旨を体現するのが、近代の裁判所の任務である。このことのために、裁判所をして、「人権の番人」と表現されることにもなる。裁判所に対する信頼は、決して裁判所が権力や権威をもっているからではなく、裁判所が、国民の人権を擁護するという、その本来の任務を十分にはたしている場合にのみ成立する[3]。

　もちろん、このように裁判所が「人権の番人」ということは、ただ、市民を依怙贔屓をせよという意味ではなく、国家権力・機関に対して法を厳格に守ることを要求することにより、国民の権利を守ろうとする裁判所の態度を表現するものである。

（2）裁判の独立を保障するための裁判所の独立

(a) 裁判所の独立

司法権の独立という制度は，講学上，「裁判所の独立」という，機構的な裁判所外部からの干渉を排除するための意味と，「裁判の独立」という，具体的に裁判を行う裁判官に対する，裁判所機構内部から生じる干渉を排除するという意味をもつ。

前者の「裁判所の独立」の形成過程については，歴史的には，大津湖南事件における松方正義内閣，とりわけ，西郷従道内務大臣による，外交的配慮からの犯人の重罰要求に対する大審院・児島惟謙院長の抵抗（1891年）[4]，戦後においては，浦和充子事件判決における量刑に対する国会の参議院・法務委員会の国政調査権行使事件（1948年）[5]，あるいは，吹田黙祷事件における佐々木哲蔵判事の訴訟指揮に対する国会の裁判官訴追委員会による国政調査権行使事件（1952年）などとして，よく知られている。

(b) 裁判の独立

後者の「裁判の独立」については，独立の侵害が，裁判所内部から来るものである点に特殊性がある。たとえば，「司法権の独立」の輝かしい成果と語られる上記の大津湖南事件において，児島院長が，外部からの，時の内閣の干渉を排除するために，自分自身は担当判事ではないにもかかわらず，事件担当の大審院判事たちに対して，「部外者の雑音に惑わされるな」と督励し，自分の考えで説得するという様子は，「裁判の独立」という観点からすれば，「司法権の独立」の典型的な侵害事例であった[6]。また，同じように，前記の吹田黙祷事件について，外部の国会に対して，みずからの独立を果敢に主張した最高裁判所が，その地裁の訴訟指揮について非難する内容を含む，最高裁判所通達「法廷における威信について」（1953年）は，最高裁判所の下級裁判所に対する司法行政の監督権（裁判所法第81条）の範囲を越えて，裁判のやり方そのものへ干渉するものとして，「裁判の独立」を侵した事例である。これ以外にも，長沼ナイキ訴訟における平賀健太・札幌地方裁判所長による，福島重雄・担当判事への「先輩のアドバイス」という名目で送られた書簡事件（1973年）

なども,「裁判の独立」の典型的な侵害事例である[7]。

　しかし,このように,今なお「裁判の独立」への侵害事例が,絶えないとはいえ,「司法権の独立」とは,裁判所や裁判官という制度や官僚のための原則ではなく,市民＝国民の人権保障のための制度であり,その核心が,国民の人権を守るための裁判における厳格な法の執行を求めるものであり,したがって,「裁判所の独立」という機構的制度は,最終的には,「裁判の独立」を保障するための手段的地位にあるものにすぎないということは,現在の憲法学の通説的な見解である[8]。

2　個人通報制度導入に反対する根拠

（1）個人通報制度導入を否定する政府見解
(a) 政府答弁

　以上のように,現在の憲法学の通説的に理解される「司法権の独立」が,なぜ,女性差別撤廃条約選択議定書の批准の反対論の根拠とされるのであろうか。すなわち,個人通報制度をわが国へ導入することが,「司法権の独立」を侵害すると主張される場合,それが,どのような意味で主張されているのか,そのことを,ここで確認しておこう。

　① 男女共同参画社会基本法の審議に際して,第145回国会・参議院・内閣委員会[9]における清水澄子議員の質問に対する政府答弁として,小淵恵三総理大臣は,以下のように,述べた。

　「女性差別撤廃条約選択議定書は,個人通報制度を定めたものでありますが,個人通報制度は,司法権の独立を含め我が国司法制度との関連で問題があるとの指摘もあり,制度の運用状況を見つつ,その締結につき慎重に検討してまいりたいと考えております。」

　② 同じ第145回国会・衆議院・内閣委員会[10]における佐々木秀典議員の質問に対する政府答弁・房村精一・法務大臣官房司法法制調査部長・政府委員は,次のように述べた。

「(女性差別撤廃条約の) 個人通報制度と司法権の独立の関係がございます。言うまでもなく，我が国の憲法によって司法権の独立が保障されているわけでございますが，その中核は，外部の干渉から独立した個々の裁判官が法と良心のみに従って具体的な事件について判断を下す，それが司法権の独立の中核をなしているわけでございます。個人通報制度が採用されまして，ある特定の個別事案につきまして，国連の条約にもとづいて設置された委員会が具体的な見解を示すということになりますと，当該事案あるいはこれと関連する事案に関する裁判官の自由な審理，判断等に影響を及ぼすおそれがあるということが懸念されるわけでございます。」

③ 後にも，房村政府委員は，同じ懸念を繰り返している[11]。

また，後に，2001年3月16日に，高村正彦法務大臣が，まったく同じ趣旨を再確認している[12]。

(b) 政府答弁の意味

このような政府答弁は，要するに，「最高裁判所のさらに上に，上級審を設置することが，司法権の独立侵害になるから，個人通報制度を，わが国へ導入できない」とするものである。とすれば，この場合，ここでは，「司法権の独立」ということばで，わが国の (国内) 裁判所制度の上に，さらに上級審査機関ができることを忌避するという意味，すなわち，「裁判所の独立」が意味されていることになろう。何故なら，「裁判の独立」という意味では，別に上級審査機関をつくることは，独立侵害にはならない。これは，国内において，より上級の審査機関が設置され，それへの控訴・上訴が認められていることからも，自明のことである。もちろん，当たり前のことであるが，それら上級審査機関の活動は，当該判決確定後に開始されるものである。ところで，女性差別撤廃条約選択議定書による個人通報は，例外的な場合を除いて，判決確定後，国内救済手続きの完了後に行使されるものである。とすると，この個人通報制度は，少なくとも，「裁判の独立」の侵害にはならない。

このようにして，個人通報制度を導入したくない政府見解としては，ここでは，「裁判の独立」を語ることはできず，にもかかわらず，「司法権の独立」を

もって，導入拒否理由としようとするかぎり，必然的に，「司法権の独立」を「裁判所の独立」として理解せざるをえない。要するに，政府見解による「司法権の独立」論とは，最高裁判所の「上に」，いかなる機関をも認めないということである。すなわち，ここでいわれる「司法権の独立に対する侵害」とは，「最高裁判所という裁判所の独立，あるいは，その至高性への侵害」ということにすぎない。

(c) 最高裁判所の上にあるもの

しかし，ここで翻って考えみるに，わが国において，最高裁判所の上には，いかなる審査機関も存在しないのであろうか。もちろん，そうではないことは，自明である。

まず，第1には，最高裁判所の決断に対してすら，再審という制度がありうる。これは，最高裁判所といえども，「15人の人間の判断するところにすぎない」から，誤りを避けることができない以上，あらゆる人も認めざるをえない例外である。もちろん，最高裁判所の判断に，まったく誤審の可能性がないと断定できるなら，そもそも現在の再審制すら不要というべきであろう[13]。

さらに，現在では，最高裁判所と称しているにもかかわらず，国家機関である以上，最高の権力者である主権者としての国民という「その上」の機関がありうる。それがために，「国民による裁判批判」というものがありうる（これについては，後に3，(2)で論じる）。これらのことを考慮に入れると，その名称にもかかわらず，最高裁判所といえども，最高・絶対のものではありえない。

(d) 最近の動向—「司法権の独立」論の放棄か

もっとも，このような従来の政府発言に対して，2002年に，新しい動きがでてきた。『女性ニューズ』の伝えるところによれば，「今年［2002年］10月の参議院決算委員会で，川橋幸子議員が最高裁事務総長に質問したところ『最高裁は［選択議定書の批准に］反対していない。冤罪です』と答弁した。また，参議院内閣委員会でも，川橋議員の質問に福田康夫官房長官が『［選択議定書の批准を］検討中と答えた』とも伝えられた。」[14] これを契機に，選択議定書の

批准，個人通報制度の導入に向かうとすれば，まことに結構なことである。少なくとも，最高裁の事務総長レベルの法律家なら，従来の「司法権の独立」を根拠にする個人通報制度への反対論が，法学的に維持することが，かなり困難であることを理解していることからの発言であろう。

このような傾向をさらに確認させるものが，2002年9月27日に行われた北京JACによる各省庁への要望会談の場での発言である[15]。法務省担当者は，選択議定書の批准について，「従来の回答どおり。日本の司法の独立，三審制等国内救済制度を混乱させるという理由」を述べるが，さらに「先進例は研究中」と付け加えている。そのことばをさらに詳しくするかのように，外務省担当者は，「選択議定書[の批准]について検討中。[国際人権規約]B規約の運用を調査中」と答えている。ここでは，すでに実施されている自由権規約についての個人申立ての運用事例を調べているということであるから，少なくとも「司法権の独立に反するから批准しない」などという建前論が，もはや通用しないことを認識しはじめ，より内容に立ち入って，批准をしない理屈（あるいは，この制度がうまく行かないことの実例の発見）を探求しはじめているということであろう。このような態度は，少なくとも従来の建前からの批准拒否論が，もはや維持できないことの自認以外の何ものでもなく，あるいは，その放棄を示すものかもしれない。当然，次に来るのは，この制度の内容に立ち入っての検討—賛成するにせよ，反対するにせよ—であろう。その，言うところの「調査」の結果をできるだけ早急に国民の前に提示して，選択議定書の批准についての態度を明示すべきである。そうなれば，より内容豊かな検討が，政府においても，国民においても可能となろう[16]。

このような傾向は，公式にも認められている。日本政府による『第4，5回報告書に対する女子差別撤廃委員会からの質問事項に対する回答』（2003年提出）のなかで，委員会より，問31「選択議定書の批准に対する日本政府による検討の進展状況」を尋ねられたのに対して，「自由権規約選択議定書に定める個人通報制度の下で規約人権委員会が取り扱った具体的な通報事例を中心に検討を行っている」（43頁）と答えている。これに対して，女性差別撤廃委員会は，

その最終コメント[17]（2003年7月18日，第39項目で，「選択議定書の批准を，日本政府が引き続き検討することを要請する。委員会は，選択議定書により提供された制度は，司法権の独立を強化し，女性に対する差別への理解を進める上において司法を補助するものであると強く確信している」と述べた。

（２）個人通報制度は，わが国の三審制を混乱させるか

(a) 第四の審査機関の必要性

前記の政府見解を，いま少し法学的に説明すると，わが国には，最高裁判所を審査制度の最高機関とする三審制を基本とする「司法権の独立」論があり，個人通報制度は，これに違反するものになるということであろう。

しかし，いうまでもないが，別に，「三」審にこだわる意味はない。ピタゴラスやフリーメーソン以来，確かに「三」は，神聖な数であることは認められるが，憲法上，「三」である必然性はない。審査機関を「三」にするというのは，制度設計上の経済性の原則から考えられたものにすぎない。人権保障という観点からすれば，第四の審査機関があっても，まったく問題はない。

前記の上訴審に対する再審制度の存在理由から考えて，現在のような，当該機関それ自体による再審査よりも，第三者的機関による再審査の方が，理論上，優れていることは，自明である。というよりも，現在の，自己の決断に対する再審査の開始の可否を，当の最高裁判所に委ねている制度の方が，再審査制度の趣旨からして，おかしいというべきである。

ましてや，個人通報制度が，自国の国家権力に対する国民の保障，すなわち，裁判権力をも含む自国権力の行使・乱用による自国民の人権への侵害に対する保障を念頭においていることからしても，女性差別撤廃条約選択議定書による個人通報制度を，いわば，最高裁判所の「上」にある，第四の審査機関として位置づけることは，現在，最高裁判所も有するところの再審査制度の趣旨から考えても，より適切な制度というべきであろう。このように考えれば，再審査制度としての個人通報制度は，まさに，上述の「人権の番人」としての裁判所の制度趣旨に，もっとも適合的な制度ということすらできる。

3 個人通報制度導入への反対論の検討

（１）国際人権条約の手続法的整備をすることは，締約国の義務
（a）実体法と，それを実現する手続法の必要性

　女性差別撤廃条約選択議定書は，いまだに，わが国によって批准されていない。ところで，その選択議定書（個人通報制度）の前提になる実体法（女性差別撤廃条約）について，すでに国会の承認をえて，わが国において実定法として遵守されている。

　裁判所の行動の基準となる日本国憲法76条3項の「憲法，法律」には，わが国が批准した条約が，もちろん含まれる。そのことは，98条の公務員の憲法遵守義務からもいえる。ということは，逆に，合憲と認められた条約は，裁判所も，誠実に遵守することが必要である。国際人権条約が，文明国であることの飾りでない以上，法である条約を実行可能にするのは，締約国の責務である。

　裁判所における国際人権条約の国内適用の可能性を検討するために，従来のわが国の法学議論では，そのための条件として，当該条約が自動執行性をもつかどうかの審査が必要と議論してきた。しかし，ここでは，その専門的な議論に立ち入ることはせず，結論のみを語ることにするが，簡単に述べて，いわゆる転型説的理解をとらないわが国法制度においては，憲法98条2項によって，わが国の条約制定手続きにしたがって，正当に締結された条約は，批准されれば，日本の法であり，国内的には，法として妥当すると理解して，まったく支障がない。ただ，そのように，抽象的に，国内法的に妥当するとされた条約が，具体的に，司法権を含む執行権力によって，法として国内に適用されるかどうか，すなわち，法として実効性をもつかどうかは，国内法と同じ程度の具体性をもつかどうかにかかわることである。すなわち，法学者に知られた表現を用いれば，その法や条約が，実効性を有するか否かは，その法規範としての抽象性やプログラム性の度合いによる。そこには，条約と国内法との違いはない。このことを，従来国際法学者は，自力執行力をもつか否かという特殊な立

論で議論しており，憲法学者は，その法令が，プログラム性をもつか否かという特殊な立論で議論していたにすぎない。しかし，国内法も，国際法も，法としては，まったく同じ性格をもつと考えるかぎり，このような特殊な立論をする必要は，ない[18]。

このように条約と国内法とは，法としての性格に違いは認められないが，たとえ，一歩退いて，そのように考えないとしても，批准された条約は，解釈基準として，国内でも使える。すなわち，「条約の国内法の解釈基準としての効果」[19] をもつ。

もっとも，これまでの国内裁判での国際人権条約の適用例は，1970年以前に，ILO条約を用いた判決もあるが，それ以外では，下級審の判断のみである。たとえば，最近のものでは，自由権規約を適用して，特別在留許可を与えなかった法務大臣の処分を裁量権の乱用として違法とした判決[20]や，自由権規約を適用して，指紋押捺制度に基づく逮捕を違法とした判決[21]など。この点でも，わが国裁判官における国際人権条約への理解不足があるように思われる。

(b) 締約国の条約実効化義務

このように考えると，女性差別撤廃条約に関して，締約国，すなわち，わが国は，実体法たる同条約の適切な執行のために，何らかの処置をとるべき義務（手続法的整備）を負っていることになる。より具体的には，同条約24条は，そのことを締約国の義務としている[22]。

そのような，女性差別撤廃条約の具体化の方法として，現在，国際的に提起され，推奨されている，1つの方法が，この選択議定書であり，そこに規定された個人通告制度である。このように考えると，この選択議定書の批准は，同条約を誠実に遵守することを約束した以上，当然のこととなる。さらには，同条約を具体化するために，何らかの処置をとるべきことは，わが国が，国際法を誠実に守り，国際社会の名誉ある一員であるための国際信義の問題でもある。さらに進んで考えると，現在，国際的に提起されている実行方法を認めないということは，同条約遵守の義務に対する不作為の違法性まで[23]，あるい

は，立法の不作為の違法性[24]まで，言うことができるかもしれない。

（2）個人通報制度と国民の裁判批判

以上のような最高裁判所に対する再審査制度の趣旨や女性差別撤廃条約の実効化の義務から考えても，選択議定書の批准や個人通報制度の導入は，「司法権の独立」に，まったく違反するものでなく，逆に要請され，義務として行うべきものであると考えられる。さらに，最高裁判所の上にあるものを否定しようとする政府の「司法権の独立」論に対して，個人通報制度は，裁判所・最高裁判所に対する裁判批判と同じレベルの制度であり[25]，その趣旨は，「司法権の独立」を侵害するものではなく，逆に，司法権のもつ「人権の番人」という性格を強化しようとするものである。

(a) 個人通報制度は，国内救済手続きの完了後の制度

現在の個人通報制度に基づいて出されるものは，勧告的意見であり，強制力をもたない。その勧告的意見の実行性を担保するのは，国際威信だけである。しかも，この制度を発動させるためには，国内救済手続きを完了することが条件である（選択議定書4条）。このように考えると，この個人通報制度は，国内における判決確定後の国民の裁判批判と同じレベルのものであると考えられる。そこで，前記の政府答弁のいう「今後の裁判への影響」があるから，個人通報制度を導入できないという立論を，あいまいなままに議論するのではなく，その「影響」ということばで，ここで何が意識されているのかを明確に限定しておく必要がある。

まず第1に，現在，審理中の裁判官への「影響」は，それこそ「裁判の独立」への侵害として，もちろん，誰もなしえない。したがって，国内救済手続き完了後というかぎり，個人通報制度は，このような「影響」を，まったくもたない。

次に，判決確定後の，裁判や判決に対する批判を封じる理屈は，まったくありえない。かつて，議論された国民の裁判批判論に明確なように，何らの強制力を用いることなく，今後の裁判に対して影響を与えようとすることこそ，国

民の裁判批判の根幹である。将来起こる危険に対する予防こそ，国民の裁判批判論の最大の眼目であった。いかに，独立性をもつ裁判といえども，それ自体は，裁判官個人の独善を保障するものでもなければ，主権者たる国民の批判を免れうるものではない。

(b) 国民の裁判批判としての個人通報制度

それでは，国民の裁判批判は，何のために行われるのであろうか。それは，いうまでもなく，国民の人権保障のために行われる。もちろん，そのためには，司法権の独立が，最終的には，国民の人権保障のための制度でありながら，まずは，法の厳格な執行という形で表現されるように，国民の裁判批判も，最終的には，国民の人権保障のための制度でありながら，直接的には，裁判における公正さを維持するための制度として表現される。いわば，国民による絶えざる裁判批判を通じて，人権の番人・保障人としての裁判所に，その裁判の任務を，常時，自覚させることを趣旨とする[26]。

国民の裁判批判が許される根拠を，憲法学者は，ほとんど一致して，裁判の原則的公開（日本国憲法82条）の意味，最高裁判官の国民審査（79条）の意味，表現の自由（21条）に求めてきた。さらには，ただ国民の裁判批判が許される理由のみではなく，進んで，それを「しなければならない」理由として，主権者たる国民の公権力の行使に対する監督責任があげられた[27]。

このような理由で，国民の裁判批判を認めるとすれば，その裏側には，許されない裁判批判が，浮き上がってくる。そのようなものとして，まず何よりも，公権力を有する者による裁判批判があげられる。たとえば，裁判官の指名，任命，再任権をもつ行政権力担当者による裁判批判や，司法行政権をもつ者，とくに最高裁判所長官による下級裁判批判が，許されないことは，自明であろう[28]。

また，たとえ，国民の裁判批判であるとはいえ，現在の憲法上の表現の自由の枠を越えるものが許されないことも，自明であろう。

以上から，女性差別撤廃条約選択議定書における個人通報制度は，国民の裁判批判の新たなる表現形式であり，その限りで，何ら「司法権の独立」を侵害

するものではない。

おわりに

（1）残された個人通報制度導入反対論の可能性

　最後に，女性差別撤廃条約選択議定書の批准をためらわせているもの，すなわち，個人通報制度の導入を排除しようとする思想の根本にあるものについて，考察しておこう。もちろん，最大の主張が，①これまで論じてきた「司法権の独立」論からするものであることは疑いない。しかし，その論拠は，これまで論じてきたようにきわめてあいまいなものであり，すでにふれたように当事者からも疑問が出されつつある。

　このような，いわばこの制度に対する外在的な批判への反省から，②前記（2，（1），(d)）のように，最近の傾向として，より内容に立ち入って，この制度や委員会そのものへの拒否反応からする反対論もある。同じ個人通報制度をもつ自由権規約に基づいて，すでに行われた，諸外国の先例の検討を通じて，この制度の機能性に対する疑問（導入反対論を前提にしての）が提出されるかもしれない。しかし，もし，このような議論が提出されれば，それについて，より着実に内容的検討で対応すればいい。このような，制度に内在する形で議論が展開されることになれば，少なくとも，これまでの前記の①や，次の③から⑤までの外在的批判からする反対論に対してよりは，より冷静な対話が可能となろう。

　しかし，個人通報制度導入に対する反対論は，それのみに止まるものではあるまい。③その反対論の1つに，人権条約に対するダブル・スタンダードがあるかもしれない。すなわち，女性差別撤廃条約の扱いが，他の人権条約に対して，異なることである。しかし，今，その問題は，別にして，この制度の導入を躊躇させているものに，④1つは，主権絶対の思想があり，⑤他方には，女性差別撤廃委員会委員に対する猜疑があるのではなかろうか。なお，残された紙数を用いて，この後者の2つの点について考えておこう。

(2) 主権概念の相対化と人権の国際的基準の容認

　現在の国際社会を積極的に構築していくためには，19世紀的な，国民国家を前提にする主権絶対国家の相対化を認めざるをえない。すなわち，国際的な共生社会を創造するためには，従来，絶対的なものとして主張されてきた主権の自己制限を考えることが必要である。わが国をはじめ，多くの先進国は，国際社会の名誉ある一員でありたいと考えた。そのために，たとえば，ドイツは，そのような主権制限を憲法上で認めた[29]。

　もちろん，このような主権概念の相対化が，いわゆるヨーロッパ先進諸国を中心にする思想であり，いわゆる開発途上国が，今なお，主権の絶対性を主張し，主権相対化の動きを，ヨーロッパの「人権帝国主義」として，排斥している。しかし，現在，あえていえば，それぞれの文化や伝統を尊重し強調しようとする多文化主義に対して，少なくとも，女性に関するかぎり，すなわち，女性を人間として扱うことを要求するかぎりでは，国際的共通基準の設定を行う必要がある。すなわち，女性に関しては，世界の権力担当者に対して，国際的基準を強制すること，あまりいい表現ではないが，あえて用れば，「人権帝国主義」の非難，あるいは，「ヨーロッパ中心主義」の非難を，あえて受け入れるよう要求することが必要であろう。女性の性器切除も，未亡人の殉死サティも，女性の売買も，嫁資ダウリ殺人も，すべて長い伝統をもつ，時として，宗教的由来をもつ，それぞれの社会に「神聖な」伝統であるのかもしれない。それを，「文化多元主義」として，「固有の文化の尊重」として，容認するのなら論外だが，そのような伝統を，「女性も人間である」と主張して，あえて否認しようとするかぎり，人権の国際的基準を受け入れること，すなわち，「人権帝国主義」の一員になることは，必然的であろう。もちろん，そのことにより，あるいは，「国家フエミズム」のお先棒を担ぐことになるのかもしれない。たとえ，そうであるにしても，少なくとも，現在において，女性に関するかぎり，「多文化主義」を唱えることの危険性をこそ，考えるべきである。

　このように考えるかぎり，たとえ主権の絶対性に抵触するとも（条約が，自国の自主的な意思によって承認されるかぎり，このこと自体は，本来問題に

は，ならないのだが），女性差別撤廃条約選択議定書は，女性の地位の保障の国際的基準として，すべての締約国によって承認批准されねばならない。

（3）女性差別撤廃委員会委員への猜疑──委員の選任の条件を考える

さらに，個人通報制度の導入を排除しようとする思想の根本に，女性差別撤廃委員会委員に対する，わが国内の裁判官をも含むエリート官僚の猜疑の目があるのかもしれない。後者たちからすれば，前者の委員たちは，大体，法律の専門家ではない[30]。確かに，そのことは，現在の各国レポートに対して出される最終コメントの内容が，法学的にみた場合，かなり雑駁と批判されやすい文脈をもっていることからも，承認されやすい非難であろう。このような，非法律家に，最高の法律職である，わが国の最高裁判所の裁判官たちの判断が，審査されることに耐えられないということである。

しかし，翻って考えてみるに，紛争事例が，第三審にまでいたった時点で，なお法律的観点からみて，遺漏があるということは，ほとんど考えにくい。そのことは，現在の最高裁判所ですら，認めているところであろう。だからこそ，現在の最高裁判所判事として，必ずしも，法律専門職でない人でも，就任可能であり，外交官であれ，公務員であれ，高い見地から，豊かな人間性をもって，事件を判断することを求められているはずである。このように　考えれば，現在の「学識ある徳望高い」資格をもつ女性差別撤廃委員会委員の選任基準で，何ら問題はない。

原則論としては，女性差別撤廃委員会委員に対する，わが国内のエリート官僚や裁判官の猜疑の目に対しては，前記のように答えることができるにしても，翻って一歩退いて考えると，問題はありうる。創設期の委員とは異なり，個人通報制度をも担当しなければならない，現在の段階にある委員は，従来のように，政治家や外交官として，「高い見識と徳望さえあればいい」といってすますことができるものではないレベルにきているのかもしれない。前記のような種類の非難に対して，委員について，贔屓の引き倒しで終わらないためにも，その委員の選任について，現在の職務の変化を配慮に入れることが，必要

かもしれない。すなわち、「学識ある徳望高い」に加えて、法曹・大学教員などの人権擁護の専門家である「法律専門家」を、締約国は、委員推薦の際に配慮にいれることが必要となっているのではなかろうか。

このように考えると、締約国における女性差別撤廃委員会委員推薦の際に考慮すべきことを、簡単には、以下のようにまとめることができよう[31]。

① 委員選出の方法を考慮する必要がある[32]。たとえば、委員会任命のための第三者選任機関が設置されるべきである。

② 現在の「徳望高く、十分の能力をもつ者」（女性差別撤廃条約17条）という要件は、維持される必要がある。

③ 任務の多様化に応じて、法律専門家であるとともに、構造的な人権差別の問題を理解できる人であることが、望ましい。

④ 委員のバックアップができるように、事務局に法律専門スタッフを配置することが必要である。

このような配慮を行うことにより、女性差別撤廃委員会および委員への、日本国内の法律家のアレルギーは、減少され、女性差別撤廃条約選択議定書の批准に、すなわち、個人通報制度の導入が、より容易になるのではなかろうか。

注

1) 本事件での絶対的司法権の確立は、いわゆる司法権の独立の過程を影絵のように説明し、示唆に富む。参照、村上淳一「プロイセンにおけるMachtspruch」『ドイツの近代法学』（東京大学出版会、1964年）86頁。

2) アメリカ、イギリス、ドイツ、フランスなどの各国における司法権の状況についての簡単な概観は、水木惣太郎『司法制度論』（有信堂、1969年）。

3) 佐藤幸治『現代国家と司法権』（有斐閣、1988年）430頁。参照、山下威士「人権保障の機構としての裁判所」川添・山下編『憲法詳論』（尚学社、1989年）382頁。浦部法穂「裁判所による人権保障」『憲法訴訟と人権の理論』（有斐閣、1985年）。

4) 大津事件については、基礎資料として、田中時彦「大津事件」我妻編『日本政治裁判記録、明治・後』（第一法規、1969年）143頁。研究書としては、参照、田岡良一『大津事件の再評価』（有斐閣、1980年）。

5) この事件における参議院の法務委員会の行動そのものは，子を親のもちもの視する世間の風潮や裁判官の意識を批判するものとして正当なものであったが，裁判所への干渉という意味では問題がないでもなかった。参照，山下威士「親殺し重罰観と子殺し軽罰観――裁判官と世間の『常識』と憲法理念」『木鐸』第2号（1982年）4頁。山下，前掲論文，（注3），402頁。

6) 参照，須賀健志「大津事件という『神話』」京都大学『法学論叢』142巻3号，144巻1号（1999年）。

7) なお，これには，「付録」として，飯守重任・鹿児島地方裁判所長による茶番的な裁判への干渉事件もあった。

8) たとえば，司法権の独立についての，それぞれの時代を代表する，憲法学者の，もっとも正統的な叙述は，この点では，一致している。長谷川正安「司法権の独立」『憲法講座4巻』（有斐閣，1964年）21頁，川添利幸「裁判官の独立」『憲法学6巻』（有斐閣，1977年）1頁，樋口陽一「裁判の独立」『講座・憲法学6巻』（日本評論社，1995年）41頁。

9) 第145回国会・参議院・内閣委員会『会議録』12号（1999年4月12日）11頁。参照，本書第Ⅳ部第2章（有澤知子担当）参照。

10) 第145回国会・衆議院・内閣委員会『会議録』7号（1999年6月11日）2頁。参照，本書第Ⅳ部第2章（有澤知子担当）参照。

11) 同上，3頁。

12) なお，後掲の注14にあげる法務省担当者の発言も従来通りである。

13) 多くの誤審事例を顧みるべきである。たとえば，参照，上田誠吉・後藤昌次郎『誤った裁判　八つの刑事事件』（岩波書店，1960年）。

14) 『女性ニューズ』2002年11月30日号。参照，山下泰子「女性差別撤廃条約採択後の国際人権の展開」『ジュリスト』1237号（2003年）40頁。

15) 『マンスリー北京JAC』第65号（2002年）2-3頁。同様の回答を，『衆・参議院女性議員懇談会「女性差別撤廃条約に関する日本政府報告審査に向けて」において日本女性差別撤廃条約ネットワーク[JNNC]から各省庁担当に宛てた質問事項への回答』（2003年5月）32頁でも示している。

16) まさに，この自由権規約の個人通報制度の現状について，そのような事例研究を試みる，阿部浩己・今井直『テキストブック国際人権法』（日本評論社，1986年）132頁以下参照。

17) CEDAW/C/2003/Ⅱ/CRP.3/Add.1/Rev.1, JNNC 仮訳，6頁。

18) 法の妥当性と実効性という法の効力論から鋭い考察を行う，小貫幸浩「国際法の誠実遵守」川添・山下編『憲法詳論』（尚学社，1989年）95頁。参照，山下威士「憲法の最高法規性の宣言」中央大学『法学新報』96巻11・12号

(1990年）285頁。さらに，この問題について，詳しい議論を展開する，斉藤正彰『国法体系における憲法と条約』（信山社，2001年）。最近のものとしては，横山真紀「日本国憲法98条2項の規範的意義」『中央大学大学院研究年報』28号（1998年）。
19) 岩沢雄司『条約の国内適用可能性』（東京大学出版会，1985年）333頁。
20) 東京地判平成11年11月12日『判例時報』1727号，94頁。その判例評釈，山下威士『判例評論』509号（2001年）206頁。
21) 大阪高判平成6年10月28日『判例時報』1513号，71頁。その判例評釈，山下泰子『国際法判例百選』（有斐閣，2001年）110頁。詳しくは，阿部浩己『住友電気・昇進差別事件大阪高裁鑑定意見書鑑定書』2001年6月21日提出，Ⅱ2「裁判実務に見る国際法」。なお，中島通子「雇用における性差別」『ジュリスト』1237号（2003年）92頁参照。
22) 山下威士「条約上の権利の完全実現の約束」『女性差別撤廃条約注解』（尚学社，1992年）336頁。
23) 申惠丰・青山学院大学法学部助教授による，2002年8月23日のフェミニズム国際法学研究会での発言。
24) 中島通子・弁護士による，2002年8月23日のフェミニズム国際法学研究会での発言。参照，申惠丰「国際人権規約及びILO条約における労働組合権の保障について　全医労事件鑑定意見書」『労働法律旬報』1505号（2000年）。
25) 同じような見解を，女性差別撤廃委員会委員であった，多谷千香子「個人通報制度に関する女性差別撤廃条約選択議定書の発効について」『ジュリスト』1199号（2001年）46頁が述べており，実に心強い。なお参照，多谷千香子「個人通報制度」『時の法令』1639号（2001年）。
26) 樋口陽一「裁判官にとっての主権者＝国民」『憲法と裁判』（法律文化社，1988年）60頁。
27) この問題についての古典的名著，家永三郎『裁判批判』（日本評論新社，1959年）参照。
28) この種の事例は，潮見俊隆「司法行政の優位と裁判官の独立」『法律家』（岩波書店，1970年）51頁に，多くあげられている。
29) ドイツ基本法GG24条「連邦は，法律により，主権作用を国際機関に移譲することができる。」もっとも，あくまでも，EU法第一次的共同体法（1992年改正）に対する譲歩にすぎないのだが。Vgl. P. Badura, *Staatsrecht*, 1986, München,S.254.
30) 本書第Ⅱ部第3章（渡辺美穂担当）参照。なお，女性差別撤廃委員会委員をめぐる諸問題については，参照，阿部・今井，前掲書（注16），98頁以下。

31) 詳しくは，渡辺，同上，参照。
32) たとえば，自由人権協会による女性差別撤廃委員会委員の選任方法についての2001年12月26日の内閣府申し入れ（『人権新聞』2002年1月25日号）。

（山下　威士）

第4章　国際人権条約に関する日本の判例

はじめに

　「国際人権条約に関する日本の判例」というテーマに，なぜ，取り組もうとしたのかというと，学会や研究会などで現職の裁判官自身の口から，実際の裁判では女性差別撤廃条約や子どもの権利条約などの国際人権法をまったく考慮しない，という発言を何度も聞き，これが実態だったら日本の裁判制度への信頼性はゆらいでしまうのでないか，という危惧に駆られたからだった。

　確かに，国際女性の地位協会の会員として，女性差別撤廃条約の研究・普及活動を通じて，日本政府の作成した国家報告書第1回から第5回までをみても，裁判についての言及がまったくないことは，かえって奇妙に思われた。もちろん，係争中の裁判に関しては，言及を避けるとしても，最高裁で確定した判例については触れないほうが変にさえ思われるのである。日本が世界に誇る三審制，その頂点である最高裁判決を堂々と国家報告書に掲載できないとは，納得できないことである。ということは，最高裁判決をはじめとする日本の裁判例を国家報告書に書き込めないような何らかの理由があるのではないかと考えるようになった。そして，この「国際人権条約に関する日本の判例」というテーマで研究していくなかで，その答を見つけたいと願っている。

　しかし，その一方で，日本の国内裁判所で国際人権法の解釈・適用が争われる事件が次第に増えてきている[1]。とくに，最近のいくつかの判例・裁判例では国際人権法を積極的に解釈する例も出てきているようである[2]。そのような日本の判例・裁判例を紹介していく。

1 国内裁判における国際人権法の適用

　国際人権法の国内適用といっても，その形態や方法は必ずしも一様ではない[3]。ここでは便宜的に，2つの方法，すなわち，「直接適用」と「間接適用」とを区別して使う[4]。

（1）国際人権法の「直接適用」と「間接適用」
　直接適用とは，立法や行政による行為（作為または不作為）と条約などの国際法規範との両立性を判断し，それに基づいて法律や行政処分を無効・取消としたり，個人の請求を認める方法である。人権条約違反を主張することは，裁判所が人権条約を直接適用するよう求めることが当然前提となる[5]。
　間接適用とは，憲法その他の国内法を解釈，適用する際の方針として，あるいはその解釈・判断を補強するものとして，国際人権法を援用する方法をいう[6]。いわば，国内法の解釈基準としての機能である[7]。
　実際の訴訟においてはこれら2つの方法を組み合わせた形で国際人権法は援用されるであろうが，両者はその性格や効果において本来異なるものである[8]。

　(a) 直接適用
　国際人権法が国際裁判で直接適用されるためには，当該国際人権基準が法的拘束力を有することが必要である[9]。つまり，条約あるいは慣習国際法といった国際法としての明白な効力をもつものでなければならない。国際人権文書は，ある場合は条約，ある場合は宣言，勧告などの形式で作成されるが，直接適用の対象となるのは前者であって，後者は慣習国際法になったと認定されないかぎり直接適用されないことになる[10]。
　人権条約の場合（当該条約に批准，加入し締約国となっていることを前提として），直接適用されるための条件はどのような点であろうか[11]。ここでは，当然条約の国内的効力に関する一般理論が妥当し，まず，その国が条約の国内

的効力を認めているか、認めているなら、どのように認めているかが問題となる[12]。

(b) 条約の国内的効力と自動執行性

条約が国内においていかなる効力を有するのかという条約の国内的効力の問題は、もっぱら各国の憲法上の問題であり、これまで大きく2つの形式がとられてきた[13]。

第1に、イギリスやカナダや英連邦諸国、北欧諸国などでは、条約を締結しても、そのことからただちに条約が国内法としての効力を得ることにはならない[14]。これらの国では、条約締結の決定は、原則として立法府の承認を必要とすることなく、行政府が単独で行うため、条約が国内的に効力を得るためには立法府が関与して立法を行うことが必要とされる[15]。つまり、個々の条約が個別に国内法に変形されなければ、国内的効力は発生しない[16]。これを、変形方式という。こうした国では、条約の直接適用の問題は基本的には生じない[17]。

第2に、アメリカや日本などでは、原則として条約は締結して公布されると同時に、国内法としての効力を得ることになる[18]。これを一般的受容方式という[19]。条約の自動執行性が問題となるのは、この第2の部類の国においてであり、条約が国内的効力をもつことが、条約が国内で直接適用されるための前提条件である[20]。日本において条約が国内的効力を有することは、明治以来一般に認められており、日本では憲法第98条2項により、条約を含む国際法に関して一般的受容体制を採用していると解されている[21]。日本が締約国となった条約は、公布とともに国内的効力を生じ、少なくとも法律より上位の地位を占めるというのが、政府、裁判所、学説に共通した認識である[22]。したがって、裁判所が条約を直接適用して、国内法上の規定を条約違反と判断し、それを無効とすることは、理論上は日本でも十分ありうる[23]。

しかしながら、条約の国内適用を認めている国でも、すべての条約が国内裁判で直接適用されうるとはかぎらない[24]。この点は、行政府間だけで処理できるような外交上の事項を扱った条約のみならず、国家と個人の間の国内的関係を規律する人権条約の場合でも基本的には同様である。つまり、条約には、他

第4章 国際人権条約に関する日本の判例　*351*

の国内立法などの措置の必要はなく，ただ条約のみを根拠として裁判を行うことが可能である性格のものと，そうでないものとがある[25]。前者のような直接適用が可能な条約を自動執行的（self-executing）条約と呼ぶ[26]。

これが，条約の自動執行性の問題でもある[27]。だから，この自動執行性の問題と条約の国内的効力（国内適用）の問題とは区別しなければならない[28]。ただし，条約の自動執行性と直接適用可能性という用語は互換的に用いられることが多く[29]（例外として，Buergenthal 論文参照[30]），「ヘーグ陸戦条約第3条損害賠償事件」[31] でも，裁判所は「国内直接適用可能性ないし自動執行性」といった表現を使っている[32]。

(c) 自動執行性の要件

条約が自動執行的であるかどうかに関しては，主観的要件と客観的要件とがある[33]。主観的要件については，条約が自動執行的であるとする当事国の意思が発見できることは稀である[34]。かえって，条約規定から自動執行性を否定する当事国の意思が明らかな場合が少なくなく，立法義務を課する規定などがその例である[35]。このことから，自動執行性の有無の判断にあたっては，客観的要件の具備の有無が重要な基準となる[36]。自動執行性とは国内においてそれ以上の措置を必要とすることなく，直接に適用されることを意味するのであるから，それが認められるためには，必然的に，国内法と同様の明確さと完全さが要求される[37]。しかし，一般的にはこのようにいうことができるが，どの程度の明確さ・完全さが必要であるかについては個別の法分野によって異なり，規定ごとに判断するしかない[38]。これには，判断権者の問題もある[39],[40]。

一般的には上記のようにいうことができるが，個別の事例においては，国家（行政府・立法府）が条約の締結にあたっていかなる判断を行うかが第一義的に重要となろう[41]。アメリカが国際人権規約（自由権規約）の批准の際に，同条約は「自動執行的でない」旨の宣言を行っている[42]。しかし，このような宣言は留保とほとんど同じ効果といえないだろうか[43]。このようなアメリカの態度は，いまだに女性差別撤廃条約を批准していないこととも共通するようである。

2 刑事事件と国際人権法

(1) 受刑者と弁護士の接見制限事件

　日本の刑事司法における被拘禁者をめぐる裁判として注目されるのは，徳島刑務所における受刑者と弁護士との接見拒否等をめぐる国家賠償請求事件である[44]。本件は第一審の徳島地裁判決[45]および控訴審の高松高裁判決[46]では，国際人権法（自由権規約等）に基づく解釈が部分的に採用され，原告受刑者側の一部勝訴判決をえたが，最終的には，2000年9月7日の最高裁判決[47]が上告棄却の判断を下したことにより，原告敗訴が確定した[48]。結果的には，最高裁の判決によって日本の監獄制度には何らかの変更も生じさせることはなかったが，原審から上告審までにおいて争われた点のなかには，日本の受刑者の人権問題にとどまらず，より広く裁判所における人権条約の解釈・運用上の諸問題が凝縮している[49]。

　下級審での主な争点は，①自由権規約の解釈に関して文言解釈と目的解釈とのいずれを重視すべきか，②欧州人権条約や国連被拘禁者保護規則との関連性であった[50]。

　第一審の地裁判決では，「自由権規約は，自由権的な基本権を内容とし，当該権利が人類すべての構成員によって享受されるべきであるとの考え方に立脚し，個人を主体として当該権利が保障されるという規定形式を採用している」ことを認めた。他の判決とは異なり，直接適用可能性判断の基準に言及したものとして，注目すべき事例である[51]。控訴審である高松高裁判決もこの判示を踏襲している[52]。

　本件では，最終的に，最高裁段階では，自由権規約の実質的解釈問題は論じられることはなかったが，下級審の段階で規約の解釈をめぐって相当実質的な議論の展開がみられたことは評価できよう[53]。これら下級審の判断を覆した最高裁の判断は，国際人権法の解釈，国内適用に消極的な最高裁の態度を改めて明確にした[54]。このような最高裁の国際人権法への消極的な態度は，今後の他

の裁判への影響が懸念される[55]。せっかく控訴審段階で、原告、被告の双方がウィーン条約に基づく解釈を戦わせたなかで、裁判所が国側の主張に与せずに、ウィーン条約の解釈原則に依拠したうえで、国際人権法を考慮した判断をくだしたことは[56] 評価できる。これは、後に述べる京都指紋押捺拒否事件も同様である。

また、規約人権委員会の日本の国家報告書の審査では、刑務所における被拘禁者の権利侵害の実態が批判されている[57]。つい最近も革手錠での被拘禁者の殺人事件があったばかりである。国内裁判所も、とくに、最高裁は、国際人権法を適用すべき任務を負っているのだから、国内のみならず、国際的にも批判に耐えうる判決を示す必要がある[58]。

（2）刑事司法と国際人権法

日本の刑事司法上の人権問題は、以上に述べた刑務所の拘禁者だけではない。たとえば、被疑者の接見交通権については、下級審（高裁レベル）において[59]、自由権規約第14条3項は被告人に関する規定であるから被疑者の段階では適用しないなどと述べていた[60]。これではまるでためにする議論であって、被疑者の段階では人権が保障されなくてよいといっていることと同じではないだろうか[61]。こんなことを裁判所がいまだにいえること自体に情け無さすら感じ、このような裁判を税金を使って行うことの意味を説明する責任（アカウンタビリティ）が裁判所にもあるのではないだろうか。

また、外国人の被疑者・被告人の通訳の問題に関しても、十分に考えるべきである。外国人事件において、被疑者、被告人が日本語を理解できない場合には、まず通訳の確保が重要な要素である[62]。通訳が不十分なために冤罪が起きたり、外国人の人権が守られない状況が起きたりしてはならない[63]。そのうえで、公正な裁判を受ける権利を外国人に保障することも必要である。というのは、外国で日本人が被告人になり、どうも冤罪とされたらしい事件が発生している[64]。その某国では、日本語の学習熱が盛んらしいが、司法通訳としての質が担保されていたかというと非常に心許ないようである。日本人でも外国で裁

判を受けると非常に言葉の問題で不利益を受ける現実を直視し，少なくとも日本での外国人の裁判では十分な能力を備えた司法通訳を確保すべきである。

刑事司法において，被疑者・被告人が日本人でも外国人でも，人権上の問題がまだまだあるので，国際人権法の国内適用の必要性がある。

(3) 女性に対する暴力と国際人権法

国際人権において，国際人権法である女性差別撤廃条約が1979年に制定されて以来，今まで以上に女性の地位向上が目指されてきた。しかし，残念ながら，女性差別撤廃条約には，女性に対する暴力への直接規定がなかった。1970年代での人権意識・感覚では，潜在化していた女性に対する暴力を顕在化・既視化することはできなかったが，1985年にケニアのナイロビで開催されたナイロビ世界女性会議でダウリー殺人や女性性器切除 (FGM) などの世界中の地域での女性に対する暴力が報告され，「西暦2000年に向けた女性の地位向上のための将来戦略 (ナイロビ将来戦略)」で，ようやく女性に対する暴力があらゆる社会の日常生活のなかにさまざまな形で存在しているとして，女性に対する暴力を防止し，女性の被害者・犠牲者を救済する法的措置を設定すべきであるとした[65]。ただし，この時点では，女性に対する暴力が性差別であり，人権侵害であるという明確な位置づけにはなっていなかった[66]。

しかし，女性差別撤廃委員会は女性に対する暴力を放置していた訳ではなかった。1989年の一般的勧告12が出された[67]。1991年には，女性の地位委員会の働きかけにより，経済社会理事会が，女性に対する暴力を扱う専門家会議の開催，国際文書の枠組みの発展等を勧告する決議を採択し，これにより，同専門家会議が開催され，「女性に対する暴力に関する宣言案」が起草されることとなった[68]。

そして，女性に対する暴力が差別の一形態であると位置づけられたのは，1992年の女性差別撤廃委員会による一般的勧告19においてである[69]。

女性に対する暴力が人権侵害であると明確化されるのは，1993年6月にウィーンで開催された世界人権会議で，史上はじめて「女性の権利は人権であ

る」と確認されてからであった。同ウィーン会議で採択された「ウィーン宣言および行動計画」では，女性の人権は普遍的であり，不可譲，不可分であるとしている。ほかには，公的および私的な生活における女性に対する暴力や，司法の運営におけるジェンダーバイアスなどの撤廃に向かって努力することの重要性が強調された[70]。そして，同年12月「女性に対する暴力の撤廃に関する宣言（女性に対する暴力撤廃宣言）」が採択された。

（4）刑事司法過程とジェンダー

　国際人権法および国際人権文書では，女性に対する暴力がより認識されるようになった。とくに，女性に対する暴力撤廃宣言が採択されて以来，国連の動きはめざましく，「女性に対する暴力，その原因と結果に関する特別報告者」にラディカ・クマラスワミを3年間の任期で任命し，クマラスワミは，具体的な領域における女性に対する暴力についての報告書（クマラスワミ報告書）を，人権委員会に次々に提出した。人権委員会は，1997年の決議52でこの報告書を歓迎して，その分析内容を賞賛した[71]。同年の決議で，クマラスワミの特別報告者としての任期が更新され，1998年には国家による暴力に関する報告書が提出された[72]。このなかで，女性に対する拘禁暴力が取り上げられている。クマラスワミ報告書は，刑事裁判ないしは刑事裁判に準ずる警察などが行う刑事施設収容に注目し，これらが，国家によって犯されたり，容認される女性に対する暴力の場所となっていると指摘する[73]。多くの場合，拘禁暴力は性別に関係するものではないが，女性に対する拘禁暴力において，最も特徴的な要素は性的拷問であるとして，各国の事例が紹介されている[74]。男女の分離収容を定め，女性被拘禁者に男性看守をつけることを禁じる被拘禁者処遇最低基準規則の完全履行が各国にまず勧告されている[75]。そのほかは，次の点が勧告されている。予防拘禁制度を廃止すること。拘禁暴力を保障する機構を設置し，加害者を拘束すること。警察官・看守がジェンダーに敏感になるための訓練を実施すること。逮捕・拘禁にあたり，女性に対してただちに弁護士等をつけること[76]。

　クマラスワミ報告書の以上の勧告は非常に重要である。刑事司法上，まず，

被害者となった女性の人権の保障は認識されてきたし，もっと拡充させる必要があることは当然である。しかし，一方で，犯罪の加害者として刑事手続きにのった女性が受ける暴力についてはどうだろうか[77]，という問題が残っている。女性に対する暴力撤廃宣言は，その前文でいくつかのグループの女性がとくに暴力の被害を受けやすいことを指摘し，その一例として施設にいるまたは拘禁されている女性をあげ，暴力の撤廃に向けた措置を取ることを各国に対して求めている[78]。犯罪防止会議決議，国連総会決議付属文書も，拘禁されている女性に対する暴力の撤廃を求めてはいるものの，具体的な措置は示されていない[79]。北京行動綱領では，職務遂行過程で暴力に従事した警察官を処罰するという事後的対応策には言及するが，防止策を示してはいない[80]。

　女性に対する拘禁暴力の性質および実態を踏まえ，それが性的拷問を特徴的要素とする点に言及したのは，クマラスワミ報告書が唯一であり，防止措置に触れるのもまたクラスワミ勧告とこれを受けた1998年人権委員会決議である[81]。これらは，被拘禁者処遇最低基準規則の完全履行，とくに性暴力を防止するため，同規則第53条を遵守することを求めるものである[82]。拘禁暴力が性的拷問を特徴的要素とするのであれば，この暴力を受ける女性は，自由を奪われ，人権を制約される被拘禁者であることに加え，性暴力の被害女性であることになる。拘禁されている女性に対する暴力の撤廃こそ，取り組むべき最重要課題とされるべきであろう[83]，という岡田久美子の指摘は目からうろこの発見である。

　また，キャサリン・マッキノンの指摘している「女性死刑囚問題」は今後の課題である[84]。

（5）日本の刑事司法とジェンダー

　この重要な問題について，日本政府の取り組みを見ると，1996年7月に出た「男女共同参画ビジョン」答申，男女共同参画2000年プラン，閣議決定は犯罪の被害者として刑事司法過程にあらわれた女性に対する暴力については言及するが，しかし，犯罪の加害者である，あるいは，犯罪の加害者と疑われた女性

に対する暴力については，触れられていない[85]。加害者である，あるいは，加害者であると疑われた女性の実情は，どうであろうか[86]。加害者として刑事手続きにのり，拘束された者が，自由剥奪以外の人権の制約，著しい苦痛を強いられていることは，数多く報告されている[87],[88]。このように拘禁されている人（性別によらずとも）が暴力・拷問を受けやすいこと，そして女性に対する暴力が社会一般に蔓延していることからすれば，拘禁された女性がとくにその暴力の対象となることは容易に想像できるであろう[89]。例をあげると，1988年に静岡県警三島署留置場で起こった警察官による強姦事件は，その顕著な例である[90],[91]。この数年の報道にも，警察官による被拘禁女性に対する性暴力事例が見られる[92],[93]。

　国家が直接に関与する場でこれらの性暴力を生じる原因は，留置場の構造そのものにある[94]。被拘禁者の圧倒的多数を男性が占めている区域で，男性の警察官が被拘禁女性を管理・監視することが現に行われているため，性暴力は必然の結果であるともいえよう[95]。また，拘禁施設という閉鎖された区域での人権侵害行為も，女性に対する暴力も，表に出づらいことからすれば，その両者を兼ね備えた被拘禁女性に対する暴力は，まさに潜在化していると予測される[96]。このことは，女性に対する暴力の被害者となりうる被拘禁女性が二重に差別され，複合差別されていることにもなろう。

　このことは，2002年9月13日に国連事務総長に提出された「女子差別撤廃条約実施状況　第5回報告（仮訳）」43頁で，第7条に関して，1,公的分野における女性の参画状況（8）女性地方公務員等　ウ）警察官のところで，「2001年4月現在，都道府県に勤務する女性の総数は，約8,800人で，ここ10年間で約2倍に増加しており（全警察官の3.8％），その職域についても，犯罪捜査や鑑識活動，警衛・警護等の幅広い分野に拡大しているところである。」と報告・記載している[97]。10年間で女性警官が倍増していると報告しているが，男性警察官を含めた全警察官中3.8％の女性警察官では女性が拘禁された場合，女性警察官が警察署内の留置場に配置されていることはほとんど期待できないだろう。おそらくこの部分の記載を担当した政府当局者はこのようなことをま

ったく念頭になく書いたものと思われる。

　また，刑務所に収容されている女性について，岡田久美子は未決拘禁施設におけるような性暴力は報告されていない[98),99)]と述べているが，時効直前に逮捕されて一躍有名になった女性被収容者は以前別の事件で刑務所に収容されていた際に看守に強姦されたということである[100)]。刑務所のなかはより性暴力が顕在化しにくい場所であるのかもしれない。岡田が指摘するように，刑務所はジェンダーが日常的に再生産されているところだからである[101)]。刑務所に女性が収容されている過程で，その女性がいかなる精神的苦痛・損害を受けているのかという実態はつかみにくいようだが[102)]，今こそはっきりさせるべきときなのかもしれない。そのためには，国際人権法自体がクマラスワミ報告書の分析・指摘を受けて，被拘禁女性や被収容女性のための人権の保障に動く必要がある。セクシュアル・ハラスメントを広義に考えると，被拘禁女性や被収容女性に対する暴力は，国家権力によるセクシュアル・ハラスメントととらえることもできる。

3　他の判例と国際人権法

(1) 二風谷ダム事件判決

　二風谷ダム事件判決では，アイヌ民族は，文化の独自性を保持し少数民族として，その文化を享有する権利を自由権規約27条で保障されており，日本は憲法98条2項に照らしてこれを誠実に遵守する義務があり，同権利に対する制限は，必要最小限にとどめられなければならないとした[103),104)]。同判決では，アイヌの土地使用権に関して，自由権規約27条に基づく少数者の権利主張を認めている[105)]。日本国内の先住少数民族の権利を自由権規約によっても認めた判決として，国際人権法の国内適用のケースとして評価できる。

(2) 京都指紋押捺拒否国家賠償請求事件控訴審判決

　指紋押捺拒否を理由として1986年に逮捕された在日韓国人が，国家賠償を請

求した事件に関する1994年10月28日の大阪高裁判決である[106),107)]。判決は，本件事件において警察官，裁判官の過失があったことを認め，原告の請求を認容するとともに，慰謝料請求のために指紋押捺制度自体の検討を行った[108)]。定住外国人と一時滞在外国人との区別を用いて[109)]，原告のような平和条約国籍離脱者等に適用される限りで，憲法13・14条，自由権規約7条・26条に違反する状態であったとの疑いは否定できないとする画期的判決を下した[110)]。とくに自由権規約に関しては，その自動執行的性格を前提として，その解釈原則・方法を明確にしたうえで，自由権規約委員会の条文解釈やその具体的先例，さらには拷問禁止条約の規定やヨーロッパ人権裁判所の判例なども参考にして吟味し，結論を導いた[111)]。たとえば，本件における指紋押捺制度の適用が，規約7条にいう「品位を傷つける取扱い」に該当するか否かの争点については，国・京都府側がこの概念を「拷問に等しい程度の苛酷さで人間の尊厳に重大な影響を及ぼすものを指す」と限定的にとらえたのに対し，判決は，関連するいくつかの国際先例・文書の具体的内容を概観した後，「『品位を傷つける取扱い』とは…その苦痛の程度が拷問や残虐な，非人道的な取扱いと評価されるようには至っていないが，なお一定の程度に達しているものと解せられる。…『一定の程度』に達しているか否かの判断については，その取扱いを巡る諸般の事情を考慮して判断されるべき」とした[112)]。国際人権法の具体的資料を参照することによって，一見抽象的な概念の一定程度の明確化がもたらされたといってよい[113)]。人権条約の国内裁判での適用のしかたのモデルを提供しうるきわめて重要な判例といえよう[114)]。ただし，原審の京都地裁（平成4年3月26日判決）は原告の請求をすべて棄却した。また，控訴審判決に対して，国と京都府が，上告し，最高裁第二小法廷は，平成10年9月7日に本件逮捕の必要性を肯定することにより，簡単に控訴審判決を破棄自判した[115)]。せっかくの画期的な控訴審判決もまたも最高裁で覆されてしまった。

　法廷の場では，指紋押捺制度の違法性を論証しきれなかったが，当初は永住外国人について指紋押捺制度が廃止され，ついに1999年の外国人登録法の改正により全廃に至るかたちで身を結んだことは特筆できよう[116)]。

それから，指紋押捺拒否という理由により，再入国許可が得られぬまま米国留学を果たした結果，協定永住資格を剥奪されたことが自由権規約にいう自国に戻る権利の否定であるなどとして争ったチェソンエさんの事件では，最高裁は，1999年逆転敗訴という時代錯誤的な判定をくだしたが，その後国会で入管特例法付則が制定され，チェさんの特別永住資格は復活した[117]。

（3）塩見事件

廃疾認定日において日本国籍がなかったことだけを理由として，日本に帰化しているある全盲の女性に対する障害福祉年金の受給資格を認めなかった行政処分の取消しを求めた事件において，1989年3月2日最高裁は，社会権規約9条は「権利の実現に向けて積極的に社会保障政策を推進すべき政治的責任を負うことを宣明したのであって，個人に対し即時に具体的権利を付与すべきことを定めたものではない」とした[118],[119]。最高裁は，社会権規約の権利の実現は自由権規約とは異なり，「漸進的に達成」の義務を課されるにすぎず，直接適用可能ではないとしている[120]。残念なことに，この最高裁判決はその後の下級審判決に影響を与えている[121]。

お わ り に

国際人権法を日本の国内裁判所に適用されているいくつかの判例・裁判例をおおまかに概観した。ここから見て取れることは，下級審段階の判決で，国際人権法が直接的に国内適用されても，最高裁のレベルで覆されてしまうということである。最高裁が頂点の日本の司法は阿部浩己のいう「一国人権主義」であり[122]，国際人権規約等の国際人権条約の批准した意義を矮小化させる[123]。国際人権法は「自由で民主的な社会の共通基準」として存在するのである[124]。

日本の裁判における国際人権法の適用を見てきたが，そのなかでジェンダーの問題を探す必要があると感じた。探していけば，必ずジェンダーに関する問

題に出会うであろう。今回は刑事司法過程を見ていくうちに，警察の留置所等は当然であるが，刑務所内での女性被拘禁者の人権問題は，国際的にもまだ十分に取り組まれているとはいえないことがわかってきた。もちろん，被害者の女性の問題はとくに重要であるが，被疑者あるいは被疑者と疑われた女性の人権および処遇の問題についてももっと考えなければならないだろう。ただし，実態の情報がどこまでつかむことができるかが鍵でもある。刑務所のジェンダー問題ともいえるであろう。また，「女性死刑囚問題」も今後の取り組み課題である。

また，女性差別撤廃条約との関連では，第29会期日本政府報告書審査の際，CEDAW委員からの「女性差別撤廃条約に言及した判例はいくつあるか」という質問に対し，当時の坂東真理子男女共同参画局長は「たくさんある」と回答したが，法務省による回答では，「国を当事者とする訴訟において女性差別撤廃条約に言及した裁判例は4件で，東京地裁1987年12月16日判決および広島高裁1991年1月28日判決は16条関係の家族法，大阪地裁2000年7月31日判決および大阪地裁2001年6月27日判決は11条関係の労働法についての裁判」だが，いずれも否定的に女性差別撤廃条約に言及しているにすぎない。日本の司法は，女性差別撤廃条約に対する態度も後ろ向きすぎる。

注

1）北村泰三「国際人権法解釈とわが国の裁判所」北村泰三・山口直也編『弁護のための国際人権法』（現代人文社，2002年）171頁。
2）同上。
3）阿部浩己・今井直・藤本俊明『テキストブック国際人権法（第2版）』（日本評論社，2002年）30頁。
4）同上。
5）同上。
6）同上。
7）同上。
8）同上。
9）阿部・今井・藤本，前掲書，（注3），31頁。

10) 同上。
11) 同上。
12) 同上。
13) 浅田正彦「10　条約の自動執行性—ヘーグ陸戦条約第3条損害賠償事件」別冊ジュリスト『国際法判例百選』156号（2001年）23頁。
14) 同上。
15) 同上。
16) 阿部・今井・藤本，前掲書，（注3），31頁。
17) 同上。
18) 同上。
19) 浅田，前掲論文，（注13），23頁。
20) 同上。
21) 阿部・今井・藤本，前掲書，（注3），31頁。
22) 同上。
23) 同上。
24) 同上。
25) 同上。
26) 同上。
27) 浅田，前掲論文，（注13），23頁。
28) 同上。
29) 同上。
30) Thomas Buergenthal, "Self-Executing and Non-Self-Executing Treaties in National and International a Law," *Recueil des Cours*, tome 235(1992-Ⅳ), pp.303-400.
31) 浅田，前掲論文，（注13），23頁。
32) 同上。
33) 同上。
34) 同上。
35) 同上。
36) 同上。
37) 同上。
38) 同上。
39) 同上。
40) 岩沢雄司『条約の国内適用可能性』（有斐閣，1985年）を参照のこと。法学協会雑誌に掲載された同論文は非常に長い力作である。

41) 浅田，前掲論文，（注13），23頁。
42) 同上。
43) 阿部・今井・藤本，前掲書，（注3），44頁。
44) 北村泰三「国際人権法の解釈とわが国の裁判所——徳島刑務所受刑者接見訴訟を振り返って」北村泰三・山口直也編『弁護のための国際人権法』（現代人文社，2002年）171頁。
45) 徳島地判平8・3・15『判例時報』1597号，115頁。
46) 高松高判平9・11・26『判例時報』1653号，117頁。
47) 最一小判平12・9・7『判例時報』1728号，17頁，『判例タイムズ』1045号，109頁。
48) 北村，前掲書，（注43），171頁。
49) 同上，171-172頁。
50) 同上，173頁。
51) 阿部・今井・藤本，前掲書，（注3），32頁。
52) 同上。
53) 北村，前掲書，（注43），180頁。
54) 同上。
55) 同上。
56) 同上。
57) 同上。
58) 同上。
59) 同上。
60) 同上，186頁。
61) 2002年に公開されたヤン・スギルの小説を映画化した『夜を賭けて』のなかで，アパッチ族と呼ばれる在日の人々と警察との攻防戦を描いた物語では，主人公の金義夫が他人から預かった出所不明の金をもって警察署に出向くと，すぐに警察官から犯人扱いされて，取り調べのなかで半殺しの目に合わせられる場面が出てくるが，これもフィクションとは思えなくなる。このような在日の人たちに対する差別的な取扱いが，帰国運動に結びついていったことは日本人として重く受けとめたい。
62) 北村，前掲書，（注1），185頁。
63) 同上。
64) オーストラリアで麻薬の運び屋ということで懲役刑を科された日本人（男性3人・女性1人）の事件。日本語の通訳の能力が十分でなく，被疑者にされた日本人観光客のスーツケースが旅行途中で盗難にあい，現地のガイドが

用意した別のスーツケースのなかの底が二重底になっていて，麻薬の運び屋とされてしまった事件。日本政府は邦人保護・人権保障のため，もっと抗議すべきではないか。これを他山の石として，日本の司法通訳の質の向上につとめるべきである。

65）岡田久美子「刑事司法過程における女性に対する暴力の撤廃」北村泰三・山口直也編『弁護のための国際人権法』（現代人文社，2002年）206頁。
66）同上。
67）同上。
68）山下泰子「国際人権保障における『女性の人権』―フェミニズム国際法学の視座」国際法学会編『日本と国際法の100年（第4巻　人権）』（三省堂，2001年）81頁。
69）岡田，前掲論文，（注64），206頁。
70）同上。
71）同上，207頁。
72）同上。
73）同上。
74）同上，210頁。
75）同上。
76）同上。
77）同上。
78）同上，214頁。
79）同上，214-215頁。
80）同上，215頁。
81）同上。
82）同上。
83）同上。
84）キャサリン・マッキノン「フェミニズムが法学教育を変える―根本原理への問い直し」『明治大学法学部創立120周年記念シンポジウム集』（明治大学法学部，2003年）92-93頁。
85）岡田，前掲論文，（注64），215頁。
86）同上，217頁。
87）同上，220頁。
88）ヒューマン・ライツ・ウォッチ/アジア，ヒューマン・ライツ・ウォッチ・プリズン・プロジェクト著/刑事立法研究会訳『監獄における人権/日本1995』（現代人文社，1995年）。

89) 岡田，前掲論文，（注64），220-221頁。
90) 同上，221頁。
91) 手塚千砂子編著『留置場　女たちの告発』（三一書房，1989年）。
92) 岡田，前掲論文，（注64），221頁。
93) 2000年4月27日付毎日新聞朝刊（神奈川県警加賀町署），2000年10月27日付読売新聞夕刊（千葉県警船橋東署），2002年1月24日付毎日新聞夕刊（神奈川県警泉署）。
94) 岡田，前掲論文，（注64），221頁。
95) 同上。
96) 同上。
97) 内閣府男女共同参画局のホームページでは，9月13日に第5回報告書が国連事務総長に提出されるときまで，7月20日国連提出予定のままになっていた。ホームページの情報の更新の責任はどこにあるのだろうか。
98) 岡田，前掲論文，（注64），221頁。
99) 福田雅章・岡田久美子「塀の中の女性の人権―女性被収容者の処遇」刑事立法研究会編『入門・監獄改革』（日本評論社，1996年）106-110頁。佐木隆三『悪女の涙―福田和子の逃亡十五年』（新潮社，1999年）。福田和子『涙の谷―私の逃亡，十四年と十一月十日』（扶桑社，1999年）。「老刑務官が回想『福田和子の刑務所内レイプ』（総力特集　私だけが知る時代の主役60人　今こそ本当の話をしよう）」（週刊文春，2001年1月4・11日号）34-35頁。「18歳獄中集団レイプ（渾身スクープ福田和子被告逃亡15年の全真相［3］）（サンデー毎日，1998年8月30日号）26-29頁。「『福田和子・封印された18歳獄中レイプ』の過去―発掘ドキュメント＝『看守が収監者にまわしていた』」（週刊ポスト，1997年11月7日号）236-239頁。
100) 岡田，前掲論文，（注64），221頁。ただし，福田和子の事件が明白になったのは同書が刊行されて以降のことである。
101) 同上。
102) 札幌地判平9・3・27『判例時報』1598号，33頁。
103) 岡田，前掲論文，（注64），196頁。
104) 同上。
105) 阿部・今井・藤本，前掲書，（注3），35頁。
106) 大阪高判平6・10・28『判例時報』1513号，71頁，『判例タイムス』868号，59頁。判例解説には，山下泰子「指紋押なつ制度と国際人権規約の国内への適用」別冊ジュリスト『国際法判例百選』156号（2001年）。
107) 阿部・今井・藤本，前掲書，（注3），35頁。

108) 同上。
109) 同上。
110) 同上。
111) 同上。
112) 同上。
113) 同上。
114) 北村，前掲書，(注43)，197頁。
115) 同上。崔善愛『「自分の国」を問い続けて──ある指紋押捺拒否の波紋』（岩波ブックレット，2000年），山下威士「指紋押なつ拒否と再入国不許可処分」『民商』120巻2号（1999年）343頁。
116)『訴訟月報』35巻9号，1754頁，『判例時報』1363号，68頁，『判例タイムス』741号，87頁。
117) 阿部・今井・藤本，前掲書，(注3)，32頁。
118) 同上。
119) 同上。
120) 同上。このような最高裁の態度は，女性差別撤廃条約の履行に関する日本政府の態度と共通するものである。
121) 同上。
122) 阿部浩己『人権の国際化──国際人権法の挑戦』（現代人文社，1998年）308頁。この言葉を北村，前掲書，(注43)，が借用している。
123) 北村，前掲書，(注43)，184頁。
124) 同上，182頁。

参考文献

日本弁護士連合会編著『国際人権規約と日本の司法・市民の権利──法廷に活かそう国際人権規約』（こうち書房，1997年）。

H. ビクター・コンデ=竹澤千恵子・村島雄一郎訳『人権用語辞典』（明石書店，2001年）。

(堀口　悦子)

第5章　選択議定書に基づく救済可能性のある事例

はじめに

　2003年7月8日，CEDAW第29会期において，日本の第4回・第5回報告が審議されたが，「女性差別撤廃条約等の国際人権条約に言及した判例はあるのか」という委員の質問に対し，日本の首席代表である坂東真理子男女共同参画局長は，「女性差別撤廃条約を国内法廷で直接裁判規範として適用したものはない。しかし条約を裁判で言及した例はたくさんある。」と答えた[1]。この回答に基づき，同年7月17日の参議院法務委員会で，福島瑞穂議員が質問したところ，法務省は，国を当事者とする訴訟において女性差別撤廃条約に言及した裁判例は4件であるとし，その内容を明らかにした。それは，後述するが，ア事実上の子の扶養控除，イ女性の再婚禁止期間，ウ住友電工事件の調停不開始決定，エ住友生命事件の調停不開始決定に関する判決で，いずれも女性差別撤廃条約違反という原告の主張を否定し，原告敗訴となった判決である。この他に，夫婦同姓の強制に対し，国立大学の教授が国を相手に提訴した事件でも，原告は女性差別撤廃条約違反を主張したが，判決はこの点にまったくふれることなく，原告の請求を退けている。さらに，私人による女性に対する人権侵害行為に関する多くの裁判で，女性差別撤廃条約違反が主張されているが，それを認めた判決は皆無である。
　すなわち，坂東局長が答えたとおり，女性差別撤廃条約を国内法廷で直接裁判規範として適用したものがないのみならず，公序良俗違反や不法行為などの一般条項を通して間接的に適用した判例もまったく出されていないのである。
　1960年代以降，女子結婚退職制や賃金差別など，雇用における女性差別を違

法無効とする判決が多数出されているが、これらは、憲法の間接適用によるものおよび実定法としての労働基準法4条を根拠とするものである。1985年、女性差別撤廃条約が日本で発効したにもかかわらず、この条約が適用された判決は皆無であるうえ、憲法の間接適用も後退している。条約批准のための条件整備として制定された男女雇用機会均等法(以下均等法)の不十分さが、男女別コース制を違法でないとする根拠にされ、女性差別撤廃条約は無視されるなど、日本の裁判所は国際的な人権保障の潮流と逆行している。

それは何故だろうか。

第1に、これまで日本の裁判官たちは、憲法98条2項の「条約・国際法規の遵守」の規定にもかかわらず、条約、とくに人権条約を知ろうともせず、無視しているといっても過言ではないからである。この点に関し、国連の自由権規約委員会および社会権規約委員会は、再三にわたって裁判官の人権教育、人権研修のプログラムを改善するよう、日本に対し勧告している[2]。

第2に、裁判官の意識にジェンダー・バイアスが深く刷り込まれているからである。1990年代になって、自由権規約を適用する判決がわずかながら出されているが、女性差別については周縁の問題とされ、しかもこれまで公私二分論に基づき、私的領域には立ち入らず、家族的責任は公的領域の問題ではないという意識(無意識を含む)により、女性差別撤廃条約はまったく無視されてきたといえる。

前記参議院法務委員会では、福島瑞穂議員の「女性差別撤廃条約選択議定書批准は司法権の独立を侵すおそれがあると考えているのか」という質問に対し、法務省の大林宏官房長は、次のように答えている。

> 司法権の独立の根幹である裁判官の職権行使の独立は、外部から裁判について、事実上のものも含め、重大な影響を受けないという要請をも含んでいるものと考えております。たとえば人権委員会の見解には法的拘束力はないというふうに承知しておりますけれども、今申し上げたとおり、国連というものの委員会が具体的事件の裁判に関して一定の判断を示した場合、国内の司法判断にあたっての裁判官の職権行使に事実上影響を与えるおそれはやっぱり否定でき

ないんではなかというふうに私どもは考えているところでございます[3]。

この答弁は、女性差別撤廃条約をはじめとする国際人権条約を裁判官の判断基準とすること自体否定しているように思われる。しかし、いうまでもなく批准した条約は国内法としての効力をもち、裁判において適用されなければならない。

本章では、日本がこの選択議定書の締約国になったと仮定し、近年の判例のなかから、条約に違反するにもかかわらず違法でないとされたケースにつき、個人通報による救済可能性があるケースをいくつかあげることにする。なおここでは、受理要件について厳密な検討は行わない。

1　雇用における女性差別

（1）男女別コース制
(a) 住友電工事件大阪地裁判決（2000.7.31）[4]

（事件の概要）

住友電工は、高卒男子事務職はすべて全社採用で幹部候補要員、高卒女子事務職はすべて事務所採用で定型的補助的業務に従事する者として採用され、男女間で職分昇進・昇級・賃金について著しい格差があった。原告になった2人の女性は、最初均等法によって設けられた機会均等調停委員会に調停を申立てたところ、調停委員会は、この格差は採用区分による差であるから均等法違反にならないとして、調停不開始決定をした。

そこで2人の原告は、①住友電工に対し、昇進・賃金差別は女性差別であり、憲法および女性差別撤廃条約に違反し違法・無効であること、予備的請求として、遅くとも女性差別撤廃条約批准および均等法制定後は是正されるべきであったなどとして、賃金差額等や慰謝料を請求する訴えを、②国に対し、調停不開始決定は女性差別撤廃条約の是正義務に違反し違法であるとして、国家賠償を請求する訴えを、提起した。

（被告の主張と判決）

判決は，原告らの請求をすべて棄却した。その理由中で，幹部候補要員から高卒女子を排除したことは「男女差別以外のなにものでもなく，性別による差別を禁じた憲法14条の趣旨に反する」としながら，「昭和40年代ころは，未だ，男子は経済的に家庭を支え，女子は結婚して家庭に入り，家事育児に専念するという役割分担意識が強かったこと，女子が企業に雇用されて労働に従事する場合でも，働くのは結婚または出産までと考えて短期間で退職する傾向にあったこと」などとジェンダー秩序をそのまま認め，公序良俗違反とすることはできないとして，憲法の間接適用を否定した。この点が本判決の第一の問題点であるが，本章では女性差別撤廃条約の適用に限定して述べる。

被告会社は，女性差別撤廃条約による是正義務に関しては「すべて争う」と主張したのみであったが，被告国は，①条約2条の「適当な立法その他の措置」は，すべて禁止規定である必要はなく，自国の国情に応じて適当と判断する措置をとればよい，②調停制度は行政サービスであって，原告らに調停請求権を認めたものではない，③本件は採用区分の差であり均等法違反ではない，などと主張した。

これに対し判決は，昭和40年代，採用区分による男女差別は違法でなかったとしたうえで，原告らの主張は「条約の批准以前，あるいは均等法施行以前に行われた当時としては違法とまでいえなかった採用区分に，右条約や均等法を当て嵌めて評価しようとするものであるから，遡及適用以外のなにものでもない」として退けた。この事件の国に対する請求への判決が冒頭のウの判決である。

（女性差別撤廃条約違反）

この判決に対しては原告らが控訴し，現在大阪高裁で控訴審が継続中である。控訴審では，学者による鑑定意見書がいくつか提出されているが，女性差別撤廃条約違反に関しては，阿部浩己教授の鑑定意見書が提出されている[5]。同意見書は，条約一般の効力と女性差別撤廃条約による締約国の義務について詳述した優れた論文であるが，次の3点のみ紹介する。

①私人間の行為への条約の適用

女性差別撤廃条約は1985年7月25日に日本について効力を発生し，憲法98条2項にしたがい，同日をもって日本の国内法としての効力を生じ，効力において，法律よりも上位に位置づけられる。したがって下位法たる法令は条約に抵触するかぎりで無効であり，そうした事態を回避するために同条約に適合する解釈が求められる。条約2条(e), (d) や5条(a) が定めるように，企業を含む私人の差別行為も明確に条約の射程にいれられている。締約国は，私人による差別を規制する法的義務をこの条約により課せられており，条約と均等法との抵触があることが判明した場合には，均等法の関連規定を無効とするかあるいは解釈を条約に適合するように変更しなくてはならない。

　また，女性差別撤廃条約は，私法の一般原則を定める民法を通じても間接適用される。条約は効力において民法よりも上位に位置づけられる以上，女性差別撤廃条約は，憲法にもまして，民法90条の公序良俗の内容をなし，また不法行為の解釈を規律するものと見るべきである。

②条約の不遡及と継続的侵害

　条約法条約28条が定めるように，条約が日本について効力を生ずる日前に完了した行為もしくは事実または消滅した事態について日本は条約上の義務を負うことはないが，条約の効力発生前に行われたかまたは生起した行為，事実または状態が，条約発効後も引き続いて起こるかまたは存在する場合は，条約との適合性が問われる。

　したがって原告らの採用が女性差別撤廃条約発効前であっても，発効後に引き続く区分・処遇は，そのかぎりで条約の規律の対象になる。

③女性差別撤廃条約の「漸進性」について

　判決は，この条約は漸進的に差別撤廃の目的を達成することが予定されているとする国の主張を認めた。

　これに対し阿部鑑定書は，同様の定期報告審査制度をもつ自由権規約が締約国に即時的義務を課す条約であると広く認められていること，条約の起草過程で日本政府は第2条柱書きの「女子に対する差別を撤廃する政策を…遅滞なく追求する」という箇所を「女子に対する差別の撤廃を促進する政策を…遅滞な

く追求する」と修正する提案をしたが，この提案は退けられたこと，2000年12月選択議定書が発効し，これにより，CEDAWは，被害者からの救済申立を受理する権限を与えられたことなどを理由に，条約の「漸進性」を否定している。

(女性差別撤廃条約選択議定書の個人通報による救済可能性)

本件は現在控訴審が継続中である。この判決に対しては，批判が多いので高裁で逆転判決が出る可能性がある。しかし，もし高裁も原審を支持し，さらに最高裁でも同様の結論が出されたら，原告らは選択議定書に基づいて国連のCEDAWに通報することができる。かりに上告審の判決が長引き，「不当に引き延ばされた」場合にも同様である。それまでに選択議定書の批准がなされなければならないのはいうまでもないが。

このケースは，判決が明らかに認めているように，「被告会社が，一方で幹部候補要員である全社採用から高卒女子を閉め出し，他方で事業所採用の事務職を定型的補助的業務に従事する職種と位置付け，この職種をもっぱら高卒女子を配置する職種と位置付け」，男女間の昇進と賃金の格差は著しく，「これは男女差別以外のなにものでもな」いのであり，その差別は日本において女性差別撤廃条約が発効した1985年以降も継続していたのであるから，条約11条1項(b), (c), (d)に違反していたことは明らかである。

また，かりに個人通報が可能となった時点で，原告らが定年により退職していたとしても，賃金差別による損害および精神的損害は継続しているといえ，さらに昭和シェル事件東京地裁判決(2003.1.29)が認めたように，賃金差別の結果年金の額でも大きな損害を受けることになり，差別による損害は生涯にわたって継続するので，原告らが退職した後であっても，個人通報制度による救済の可能性はあるといえる。

(b) 野村証券事件判決 (2002.2.20)[6]

(事件の概要)

このケースでは，均等法が施行されるまでとくにコース別管理を制度化していなかったが，均等法が施行された1986年4月から，全国転勤の有無などによ

り社員を「総合職」と「一般職」に分ける人事制度を設け，女性社員はすべて一般職として，昇進や賃金で著しい格差をつけた。
　（判　　決）
　均等法施行後のコース別管理は，男女のコース別の処遇を引き続き維持するためのものにすぎないと断じ，男女をコース別に採用，処遇することは，性による差別を禁止した憲法14条の趣旨に反する，と明確に述べた。にもかかわらず，前記住友電工事件判決と同様に，原告らが入社した当時は，一般的にみて，女性について全国的な異動を行うことは考え難かったといえるから，効率的な労務管理を行うためには，男女のコース別採用，処遇が原告らの入社当時において，不合理な差別として公序に反するとまでいうことはできないと，違法性を否定した。ただし，1999年に採用，配置，昇進における女性差別を禁止した改正均等法が施行されてからは，このような男女別コース制は違法となったとした。しかしその時点で原告らの賃金の具体的損害額を確定することは困難であるとして賃金差額分の支払いを退け，慰謝料のみを認めた。
　原告らは，国際人権規約，ILO100号条約，女性差別撤廃条約を根拠に，会社の男女別コース制による男女差別は違法であると主張したが，判決は，その内容には一切立ち入らず，「会社の男女のコース別の採用，処遇の経緯，内容からすれば，これがこれらの条約に直ちに違反するとすることはできない」という，わずか4行で退けている。
　（女性差別撤廃条約選択議定書の個人通報による救済可能性）
　前記阿部鑑定書も明記しているとおり，発効した条約は国内法となり，均等法より上位の法的効力を与えられている。したがって，旧均等法が採用，配置，昇進における女性差別の規制を努力義務にとどめているからといって，上位にある女性差別撤廃条約2条(b) および11条1項(b), (c) の効力を否定することはできない。少なくとも条約の間接適用により，民法90条違反になり，同709条による賃金差額相当の損害賠償を認めるべきである。
　したがって，本件についても住友電工事件と同様，選択議定書が批准されたら，個人通報制度により救済される可能性がある。

同様の判決として，住友化学事件大阪地裁判決（2002.1.29）がある。

（2）既婚女性に対する昇給・昇格差別

(a) 住友生命事件大阪地裁判決（2001.6.27）[7]

（事件の概要）

　被告会社では，結婚退職強要が行われ，これに応じないで結婚・出産して働き続けた女性に対し昇給・昇格差別が行われた。そのため未婚女性との間で著しい格差が生じた。そこで原告らは，「男性は結婚しても昇給・昇格で差別されないのに，女性は結婚すると差別されるのは女性差別である」として，2度にわたり，大阪婦人少年室に男女雇用機会均等法に基づく調停申請を行った。ところが婦人少年室長は，同じ一般職の女性間の差別の問題であるから男女雇用機会均等法に基づく調停対象事項ではないとして，調停を不開始とした。そのため原告らは，会社と国を相手に提訴した。

（判　　決）

　判決は，原告らが昇給・昇格しなかった理由は，既婚者であることを理由とする低査定にあったとし，これは人事権の濫用として不法行為となると判示し，被告会社に対し，差額賃金相当損害金と慰謝料の支払いを命じた。しかし女性差別であるという原告らの主張は認めなかった。

　次に国に対する請求は否定された。その理由として次の点があげられている。

　①女子差別撤廃条約1条が，「男女の平等を基礎として」と規定しており，男子との比較において女子が差別を受ける場合を「女子に対する差別」と位置づけていることは明らかであり，女子が女子との比較で差別を受けることは「女子に対する差別」とはいえない。

　②女子差別撤廃条約2条(b)の「女子に対するすべての差別」を禁止する適当な立法その他の措置をとることを規定していることからすると，すべての差別を法律の規定により禁止することを求める趣旨でないことは明らかである。

③条約の実施にあたってどのような具体的な措置をとるかについては，各締約国の国情に応じて適当と判断される措置をとるとされているのが相当である。

この判決が冒頭に掲げたエの判決である。
(女性差別撤廃条約選択議定書の個人通報による救済可能性)
この事件は双方が控訴したが，大阪高裁で和解が成立し決着した。したがって，個人通報による救済の可能性はないが，被告会社に対し女性差別と認めなかった点および国に対し女性差別撤廃条約違反を認めなかった点に大きな問題が残っている。かりにこのような事案について婦人少年室長（現在都道府県労働局長）が均等法の調停対象事項でないとして，調停不開始決定をした場合個人通報すれば，明らかに女性差別撤廃条約違反として救済される可能性がある。

(3) 家族手当の世帯主条項

(a) 日産自動車家族手当事件東京地裁判決（1989.1.26）[8]
(事件の概要)
このケースは，子どもの家族手当の受給資格を男子従業員としていた会社の規程は労働基準法4条違反であると女性従業員が労働基準監督署に申告したところ，会社は「男子従業員」を「世帯主」と変更し，女性従業員の一部がみずから住民票上の世帯主になって申請したが，会社は「世帯主とは共働き夫婦の場合収入の多いほうである」という解釈で，やはり女性には家族手当の支給を拒否したという事件である。このような経過から，このケースは間接差別にあたるとして，原告側は主張・立証を尽くした。
(判　　決)
しかし判決は，会社の家族手当が扶養家族の員数によって算出する方式であり，「家族数の増加によって生ずる生計費等の不足を補うための生活補助費的性質が強い事実に鑑みると，家族手当を実質的意味の世帯主に支給する被告会社の運用は強ち不合理なものとはいい得ない」として，原告らの請求を棄却し

た。

　この事件は控訴審で、裁判所の勧告により、家族手当支給規程から世帯主条項を削除し、運用上も夫と妻のいずれからの請求であっても、税法上の扶養家族に対する家族手当を支給するという和解が成立し、実質的には差別が解消した。

（女性差別撤廃条約選択議定書の個人通報による救済可能性）
　したがって個人通報制度による救済の対象にはならないが、現在なお同じような世帯主基準または収入基準によって女性に対する間接性差別が行われているので、それらのケースが国内裁判所で救済されない場合は、個人通報制度によって救済される可能性がある。

（4）パートタイマー、臨時・非常勤公務員の賃金差別

(a) 丸子警報器事件長野地裁上田支部判決（1996.3.15）[9]
（事件の概要）
　民間企業におけるパートタイマーや契約社員、公務職場における臨時・非常勤職員が急増し、正社員・正職員との賃金格差が拡大している。
　原告らは、2カ月の雇用契約を更新し、長い人は25年以上勤続している女性臨時社員であるが、女性正社員と同じ組立作業を一緒にやっており、労働時間は正社員より15分短いとされながら、毎日15分の残業が義務づけられ、結局正社員と同じ労働時間働いていた。にもかかわらず、正社員と臨時社員の賃金体系は異なり、臨時社員の賃金は著しく低く抑えられていた。
（判　決）
　同一（価値）労働同一賃金原則を明言する実定法の規定は存在しないが、「労働基準法3条、4条のような差別禁止規定は、直接的には社会的身分や性による差別を禁止しているものではあるが、その根底には、およそ人はその労働に対し等しく報われなければならないという均等待遇の理念が存在していると解される。それは言わば、人格の価値を平等と見る市民法の普遍的な原理と考えるべきものである」として、同じライン作業に従事している女性臨時社員

の賃金が同じ勤続年数の女性正社員の賃金の8割以下となるときは，許容される賃金格差を明らかに越え，その限度において被告の裁量が公序良俗違反として違法となる，と判示した。

この判決は，非正規雇用と正規雇用の賃金格差を均等待遇原則に基づき違法とした点で画期的な判決ではあるが，8割までの格差を是認する合理的な理由については疑問がある。また，同一（価値）労働同一賃金の原則についてこれを明言する実定法の規定は存在しないというが，労働基準法4条は同一価値労働同一賃金原則を含むとして，1967年にILO100号条約（同一価値労働についての男女労働者に対する同一報酬に関する条約）が批准されたのであるから，実定法は存在する。さらに性差別とは，直接差別だけでなく間接差別も含むというのが，女性差別撤廃条約およびILO100号条約に関する解釈であるから，全員女性である臨時社員に対する賃金差別は，間接性差別なのである。

（女性差別撤廃条約選択議定書の個人通報による救済可能性）

この事件も控訴審で和解による解決がなされたので，個人通報制度の対象にはならないが，同様の雇用形態による賃金差別について個人通報による救済の可能性がある。

(b) 那覇市役所事件那覇地裁判決（2001.10.17）および福岡高裁那覇支部判決（2003.1.16）[10]

（事件の概要）

原告らは，那覇市立小中学校の給食調理に従事する臨時職員であり，期間を定めて雇用されるが，任期満了後も繰り返し採用され，継続して27年6カ月にわたり実質的に継続雇用されてきた。業務内容および勤務時間は正規調理員と同一である。しかし原告らは，正規職員と比べ，年収は半分以下，退職金はゼロである。そこで原告らは，この賃金差別は社会権規約およびILO同一価値労働同一報酬条約（100号）などに違反し，公序良俗違反による不法行為を構成するとして，市に対し損害賠償を請求した。

（判　決）

一審判決は条約について，「同一労働同一賃金という原則が，労働関係を直

接規律する法規範となり、これに反する賃金格差が直ちに公序良俗違反となり、それとともに雇用主に賃金の支払義務が生じるものと解することはできない」と原告の主張を退け、採用方法が異なるなどの理由で、臨時調理員と正規調理員の賃金格差を、被告の裁量権を逸脱したものといえないとした。

二審判決もこれを支持し、原告の主張を退けた。

(女性差別撤廃条約選択議定書の個人通報による救済可能性)

この裁判で原告は社会権規約とILO100号条約違反を主張し、女性差別撤廃条約違反の主張はしていない。しかし女性差別撤廃条約11条1項(a)は、同一価値労働同一報酬原則を締約国に義務づけており、同条約は間接差別を含むとされている。ILOの条約勧告適用専門家委員会は、100号条約はパートタイマー、臨時・非常勤職員を含むすべての労働者に適用されること、とくに公務職場における臨時・非常勤職員の賃金に関し100号条約が民間企業に優先して適用されるべきこと、臨時・非常勤職員に女性が多く、賃金が低い場合、間接差別に該当しうることなどの意見が、くり返し日本に対し述べられている[11]。

他にも公務職場における非常勤職員の賃金差別が争われた中野区役所事件があるが、裁判所は、国際条約の国内法的効力について一顧だにせず、この点に関する証拠も採用しなかったため、「区は現行法制度の限界や問題点を真摯に受け止める」などとする「和解」という形で決着せざるをえなかった。

現在、多数が女性である公務職場の臨時・非常勤職員の賃金差別について、日本の裁判所が違法と認めないなら、個人通報制度による救済の可能性があるといえる。

(5) 転　　勤
(a) 帝国臓器単身赴任事件東京地裁判決（1993.9.29）[12]
(事件の概要)

夫の転勤は、働き続けようとする女性にとって大きな壁になっている。妻の退職か夫の単身赴任か、選択を迫られるからである。とくに核家族で子育て中の共働きの場合、問題は深刻である。夫が単身赴任をして家事や子育てを分担

できなくなると，妻が１人で子育てしながらフルタイムで働き続けるのはきわめて困難になるのである。

この事件は，育児休業法が施行される７年前，女性差別撤廃条約が批准された1985年に起きた。妻は結婚しても働き続けること，夫は家事・育児を平等に分担することを約束して結婚した。３人の子どもが生まれ，末子が７カ月のとき，夫は東京営業所から名古屋営業所への転勤を内示された。この当時，妻は産後の体調が悪かったこともあって，上２人の子どもの世話と家事の大半は夫が負担していた。夫の家事分担があったからこそ，妻は産休明けの職場復帰ができたのだった。

会社は，当然妻が退職して夫について行き，家族帯同赴任するものと考えていた。他の会社も同じだが，同社では，妻や子育ての事情に関係なく，家族帯同赴任が原則とされていたのである。夫は，「妻の働く権利を奪うことはできないから，家族帯同赴任はできない」と断ったところ，会社は特別に単身赴任を認めてやるといってきた。しかし夫が単身赴任すれば，子どもを育てながらの共働き生活は根底から覆る。夫は，「やはり妻は働き続けられなくなるし，自分も父親として子どもを養育できなくなるから単身赴任もできない」と断ったが，会社は，「家族状況や妻の働く権利は関係ない」といって，ついに転勤命令は強行発令された。

そこで，夫はとりあえず単身赴任し，転勤無効確認と，同居までの慰謝料および交通費等の損害賠償請求を加えた。その理由として，「家族と同居し，父親として子どもを養育する権利の侵害」をあげ，妻も「夫婦が共同生活をし，夫から家事・育児の共同分担を中心とする協力・扶助を受ける権利を侵害された」として慰謝料請求の原告になった。

転勤無効と損害賠償の直接の根拠は，公序良俗違反と不法行為であるが，違法性の判断基準は，憲法13条，同24条等であり，国際人権規約や女性差別撤廃条約である。

（判　　決）

これに対し東京地裁は，原告らの請求をすべて棄却する判決を出した。会社

にとってローテーション配転は必要であり、原告らは二重生活による経済的・精神的な負担を強いられたが、その経済的・社会的・精神的不利益は労働者において社会通念上甘受すべき程度を著しく超えるものと認めることはできない、というのである。

基本的人権の侵害であるとの主張に対しては、「原告は、本件転勤命令が、原告の単身赴任を余儀なくし、家族と同居して子供を養育監護することを困難にし、家族生活を営む基本的人権を侵害したもので、『女子に対するあらゆる形態の差別の撤廃に関する条約』等の趣旨に反するものであると主張するが、本件転勤命令は前記のとおり労働契約、就業規約に違反するものではな（いから）、本件転勤命令が公序良俗に違反して無効であるとすべき理由はない。」と、わずか数行で否定された。

これでは、憲法よりも条約よりも、労働契約や就業規則が優先するということになる。

（女性差別撤廃条約選択議定書の個人通報による救済可能性）

この判決は、東京高裁も、最高裁も基本的に支持した。しかしすでに単身赴任は解消しているので、個人通報の要件は満たしていない。ただここで述べておきたいことは、選択議定書が批准されたら、このように条約を一顧だにしない判決は出せなくなるだろうということである。

2002年6月のILO総会に報告された条約勧告適用専門家委員会の日本政府に対する個別意見では、「家族的責任を有する労働者の遠隔地配転はILO156号条約に照らして問題があり、使用者は、職を維持することと家族的責任との選択を労働者に強いることがないよう努めなければならない」と述べている。

2002年4月1日から施行された改正育児・介護休業法は、配置転換をする際には、育児や介護の状況に配慮するよう義務づけた。この規定は弱い配慮義務なので、かりに帝国臓器事件あるいは後述のケンウッド事件のような配転が強行され、裁判所がそれを有効と認めた場合は、個人通報が可能となるだろう。

(b) ケンウッド事件東京地裁判決 (1993.9.28)[13]

（事件の概要）

満3歳の幼児を保育中の共働き夫妻の妻に対し，会社は東京都目黒区青葉台にある事業所の庶務から，北八王子にある製造ラインへ異動を命じ，異動先での就労を拒否したため懲戒解雇されたという事件である。この転勤によって原告の通勤時間は片道1時間45分から2時間かかることになる。これまで原則として水曜以外は毎日夫が子どもを保育園に送り，迎えは原告の友人に頼んで二重保育をしながら働き続けてきたのであるが，往復4時間になるとそれも不可能になる。とても八王子には通勤できないと会社に訴えたが聞き入れられず，ついに懲戒解雇になった。このとき原告は第2子を妊娠していて，会社はそれを知ったうえでの解雇である。これは女性の労働権を奪うものであるから女性差別撤廃条約等にも違反するとして訴訟を提起した。

（判　　決）

東京地裁は原告の請求を退けて，本件配転命令とそれに従わなかったことを理由とする懲戒解雇を有効とした。この配転は，これまで主に争われた，入社時から転勤を予想された学卒者の転勤ではなく，中卒で庶務を担当していた子育て中の女性に対する遠隔地配転であり，しかも職種が庶務から現場労働への異職種配転だった。

判決が本件配転命令を有効とした理由は，①経済的負担を度外視すれば，さらに第三者に保育を依頼することができた（長時間三重保育になり子ども自身に身体的・精神的に深刻な影響を及ぼすことを無視），②原告一家が八王子に転居するという方法によって本件配転命令に協力すべきであった（夫は出張が多く，また通勤時間が往復4時間になるので八王子への転居は困難であることを無視）ということである。

（女性差別撤廃条約選択議定書の個人通報による救済可能性）

この判決は，東京高裁でも，最高裁でも支持されて確定した。

このケースは，前記帝国臓器事件と異なり，幼児を子育て中の女性に対する配転であり，この配転に従えば子育てができなくなり，家庭が破壊されるという訴えを無視して，会社が懲戒解雇したのであるから，まさに女性の働く権利を奪ったものである。

上記帝国臓器事件とともにこの判決が捨て石となって，改正育児・介護休業法に，配転の際に育児の状況を配慮する義務が規定されたが，配慮されない配転命令に対して国内裁判所で救済されなかった場合は，個人通報制度による救済の可能性があるといえよう。

2　家族における性差別

(1) 夫婦同姓の強制
(a) 夫婦別姓事件東京地裁判決（1993.11.19）[14]
（事件の概要）

　国立大学の女性教授が，民法の夫婦同氏制度のため，結婚後戸籍上は夫の姓に改姓したが，大学では旧姓を通称として使用したところ，大学はこれを認めなかった。具体的には，①大学主催の公開講座のポスターに印刷される講師名につき，カッコ書きで戸籍名を入れたこと，②大学が文部省に登録する科学研究費補助金研究者番号登録上の氏名につき，戸籍名で表示することを命じられ，同研究申請を控えることを余儀なくされたこと，③科学研究費補助金による研究成果報告書につき，表紙にカッコ書きで戸籍名を入れたこと，④筑波学園都市研究便覧を作成するために提出する情報について，戸籍名で表示した原稿を送付するなどしたこと，⑤通称で表示した研究討論会ポスターにつき掲示させなかったこと，⑥学術情報センターの科学研究費補助金研究者に関するデータベース作成のために提出する情報について，戸籍名で表示したことなどあらゆる研究活動や教育活動に関し，戸籍名を強制した。

　原告は，大学のこれらの行為は氏名保持権（憲法13条），プライバシー権（同），表現の自由（憲法21条），職業活動の自由（憲法22条），学問の自由（憲法23条），著作者氏名権の侵害であり，世界人権宣言，国際人権規約自由権規約等に違反すると主張し，女性差別撤廃条約16条1項(g)にも違反するとの主張も追加し，①国に対し，旧姓名の使用を認めるよう義務づけること，②国および大学学長らは原告の立替金および慰謝料を支払うことを請求した。

（判　　決）

　東京地裁は，原告の①の請求を不適法として却下し，②の請求を理由がないとしてすべて棄却した。判決は理由のなかで，現行の夫婦同氏制度は，「主観的には夫婦の一体感を高める場合があることは否定できず，客観的には利害関係を有する第三者に対し夫婦であることを容易にするものといえるから」合理性を有し，何ら憲法に違反するものではなく，何ら違法なものではないとした。ここでは，原告の研究者，教育者としての同一性と，改姓による同一性の切断については一切考慮されていない。女性差別撤廃条約16条1項(g)にも明らかに違反しているが，これについてはまったくふれていない。

（女性差別撤廃条約選択議定書の個人通報による救済可能性）

　この事件は，控訴審で旧姓使用を大幅に認める和解によって実質的に解決したが，選択的夫婦別氏制度を認める民法改正が未だに実現していない現在，同様の扱いを受けて国内裁判所で救済されない場合は，個人通報制度による救済の可能性があるといえる。

（2）非嫡出子差別

(a) 非嫡出子差別事件最高裁大法廷決定（1995.7.5）[15]

（事件の概要）

　民法900条4号ただし書前段には，嫡出でない子の相続分は，嫡出である子の相続分の2分の1と規定している。この条項については出生による差別であり違憲であるという学説も少なくないうえ，1989年に法務省が公表した「相続に関する民法改正要綱試案」でも廃止が盛り込まれている。下級審ではいくつか違憲とする判決が出されているが，これに決着をつけたのが，この最高裁大法廷の決定である。

　本件の申立人は非嫡出子の子どもであり，親が非嫡出子であったために，自分も代襲相続人として差別を受けるのは違法だとして，本件規定の違憲無効を主張し，平等な割合による分割を求めたが，家裁の審判は本件規定による分割をした。そこで申立人は抗告したが，抗告審決定も家裁と同様の判断をして抗

告を棄却したため，申立人が最高裁に特別抗告をした。
　（決　　定）
　最高裁は大法廷を開き，この規定は違憲ではないとして，申立人の特別抗告を棄却した。ただし15人の裁判官中5人の裁判官が反対意見を述べた。
　多数意見は，「現行民法は法律婚主義を採用しているのであるから，右のような本件規定の立法理由にも合理的な根拠があるというべきであり，本件規定が非嫡出子の法定相続分を嫡出子の2分の1としたことが右立法理由との関連において著しく不合理であり，立法府に与えられた合理的な裁量判断の限界を超えたものということはできない」と述べている。これに対し5人の裁判官の反対意見は，日本も批准した市民的及び政治的権利に関する国際規約（自由権規約）24条および26条と，児童の権利に関する条約2条1項をも引用して，「本件規定を合理的とすることには強い疑念を表明せざるを得ない」と述べている。
　（女性差別撤廃条約選択議定書の個人通報による救済可能性）
　日本は自由権規約の選択議定書を批准していないが，これを批准していれば同条約に基づく個人通報が可能である。女性差別撤廃条約については，判例集でみるかぎり申立人側が上告理由にあげていないが，16条1項(d)の「子に関する事項についての親（婚姻をしているかいないかを問わない）としての同一の権利及び責任。あらゆる場合において，子の利益は至上である」に違反する。したがって女性差別撤廃条約の選択議定書が批准されれば，個人通報による救済が可能と思われる。
　(b) 2003年の3件の最高裁判決
　2003年3月28日には最高裁第二小法廷，同年3月31日には最高裁第一小法廷，同年6月20日には最高裁第二小法廷が，いずれも非嫡出子の相続分を嫡出子の2分の1とする民法900条4号ただし書き前段の規定は憲法14条1項に違反しないとする判決を出した。これらの判決は1995年の最高裁大法廷の判例に従うものであるが，いずれも各小法廷の5人の裁判官のうち2人が反対意見を述べている。

国連の CEDAW が，日本の第4・5回報告を審議した結果2003年7月18日に公表した「最終コメント」では，民法の婚姻最低年齢，離婚後の女性の再婚禁止期間，夫婦の氏の選択に関する差別的な規定とともに，戸籍，相続権に関する法や行政措置における非嫡出子に対する差別およびその結果としての女性への重大な影響に懸念を有するとし，これらの法や行政上の措置を条約に沿ったものをすることを要請している。
（女性差別撤廃条約選択議定書の個人通報による救済可能性）
　この要請を無視して民法改正が行われず，最高裁の大法廷判決によって（2）の判例が変更されない場合，女性差別撤廃条約の選択議定書が批准されたら，同選択議定書第4条1項ただし書きの「効果的な救済の見込みがない場合」に該当するので，個別ケースに関する国内裁判所の手続きが尽くされなくても，個人通報が可能といえる。

（3）事実上の養子の扶養控除に関する東京地裁判決（1987.12.16）[16]
（事件の概要）
　原告は，内縁の妻とその連れ子および内縁の妻との間の未認知の子と同一の生計を営み，現実に扶養しているので，子どもたちを所得税法上の扶養家族として所得税の確定申告をしたところ，税務署長が，子どもたちは扶養控除の対象となる親族に該当しないとして所得税の更正および過少申告加算税を課した。そこで原告は所得税更正処分等取消請求の行政訴訟を提起した。その理由として，事実上の親子関係は，事実上の婚姻に必然的に付随するもので，事実上の婚姻が扶養控除の対象となっているのと同様，健康保険法，厚生年金法，児童扶養手当法等は，事実上の親子関係についても法律上の親子関係と同様の取扱いがなされていること，社会権規約，自由権規約の他，女子差別撤廃条約16条1項(d)は，親の子に対する責任は親が婚姻しているかいないかを問わないと規定している，と主張した。
（判　　決）
　これに対する判決が冒頭のアの判決である。

判決は，行政法の分野では，事実上の婚姻または事実上の子を，法律上の婚姻または法律上の子と同様に取り扱う旨を定めた規定が少なからず存在しているが，その旨の明文の規定のない行政法規については，事実上の子を法律上の子と同様には取り扱わないとの立法者の意図が表明されているものと解釈され，原告は，社会権規約10条1,3,自由権規約23条1,24条および女子差別撤廃条約16条1(d)の規定ないしその趣旨をあげるが，右各規定は，そもそも租税に関するものでないし，また，租税における扶養義務の取扱いにおいて，事実上の親族を法律上の親族と区別して取扱うことを禁止したものとは解されないとして，原告の請求を棄却した。この判決は，控訴審でも，上告審でも支持され，確定した。

(女性差別撤廃条約違反)

前述の女性差別撤廃委員会の日本に対する「最終コメント」は，「戸籍，相続権に関する法や行政措置における非嫡出子に対する差別及びその結果としての女性への重大な影響に懸念を有する」としている。本件は，非嫡出子の差別自体ではないが，事実上の子の扶養控除が受けられないことにより母親への重大な影響がある事件であるから，女性差別撤廃条約16条1項(d)に違反する可能性があると考えることができる。女性差別撤廃条約は，あらゆる形態の差別を撤廃するためのすべての措置を締約国に義務づけているのであるから少なくとも，上記判決のように，条約の規定は「そもそも租税に関するものではない」とか，「事実上の親族を法律上の親族と区別して取扱うことを禁止したものとは解されない」などという解釈は誤りであるといわざるをえない。

(4) 再婚禁止期間に関する広島地裁判決 (1991.1.28)[17]

(事件の概要)

原告らは夫婦であるが，妻は前夫との間で離婚の調停を成立させ，未成年の子2人の親権者となって，離婚調停成立直後から同居し事実上の夫婦として生活してきた。その後間もなく（女性の再婚禁止期間内），夫は妻の子2人を養子とするため家庭裁判所に許可の申立てをしたが却下され，原告らの婚姻届出

をしたが受理されなかった。原告らは再婚禁止期間経過の直後に婚姻し，子の養子縁組をした。そこで原告らは再婚禁止期間中に受けた精神的苦痛に対する慰謝料等を請求して，国に対し訴えを提起した。

　原告らの主張は，女性に対して再婚禁止期間を6カ月とする民法733条は，女性に対してのみ婚姻の自由を制限するもので，憲法13条，14条1項，24条，女性差別撤廃条約前文，2条，15条，16条ならびに自由権規約23条に違反する，というものである。

（判　　決）

　これに対し判決は，原告らの請求を棄却した。この判決が冒頭にあげたイの判決である。理由として，民法733条は，女性のみが懐胎するという生理的な理由に基づき立法されたもので，専ら父子関係の確定の困難を避けることを立法趣旨とし，社会構成の基礎となる夫婦を中心をとする家族関係を明確にすることが国家の重要な政策の1つであるから，女性のみの6カ月の再婚禁止期間を定めることは，一見極めて明白に合理性がない，とまで判断することはできない，とした。さらに女性差別撤廃条約等については，これらの条約の規定が，締約国に対して，合理的な理由を有する男女間での取扱いの相違をも禁止していると解すべき理由はないとして，原告らの請求を棄却した。

　高裁判決も同様の判旨で控訴を棄却した。ただし，6カ月の再婚禁止期間は，父性の推定の衝突の防止という目的を達成するためには長きに失し，不合理であるという考え方には十分首肯できるものがあると，一定の理解を示したうえで，立法当局で十分検討されることが必要であるから，一見不合理であるとは直ちに断じ難いとした。女性差別撤廃条約に関しても，「わが国が，これらの条約を締結し，承認した後直ちに立法機関において民法733条の規定を改廃しなかったからといって，その行為（不作為）が国家賠償法1条1項の規定の適用上位法の評価をうけるものでないことはいうまでもない」と控訴人らの主張を退けている。

（女性差別撤廃条約違反）

　父親が誰であるかの証明は，科学的に容易であり，父性の推定の衝突の防止

という観点からも6カ月の再婚禁止は長きに失する。したがって，女性差別撤廃条約16条に違反し，民法733条は無効となると思われる。

ただし本件では6カ月後に婚姻し，養子縁組も成立しているので，選択議定書が批准されても個人通報の要件はないといえよう。

(5) 母が外国人で父が日本人である子の日本国籍取得

国籍法2条1号は，出生による国籍の取得要件として「出生の時に父又は母が日本国民であるとき」と規定している。女性差別撤廃条約批准の際，出生の時父が日本国籍を有しなければ，母が日本国籍を有していても，子は日本国籍を取得できなかった父系優先血統主義を改正し，父か母のいずれかが日本国籍を有していれば，子は日本国籍を取得できるようになった。しかし母が外国人で父が日本人である場合，父が子の出生前に胎児認知しなければ子は日本国籍を取得できない。母に法律上の夫が存在している場合，真実の父は胎児認知を認められないし，父が認知をしないと子は無国籍となる場合がある。この点は条約9条2項違反になると指摘されている。

このようなケースについては多数の裁判が行われ，子の日本国籍取得の要件が少しずつ緩和されているが，なお，胎児認知の要件は存続している。これらの裁判では，女性差別撤廃条約違反は主張されていないので，判決のなかでも条約に言及されていない。しかし2003年7月の女性差別撤廃委員会ではこの点が論議され，最終コメントで「外国人女性の特有な状況」にふれていることから，この問題も女性差別撤廃条約上の問題として検討される必要があると思われる。

3 女性に対する暴力

(1) ドメスティック・バイオレンス

2001年，配偶者からの暴力の防止および被害者の保護に関する法律（DV防止法）が制定される2年前のできごとであるが，次のような事件があった。夫

婦間暴力が問題になっている離婚事件の和解手続で，当事者である妻が，裁判官から「おれも女房を殴ることがある」といわれた。さらに夫の暴力について「これは刑事事件なんですよ」と訴えたところ，裁判官は「刑事事件として訴えても受理されんだろう。あんたが死んだら話は別だが…。あんたは職業柄理屈っぽい。私も女房が理屈をこねたら手をあげる。夫に殴られながらも，子どもを育てている飲み屋の女将のほうが（あんたより）よっぽど偉い」などといったそうである[18]。

まさに私的領域において，妻は夫の所有物だったのだ。同じような経験をした女性たち，弁護士たちは少なくない。

DV防止法が施行されてから，裁判官がこのように露骨な言葉を発することはなくなったと思われるが，この法律の暴力の定義は「身体に対する不法な攻撃であって生命又は身体に危害を及ぼすもの」とされ，保護命令の要件は，「被害者が更なる配偶者からの暴力によりその生命又は身体に重大な危害を加えるおそれが大きいとき」と定められている。そのため裁判官をはじめ法曹関係者の間には，ドメスティック・バイオレンスとは著しい身体的暴力のみをいうのだという認識が広がっている。

しかし，1993年に国連総会が採択した「女性に対する暴力撤廃宣言」は，2条で女性に対する暴力には，「家庭において発生する身体的，性的および心理的暴力」を含むと明記している。この定義は1992年にCEDAWの「一般的勧告19－女性に対する暴力」にも明記されている。この点については前記日本政府勧告への最終コメントでも懸念が表明されている。保護命令を受ける対象者が配偶者に限定されていることとあわせて，現在改正論議が行われている。

この改正が行われないまま，夫や恋人から性的・心理的暴力を受けた女性が国内裁判所で救済されない場合，個人通報制度により救済される可能性がある。

なお，上記最終コメントはドメスティック・バイオレンスを受けており，かつ入国管理上の地位が配偶者との同居に依存している外国人女性の特有な状況について懸念をあらわし，外国人妻の在留許可の取消しは，その措置が当該女

性に与える影響について十分に評価した後でのみなされることを勧告している。マイノリティ女性の人権保護に関し十分な検討が必要である。

(2)性犯罪

また，最終コメントは，強姦に対する罰則が比較的寛大であること，近親姦が刑法において明確に犯罪と定義されていないことに懸念を表明し，罰則の強化等を勧告している。日本では，強姦事件に関する刑事および民事の裁判において，しばしば被害者の落度や抵抗の程度などが問題にされ，無罪判決が出されたり，損害賠償額が減額されたりしている。これらのケースも，個人通報による救済が可能となる場合がありうるといえよう。

(3)「慰安婦」問題

最後に付け加えるべき点は，日本軍による「従軍慰安婦」という性奴隷の被害を受けた女性たちの救済の問題である。1995年，日本の第2回・3回レポートに対する「最終コメント」のなかで，「他のアジア諸国からの女性に対する性的搾取や，第2次世界大戦中の女性に対する搾取の問題に関して，何らかの真剣な反省も含んでいないことに失望を表明した」と述べている。これに対し，釜山元「慰安婦」裁判山口地裁下関支部判決（1998.4.27）が国会の立法不作為により慰謝料を認める判決を出したが，この判決は，高裁および最高裁で取消され，その他の裁判もすべて請求が棄却された。そのため2003年7月日本の第4回・5回レポートに対する前記最終コメントでは，再び，「従軍慰安婦」問題を最終的に解決するための方策を見出す努力を行うことを勧告されている。選択議定書が批准されたら，条約6条違反としてこの問題について個人通報がなされる可能性が高いといえよう。

おわりに

以上のとおり，いくつかの事例をみてきたが，日本の司法において，女性差

別撤廃条約を直接の争点として取り上げているのは，法律または行政の取扱いが条約違反であるとして国が被告とされている事例で，国の直接の義務違反を最も認定しやすい「尊重」義務違反のみである[19]。にもかかわらず国際法の解釈に反して，すべて条約違反が否定されている。まして，私人等第三者による侵害から権利を守る「保護」義務に関しては，ほとんどまともに条約の効力が論じられずに退けられ，法の解釈基準としてさえ無視されている。

このように，日本の司法は国内のみに閉ざされており，とりわけジェンダーによる差別の構造について，知ろうともせず，従来の社会通念とか家族制度や企業秩序を守ることを女性の人権に優先させている。

女性差別撤廃条約選択議定書の批准は，このような司法の現状，裁判官の意識を大きく揺るがすことになるにちがいない。

注

1) JNCC 仮訳。
2) 1998年国際人権（自由権）規約委員会の日本政府報告に対する最終見解，2001年国際人権（社会権）規約委員会の日本政府報告に対する最終見解。
3) 参議院のホームページ。
4) 『判例時報』1746号，94頁。
5) 阿部浩己「司法におけるジェンダー・バイアス―女性差別撤廃条約の適用可能性」『国際人権の地平』（現代人文社，2003年）104頁。
6) 『労働法律旬報』1526号，46頁。
7) 『労働法律旬報』1511号，36頁。
8) 『判例時報』1301号，71頁。
9) 『労働法律旬報』1382号，39頁。
10) いずれも判例集未登載。
11) 均等待遇アクション2003女たちの調査団『均等待遇とワークシェアリング』2002年発行，「2003年第91回 ILO 総会・ILO 条約勧告適用専門家委員会報告」『労働法律旬報』1555号，11，16頁。
12) 『判例時報』1485号，122頁。
13) 『判例時報』1476号，153頁。
14) 『判例時報』1486号，21頁。

15)『判例時報』1540号, 3頁。
16)『判例時報』1268号, 22頁。
17)『判例時報』1375号, 30頁。
18) 日本弁護士連合会両性の平等に関する委員会『司法における性差別―司法改革にジェンダーの視点を』(日本弁護士連合会, 2002年) 84頁。
19) 申惠丰『人権条約上の国家の義務』(日本評論社, 1999年) 355頁以下。

追記

　最初にあげた住友電工事件につき大阪高裁に係属していた控訴審において, 2003年12月24日和解が成立した。和解調書には,「裁判長和解勧告」として裁判所の見解が明示されているが, その冒頭で「国際社会においては, 国際連合を中心として, 男女平等の実現に向けた取組みが着実に進められており」と述べ, 女性差別撤廃条約の批准等につき触れ,「このような改革は…すべての女性がその成果を享受する権利を有するものであって, …直接的な差別のみならず, 間接的な差別に対しても十分な配慮がもとめられている」として, 一審判決を否定する内容になっている。その和解勧告に基づいて, 被告会社は, 原告らが一審で請求していなかった昇格を認め, 国も, 雇用管理区分が異なる場合であっても, それが実質的に性別による雇用管理となっていないかについても十分な注意を払い, 調停の積極的かつ適正な運用に努めることを約束した。

(中島　通子)

第Ⅴ部　関連人権条約および関連機関の実行

第1章　自由権規約

はじめに

　1966年に国連総会で採択され1976年に効力発生した「市民的及び政治的権利に関する国際規約」(以下，自由権規約)は，「市民的及び政治的権利に関する国際規約の選択議定書」(以下，選択議定書)を備えている。この選択議定書は，締約国の管轄下にある個人からの規約上の権利の被害者である旨の通報を，自由権規約4部の人権委員会(以下，規約人権委員会)が受理し検討する権限を認めている。

　2002年12月9日までには，すでに104カ国が選択議定書の締約国になっており，この制度に基づき，規約人権委員会への個人通報は，2000年11月15日までに669件であり，最終見解が採択された個人通報は354件である。このなかで人権侵害を認定した通報は270件 (76.3％) にのぼる[1]。日本は，自由権規約を1979年に批准をしているが，個人通報制度を設けている同規約の選択議定書に加入していない。

　また自由権規約は国家報告制度を採用しているが，この締約国からの報告に対して，規約人権委員会は，一般的意見と称される「適当と認める一般的な性格を有する意見」(自由権規約40条4項) を締約国に送付しなければならない。規約人権委員会は，1981年から一般的意見を2001年までに29も提示してきた。この意見は，規約人権委員会が個人通報また報告書の検討にあたって重要な指針となると同時に，各締約国は，自由権規約のみならず他の人権諸条約の履行にあたって積極的に参考しなければならないと思われる。

1 自由権規約の性による差別禁止規定と「差別」の定義

(1) 差別禁止規定

　性による差別禁止にかかわる条項は、規約のなかには3カ条ある。まず、自由権規約2条(締約国の実施義務)1項は、「…すべての個人に対し…性、…によるいかなる差別もなしにこの規約において認められる権利を尊重し及び確保することを約束する。」と規定している。同規約3条(男女の平等)においては、「…市民的及び政治的権利の享有について男女の同等の権利を確保することを約束する。」と規定し、最後に同規約26条(法の前の平等・無差別)は、「…法律は、あらゆる差別を禁止し…性…のいかなる理由による差別に対しても平等のかつ効果的な保護をすべての者に保障する。」と規定する。このため、規約人権委員会は、差別的な法律また取扱いは、規約2条、3条および26条に違反すると認定している[2]。

　これらの規定のなかで注意する必要があるのは、規約3条である。この男女平等の原則の規定は、「経済的、社会的及び文化的権利に関する国際規約」にも3条として規定されているためである。これらの両規約に共通な条文は、共通1条が有名であるが、対象とする権利は異なるが、この3条の男女の平等原則も共通規定である。

　男女の平等に関する規約3条が起草された過程において、上述のように性による差別禁止規定が重複することが問題になったが、結果的にはこれらの3カ条の条文は、基本的的正義の原則、換言するならば、多くの先進諸国においてさえも女性が多くの権利を否定されている世界のなかの諸権利の平等を体現する必要があるといわれ、規定された[3]。

　この点について、3つの事項が重要である。第1は、自由権規約の履行確保は漸進的ではなく、直ちに平等の確保が実行可能と考えられる。第2は、これらの性差別禁止の条文は、さまざまな権利カタログに規定される諸権利の実現にあたって機能する。後述する Shirin Aumeeruddy-Cziffra and 19 other Mauritian women v. Mauritius（通報35／1978）の審議において規約人権委員会が述べているように，個人に与えられる保護は，規約のいくつかの規定から導かれる両性の平等な取扱いの原則に依拠している。それは，2条1項，3条および26条のもとに締約国がおっている義務である[4]。規約人権委員会は，この事例において，「この相違を十分正当化する根拠が与えられていない。そこで委員会は，自由権規約17条1項に関連して2条1項および3条の違反があることを認めねばならない。」[5]と述べた。第3は，これらの平等原則は，自由権規約4条1項が明示しているように，公の緊急事態においても離脱することが不可能な原則であることに注意する必要がある。

（2）「差別」の定義

性に限らず「差別」の一般的な定義は，自由権規約において規定されていないが，規約人権委員会は，この定義について1989年の一般的意見18においてその見解を提示している。同意見の7節において，人種差別撤廃条約および女性差別撤廃条約を参考にして，差別という言葉は「性…などに基づく，あらゆる区別，排除，制限又は優先であって，すべての人間が平等の立場であらゆる権利と自由を認識し，享有し又は行使することを無効にし，又は損なうような目的又は効果を有するものを意味するものと理解されるべきもの」である。

この結果，規約人権委員会が差別があるか否かを判断する要件は，①権利の享有にあたって別異取扱いがあること，②基準が客観的または合理的ではない場合，③または，自由権規約における正当な目的を達成するためでない場合，には差別となる[6]。なお，同規約2条1および26条の「性」の概念には，「性的指向」を含む[7]。

次に，規約人権委員会が受理し審議した，性に基づく差別にかかわる主要な事例を紹介してみたい。これらの事例は，大きく2種類に分類される。第1は，婚姻に関する同一の権利に関する事例であり，第2は，社会保障に関する同一の権利に関する事例である。また，日本政府の報告に対する規約人権委員会の最終所見から，ジェンダー主流化に対する規約人権委員会の姿勢の一端を

紹介したい。

2 性に基づく差別に関する事例など

(1) 婚姻における同一の権利に関する事例

　Sandra Lovelace v. Canada（通報24／1977）の事例は，カナダのインディアン法が規定する男性と女性の地位と権利に関する内容であるが，許容性審査の暫定的決定の事例である。内容は，インディアンの女性が非インディアンの男性と婚姻した場合に，カナダのインディアン法12条1項(b)により，インディアンの地位と権利を喪失する。一方，同法によると，インディアンの男性が非インディアンの女性と婚姻した場合は，インディアンとしての地位を喪失しない。この法律は，性に基づく差別的なものであり，規約2条1項，3条，23条1項および4項，26条また27条に違反すると通報した[8]。

　Shirin Aumeeruddy-Cziffra and 19 other Mauritian women v. Mauritius（通報35／1978）の事例は，モーリシャスの改正移民法などの法律と家族と家庭をもつ権利に関する内容である。モーリシャスの女性が，1977年のモーリシャスの改正移民法および改正退去強制法は，家族と家庭をもつ権利を侵害し，性による差別であると通報した事例である。この法律によれば，モーリシャス国籍の女性の外国人の夫に対して，居住許可の申請義務をおわせ，さらに強制退去の可能性を外国人の夫にのみ課しているのである。これらの責務は，モーリシャス国籍の男性の外国人の妻に対しては課せられないのである。さらに，このような取扱いは，改正以前の法律には規定されていなかった。

　規約人権委員会は，規約の保障される権利に制限が加えられる場合は，常に性差別なく行われねばならない。また，差別なく保障されねばならないのは権利の享有である，と述べ，規約人権委員会は規約17条1項に関連する2条1項および3条の違反を認めねばならない，と判断した[9]。

　Graciela Ato del Avellanal v. Peru（通報202／1986）の事例は，ペルー民法の夫婦財産の代理権に関する夫と妻の権利の不平等に関する内容である。ペ

ルー民法168条は，夫婦財産に関して裁判所への代理権を夫のみに認めており，妻に同様の権利を認めていない。このために2軒のアパート所有者である妻が，延滞家賃の支払いを求めて裁判所に訴えたが，最高裁判所はその訴えを結果的に認めなかった。規約人権委員会によれば，性を理由とする差別に関しては，規約に3条および26条の規定があり，同委員会に提示された事実によれば，訴えた女性にペルー民法168条を適用するのは，結果として裁判所ににおける彼女の平等を否定することになり，性による差別を構成する，と判断した[10]。

（2）社会保障における同一の権利に関する事例

S.W.M.Broeks v. The Netherlands（通報172／1984）の事例は，オランダの失業保険法と既婚女性の家計の担い手証明の提出義務に関わる内容である。社会権にあたる権利のみならず，他の条約等で保障された権利についても，それが法律で定められる以上は，その内容が自由権規約26条に合致していなくてはならないことを確認し，その差別に関する通報は，規約人権委員会の審理の対象となる事を明確に認めた点で，先例的価値が高い[11]。

F. H. Zwaan-de Vries v. The Netherlands（通報182／1984）の事例は，オーストリア年金法と寡夫の無収入年収証明書の提出義務に関わる内容であるが，これらの事例は，既婚女性の失業手当受給権の制限が規約26条に反する差別だというもので，規約人権委員会は，ともに規約違反の権利の侵害があったとの見解を示し，当事国に救済措置を求めた[12]。

これらの事例のあとに，同種の事例として，Pauger v. Austria（通報415／1990），C. H. J. Cavalcanti Araujo-Jongen v. Netherlands（通報418／1990）（オランダの改正失業保険法と要件について）などがある。H. J. Pepels v. Netherlands（通報484／1991），Dietmar Pauger v. Austria（通報716／1996）およびA. P. Johannes Vos v. The Netherlands（通報786／1997）の事例は，男性側からの権利の不平等に対する申立てである。

(3) 日本政府の報告書に対する最終所見

　これらの事例から理解されることは，規約人権委員会は，アファーマティブ・アクションの必要性を肯定し，事実上の平等を求める見解を一般的意見や政府報告審査を通じて明らかにしてきたものの，モーリシャスあるいはオランダの国籍付与，社会保障上の性差別問題を扱った個人通報事例を見るまでもなく，差別の是正は「男性並み平等モデル」によって実現されるとの旧来型の平等の観念をでていない[13]。

　ジェンダーの主流化に対する規約人権委員会の姿勢は，このような事例のみならず，政府報告書の最終所見からも検討することが可能であろう。規約人権委員会は，最終所見において，当該締約国の条約実施において評価すべき点のほか，主要な懸念事項という項目で，自由権規約に照らして問題となる事柄を指摘し，実質的に自由権規約違反の指摘といえることも可能だからである[14]。1993年10月に提示された日本の第3回定期報告の規約人権委員会の最終所見の主要な懸念事項のなかにおいては，雇用における報酬の女性に対する差別的慣行が存続していること（第10節），また婚外子に対する差別的な法規定への懸念（第11節），の2点が指摘されているにすぎない。

　しかし，1994年の人権条約機関長会議では，報告書の作成にあたってジェンダー情報を報告書に求めるように報告書のガイドラインの改訂が要請され，これを受けて1995年の報告書ガイドライン改訂により，ジェンダー情報を明示的に求めることが可能になった。1998年に採択された日本の第4回定期報告の規約人権委員会の最終所見は，「主要な懸念事項と勧告」において，婚外子差別の法制度の改正（第12節），女性を差別する法規の存在（第16節），人身売買および隷属状態の女性の保護，また児童買春などに対する法整備（第29節），さらに女性に対する家庭内暴力の救済措置（第30節）が述べられている。最終所見の項目が，全体の量においても第3回定期報告書の最終見解に比較して増えていることは事実であり，報告書ガイドラインの改訂の効果を無視することはできない，と考える[15]。

　なお，社会権規約委員会が2001年8月に採択した日本政府の第2回報告に対

する最終所見において，男女平等の観点からいくつかの課題を主要な懸念事項として提示している。第1は，婚外子に対する法的，社会的および制度的な差別（第14節），第2は，政策決定の地位における広範囲な差別と事実上の不平等（第15節），第3は，国内法が制定されたにもかかわらず，ドメスティック・バイオレンスまたセクシュアル・ハラスメントおよび児童の性的搾取が存在していること（第16節），第4は，同一価値労働に対する男女間の事実上の賃金の不平等が存続していること（第17節），を明示している[16]。

3　女性に対する「暴力」について

（1）女性と暴力について

　国際社会は多様な国家から構成されているが，どのような社会であれまた時代においても，多くの女性が共有できる経験は，「暴力」である。しかも，その暴力は権力からのそれのみならず，私的領域における暴力もあり，それに対しては法が踏み込む領域とはされなかった[17]。家庭内の暴力は，夫による妻に対する支配の先鋭的なあらわれであり，男女間において力による支配と服従の関係を設定する社会的構造である。具体的には，言葉による侮蔑，生活上の管理，身体的暴力そして性暴力など，すべて妻から人間としての尊厳を奪い，最後には生命さえ奪うのである[18]。

　1993年に国連総会は，「女性に対する暴力の撤廃に関する宣言」（G.A.res. 48／104）を採択し，「女性に対する暴力の撤廃に向けた国際社会全体による公約」（前文）を表明した。この宣言における「暴力」の定義は，性に基づく暴力行為であって，公的生活のみならず私的生活の分野も対象にしており，女性に対する性的，身体的，心理的な危害または苦痛や，強制または恣意的な自由の剥奪などを含んでいる（1条）。

　自由権規約の規定上，女性への暴力あるいは家庭内暴力という文言は直接用いられていない[19]。しかし，このことは，規約人権委員会がこの問題に無関心であることを意味しない。実行上は，政府報告に対する規約人権委員会の審議

のなかで、これらの問題は取り上げられてきた。たとえば、日本政府の第4回定期報告に対する規約人権委員会の審議の場合は、最終質問事項の2（規約で認められる権利の保障（2条a））において、この問題は取り上げられた[20]。さらに、前述したごとく規約人権委員会の最終所見においても、委員会は言及してきた。

（2）一般的意見について

一方、規約人権委員会が提示する一般的意見のなかにおいて、この問題がどのように把握されているかを検討すると、ジェンダーの観点からは不満足な状態といえよう。

2000年の一般的意見28は、規約3条にかかわる過去の一般的意見を改訂したものであるが、後述するように、ジェンダーの観点から3条を再構築したかは疑問であろう。なぜならば、この一般的意見28には、自由権規約7条（拷問又は残虐な刑の禁止）および24条（児童の保護）の遵守の評価の観点から「暴力」を把握しようとしている（第11節）。この結果、強姦、堕胎また割礼に重点がおかれた結果になっており、第11節の関連する文章は、規約人権委員会は、「強姦を含む、女性に対する家庭内およびその他の暴力の形態に関する国内法および実行に関する情報」を必要としている、という部分のみである。なお、内戦および国際的な武力紛争時における女性の状況について、規約人権委員会は、強姦、誘拐またその他の性を理由とする暴力から女性をまもるあらゆる措置についての締約国からの情報を要請している（第8節）。

1992年に規約人権委員会が提示した自由権規約7条に関する一般的意見20は、1982年の一般的意見7を置き換えたものであるが、女性をとりまく暴力の状況がこの意見では把握されておらず、ジェンダーの視点から7条を検討したものではなかった。このような過去の状況を考慮すると、一般的意見28は、ジェンダーの観点からは進展したといえるが、充分とはいえないであろう[21]。

一般的意見28のなかの他の関連する節は、女性の自由を奪うような家庭内の監禁にかかわる部分であるが（第14節）、女性に対する「暴力」の観点に重点

がおかれたものではない。この節は，1982年に採択された一般的意見8に関連する意見であり，その対象となった自由権規約8条（奴隷及び強制労働の禁止）は，「奴隷状態」を禁止したものである。一般的意見8が述べるように（第1節），締約国の報告書は8条を非常に狭く解釈して，規約人権委員会に関連事項を報告しており，その点の改善をこの意見において表明したのである。しかし，この一般的意見8においてもジェンダーの視点は欠落していた。これらのことを考慮するならば，同意見28の第14節の内容は不十分であろう。

1993年に国連総会が採択した「女性に対する暴力の撤廃に関する宣言」の内容に照らし合わせると，規約人権委員会のジェンダーからの視点は弱いように思われる。同宣言の規範性は別にして，その精神および目的が早急に実現することが望ましいのはもちろんである。

4　自由権規約の規範的発展

(1) 一般的意見について

一般的意見は，条約機関が，条約規定の解釈や締約国がとるべき措置などについて，締約国すべてを対象に，みずからの見解を提示するために公にするものであるが[22]，規約人権委員会が提示した多くの一般的意見も不均衡なジェンダー構造への想像力をまったく欠いたものに止まっている，と一般的意見28まではいわれていた[23]。

性による差別禁止に関する条文は，前述したように規約上3カ条ある。まず自由権規約2条（締約国の実施義務），3条（男女の平等）そして26条（法の前の平等・無差別）である。

規約人権委員会は，2条の条文に関する1981年の一般的意見3において，2条は，この規定上の枠組み内でその領域において当該締約国の履行措置をその国が選択することを委ねているが，とくに司法権のもとでの履行義務を重視している。ジェンダーからの視点は，この意見3においては見られないが，後述するように一般的意見28においてこの意見3に関する提言がある。

3条の規定に関して,規約人権委員会は一般的意見4を1981年に採択している。この意見によれば(第1節),各国の男女平等原則の保障は不十分であり,懸念すべき状態にある,といわれる。とくに2点について締約国に注意を喚起している。第1は,女性が権利を享有することを保証するための差別撤廃措置を要求しているが,これは,差別撤廃の保護的措置のみならず,権利の積極的な享有を確保するために意図されたアファーマティブ・アクションを必要とする(第2節)。第2は,この条文によって締約国がとる積極的な義務は,この規約が規定する以外の問題を整序するためにとくに意図された立法上また行政上の措置に不可避の影響を及ぼす(第3節)。この意見4が,規約の締約国また規約人権委員会の女性の地位の向上にどのように作用したかは,疑問であろう。各締約国が,アファーマティブ・アクションのような非常に政治的契機を必要とする行動を採用するか否かは,疑問であった。

また26条において「法の前の平等」を規定する。この条文について,規約人権委員会は,一般的意見18において,この条文は,保護の措置のみならず諸権利の実定的な享受を確保するように意図された積極的行動を必要としており,またこのことは,単に法律を制定することにより実行されることは不可能である,と明記している[24]。さらに,Aapo Jarvinen v. Finland 事件(通報295/1988,採択1990年7月25日)において,規約人権委員会は,自由権規約に規定されていない権利に関する差別禁止を訴える場合は,26条を援用できることを示した[25]。

(2) 一般的意見28について

現在までに示された規約人権委員会が提示した一般的意見のなかでは,2000年3月に採択された意見28が最も重要と思われる。すでに3条に関しては一般的意見4があるが,規約人権委員会が過去20年間にわたる活動によって集積された経験に照らし合わせて,この意見4を一般的意見28に代えた。この改訂は,女性が自由権規約上の保護される人権を享受する場合に,この意見が重要な影響を与えることを考慮するよう求めている[26]。

一般的意見28は，性の平等の観点から言及した総論にあたる部分と自由権規約の各人権カタログの部分からなる。

(a) 総論的意見

総論にあたる部分では，あらゆる権利の完全かつ平等な享有が否定された場合は，この自由権規約の規定の完全な効果が損なわれる。このため締約国は，自由権規約に規定されたあらゆる権利の享有を男女に平等に確保しなければならない，と述べる（第2節）。

次に2条及び3条に関して，意見は，締約国は単に保護措置をとるだけでなく，あらゆる分野にわたって女性の有効的かつ平等なエンパワーメントを達成するように積極的な措置をとらなければならない，と述べ締約国に注意を喚起している（第3節）。さらに，締約国が，性による差別を禁止し，権利の平等な享有を損なう差別的な行動を「公的および私的分野」の両者において終止符を打つように要請している（第4節）。

第5節は文化的相対主義にかかわる部分であるが，女性が男性と平等に権利を享有できない原因として，各国の宗教的な考えを含む伝統，歴史，文化をあげており，締約国が，これらのことを女性の平等な権利を侵害するための正当化の根拠としないように確保すべきである，と述べる。さらに，締約国が，これらの要因についての適切な情報を規約人権委員会へ提供し，またこれらの要因を克服するためにとられた，あるいはとられようとする措置を報告書において指摘するように望んでいる。

これらのことは，締約国のみならず規約人権委員会がみずからの権限を実行する際にも，その態度の変更が求められていることを意味する[27]。

(b) 各論的意見

規約人権委員会は，一般的意見28のなかで，自由権規約の人権カタログを男女平等の観点から検討し，その考えを表明しているが[28]，注目すべき意見を紹介する。

第10節と11節において（自由権規約6，7，24条），女性の出生率，また妊娠および出産時の死亡に関する情報，望まぬ妊娠に対して締約国がとる措置，ま

た女子の新生児の殺傷，持参金殺人などの女性の生命権を侵害する行動から女性をまもる措置，さらに女性の生命の存続を脅かす貧困などについての情報の提供を締約国に要請している。なお，女性および少女を暴力や軽蔑する対象としたポルノグラフィの出版や配布については，その法的規制に関する情報を規約人権委員会へ報告するよう求めている（第22節・同規約19条）。

女性および児童の人身売買，売春の強制などについては，第12節において（同規約8条），このような状況から女性を保護する措置を規約人権委員会に報告するように求めているが，女性および児童の徴兵制度のある締約国においては，女性および児童の権利を侵害しないような措置がとられていることを必要とし，その情報を規約人権委員会へ報告するように求めているのは，注目される。

規約人権委員会は，公共の場所における女性の衣服の規制については，自由権規約7条，26条などの侵害にあたる，と表明し，その情報の提供を締約国に求めている（第13節）。

婚姻また家族にかかわる女性の権利の保障については，女性差別撤廃条約あるいはその他の人権条約の起草過程においても各国の固有文化の観点から議論の対象となった箇所である。意見28は，第23節から第27節まで多くの意見を提示している。基本的な原則は，やはり婚姻に関する男女の平等な権利である（第23節）。すでに，1990年に採択された一般的意見19は，自由権規約23条に関して家族に対する保護，婚姻の権利と配偶者の平等について規約人権委員会の考えを提示しているが，とくに「家族の多様性」を重視し，各締約国の家族についての概念，またその法的保護の程度などを規約人権委員会に報告するように要請している。この家族の多様性については，意見28の第27節でも再度とりあげられている。規約人権委員会は，本人の自由かつ完全な同意を確保し，この権利の享有を男女とも平等に保護する締約国の義務を，確認している。これにかかわる婚姻最低年齢，強姦と婚姻の関係，宗教と婚姻の関係また一夫多妻制の問題に平等の観点から積極的に言及している（第23節，24節）。さらに，婚姻と子供の後見，養育また教育の問題，婚姻と国籍また姓の問題，家族に対

する平等な権限と責任の問題について意見を述べ（第25節），婚姻の解消に関わる財産の分配また子供の後見などにおける男女の平等についても言及している（第26節）。

　第30節において，女性に対する差別が，単に性に基づくのみならず，人種，皮膚の色，言語，宗教，社会的出身，財産，出生などの理由による差別と複雑に絡み合っている，と述べ，他の領域における差別が女性に特別な影響を与えていると認識し，このような「複合的差別」の影響を防止するための措置に関する情報をついて，締約国に報告することを要請している。また，法の前の平等な権利と差別からの解放は，対公的機関のみならず私的な団体などからも必要であり，雇用，教育，サービスの提供などのあらゆる分野で，女性に対する差別をなくすための積極的な措置をとることを要請し，その報告を求めている（第31節）。

　最後に一般的意見28によれば，少数民族が言語，宗教および文化の面で享受する権利は，個人であっても当然に法律における平等な保護が保障される事を意味する。しかし，これらの面で締約国は，たとえば宗教的慣習など女性を差別する法及び慣習があることに注意し，これらを防止するための締約国の責任を重視している（第32節）。

おわりに

　1994年の人権条約機関長会議の要請により，1995年に報告書ガイドラインが改訂され，ジェンダー情報を明示的に求めることが可能になった。これらのことを踏まえて，規約人権委員会にも女性の人権への感受性が広がり，2000年3月29日には，前述の3条に関する一般的意見28が採択され，ジェンダーに基づく非対称な人権構造に全面的にメスをいれるまでになったのである[29]。

　自由権規約の条文の立法的解釈に依存することは，現代の女性に対する差別撤廃の趣旨にとって限界がある。規約人権委員会の締約国の報告に対する審査によって明らかになる自由権規約の条文の適用範囲，また規約人権委員会の一

般的意見の内容から，女性に対する差別撤廃のための自由権規約の条文の解釈が必要である。このような条文の積極的解釈は，換言するならば，締約国の「詳細かつ積極的義務」[30]を確認することになるであろう。自由権規約の個人通報制度による事例，規約人権委員会の一般的意見および規約人権委員会の報告制度は，性による事実上の差別を実質的に撤廃する根拠を構築すると思われ，さらに今後の規約人権委員会のみならずさまざまな人権条約機関の審査などの指針として重要な影響を及ぼすであろう。

注

1) A. F. Bayefsky, *The UN Human Rights Treaty System : University at the Crossroads* (Kluwer Law International, 2001)Annex 499. なお，この論文において，個人通報の事例また規約人権委員会の一般的意見は，とくに断らないかぎり，at http://www.umn.edu/humanrts/index.html による。

2) 規約人権委員会が1993年に作成した日本政府第3回報告に対する最終見解第17節（提言と勧告）に明記されている（CCPR/C/79/Add.28）。1998年に作成された同第4回報告に対する最終見解第16節（主要な懸念事項と勧告）は，女性に対する差別的な法規に関して同様の見解が示されている（CCPR/C/79/Add.102）。*At* http://www.unhchr.ch/tbs/doc.nsf 参照。

3) M. J. Bossuyt, *Guide to the "Travaux Preparatoires" of the International Covenant on Civil and Political Rights* (Martinus Nijhoff Publishers, 1987) p.77.

4) 第9.2(b)2(i) 5節。

5) 第9.2(b)2(i) 8節。

6) 日本弁護士連合会編『国際人権規約と日本の司法・市民の権利』（こうち書房，1997年）248-249頁。しかし，ヨーロッパ人権条約の14条に違反する差別の要件を考慮すると，自由権規約の場合でも，目的がそれ自体正当であったとしても，その区別が目的との間に均衡がなければ差別と判断されるであろう。本書第V部第3章（今井雅子担当）参照。

7) オーストラリアのタスマニア州刑法は，同意ある成人男性間の性交渉を犯罪とするが，女性同士の性交渉は犯罪としていない。規約人権委員会は，同州の刑法の規定は，17条1項および2条1項違反であると認定した。なお，26条違反の認定はする必要はないと判断した。同上，250頁。

8) 本章1を参照。

9）国際人権規約翻訳編集委員会編『国際人権規約先例集―規約人権委員会精選決定集第1集』（東信堂，1988年）114頁。
10）第10.2節。
11）第8.3節参照。升味佐江子「S. W. H. Broeks事件」『国際人権』4号（1993年）53頁。国際人権規約翻訳編集委員会編『国際人権規約先例集―規約人権委員会精選決定集第2集』（東信堂，1995年）351-371頁。この点に関して，規約人権委員会の一般的意見18（1989年）は，26条の差別禁止の原則は，自由権規約に規定されている諸権利だけでなく，締約国が立法するあらゆる法律にも適用される，と述べる（第12節）。起草過程におけるこの議論については，以下の論文を参照。Tufyal Choudhuray, "The Drafting of Article 26 of the International Covenant on Civil and Political Rights," *European Human Rights Law Review*, Issue 5 (2002), pp.591-603.
12）升味佐江子，前掲論文，（注11）53頁。
13）阿部浩己「国際人権と女性」『労働法律旬報』1487号，22頁。
14）申惠丰「報告制度の運用と課題―総括的展望」『国際人権』13号（2002年）60頁。
15）CCPR/C/79/Add.102., *at* http://www.unhchr.ch/tbs/doc.nsf 参照。第4回日本政府報告に対する規約人権委員会の最終所見は，申惠丰「市民的及び政治的権利に関する国際規約・第4回日本政府報告審査における委員会の最終所見（訳）」『法学セミナー』530号（1999年2月）46-49頁を参照。
16）本書第V部第2章（藤本俊明担当）参照。
17）国際人権の矛先を「公化」された暴力に限定する概念操作によって，それが法認されてきたわけであるが，そこに非対称なジェンダー構造の規範的発現があるといってよい。阿部浩己，前掲論文，（注13），21頁。
18）国際人権NGOネットワーク編『ウォッチ！規約人権委員会』（日本評論社，1999年）128頁。
19）女性の人身売買および児童買春は，規約8条，9条，17条および24条に違反する。前述したように，規約人権委員会の第4回日本政府報告に対する最終所見第29節に明記されている。
20）日本弁護士連合会編『日本の人権・21世紀への課題』（現代人文社，1999年）84頁。質問事項は，「強姦を含む女性に対する暴力に適用される法律の基準と先例法は，どのようなものですか。」この日本政府の回答は，同書，101頁参照。また，この「女性に対する家庭内暴力」に対する規約人権委員会の最終見解は，同書，262頁を参照。なお，その他の締約国の報告書について紹介すると，イエメン政府については，同国の法律には家庭内暴力を取り扱う

規定がない，と指摘している。さらに，規約人権委員会は，グァテマラ政府，ポーランド政府，キプロス政府などの報告書において，女性に対する暴力について言及している。S. Joseph, J. Schultz and M. Castan, *The Intenational Covenant on Civil and Political Rights* (Oxford, 2000), p.567.
21) 女性差別撤廃委員会の一般的意見19「女性に対する暴力」によれば，女性差別撤廃条約の1条が女性に対する差別を定義しているが，この定義のなかに，ジェンダーを根拠にした暴力は含まれ，たとえば，女性であるがために女性に対して向けられた暴力などを含むとしている。
22) 申惠丰，前掲論文，（注14），60頁。
23) 阿部浩己，前掲論文，（注13），22頁。
24) Michael O'Flaherty, *Human Rights and The UN : Practice before The Treaty Bodies*, 2ed. (Kluwer Law International, 2002), p.27.
25) 徳川信治「自由権規約の規約人権委員会における規約26条に関する最近の事例紹介」『国際人権』4号（1993年）55頁。
26) 一般的意見28第2節参照。
27) Michael O' Flaherty, *supra* note 24, p.17.
28) 一般的意見28が言及した関連する自由権規約の諸権利は，生命に対する権利及び死刑（自由権規約6条・一般的意見28第10節），拷問又は残虐の刑罰の禁止（7条・第11節），奴隷及び強制労働の禁止（8条・第12節），衣服の強制，身体の自由と逮捕拘留の要件（9条・第13節，14節），被告人の取り扱いと行刑制度（7条及び10条・第15節），移動，居住及び出国の自由（12条・第16節），外国人の追放（13条・第17節），公正な裁判を受ける権利（14条・第18節），人として認められる権利（16条・第19節），私生活・名誉及び信用の尊重（17条・第20節），思想・良心及び宗教の自由（18条・第21節），表現の自由（19条・第22節），婚姻の自由（23条・第23節，24節），婚姻中及び解消の際の平等（23条4項・第25節，26節），家族の保護（23条1項・第27節），児童の保護（24条・第28節），政治への参加の権利（25条・第29節），法の前の平等（26条・第30節，31節），少数民族の権利（27条・第32節）である。
29) 阿部浩己，前掲論文，（注13），22頁。
30) 一般的意見4第2節参照。

（佐伯　富樹）

第2章　社会権規約

はじめに

　女性の人権の実効的な実現には，国際人権法を含む既存の国際法における「男性中心性」の克服あるいは「ジェンダーの主流化」とともに，現在において，なお支配的ともいえる伝統的な人権二分論に基づく「自由権偏重性」[1]の克服あるいは「社会権の復権」が不可欠である。女性差別撤廃条約が市民的および政治的権利（以下，自由権）のみならず，主要な経済的，社会的および文化的権利（以下，社会権）を併せて規定していることからもわかるように，本来的に自由権と社会権が相互不可分な関係にあることは「人権の相互不可分性」として，国際社会において繰り返し強調されてきた点でもある。これは言い換えるならば，自由権に対するさまざまな面における社会権の劣位性を示しているともいえるだろう。したがって，女性の「社会権」の実効的な実現のためには，「ジェンダーの主流化」と「社会権の復権」により，ある意味での「二重の劣位性」を克服しなければならない。

　本章では，主要人権条約の1つである国連の経済的，社会的および文化的権利に関する国際規約[2]（以下，社会権規約）における女性の権利とジェンダーの主流化について概観したうえで，女性差別撤廃条約選択議定書と同様に，実施措置として個人通報制度を定めるために，現在準備作業が進められている社会権規約選択議定書案の内容についても概観することにより，フェミニズム国際（人権）法学における社会権規約の意義について考察することにしたい。これまでの社会権規約に関する解釈上の発展や，同規約の実施機関である経済的，社会的および文化的権利に関する委員会（以下，社会権規約委員会）の実

行による成果は，少なからず女性差別撤廃条約の国際的および国内的実施に対しても，一定のインパクトをもつものと思われる。

1 社会権規約における女性の権利とジェンダーの主流化

(1) 社会権規約上の女性の権利
(a) 差別禁止・平等規定

社会権規約[3]は，自由権規約と同様，特定の集団やテーマに限定せず，社会権に関して包括的に規定する条約であることから，女性の権利やジェンダーに関する特定の実体規定を有していない。ただし，一般規定である2条2項は，性によるいかなる差別もなしに規約に規定する権利が行使されることを保障する義務を定め，続く3条では，規約上の権利の享有に関する男女同等の権利を確保する義務を締約国に課している。したがって，当然のことながら，規約上のすべての権利は，女性の社会権の実現においても適用可能となる。なお，規約が規定する実体規定は，労働（6条－8条），社会保障（9条），家族生活の保護（10条），生活水準［食料，衣服，居住，水など］（11条），健康（12条），教育（13条および14条），文化および科学技術（15条）である。これらの規定からもわかるように，社会権規約上の権利は人間の日常的な生活，とくに私的領域と密接な関わりをもつ内容が多く，また実質的に女性が中心的役割を担ってきた分野でもある。そして，これは，従来の国際的または国内的な人権保障において必ずしも十分な注意が払われてこなかった領域ともいえるだろう。加えて，加速度を増すグローバリゼーションの暴走とも呼べる世界的な状況からの影響を考えるならば，女性の人権の実現において社会権規約が果たす役割は，予想以上に大きいと思われる[4]。

(b) 締約国の義務の多面性

実体規定ではないが，主に社会権規約委員会の実行を中心に発展してきたともいえる人権条約上の締約国の義務（規約2条1項）の多面性[5]は，規約のみならず，女性差別撤廃条約の締約国に対しても適用可能であり，同条約の解

釈の際にも注意を払う必要がある。社会権規約は，規約上の権利の実現に関して，尊重義務，保護義務および充足義務の3つのレベルの義務を締約国に課している。尊重（respect）義務とは，規約上の権利の享受にあたり，国家に対して直接または間接的な介入を控えることを要求する義務であり，保護（protect）義務は，国家に対して，第三者が規約上の権利の保障に介入することを防止するための措置を要求する義務である。さらに，充足（fulfill）義務は，国家に対して，諸権利の完全な実現に向けて積極的に適切な措置をとることを要求する義務である。

また，こうした多面的な義務の前提として，規約2条1項が規定する「漸進的実現」義務の性質にも注意する必要がある。伝統的解釈では，同項は規約全体に関する締約国の義務を漸進的な性質のものとし，自由権規約における即時的な実施義務と対比して論じられてきた。しかしながら，後述の社会権規約委員会の一般的意見においても指摘されるように，「漸進性」を有するのは「完全な実現」に関してであり，そのために適切な「措置をとる（to take steps）」こと自体は，即時的な義務であることに留意しなければならない。さらに，一般的な差別禁止義務や国際協力義務に加えて，各権利の最低限の不可欠なレベルの充足の確保を締約国に課す「最低限の中核的義務（minimum core obligation）」や，後退的な措置の禁止義務なども，締約国の義務の性質を理解するうえで不可欠な要素といえるだろう。

(2) 社会権規約の規範的発展

社会権規約の実施機関である社会権規約委員会は，規約上の権利の規範的内容や義務の性質，違反の態様，特定の集団（主体）との関係など，規約の各規定の内容の精緻化，明確化を主な目的として，規約の解釈文書としての性格を有する「一般的意見（general comments）」[6]の採択に積極的な姿勢を示してきた機関でもある。ここでは，主に女性の権利またはジェンダーの視点への言及が見られる部分についてとりあげることにする。

(a) 十分な住居に対する権利（一般的意見4, 1991年）

　規約11条1項の十分な住居に対する権利を含む十分な生活水準に対する権利に関して，委員会は，同項の「自己およびその家族（himself and his family）」という文言について，「規約が採択された1966年において一般に受け入れられていた性的役割及び経済活動のパターンを反映しているが，この文言は今日，個人，女性を世帯主とする家庭又はその他のグループへのこの権利の適用可能性の制限を含意するものと読むことはできない」（6項）として，一定のジェンダーの視点を取り入れている。

(b) 障害をもつ人（一般的意見5, 1994年）[7]

　はじめて特定の集団を扱った一般的意見5において，委員会は，「障害をもった人はときに，性別のない人間として扱われることがある。結果として，障害をもった女性の受ける二重の差別はしばしば看過される。国際社会は彼女らの状況に対し置かれるべき特別の重点をしばしば要求しているにもかかわらず，障害者の10年の間，非常にわずかの努力しかなされてこなかった。…委員会は，締約国に対し，経済的，社会的及び文化的権利関連の計画の実施に将来大きな優先順位を与えつつ，障害をもった女性の状況に注意を向けることを強く要請する」（19項）と述べ，障害をもつ女性の権利の実現の重要性を強調している。さらに，「説明を受けたうえでの事前の同意なしの，障害をもった女性の不妊化及び中絶の実行はともに，第10条2項の重大な違反である」（31項）と具体的な規約違反についても言及している。

(c) 高齢者の経済的，社会的及び文化的権利（一般的意見6, 1995年）

　委員会は，「高齢の女性すなわち，人生のすべて又は一部を，老齢年金を受ける資格を与えるような報酬のある活動に携わることなく家族の世話のために費してきたため，また寡婦年金を受ける資格もないためにしばしば危機的状況にある女性に，締約国が特別の注意を払うべきである」（20項）と述べるとともに，「締約国は，納入金によらない老齢給付又は，性にかかわらず，国内法で特定された年齢に達した時に資金がない状況にあるすべての人に対するその他の支援を施行すべきである。平均寿命の長さ及び，納入金による年金をもた

ないことが多いことから，女性が主な受益者になるであろう」(21項)として，女性の高齢者の視点から，規約3条および9条の内容をより明示的に述べている。

(d) 十分な住居に対する権利：強制立退き（一般的意見7, 1997年）

一般的意見4に続いて居住権を扱う本意見では，「女性，子ども，青年，高齢者，先住民，種族的及びその他の少数者，並びにその他の弱い個人及びグループはすべて，強制退去行為により不均衡に被害を被っている。すべてのグループにおける女性は，（住居の所有を含む）財産権又は財産もしくは宿泊設備へのアクセス権に関連して，しばしばあてはまる法規上の及びその他の形態の差別，並びに，ホームレスになった時にはとりわけ暴力及び性的虐待を受けやすいことからして，特に弱い立場にある」(11項)として，強制立退きにおける女性への留意を促すとともに，「規約第2条2項及び第3条は，退去が実際に起こる場合には，いかなる形態の差別もあってはならないことを確保するため適切な措置が取られることを確保するよう，政府に対し付加的な義務を課している」(同)と述べ，締約国の義務の内容についても言及している。

(e) 初等教育に関する行動計画（一般的意見11, 1999年）

委員会は，規約14条に基づく行動計画の提出義務について，「発展途上国において現在，学齢期の子ども1億3,000万人が初等教育にアクセスしておらず，その3分の2が女子であると推定されていることに照らし，徹底して遵守されなければならない」(3項)と述べるとともに，「女子の初等学校就学レベルと子どもの結婚の大幅な減少との間には直接的な相互関係がある」(4項)として，女子に関する初等教育の重要性を指摘している。さらに，「義務の要素は，子どもが初等教育にアクセスできるべきかという決定を選択の余地があるものとして扱う権利は親にも保護者にも国にもないことを浮き彫りにしている。同様に，規約第2条及び第3条でも求められている，教育へのアクセスに関するジェンダー差別の禁止は，この要求によってさらに裏打ちされている」(6項)として，初等教育におけるジェンダーによる差別の禁止について明示的に言及している。

(f) 十分な食料に対する権利（一般的意見12, 1999年）

規約11条1項に含まれる十分な食料に対する権利に関連して，委員会は，「『食生活上の必要』とは，食生活が全体として，肉体的及び精神的成長，発展及び維持のための栄養分の配合や，ライフサイクルのすべての段階とジェンダーや職業に従った生理学上の必要に応じた肉体的活動を含むことを含意している」（9項）と述べるとともに，性に基づく「食料に対するアクセスにおけるいかなる差別も，調達の手段及び資格と同様に規約違反を構成する」（18項）と指摘している。さらに，「とくに女性に対する経済的資源への完全で平等なアクセスの保証」（26項）を含め，食料やそのための資源へのアクセスにおける差別を防止する必要に対して，特別な注意を与えるべきであると述べている。

(g) 教育への権利（一般的意見13, 1999年）

委員会は，規約13条の教育への権利を構成するTVE（技術的および職業的教育）への権利には，「女性，女子…のTVEを促進するプログラム」（16項）が含まれると述べるとともに，2条2項および3条を，「女性に対するあらゆる形態の差別の撤廃に関する条約…の関連規定に照らして解釈する」（31項）ことについても言及している。

(h) 健康に対する権利（一般的意見14, 2000年）[8]

規約12条に関する本意見は，これまで採択された一般的意見のなかでも，とくにジェンダーの視点を取り入れたものとして注目に値する。先ず，健康に対する権利の規範的内容を構成する要素の1つである「受理可能性」に関連して，すべての保健施設，物資およびサービスが，「ジェンダー及びライフサイクル上の必要性に敏感」（12項(c)）でなければならないとする。そして，「国家がその保健関連政策，立案，計画及び調査においてジェンダーの視点を組み込むこと」（20項）を勧告するとともに，「ジェンダーに基づくアプローチは，男性と女性の健康への影響において，生物的及び社会的・文化的要素が大きな役割を果たしていることを認める」（同）と述べている。また，健康についての女性の権利を促進するための包括的な国内政策の必要，女性の健康上のリス

クの軽減や家庭内暴力からの女性の保護，有害な伝統的文化慣行および規範の影響から女性を守るための予防的，促進的および救済措置などの重要性についても言及している（21項）。

さらに，前述の多面的な締約国の義務との関連では，尊重義務の例として，「女性の健康上の地位及び必要性に関して差別的行為を行うのを控えること」（34項）をとりあげ，保護義務としては，「産前及び産後ケアならびに家族計画へのアクセスにおいて有害な社会的もしくは伝統的慣行が介入しないことを確保する義務」（35項）や，「第三者が女性に対し，女性性器切除のような伝統的慣行に従うよう強制するのを防止する義務」（同），「ジェンダーに基づく暴力」（同及び51項）から保護することなどを例示している。さらに，「健康についてジェンダーに配慮した手法をとるのを怠ること」（52項）を充足義務の違反の例としてあげている。

(3) 国際的実施（報告制度）における女性の権利

後述するように，社会権規約に関しても，自由権規約や女性差別撤廃条約と同様の個人通報制度を設けるための選択議定書案起草のための準備作業がすすめられているが，現段階での国際的な実施措置は報告制度のみである[9]。しかしながら，他の人権条約と同じく，定期的に政府が提出する報告書やそれに対応するNGOによる報告書[10]，報告書の審査内容（審議録），審査対象国に対して報告書審査後に委員会により採択される「総括所見（concluding observations）」なども，国別の人権状況に加えて，社会権規約における女性の権利やジェンダーの視点を考えるうえで有用であるといえるだろう。

たとえば，2001年の社会権規約委員会第26会期における日本政府第2回報告書審査[11]後に採択された総括所見においても，女性の権利やジェンダーに関連した言及がいくつか見られる。先ず，雇用，労働条件，賃金，代議制の政治機関，公的サービスおよび行政における地位の向上のための現行法の精力的な実施と適切なジェンダーの視点を備えた新法の採択を促し（42項），ドメスティック・バイオレンスおよびセクシャル・ハラスメントに関しては，詳細な情

報および統計的データの提供を勧告している(43項)。また,同一価値労働に対する事実上の男女間の賃金格差への対応(44項)や,年金制度における事実上の男女格差の是正(51項)についての勧告も含まれている。さらに,「従軍慰安婦」問題に関しては,被害者の期待を満たす形での解決を勧告している(53項)[12]。

2 社会権規約委員会による個人通報制度案

(1) 個人通報制度案起草の経緯

初めにも述べた自由権規約に対する社会権規約の劣位性は,先ず規約の実施機関について明白であった。自由権規約が規約上の実施機関として,規約人権委員会(自由権規約委員会)を設置したのに対して,社会権規約は実施機関の設置の規定をもたず,当初は,経済社会理事会に会期内作業部会を設けて任務を遂行することとされた。人権保障における実施措置の重要性から考えるならば,社会権の国際的実施に国連自体が消極的であったといわざるをえない状況であった。実施措置の1つである個人通報制度の導入についてもその傾向は変らず,自由権規約に関する第1選択議定書の起草から採択にいたる過程においても,社会権規約に関する個人通報制度についての議論は皆無であり,各国の無関心さを如実にあらわしていた。

僅かながらも新たな展開への兆しとなったのが,第1選択議定書の採択から2年後の1968年にテヘランで開催された世界人権会議である。会議では,各国に対して経済的,社会的および文化的権利の保障のための手続の創設に対する留意を促す決議が採択されている。翌年には,事務総長による「経済的及び社会的権利の実現に関連する問題についての予備的研究」もまとめられたが,1970年代から1980年代にかけては,新たな議論の進展は見られなかった。その後,1985年の社会権規約の実施機関としての社会権規約委員会の設置を経て,1993年のウィーン世界人権会議で採択されたウィーン宣言及び行動計画では,社会権規約の「選択議定書の検討を継続することを奨励する」(75項)という

文言が盛り込まれ，本格的に選択議定書の検討が進められていくことになる。

　こうした状況を背景に，社会権規約委員会では，数会期にわたる議論の後，委員会の委員でもあったPhilip Alston（オーストラリア）に対して，議論の出発点とするための報告書の提出を要請し，それに基づき1991年の第6会期より本格的な検討が開始された。通報主体の範囲（国家，個人およびNGO）や保護される権利の範囲（規約上のすべての権利または一部の権利）などに関する若干の意見の相違は見られたが，個人および集団を通報主体とし，対象となる権利も規約上のすべての権利とする意見が多数を占め，委員会全体としては，個人通報制度の検討に対して積極的姿勢を示していた。委員会は，世界人権会議に報告書を提出した後，再度，社会権規約委員会としての選択議定書案[13]がAlstonにより準備され，1997年の人権委員会第53会期に提出されたことにより，社会権規約委員会の段階における審議は終了した。なお，現段階での選択議定書案は，この社会権規約委員会案である。

　その後，人権委員会は，締約国，国際機関およびNGOに対して，選択議定書案に関する意見書の提出を要請し，検討のための材料としながら[14]，2001年の第57会期には，独立専門家としてHatem Kotrane（チュニジア）を指名し，翌2002年の第58会期に報告書[15]が提出されている。さらに2003年の第59会期では，選択議定書案検討のための作業部会（an open-ended working group）の設置が決定され，本格的な検討作業が開始されることになった。社会権規約委員会による選択議定書案は，今後の議論では各国政府の意向も反映することから，内容的な後退も十分に考えられるが，早期の採択が望まれる。

（2）個人通報制度案の内容

　現在，人権委員会において検討されている選択議定書案は，主に自由権規約に関する第1選択議定書を参考にしつつも，より実効性を高めるためのいくつかの規定が盛り込まれ，社会権規約委員会の積極的な姿勢が随所に感じられるものとなっている[16]。この議定書案の起草の過程では，ユトレヒト大学オランダ人権研究所などが中心となって作成した議定書案や，当時国連女性の地位委

員会が審議を進めていた女性差別撤廃条約に関する選択議定書案も参考にされた。以下では，議定書案の内容を自由権規約第1選択議定書（以下，ICCPR-OP）および女性差別撤廃条約選択議定書（以下，CEDAW-OP）と比較しながら見ていくことにする。

（a）実施機関

社会権規約委員会は，社会権規約上の規定に根拠をもつ機関ではないため，通報を受理し，審議する機関としての妥当性が議論されたが，議定書案1条では，社会権規約と同様に，社会権規約委員会が選択議定書の実施機関としての権限を与えられている。新たに別の機関を設置すべきとの提案もなされたが，報告制度との関連やCEDAW-OPの例からも，同一の機関による実施の方が適当であるといえるだろう。

（b）通報の主体

通報の主体については，当初から議論の中心となってきた問題である。議定書案1条および2条では，社会権規約上の権利を侵害されたと主張する「個人又は集団若しくはそれに代わる（on behalf of）個人又は集団」が通報の主体とされている。ICCPR-OPでは，個人が通報の主体とされ，あくまでも個人の救済が通報制度の目的とされているのに対して，CEDAW-OPと同様に通報の主体の範囲が広げられている。国連には，個人を大規模な人権侵害に関する情報源として位置づけるいわゆる1503手続も存在するが，Alstonら社会権規約委員会の委員の多数は，社会権規約に関しても先ずICCPR-OPと同様に個人の救済のための通報制度を念頭に置いていたようである。これは，社会権も自由権と同じく個人が享有する人権であり，個人通報制度である以上，個人が救済されるべきとの認識があったと思われる。

さらに議定書案では，既存の社会権に関する個人通報制度を参考としながら，集団（group）を通報の主体に加えている。そして，CEDAW-OPと同じく，権利を侵害されたとする個人および集団に加えて，それに代わる個人および集団が通報主体として規定されていることも大きな特徴である。この点については，NGOなどによる通報の可能性を残すものとして評価できる一方，今

後も議論が継続する論点の1つとなることが予想される。
(c) 通報の提出を妨げない義務

議定書案2条2項は，締約国に対して通報の提出を妨げない（not to hinder）義務を課す規定となっており，CEDAW-OP の11条にほぼ対応する内容となっている。ICCPR-OP にはこのような規定はなく，通報制度へのアクセスを確保するものとして，より実践的な規定といえる。ただし，より詳細な義務の内容については，今後の検討および先例の蓄積が必要となるだろう。

(d) 保護される権利の範囲

個人通報制度により，社会権規約上のどの権利が保護される対象となるのかという問題も，常に議論の焦点となってきた。社会権規約委員会においては，終始，規約上のすべての権利が対象にされるべきであるとする意見が大半であったが，権利によっては，その性質などから，委員会における検討になじまない権利の存在を指摘する意見もあった。これは，CEDAW-OP の検討においても指摘されていた点である。しかし，こうした見解は，これまでの国内裁判をモデルにした社会権に対する捉え方を，そのまま国際的な場面にも当てはめようとするものでもあり，国際社会の現実に即したものであるとはいえないだろう。結局，議定書案2条1項では，人民の自決権を含む社会権規約上のすべての権利が，個人通報制度の対象とされている。この点も CEDAW-OP と同様である。

(e) 許容性の要件

通報を受理するための許容性要件については，原則的に ICCPR-OP の規定する内容が取り入れられ，CEDAW-OP ともほぼ同内容となっているが，議定書案独自の規定も見られる。3条2項(c) では，明示的に締約国の「作為及び不作為」に言及したうえで，関係締約国に関する議定書の効力発生の前後における通報の受理可能性が規定されている。また，同 (a) および4条1項では，通報者が規約上の権利の侵害を立証する必要が規定され，ICCPR-OP よりも要件の明確化が図られている。

(f) 暫定措置

議定書案5条では，委員会が回復不可能な損害を回避するための暫定措置を要請できることが規定されている。これは，規約人権委員会の手続規則の規則86をモデルにした規定であり，CEDAW-OP5条に対応する規定である。社会権の場合には，直接的な個人の権利侵害のほか，政府の施策により生じることが多いことから，自由権と同様に大規模な侵害となる可能性は大きく，その意味からも，より実際の社会権の侵害を想定した規定であるともいえる。

(g) 通報の検討における追加的情報

　ICCPR-OPでは，通報の検討の際に参照する追加的な情報を文書（all written information）に限定しているが，議定書案7条1項では，CEDAW-OPと同様に書面という形式に限定せず，すべての情報（all information）と規定されている。この規定を受けて，同3項では，関係締約国への訪問についても規定されることになった。

(h) 本案に関する決定

　本案に関する決定についても，社会権規約委員会の積極的な姿勢があらわれている。ICCPR-OPでは，5条4項において「委員会は，関係締約国及び個人にその見解を送付する」とだけしか規定されていないのに対して，議定書案8条では，侵害の救済および防止のための必要な措置の勧告や，委員会の決定に対して関係締約国がとった措置の委員会への提供が規定されており，CEDAW-OP7条3項および4項に対応している。

(i) フォローアップ手続

　フォローアップ手続が独立した条文（9条）として明示的に規定されたことも，議定書案の特徴の1つであり，CEDAW-OP7条5項に対応している。ただし，社会権規約委員会を含めた人権高等弁務官事務所の予算的，人員的および時間的制約など，実際には関連する問題が多く予想され，現状での実施には困難が予想される。

(j) その他

　その他，ICCPR-OP及びCEDAW-OPとの相違点としては，効力発生に必要な批准または加入国が，両議定書では10カ国であるのに対して，議定書案では

5カ国となっている（13条）。起草作業の時期が重なっていたこともあり，議定書案とCEDAW-OPには共通点が多くみられる一方，独立した調査制度の有無が両者の最大の相違点といえるだろう。議定書案では，あくまでも個人通報の検討のための追加的情報の1つに位置づけられているにすぎず，CEDAW-OPのような独立した制度とはなっていない。

（3）個人通報制度によるインパクト

選択議定書の採択により社会権規約の実施措置にこれまでの報告制度に加えて，個人通報制度が導入されることによる国際的および国内的なインパクトは，非常に大きなものとなるだろう。第1に，社会権規約上の諸権利の規範的内容の精緻化の発展があげられる。これまでも社会権規約委員会は一般的意見の採択により，権利内容の明確化に取り組んできたが，個人通報制度の導入による先例の蓄積により，より一層の規範内容の精緻化が予想される。第2に，規範的内容の精緻化と関連して，報告制度の活性化も期待される。報告制度および個人通報制度からえられた成果を相互に活用することにより，これまで以上に，社会権規約の実施措置全体が活性化していくだろう。第3に，最も重要な点ともいえるが，国内裁判を含む国内的実施に対する影響をあげることができる。ICCPR-OPやCEDAW-OPと同様に，社会権規約に関する選択議定書が国内において効力を生じた場合，救済措置の主要な場である裁判所では，従来とは異なる判断を下さねばならない場面の増加が予想される。一方，近年，国際人権法の国内的実施に関してもその意義が重視されつつある国内人権機関の活動においても一定のインパクトを与えるだろう[17]。第4に，上記の点とも関連するが，準訴訟的な性格を有する手続である個人通報制度の導入により，単なる「政策」ではなく，個人の法的な「権利」として社会権が再認識されることに資することが期待される。最後に，初めにも述べた「女性の人権」と「社会権」という二重の劣位性の克服に対しても，個人通報制度はジェンダーの主流化とともに，両者へ積極的な相乗効果を及ぼすことにより，大きなインパクトをもつものと思われる。

おわりに

　ジェンダーの主流化を中心とした社会権規約の規範的発展と個人通報制度案に見られる実施措置の発展は，女性の権利あるいは私的領域における人権問題をより明確に「可視化」すると同時に，「女性の人権」と「社会権」という二重の劣位性の克服へ向けて，いくつかの課題は依然として残しつつも[18]，一定の役割を担いつつあることは疑いがないように思われる。フェミニズム国際法学において，社会権（規約）は，グローバリゼーション，IT，バイオテクノロジーなどに関連する諸問題[19]や，環境，貧困，難民，感染症などの地球的問題群と人権との連結点として，さらには人権概念を含む平和概念の再構築における鍵としても位置づけることができる。

　社会権規約は，何のために，そして誰のためにあるのか。この素朴で純粋な問いを常に私たちは忘れるべきではない。社会権規約は，困難な時代状況における対抗思潮[20]として，また真の人権の世紀への扉を開く鍵として，その可能性をもち続けるにちがいない。

注

1) 社会権（規約）に関する裁判規範性および個人の権利主体性の否定的あるいは制限的解釈や権利性自体の否定（権利ではなく政策目標），国家の実施義務，実効的救済手段の欠如などの点において顕著である。たとえば，阿部浩己「『対抗思潮』としての社会権－社会権規約の可能性と課題」阿部浩己『人権の国際化』（現代人文社，1998年）132-135頁，申惠丰『人権条約上の国家の義務』（日本評論社，1999年）401-406頁，Arambulo, K., *Strengthening the Supervision of the International Covenant on Economic, Social and Cultural Rights Theoretical and Procedual Aspects* (1999), pp.53-97.などを参照。

2) 1966年12月16日国連総会にて採択，日本1979年9月21日発効。締約国は147カ国（2003年7月7日現在）。規約正文は国連人権高等弁務官事務所（*at* http://www.unhchr.ch/），日本語公定訳は外務省（*at* http://www.mofa.go.jp/mofaj/）

の各ウェブ・サイトなどで参照可。
3）社会権規約全般に関しては，阿部，前掲論文，（注1）128-146頁，社会権規約NGOレポート連絡会議編『社会権規約と日本2001』（エイデル研究所，2001年），同『国際社会から見た日本の社会権』（現代人文社，2002年），申，前掲書，（注1），藤本俊明「再生する社会権―社会権規約に関する近年の議論を中心に」『法学研究論集（明治大学大学院）』7号（1997年）107-123頁，同「社会権規約の再生―忘れられてきたもう一つの国際人権規約」『自由と正義』49巻10号（1998年）70-81頁，宮崎繁樹編著『解説・国際人権規約』（日本評論社，1996年），Arambulo, *supra* note 1, Craven, M., *The International Covenant on Economic, Social and Cultural Rights : A Perspective on its Development* (1996), Eide, A., Krause, C. and Rosas, A. (eds.), *Economic, Social and Cultural Rights A Textbook* (2001), Hunt, P., *Reclaiming Social Rights International and Comparative Perspectives* (1996). などを参照。
4）阿部，前掲論文，（注1），140-142頁。その他，女性の社会権と社会権規約との関係については，Apodaca, C., "Measuring Women's Economic and Social Rights Achievement", *Human Rights Quarterly*, Vol.20, No.1 (1998), pp.139-172, Hunt, *supra* note 3, pp.71-106, Obando, A. E., "Women Facing Globalization : The impact of neo-liberal globalization on the economic, social and cultural rights of women", *at* http://www.whrnet.org/docs/issue-globalisation.html (2003), Samuel, S., "Gender-Based Violence A Barrier To Women's Enjoyment Of Economic And Social Rights", *ESR Review*, Vol.2, No.2 (1999), *at* http://www.communitylawcentre.org.za/ser/esr1999/1999nov_genderviolence.php などを参照。
5）申，前掲書，（注1）ほか，今井直「社会権規約における締約国の義務の性質」島田征夫他編『変動する国際社会と法』（敬文堂，1996年）219-244頁，後述の社会権規約委員会による一般的意見3「締約国の義務の性質」（1990年）（注6）参照。
6）社会権規約委員会によりこれまで採択された一般的意見は以下のとおり。一般的意見1（1989年）締約国による報告，同2（1990年）国際的技術援助措置，同3（1990年）締約国の義務の性質，同4（1991年）十分な住居に対する権利，同5（1994年）障害を持つ人，同6（1995年）高齢者の経済的，社会的及び文化的権利，同7（1997年）十分な住居に対する権利：強制立退き，同8（1997年）経済制裁と経済的，社会的及び文化的権利の尊重の関係，同9（1998年）規約の国内適用，同10（1998年）経済的，社会的及び文化的権利の保障における国内人権機関の役割，同11（1999年）初等教育に関

する行動計画,同12(1999年)十分な食料に対する権利,同13(1999年)教育への権利,同14(2000年)健康に対する権利,同15(2002年)水に対する権利。一般的意見の英語原文は,国連人権高等弁務官事務所のTreaty body database(at http://www.unhchr.ch/tbs/doc.nsf)で参照可。日本語訳は,以下の各文献などで参照可。一般的意見1-5:『青山法学論集』38巻1号(1996年)83-123頁,同6:『同』40巻3・4号(1999年)365-390頁,同7:『アジア・太平洋人権レビュー1998』(1998年)255-256頁,同8-10:『同1999』(1999年)252-261頁,同11-13:『同2000』(2000年)166-187頁,同14:『同2001』(2001年)152-168頁,同15:『同2003』(2003年)123-136頁。なお,これまでのところ,委員会会期中の「一般的討論(general discussion)」でのテーマがのちに一般的意見の採択へつながることが多いことから,今後は,男女平等(3条),社会保障(9条),知的財産権(15条ほか)などに関する一般的意見の採択が予想される。

7)女性差別撤廃委員会による一般的勧告18「障害を持つ女性(Disabled Women)」(1991年)(U.N. Doc. A/46/38)参照。

8)女性差別撤廃委員会による一般的勧告24「女性と健康(Women and Health (Article 12))」(1999年)(U,N,Doc, A/54/38/Rev.1,chapter I),日本語訳は『国際女性』13号(1999年)29-33頁参照。健康に対する権利は,近年,社会権のなかでもその研究の進展が顕著であり,女性の権利の観点からも,社会権規約の意義は大きいと思われる。See Hunt, P., "The right to health : from the margins to the mainstream", *THE LANCET, at* http://www.thelancet.com, Vol.360, No.9348 (2002), p.1878, Toebes, B.C.A., *The Right to Health as a Human Right in International Law* (1999).

9)阿部浩己・今井直・藤本俊明『テキストブック国際人権法』(日本評論社,2002年)93-103頁,今井直「社会権規約の報告制度」社会権規約NGOレポート連絡会議編『社会権規約と日本2001』(注3)17-24頁などを参照。

10)一般的意見とは異なるが,社会権規約委員会は,NGOによる報告書や一般的意見案の提出,委員会における意見表明など,委員会の活動へのNGOの参加に関する文書をまとめている。他の人権条約機関では例のないものとして注目できるだろう。U.N. Doc. E/C.12/2000/6 (*NGO participation in the activities of the Committee on Economic, Social and Cultural Rights*)。日本語訳は,社会権規約NGOレポート連絡会議編『国際社会から見た日本の社会権』(注3),228-238頁。

11)日本政府に対する総括所見(U.N. Doc. E/C.12/1/Add.67)を含む報告書審査に関しては,社会権規約NGOレポート連絡会議編『国際社会から見た日本の

社会権』(注3) 参照。
12) 人権条約機関による総括所見(最終所見)に対しては異例の日本政府による反論を中心とする意見書が後日提出されている。「最終見解に関する締約国の意見：日本(2002年11月29日)」(U.N. Doc. E/C.12/2002/12)外務省のウェブ・サイト(注2)で参照可。
13) U.N.Doc.E/CN.4/1997/105, annex.議定書案全体の構成は以下のとおりである。前文、1条(委員会の権限)、2条(通報を提出する権利)、3条(受理可能性及び許容性)、4条(通報の立証)、5条(暫定措置)、6条(締約国への照会・友好的解決)、7条(通報の検討)、8条(検討の結果)、9条(フォローアップ手続)、10条(手続規則)、11条(委員会の会合、職員等の提供)、12条(署名・批准・加入・寄託)、13条(効力発生)、14条(適用地域)、15条(改正)、16条(廃棄)、17条(正文)。日本語訳は、藤本俊明「個人救済のための社会権規約へ向けて——社会権規約に関する選択議定書(個人通報制度)案」『法学研究論集(明治大学大学院)』9号(1998年)95-108頁参照。
14) U.N. Doc. E/CN.4/1998/84 and Add.1, E/CN.4/1999/112 and Add.1, E/CN.4/2000/49 and E/CN.4/2001/62 and Add.1.各意見書,後述の独立専門家による報告書および作業部会の活動の分析、検討は、紙幅の関係上、あらためて別の機会に行うことにしたい。
15) U.N. Doc. E/CN.4/2002/57.
16) 社会権規約選択議定書案については、藤本、前掲論文、(注13)のほか、Alston, P., "No Right to Complain About Being Poor : The Need for an Optional Protocol to the Economic Rights Covenant", *in* Eide, A. and Helgesen, J. (eds.), *The Future of Human Rights Protection in a Changing World - Essays in Honour of Torkel Opsabl* (1991), pp.79-100, Arambulo, *supra* note 1, pp.173-346, International Commission of Jurists, *Report of the Expert's Roundtable Concerning Issues Central to the Proposed Optional Protocol to the International Covenant on Economic, Social and Cultural Rights* (2002), *at* http : //www.icj.org/, and Nowak, M., "The Need for an Optional Protocol to the International Covenant on Economic, Social and Cultural Rights", *The Review* (International Commission of Jurists), No.55 (1995), pp.160-161. など参照。
17) 国際人権法の国内的実施における国内人権機関の役割については、阿部浩己「国内人権救済機関の構築——国際人権法の視座」『国際人権の地平』(現代人文社、2003年) 203-215頁、藤本俊明「国際人権法における国内人権機関の意義」『国際人権』11号(2000年) 57-61頁など参照。

18) See Charlesworth, H. and Chinkin, C., *The Boundaries of International Law A Feminist Analysis* (2000), pp.237-240.
19) 例えば，Farmer, P., *Pathologies of Power Health, Human Rights, and the New War on the Poor* (2003)，フランシス・フクヤマ『人間の終わり―バイオテクノロジーはなぜ危険か』（ダイヤモンド社，2002年）参照。
20) 阿部，前掲論文，（注1）。

（藤本　俊明）

第3章　ヨーロッパ人権条約

はじめに

　人権および基本的自由の保護を目的として1949年に発足したヨーロッパ審議会（the Council of Europe）[1]は，最優先事項である人権憲章の起草を実行に移した。ヨーロッパにおける地域的人権文書の作成は，ともに戦争を体験した10カ国の審議会加盟諸国が，法の支配，人権と基本的自由，および民主主義の原則に基づく協力をつうじて，将来の戦争と残虐行為を防止しようと決意したことが契機となっている。自由権を規定するヨーロッパ人権条約（the European Convention on Human Rights）の作成に続いて，社会権を規定するヨーロッパ社会憲章（the European Social Charter）も作成され，これらの実施措置をつうじて，ヨーロッパ審議会は積極的な地域的人権保障を展開している。

　ヨーロッパ審議会は，1989年までの冷戦時代に，トルコなどを加え加盟国は20数カ国となり，その後1990年以降に21の中東欧諸国が相次いで加盟した結果，現在では加盟45カ国，8億の人口を擁している[2]。現在ヨーロッパ審議会加盟国すべてがヨーロッパ人権条約の当事国であり，ストラスブールのヨーロッパ人権裁判所（the European Court of Human Rights）の管轄権はほぼヨーロッパ全域におよんでいる。ヨーロッパ人権条約は，個人が権利侵害を訴える司法的救済制度を備えていることから，国際レベルの実効的な人権保障として「最も完成されたモデル」を示すものといわれる[3]。本章では，この人権条約に基づく個人申立て手続を中心に，ヨーロッパ審議会における人権保障のシステム[4]とジェンダー平等との関係について検討を行う。

1 ヨーロッパ人権条約の人権保障と性差別

(1) ヨーロッパ人権条約における個人申立て制度

 自由権を規定するヨーロッパ人権条約(「人権及び基本的自由の保護のための条約」(the Convention for the Protection of Human Rights and Fundamental Freedoms))は,1950年に署名され,10カ国の批准をもって1953年に発効した。地域的人権保障の1つのモデルとしてのヨーロッパ人権条約は,「政治的伝統,理想,自由及び法の支配についての共通の遺産を有するヨーロッパ諸国の政府として,世界人権宣言において述べられる諸権利の若干のものを集団的に実施する」(前文)目的をもって作成された。その後半世紀の間に12の議定書がつくられ,保障される権利も徐々に拡大されていった。

 ヨーロッパ人権条約の特徴は,その実施措置において顕著であるといわれる。すなわち,ヨーロッパ人権条約は,締約国からの条約違反の申立てとともに,個人に対して,条約上の権利の侵害を理由とする申立てを認めており,人権条約により,はじめて,第1に,締約国が他の締約国による自国民の扱いにつき国際機関としての人権裁判所に訴えることが可能となり,第2に,個人は,国際法上の主体としての地位に基づき,条約で保障される権利の侵害を主張する訴えを,自国を含む締約国を相手に提起することが可能となり,第3に,拘束力のある司法的判決に達しうる国際的な監視機構が確立されたことになり,これをもって「伝統的な国際法からの革命的離脱」がはたされた[5]。

 ヨーロッパ人権条約のもとで,人権裁判所における個人申立ての手続は,次のように進められる。事務局による非公式のスクリーニングを経て正式に登録された申立てに対して,まず許容性(受理可能性)の審査が行われる[6]。厳格な審査のもとで選別され[7],許容性ありとされた申立てについて,次の本案審査段階では,公開の口頭による審理が開かれる。これと並行して当事者間の友好的解決を図る作業が非公開で進められる。友好的解決に至らなかった場合には,裁判所の小法廷により条約違反に関する判決が下される。条約の適用・解

釈に関する重大な問題や一般的重要性をもつ重大な争点が生じる場合には、さらに大法廷への付託が認められる。小法廷および大法廷のいずれの判決も多数決であり、最終判決は当事国を法的に拘束し、閣僚委員会が判決の執行を監視する。また裁判所には、条約違反の被害者に対する金銭補償の命令を下す権限がある。

　1998年まで、国家申立ておよび個人申立ての処理はヨーロッパ人権委員会（1954年設置）、ヨーロッパ人権裁判所（1959年設置）および閣僚委員会の3つの機関により行われていた。当初個人の申立ては、締約国が申立て権の受諾宣言をしている場合に、準司法機関としての人権委員会により受理され、許容性審査と本案審査を経て、人権委員会による条約違反の有無に関する判断が下された。この判断について人権裁判所に付託ができるのは、関係締約国と人権委員会のみであった。しかし、個人申立て制度が被害者個人による権利侵害の救済方法として積極的に利用されるようになり、さらに1990年代の中東欧諸国の条約参加ともあいまって、個人申立て件数の増加[8]に対応することが急務となった。人権裁判所への出訴権を個人に拡大する第9議定書の作成（1994年発効）を経て、第11議定書（1998年発効）により抜本的な制度改革が実施され、従来の人権委員会と人権裁判所に代わって、フル・タイムで活動する常設の機関として機能する人権裁判所が新設された。この制度改革により、新しい人権裁判所に対し個人は直接出訴権を有するものとされた。改革後の人権裁判所への個人の申立て件数は、2000年に1万482件、2001年に1万3,845件と引続き増加し、2002年以降は年2万件を超えている。2003年には、17,280件の非許容、753件の許容の決定、および703件の本案判決が下され、うち521件で少なくとも1つの違反認定がなされた[9]。

　1998年の11月にスタートした現在の人権裁判所は、締約国数と同数の裁判官（任期6年）により構成され、3名の裁判官からなる委員会、7名の裁判官からなる小法廷、および17名の裁判官からなる大法廷が設置されている。人権裁判所の判決まで通常5年かかるといわれる手続の迅速化、および制度の司法的性格の強化が目的とされた制度改革は、ジェンダー視点における若干の進展も

見られる。1997年に人権裁判所には1名の女性裁判官，また人権委員会には3名の女性委員しかいなかったが，翌年の新人権裁判所発足にあたり39名の裁判官のなかに8名の女性が含まれていた[10]。現在45名の裁判官のうち女性は12名である。

（2）ヨーロッパ人権条約14条

ヨーロッパ人権条約は，14条において，性その他の理由に基づく区別を禁止する。同条は，自由権規約26条のように一般的な差別禁止規定ではなく，「この条約に定める権利及び自由の享受は，性…によるいかなる差別もなしに，保障される」と規定されるように，差別の禁止はヨーロッパ人権条約およびその議定書に定める諸権利に限定される。したがって，14条は，実体的規定を補完するものと位置づけられ，事実関係が他のいずれかの条項の範囲内に該当する場合にのみ，その条項とともに適用されうる。

しかし，人権裁判所は，14条の実効性を確保するために，その適用にあたっては，他の条約上の権利について違反があったことを立証することを必ずしも前提としないとする。この意味で14条は自律的であり，問題となっている差別が他の条項の適用範囲にあればよく，そのうえで条約上の権利の享有について差別的な方法が適用されていることの証明が求められるにすぎない[11]。

（3）「差別」の定義

ヨーロッパ人権条約14条は「差別」について定義していない。Belgian Linguistic 事件判決[12] において，人権裁判所は，「区別に客観的で合理的な正当化事由がない場合」には平等原則の違反があるとし，かかる正当化事由の存在は，検討の対象となる措置の目的および効果に関連して評価されなければならない，とした。さらに「用いられる手段と実現しようとする目的との間に，合理的な均衡（proportionality）関係がない場合」にも，同様に14条の違反があると判示した。

したがって，14条の違反が認定されるためには，①ヨーロッパ人権条約上の

権利の享有において，異なる集団に対する取扱いの間に区別もしくは相違があること，②当該集団が類似する立場にあること，および③区別に客観的で合理的な正当化事由がないこと，もしくは④たとえ目的がそれ自体正当であっても，区別が目的と均衡がとれていないこと，を立証しなければならない。換言すれば，正当な目的を遂行しないか，もしくは差別的措置が正当な目的と均衡がとれていない場合を除き，すべての異なる取扱いが禁止されていないのであるから，14条はポジティブ・アクションを認めているとされる。Belgian Linguistic 事件判決において，人権裁判所は「一定の法的不平等は，もっぱら事実上の不平等を是正することにつながる」と認めている[13]。

また人権裁判所は，性，人種，非嫡出性などを理由とする区別については，他の理由に比べより高レベルの正当化事由が求められるとする。たとえば，後述するように（2（4）），Abdulaziz 事件判決[14]では，異なる取扱いについての「きわめて説得力のある根拠」（very weighty reason）が示されなければならないとされた。この場合，締約国の裁量が認められる「評価の余地」（margin of appreciation）の範囲はより狭いものとなる。

（4）性に基づく差別の禁止

ヨーロッパ人権条約においては，14条のほかに，第7議定書（1988年発効，35カ国批准）の5条により，婚姻中および婚姻解消の際の配偶者相互および子との関係における配偶者間の平等について規定する。同条に基づく締約国の義務は，女性差別撤廃条約と異なり，配偶者の「私法的性質の」権利および責任の平等の確保に限定され，行政法，刑法もしくは社会法などの他の分野には適用がない。また人権条約12条は，「婚姻し家族を形成する権利」について規定する。

ヨーロッパ人権条約における性に基づく差別の禁止に関しては，男女平等条項のないこと，および14条による差別の禁止が条約上の権利に限定されていることが批判されていた。そこで第12議定書（2000年署名）により，差別の一般的な禁止規定（1条「法に定めるすべての権利の享有は，性，人種，皮膚の

色，言語，宗教，政治的意見その他の意見，国民的若しくは社会的出身，民族的少数者への所属，財産，出生又はその他の地位等のいかなる理由による差別もなしに，確保される。」）がおかれることとなり，また公当局による差別も禁止された（未発効）[15]。

また社会権を規定する1961年のヨーロッパ社会憲章（1965年発効）においては，同一価値労働同一賃金の原則，母性保護，母親および子の社会的・経済的保護の権利などに関する規定が置かれている。採用，昇進および訓練などに関する性差別の禁止を含む若干の権利を追加する議定書（1988年）を経て，1996年に作成された改正ヨーロッパ社会憲章（1999年発効）には，職場におけるセクシュアル・ハラスメントの防止や，家族責任を有する男女労働者の取扱いの平等などに関する規定が盛り込まれるとともに，保障される実体的権利の内容も拡充された。

ヨーロッパ社会憲章の実施制度は，ヨーロッパ社会権委員会（the European Committee of Social Rights）（6年任期の委員13名のうち女性は2名）による報告審査に加えて，1995年の追加議定書により集団申立て制度が導入されている。この集団申立て制度は，締約国の憲章違反について，労働組合や使用者団体，さらに（締約国の受諾宣言により）国際NGOや国内NGOにも申立て権を認めるものであり，社会権全般に関する国際的実施措置としては画期的なものといわれる。しかし，このような権利保障の進展にもかかわらず，ヨーロッパ審議会加盟45カ国のうち1961年のヨーロッパ社会憲章もしくは1996年の改正憲章を批准しているのは34カ国，集団申立て制度を受け入れているのは13カ国にとどまっている。

（5）女性差別撤廃条約との関係

ヨーロッパ人権条約を批准するヨーロッパ審議会加盟45カ国のすべてが，女性差別撤廃条約の締約国となっている。またすでに32カ国が女性差別撤廃条約選択議定書を批准もしくは受諾している[16]。

ヨーロッパ人権条約と女性差別撤廃条約のいずれにも規定がある権利（たと

えば婚姻する権利）の侵害について個人が訴える場合に，どちらを選択するかという問題が生じる。ヨーロッパ人権条約35条は「他の国際的調査若しくは解決の手続にすでに付託された事案と実質的に同一であ」る場合には，申立てを扱ってはならないと規定する。一方女性差別撤廃条約選択議定書の4条2項(a)においても「同一の事案が…他の国際的調査若しくは解決の手続の下で検討されたか若しくは検討されている場合」には女性差別撤廃委員会は通報を受理することができないと規定されているため，権利侵害を訴える個人は，どちらの手続のもとで訴えるかを選択しなければならない。ちなみに，自由権規約第1選択議定書5条2項(a)は「同一の事案が他の国際的調査又は解決の手続の下で検討されていない」場合に通報の検討をしないと規定し，同時の審査のみを阻止するにとどまっているため，ヨーロッパ人権裁判所で満足のゆく解決がえられなかった個人は，さらに自由権規約委員会へ通報することも可能ではある。しかし，オランダなどを除き，多くのヨーロッパ人権条約締約国は同規定を留保することにより委員会の審査権限を排除し，両者で異なる判断が出ることを回避している。

2　ヨーロッパ人権裁判所における個人申立ての事例

　ヨーロッパ人権裁判所およびヨーロッパ人権委員会に対する申立てにおいて，人権条約の他の条項に関連して14条に基づき男女間の異なる取扱いが争われた事例（2－7）を中心に，以下で検討する。なお雇用関係における差別の問題は，EU加盟国に限定されるものの，EUの男女平等原則を定めるローマ条約の諸規定[17]その他のEU規則に基づき争われることが多い。これらの判例法をつうじて，ヨーロッパ基準は発展し精緻なものとなっている。

（1）14条のもとで女性が訴えた事例
【事例1】　Marckx v. Belgium, 13 June 1979, Series A, No.31.
　ベルギー法のもとで，婚外子は，母親の正式な認知により母親とのみ法的親

子関係が生じ，相続や生前贈与の権利は婚内子に比べ制限されていたことに対し，母親および子が申立てを行った。人権裁判所は，8条の「家族生活を尊重される権利」の保障において，家族について「開かれた」寛容な概念を容認し，事実上の家族もその対象とした。同条に基づき，婚外子が「通常の家族生活を送ることができる」ことについて権利を認め，国は，それを保障するよう国内法制度を構築する積極的な義務を負うものと判示した。また婚内子と婚外子との異なる取扱いは，14条違反であるとされた。

　条約自体に規定のない婚外子を扱う事件において，人権裁判所は，ヨーロッパ人権条約が「生きている文書」であり，「今日の状況に照らして解釈されなければならない」と述べ，社会の変化に対応すべく発展的解釈を行った。また条約の適用に関して締約国が有するとされる一定の「評価の余地」の範囲について，国は婚外子であることを理由とするあらゆる差別を設けることができないという裁判所の判断は，締約国各国の国内法がこの点で一致していることが根拠とされた。

【事例2】　Abdulaziz, Cabales and Balkandali v. the United Kingdom, 28 May 1985, Series A, No.94.

　イギリスに定住する移民女性らが，イギリスに夫がとどまることを拒否されたと訴えた事例において，人権裁判所は，8条（家族生活を尊重される権利）の違反を認めなかった。しかし，8条と14条を結びつけることにより，定住する移民男性が妻を呼び寄せることは認められるのに，女性の場合には夫の呼び寄せや在留が難しいことから，14条の違反を認めた。差別とは，同様の状況にある個人の間で，客観的で合理的な正当化事由なしに異なる取扱いをすることと定義される。イギリス政府は，統計的に男性の方が女性よりも職を求める傾向があるので，失業率の高い労働市場への影響に違いがあると主張した。人権裁判所は，労働市場の保護を正当な目的としたものの，統計上の証拠を決定的とは認めなかった。男女平等の促進という目標にかんがみ，性に基づく異なる取扱いが正当化されるには「きわめて説得力のある根拠」が示されなければならないと判示された。

【事例3】　Schuler-Zgraggen v. Switzerland, 24 June 1993, Series A, No.263.

妻の多くは子が生まれてから養育に手のかかる間は仕事をやめるであろうという「日常生活の経験からの仮定」に基づくスイス連邦年金裁判所の判決により，子の出生以降について疾病年金の受給が認められなかったと主張する女性の申立てに対して，人権裁判所は，異なる取扱いを正当化するきわめて説得力のある根拠がないと判示した。

（2）14条のもとで男性が訴えた事例

【事例4】　Rasmussen v. Denmark, 28 Nov. 1984, Series A, No.87.

人権委員会および人権裁判所は，8条により締約国は父親とされる者に嫡出性を立証する効果的かつ利用可能な方法を用意しなければならないと述べた。裁判所は，事実関係が8条の適用範囲に該当するとしたうえで，父親の嫡出否認の権利については出訴期間の制限をおく一方で，妻はいつでも父性確認訴訟を提起できるとする異なる扱いについて，締約国の評価の余地を認め，14条の違反はないとした。

【事例5】　Burghartz v. Switzerland, 22 Feb. 1994, Series A, No.280B.

スイス民法のもとでは，夫の姓をファミリーネームとすると規定されている。その場合，妻にはそのファミリーネームの前に自己の姓をつけることができる。また正当な利益があれば，妻の姓をファミリーネームとする選択も可能である。ドイツで婚姻した際に妻の姓をファミリーネームとした夫婦の夫が，スイスに戻ってから自己の姓をファミリーネームの前につける（Shunyder Burghartzとなる）ことを申請したが，1984年の改正により導入されたこの措置は女性のみを対象とし，男性には認められないとされた。これに対して，夫が8条および14条の違反を訴えた。

政府は，夫の姓をファミリーネームとする原則は家族の一体性を維持し伝統の崩壊を避けることを考慮して立法され，問題の措置はこの原則を緩和するものであること，さらに夫は結果を認識しつつあえて妻の姓を選択したのであり，希望する姓を非公式に使用するのは許されていることを主張した。人権裁

判所は，男女の異なる取扱いにつき客観的で合理的な正当化事由を欠くとして，14条の違反を認めた[18]。

【事例 6】　Van Raalte v. the Netherlands, 21 Feb. 1997, Reports 1997-Ⅰ.

　オランダの児童ケア給付法のもとで，子のいない45歳以上の非婚男性が保険料を徴収されるのに対し，同様の立場の女性には免除されていることが，第1議定書1条（財産権）に関連して争われた。人権裁判所は，保険料の免除について締約国に一定の評価の余地を認めるものの，14条のもとで，区別を正当化するやむにやまれぬ（compelling）根拠がなければ，かかる措置は男女に等しく適用されなければならないとした。政府は，生物学上45歳以上の女性が子をもつ可能性は少ないこと，また子のいない非婚女性に対する社会の態度の変化に応じて1988年に免除措置は廃止されたものの，1980年の導入当時には子のいない女性から保険料を徴収して心理的にさらなる負担をかけるのは誤りであると考えられていたと主張したが，人権委員会と人権裁判所のいずれも客観的で合理的な正当化事由とは認めなかった。

【事例 7】　Petrovic v. Austria, 27 March 1998, Reports 1998-Ⅱ.

　親休暇手当が母親のみに支給されることに対して，父親が8条および14条違反を訴えた事例において，裁判所は，親休暇の対象となる生後8週以降は子の養育に関して両親は類似する状況にあるとする。したがって，男女平等の達成は審議会加盟国の主要な目標であることから，親休暇手当に関する異なる取扱いが条約に適合するにはきわめて説得力のある根拠が必要である。しかし，締約国には一定の評価の余地が認められる。1980年代末には締約国の多くは父親に親休暇手当を支給しておらず，共通の基準は存在していなかった。親休暇のような措置は当初母親の保護を意図し，子の養育責任の分担に向けた動きに対応して父親にも拡大されていき，オーストリアでも1989年に父親の親休暇取得が可能となり，翌年親休暇手当の受給資格が父親に拡充された。親休暇手当を父親に支給する国はまだ少なかったことから，政府の措置は評価の余地を超えていなかったため，14条の違反は認められなかった。

（3）その他の女性が訴えた事例

【事例8】　Airey v. Ireland, 9 Oct. 1979, Series A, No.32.

　離婚制度のなかったアイルランドにおいて，アルコール中毒で暴力をふるう夫に対して裁判別居を求めようとした妻が，家事事件で法律扶助を利用できないために弁護士を雇って裁判することができなかった事例について，ヨーロッパ人権裁判所は，事実上の問題として裁判所へのアクセスが否定されたことをもって，6条1項（公正な裁判を受ける権利）の違反を認めた。裁判所は，妻本人が複雑な訴訟手続を行うとするのは現実的でなく，人権条約は，その扱う領域において個人が「実際上かつ効果的」な方法で保護されることを企図し，締約国には，法律扶助に限らず，訴訟手続を簡略にするなど裁判所にアクセスする「実効的な」権利を保障する義務があるとされた。

　さらに、8条に基づいて同居義務の免除が求められることもありうるとした。また同条は単に恣意的な干渉を控えることを締約国に強制するだけではなく，同条のもとで妻の私生活および家族生活を実効的に尊重することに内在する積極的な義務も負うと判示した。

【事例9】　Open Door Counselling and Dublin Well Woman v. Ireland, 29 Oct. 1992, Series A, No.246.

　中絶を違法とするアイルランドにおいて，裁判所が，イギリスでの中絶の利用可能性に関する情報提供を禁止する命令を下した事例で，人権裁判所は，10条に基づく表現の自由の権利について違反を認定した。一方で，アイルランド政府が求めた2条の「生命に対する権利」の解釈や，胎児の権利についての判断は回避された。

　なお，EUのヨーロッパ司法裁判所は，その前年，中絶手術はEU法のもとで「役務（services）」に該当するとしたが，情報提供の禁止はEU法に違反しないと判断している[19]。

【事例10】　SW v. the United Kingdom；CR v. the United Kingdom, 22 Nov. 1995, Series A, No.335B.

　夫婦間レイプ（marital　rape）について，コモン・ローは，夫が妻の意思に

反して性的関係を強要しても強姦罪は成立しないという原則を認めていた。この夫の免責（marital immunity）に関するコモン・ロー原則のもとで，妻は，婚姻により，夫との性的関係に対し黙示の同意を与え，かつその同意は撤回できないものとされていた。1991年にイギリスの最高裁である貴族院は，17世紀来コモン・ロー上認められていた夫の免責原則について，もはや妻は夫の財産ではなく，独立した対等のパートナーであるから，社会の変化に応じて廃止すべきであると判示した[20]。

これに対して，同判決以前に行われた妻へのレイプにより有罪となった男性らが，人権条約7条1項（「何人も，実行の時に国内法または国際法により犯罪を構成しなかった作為または不作為を理由として有罪とされない」）の違反を申し立てた。人権裁判所は，夫の免責原則を廃棄した判例法により，申立人の権利は侵害されていないと判示した。その判決の中で，人権裁判所は，レイプが本質的に品位の劣った性質のものであることは明白であり，したがって被害者との関係にかかわりなく夫も免責されえないとしたイギリスの判決は，7条の目的に矛盾しないと述べた。そればかりか，「妻へのレイプについて夫が免責されるという受け容れがたい原則の廃棄は，文明社会の婚姻概念のみならず，人間の尊厳および自由に対する尊重をまさに真髄としているヨーロッパ人権条約の基本的な目的にも，一致するものである」とされた。

【事例11】　Aydin v. Turkey, 25 Sept. 1997, Reports 1997-Ⅵ.

クルド人との対立が激化するトルコ南東部において，国家保安部隊による3日間の抑留中に17歳の少女が受けた一連の身体的および精神的暴力，とくにレイプについて，人権委員会による事実認定を受け，人権裁判所は，人権条約3条で禁止される「拷問」に該当すると判示した。「官吏による被拘禁者へのレイプは，加害者が被害者の無力さと抵抗の弱さを容易に利用しうることから，とりわけ重大で憎むべき虐待の形態であるとみなされるべきであ」り，単独で考察されたとしても拷問に該当すると判断されたであろうと付言された。

さらに当局による不十分な調査により，刑事訴追ができないまでも，少なくとも損害賠償請求を可能とするような権利侵害の立証をはたせなかったとする

申立人の主張に関して，人権裁判所は拷問を禁止することの重要性および被害者の弱い立場にかんがみ，13条（実効的な救済を受ける権利）は，締約国に対し，拷問の事実につき綿密かつ効果的な調査を行う義務を課すものとした。したがって，「実効的な救済」には，適切な場合における賠償金の支払いに加えて，加害者の特定と処罰につながりうるそのような調査を含むものとされた。申立人には非金銭的損害に対する補償が認められた。

ヨーロッパ審議会は，1987年にヨーロッパ拷問等防止条約を作成し（1989年発効，44カ国批准），被拘禁者に対する拷問等の非人道的取扱いを未然に防止することを目的として，拷問防止委員会が締約国の管轄下にある拘禁施設を査察する制度を設けており，判決で引用されたように，1992および1994年にトルコを査察した委員会により，警察施設を中心として拷問その他の重大な非人道的取扱いが広範に行われているとする認定がなされている。

(4) 小　括

14条のもとで争われた事例において，人権裁判所は，「性」に基づく区別に対して厳格な審査基準を適用しているといえる[21]。すなわち，1985年のAbdulaziz事件判決（事例2）により，「男女平等の促進は，今日ヨーロッパ審議会加盟国の主要な目標である。このことは，性に基づく異なる取扱いが人権条約に適合するとされうるにはきわめて説得力のある根拠が存在しなければならないことを意味する」(para. 78) と述べられてから，14条違反が申立てられた事例においては，締約国には，男女間の異なる取扱いを正当化する「きわめて説得力のある根拠」もしくは「やむにやまれぬ根拠」を立証することが求められている。

人権条約を今日の状況に照らして解釈される生きている文書とみなし，厳格な審査基準を採用するアプローチのもとで，人権裁判所は，伝統的なステレオタイプの男女の役割分担概念に依拠して女性に不利益となる措置に対し，14条違反を認定している（事例2および3）[22]。14条に基づき男性が訴えた場合においても，男性に不利益となる措置の背景には，男女の役割分担概念が存在す

ることをもって，14条違反が認定された（事例5および6）。一方14条違反が認められなかった1984年のRasmussen事件判決（事例4）は，厳格な審査基準が示されたAbdulaziz事件判決以前に下され，また人権裁判所は，締約国には一定の評価の余地が許されるとした。その範囲は各締約国の立法で採用される普遍的なアプローチにより確定されるが，当時共通する基準がないことから，評価の余地は広く解釈された。Petrovic事件判決（事例7）においても，同様に1998年当時には男性にも親休暇手当を認めている締約国が少なかったこと，および区別を是正する改正がなされていることが，違反を認定しない根拠とされた。しかし，反対意見が指摘するように，現実に父母の間で伝統的な家族責任の分担が存在するとしても，それは異なる取扱いを正当化するきわめて説得力のある根拠にはなりえず，伝統的な役割分担に依拠した男性に不利益な措置は，この事例のように妻が仕事を継続すれば，家族は親休暇手当を受給できず，妻にも不利益が生じるのである[23]。

このように締約国に共通の基準となる法や実務が存在すれば，締約国の評価の余地は狭くなるのである。また人権裁判所による条約違反の認定は，しばしば訴えられた締約国のみならず他の締約国においても，判決を遵守する一般的措置の導入をうながしたり，国内裁判所でストラスブール判例法が採用される結果へとつながる。さらに条約違反の申立て自体が，問題の措置への是正や判例法の変更への契機となる[24]。このようにしてストラスブール判例法によりヨーロッパ共通の基準が形成されてきた半世紀にわたる過程とあわせて，次に検討する審議会におけるジェンダー平等促進に向けた活動も，1990年以降新たな加盟国が増えるなかで，共通の基準形成に重要な役割をはたしている。

3 ジェンダー平等を促進するヨーロッパ審議会の取組み

(1) 男女平等に関する委員会

1979年まで，ヨーロッパ審議会における男女平等の促進に関する活動[25]は，女性の法的地位および雇用状況の改善に焦点が向けられ，大部分はアド・

ホックなものであった。審議会発足30周年にあたる1979年に、1980年のコペンハーゲン世界女性会議に向け、女性の地位向上のための活動を評価する専門委員会が設置された。1981年に設置された委員会は「男女平等に関する委員会」と名称を変更し、焦点は女性をとりまく状況の調査から状況を変革し男女平等を達成することへと向けられ、その後事実上の平等の問題が認識されるにつれ、「社会的・経済的問題」へと活動領域を拡大していった。

1985年のナイロビ世界女性会議を契機に平等問題の世界的・構造的・政治的側面が認識され、男女平等委員会も1987年からあらたな常設の委員会へと改組された。1988年には、ヨーロッパ審議会閣僚委員会により「男女平等に関する宣言 (the Declaration on Equality of Women and Men)」が採択された。同宣言は、男女平等は人権の一原則であり、「さまざまな分野における性に関連する差別は、人権および基本的自由の承認、享有および行使の障害である」ことを強調し、民主主義の必須条件および社会正義の規範としての男女平等原則への関与を表明している。ヨーロッパ審議会40周年にあたる翌1989年には、ヨーロッパにおける男女平等に関する包括的な調査・分析が実施され、そのなかには、国際文書の平等規定やポジティブ・アクションを加盟国の法制度に組み込む研究も含まれていた。また「女性の権利は人権である」という認識の高まりを背景に、男女平等委員会はヨーロッパ審議会の最重要領域である人権局の管轄下におかれることとなった。

(2) CDEG の活動

男女平等委員会は、1992年から the Steering Committee for equality between women and men (CDEG) へと組織改革され、その重要度も増した。加盟45カ国各1名の委員（過半数が女性）で構成される CDEG は、人権条約第12議定書作成にも重要な役割をはたすなど、「人権の保護、促進および防止」および「人権と民主主義の日常的な実践」の主要テーマのもと、汎ヨーロッパレベルにおける平等達成への協力促進、戦略および政治的措置の設定、適切な法的文書の起草などの活動を行っている。また下部組織としての委員や専門家からな

るグループにより，以下の個別問題について集中的な検討（通常2・3年）を経て報告書や勧告がまとめられている。

① 意思決定過程への女性の参加（政治的・公的決定への男女のバランスのとれた参加　2000-02年）
② ジェンダーの主流化（1995-98年）・学校におけるジェンダーの主流化（2001-03年）
③ 女性に対する暴力（1994-96年）・暴力からの女性および少女の保護（1998-00年）・女性に対する暴力の防止に関する勧告[26]のフォローアップ（2002-04年）
④ 性的搾取を目的とする女性の売買（1998-99年）・情報技術利用の影響（2000-02年）
⑤ 生殖に関する権利（生殖とライフスタイルの問題における選択の自由の権利　1995-97年）
⑥ 不寛容・人種差別と男女平等（1997-98年）
⑦ 男女平等領域における将来の優先事項と戦略（1997-98年）

　これらの検討の対象となった重要課題には，女性の政治参加，女性に対する暴力，メディアの影響，雇用および教育といった常に継続して取り上げられてきたテーマに加えて，女性の売買と搾取，生殖に関する権利，文化的多様性と寛容，紛争と平和建設状況における女性の役割，および平等促進への男性の役割という今日的なテーマもみられる。調査研究の結果まとめられた勧告・行動計画，もしくは国家レベルの政策ガイドラインなどは，CDEG の企画のもと1986年から4・5年ごとに開催されている男女平等に関するヨーロッパ閣僚会議（European Conference on Equality between women and men）において，加盟国へのより具体的な方針として提示されることとなる。

（3）ジェンダーの主流化

　ヨーロッパ審議会では，ジェンダーの主流化について，「政策決定に通常関わる者により，あらゆるレベルおよびあらゆる段階におけるすべての政策にジ

ェンダー平等の視点が組み込まれるように，政策の過程を（再）編成，改善，進展および評価することである」とし，差別を是正する特定のジェンダー平等政策と補完しあい協力しながらジェンダー平等の目標を実現するものとする。1995年からジェンダーの主流化について検討を始めたCDEGの専門家委員会は，その成果として，ジェンダーの主流化についての概念の枠組みや方法論のほか，EUヨーロッパ委員会や加盟数カ国における実例の紹介もしながら，ジェンダーの主流化を進めるための指針を示す詳細な報告[27]を1998年にまとめた。閣僚委員会はこの報告書を加盟国内で広く普及させ，公的・私的部門で戦略を実施する際に活用するよう奨励している。

　審議会はまた男女平等を促進するナショナル・マシナリー，行動計画およびジェンダーの主流化の進展に関する全加盟国ごとの調査を1994年と1999年に行い，女性差別撤廃委員会への国別報告書などの情報とあわせて，調査結果を報告書にまとめている。2002年の報告書[28]では，北京会議もしくはその準備段階を契機にナショナル・マシナリーの創設あるいは促進されたこと，NGOとの協力や地方レベルにおける進展がみられること，人的・財政的資源が不足していることなどが指摘されている。審議会加盟国において，政府に女性が1人もいない加盟国が7カ国，10％以下が10カ国，また議会においても，男性の割合が90％以上は11カ国，女性の割合が（意思決定に影響を与えるのに必要とされる）30％を超えているのは7カ国にすぎず，国会における女性議員の平均は17.5％という状況である。1997年に開催された第4回男女平等に関するヨーロッパ閣僚会議では，公的・政治的・専門的生活における男女のバランスのとれた代表，および養育責任など私的生活への男性の積極的参加をつうじて，民主主義の根本基準であるジェンダーの平等を求める宣言が採択された。また2003年の第5回閣僚会議では，CDEGにおける重点項目の1つとしてジェンダーの主流化があげられ，とくに対応が遅れている新規加盟国の状況を念頭にして，加盟国間での情報・経験の共有や専門家育成により戦略の実施を援助する試みも続けられている。

おわりに

　被害者個人の司法的救済，およびヨーロッパ人権裁判所による発展的解釈をつうじた規範の明確化において，ヨーロッパ人権条約は，人権の実効的な保障のモデルを提示してきたといえるであろう。地域的人権条約における実施措置の有効性は，締約国の政治的・経済的・文化的な等質性，経済的・社会的発展，また地域の組織化といった条件におおいに依拠するものである。その点で，「政治的伝統，理想，自由および法の支配についての共通の遺産」を必ずしも現有していたとはいえない中東欧諸国の条約参加により，これまでのストラスブール判例法により形成された高い人権基準を保持しつつ，今後どのようにヨーロッパ共通法が形成され発展していくのか注目される。また本章で取り上げた CDEG の活動などのように，閣僚委員会もしくは議員総会による人権保障の強化に向けた調査・政策立案活動の重要性もますます高まっていくものと考える。

注

1) 「ヨーロッパ評議会」もしくは「ヨーロッパ理事会」とも訳される。
2) 日本は，アメリカやカナダとともに，1996年にヨーロッパ審議会の閣僚委員会によりオブザーバー資格を付与されている（他にメキシコなど）。特別な決定なしに閣僚委員会や議員総会に代表を送ることはできないが，閣僚委員会の専門家委員会や特別な閣僚会議にオブザーバーを送る権限がある（Statutory Resolution (93) 26）。
3) F.スュードル=建石真公子訳『ヨーロッパ人権条約』（有信堂，1997年）1頁。
4) 詳しくは，同上書のほか，van Dijk, P. and van Hoof, G.J.H., *Theory and Practice of the European Convention on Human Rights* (Kluwer, 1998); Jacobs, F.G. and White, R.C.A., *The European Convention on Human Rights* (Oxford, 1996); 阿部浩己・今井直・藤本俊明『テキストブック国際人権法（第2版）』（日本評論社，2002年）203-212頁参照。
5) 早稲田大学における人権裁判所長官ルツィウス・ヴィルトハーバーの講演

「人権裁判所の活動」による（2003年4月17日）。
6) 国内救済手段の完了および6カ月の申立て期間のほか，条約の規定と両立しないものでないか，明白に根拠不十分か，または申立て権の濫用と考えるものについて，非許容と決定することができる。
7) 決定の対象とされた個人申立てのうち，許容性ありとされるのは1割ほどである。
8) 人権委員会に対する個人申立ては，1985年に600件ほど（1955年から1984年までの30年間での総数が，1万1,295件）であったものが，1995年に3,481件，1997年には4,750件までになった。人権裁判所への付託数も1981年7件，1993年52件，1997年119件と増加した。
9) 国別の違反認定の事例は，イタリア（106件），トルコ（76件），フランス（76件），ポーランド（43件）などとなっている（2003年）。
10) Charlesworth, H. and Chinkin, C., *The Boundaries of International Law : A Feminist Analysis* Manchester Univ. Press, 2000, p.81n.
11) Abdulaziz, Cabales and Balkandali v. the United Kingdom, *Series A*, No.94.
12) The Belgian Linguistic Case, *Series* A, No.6.
13) 人権委員会は，家計維持者の妻に対する税優遇措置について，妻が仕事するのを促進するために「積極的な区別を行なうという目的には客観的で合理的な正当化事由」があるから，差別的でないと判断している（DG and DW Lindsay v. UK (1986) 49 D.R.181）。
14) *Supra* note 11.
15) 批准しているのは，ボスニア・ヘルツェゴビナ，クロアチア，キプロス，グルジア，およびサン・マリノのみである。
16) アルバニア，アンドラ，オーストリア，アゼルバイジャン，ボスニア・ヘルツェゴビナ，クロアチア，キプロス，チェコ，デンマーク，フィンランド，フランス，グルジア，ドイツ，ギリシャ，ハンガリー，アイスランド，アイルランド，イタリア，リヒテンシュタイン，ルクセンブルグ，オランダ，ノルウェー，ポーランド，ポルトガル，ルーマニア，セルビア・モンテネグロ，スロバキア，スペイン，スウェーデン，ユーゴスラビア，トルコ，ウクライナ（未批准はスイス，イギリスなど）。
17) ローマ条約137条および141条。
18) スイスは，ヨーロッパ人権条約第7議定書5条（配偶者の平等）を留保している。また1999年に批准した女性差別撤廃条約についても，姓を選択する権利を含む夫婦の同一の個人的権利を規定する16条1項gを留保している。
19) Society for the Protection of Unborn Children v. Grogan [1991] ECR Ⅰ-

4685 ; [1991] 3 C.M.L.R.849.
20) 今井雅子「夫婦間レイプにおける夫の免責原則の廃棄—イギリスの貴族院判決とロー・コミッション報告書を中心に—」『比較法』第31号（東洋大学比較法研究所，1994年）21-49頁。
21) Dijk and Hoof, *supra* note 4, p.728.
22) Arnardottir, O.M., *Equality and Non-Discrimination under the European Convention on Human Rights* (Nijhoff, 2003) p.143.
23) Arnardottir は，男性の訴えに対し，14条違反を認めた Van Raalte 事件判決と違反が認められなかった Petrovic 事件判決を比較対照して，前者は公的領域であり，国により負担が課される措置における積極的な差別であるのに対して，後者は私的領域であり，類似の状況にある一方のグループに利益をもたらす措置について，国が他方のグループに拡大しなかった消極的な差別ととらえる（*Ibid*., p.145）。
24) 締約国において採られた具体的対応については，Effects of Judgments or Cases 1959-1998, *at* http//www.echr.coe.int/ENG/Edocs/EffectsOfJudgments.html 参照。
25) The Council of Europe, *Twenty-Five Years of Europe Action in the Field of Equality between women and men*, Doc. EG (2002) 5 ; Benedek, W., "The European System of Protection of Human Rights and Human Rights of Women" *in* Benedek, W., Kisaakye, E.M. and Oberleitner, G. (eds.), *The Human Rights of Women : International Instruments and African Experiences* (Zed Books, 2002), pp.210-228.
26) The Council of Europe, Rec (2002) 5.
27) The Council of Europe, EG-S-MS (98) 2rev.
28) The Council of Europe, EG (2002) 3.

（今井　雅子）

第4章　米州人権条約

はじめに

　フェミニズムという点より米州地域を鑑みれば，米州機構という枠組みのなかに米州女性委員会があると同時に，米州機構において採択された条約のなかにフェミニズムの視点よりとらえられるものがある。
　米州女性委員会は，1928年という早期より活動を行っており，1953年には米州機構の専門機関として認められるなど，米州機構においてはジェンダーの主流化傾向が早くから見られると考えられる。
　また，近年になって地域的人権条約としては唯一の女性に対する暴力に関する条約が採択されたり，米州人権委員会においてジェンダーの視点より行われる活動があらわれるなど，近年の米州機構における活動にも，ジェンダーの主流化傾向がある点も見逃せない。この点において，米州地域は，特筆すべき点があると思えるが，米州機構加盟国でも米州機構において採択された条約を批准するか否かは加盟国の裁量に任されているため，各種人権条約が浸透していない面もある。

　本章では，まず，米州地域における基本的な人権条約の枠組みを分析し，米州機構における女性委員会の役割を概観したうえで，フェミニズム国際法学という観点より，この地域の国際人権法がどのような状況にあるのか，考察してみたいと思う。

1　米州機構の成立と人権保障機関

(1) 米州機構の成立と主な人権に関する条約の概略

　米州において人権保障の基礎となっているのは，米州機構条約，および米州機構が採択した各種人権条約である。

　米州地域において地域的連帯がはかられるようになったのは，そう新しいことではない。この地域において今日の米州機構の基礎となったのは，19世紀の初めにラテン・アメリカの「独立の父」と呼ばれるシモン・ボリヴァールがヨーロッパ列強の侵略や干渉を警戒してラテン・アメリカ諸国の連合を呼びかけたことから始まる[1]。その後，第二次世界大戦中に，メキシコのチャプルテペックにおいて，戦後における米州の国際機構についての検討がなされ，ここで採択された最終議定書の16項において人権の問題が取りあげられている。このチャプルテペック協定に基づき，1948年にボゴダで米州機構憲が採択され，今日の米州機構の基礎となっている[2]。

　今日，米州地域において，人権の基礎となっている主たる文書は，米州機構の基礎となっている米州機構憲章，ボゴダ会議において採択された「人の権利及び義務についての米州宣言」および1969年に採択された「米州人権条約」である。また，これらの一般的な人権条約に加えて，後に述べるように，とくに女性を対象とした条約も，米州地域において採択されているのである。

　しかしながら，米州機構加盟国であっても，米州人権諸条約に加わっていない国家もあることから，「米州人権機構の下における人権保障体制は，米州機構憲章そのものに直接基づくものと，今1つ，米州人権条約によるものとの二本立てになっている」のである[3]。つまり，米州機構に加盟している国家であっても，米州地域に適用されるものとして採択された人権諸規定を批准していない国家もあるという「二重構造」になっていることを理解する必要がある。たとえば，現在米州機構に加盟している国家は35カ国であるが，米州人権条約を批准している国家は25カ国なのである。このように，米州機構に加盟してい

る国家であっても，必ずしもすべての加盟国が米州において採択された人権諸条約を批准しているわけではないということを理解しておく必要がある。

（２）米州女性委員会の成立と構成

　米州機構のなかで，ジェンダーに関する内部機関として見逃せないのが米州女性委員会の設立および活動である。米州においては，とくに教育を受けた教員の組織が女性問題に対して関心を有しており，19世紀の後半には，米州の女性に対する教育について幅広く関心がもたれていた[4]。現在の米州女性委員会の基礎は，1928年にハバナで開催された第6回国際米州会議において設立が決定された委員会である。これは，第2回国際米州会議に参加できなかった南北アメリカの女性達が，国際米州会議に出席かつ発言を要請した成果であり，世界ではじめて女性の市民的政治的権利を保障するための政府間機関として設立されたものである。

　　現在，米州女性委員会は，加盟国より1名ずつ選出された34名の委員から構成されており，1953年に結ばれた協定により，米州機構と直接関係を有する[5]専門機関（Specialized Organizations）として位置づけられている。また，2年おきに会合を開き，米州女性委員会の政策や行動計画を策定している[6]。

　米州女性委員会の目的は，女性の権利を助長かつ保護すること，米州機構加盟国において男女両性がすべての社会的側面において政治的，経済的，社会的および文化的に参加できることを確保し，男女が同等に未来への発展と責任の利益を享受できるようにすることである。米州女性委員会の機能は，a 適切な手段を通して経済的，政治的，社会的および文化的な側面より女性の参加を促すこと，b すべての公的あるいは私的な側面において，男女が等しく価値を有し，人類の運命において同等に責任を有するため，男女の役割を変化させる戦略を形成すること，c 女性の全面的および平等な市民的，経済的，社会的，文化的および政治的な参加のために政府に対してあらゆる手段を講じてバリアを取り去るよう解決策を提案し，要求を行うこと，d 市民的，政治的，経済的，社会的および文化的な側面で女性が平等にリーダーシップをとる役割を果たす

よう運動し，訓練を行うこと，加えてそのような参加および代表を可能にするために，計画を策定したり，助長するためのプログラムを提案すること，e とくに女性の労働力および不利益な側面に注意を払いつつ，女性および女子に対する教育及び訓練プログラムに対するアクセスを促進すること，f 政府に対して，ジェンダーの平等を達成するために策定された専門の米州会議，米州機構の総会ならびに米州女性委員会で採択された条項を遵守するよう要請すること，g 米州機構およびその機関に対して，地域の女性に対するあらゆる事項および助言を求める際に，助言を与える機関となること，h その活動が女性に影響を与える米州間の機構，世界的な機構および公的および私的な機関と緊密な関係を築くこと，i 米州機構総会に対して，米州女性委員会の主要な活動を定期的に報告すること，j 地域の女性の地位に関して，またこの種の問題で考察すべきことに関して，米州機構総会に報告を行うこと，および加盟国政府に対して地域の国家における女性の地位の問題を解決することについて勧告を行うこと，k あらゆる形態の女性差別に対して必要な法的手段を採択，あるいは改変を促進すること，である。

(3) 一般的な米州機構の人権保障機関の成立と構成

一般的な人権条約の保障機関として，現在の米州機構には米州人権委員会と米州人権裁判所がある。

米州人権委員会は，1960年に米州機構理事会が規定を承認し，それに基づいて7名の委員が選出されたことに端を発する。設立の際には，米州人権委員会の権限は「一般的研究・勧告と人権意識の啓発程度にとどめられ」たうえに，規定上は，設置は米州機構憲章に基づくものではなく，米州機構の「自立的団体（autonomous entity）」とされた。このように，米州人権委員会の立場が曖昧になった背景には，このような人権機関を設けることに消極的であった米国の姿勢があると考えられている。しかしながら，現に設置された委員会は，加盟国への勧告を行うとともに，送付されてきた人権侵害を申し立てる通報を審査する権限を確認するに至り，「1965年に開催された第2回全米特別会議にお

いて，規程の改正が行われ，…「委員会に付託された通報，ならびにその他の入手可能な情報を審査する」権限が新しく委員会に認められることになった」[7]。加えて，米州人権委員会は，それまで「宣言」にとどまっていた米州宣言を米州人権条約として確立する際にも大きな役割を果たしたのである[8]。

このように，設立当初は理事会決議の形で認められていた「自立的団体」であった米州人権委員会であったが，次第にその活動範囲を拡大し，1967年の「米州機構の改正議定書によって，…憲章第112条として，新しく委員会についての規定が設けられ，米州人権委員会は正式に米州機構の機関としての地位を認められることになった」のである。米州人権委員会は，この時点で，個々の加盟国に対して勧告を行う任務に加えて，個人，個人の集団，非政府団体および国家からの請願を受理して審査を行ったり，米州人権条約締約国となっていない米州機構加盟国に対しても権限をおよぼすことになったのである[9]。また，1969年に採択された米州人権条約で正式に米州人権委員会が機関として認められることとなった[10]。

現在の米州人権委員会は，7名の独立した専門家より構成され，主たる活動としては「個人請願の処理」と「人権状況の調査および報告」がある。

個人請願の処理は，いずれの個人（被害者本人あるいは第三者であるかを問わない）および米州機構加盟国で法的に認められた非政府団体も，米州人権委員会に対して，米州人権宣言あるいは米州人権条約の侵害を申し立てることができるというものである（この場合，米州人権条約の締約国であるか否かを問わない）。また，「米州死刑廃止議定書，米州拷問防止・処罰条約，強制的失踪に関する米州条約，女性に対する暴力に関する米州条約の締約国については，その違反についても申立てが可能になっている。」[11]

この請願が受理されるためには，国内的救済手段がつくされている必要がある。請願が受理された後，委員会は，関係当事国に主要箇所を送付したうえで返答を求めたうえで，当事者から追加情報を求め，受理可能性を決定し，決定されたものについては本案審査に進む。この本案審査に進んだ後，さらに請願者および当該政府の所見を求めたうえで，米州人権委員会は友好的解決を斡旋

するが，それがうまくいかない場合は，本案について法的な評価を行う。もし，「当該国が期限までに勧告を遵守せず，かつ，当事国が米州人権裁判所の管轄権を受諾している場合，」米州人権委員会は，請願者の意向も確認しつつ，「事案を米州人権裁判所に送付する」のである[12]。

人権状況の調査および報告とは，米州人権委員会が，国別に，人権状況の調査を行い，それを報告書として提出するという活動である。また，国別以外にも，個別的な事案についても，米州人権委員会は調査・勧告の対象とすることができるのである[13]。この「報告書が作成される際には，当該国の同意を得て，現地調査が行われるのが一般的であ」[14]り，そこでは人権侵害についての証拠を収集すると同時に「人権侵害の被害者から個人請願を直接受け取ることも行っている」のである[15]。

このような米州人権委員会の活動に加え，米州地域において人権の保護に対する活動を行っている機関として米州人権裁判所がある[16]。米州人権裁判所に対して事件を付託する権利を認められているのは，「米州人権条約の締約国と米州人権委員会のみであって…，個人には出訴権は認められていない。」[17] 米州人権裁判所は，米州機構加盟国の国民である7名の裁判官によって構成されているが，「裁判に事件が付託されるためには，締約国が条約の批准書または加入書を寄託するさい，または，その後のいずれかの時に，裁判所の管轄を拘束的なものと宣言する…か，または，事件の当事国が裁判所の管轄を認める特別の合意をすることが必要」[18] であって，裁判所の管轄は義務的ではない。また，裁判所は，訴訟管轄権および勧告的管轄権を有するが，裁判所の判決は終審であって，上訴は認められない。しかし，締約国は裁判所の判決に従う義務があるのである。また，米州女性委員会を含む専門機関は，勧告的意見の要請権限を有するのである[19]。

2 女性に関する米州機構の機関と取組み

（1）米州において採択された女性に関する条約とその内容

米州機構は，米州人権条約をはじめ，さまざまな人権に関する条約を採択してきたが，とくに女性を対象にした条約をこれまでにも採択してきている。

まず，米州機構が設立される前の1933年に，第7回米州諸国会議によって採択された女性の国籍に関する条約（Convention of the Nationality of Women）があげられる。この条約は，前文と5条の条文により形成されているが，実質的な人権規定は第1条であり，「国籍に関しては法律上も実務上も性による差別はない。」と規定している部分である。その他の条項は，批准や効力発生などの手続的な規定である。

次に，1948年に第9回米州諸国会議によって採択された女性に市民的権利を付与する米州間条約（Inter-American Convention on the Granting of Civil Rights of Women）および女性に政治的権利を付与する米州間条約（Inter-American Convention of the Granting of Political Rights of Women）があげられる。両条約とも，第8回米州国際会議における決議および国連憲章に基づいて採択されているが，いずれも2条からなる短い条約である。市民的権利を付与する条約の実質的な人権規定は1条であり，「アメリカ諸国は，男性が享受している市民的権利と同様の権利を女性に付与することに同意する（The American States agree to grant to women the same civil rights that men enjoy.）。」と規定されている。政治的権利を付与する条約の実質的な人権規定も1条であり，「締約国は，投票権及び国家機関に選任される権利が性によって否定あるいは縮小されないことに同意する（The High Contracting Parties agree that the right to vote and to be elected to national office shall not be denied or abridged by reason of sex.）。」と規定されている。

このように，米州において採択された女性を対象とした条約は，その実質的な規定部分が非常に少なく，内容的にも不十分であった。また，1933年には，米州女性委員会によって行われた米州諸国の女性の地位に関する研究を基礎に，女性の平等な権利に関する条約が米州会議に提案されたが，採択されなかった[20]。

その後，女性のみを対象にした条約は，米州においては長く採択されなかっ

たが，1994年に女性に対する暴力に関する米州条約(Inter-American Convention on the Prevention, Punishment and Eradication of Violence against Women) が採択された。現在，女性に対する暴力に関する条約は，世界中でもこの条約のみとなっているため，その価値は非常に大きいといえる[21]。

この条約は25条からなっているが，まず，1条および2条で女性が公的あるいは私的に受けた身体的，性的および心理的な暴力を対象とするとしている。この暴力には，家庭内で行われた暴力や，職場等におけるセクシャル・ハラスメント，国家およびその機関によるものも含まれるとする。このため，この条約がカバーする範囲はかなり広いものと考えられる。

3条から6条は保護される権利規定であって，女性が公的あるいは私的な暴力から解放されること，地域あるいは国際条約に規定される権利が護られること，市民・政治的および経済的・社会的・文化的権利を有すること，差別から解放される権利，などを規定している。7章から9章までは国家の義務について規定している。ここでは，国家が女性に対する暴力を避難すると同時に，国家機関による女性に対する暴力を差し控えること，女性に対する暴力に刑罰を科すこと，国内的措置を講じること，法的な整備を行うこと，などをまず規定している。そして，漸進的 (progressively) ではあるが，国家が女性に対する暴力に関する啓蒙活動を行うこと，教育活動を促進すること，被害にあった女性に対する措置を講じること，メディアに対する規制を行うこと，研究や統計などの情報を収集すること，などを規定している。さらに，移民や難民，障害者や高齢者等に対する配慮が必要であるとしている。

10条から12条が実際に米州機構が担う保障措置についての規定である。まず，10条において，締約国は米州女性委員会に提出する国別報告書において，女性に対する暴力を予防し，また禁ずるために講じた措置，加えて暴力によって影響を受けた女性に関する情報を提供しなければならないとする。また，11条では，締約国および米州女性委員会は，この条約の解釈について米州裁判所に要請を行うことができる，と規定する。そして，12条では，個人，個人の団体，および加盟国により認定されたNGOは，この条約の違反に対して米州人

権委員会に請願を行うことができる，と規定されている。

 13条以下は一般的な規定であるが，注目すべき条項としては，この条約が国内における女性の権利を制限するものではないとした13条，米州人権条約等の規定を制限するものではないとした14条，この条約の目的および一般的な性質に反しない範囲で留保を可能とした18条，米州女性委員会を通じて総会に対してこの条約の改正を提案できるとした19条等があげられよう。

 このように，米州において採択された女性に対する暴力に関する条約は，国別による報告に加えて，個人請願を認めている点は，女性差別撤廃条約よりも一歩すすんだ措置といえる。

 しかしながら，米州地域においては，女性の市民的・政治的権利や経済・社会・文化的措置についてはこのような規定がなく，この条約では「暴力」のみを適用範囲としているところが今後の課題とされよう。

(2) 米州女性委員会の活動と成果

 女性の権利に関する委員会は，当初米州機構の前進である米州会議への参加を拒まれていたが，1928年のハバナ会議において発言権を認められ，米州女性委員会が活動を公式に行えることとなった。

 米州女性委員会の顕著な活動としては，米州における女性に関する条約の基礎となる研究を行っていることである。まず，1933年に米州女性委員会は，世界に先駆けて米州諸国における女性の法的な地位に関する研究を行い，女性の国籍に関する条約を採択するよう訴えを起こした。また，1930年代から40年代にかけても，さらに米州諸国における女性の地位のデータ収集を行い，米州地域における女性に市民的権利および政治的権利を与える条約の採択をしたのである。また，女性に対する暴力に関しては，1986年より米州女性委員会において分析がすすめられ，米州女性委員会により指名された専門家によって女性に対する暴力に関する条約が採択されたのである[22]。

 米州女性委員会は，条約の採択を促すのみならず，各国家に対しても女性の地位の向上を促す活動を行っている。まず，米州女性委員会が取り組んだ活動

は，女性の選挙権獲得の運動である。米州女性委員会が組織された1928年当時，女性に選挙権を与えていた国家はカナダと米国のみであった。米州女性委員会は，国内外における女性への選挙権獲得への取組みを支持し，1964年までには，米州機構加盟国において女性の選挙権が認められるようになった。また，市民的政治的権利の獲得には女性に対する教育が必要であるとして，女性の教育に対する平等なアクセスを促した。

1950年代にはいると，女性への選挙権獲得への取組みがほぼ終わり，米州女性委員会は，女性の経済的および政治的権利に対して重点を置くようになった。この時点では，米州女性委員会は，男女同一賃金や，労働条件に関する法律の必要性を訴えることとなった。また，働く女性の条件を改善するための活動も行い，仕事の平等性と賃金の平等性を強調することとなった。

1976年から85年には，「米州女性のための10年（Decade of Women in the America）」として，女性の平等な社会的および経済的参加や地位の改善のためのさまざまな取組みが提案された。この提案は，米州女性のための10年の行動計画として策定され，女性を取り巻く環境の改善，より平等な地位の付与，技術的な教育へのアクセスの増加等により，女性が社会的経済的に平等な参加を達成できるよう考察されたものである。そして，この提案をもとに，米州女性委員会は30の米州機構加盟国と技術協力を通して200以上のプロジェクトを遂行した。

1986年には，米州女性委員会は2000年までに包括的かつ平等に女性の参加（Full and Equal Participation）を達成するため行動計画を策定し，さらに1988年には，女性の政治参加を促進するための行動計画を策定した。また，1990年には，女性に対する暴力に関する米州間の会合が開かれた。

1994年には，米州女性委員会による行動戦略計画（Strategic Plan of Action of the Inter-American Commission of Women）が策定され，1995年に北京で開かれた北京世界女性会議に提出された。この行動計画は，2000年までの目標として，女性の権力および意思決定への参加，法的機構的枠組み，労働，教育，健康，暴力の追放，貧困の解消，女性を向上させることに責任を有する国内的

な枠組み，地域的協力，紛争地帯における女性の移動の10項目について現状を評価し，目標を掲げたうえで，行動計画を提案している。また，この10項目のなかでも，とくに女性の権力および意思決定への参加，暴力の追放および貧困の解消を5年間の中でも重点的に取り扱う，としている[23]。この行動戦略計画は，1994年にはじめてマイアミで開かれた米州サミットにおいて採択され，1998年に開かれた2度目の米州サミットにおいて米州機構が行動戦略計画に従って活動することが決定された。米州機構総会は，米州女性委員会に対し，米州間における女性の権利の促進とジェンダーの平等に関するプログラムを含むさまざまな活動を行うよう決議した。加えて，1998年に開かれた米州機構総会においては，米州における女性の地位と米州女性委員会の強化と近代化と題する決議を採択し，女性の地位向上に責任を有する閣僚級の会合を開くよう要請を行っている[24]。

2000年から02年までの米州女性委員会の活動は，「女性の人権の促進およびジェンダーの平等に関する米州間プログラムの履行」「米州サミットのフォローアップ」「米州女性委員会の行動戦略計画の履行（特に重点を置いている暴力の追放，女性の権力及び意思決定への参加，教育，貧困の解消）」に重点を置いている[25]。

3 米州機構の人権保障機関におけるジェンダー平等への取組み

（1）米州人権諸条約とジェンダー

米州における人権条約の根幹をなすのは，まず，米州機構の基本条約である米州機構条約がある。米州機構条約では，その3条1において，性別を含む差別なしに個人の基本的権利について宣言する（The American States proclaim the fundamental rights of the individual without distinction as to race, nationality, creed, or sex）としており，人権を機構の基本的な原則として表明している。

人権に特化したものとしては，米州の人権規定を具体化するものとして採択

された米州人権宣言（American Declaration of the Rights and Duties of Man）および1969年に採択され，1978年に発効した米州人権条約（American Convention on Human Rights）である。これに加えて，1988年には，経済的，社会的および文化的分野における米州人権条約の追加議定書（Additional Protocol to the American Convention on Human Rights in the Area of Economic, Social and Cultural Rights）が採択され，それまで二義的な位置づけしかされていなかった社会権の分野が強化されることとなった。

米州人権宣言は，表題が原文では rights and duties of man となっていることに加え，前文でも man という言葉が使用されており，男性のみを対象とした宣言であるかのように感じられる。しかし，本文では person や human being という用語が使用されているうえ，その2条で，性別を含む差別なく法の前に平等であることがうたわれており，女性も視野にいれた宣言であることが理解できる。この2条に加えて，7条では，すべての女性，とくに妊娠中の女性および子どもについては特別の保護と援助を与えられる権利をもつ，とされている。

米州人権条約においては，その1条で，性別を含む差別なく権利を享受でき，この条約でいう人（person）はすべての人間（human being）をさす，としている。このように，この条約も女性を視野にいれた条約であることが理解できる。また，24条においては，性別をとくに規定してはいないが，すべての人間は法の前に平等であり，差別なく法によって保護されるという規定がある。しかしながら，その他の条文においては，子どもの権利は規定されている（19条）ものの，米州人権宣言において規定されていたような女性に対する特別の規定はなく，指摘されるように，米州人権条約は市民的政治的権利に重点を置いた条約となっている[26]。

経済的，社会的および文化的分野における米州人権条約においては，その3条において，性別を含む差別を行わない義務が規定されている。しかし，この条約においても，子どもの権利（16条），高齢者（elderly）の保護（17条），および障害者の保護（18条）については規定されているが，女性の権利について

は，とくに規定を設けているわけではない。

このように，米州における一般的な人権条約については，概して女性の権利を特別の形で規定しているわけではなく，性別を含む差別を行わないで規定を適用するという形になっているのである。この点は，先に取り上げた女性をとくに対象としている条約とは異なる点である。

（2）米州人権委員会および米州人権裁判所

米州人権委員会においてとくに女性の地位が取り上げられることとなったのは，1994年以降であろう。1994年に，米州人権委員会は，女性の権利に関する特別報告者を任命し，委員会として女性に対する差別について審議を行うことになったのである[27]。

まず，米州人権委員会により任命された報告者は，各国における女性に関する規定の情報収集を行ったり，シンポジウム等の啓蒙活動を行った後，1998年に，米州における女性の地位に関する報告書[28]を提出した。この報告書においては，米州地域における女性の人権に関する枠組みを概観した後に，国別に提出された報告書を基礎に，米州各国における女性の地位の分析を行っている。報告書は，結論として，米州各国における女性の地位は向上してきているものの，依然としてこの地域における差別が存在すると結論づけている。また，女性に対する暴力について，最優先の課題とするべきだとしている。そのうえで，報告書は，米州委員会に対し，特別報告者を拡大してワーキング・グループとすること，ワーキング・グループの最初の報告書は女性の暴力に関するものとすること，女性の地位に関する基金を創設すること，女性の地位に関して現地調査を行うこと，政府や非政府団体を法廷の友（amicus curiae）として米州委員会および米州裁判所に参加させること，他の国際機構や米州機構内で協力を行うこと，を提案している。また，政府に対しても，2000年までにあらゆる女性に対する差別を撤廃すること，米州の女性に関する条約を批准していない国家は批准すること，等を提案している。

特別報告者は，報告書を提出するのみではなく，2002年にはとくに女性の地

位に関する現地調査も行っている。これは，主としてNGOによる報告を受けて，メキシコにおいて行われたものであったが，女性に対する暴力に関する現地調査であった[29]。このように，とくに女性の地位に関する現地調査に加えて，米州人権委員会による一般的な人権に関する現地調査において，女性の地位が取り上げられることや，提出する国別報告書のなかに，女性の権利に関する項目が取り扱われることが増加してきた。このような項目は，1995年のハイチに関する報告書を皮切りに，ブラジル（1997年），エクアドル（1997年），メキシコ（1998年），ドミニカ共和国（1999年），コロンビア（1999年），ペルー（2000年），パラグアイ（2001年），グアテマラ（2001年）における国別報告書のなかに取り入れられている。

特別報告者の任命以降，米州人権委員会における個人請願においても，ジェンダーに関する個人請願の取扱いが次第に増加してきている。1996年以降，ジェンダーに関する個人請願は11件取り扱われており，友好的解決が1件，本案について2件，許容性判断が5件，許容性判断および本案が3件となっている。このうち，一番多く個人請願が取り扱われたのは2001年の6件である。また，2001年に提出された米州人権委員会の報告書には，米州人権委員会は2000年以降6件のジェンダーに関する個人請願を取り扱ったと記載されている。この内訳は，友好的解決が1件，本案について3件，許容性判断について2件となっている[30]。このように，ジェンダーに関する個人請願が米州人権委員会で取り扱われる傾向が近年見られるが，1年間に900件以上の個人請願を米州人権委員会が受け取ることを鑑みる[31]と，ジェンダーに関する個人請願は数的には非常に少ないといえよう。

現在，特別報告者の役割の一部は，女性の司法へのアクセスについて調査を行うことである。これは，女性が司法による保護を必要とするとき，大きな障害がまだ存在するという認識のもと，司法における決定を下す際に，女性に対してどのような障害があるか，被害者である女性に対してどのような権利が与えられるべきか，刑事事件において被害者の女性がどのような状況にあるか，を調査するものである。

このように、女性に関する人権の特別報告者が任命されたことにより発展してきたイニシアチブに加えて、米州人権委員会および米州人権裁判所においては、とくにレイプを取り扱う際に、米州人権条約を援用する例が出てきている。たとえば、エル・サルバドルで7歳の少女が軍人にレイプされた事件では、米州人権委員会は米州人権条約第5条（1）に規定される人間の尊厳に反するとしている[32]。また、レイプは、米州人権条約第5条（2）に規定される拷問に値するという解釈をとる場合もある。たとえば、米州人権委員会は、ペルーの軍隊による連続したレイプについて、それが身体的精神的苦痛を与え、目的をもったレイプであり、公的な人間によって行われたという点から、軍隊によるレイプが拷問に値すると判断しているのである。これは、米州拷問禁止条約を参考にしていると解されている[33]。阿部らによって指摘されるように、レイプが拷問に値し、それが国家への責任帰属として認定されるという米州人権委員会の立場は、「「女性の経験」を十分に組み入れた法解釈の軌跡」であり、「国際人権規範の再ジェンダー化」であると考えられるのである[34]。しかしながら、このような事件を取り扱う際に、女性に対する暴力に関する条約が取り扱われていないことにも注目しなければならない。米州人権宣言および条約に対しては、被害者をはじめ、まったくの第三者や米州機構加盟国で法的に認められた非政府団体に関しても個人請願が認められており、とくに女性に対する暴力に関する米州条約の締約国に関しては、その違反について米州人権委員会に個人請願が可能となっている[35]。このような問題は、明らかに女性に対する暴力に関する条約でもクリアされる問題であり、締約国が少ないせいもあるかと思われるが、同条約に規定される米州人権委員会への請願手続があまり活用されていない結果ではないかと考えられる。

　また、米州人権条約に規定される性別を含む無差別の原則より、ジェンダーに関する判断が下されることもある。たとえば、米州人権裁判所は、その勧告的意見において、コスタリカの男性と結婚した外国女性の扱いが、コスタリカの女性と結婚した外国人の男性より良い待遇を受けていることに対し、このような規定は米州人権条約に反すると判断している。また、米州人権委員会の報

告書においても，不貞行為のみで男性が女性を離婚することができるとしたエル・サルバドルの事例は，米州人権条約に反するとしている[36]。このように，米州人権条約の諸規定において性別を含む無差別の原則が，米州人権委員会および裁判所において援用されることがあるのである。

おわりに

米州地域，とくに南米においては，「マチスモ」と称される男性性を優位とする考え方がまだ根強く残っているのが現状である。しかしながら，1970年代から1990年代にかけてはラテン・アメリカ地域で5名の女性大統領が出現するなど，「ラテン・アメリカ諸国の女性をめぐる環境の変化は，おそらくそれまでの400年の変化に匹敵するほどのものである」と指摘される[37]。このような米州地域の女性をとりまく環境の変化は，国連のイニシアチブのもと1975年より始まった国際女性の10年の成果であったり，女性差別撤廃条約をラテン・アメリカ地域のほとんどの国が批准した結果であったり，NGOの精力的な活動より生じたものであった，といわれている[38]。

しかしながら，女性の地位の改善が進む一方，先住民族の多くが未だに差別を受け続けていたり，「固定的な男女役割分担のイメージが強固で，母性イデオロギーの強いラテン・アメリカ文化圏において，ドメスティック・バイオレンスやセクシャル・ハラスメントが公然と取りあげるようになったのは1990年代の半ば以降のことであ」り，「国連主導の「平等・開発・平和」推進運動の流れのなかで女性の社会的地位の改善に努めてきたラテン・アメリカ諸国も，強いジェンダー意識とその実態を変革するにはさらに時間を要するであろう」と指摘される[39]。

このように，米州においては，米州女性委員会のように早くから男女平等に向けての取組みが進むなかで，一般市民の意識においてその考えが浸透して行くにはまだ時間がかかると思われる。これについては，女性に関する特別の規定がなく，一般的な規定のみにとどまっている米州人権条約および経済的，社

会的および文化的分野における米州人権条約よりも，一般的に女性をターゲットにした新たな人権規約を米州地域で設け，それを浸透させていくことが重要と思われる。幸い米州には，米州女性委員会をはじめとするイニシアチブがとられてきた歴史があると同時に，米州人権委員会において特別報告者が任命されるなど，比較的新しい取組みも見られる。特定層だけではなく，先住民や一般市民もその権利を享受できる枠組みづくりが米州地域において必要であろう。

注

1) 田畑茂二郎『国際化時代の人権問題』（岩波書店，1988年）163頁。
2) 同上，164-185頁。
3) 同上，168頁。
4) Inter-American Commission of Women, *A Century for Struggle for Women's Rights in the Americas*, p.3.
5) Davidson, Scott, *The Inter-American Human Rights System* (Dartmouth, 1997), p.8.
6) *At* http://www.oas.org/cim/English/About.htm 参照。
7) 田畑，前掲書，（注1），175頁。
8) 阿部浩己『人権の国際化』（現代人文社，1998年）34-37頁。
9) 田畑，前掲書，（注1），176-179頁。
10) 米州人権条約33-51条。
11) 阿部浩己・今井直・藤本俊明『テキストブック国際人権法（第2版）』（日本評論社，2002年）215頁。
12) 同上，216頁。
13) 北村泰三「米州機構と人権保障」『国際人権』3号（1992年）。
14) 阿部・今井・藤本，前掲書，（注11），219頁。
15) 同上，219頁。
16) 米州人権条約33条，および53-69条を参照。
17) 田畑，前掲書，（注1），183頁。
18) 同上，183頁。
19) 安藤勝美『地域的協力機構と法』（アジア経済研究所，1994年）169-170頁。
20) Inter-American Commission of Women, *A Century of Struggle for Women's*

Rights in the Americas, p.4. この条約は、キューバ、エクアドル、パラグアイおよびウルグアイの4カ国が署名を行った。

21) Charlesworth, Hilary and Chinkin, Christine, *The boundaries of international law* (Manchester University Press, 2000), p.73.
22) Inter-American Commission of Women, *Strategic Plan of action of the Inter-American Commission of Women*, pp.36-37.
23) Inter-American Commission of Women, *Strategic Plan of Action of the Inter-American Commission of Women*.
24) Inter-American Commission of Women, *Inter-American Program on the Promotion of Women's Rights and Gender Equity and Equality*, pp.17-18.
25) *At* http://www.oas.org/cim/English/Work Plan%202000-2002.htm 参照。
26) 阿部・今井・藤本、前掲書、(注11)、213頁。
27) *At* http://www.cidh.oas.org/woman/Default.eng.htm 参照。
28) Report of the Inter-American Commission on Human Rights on the Status of Women in the Americas (Doc.7 rev. April 13, 1998).
29) OEA/Ser.L./V/II.117, Annual Report of the Inter-American Commission on Human Rights 2002, *at* http://www.cidh.oas.org/annualrep/2002eng/toc.htm 参照。
30) Update on the Work of the Rapporteurship on the Rights of Women, OEA/Ser./L/Ⅴ/Ⅱ.114, Annual Report of IACHR, *at* http://www.cidh.oas.org/annualrep/2001eng/chap.6c. htm 参照。
31) 阿部・今井・藤本、前掲書、(注11)、219頁。
32) Harris, David and Livingston, Stephan, *The Inter-American System of Human Rights* (Clarendon Press, 1998), p.228.
33) *Ibid.*, pp.229-230.
34) 阿部・今井・藤本、前掲書、(注11)、217-218頁。
35) 同上、214-215頁。
36) Harris and Livingston, *op. cit.*, p.286.
37) 国本伊代編『ラテンアメリカ　新しい社会と女性』(新評論、2000年) 20頁。
38) 同上、21-23頁。
39) 同上、38頁。

(吉村　祥子)

第5章　国際労働機関

は じ め に

　ILO は，その憲章[1]の前文において，男女同一価値労働同一賃金と女性保護を明記していることに示されるように，1919年の創立以来，女性労働問題に真摯に取り組んできた国際機関である。いわゆるフィラデルフィア宣言[2]は，すべての人間が，性にかかわりなく，「自由及び尊厳並びに経済的保障及び機会均等の条件において，物質的福祉及び精神的発展を追求する権利を持つ」ことを確認している（同宣言2(a)）。ILO は，長期にわたって，男女平等・性差別の撤廃ならびに家族的責任と両立する労働条件の確立に向けて，努力を傾注してきており，この分野においてこの国際機関が果たしてきた役割は，限りなく大きいものがある。

　本章は，ILO を対象にして，以下の2点を明らかにすることを目的とする。第1は，ILO のジェンダーをめぐる政策的アプローチの変遷・展開をたどり，「女性」の地位向上から「ジェンダー主流化」への重点の変化を検証することである。第2は，ILO が策定した国際労働基準とその適用監視機構によって，日本がいかなる影響を被ってきたかを明らかにすることである。第2の点については，主として，100号条約を中心に検討する。

1　ジェンダーの主流化

（1）定義と目標

　1970年代から，国連が WID を開始したことは，別章でふれられているとこ

ろだが（本書第Ⅰ部第4章・川真田嘉壽子担当），WID へのジェンダー的観点からの批判は，以下の4点に集約される。すなわち，① WID は，開発という社会の「近代化」の利益が，自動的にかつ平等にもたらされることを前提としていたこと，② WID は女性を開発戦略に組み込み，不平等を内包する既存の社会構造を受容していたこと，③ WID のアプローチは，女性の家事労働の負担や再生産機能を軽視して，生産的側面のみに焦点をあてる傾向にあったこと，④ WID では，女性のための独立したプロジェクトが仕組まれ，それは周縁的で孤立したものになりやすいこと，である。

WID に対するこのような批判に応えて，1980年代には GAD アプローチが出現した。GAD は，男女の不平等な関係に焦点をあて，社会における構造的な不平等を自覚するものであること，孤立化した単一グループとして，女性のみに焦点をあてるのではなく，男女双方の役割とニーズに焦点をあてること，ジェンダー平等が最終的な目標であることを特色とするものであった。国連は，この時点で，ジェンダーの問題を明確に意識することになったといえよう[3]。

ジェンダー問題を社会の主流に位置づける概念－ジェンダーの主流化－は，1995年の北京世界女性会議において，明確に樹立されたといわれている[4]。北京宣言は，「ジェンダー（社会的，文化的性差）に敏感な開発政策およびプログラムを含む政策及び計画を，女性の完全な参加を得て，立案，実施，監視することが必須である」（19項）と述べ，北京行動綱領には，「すべての政策及び計画の中心にジェンダーの視点を据える」べき（189項），または「ジェンダーの視点が事務局のあらゆる活動に中心的な面として導入される」べき（330項）などのフレーズが，繰り返し出現し，ジェンダー主流化政策の推進が強調された。ILO は，北京会議における12の重大問題領域のうち，とくに7つの領域[5]に責任をもつ機関として，ジェンダー主流化の概念を積極的に受け入れたのである。

1997年には，国連経済社会理事会が，ジェンダーの主流化を，以下のように明解に定義した[6]。「ジェンダー観点を主流化するということは，あらゆる領域とレベルにおいて，法律，政策もしくはプログラムを含む全ての活動が，男

性と女性に対して及ぼす影響を評価するプロセスなのである。これは，女性の関心と経験を，男性のそれと同じく，あらゆる政治，経済，社会の分野における政策とプログラムをデザインし，実施し，モニターし，評価するにあたっての不可欠な部分にするための戦略であり，その結果，男女は平等に利益を受けるようになり，不平等は永続しなくなる。主流化の最終の目標は，ジェンダー平等を達成することである」。

　ジェンダーの主流化は，既存の課題に，女性の分野やジェンダーの分野を付け加えることではない。それは，女性（あるいは男性）の経験，知識，関心を，従来はそれらが無視されてきた分野に組み込み，課題そのものを修正することである。それを通じて，最終的には，不平等な社会的・制度的構造を，男女にとって平等なものへと変革するための手段である。国連がここで，ジェンダー主流化の最終目標は「ジェンダー平等の達成である」と述べていることの重要性は，いくら強調しても足りないというべきであろう。ILOは，ジェンダー主流化は目的ではなく手段であり，最終的な目標は，労働の世界におけるジェンダー平等の達成であると，繰り返し強調している[7]。

（2）ILO による「ジェンダーの主流化行動計画」

　ILO事務局は，労働の世界における政策のすべてに共通する問題として，ジェンダーの主流化に積極的位置づけを与えた。この新しい戦略を実現するために，チリ出身のソマビア事務総長は，1999年12月に，「ILO事務局のジェンダー平等およびジェンダー主流化」とする政策宣言を公表した[8]。ここには，①ILOのすべての活動に「ジェンダー平等」を組み込むこと，②ジェンダー視点から，生産，再生産，家族，コミュニティ，ILO構成員等の役割を分析し，戦略的なジェンダーのニーズを見いだすこと，③体系的なジェンダー分析を行い，それに基づく行動をとること，④ジェンダーの主流化を支援する指標および道具を開発することが，示された。それらを効果的に実現するために，事務局体制が強化され，ジェンダー問題の特別アドバイザー・オフィスが，ジェンダー平等局に拡充された[9]。

同事務局長はまた，ジェンダー平等局に，ジェンダー主流化のための行動計画の策定を促し，当該局はこれに応えて，「ジェンダー平等およびジェンダー主流化に関するILO行動計画」(2000年2月）を策定した[10]。行動計画は，以下の5つの柱（Key result area）から構成されている。すなわち，①ILOのあらゆるスタッフ・構成員の間に，事務局長の「ジェンダー平等およびジェンダー主流化」政策宣言に関する強いコンセンサスを確立すること，②ジェンダー主流化のためにILO事務局体制を強化し，ジェンダーに敏感でジェンダーに責任をもつ環境を作り出すこと，③構成国に対して，ジェンダー主流化ならびにジェンダーに敏感で，ジェンダーに責任をもつサービスを提供できるように，ILOの組織とスタッフ個人の能力を高めること（Capacity building），④ILOの仕事のなかで，ジェンダーが効果的に主流化され，ジェンダーがすべての分野の関心事になること，⑤ILOの人的資源・スタッフ構成は，ジェンダーに敏感な方針のもとで，男女のバランスが確保されるものであること，である。

この行動計画に基づき，ILOは，2001年10月から翌2002年4月までの間に，第1回のジェンダー監査（Gender Audit）を実施した。参加したのは，ジュネーブ本部と地域の15部局である。監査は，当該部局等におけるジェンダー主流化の成果を描き出し，好事例を示し，また直面している問題と障害を示し，そこから教訓をえるために実施された。最終結果は，2002年11月に公表された。この大規模な監査に盛り込まれた情報はきわめて有用である。監査は，ジェンダー主流化戦略の実施をなお妨げている抑制や欠陥を，以下のように指摘している。ILOのあらゆる文書・計画のうち，完全にジェンダー主流化が考慮されているものはきわめてわずかでしかない。多くの文書では，ジェンダーは，目に見えない存在となっており，背景的分析で言及されているとしても，目標，活動，指標のデザインには反映されていない。「ジェンダーへの関心は，外部に表明されなければならない。ジェンダーの観点は目に見えるものでなければならない。ジェンダー平等の達成は測定されなければならない」[11]。この指摘は，ジェンダーが効果的に主流化されているかを評価するのに，モニ

ターという手段がいかに重要かを示唆している。構成国その他関心のある諸団体は，ジェンダー主流化を推進するために，ぜひともこの監査内容を共有することが望ましい[12]。

（3）ディーセント・ワーク

　一方，1999年のILO総会で，事務局長は「ディーセント・ワーク」という思想を打ち出した。この言葉は，「権利が保護され，十分な収入を生みだし，適切な社会的保護が与えられる生産的な仕事」と定義されている[13]。ジェンダーとの関連では，「今日のILOの基本的目標は，自由，均等，安全，人間の尊厳という条件の下で，ディーセントで生産的な労働を獲得する女性と男性の機会を促進することである」とされている。

　このように，ジェンダーは，ディーセント・ワーク概念と密接不可分の関係にある。ILOにおけるジェンダーの主流化は，ディーセント・ワークの戦略目標——労働における基本原則と権利，雇用と所得の増進，社会的保護，社会的対話——にもジェンダーの視点を反映させることである。21世紀に向けて，ILOがこのような理念を打ち出したことは，感銘をもって受け止められるべきだろう。

　ディーセント・ワークは，ジェンダーの視座からみた労働のあるべき「基準」を示している。これまで男女の役割は，ジェンダーによって分割されてきた。女性の活動の多くは，家庭やインフォーマル・セクターにおける不払い労働であり，その結果，女性の労働は，各国の雇用や所得の統計からは排除される傾向にあった。このような労働の評価は，ジェンダーの視点から見直されなければならない。家庭・コミュニティ・職場における生産労働と再生産労働は，可能なかぎりジェンダー平等に分担されるべきである。その結果，生産労働のために家庭を犠牲にする男性の働き方ではなく，仕事と家庭の両立をめざす女性の働き方を基礎にして，労働のあり方を見直すべきである。このような人間的な働き方こそ，ディーセント・ワークとよばれるにふさわしく，この「標準的な働き方」を確保することこそ，本当の意味での平等規範といえるで

あろう。

2 ILO条約・勧告の変遷

ILOのもっとも重要な役割は、国際労働基準の設定であり、この活動が日本の女性労働およびジェンダー政策にも重大な影響をもたらしたことはいうまでもない。この基準設定活動もまた、当初における「女性の地位向上」という方針から、近年では、ジェンダー主流化という方針に向けて、ゆるやかな変化を描いている[14]。

(1) 保護から平等へ

1980年以前のILOの条約は、「保護」から「平等」へというにふさわしい変遷をたどった。

(a) 第2次大戦前：女性保護

女性「保護」が中心だった第2次大戦前後の時期には、1919年に、「産前産後に於ける婦人使用に関する条約（3号）」が制定された。その後に、各国で社会保障制度が整備されたことを反映して、1951年には、3号条約を改定して、その内容をより明確かつ詳細にした「母性保護に関する条約（103号）」と「同勧告（95号）」が採択された。103号条約は、金銭給付と医療給付を伴う12週間の出産休暇について規定している[15]。日本はこの条約を批准していない。

1919年にはまた、「夜間に於ける婦人使用に関する条約（4号）」が採択された。この条約は、その後の技術革新に伴う規制緩和要求に応じて、2度にわたり改定された。1回目は、1934年の「夜間に於ける婦人使用に関する条約（41号）」であり、2回目は、1948年の「工業に使用される婦人の夜業に関する条約（89号）」である。89号条約は、「夜10時より朝7時までの間の少なくとも7時間を含む継続する11時間」の夜業を女性に禁止するものであった（2条）。日本はこの条約を批准していない[16]。

(b) 平等に関する条約の登場

第2次世界大戦をきっかけとする女性の職場進出を背景に，男女平等を定める条約が登場した。1940年代末から男女同一賃金原則を条約化する声が高まり，1951年には「同一価値の労働についての男女労働者に対する同一報酬に関する条約（100号）」と「同勧告（第90号）」が採択された。この条約の内容，日本の批准の経緯，その後のILO条約監視機構との「対話」については，後に詳しくふれることにする[17]。

1958年には「雇用及び職業についての差別待遇に関する条約（111号）」と「同勧告（111号）」が採択された。同条約は，人種，皮膚の色，性，宗教，政治的見解，国民的出身，社会的出身による差別を，雇用と職業の両側面において禁止している（条約1条1(a)）。111号条約は，100号条約とならび平等に関する基本権条約として位置づけられているが，日本は未だに批准していない。同条約が述べる「雇用と職業」の差別禁止とは，採用された後の労働条件差別と採用時の差別の両方を視野にいれた禁止を意味する（3条）。日本では，性別に関しては，採用時差別も含めて禁止する男女雇用機会均等法があるが，「国籍，信条，社会的身分」に関する差別を禁止する労基法3条は，採用後の労働条件差別のみを禁止しているにすぎない[18]。

(c) 家族的責任は女性に

当時のILOの発想は，家族責任は女性にあるとしていた。1964年に採択された「家庭責任をもつ婦人の雇用に関する勧告（123号）」は，女性が直面する特殊な問題として，「家庭と仕事の責任の調和」を位置づけ，権限のある機関がそのために必要な考慮をすると定めた。性別役割分業についての見直しは，1980年代を待たねばならなかった。

（2）性別役割分業の見直しの視点

1980年代以降，ILOの労働基準設定をめぐる方針は，大きく変化することになった。

(a) 家族的責任は男女が共に担う

ILOは，1970年代における性別役割分業論の見直しという国際的動向を反映

して，1981年には，123号勧告を改定して，男女労働者を対象とする「家族的責任を有する男女労働者の機会及び待遇の均等に関する条約（156号）」と「同勧告（165号）」を採択した。156号条約の前文は，家族的責任をもつ男女労働者間の均等の実現とあわせて，家族的責任を有する労働者と他の労働者との間の機会と待遇の実効的な均等の実現が必要であると述べ，そのためには，家族的責任を有する労働者の「特別のニーズに応じた措置」（特別措置）と，すべての労働者の状況を「全般的に改善することを目的とする措置」（一般的措置）が必要だと述べる。措置の内容は165号勧告が具体的に定めているが，一般的措置として，1日あたりの労働時間の漸進的短縮や時間外労働の短縮（18項a），作業計画，休息時間・休日の弾力的措置（18項b）が規定されていること，特別措置として，交替制・夜間労働の割当や転勤にあたって家族的責任を考慮すべきこと（19項，20項），家族的責任を有する労働者が多数を占めるパートタイム労働者とフルタイム労働者との雇用条件や社会保障適用に関する平等を定めていること（21条）等が注目される。

　日本は，1991年に男女労働者を対象とする育児休業法を制定し，1995年に介護休業制度を創設するよう法改正を行ったため，同年に156号条約を批准した。条約3条は，家族的責任を有する男女が差別されないこと，8条は家族的責任が雇用終了の理由にならないことを定めており，育児・介護休業法においてこの旨が明確に規定されることが望まれていた。この点，2001年11月の第153回臨時国会で育児・介護休業法が改正され，育児休業や介護休業の申出をし，又は休業をしたことを理由とする「解雇その他不利益な取扱い」が禁止されることになった（同法10条，16条）[19]。

(b) 保護は男女共通に

　1990年代になると，男女の機会均等と女性保護のあり方が論議をよぶようになった。1990年には，89号条約の内容を大幅に緩和する議定書（「1948年の夜業（女子）条約（改正）の1990年の議定書」）と，すべての産業に働く男女労働者の夜業労働を規制する「夜業に関する条約（171号）」および「同勧告（178号）」が採択された。89号条約の批准国が議定書もあわせて批准すると，夜

業禁止時間帯を短くするなど，規制の緩和が可能になるのである。171号条約が成立したために89号条約の批准を撤回する国も増えている。しかし日本は，89号条約，171号条約のいずれも批准していない[20]。

(c) 就労形態の多様化をめぐる条約

1990年代には，就労形態の多様化を意識して，就労形態の違いを超えて平等な処遇を確保するための条約が採択されるようになった。1993年には，「パートタイム労働に関する条約（175号）」ならびに「同勧告（182号）」が採択された。175号条約は，パートタイム労働者を，「通常の労働時間が比較可能なフルタイム労働者のそれよりも少ない就業者を意味する」と定義する（1条a）。この比較可能なフルタイム労働者とは，当該パートタイム労働者と，①「同一の型の雇用関係」にあり，②「同一のまたは類似の型の労働又は職業」に従事し，かつ③「同一の事業所，または当該事業所に比較可能なフルタイム労働者がいない場合は同一企業，または同一企業にそれがいない場合は同一産業部門に雇用されている」フルタイムの労働者をさす。すなわち，パートタイム労働者の比較対象となるフルタイム労働者とは，原則として，「同一の事業所」で，「同一の型の雇用関係」のもとに雇用されていて，「同一または類似の」仕事に従事している者である。そのようなパートタイム労働者とフルタイム労働者に関して，条約は，雇用・労働条件・法定社会保障等について，同一の保護，同等な取扱いを定めている[21]。

また，伝統的な製造業としての家内労働に加えて，近年のテレワークなどサービス労働の増大傾向に対応して，ILOは，1996年に，「ホームワーク労働に関する条約（177号）」および「同勧告（184号）」を採択した。同条約の適用対象になるホームワーカーとは，自宅ないし使用者の事業所以外の自分で選んだ場所で働く，実質的に労働者的性格をもつ者（1条a項）であって，働く場所に注目した概念である。これに対して日本の家内労働法は，請負契約という形式で働く，製品加工にたずさわる人のみを「家内労働者」として法の適用対象にしており，ILO条約とは発想が異なる[22]。

(d) 出産保護は手厚く

2000年には，103号条約を改定する「母性保護に関する条約（183号）」と「同勧告（191号）」が採択された[23]。183号条約は14週間の出産休暇や，求人に応募した女性に妊娠テストを課すことなどを使用者に禁止している。また，解雇理由が妊娠または出産とその結果もしくは哺育に無関係であることを証明する責任は，使用者にあるとした。金銭給付に関しては，103号条約と同様，「従前の所得の3分の2を下回らない」ことを条件としている。日本は健康保険法で60％の出産手当金を定めているが（同法50条），これは同条約の「3分の2を下回らない」金銭給付という条件を充たしていないため，同条約を批准できない[24]。

3 条約の履行確保

(1) 条約の適用監視機構

ILOが他の国際機関よりも注目されるのは，条約の適用監視機構が整備されているからである。とくに条約勧告適用専門家委員会（CEACR）が重要である。

同委員会は，1926年に，労働法や国際法の分野において高い評価をえている専門家によって構成される独立の機関として設けられた。同委員会は，まず，憲章19条5項（e）（未批准の条約[25]）および22条（批准した条約[26]）にしたがって，ILOに送付されてくる「定期報告書」を審査し，国際労働基準と国内法令および実施の適合性を確認する。これは書面審査であるが，この後に政府報告への質問という形で，「対話」（dialogue）が行われる。

憲章22条以下の手続は次のようになっている。条約を批准した国は，批准の効力が発生した1年後に，最初の報告書を提出する義務がある。事務局長は，加盟国の資料と報告の概要を，翌年の総会に提出し（憲章23条1項），加盟国はまた，国内の代表的労使団体に同じ資料と報告の写しを送付しなければならない（同23条2項）。労使団体もまたそれぞれの見解を独自にILOに通知することができるので，その場合は，委員会は，労使団体の見解を考慮しつつ政府

報告書を審査することになる。委員会の審査は非公開とされており，審査の後に，全体会議で，委員会としての最終判断が決定される。

この最終判断には2つの形式がある。第1は，「直接請求」（direct request）であり，委員会が直接に，当該政府に対して質問状を送付するものである。この質問状は公開されない。第2は，「意見」（observation）である。これは報告書として公刊されるために，広く一般の目にふれることになる。幅広く国際社会に公開されることになる第2の形式について，何度にもわたってこれが公開されることは，それぞれの国に好ましくない影響を及ぼすために，各国は，これをできるだけ避けようとする力を働かせるといわれている。条約の最終的な解釈権は国際司法裁判所にあるが（憲章37条），事実上，ILO条約の解釈問題について国際司法裁判所が利用されることは少ないために，実際は，かなりこの条約勧告適用専門委員会の解釈が権威をもつことになる。

また，総会ごとに開かれる「総会基準適用委員会」もまた，重要な監視機構であり，こちらは3者構成である。総会委員会は，問題があるケースを選んで議論する。総会でその国の政府代表の説明を聞いて討論が行われるために，政府にとってはこれが「人民裁判的な舞台と写る」ことがあるといわれている[27]。

（2）「労働における基本権宣言」

1970年代から1980年代にかけて世界経済のグローバル化が進み，1990年代には，先進国と途上国間の国際貿易における公正労働基準が，いわゆる「社会条項」として問題になった。いくつかのILO条約の批准・適用を貿易上の条件とするように求める先進国と，それに反発する途上国の対立構造が浮き彫りになった。折りからGATT（関税貿易一般協定）が発展的に解消して，WTOが発足すると，この議論はより活発化した。

この議論の経緯において，まず第1ステップとして，1995年に国連社会開発サミット（コペンハーゲン）が行われ，第2ステップとして，1996年のWTOの閣僚会議（シンガポール）が開かれた。そこにおいて，労働基準問題の議論

の場にふさわしいのはILOであるという合意がなされ，国際労働基準として，ILOの中核的7条約が重要であることも確認されるに至った。そこでILOは，第3ステップとして，1998年6月18日に，第86回総会で，「労働における基本的原則および権利に関するILO宣言（いわゆる基本権宣言）」[28]を採択したのである。この宣言は，第二次大戦後のフィラデルフィア宣言以来の新しい「宣言」として重要な意味をもつものである。

同宣言は，4つの分野（結社の自由と団体交渉権の効果的な承認，あらゆる形態の強制労働の撤廃，児童労働の効果的な廃止，雇用と職業における差別撤廃）に焦点をあてつつ（同宣言2項），これら4分野の原則は，各国がILOに加盟したと同時に誠意をもって実現努力を約束したものであるから，それらを尊重し，促進し，現実化することは憲章上の義務であるという認識を示すことになった[29]。

基本権宣言には付属文書があり，2種類のフォローアップ手続きを定めた[30]。1つは，憲章19条5項(e)（未批准の条約に関する加盟国の義務の遂行）に基づく「年次フォローアップ Annual follow-up」であり，8つの基本権条約（29号，87号，98号，100号，105号，111号，138号，182号[31]）に関して，未批准国の4年ごとの報告制度を簡素化したものとして位置づけられている。もう1つは，「グローバル・レポート Global report」であり，これは，毎年，上記4つの分野の1つを選んで，各種の情報を総合して，事務局が作成する。年次フォローアップは，理事会によって審査される。グローバル・レポートは，事務局長報告として総会に提出され，公労使によって審議されたのち，理事会がとりあげて，ILOの技術協力の展開に生かされることになる[32]。

（3）平等に関するグローバル・レポート

さて，グローバル・レポートは，2000年に「結社の自由」，2001年には「強制労働」，2002年には「児童労働」を，それぞれ取り上げた。そして，2003年に公表したのが，「平等に関するグローバル・レポート」である[33]。

このレポートは，「毎日，世界中のいたるところで，労働の世界のさまざ

な差別が発生している。同時に，労働は，社会を差別から解放するための特別な出発点でもある。これがレポートの鍵となるメッセージである」と書き出している。続けて，労働における差別は，人々から言葉と完全な参加を奪い，それによって，職場の民主主義と正義を衰えさせるが，他の場よりも職場でこそ，差別撤廃はより効果的に行われることができると述べている。もちろん，職場の差別は自動的に消滅するものではないし，市場が差別を撤廃することもないとしつつ，本レポートは，差別の撤廃は，すべての当事者に，意図的で，集中した，持続的努力と方針を要請すると強調する。差別の撤廃は，政府のみの責務ではなく，あらゆる人々の責任でもある。同時に，労働における平等の達成は，企業，使用者団体，労働者団体，差別の被害者，その支援者すべてに利益をもたらすのであり，だからこそ，平等達成の役割を，すべての者は担うのである。

　レポートの内容は4部構成になっている。「理念から現実へ」と題する第1部では，国際的な差別撤廃の歴史的努力を概観し，何が差別か，なぜ差別は撤廃されるべきかが述べられる。露骨な差別は弱体化したが，今日，労働市場の構造や動態の変化によって，新たな差別が出現していると指摘され，人種，宗教，HIV/AIDS，障害，年齢などを理由とする各種の差別に対抗する取組みが分析される。興味を引くのは，「差別」が，「社会的・経済的不平等」を生み出し，その不平等が，ステレオタイプや偏見の情報化によって「個人の態度，制度的構造や手続き」に影響し，それが回り巡って，再度，「差別」を確固たるものにするという，「差別と不平等の危険なサイクル」が示されていることである。「間接差別概念」は，職場に広がっている制度，ルール，慣行を基礎とする偏向を明らかにするものであって，間接差別の存在を確認し，法的に認知することは，「健康で育児責任にとらわれない労働者」を基準として確立されてきた既存の慣行を，批判的に再検討するものであることが，強調されている。

　「選ばれたトレンドと政策課題」という第2部は，ジェンダー差別を取り上げ，労働市場の男女間分離，失業率・報酬・職務の男女間格差を検証する。女

性の市場参加率は高まったが，失業率がなお男性より高いこと，水平的職務分離は縮小しているが，垂直的職務分離はなお拡大していること，賃金格差は縮小傾向にはあるがなお大きいことが，分析されている。興味深いのは，レポートが，男女賃金格差の主要な要因は，女性の教育水準の低さやキャリア・パスの中断にあるのではなく，職業上の分離，職務分類システム，中央集権的で弱体な団体交渉が，より主要な要因であると指摘していることである。男女差別撤廃における各国の共通のトレンドは，差別禁止法から，平等を促進する積極的な義務を定める法へ，というものである。レポートは，反差別法を効果あるものにするためには，効果的な履行を確保する制度（労働監督，特別な履行機関など），被害者の援助制度などが必要であること[34]，さらに，アファーマティブ・アクションという手段，労働と家族の調和などが必要であると強調している。

「ILOと活動における社会的パートナー」と題する第3部は，差別撤廃に向けたILOと社会的パートナーの仕事について考察している。最後に，第4部は，グローバル・レポートをフォローアップするための行動として，「労働における差別撤廃の行動計画」を提示する。この行動計画は，①差別と機会均等をベースにした知識の構築，拡充，更新，普及の必要性，②差別されている人々の否定的なイメージに対抗するための，首尾一貫した持続的な情報提供と意識啓発政策の必要性，③ILOによる，加盟国の立法的活動のためのサポートおよび制度的枠組みのためのサポート提供の必要性を示している。

4 ILO条約の遵守と日本[35]

ILOの国際労働基準が日本の労働基準に影響を及ぼした例は数多い。ここでは，100号条約をめぐる条約勧告適用専門家委員会と日本政府の対話が，日本の男女間賃金格差の解消政策に及ぼした影響を分析してみたい。100号条約は，2001年6月29日に採択から50周年を迎えた。同条約は，すでに述べた通り2003年5月現在，161カ国が批准しており，批准国がもっとも多い条約の部類

に入る。

(1) ILO100号条約と ILO90号勧告の内容[36]と日本の批准

まず，同条約・勧告の内容の概要を確認しておきたい。同条約にいう「報酬」には，①「通常の，基本のまたは最低の賃金または給料」と，②「使用者が労働者に対してその雇用を理由として現金または現物により直接または間接に支払うすべての追加的給与」が含まれる（条約1条(a)）[37]。また，「男女同一価値労働同一報酬」とは，「性別による差別なしに定められる報酬率をいう」（条約1条(b)）。「同一価値労働」は，「同一労働」よりも広い意味をもち，同じ労働であっても名称だけを変えることによって同じ労働でないとする抜け道を排除するものである。男女が行う職務の名称・分類・内容などが「同一」ではなくても，労働としての価値が同一と判断される場合には，同一報酬を支払うべきであるという意味が含まれると解釈できる。加盟国は，「報酬率を決定するために行われている方法に適した手段によって」，この原則を，すべての労働者に適用することを促進し，この方法と両立するかぎりでこの原則を確保する義務を負う（条約2条1項）。なお，条約の規定を直ちに実施することが可能とは認められない場合には，漸進的にこれを行うことができる（勧告4項）。

労働の「価値」の評価について，条約は，「行うべき労働を基礎とする職務の客観的な評価を促進する措置」が，条約の実施に役立つ場合は，その措置をとるものとすると定める（条約3条1項）。この部分は，「同一価値労働」を判定する際の重要なポイントであって，これが適切になされた場合には，格差のある報酬が支払われたとしてもそれは正当化される（条約3条3項）。加盟国は，労使団体と合意のうえ，「労働者の性別にかかわらない職務分類を行うため，職務分析またはその他の手続きによって，仕上げるべき仕事の客観的評価の方法を確立し又はその確立を奨励すべきである」（勧告5項）。

同一価値労働同一報酬原則の適用を容易にするために，必要な場合には，女性労働者の生産能率を高める以下のような適当な措置をとることが，勧告によ

って要請されている。①職業指導，職業訓練，職業紹介等について男女に同一または同等の便宜を供与すること（勧告6項(a)）。②職業指導，職業訓練，職業紹介の便宜供与を女性に奨励するための措置（同項(b)）。③女性のニーズに合致する福祉・社会サービスを提供すること（同項(c)）。④女性の健康・福祉に関する国内外の法規に抵触することなしに，就業の機会の男女平等を促進すること（同項(d)）。⑤本原則に関する一般の理解を促進し（7項），本原則の適用を促進するための調査を行うこと（8項）。

1967年に，日本は100号条約を批准した。日本政府は，批准に際して，条約の趣旨は労基法4条に規定されており，新たな立法措置は必要がないと判断した[38]。この時点で，労働基準法が男女同一価値労働同一報酬原則をその規範内容として含んでいることが，国会において改めて確認されたといえよう。

（2）条約の適用監視機構と日本政府の対応

批准して1年後の1968年に，100号条約の効力は発生した。日本政府は，1969年に最初の報告書を提出したが，ILOからの初の反応は，1970年の「直接請求」だった[39]。この後，しばらく動きがなかったが，1984年には，「意見」と「直接請求」が出され，その後，ほぼ1年おきに，意見もしくは直接請求が出されている。1990年代にも，委員会と日本政府のやりとりは，かなり頻繁なものであり，1993年と1994年には，総会の基準適用委員会で，この問題が審議された。以下，ILOの適用監視機構からみた日本の条約遵守状況を分析してみよう[40]。

(a) ILOの包括的アプローチ

専門家委員会は，以前から日本における男女間の平均賃金の格差を問題にして，「これを減少するために，条約に沿う措置をとるよう政府に奨励してきた」と述べているが（1998年「意見」2），日本政府は一貫して専門家委員会のこのような観点に批判的であり，意見は賃金に関する事項の範囲を超えていると批判してきた（1992年日本政府「報告」2(1)①）。専門家委員会は，日本にかぎらずどの国に対しても平均的な男女賃金格差を問題にしており，あらゆる差

別の原因と同時並行的に取り組む行動なしに，賃金差別と効果的に闘うことはできないと主張してきた。ここに示される「包括的アプローチ」を理解することは，きわめて重要である。100号条約を採択した第33回総会でも，同一報酬原則と雇用と社会のなかでの全般的な男女の地位との間には多面的で複雑な関係があることが確認され，条約を補充する勧告第6項も，幅広く女性の生産能率を高める措置について要請しているのである。

(b) 年功的賃金制度の評価

専門家委員会は，1970年の「直接請求」において，日本政府の第1回報告に着目し，民間の部門で，「女性にとって不利な結果をもたらすおそれのある伝統的な報酬決定方法を改善するために，客観的評価方法を取り入れることを促進する措置がとられたかどうか」の追加的情報を提出するように要請した[41]。これに対して，当時の日本労働総同盟（同盟）も，労使双方とも年功賃金制度の長所を認めていると報告し，政府は，年功的賃金体系の合理性，労使双方からの容認があることを繰り返し弁明した（1992年「報告」4）。

この問題は，総会の基準適用委員会で，1993年と1994年に審議され，総会委員会は，「とくに客観的職務評価制度の不存在や，賃金決定において勤続期間を考慮する特別の制度が維持されていることによって，条約の承認する原則の履行において重大な不適合（serious discrepancies）が存在する」と指摘した[42]。その後，専門家委員会は，日本では「職務内容に基づいた賃金体系を採り入れる可能性について，社会的パートナー間でコンセンサスがあるように思われない」という結論に達し（1996年「意見」1），現在では「同一価値労働同一報酬を促進するにあたり社会的パートナーとの協力を確保するためにとられる方策について情報を提供する」ように求めている（1999年「意見」6）。

(c) コース別雇用制度

専門家委員会は，コース別雇用を採用している企業に関する詳細な情報，2つの職業（基幹職と補助職）の配分に使われる方法，それぞれの賃金体系における男女比についての詳細な情報の提供を，日本政府に求めてきた（1990年「直接請求」2）。専門家委員会が，日本の男女賃金格差の要因について，「女

性は給料の低い職業に集中しており、均等な雇用機会を与えられていないという事実」をあげたのも（1992年「意見」2）、コース別雇用を含めて意識した結果であるといえよう。日本政府は、1997年に均等法が改正され、1991年には「コース別雇用管理の望ましいあり方」が出されて、各コースは男女に開かれていることという基準が提示され、それにそって行政指導が行われてきたと報告した（1998年「報告」2(1)ii）。これに対して、専門家委員会は、法律上のみならず実際上も、コースが男女に開かれていることを確保するためにとられた措置についてのデータの提供を、日本政府に要請した（1998年「意見」4、1999年「意見」6、7）。

専門家委員会は、日本政府が2000年6月に新しいコース別雇用に関するガイドライン（「留意事項」）を出したこと、そこでは、各コースは、目的と合理的考慮と仕事の中身の客観的評価によって設けられる必要があるとしていることに注目し、これらを評価している（2001年「意見」10）。

(d) 間接性差別について

全日本国立医療労働組合（全医労）は、1998年8月6日に、ILO事務局長に対して、70％が女性である「賃金職員」[43]と常勤職員との処遇格差は、雇用形態による差別であり、100号条約、111号条約違反であると主張した。専門家委員会は、直接的な男女差別だという申立ては十分な根拠はないと判断しつつ（1999年「意見」4）、性中立的にみえる慣行であっても、一方の性別の者が不均衡に影響を受ける場合には間接的差別を構成しうるという立場を示して、女性が大部分を占める部署で賃金職員を広範に使用することは、一般の賃金水準に間接的な影響を与え、男女の賃金格差を必然的に拡大するという考えを示した。日本政府は、賃金職員をできるかぎり解消して、定員内の職員によって国立病院・療養所を運営できるようにするとの方針を出し、これを報告した（2000年「報告」2(3)）。

専門家委員会の意見では、①100号条約は、賃金の性差別について、直接性差別のみならず、間接性差別も条約の対象にしていること、②非常勤職員が圧倒的に女性で構成され、常勤職員が圧倒的に男性で構成されている場合には、

両者の間の賃金差別が間接性差別になる可能性が示唆されていることがわかる。

(e) 新たな動向

2001年には，ILO事務局に，さらに多くの情報が寄せられた[44]。専門家委員会は，これらの問題に関する日本政府の回答を待って，次回の会議でとりあげることを決定した（2001年「意見」）。さて，2003年の第91回ILO総会に専門家委員会から提出された日本に関する「意見」[45]は，日本政府に対するいくつかの注目に値する指摘をした[46]。とくに，専門家委員会が，非正規労働者を含む男女労働者の賃金格差を問題にしていること，その意味から，賃金職員やパート労働者の低賃金を放置できないと考えていること，コース別人事制度の問題を重視していることが，さらに明確に指摘された。

(3)「賃金格差問題研究会報告」とガイドライン

度重なるILOとの「対話」の結果，日本国内では，厚生労働省が2001年11月に「男女間の賃金格差問題に関する研究会」を設け（座長　笹島芳雄明治大学教授），2002年11月に報告書が出された[47]。報告書を受けて，2003年4月には，「男女間の賃金格差解消のための賃金管理及び雇用管理改善に係るガイドライン」が出された。明らかに，これは，ILOとの度重なる対話が，国内の政策に影響したものと評価することができる[48]。

報告書は，男女間の賃金格差の要因を分析し，「諸手当」や「コース別雇用管理制度」，「女性に対する差別意識も影響している」と明記して，いわゆる間接性差別の影響も認めている。そのうえで，賃金格差については，「賃金制度そのものの問題というよりは，人事評価を含めた賃金制度の運用面や，職場における業務の与え方の積み重ねや，配置のあり方などの，雇用管理面の問題に起因していると考えられる」と総括した。

格差を解消するための方向性として，賃金制度は，「職業能力・職務の評価の判定方法や，業務の与え方，教育訓練などの運用面で公平性を保つこと」，雇用管理面では，①ポジティブ・アクションによる昇進，昇格，②ファミ

リー・フレンドリー企業への努力，③男女の役割の意識改革などを図る必要があるとしている。また，「コース別雇用管理制度」のあり方について，コースの振り分けは，採用時ではなく，採用後一定期間経過後にすること，「転勤要件の見直し」「コース転換要件の緩和」「コース転換希望者への教育訓練の実施」などの配慮が求められるとした。

そのうえで，報告書は，労使に対しては，①公正・透明な人事評価制度の運用（評価者訓練や，訓練結果のフィードバックなど），②中間管理職の意識改革を前提としたポジティブ・アクションの実践，③業務の与え方や配置の改善（自己申告制度や社内公募制，社内フリーエージェント制度の導入など），④コース別雇用管理制度とその運用の改善などに，自主的に取り組むように求めている。生活手当についても，「配偶者に対する手当は廃止するなど，できるだけ縮小することが望ましい」とした。

一方，行政に対しては，労使の自主的な取組みを支援するガイドラインの作成や，個別企業の好事例の収集などとともに，①男女賃金差別事案の事後救済制度について，賃金・雇用管理の専門家による客観的分析が行えるようにすること，②男女間賃金格差の縮小の進捗を継続的にフォローするレポートを作成することなどを提言した。中長期的な課題としては，「法制面の整備も含めたポジティブ・アクションの推進手法の検討」ならびに「どのようなケースが間接差別にあたるかの議論」が必要であるとした。

報告書に続いて出された「ガイドライン」は，賃金格差は配置，昇進，評価等の結果であって，「包括的アプローチ」による施策が必要だと述べており，企業に，男女間賃金格差の実態把握をすること，格差の要因を分析すること，労使間で格差解消に向けた対応策を議論することを求めている。また，公正・透明な賃金制度を整備し，賃金決定基準を明確にすることや，人事評価の基準を客観的なものにすること，男性に支給されることになりやすい「配偶者手当」は廃止すること，賃金格差解消のためのポジティブ・アクションを推進して，コース別雇用制度を点検し，転勤の有無によるキャリア形成の格差を再検討すること，家庭生活と職業生活の両立のために努力することなどを，企業に

対して要請している。

　男女賃金格差は，労基法4条の禁止事項であり，行政としても，労働基準局以外の部署がこの問題に口出しすることは困難だったに違いない。また，1997年の均等法改正時には，企業に男女間賃金格差の実態把握を求めるようなポジティブ・アクション制度を組み込むことに，根強い企業の反対論があった。それらを思い起こしてみると，雇用平等の担当局（雇用均等・児童家庭局）が，「包括的アプローチ」を主張しつつ公表した今回のガイドラインの重要性は，注目されてよい。なお非正規雇用労働者の賃金格差問題は残されているとはいえ，ILOとの「対話」がある種の成果をもたらしたことは間違いないといってよいと思われる。

おわりに

　ILOは，ジェンダーに関連した政策として，ニーズに応じた2つの課題を設定している。第1は，女性が担っている役割に応じて必要とされる実質的なニーズに応じたジェンダー特有の政策課題である。女性は，現実に，社会的・経済的・文化的に不利な立場におかれている。貧困も深刻である。このような不利益な立場において女性に必要なことは，援助であり保護である。実質的にはもっともかかる政策課題が緊急に必要とされているのかもしれない。

　ただし，この政策に焦点を合わせるだけではジェンダー不平等は解決されることはない。第2に，戦略的なニーズに応じた課題が必要となる。これは，女性の従属的地位を克服するためのニーズであり，女性のエンパワーメントのために，職業上の男女差別を禁止し，セクシュアル・ハラスメントに代表される職場の暴力の廃絶を行い，育児について選択の自由を確保することなどがなされなければならない。このような政策課題は，非常に歩みは遅いが，社会の伝統的な慣習・慣行を変革するために必要なことである。

　いずれの政策を実現するためにも，ジェンダー分析という手法が採用されなければならない。ジェンダー分析は，男女の差異を究明する道具である。ジェ

ンダー分析を通じて，男女間の不平等に目が向けられ，なぜ不平等が存在するのかが問われ，どのようにしてジェンダー・ギャップが縮小されるのか，研究が行われるであろう。

注

1）国際労働機関憲章（1919年6月28日署名・1920年1月10日発効）。
2）国際労働機関の目的に関する宣言（1944年5月10日 ILO 第26回総会採択）。
3）ILO, *Gender : A Partnership of Equals,* pp.4-9.
4）林弘子「ジェンダー主流化と性差別禁止法－国際的動向と日本の現状」『ジュリスト』1237号（2003年1月）77頁，堀内光子「ILOとジェンダー問題」『労働法律旬報』1520号（2002年1月）50頁。
5）それらは，①女性と貧困（女性への持続し増大する貧困の重み），②女性の教育と訓練（教育および訓練における不平等と不十分ならびにそれへの不平等なアクセス），③女性と経済（経済構造および政策，あらゆる形態の生産活動および資源へのアクセスにおける不平等），④権力と意思決定における女性（あらゆるレベルの権力と意思決定の分担における男女間の不平等），⑤女性の地位向上のための制度的な仕組み（あらゆるレベルにおける女性の地位向上を促進するための不十分な仕組み）⑥女性の人権（女性の人権の尊重の欠如およびそれらの不十分な促進と保護），⑦女児（女児の権利に対する持続的な差別および侵害）の7領域である。
6）Coordination of Policies and Activities of the Specialized Agencies ; Mainstreaming the Gender Perspective into all Policies and Programmes in the United Nations System. Draft Agreed Conclusions, Economic and Social Council, 14 July 1997, par.4, *at* http//www.ilo.org/public/english/bureau/gender/newsite2002/about/defin.htm 参照。
7）Governing Body Symposium on Decent Work for Women-The ILO's contribution to Women 2000 : Gender equality, development and peace for the twenty-first century (New York, 5-9 June 2000), ILO, GB.277/5/2, 277th Session (Geneva, March 2000).
8）Director-General's Announcements, Circular No.564 (December 1999). ILO 事務局におけるジェンダー主流化の動きについては，堀内，前掲論文，（注4）が詳しい。
9）2003年現在，ILO 駐日代表の堀内光子氏が，ジェンダー特別アドバイザーに就任している。

第5章　国際労働機関　*489*

10) ILO Action Plan on Gender Equality and Mainstreaming in the ILO, Governing Body doc. GB.277/5/2 (March 2000).
11) 平等に関するグローバル・レポートにおいて，ジェンダー監査は，このように言及されている。Report of the Director-General, Time for Equality at Work: Global Report under the Follow-up to the ILO Declaration on Fundamental Principles and Rights at Work, International Labour Conference 91st Session 2003, Report 1 (B), par.276.
12) ILO, ILO Gender Audit 2001-2002, Final Report (Geneva,2002), *at* http://www.ilo.org/public/english/bureau/gender/newsite2002/about/audit.htm 参照。
13) ILO, Decent Work, 1999, p.3.
14) ILOにおけるジェンダー関連の条約・勧告の変遷の概要を知るには，『講座ILO（国際労働機関）（下）』（1999年，日本ILO協会）241頁以下（木村愛子執筆部分）が参考になる。
15) 2003年4月現在，103号条約を批准している国は40カ国である。
16) 2003年4月現在，89号条約を批准している国は65カ国である。
17) 2003年4月現在，100号条約の批准国は161カ国である。
18) 2003年4月現在，111号条約の批准国は159カ国である。111号条約については，齋藤周「111号条約の意義と日本法の課題」『労働法律旬報』1520号（2002年）23頁以下が参考になる。
19) 156号条約については，浅倉むつ子・早川紀代・相馬照子「家族的責任と調和する労働生活を求めて—ILO156号条約，165号勧告の成立経緯について」『労働法律旬報』1173号（1987年）を参照のこと。2003年4月現在，同条約を批准している国は34カ国である。
20) 2003年4月現在，89号条約を批准した国は65カ国，うち1990年の議定書を批准した国は3カ国，89号条約の批准を撤回した国は15カ国である。171号条約を批准した国は8カ国である。ベルギー，ブラジル，キプロス，チェコ，ドミニカ，リトアニア，ポルトガル，スロバキア。
21) 2003年4月現在，175号条約を批准している国は，10カ国である。アルバニア，キプロス，フィンランド，ガーナ，イタリア，ルクセンブルグ，モーリシャス，オランダ，スロベニア，スウェーデン。
22) 2003年4月現在，同条約を批准している国は4カ国である。フィンランド，アイルランド，アルバニア，オランダ。
23) 日本ではなお maternity protection は「母性保護」と訳されているが，「出産保護」としたほうが意味が明確になる。これは，妊娠・出産に直接関わる保護の意である。

24) 2003年4月現在，183号条約を批准した国は，4カ国である。ブルガリア，イタリア，ルーマニア，スロバキア。183号条約については，高島順子「母性保護の新展開」『労働法律旬報』1520号（2002年）32頁以下参照。
25) 加盟国は，未批准の条約については，「条約で取り扱われている事項に関する自国の法律及び慣行の現況を，理事会が要請する適当な間隔をおいて」事務局長に報告するとされている。憲章19条5項(e)。
26) 加盟国は，批准した条約については，「年次報告」をすることになっている。憲章22条。
27) 以上の記述は，吾郷眞一『国際労働基準法』（三省堂，1997年）122頁以下を参考にした。
28) ILO Declaration on Fundamental Principles and Rights at Work, 86th Session, Geneva, June 1998.
29) 吾郷眞一「ILOの新動向」『労働法律旬報』1520号（2002年）7頁参照。
30) Follow-up to the Declaration, *supra* note. 28, Annex.
31) 182号条約が，当初の7条約に後から加えられ，基本権条約は8条約となった。
32) 吾郷眞一は，基本的労働権に違反する国に対して制裁ではなく技術協力で臨むというのが，ILOによる社会条項に対する回答であると述べてこれが望ましい方向であることを認めつつ，一方で，このフォローアップ手続きが，従来のILOの監視機構の権威を軽視することにつながらないように，十分な留意が必要であると指摘している。吾郷，前掲論文，（注29），7頁以下。
33) *Supra* note 11. 斉藤周「平等についての初のILOグローバル・レポート」『労働法律旬報』1553号（2003年）20頁は，この概要を紹介している。
34) 雇用審判所を援助するために，イギリスでは，男女賃金差別事件において，職務評価専門家が任命されており，専門家が審判所に，賃金に関する技術的な諮問報告書を提出するという制度が，ここでは紹介されている。日本でも，本章4(3)でふれる厚生労働省の研究会が，「事後救済制度が効果的に機能するように，男女賃金差別事案の事後救済過程においては企業から必要となる資料の提供を求めて，人事評価システムを含め賃金・雇用管理の専門家による客観的分析が行えるようにすることが必要である」としていることに注目すべきである。厚生労働省雇用均等・児童家庭局編『男女間の賃金格差の解消に向けて―男女間の賃金格差問題に関する研究会報告』（国立出版局，2003年）18頁。
35) 以下の内容は，部分的に，浅倉むつ子「ILO100号条約と我が国の今後の課題について」厚生労働省，前掲書，（注34），151頁以下と重複しているため，

重複部分についてはできるだけ簡略化してまとめた。
36) この点については，松尾邦之「国際労働条約＜ILO100号条約・90号勧告＞にみる男女同一価値労働同一報酬原則」『賃金と社会保障』1074号（1992年）55頁以下が詳しい。
37) 通常の賃金のみならず，使用者が支払うあらゆる形の報酬が含まれることが重要である。住居や扶養にかかる各種手当や，制服の貸与などを含む現物給付が含まれるのは当然として，「間接」的な給与として，「使用者または労働者が管理する労使共同基金から支払われる休日手当」も含まれると解釈される。ただし，使用者から支払われるものに限られるので，国の財源から支給される社会保障給付は「報酬」ではない。松尾，前掲論文，（注36），58頁。
38) 第55回国会衆議院外務委員会（1967年6月16日），第55回国会参議院外務委員会（1967年7月11日）。
39) この直接請求の内容については，吾郷，前掲書，（注27），174頁参照。
40) この点については，松尾邦之「50周年を迎えた100号条約・90号勧告の意義とわが国の課題」『労働法律旬報』1520号（2002年）が参考になる。
41) 吾郷，前掲書，（注27），174頁。
42) 94年の総会基準適用委員会の議事録からの抜粋の翻訳は，戸塚悦郎「再評価すべきILO監視機構の貢献」『法学セミナー』526号（1998年）35頁を参照。また，松尾，前掲論文，（注40），20頁参照。
43) 雇用期間が1年を超えない範囲で定められた，日々雇用の一般職に属する非常勤国家公務員である。
44) ①全医労からの再度の情報，②パートタイム労働組合からのパート労働者の賃金差別に関する情報，③福岡女性協会ユニオンからの非常勤労働者の雇用条件差別に関する情報，④男女賃金差別訴訟の原告らが所属する9つの労働組合や原告団からの情報，すなわち，昭和シェル石油事件（全石油昭和シェル労働組合），芝信用金庫事件（芝信用金庫従業員組合），イセキ開発工機事件（労働組合東京ユニオン），中野区非常勤職員事件（同事件原告団），兼松事件（同事件原告団），岡谷鋼機事件（同事件原告団），高砂建設事件（高砂建設の男女賃金差別不当解雇撤回闘争支援共闘会議），京ガス事件（おんな労働組合関西），庄内経済連事件（庄内経済労働組合すみれ会）など，⑤野村證券労組からの情報である。
45) CEACR : Individual Observation concerning Convention No.100, Equal Remuneration, 1951 Japan (ratification : 1967) : 2003. この「意見」の翻訳は，『労働法律旬報』1555号（2003年）17頁以下に掲載されている。意見に対する解説として，中島通子「ILO100号条約についての条約勧告適用専門家委員会報

告の意義」『労働法律旬報』1555号（2003年）16頁がある。
46) たとえば，以下のような指摘である。①男女共同参画社会基本法が施行されたことには注目するが，労働基準法，均等法は，同一価値労働同一賃金原則を完全には反映していないことも考慮すると，今後のこれらの法規定の改正の計画，判決を含めた条約の適用状況の情報提供を求める。②政府が提供している男女賃金格差に関する情報は，正規労働者のみを対象とする「賃金構造基本調査」であることから，委員会は，非正規雇用の男女労働者を対象とする統計情報の提供を要請する。③「男女間賃金格差研究会」が，ポジティブ・アクションを提起して，人事評価制度の基準を明確化すべきだとしていることに注目し，この提案の実施状況，追加情報の提供を要請する。④全医労の報告に関して，政府が国立病院の賃金職員と正規職員の賃金格差を是正する措置をとることを要請する。⑤公務および民間部門で使用されている賃金職員を含む臨時雇用のさまざまな形態，使用の範囲，男女構成に関する完全な情報を提供するように要請する。⑥パート労働者の低賃金は，男女の賃金格差に悪影響をおよぼすこと，同一価値労働同一賃金原則はパート労働者を含むすべての労働者に適用されること，本条約の下では，遂行する職務に基づく客観的な職務評価によって報酬水準が比較されるべきことから，パート労働者の賃金平等を促進するためにとる措置について情報を提供することを要請する。⑦コース別人事制度が，女性を直接あるいは間接に差別する方法で利用されないように，必要な措置をとること，コース別雇用に関するガイドラインの運用・監視の情報，コース別雇用に関する統計情報の提供を要請する。⑧労基法4条違反の58件の事案（1996年から2001年）のうち，送検された事案が1件もなかったことに注目し，いかなる事案が「重大なあるいは明白な事案」であるかの事例を示すよう要請する。
47) 厚生労働省，前掲書，（注34）。
48) 私もこの委員会に参加し，以下の新聞記事や雑誌において，報告書に解説を加えた。『週刊労働ニュース』2002年12月9日，『日本経済新聞』2003年5月31日，『金融労働調査時報』635号（2003年）4頁以下。

（浅倉むつ子）

第Ⅵ部　女性の人権に関する各国の対応

第1章　アジア太平洋地域

は じ め に

　アジア太平洋地域には，世界人口の62％が住み，人口稠密であると同時に広大な地域である。そしてその人口の半分以上を女性が占める。
　女性の地位や人権の状況は，各々の国の政治体制，宗教，歴史・社会・文化的背景，経済発展の状況などによって大きく異なり，アジア太平洋を1つの地域とするにはあまりにも多様である。したがって，国連アジア太平洋経済社会委員会（UNESCAP）のように，東アジア，東南アジア，南アジア，中央アジア，太平洋という5つの小地域にわけると小地域内の類似性は多い。たとえば，識字率，就学率，平均寿命など基本的な人間開発指数に関して，南アジアの女性たちは，スリランカを除いていずれもどの小地域よりも低く女性に対する多様な暴力が存在する。しかし，女性の政治参加に関して，地方政治の場合，3分の1というクオータ制をとっているインド，バングラデシュ，パキスタンはアジアでは圧倒的に高い。一方，人間開発指数の高い東アジアや東南アジアの女性たちの政治参加は，中国，ベトナム，フィリピンを除き低い。
　アジアの多くの国には，「アジアの価値観（Asian　Value）」を優先する傾向が強い。「人権」という言葉自体が，欧米から輸入されたものだとして使わない国もある。その一方で，オーストラリア，タイ，インドネシア，フィリピンなどのように国内人権機構が設置されている国もある[1]。また，経済先進国でありながら，日本のように人権委員会が未設置で，計画予定のものは，独立した第三者機関ではなく法務省の外部組織という国もある。
　本章では，最初にアジア太平洋地域の女性の地位について，女性差別撤廃条

約や同選択議定書の批准の状況，政治参加などからその特徴を考察したうえで，事例として，フィリピン，韓国を取り上げる。両国における女性の地位向上のための法制度とそれを推進しているナショナルマシーナリーの状況とジェンダーの主流化について言及する。最後に，アジア太平洋地域における女性条約の実施および選択議定書の批准に関する今後の課題などについて検討する。紙幅の制限により，全体が概論的になった。

1 アジア太平洋地域における女性の地位

(1) 女性参政権の獲得

1893年，世界で最初に女性が参政権をえた国はニュージーランドであることはつとに知られていることである。先住民以外のオーストラリア女性は9年後の1902年にえており，アジア太平洋地域では，これら2カ国の女性が極めて早い時期に参政権をえている。

キルギスタン，アゼルバイジャン，タジキスタンなど中央アジアの国々では，アメリカ合衆国などと同様，1920年代に女性が参政権をえている。1930年代には，タイ，フィリピン，スリランカなどである。スリランカと同様にイギリスの植民地であったインド，パキスタン，ネパール，ブータンの女性たちが参政権をえたのは，第2次大戦後であるのに，スリランカだけは早く獲得している。宗教的な理由に加えて，そのことも，現在でもスリランカの女性は，ほかの南アジアの女性たちと比較して，識字率や就学率が格段に高いことにも繋がっているのかもしれない。

マレーシア，インドネシア，太平洋諸国など多くの元植民地だけでなく，日本，中国も，女性が参政権をえた時期は1945年以降となっている。（表1参照）

現在，アジア太平洋地域で女性が参政権をもっていない国は，ブルネイ・ダレッサラーム1カ国のみであるが，ブルネイには国会がなく，男性も参政権をもっていない。

表1 アジア太平洋地域における女性差別撤廃条約および選択議定書の批准状況

国 名	女性差別撤廃条約（03.12.10現在）a／加盟；b／宣言または留保　c／撤回された留保 署名日および留保などの状況	批准，加盟年月日および留保などの状況	選択議定書（04.2.3現在） 署 名	批 准	女性参政権取得年
Afghanistan	14-Aug.-80	5-Mar.-2003a			1963
Armenia		13-Sep.-1993a			1921
Australia	17-Jul.-80	28-Jul.-1983b			1902
Azerbaijan		10-Jul.-1995a	6-Jun.-00	1-Jun.-01	1921
Bangladesh		6-Nov.-1984a, b	6-Sep.-00	6-Sep.-00	1972
Bhutan	17-Jul.-80	31-Aug.-81			1953
Brunei Darussalam					
Cambodia	17-Oct.-80	15-Oct.-1992a	11-Nov.-01		1955
China	17-Jul.-1980b	4-Nov.-1980b			1949
Democratic People's Republic of Korea		27-Feb.-2001a			1946
Fiji		28-Aug.-1995a, b			1963
India	30-Jul.-1980b	9-Jul.-1993b			1950
Indonesia	29-Jul.-80	13-Sep.-1984b	28-Feb.-00		1945
Iran					1963
Japan	17-Jul.-80	25-Jun.-85			1945
Kazakhstan		26-Aug.-1998a	6-Sep.-00	24-Aug.-01	1924
Kiribati					1967
Kyrgyzstan		10-Feb.-1997a		22-Jul.-02	1918
Lao Peoples Democratic Rep.	17-Jul.-80	14-Aug.-81			1958
Malaysia		5-Jul.-1995a, b			1957
Maldives		1-Jul.-1993a, b			1932
Marshall Islands					1979
Micronesia					1979
Mongolia	17-Jul.-80	20-Jul.-1981c	7-Sep.-00	28-Mar.-02	1924
Myanmar		22-Jul.-1997a, b			1935／1946
Nauru					1968
Nepal	5-Feb.-91	22-Apr.-91	18-Dec.-01		1951
New Zealand	17-Jul.-80	10-Jan.-1985b, c	7-Sep.-00	7-Sep.-00	1893／1919
Pakistan		12-Mar.-1996a, b			1947
Palau					1979
Papua New Guinea		12-Jan.-1995a			1963
Philippines	15-Jul.-80	5-Aug.-81	21-Mar.-00	21-Nov.-03	1937
Republic of Korea	25-May-1983b	27-Dec.-1984b, c			1946
Samoa		25-Sep.-1992a			1990
Singapore		5-Oct.-1995a, b			1947
Solomon Islands		6-May-02		6-May-02	1974
Sri Lanka	17-Jul.-80	5-Oct.-81		15-Oct.-02	1931

Tajikistan		26-Oct.-1993a	7 -Sep.-00		1924
Thailand		9 -Aug.-1985a, b, c	14-Jun.-00	14-Jun.-00	1932
Timor-Leste		16-Apr.-03		16-Apr.-03	2001
Turkey		20-Dec.-1985a, b	8 -Sep.-00		1930／1934
Turkmenistan		1 -May-1997a			1927
Tuvalu		6 -Oct.-1999a			1967
Uzbekistan		19-Jul.-1995a			1928
Vanuatu		8 -Sep.-1995a			1975
Viet Nam	29-Jul.-80	17-Feb.-1982b			1946
国数計 46		39	12	11	
世界では170カ国批准・加盟	アジア太平洋地域 45カ国中38カ国が批准・加盟		世界：75	世界：60	
	未批准の国：南太平洋，イスラム教国		アジア太平洋地域では，ニュージーランド以外主要国は署名も批准もしていない		

出典：女性差別撤廃条約：http://www.un.org/womenwatch/daw/cedaw/states.htm (*as* of December 10, 2003) より作成。
選択議定書：http://www.un.org/womenwatch/daw/cedaw/sigop.htm (*as* of February 3, 2003) より作成。

(2) 女性差別撤廃条約の批准・加盟状況

(a) 批准・加盟状況

表1で明らかなように，アジア太平洋地域で最も早く女性差別撤廃条約（以下女性条約）を批准した国は，女性条約が発効した1980年11月4日に加盟した中国で，翌年の1981年7月20日にモンゴル，8月5日にフィリピン，8月14日にラオス，8月31日にブータン，10月5日にスリランカと1981年に5カ国が批准している。当時の社会主義国の方が批准は早いという傾向がある。

パキスタン，マレーシアなどのイスラム教国が留保付きで批准したのは，アジアではじめて開催された第4回世界女性会議の前後である。

2003年6月現在で，女性条約を批准していない国は，ブルネイ，イランというイスラム教国の一部と，マーシャル諸島など南太平洋の国々である。アフガニスタンは2003年3月に批准した。

(b) レポートの提出・審議状況

詳細なリストが山下泰子・山下威士両氏により作成されている[2]が，アジア太平洋地域の特徴は，アフリカ諸国などと同様，批准もしくは加盟してもレポートを順調に提出していない国が多いということである。提出していない国

は，批准が1981年のブータン，1992年のカンボジアとサモア，1995年のパキスタンなど枚挙にいとまがない。とくにブータンについては，アジア太平洋地域では5番目に批准したものの，女性政策ではそれほど進展が見られない[3]。

一方，批准はしたが，重要な条項を留保している国がとくにイスラム教国に多い。たとえば，家庭内における男女の地位について定めた第16条第1項について，イスラム法と矛盾するという理由で，批准の際，バングラデシュはすべて，マレーシアはa，c，f，gを留保した。しかし，女性団体の要求でバングラデシュは1997年に「f」の留保を取り下げた[4]。

一方，1995年に南太平洋では，サモアについで2番目に批准したフィジーは，2000年にNGOと共同で作成した第1次レポートを提出し，南太平洋諸国でははじめての快挙として評価された。

(3) 女性差別撤廃条約選択議定書の署名・批准

ヨーロッパではEU加盟国を中心に，選択議定書の署名や批准は順調に進んでいるが，アジア地域では極めて遅い。アジア太平洋地域での批准国は2003年8月1日現在で，全体54カ国中9カ国にすぎない。批准の早い順に，タイ，バングラデシュ，ニュージーランド，アゼルバイジャン，カザフスタン，モンゴル，ソロモン諸島，キルギスタン，スリランカである。ソロモン諸島は女性条約と選択議定書を同時に批准した。選択議定書についても，また，中央アジアに批准国の多いのが特徴的である。それ以外の国では，政府の高いレベルで意思の高い女性がいる場合，署名や批准が進んでいる[5]。

たとえば，アジア太平洋地域では，中国に続いて2番目に女性条約を批准し，選択議定書も6番目に批准したモンゴルの場合，1999年からモンゴルの最高裁判所顧問をしているロフサンダンザン・イデル氏は，女性差別撤廃委員会の初代議長で，モンゴルの女性条約や選択議定書の批准のために尽力された。

また，タイについても，当時の女性問題担当大臣スパトラ・マスジット氏，元女性問題担当大臣で前国連女性の地位委員会代表サイスリ・チュティクル氏などの女性が政府に影響力をもっている。選択議定書の批准のために，政府は

サイスリなど女性の人権，人権専門家などによる委員会を設置して検討したという[6]。

バングラデシュの場合も，長くCEDAW委員や委員長をやっていたが2000年の選挙で落選し，2002年にCEDAW委員として再選されたサルマ・カーン氏は，NGOだけでなく政府にも発言力を持っている。2002年3月の第46回国連女性の地位委員会で，バングラデシュ政府は女性の地位の向上にかんするすべての条約を批准していると誇らしそうに演説した[7]。

スリランカは前述のように女性が参政権も早く取得し，女性条約の批准も早い。男女平等法に相当する女性憲章を制定し，1997年からは女性省を設置している。さらに，スリランカだけでなく，アジア太平洋地域全体の女性の人権にかんする専門家であるサビトリ・グーナセケラ（コロンボ大学法学部教授）氏が，1998年から2002年までCEDAW委員に就任しており，選択議定書の批准に貢献したと推定できる。残念ながら，サビトリは2002年の選挙ではCEDAW委員に選出されなかった。

インドネシアはイスラム教国であるが，女性の役割省(State Ministry of Role of Women)を1978年に設置し，女性を家族計画や識字教育の普及など開発の担い手とする政策を進めてきた。メガワティ政権になって，女性の役割省は1999年に女性のエンパワーメント省（State Ministry of the Women's Empowerment）と名称変更された。2001年からCEDAW委員のサムシア・アーマッド（女性の役割省で教育担当の副大臣）によると，法務省が了承しないということであった。

一方，インドは，1993年に女性条約を批准したが，国家の主権を侵害する恐れがあるという理由で，選択議定書の批准は予定していない。また日本は，司法権の独立を侵害する恐れがあるという理由で署名すらしていない。アジア太平洋地域で，公的な場で選択議定書を批准しないと公表しているのはこの2カ国だけである[8]。

さらに，女性条約や選択議定書を批准しているから全体的に人権関係の条約の批准が進んでいるとはいえない。たとえば，カザフスタンやインドネシアは

人権規約についてはＡもＢも批准していない[9]。また、ソロモン諸島も人権規約Ａと拷問条約を批准していない。

（4）男女平等法等の整備

　国により名称は異なるが、男女平等を進めるための法律が1992年にフィリピンと中国、1995年に韓国で制定されている。女性憲章はスリランカやシンガポールで制定されている。

　また、女性の地位向上に重要な役割を果たすDV防止法も、マレーシア（1994年）、台湾（1998年）、韓国（1997年）などで制定されているが、アジア全体としては少ない。オーストラリア、ニュージーランドでは人権法の一部としてDV防止、処罰、救済などが定められている。

　ネパールでは、母体の健康、強かんや近親相かんによる妊娠などしかるべき理由のある中絶は可能であるという民法の改正を行った[10]。さらに、ネパール最高裁判所は2002年5月2日、性暴力について、以下のような2点の新しい判断を行った。それに基づき、ネパール最高裁は、議会に対して、現行の強かん法制の修正を命じた。なお、これらのネパール最高裁の判断は、女性NGOの申立て（petition）に対する判断であったそうである[11]。

（a）夫婦間でも、妻の同意のない性行為は強かんである。
（b）売春している女性に対する強かん事件にも、それ以外の女性に対する強かん事件と同じ重さの処罰を科されることになった。

（5）女性の政治参加

　列国議会連盟（Inter Parliamentary Union）による2003年10月31日現在のデータ[12]によると、女性の国会議席率が高い国は、ニュージーランド、オーストラリア[13]、東チモールのほかは、中国、ベトナムなど旧社会主義国が多い。そのほかの国々に関しては、フィリピン以外は、女性条約や選択議定書の批准と国会における女性議員の進出は相関的傾向を見せていない。選択議定書を批准したスリランカやバングラデシュの順位は低い。選択議定書に署名した

ネパールも同様である。バングラデシュやネパールは，女性の識字率や就学率が低く，出産時死亡率は高く，女性差別的な原理主義的宗教の影響の強い南アジアの国々である。日本の順位は134位と極めて低い。

バングラデシュの地方政府では，インド，パキスタンと同様に議員や首長の3分の1は女性にするために法律改正をして実施したため，地方議員の女性の割合が3分の1に上昇した。パキスタンは歴史的に議席の何％かを女性に割り当てていたが，2002年に内閣は国会342議席のうち60議席（17％）を女性に割り当てる事を決定した。そのため，2003年現在でパキスタンの国会における女性の割合は21.6％と世界で33番目に多い。6州の議会でも同じく17％が女性に割り当てられた[14]。

フィリピンでは，1995年の政党選挙リスト法の改正で，下院議席250の20％は女性団体を含む社会的マイノリティに割り当てられることになった。1991年に制定された地方政府法によるとすべての市，県議会の3つのセクター代表の1つは女性が占めることになっている。その成果もあり，フィリピンで特徴的なのは，最小自治体であるバランガイ委員会委員の女性の割合が20％を越えるなど，地方議員における女性の割合が高いことである。

また，韓国では，2000年2月に政党法を改正し，政党候補者の30％は女性にすることを義務づけた。その結果，2000年4月の選挙では，それまで4.1％であった国会における女性議員の割合が5.9％に，また，2002年の統一地方選挙では地方女性議員の割合が日本の6.8％（2001年12月現在）より50％近くも多い9.2％に上昇している[15]。

アジア・太平洋で議席か政党候補者のいずれかにクオータ制を導入している国・地域は，オーストラリア，バングラデシュ，中国，台湾，北朝鮮，韓国，フィリピン，インドネシア，ネパール，カザフスタン，キルギスタン，東チモールである。12カ国が憲法や選挙法を改正してクオータ制度を導入した南アメリカにすらアジアは立ち遅れており，日本は立ち遅れの最たる国である。

タイはクオータ制を導入しておらず中央政府の女性議員の割合は，上院，下院各々10.5％，9.2％であるが，地方政府の女性議員の割合も高い。

南太平洋諸国の女性の政治参加率は，原理主義の強いイスラム教国と並んで低い。女性差別撤廃条約と同選択議定書を2002年に批准したソロモン諸島では女性議員がゼロである。このような状況を変えていくためにも女性条約の活用が望まれる。

（6）宗教・因習・文化などに基づく女性の人権侵害の実例

女性に対する人権侵害のなかで，アジア太平洋地域で特徴的なものの概要を以下報告する。

(a) 持参金殺人，サティ

マレーシア憲法は例外として，ほとんどの国では，憲法に男女平等を明記している。インドのように持参金殺人が頻発している国では，持参金そのものを法律で禁止している。しかし，なかなかその成果があらわれていない。持参金殺人（マスコミなどは持参金死 dowry deaths という表現を使っているが，殺人であることは間違いない）と強かんはインドでは58分に1回起こっていると報道されている[16]。その他，サティと呼ばれる未亡人が夫の死に際して半強制的に殉死するしきたりなど未亡人差別はまだ存在する。

(b) 名誉殺人など

アフガニスタンでは女性の就労や就学を禁じ，家に閉じ込めたタリバン政権が崩壊したが，女性たちが他国のような自由と人権をえたわけではない。小学校で授業中の女教師が襲撃された地域もある。またヘラート州では，アメリカから軍事的支援を受けている州知事の命令のもとに女性団体の活動が制約された。女性が単独で家族以外の男性といることは禁じられた。たとえば，親戚でない運転手のタクシーに1人で女性が乗った場合，運転手は警察で尋問され，女性は病院に連れて行かれ，処女であるかどうか検査をされるという報道もあった[17]。

一方で，原理主義の強い一部イスラム教国などでは，パキスタンのように宗教法は憲法より優位であると国会で決議した国もある。実例として，親の決めた結婚相手ではない男性と駆け落ちした娘が，著名な女性人権弁護士のところ

に逃げたところ，弁護士事務所の入り口で殺し屋に殺させた母親は名誉殺人として無罪となっている。国連女性2000年会議で採択された成果文書では名誉殺人は犯罪であると明記[18]されたが，実施されていない。パキスタンでは，名誉殺人が2002年には2001年の372件から461件と25％増加したという報告がある[19]。

(c) 男子優先に基づく女子胎児の中絶

韓国など家父長制の強く残っている国では，男子が優先され，女子の胎児は中絶されることが多い。中絶された第2子，第3子はほとんど女子であるという調査結果が発表されている。中国でも一人っ子政策のため，新生児には男子が望まれ，女子の胎児が中絶の対象になる。インドでも，州によるが，女子には持参金が必要になるので，男の子の方が望ましいとされ，女子の胎児が中絶の対象になる。その結果，これらの国では，新生児の性別で男子の占める割合が圧倒的に多くなってきている。

(d) 人身売買・性暴力の被害者

多くのアジア人女性が人身売買の犠牲者となり，ヨーロッパ，同じアジア太平洋地域である日本，オーストラリアなどに売られて行っている。また，インドには793万6,509人の売春婦がいるとされ，そのなかには100万人の児童やネパールから売られてきた女性も含まれる。

そのほか，歴史的には第2次大戦中の日本軍慰安婦の問題がある。カシミール紛争では，イスラム教の女性もヒンズー教の女性も性暴力の被害者となっている。1998年にインドネシアで暴動が起こった時の中国系女性に対する悲惨な性暴力は，インターネットで情報提供されたが，マスメディアでは大きく扱われなかった。また，2004年1月にインドで開催された世界社会フォーラムでは，シャン族の女性たち625人を，ミャンマー軍が公然と強かんしたという報告書「強かん許可書（Licence to Rape）」が注目を浴びた。さらに，東チィモールやカシミールなど紛争地域での女性に対する性暴力は枚挙に暇がない。

2 女性の地位向上政策ならびにジェンダーの主流化に関する事例研究

アジア地域ではジェンダーエンパワーメント測定が人間開発指標に対して高く，ナショナル・マシナリーも女性の地位向上のための法律も整備されているフィリピンと，女性の地位が日本と似ているが，法整備については1995年以降急激に進んだ韓国について言及する。

(1) 韓国，フィリピン，日本との女性の地位の比較
(a) 国際指標による女性の地位の実態

国連開発計画が毎年発表しているジェンダー開発指数，ジェンダーエンパワーメント測定を日本，韓国，フィリピンで比較したのが表2および3である。

日本のジェンダー開発指数は比較的高順位であるが，ジェンダーエンパワーメント測定では大きく順位が落ちる。韓国も同様で，フィリピンが日本，韓国

表2 日本，韓国，フィリピンのジェンダー開発指数比較

	ジェンダー開発指数		0才女子平均余命	初/中/高女性就学率＊	合計特殊出生率		産褥期死亡率（対10万出産）
	2000	2003	2003	2003	1970〜75	1995〜2000	2003
日　本	9	13	84.7	82	2.1	1.4	8
韓　国	30	30	79	84	4.3	1.5	20
フィリピン	64	66	71.6	81	6.0	3.6	170

＊韓国の就学率が高いひとつの理由は，日本では専門学校に類別される教育機関も高等教育機関とされていることがあげられる。
国連開発計画『UNDP 人間開発報告書』2000年，2003年を元に作成。

表3 ジェンダーエンパワーメント測定関連指数

	ジェンダーエンパワーメント測定			女性国会議員率		女性管理職率		女性専門職率		収入に占める女性の収入割合（1995）	男性の収入に対する女性の収入の割合（2003）
	1995	2000	2003	1995	2003	1995	2003	1995	2003		
日　本	27	41	44	6.7	10.0	8.0	9	42.0	45	33.5＊	0.45
韓　国	90	63	63	1	5.9	4.1	5	42.5	34	22.0	0.46
フィリピン	28	44	35	11.2	17.2	27.7	58	63.2	62	21.1	0.59

＊韓国などに比べて高いのは，日本政府が ILO にデータを提出していなかったため，UNDP は世界平均の75％を使った。したがってこの時期の GEM は日本女性の実態をあらわしていない。
国連開発計画『UNDP 人間開発報告書』1995年，2000年，2003年を元に作成。

とはまったく異なり，ジェンダー開発指数に比べて，ジェンダーエンパワーメント測定の順位が高い。つまり，経済が発展し，教育が普及し平均寿命の長い日本に比べて，開発途上国であるフィリピンでは女性の国会議員率，女性管理職率，女性専門職率が高いために，逆転現象を見せている。

とくに，男性の収入を1とした時の女性の収入の割合が，日本の場合，フィリピンの0.59より低いだけでなく，韓国よりも0.01低いことが注目される。経済力は，女性の地位のなかでも法的権利などと並んで最重要要素である。日本では，女性たちの運動にもかかわらず均等待遇が進まず，国際比較でも日本女性の経済力を低くしている。

(b) 女性労働全般

①フィリピン

フィリピン女性の全体労働力率は，2000年現在で日本とほぼ同じで49.5%であるが，日本や韓国のように子育て期の25-34歳で女性労働力率が下がっていない。45-54歳でピークになっている。

表4　フィリピン女性の年代別平均労働力率

	1978	1985	1990	1999
−15			7.9	
15−19	37.3	31.4	29.7	25.8
20−24	48.9	47.6	50.9	52.7
25−34	51.5	53.4	51	54.2
35−44	52.9	60	56.3	60.5
45−54	51.9	58.9	58.4	64
55−64	46.1	49.1	51.2	55.8
65+	27.9	27.2	27.2	29.8

出典：ILO Yearbook of Labour Statistics 1979年，1986年，1991年，2000年の economically active population, toral and economically active population by age group のフィリピンデータ。

②韓　国

女性の労働力率が子育て期の25-34歳で下がり，女性の年代順労働力率のカーブがM字型を示している国は，世界でも日本と韓国くらいしかない。韓国女性の平均労働力率は54%で，日本女性（49.2%）よりやや高いが，30-34歳の労働力率が48.1%と日本以上に低いことである。つまり，韓国社会では，女性は結婚して子どもができると，仕事をやめて子育てをすることが当然とさ

れているということができる。

表5　韓国の年代別平均労働力率

	1985	1991	1995	1999
10－14	0.4			
15－19	18.6	18.9	14.6	11.8
20－24	49.1	65.9	66.1	60.8
25－29	35.9	42.9	47.8	52.3
30－34	43.2	49.5	47.5	48.1
35－39	55.8	59	59.2	58.7
40－44	60	60.4	66	63.1
45－49	61.8	62	61.1	62.8
50－54	55.9	60.6	58.3	55.4
55－59	50.7	54.5	54.2	51.2
60－64	38	43.2	28.9	46.3
65＋	21.4	18.8	(60＋)	21.4

出典：ILO Yearbook of Labour Statistics 1986年，1992年，1996年，2000年の economically active population, toral and economically active population by age group の韓国データ。

(c) 女性公務員

表6は公務員および管理職公務員における女性の割合である。フィリピンの場合は，タイと同様，公務員における女性の割合が男性より多く比較にならない。

1995年には韓国における女性公務員の割合は日本より少なかったが，1999年には公務員全体，管理職ともに日本を追い抜いている。政府が女性公務員の採用および登用について，数値目標を掲げ各省に実施させたことが成果をあげている。日本も人事院が2001年に各省に2005年までの数値目標をつくるよう要請し，各省では計画を策定した。しかし，数値目標を設定しているのは一部省庁で，しかも採用だけである。

表6　公務員在職者・管理職における女性の割合

		韓　国	日　本	フィリピン
在職者	1995	18.6	19.4	59.9
	1999	21.6	20.0	53.0
管理職	1995	1.4	1.0	26.9
	1999	2.0	1.1	34.8

出典：日本と韓国は人事院のHP「諸外国との比較」http://www.jinji.go.jp/saiyo/jyosei/zaishoku.htm#gaikoku，フィリピンは女性2000年国連特別総会に提出された政府レポート"Philippine Response to UN-CSW Questionnaire on PFA Implementation"に基づく。

(d) 日本,韓国,フィリピンの男女平等に関する意識の違い

　内閣府男女共同参画局が2002年に,6カ国を対象に実施した国際比較調査の調査国には,アジア地域ではフィリピン,韓国が入っている。この2カ国に同年日本で実施した意識調査の結果をまとめたのが表7である。

　「夫は仕事,妻は家庭」という固定的性別役割分業に同意するものの割合はフィリピンについで,日本が高い。フィリピンは,GEM が3カ国中最も高く,女性の社会進出が進んでいるにもかかわらず,性別役割意識が高い[20]。

　意識について日本の大きな問題は,職場における女性差別の認識が6カ国のいずれよりも低いことである。韓国が最も高いのは女性管理職の少なさなどから当然の結果としても,日本の場合,スウェーデンやアメリカよりも低い。年代別で見ると,日本は年代があがると女性差別の認識も高くなるが,韓国では若い層ほど差別感が高い。今後韓国では若い層が差別感をもとに現状を変えていくことに結びつく可能性が高い。一方,日本では若い層における差別感が低いため,女性の賃金が男性の半分以下という現状を変えていくことの困難が予測される。

表7　フィリピン,日本,韓国における男女平等に関する意識

質問内容	夫は外で働き、妻は家庭を守るべき				職場での不当な女性差別		土地・家屋購入の意思決定者		
回答選択肢＊	賛成	やや賛成	やや反対	反対	ある	ない	夫	妻	家族全員
日　本	8.1	28.7	31.7	25.6	15.2	79.1	48.6	5.7	35.7
韓　国	3.2	10	60.2	24.9	33.8	58.7	15.3	16.3	66
フィリピン	25.3	19.5	29.5	25.5	25.6	71.4	16.9	7.6	69.5

＊選択肢は重要なものだけで「その他」などこの表にあげていないものもあるため,合計が100％に満たない場合もある。
内閣府男女共同参画局『男女共同参画に関する国際比較調査(平成14年度調査)』平成15年6月,77,113,124頁。

(2) 女性差別撤廃条約の批准ならびにレポート提出状況

(a) フィリピン

　1981年に批准後,1997年に第3・4次合併レポートが審議され,第5・6次合併レポートを NGO の意見を聴取しながら策定した。しかし,女性差別撤廃委員会が設定した規定のページ数より多かったため,2004年1月の審議に向け

て削っているところである[21]。第3・4次レポート検討時に提起された問題は，女性海外移住労働者が多い現状を踏まえ，これら労働者の安全，身分保障などに対して政府としてはどのような対策をとっているか，売春ブローカーを処罰するための適切な手段をとることと売春女性に対する職業訓練の提供，女性に対する暴力に関する法的制度，女性の公的部門へ参加推進のための一時的な特別措置，すべての領域における性別データの必要性，監視メカニズムの構築とプログラムの実施状況を計測する指標の必要性などであった[22]。

第5・6次合併レポート作成のため，2001年1月からこれまで3回ドラフトを作成し，説明会，ワークショップ，会合など2002年12月まで，NGOとの連携会議を5回もっている。昨年1回だけNGOとの会合をもった日本政府とは大きな違いである[23]。2003年6月に膨大な報告書を提出予定であったが，国連が報告書のページ数を75pと制限したため，2004年1月会期への提出に向けて削減中である[24]。

選択議定書については，エストラダ大統領の時，批准の手続きを進めていたが，大統領が替わった。アロヨ大統領の下で批准の手続きを進めていたが，テロ，新型肺炎など緊急の問題が次々と起こり，進まなかった[25]。しかし，ついに2003年1月に批准した。元CEDAW委員であり，NGOとしても人身売買防止のため積極的に活動し，現在ナショナル・マシナリーであるフィリピン女性の役割委員会委員長オーロラ・デュ・ディオス氏の果たした役割が大きい。

(b) 韓国

日本より1年早い1984年に女性条約を批准した。1998年に提出した第3・4次合併レポートに対して，CEDAWは韓国政府が性暴力やDV防止，および救済のために積極的な立法，救援センター，ホットライン，被害者救済センターの設置など積極的な取組みをしたことを高く評価している[26]。

1997年に国籍法を改正（父系制から父母両系制に改正）して，9条の留保を撤回した。

1997年7月16日に，憲法裁判所が民法上の同姓不婚は憲法違反であるという判決をした。そのため政府は1998年11月同姓婚禁止制度を廃止し，近親婚禁止

範囲を規定して,さらに女性の6カ月の再婚禁止期間を削除し,嫡出否認の訴えを夫のみができるのを妻もできるようにし,嫡出子を連れて再婚する場合に養父の姓になることができるようにする親養子制度の導入などの改正案を提出したが2000年第15回国会では廃案となった[27]。

女性差別撤廃委員会(CEDAW)は性別データの収集,分析,政策の実施状況に関する報告,差別的慣習を撤廃する立法措置,女性の政治参加を推進するために政党の女性候補者の割合を最低30%にすること,非伝統的な分野における女性比率の上昇など勧告している。この勧告に応じて,2001年には,政党法を改正して政党の女性候補者の割合を30%とすると定めた。また,2001年に制定された情報格差是正法では主婦の情報格差をなくすための研修を政府に義務づけている。

(3) そのほかの世界人権条約の批准状況

そのほかの国際人権規約については,韓国は1990年に社会権規約および自由権規約と日本が批准していない自由権規約の第1選択議定書を批准した。さらに1995年にはやはり日本が批准していない自由権規約の第2選択議定書を除外した基本的国際人権条約を批准した。また,日本が批准していないILO111号条約も批准している。しかし,このように国際人権法を批准しても,国内法を改正せず,裁判を通しての個人の救済もないという批判もある[28]。

フィリピンは日本や韓国より早い1976年に社会権規約,1987年に自由権規約,自由権規約の第1選択議定書を1989年に批准した[29]。ILO111号条約も批准している。

(4) 法的整備とナショナル・マシナリーの変遷と組織

ナショナル・マシナリーは,日本では,総理大臣を本部長としすべての大臣で構成する男女共同参画推進本部,官房長官を議長とし,12省の大臣12名と専門家12名で構成し各省庁の男女共同参画関係施策の実施状況について監視する男女共同参画会議,その事務局としての内閣府男女共同参画局が2001年1月に

設置されている。これらの法的根拠としては1999年6月に制定・交付された男女共同参画社会基本法がある。ESCAPが1996年に実施したナショナル・マシナリーの会議では，マシナリーの設置場所としては，フィリピンなどのように最高意思決定機関に最も近い場所がベストとされた。フィリピンでは1975年から大統領府の元で国内委員会形式である。日本もこの形式に近い。

女性省は南アジアなど女性の地位が相対的に低い国で女性の地位の向上のための施策を実施する場合が多い。韓国の場合，後述するように女性省ではあるが，ジェンダーの主流化推進という政策官庁的な性格が強い。

(a) フィリピン

① ナショナル・マシナリーとジェンダーの主流化

1975年に大統領府に女性の地位向上のためのナショナル・マシナリーとして，イメルダ・マルコス氏を委員長とするフィリピン女性の役割委員会（NCRFW）が設置された。委員は各省の代表者と民間人とで構成されていた。

アキノ大統領が政権を取り，NCRFW事務局長にそれまでNGO活動をしてきたレミー・リケン氏，委員長にはナイロビ世界女性会議の事務局長であったシャハニ・ラモス氏が就任し委員は全員NGO代表者となった。リケンは各省にフォーカルポイントを任命しフォーカルポイントを通して当該省のジェンダーの主流化を推進していった。

その後ラモス大統領の就任に伴い，メリー・ニコラス氏が委員長になって，リケンは事務局長の職を離れた。委員の半分に各省の次官が任命された。各省のジェンダーフォーカルポイントの長にも次官が就任して組織的に行うことで，ジェンダーの主流化は強化された。また，1992年の女性の開発と国家建設法の制定により，国家予算の5%をジェンダーの主流化に活用するということが法的に可能になった。さらに同法により，各省は年2回，ジェンダーの主流化に関する報告書を大統領府に提出することが定められた[30]。

下院，上院ともに女性問題委員会が設置され，女性関係の法律の制定だけでなく，ほかの法律についても女性差別の有無をチェックしている。またNCRFWはジェンダーに配慮した立法のマニュアルを作成し，議員・議員秘書などに配

布した。1998年には各省庁に保育所を設置して、公務員の家族的責任を補完した。
　② 法律などの制定[31]
1989年　雇用の条件と状況における女性差別禁止法
1992年　女性の開発と国家建設法の制定（Women and Nation Building Act この法律に基づいて、1994年から、各省は予算の5％をジェンダーの主流化に割り当てることを義務づけた。現在では地方自治体も予算の5％をジェンダー主流化に割り当てることを義務づけられている。）
1995年　セクシュアル・ハラスメント防止法（Anti Sexual Harassment Act 労働の場だけでなく、教育訓練の場も対象。2003年現在、医者と患者との関係、宗教的な場も追加し、加害者に対する罰則を厳しくするなどの内容による法改正作業中。）
1997年　レイプ禁止法（Anti Rape Act 最高刑は死刑。）
1999年　女性エンパワーメント法（Women Empowerment Act）性格をはっきりあらわすために、名称を女性ための積極的格差是正法とすべきという意見がある。政府の第3段階ポストの30％を女性に割り当てる措置、全国の警察署に「女性と子どもデスク」を設置することなどについて制定した。
2003年6月　人身売買禁止2003年法（Anti Trafficking in Persons Act of 2003）人身売買の加害者（強制売春の客も含む）に対する最大の罰則が、終身刑ないし500万ペソの罰金と定められた。
　2003年現在、親しい関係にある女性の虐待禁止法（Anti-Abuse of Women in Intimate Relationships）などの検討中。
　(b) 韓国
　2001年の統計データ[32]によると、合計特殊出生率（2001年）1.42は日本よりやや高く、労働力率もやや高い（54％）。また、審議会における女性の割合は2001年に28％で日本の25％（2002年9月）よりも高い。
　韓国女性の地位に関して特徴的なこととして、夫からの妻に対する暴力の発

生割合が日本より高いことがあげられる。女性のホットラインと犯罪学研究所の行った調査によると回答者の42.2％が結婚中に夫から殴られたと回答している[33]。一方、日本の場合、内閣府の調査では身体的暴力を受けた女性の割合は平均して15.5％で最も多い30歳代で23.6％となっている。日本に比べて家父長的で暴力により相手を従わせるという男性が多いようである。

① ナショナル・マシナリーとジェンダーの主流化

韓国では、1988年に女性や子どもの問題を担当する第2政治省が設置されたが、女性団体などの要求により1990年に女性の地位向上だけを専管事項とした。1998年の金大中大統領の就任に伴い、選挙公約であった行政改革のため、第2政治省を廃止し、大統領直属の女性問題特別委員会を設置した。同時に6省（行政内務、保健福祉、労働、教育、法務、農林）におけるジェンダーの主流化を推進するために、女性政策担当官を課長とする女性政策課を設立した。

2001年には女性団体の要求にこたえて女性省を設置した。保健福祉省から女性福祉関係の政策と行政は女性省に移管されたが、6省における女性政策課はさらに強化された。教育省の女性政策課は女性を対象として教育の推進ではなく、学校教育、社会教育におけるジェンダー平等教育の推進である。行政内務省では、地方自治体職員などを対象にもジェンダー研修を行っており、ジェンダーの主流化を地方自治体でも推進している。

韓国では法案の70％が政府、30％は議員が提出するが、女性に関する法案の場合、男女雇用均等法と女性開発基本法だけが政府提案であった。1999年に均等法を改正して結果の平等やセクハラも入り、差別をした企業には罰金も課せられる。

2000年に情報格差解消法が議員提案されたが、科学技術情報通信委員会で検討した結果、政府が無料もしくは補助をして情報研修をさせる情報阻害階層に主婦をいれるという改正案が翌年国会で採択された。

韓国はI院制をとっているが、議会には国会女性問題特別委員会が設置され、国会議長の依頼により、女性に関する法律を審議している。国会特別委員会は女性問題のほかに倫理、予算・会計の2つが設置されている。

② 男女平等を進める法律などの制定状況

着実に女性の人権の確立，地位の向上に配慮した CEDAW の勧告を忠実に立法に反映している。たとえば，2000年の政党法の改正による政党候補者の30％を女性に割り当てることの実現は日本では到底考えられない。

1987年　雇用機会均等法の制定
1993年　性暴力犯罪の処罰および犠牲者保護等に関する法律
1995年　女性発展基本法の制定（内容的には日本の男女共同参画社会基本法より具体的で学校教育，社会教育，保健，労働などにおける男女平等も定めている。）ポジティブ・アクションと女性発展基金が特徴である。女性政策の枠組みをつくったが，NGO からは罰則規定がないなど不満があった。
1996年　家庭内暴力の処罰に関する特別法
1997年　国籍法の改正（父系制から父母両系制に改正）
1998年　大統領女性問題特別委員会の設置
　　　　6省（行政内務，保健福祉，労働，教育，法務，農林）に女性政策課を設置
1999年　女性起業家推進法の制定（国や地方自治体は取引先に女性企業をいれる努力義務を定めた。）
　　　　男女雇用均等法の改正（違反企業に罰金を科すことができるようにした。）
　　　　女性差別禁止および救済に関する法律の制定
2000年　政党法の改正（政党候補者の30％は女性とする。原案には，30％の割り当ては入っていなかったので，女性議員が中心になって，30％の割り当て制度を入れた修正案を作成し，提案し採択された。）
2001年　政府組織法を改正し（2000年12月）女性部（省）設置。
2001年　情報格差解消法（第11条で専業主婦に対する情報教育の費用を障害者，年金受給者などと共に，国または自治体が負担を制定。）
2003年　戸主制を廃止する民法改正案が国会に提案されたが棚上げされた。

3　今後の課題

（1）条約の実施状況に関する情報の一元化とネットワーク化の推進

　国連 ESCAP ジェンダーと開発課は，国連女性の地位向上部と連携してアジア太平洋地域の国々における女性条約の実施や選択議定書の批准を推進する立場にある。ユニフェムはカンボジア，東ティモールなど最近女性条約を批准した国々に報告書の策定などについて専門家を雇用し，助言指導を行っている。また，IWRAW Asia Pacific というマレーシアに本拠地のある地域 NGO は，アジア太平洋地域で，CEDAW レポートの作成や，選択議定書批准のためのロビイング活動の方法などについて研修をしている。

　これらの機関や NGO が所蔵する情報を一元化しネットワーク化すれば，アジア太平洋地域内の情報交換は推進され，女性の人権尊重の促進に結びつく。各国の法制度の改革，政治参加推進のためのポジティブ・アクションを含む法制定にもネットワークによる情報交換が効果的である。

（2）CEDAW 勧告などの着実な実施

　フィリピンも韓国も CEDAW の勧告をもとに着実に国内法や制度の整備をしている。とくに，社会的，文化的背景が類似し，女性の社会や政治への参加，女性の管理職の状況なども日本と似ている韓国の CEDAW 勧告への対応に注目すべきであろう。韓国女性団体全国協議会や韓国女性団体連合など強力な女性団体ネットワークの全国的な運動がその背景に存在する。

　日本政府は CEDAW だけでなく，人権委員会などの国連，ILO など専門機関など国際的な勧告も軽視する傾向がある。この政府の対応を変えていくためには，国際的な取り決めを重視する国会議員を選出し，女性団体の全国的なネットワーク活動を強化することが必要である。

おわりに

　アジア地域の先進事例や動きが，現在日本の各地域で起こっているバックラッシュへの対応に参考になる可能性がある。

　性の自己決定権などを認めない反動派は，1994年の国際人口開発会議や1995年の北京世界女性会議で採択された行動計画や行動綱領に明記された「性の自己決定権」については，国際的に認めない方向に進んでいる宣伝している。しかし，2002年12月にバンコクで国連経済社会委員会が開催した第5回アジア太平洋人口会議において，アメリカだけが，「性の自己決定権」を行動計画にいれることに反対したが，30カ国は賛成し2カ国（ネパールとスリランカ）が棄権した[34]。したがって，「性の自己決定権」はアジア諸国では，女性たちの当然の権利としてみなされているといえる。

　バックラッシュについて，アジア太平洋地域では，日本及びインド以外の国々ではそれほど顕在化してきていない。アジアの女性たちとの連帯を推進することで日本のバックラッシュによりよく対応できる可能性がある。

注

1) アジア地域の人権委員会がメンバーとなるアジア太平洋国内人権機関フォーラム（the Asia Pacific Forum of National Human Rights Institutions）は，オーストラリアに本部がおかれ，会員は，上記のほかフィジー，インド，マレーシア，モンゴル，ネパール，ニュージーランド，スリランカの合計12カ国である。
2) 最新のものは，『国際女性』17号（2003年）31-38頁。
3) ブータンには一部母系制社会が存在する地域もあり女性の地位は相対的に高い。一方，国民的な人気のある国王は女性政策を振興する必要性を認めていない。女性の地位向上のためのナショナル・マシナリーは，国王の姉が会長をしているブータン女性協会から，国家経済計画庁に移された。
4) Savitri Goonasekere (1999), Right based approach to the empowerment of women. A paper for High Level Intergovernmental Merting to Review Regional

Implication of the Beijing Platform for Action, Panel 2, United Nations Economic and Social Commission for Asia and the Pacific, p.5.
5) IWRAW Asia Pacific からのメールによるコメント。
6) 第46回国連女性の地位委員会の会期中，タイ女性監視機構の事務局長であり，タマサート大学教授であるパワディからの情報。
7) それに対して，バングラデシュの NGO の代表は，バングラデシュ政府が選択議定書も各国に先駆けて批准しても，女性条約の第2条のように重要な条項をバングラデシュは留保しているからあまり評価できないといっていた。
8) UNESCAP ジェンダーと開発課担当者からの情報。
9) 国連開発計画『人間開発報告書』(2002年) 276-278頁。
10) The Center for Reproductive Law and Policy (CRLP)からの2002年3月18日付の情報。
11) *At* http://www.oneworld.net/news/this_week/. One World はネパールの人権団体。
12) *At* http://www.ipu.org/wmn-e/classif.htm. 列国議会連盟では，国会における女性議員の割合について最新データを定期的に提供している。
13) オーストラリア労働党は2002年に40％の女性クオータ制を導入 Global Database of Quotas for Women, A joint project of International IDEA and Stockholm University, *at* http://www.idea.int/quota/country.cfm 参照。
14) *Ibid.*
15) 金恩景 「韓国統一地方選レポート」『女性展望』(2002年8月) 13頁。
16) Unsafe Delhi becoming a bane for women Gulf News July 07, 2003 New Delhi By Nilima Pathak.
17) Human Rights Watch, "We Want to Live As Human", 2002.
18) 『北京宣言及び行動綱領実施のための更なる行動とイニシアティブ（成果文書）』パラグラフ96 (a)。
19) WE! linking women, sharing knowledge, engendering change published by Isis International-Manila January 2003; No. 2.
20) 総理府が20年前に女性だけを対象に行った調査でも同様の結果が出ている。フィリピンはカトリック教国であるため出生率も高く，性別役割意識も強いのかもしれない。
21) フィリピン女性の役割国内委員会委員長 Aurora De Dios 氏からの個人的なメール。
22) 山下由紀子『国際女性』11号 (1997年) 121頁。
23) *At* http://www.ncrfw.gov.ph/cedaw/status_on_5th6th_report.htm 参照。

24) フィリピン女性の役割委員会委員長 Aurora De Dios 氏からの個人的メール。
25) 同上。
26) 早川紀代『国際女性』13号（1999年）48-49頁。
27) 韓国女性白書2000年　藤本明夫抄訳　第2章第1節2000年に変化のあった法および女性の地位。
28) 朴洪圭，戸塚悦朗「国際人権（自由権）規約の国内的実施－韓日比較」『国際協力論集』10巻1号（神戸大学国際協力大学院　2002年）。
29) Office Of The United Nations High Commissioner For Human Rights Status Of Ratifications Of The Principal International Human Rights Treaties As Of 07 July 2003, *at* http://www.unhchr.ch/pdf/report.pdf 参照。
30) 橋本ヒロ子「フィリピン女性の役割委員会（National Commission on Role of Filipino Women）」『諸外国の国内本部機構の組織と機能に関する調査研究』（総理府委託調査，財政経済協会，1997年）59-86頁。
31) 2003年現在とは，2003年8月における NCRFW の Web site の情報。
32) Ministry of Gender Equality『Gender Equality in Korea（韓国におけるジェンダー平等）』2001。
33) アジア女性交流研究フォーラム編『アジアのドメスティック・バイオレンス』（2002年）51頁。
34) 石井澄江「孤立するアメリカのリプロダクティブ・ヘルス政策」『アメリカの禁欲主義と日本の性問題』（エイデル研究所，2003年）52-69頁。

（橋本ヒロ子）

第2章　イタリア

はじめに

　イタリアは，ヨーロッパにあって個人の確立をはたしながら，カトリックの婚姻観から，なお社会における自立の主体として，「家族」を重視して，固定的男女役割分業の残存する社会である。こうした宗教的，文化的特質を有するイタリアの実態の深い認識なしに，イタリアの男女平等の現実を理解することはむずかしい。男女平等理念と家族実態との調和と相克が存在するのである。

　これは，女性差別撤廃条約の家族条項（16条）に対する留保が，アラブ諸国に多い事実ともつながるジェンダー的検討対象ではないだろうか？　イタリアは，北ヨーロッパとアラブ，アフリカの中間に，地理的に，位置するだけでなく，法理念的にも，社会における自立の主体を「個人」とする社会と「家族的団体」を主体とする社会の間にあって，橋渡しをする宗教的，文化的役割があるのではないだろうか？　その意味で，女性差別撤廃条約の解釈の限界および実効性の問題の検討が，重要であろう。イタリアにおいて法規範としてのグローバル・スタンダートの受容の速さと実態とのズレをみるからである。

　イタリアの特質を示すために，大胆な命題を掲げたが，それを検証するのが本章の目的ではない。そうした考察の前提として，ここでは，いわゆるジェンダーの視点から，主に，女性の人権保障に関して，イタリアの法制に導入もしくは廃止された規範の推移とジェンダーの主流化への政府の機構，施策について紹介する。

1　国連，欧州審議会，EU／EC とイタリア

　イタリアにおいて男女平等理念を進捗させたものは，欧州人権条約，EU／EC の指令や行動計画，女性差別撤廃条約など，国外からの潮流である。
　国際潮流を素早く受け入れ，時には，リードして，国内法を成立させる強いリーダーシップの存在は見逃せない。ちなみに，16年間にわたり，女性差別撤廃委員会（CEDAW）委員であり，1993から96年まで議長をつとめたイヴァンカ・コルティ（Ivanka Corti）は，イタリア在住の人である。

（1）女性差別撤廃条約の展開

　イタリア共和国は，1980年7月10日に女性差別撤廃条約に署名し，1985年6月10日に留保つきで，批准書を寄託した。その選択議定書は，1999年12月10日に署名し，2000年9月22日に批准書を寄託した。これは，国際連合事務総長への10番目の寄託であり，これにより，選択議定書16条1項に基づき，3カ月後の2000年12月22日より選択議定書が発効したと同時に，イタリアでも効力を生ずることとなった。
　なお，留保は，条約法に関するウイーン条約19条に基づくもので，女性差別撤廃条約の実質的内容に関するものではない。
　第1次レポートは，1989年10月20日に提出され，第X会期（1991年1月21日－2月1日）で審議された。第2次レポートは，1994年3月1日に，第3次レポートは，1997年1月21日に提出され，両レポートは，第17会期（1997年7月7日－25日）で，併合審議された。
　このように，イタリアにおける女性差別撤廃条約の受容，展開は，形式的には，順調に推移してきたようにみえる。しかし，事実的（de facto）平等の進捗は，なお検討課題である。
　ほぼ，女性差別撤廃条約の批准までに，法規範のうえでの形式的男女平等をはたして，その進捗のために，「男女平等と機会均等のための全国委員会」

(Commissione nazionale per la parità e le pari opportunità tra uomo e donna) などの活動や「機会均等省」(Ministero per le pari opportunità) の設置など, 行政上の手段もととのえ, 実質的, 結果的, 事実上の男女平等の実現を目指してきた。

(2) EU／EC 法および欧州人権条約の影響

　特筆すべきは, EU の指令にそった「差別を禁止する法」から「積極的差別是正措置法—ポジティブ・アクション法」への法制理念の変革を早くに受け入れ,「労働における男女平等の実現に関するポジティブ・アクション法」(1991年),「女性起業家のためのポジティブ・アクション法」(1992年),「男女のいずれも3分の2以上を被選挙人名簿に登載することを禁止する」(1993年)法律を制定したことである。もっとも, 最後のものは, 欧州裁判所のカランケ判決の影響をうけたか, 1995年に憲法裁判所で, 違憲判決を受けている。

　現在, 欧州人権裁判所への個人申立ては, イタリアが一番多く, EU 裁判所に継続している事件数—国内裁判所で適用される EU／EC 法の解釈につき疑義ある場合 EU 裁判所が先行判決権をもつために付託されるもの, および私人の直接申立て数—も多いが, 女子差別撤廃条約選択議定書による個人の申立ては, 今のところゼロである。

　イタリアにおいても, 政治や経済の影響が, 平等施策, 女性政策, 意識, 社会状況に明確に存在することを否定することはできない。1970年代から80年代, EC の潮流のもとで, 左派のクラクシ政権により発展したものが厳として底流に存在しつつも, 今日, イタリアでもバック・ラッシュが生じている。たとえば, 国会での女性議員の割合が過去最高の16.1％から9.9％に落ちているし, 女性外交官は, 1.6％にしかすぎない。右派のベルスコーニ政権のもとで, とりわけの飛躍は, 男女平等施策において期待できないであろう。

2　法律の変化[1]

(1) イタリア王国成立から第2次世界大戦の終結まで

(a) 1865年のイタリア民法典[2]

　近代国家として統一されたイタリア王国における最初の民法典において，女性の法的地位が，定められているが，家族に強く拘束される者として捉えられ，男性に対して女性，とくに，妻は，劣後的地位に置かれた。

　たとえば，妻は，夫の市民上の地位にしたがい，夫の氏を称し，夫の居所指定にしたがう義務を有し，貞操義務も夫より厳格に規律されていた。このような，いわゆる婚姻の身分上の効果はもちろん，贈与，不動産の譲渡，抵当権の設定，保証などの重要な財産的法律行為は妻は単独ではできず，常に，夫の同意が必要であった。また，訴訟の当事者になることはできず，証人適格がなかったり，家族評議会への参加資格がなかったりで，包括的無能力でないにしても，「妻の無能力制度」が定められ夫権の保護のもとにあった。カトリックの「家族統一体」の要請から，家族団体には長が必要で，それには，夫たる男性がなり，それゆえに妻は，夫権の支配を受けることになると理論づけられた。

　しかし，成年達成が男女ともに21歳であること，相続権について男女の差別がないこと，親権について，その行使は父に属するにせよ，父母の共同名義であることなど，女性の権利がみとめられているものも若干はあった。

(b) 女性の証言能力について：1887年12月9日の法律4167号

　この法律は，ただ1カ条のものであるが，公的，私的行為における証人から女性を除いていた規定を廃止するものであった。

(c) 女性と児童の労働に関する統一法典：1909年11月10日の法律818号

　1902年6月19日の法律242号で女性と児童の就労について規制がなされ，その後法律や命令が出たことに対処した法典である。深夜業の禁止，重労働や危険労働の禁止など，最初，児童についてみとめられたものが，成年女性にもみとめられことになった。

また，はじめて，萌芽的なものであるが，出産前1週間，出産後1月の休業を保障する出産，母性保護が規定された。

(d) 性の法的地位に関する規定：1919年7月17日の法律1176号

本法は，女性の諸権利を人権として認めた最初の重要な法律である。なぜなら，1865年の民法が定めていた一定の法律行為について，妻は，夫の許可（同意）を必要とするという規定が廃止された。さらに，女性の家族評議会への参加も認められた。

とくに，その7条は，政治家，司法官，行政官，軍人など一定の職務を除いて，女性も男性と同じく，さまざまな職務につくことができることを規定している。

(e) 1942年民法典

ファシスト政権のもとではじめられた法典編纂作業であったが，ローマ法の伝統を重んずるイタリアは，法的な検討を深めて，新しい民法典を公布した。しかし，妻の地位の劣後性は，家族統一体の要請のもとに存続した。とくに，居所の指定，氏の強制，財産管理など，婚姻の効果にかかわって，夫権による支配の制約をうけたままであった。

とくに，家族財産制の基本は，ローマ法の流れから別産制であったから，男女役割分業の固定した社会体制のもとでは，家を守る妻は，不利益をこうむった。家事労働，内助の功はもちろん，妻の家庭外労働による所得も，夫のものとして取り扱われた。

さらに，妻の持参金など，本来，妻の所有物だったものも，結婚により嫁資財産として設定されると，その管理権は，夫が有することになった。しかし，女性が，結婚しなければ，父権の支配をうけないで，民事上は，男性と同様に，独立の法的主体として認められている。

(2) イタリア共和国成立から平等原理の拡充へ

(a) 選挙権の女性への拡張：1945年2月1日の代理立法命令（D.L..L..）

ファシスト独裁が終わり，国民投票により，イタリア共和国が誕生した。イ

タリアの歴史のなかで，はじめて，女性にも選挙権，被選挙権が与えられた。これは，レジスタンス運動をへて結成された「イタリア女性連盟」(Unione donne italiane)がえた，最初の政治的勝利だった。

(b) イタリア共和国憲法：1948年1月1日施行[3]

　直接，平等に，かかわる条文としては，3条の法のもとの平等，29条の夫婦の平等，37条の労働における平等などがある。

　3条は，平等の一般規定であるが，29条は，「共和国は，婚姻に基礎を置く自然の共同体として家族の権利を尊重する。婚姻の制度は，家族の一体性を保障するために，法律で定める制限のもとに，配偶者相互の道義的および法律的平等にもとづいて定める」と規定し，家族条項を憲法に織り込み，家族統一体による平等の規制を法認した。憲法制定会議で激しい議論がなされたところであるが，このような規定におさまったのは，ファシズムによる人権の侵害という苦い経験から，個人の権利の確立の要請が一方にあり，他方では，国の物質的，道徳的再建のために，家族連帯の強化が求められていたからである。

　また，37条は，「女子労働者は，男子労働者にみとめられるのと同じ権利を有し，等しい労働に着き，同じ報酬を受ける。労働の条件は，女性労働者の重要な家庭的機能の遂行を許容し，母及び児童に対して，特別の適当な保護を保障しなければならない。」と規定している。ここに，家庭責任等を視野にいれた女性労働に対する保護が，男女均等取扱いに優先することが明文化され，不平等規定の存在を法認している。

　これらの憲法の平等規定に課せられた「家族の一体性を保障するために法律で定める制限のもとに」とか，「家庭的機能の遂行を許容し…特別の保護」とかいった制約は，社会状況に裏づけられた法的確信と密接にかかわるものであろう。

　この29条，37条の規定が，新法の制定により改正，廃止されるまで，既存の男女不平等の差別規定が継続した。新法の成立に関して，憲法裁判所の活動も忘れることはできない。家族や，労働に関する多くの違憲判決をとおして，民主的な男女平等の法律の制定が促進された。

(c) 母親労働者の肉体的，経済的保護について：1950年8月26日の法律860号

母性と労働との両立をもとめられている女性について，保護を承認する重要な原則を定めた最初の法律である。

本法は，妊娠から児童の1歳終了までの期間の解雇の禁止，妊婦の重量物運搬など危険労働の禁止，産前3月，産後8週間の労働禁止，休業期間中の賃金の保障，授乳休息，医療援助などを規定している。

これらの諸点について，1971年12月30日の法律1204号により，さらに拡充，整備されて，この当時の資本主義国では一番保護が厚いといわれた。たとえば，産前2月，産後3月の出産休業，および，この期間の給与の全額支給を定めている。

(d) 婚姻を理由とする女子労働者の解雇禁止：1963年1月9日の法律第7号

この法律以前には，女性の労働契約のなかに，しばしば「独身条項」がみられた。この条項は，結婚により女性に課せられる家事，出産，育児などの負担のために，欠勤の増加，能率の低下などの事実により，正当化されていた。しかし，憲法に規定された「重要な家族の機能」を女性がはたす要請に矛盾するものであった。

広範囲の大衆運動，政治的行動，違憲判決などの結果，結婚の公示後，および結婚挙式後，1年以内になされた解雇および結婚を理由とする解雇は無効とする法律が制定された。

(e) 官吏，専門職への女性の就任：1963年2月9日の法律66号

本法は，軍隊や特定の連隊など，法律にとくに定められている場合を除いて，職種，職務，職階の制限なしに，女性が官吏職につくことを認めている。これは，以下に記する違憲判決の流れを受けて，制定された。

1960年に，憲法裁判所は，「政治的権能を行使する官吏の職から女性を除外」している1919年法律1176号の7条に対して，違憲の判決をだした。その理由は，「性差は，立法のうえでの合理的根拠でありえず，法のもとに，性に由来する異なった取り扱いを許容するものではない」として，官吏に女性の就労が認められていない部門があることは，憲法第3条，第51条に違反すると判断し

(3) カトリック教会法理の国家法からの離脱から女性差別撤廃条約の批准へ

(a) 婚姻解消の場合の規律（離婚の導入）：1970年12月1日の法律898号[4]

本法は，カトリック教会（法王庁）に，憲法7条―ラテラノ条約で，特別の地位を与えているイタリアにおける，はじめてのカトリック教理に反する国家法である。

婚姻不解消主義の徹底は，制度の導入にもかかわらず，社会統制として離婚より，法制度としての別居の存在を認めている。とはいえ，離婚制度の導入は，重婚的内縁を余儀なくされていた者―多くは女性に，夫婦としての法律上の保護があたえられる可能性をつくり出した。

本法は，また，離婚の際の財産関係の清算に関して，妻の内助の功を積極的に評価している点で重要である。夫婦財産制の基礎が別産制であることからくる不合理を家事労働への評価を行うことにより解消するよう計られていた。

1974年には，この法律の存続か，廃止かをめぐって，新憲法施行後，はじめての国民投票が行われたが，40.9対59.1で存続が確定した。

その後，1978年には，多くは女性である経済的弱者の離婚配偶者の保護の拡充を目的として，婚姻期間に対応する年金の取得，一定の条件の下で相続権の承認規定などが附加された。

さらに，1986年には，15年の運用経験をふまえて大改正が行われた。厳しい離婚原因の緩和，子の最善の利益を一義とする保護の強化，経済的弱者となる離婚配偶者への経済的保障の徹底，訴訟期間の短縮などを拡充する措置が規定された。

(b) 家族法の改正：1975年5月19日の法律151号[5]

民法の家族にかかわる部分の全面的改正により，男性優位の家父長制の家族法から，夫と妻の平等原則に基づく家族法へと根本理念の変革を遂げた。

とくに，婚姻に基づく夫婦の相互的権利義務が明示され，子に対する関係においても，親権の行使は，父と母の両方の権利として，共同して行使されるこ

とになった。

　また，夫婦の財産制の原則は，婚姻後に取得した財産について共有になった。これは，無報酬とされる家事労働に，多くの妻がしたがっていることに由来するひずみの是正が求められてきたからである。

　家族法の根本的改正がこの時期に実現したのは，宗教権にたいして，世俗派が，前年の国民投票で離婚法存続の勝利をえた余勢によるところが大きかったといわれている。すなわち，新憲法の制定以来，すでに多くの違憲判決が家族法の分野で出ていたが，法案の段階にとどまり，新法の制定にはいたらなかったからである。じつに，新しい憲法理念—家族の制約はあるにしても，夫婦の平等理念が，27年をへて，具体的法規として実現したのだった。社会の基礎をなしてきた家族団体について，歴史的事実に裏づけられた理念が変革し，具体化するためには，長い時が必要であるという１つの例証である。

　第２次世界大戦後の「奇跡の経済成長」等を通じて，イタリアでも女性の労働市場への参加が促進され，父権的な「家族統一体」は，現実の家族実態にマッチしなくなっていて，イタリア社会には，家族法規と現実との乖離が生じていた。

　したがって，新しい家族法秩序は，遅れて出てきはしたが，理念と現実のギャップはなく，現実をそのまま容認した家族法とみることができよう。その意味で，憲法の要請ではなく，社会の実態—個人の尊厳，男女平等に基づく夫婦の実在が，民法理念の変革をもたらしたのである。

(c) 家庭相談所の設置：1975年７月29日の法律405号

　1971年の憲法裁判所の判決により，避妊の実施の宣伝を罰する刑法553条が違憲とされた。また，1975年には，自己堕胎を規律する刑法547条を違憲とする判決がだされた。これらを受けて，避妊などによる家族計画の普及など目的とする保健および福祉サービスの地区センターが，設置されることになった。

(d) 労働における男女均等待遇の規律：1977年12月９日の法律903号[6]

　本法は，ヨーロッパ共同体の指令および憲法の原則に基づき，採用，昇進，訓練等，労働における直接差別を禁止している。いわゆる「雇用均等法」であ

るが，アメリカのような強制手段，救済手段は定められていない。

　この法律は，イタリアの従来の労働法規が，出産および母性について，保護の法制であったのに対して，労働における男女の「平等化」を定めた点で，画期的な立法であった。その目的は，男女の労働者間の経済的，法律的均等待遇を明文化し，出産および育児保護を認めつつ，社会的費用の財政的援助によって，女子雇用の促進を目指すものである。

　本法によって，直接差別のケースは，ほとんどみられなくなった。ちなみに，本法の施行から7年間に，提訴された件数は，192件で，一番多かったのは，年金受給年齢格差，および地位の保全関係であった。

　本法が施行される以前は，直接差別についても，憲法で争う必要があった反面，憲法条項は，女性の保護も含んでいるし，間接差別の救済の可能性もあった。しかし，本法の成立により，直接差別を争うケースがなくなった反面，従来，憲法から引き出された間接差別の救済や，母性保護が認められなくなってきた。

　この法律が，制定されたとき，女性の状況が改善され，労働者としての地位の確保，職務の遂行に有益な手段である，と一般に信じられていた。しかし，年がへるにつれて，現実の労働市場の実情は，この法律の限界を示し続け，本法の適用による女性の地位の改善を求める動きはすくなくなった。

(e) 妊婦の意思による妊娠中絶及び母性保護に関する規律（妊娠中絶の合法化）：1978年5月22日の法律194号[7]

　すでに，家庭相談所の設置法にみられるように，国家（一般国民）のカトリック教ばなれがみられたが，この路線は，さらに，本法によりおしすすめられた。堕胎はカトリック教理のうえでは，9の大罪の1つだが，これに違反する規範が国法上に成立したのである。

　本法は，妊婦の意思に基づいて，病院ならびに許可をうけている民間診療所の医師による90日以内の中絶を合法化するもので，手術は無償である。

　また，すでに，憲法裁判所で違憲判断がなされていたが，カノン法に由来する堕胎重罰の刑法規定を全面的に廃止した。ただし，医師や看護婦などに中絶

手術に関与することに対して「良心による拒否権」を認めており，なお，カトリック教理からくる統制の残存もみられる。

(f) 名誉を理由とする刑法規定の廃止：1981年8月5日の法律442号[8]

　刑法587条は，「不法な性交をあらわにする行為に際し，かつ，自己または家族の名誉に加えられた侵害により生じた憤怒の状態において，配偶者（多くは妻），娘又は姉妹を殺した者は，3年以上7年以下の懲役に処する」と規定している。いわゆる名誉殺人の規定であり，普通殺人の懲役21年より，量刑が軽くなっていた。夫婦間では，貞操は，夫と妻の相互的な義務であるが，婚姻外の関係では，娘，姉妹という女性は除かれ，父，兄弟という男性だけが，家族の名誉のための復讐者として軽い刑をうけることができた。

　また，刑法544条は，レイプなど性犯罪に関して，加害者が被害者と結婚すれば，罪が消滅することを規定している。

　このような，女性の人権を無視した時代錯誤の諸規定が，本法により廃止された。

(g) 国籍に関する規定：1985年4月21日の法律123号

　国籍に関する基本法は，1912年6月13日の法律13号であったが，当時の時代背景を反映して，女性劣位の規定である。すなわち，子の国籍については，父系主義であり，イタリア人の母の子は，父が不明または無国籍の場合のみイタリア国籍が与えられた。婚姻に関しても夫権優先であった。

　すでに，1975年の新家族法は，外国籍のイタリア女性が，婚姻によって喪失したイタリア国籍を再取得することや，外国籍を放棄することを認めているが，本法において，夫と妻の平等原則による両系主義を採用している。

　子に対しては，父であれ，母であれ，イタリア人の親であれば，イタリア国籍を付与することができる。また，婚姻に際してはイタリア国籍を有する者の配偶者は，夫であれ，妻であれ，イタリア領土内に6月以上の居住または3年以上の婚姻期間によって，イタリア国籍を取得することができることになった。

　その後，この線にそって，諸規定の調整が行われ，1992年2月5日の法律91号として，新国籍法が制定された。

（4）ポジティブ・アクション法から女性の人権の直接的保障へ

(a) 労働における男女平等の実現に関するポジティブ・アクション法：1991年4月10日の法律125号[9]

1977年の「労働における男女均等待遇法」が目的とした性差別を禁止することによる男女平等理念を発展させて，雇用の分野で，事実上，結果上の平等を実現する手段として，積極的に現状を改善することを求めて，本法を成立させた。

これは，EC理事会の1984年635号——女性のための積極的差別是正措置対策の要請—勧告にそったものであり，EC加盟国で最初の国内立法であった。それには，1977年法により，女性の雇用が促進されるという期待は実現せず，従来のままにとどまっているイタリアの実態があった。実際，女性の就労率は，EC/EUのなかでも常に低位にとどまっている。その理由として，産業構造の必然性，景気の影響などの経済的状況に加えて，カトリックの男女役割分業理念や家族統一体理念の影響を否定することは出来ないであろう。

本法は，11条からなり，「労働の分野における男女均等の実現を妨げている障害を「積極行動」をとおして排除し，結果の平等を，事実上，実質上達成することを目的とする」と，その1条は規定している。

ここで，積極行動とは，学校，教育，採用，昇進，労働条件，異動等において，事実上の不平等を除き，女性の雇用水準をあげ，学校や職業教育を通じて職業選択の幅を広げ，自営業や企業での職務格付をランクアップし，採用機会，昇進，賃金等の条件を引き上げ，家庭責任と職業上の責任との調和を図り，男女間での，それらの責任のより良い分担を進展させうるすべての活動を意味している。

そのイニシアチブは，企業，公共団体，組合とともに，労使協定によっても実施でき，とくに，労使協定による場合は，公的な財政的援助が優先的に与えられる。

積極行動を推進，監督するために「男女労働者の機会均等及び均等待遇原則の実施に関する全国委員会—通称，全国均等委員会—C. N. P.」および「均

等コンサルタント」を定めている。

　また，司法的救済に関して，「間接差別」も差別であると明文規定をおいていたり，差別の不存在は被告である会社側が証明する義務をおうことになった。

　差別行為を行った企業や団体は司法的制裁をうけ，判決にしたがわなかった場合には刑事罰が科せられ，財政的援助の打ち切りや，公的請負発注の停止といった行政的制裁を科すことを可能にしている。

(b) 女性起業家のためのポジティブ・アクション法：1992年2月15日の法律215号

　本法は，13条からなり，経済および起業活動における男女の機会均等および実質的平等を促進することを目的としている。そのために，基金を設立して，一定の条件で，女性中心の企業の創設，および維持に対して助成し，女性起業のための委員会を商工省内に設置することを定めている。

(c) 国際私法制度の改正に関する法律：1995年5月31日の法律218号

　国際家族法の分野における抵触規定のうえでも，実質的な男女平等を徹底的に採用した改正がなされた。前提には，1987年3月5日，1987年12月10日違憲判決がある。

(d) 性的暴力に対する規範（対性暴力法）：1996年2月15日の法律66号[10]

　本法は，被害者の立場を重視して，プライバシーの保護を徹底している。被害者の人権をまもることにより，泣き寝入りをなくし，暴力，脅迫，権力の濫用をも防ごうとするものである。

　従来，風俗犯罪のなかに規定されていた強姦罪を，身体の自由に対する犯罪のなかに入れたのは，人権の視点から，重要である。従来のとおり親告罪だが，14歳以下の未成年者の場合は公訴できることになった。

(e) 養育権，母性，父性の援助，業務時間調整のための規律：2000年3月8日の法律53号

　本法は，親休暇と支援の拡充，ハンデキャップ児の親支援と休暇の拡充，社会連帯のための時間の促進，労働時間の調整を目的とするものである。仕事と

家庭との両立を，社会連帯省の管轄において支援することを目指している。

1971年の法律1204号，1977年の法律196号，1977年の法律903号などの労働法規にかかわるジェンダー視点による改正でもあり，これらについての，統一法とすることが，15条に定められている。

ハンデキャップについては，1992年の法律104号の改正で，ハンデキャップの介護者の保護が拡充されている。

以上の法規は，ほぼ以下の3種の流れに分類されよう。
（1）カトリックの婚姻・家族理念の国家の法制からの廃除，
（2）家父長制から家族構成員の平等性への移行，
（3）母性・出産の保護の強化と労働における均等取扱いの促進
である。（1）の代表は，11，15の法であり，（2）の代表は，12の法であり，（3）の代表は，14，22の法であろう。

3　ジェンダー平等の推進機構[11]

(1) 男女平等と機会均等のための全国委員会

1985年の女性差別撤廃条約の批准までに，イタリアは，男女平等の重要な部分について，法のうえでの平等は，ほぼ達成されていた。それには，政府，政党，女性団体，一般女性の努力もあったが，ECやヨーロッパ審議会—欧州人権条約，欧州社会憲章—の影響もみのがせない。

女性差別撤廃条約の批准をきっかけとして，ジェンダーの平等を推進するために「男女平等と機会均等のための全国委員会」が整備されていった。すでに，コペンハーゲンでの第2回世界会議の行動計画を受けて，1984年6月12日の首相令により「男女平等を実現するための全国委員会」が設置されていたが，1988年8月23日の法律400号21条2項をへて，正式になり，1990年の6月22日の法律164号で，予算処置なども含み，法的に完成した。これには，女性差別撤廃委員会への第1次レポート提出がインパクトになっていると思われる。実際，1989年12月18日にローマで公表された第1次レポートは，外務省と

の連名になっていた。

1990年法律164号は11条からなり，その1条—委員会の設立—で，以下のように，規定している。

① 憲法第3条所定の原則を完全に実現することを保障する目的で，平等を制限するあらゆる事実上の障害と女性に関する直接，間接のあらゆる差別を除去することにより男女の平等を促進する職務を有する。「男女平等と機会均等のための全国委員会」—本法において，委員会と称する—を首相府に設置する。

② 委員会は，第2項第3項m）所定の様式によって，ヨーロッパ理事会（la Commissione europea）の機会均等のための諮問委員会のイタリア代表である。

③ 委員会は，女性にかかわる問題について，外国との関係に関する首相府の援助組織である。

その権限は，2条で，以下のように規定している。

① 委員会は，両性の平等を実現し，男女機会均等を保障するための活動を行うため，必要な援助を首相に対して行う。

② 委員会は，法規が両性の平等原則に違反するかどうかを研究し，必要な修正案を作成するよう助言し，法案発議をそくし，また，これらの目標を推進する全国および地方の行動計画などを実現するために，国や地方自治体の行政機関の調整が必要なときは，首相を補佐する。

③ 委員会は，その目的を達成するために，また，平等をめぐる問題に該当する機関（国際機関も含めて）の活動に関して，下記の事項をおこなう。

a）男女平等および機会均等を実現するために，文化的，経済的，社会的政策の調整のための提案をすること。

b）—m）まで，略す。

④ 委員会の権限は，労働機会（採用）および労働に関する両性の問題には及ばない。

なお，（2）で述べるように，1996年7月12日の命令により，「男女平等と機

会均等のための全国委員会」の権限の一部を機会均等大臣に委譲した。

(2) 機会均等省

1995年の北京世界女性会議の宣言と行動綱領の要請,直接的には,EUの政策に呼応して,1996年2月6日の法律52号:イタリアのヨーロッパ共同体への所属により生ずる義務の履行のための規定—1994年のヨーロッパ共同体法18条に規定される均等待遇に関する政府の広範囲の委任—が制定された。イタリア政府におけるジェンダー問題の主流化は,この法律に裏づけられている。

1996年,EU委員会は,平等の目標を達成するためには,広範囲の政治行動が求められるとの通達(2月21日)をだした。EU委員会で幹事国の当番にあたっていたイタリアは,5月18日,ローマで「女性憲章」の調印式を行った。そのなかで,政策決定に女性がかかわること,そのためには女性が,力をつけて,その立場にいること—いわゆるエンパワーメントが,勧められている。

こうした流れのなかで,左翼のプローデイ内閣が成立すると,3人の女性大臣が誕生した。そのひとりが,元判事のアンナ・フィノキアリオ(Anna Finocchiaro)機会均等大臣である。従来,男女平等と機会均等委員会を通じて,首相に属していた男女機会均等に関する権限を機会均等大臣が有することになった。これは,北京行動戦略H.1の具体化といえよう。

機会均等省の役割は,法運用のための行政指導,政策や法の適用を関係する各省に督促すること,全国ならびに地方の均等問題諸機関を調整すること,EU法18条所定の首相権限,機会均等に関する国際組織およびイタリア政府の代表などである。

(3) 各省の均等関係組織

労働省には,男女労働者間の機会均等と平等待遇の原則を実施するための国内委員会や平等コンサルタントを置き,地方支部もあり,商工省には,女性起業のための委員会,社会連帯省には,家庭と職業の両立のための委員会などがある。とくに平等コンサルタントは,いま,活性化している[12]。

4　今日の課題

　1997年3月7日の首相令「権力と責任の女性への付与を推進し，男女の社会的特色と選択の自由を認め，保障するための行動」（閣議承認）は，北京宣言，北京行動綱領，EUの男女機会均等と平等のための中期行動計画第4次プログラム，1996年12月の男女機会均等委員会との合意などに基づいており，メインストリーム（主流化）とエンパワーメントの精神による国内行動計画を明らかにし，具体的施策を進めている。

　行動計画は，北京行動綱領からピック・アップされた10項目で，それぞれに戦略目標と行動を示している。すなわち，―①権力と責任の獲得（エンパワーメント）―北京戦略目標G.1に対応する（以下記号のみ記す），②国政へジェンダーの視点を加えること(主流化)―H.1，③データの分析とインパクトの評価―H.3，③ジェンダーの差異文化の形成―教育―B.4，⑤雇用の推進―発展政策―F.5，⑥専門職の女性と女性起業家―F.2，⑦時間と労働組織，時間政策―F.6，⑧健康の保持と予防―C.1-5，⑨暴力の予防と抑制―D.1-3，⑩国際関係と協力―E.1-4―である。

おわりに

　イタリアには，「家族が第1，次に教会，哀れな国家は3番目」という表現があるが，ここでの家族は，身分も財産も一緒に混在している統一体ではなく，ローマ法の伝統を引いて，財産的に独立した個人が，身分的に家族（夫婦）共同体を形成している。少なくとも理念においてはそうである。

　このイタリア社会の基礎をなす「家族」は，また，「非宗教的自由主義と保守的カトリック主義とが，いずれとも勝敗のつかない戦いで，制度のうえで組み合わされている状態」にあった。いや，過去のことといいきることはできない。その意味合いは薄くなっているとはいえ，実際，イタリア政府は，法王庁

とのラテラノ政教条約を維持して，民事婚と教会婚との二元的婚姻制度を承認したままにいる。

　また，個人の意思が尊重される社会でもある。非常にすすんだ理念を完全に規定した法を，それとはあまりにも異なっている現実をこえて採択する。外部からは，わかりにくい，建前（理念）と本音（現実，実態）とも異なる複雑な絡みがある。国際的連帯を基盤とする女性差別撤廃委員会の議長イヴァンカ・コルティ（Ivanka Corti）の活動も，こうしたイタリアの土壌と無関係ではなかっただろう。

　現在，機会均等省の大臣は，与党，がんばれイタリア（Forza Italia）のステファニア・プレスティジャコモ（Stefania Presstigiacomo）であり，首相府に置かれている「男女平等と機会均等のための国内委員会」の会長は，マリーナ・ピアッツア（Marina Piazza）である。両組織とも，実質的平等をめざして，ジェンダーの主流化やエンパワーメント戦略を実行している。たとえば，前者は，妊娠中に大臣に就任し，首相府内に保育園を開設したし，後者は「女性差別撤廃条約」，「人種差別条約」，「女性，移民，多様性」といった女性の人権シリーズの出版や「グローバル化と女性の生活」といった全国レベルの大会を開催している[13]。

　こうした中央の動きにたいして，ロンバルディア（ミラノ），ラティオ（ローマ）など地方レベルでもEUの基金などをえて，積極的，具体的動きがある。また，先進的な北部にたいして，遅れている南部というイタリアの南北格差問題は，女性政策，実質的地位などにも明確にあらわれている。地域格差は避けられないとしても，ローマ時代の家母まで戻らなくても，レジスタンス運動以来の伝統をもつ，強い女性リーダーが存在する。

　たとえば，女性差別撤廃条約選択議定書の作成への政府機関の関与や，署名，批准にむけた前機会均等省大臣のカティア・ベリィロ（Katia Bellillo）のマスコミの利用などは，さまざまな精力的動きとともに目を見張るものがあった。イタリアにおいて，条約の批准は，通常，法律案として作成され，議会で可決されなければならないが，大方の同意がある場合には，短縮手続をとるこ

とができる。この選択議定書は，署名して1年たらずで批准するために，同意をとりつけて，短縮手続がとられた。この間，有識女性たちの連帯による支持もあった。

こうして効力を発した選択議定書であるが，2003年1月現在，イタリアからの提訴は，未だないという。EU の第1次通貨グループへの加入をはたしたイタリアは，いま，また，年金・福祉の分野で，EU スタンダートを達成するために，改革が進んでいる。

以上，垣間みてきたように，イタリアにおけるジェンダー問題は，一般にいわれているよりも，さらに実効性の問題を検討しなければならない。意識改革を含む問題は，法制のレベルの認識では，把握することはできないからである。それ故に，実質的平等にむけられるイタリアの努力は，わが国の現状の解消のためにも，示唆するところが大きいであろう。後日の研究課題としたい。

注

1) Commissione nazionale per la parità e le pari opportunità tra uomo e donna Codice Donna, IPZDS, 1990. Commissione nazionale per la parità, 120 anni di cammino verso la parità, 1985.
   松浦千誉「女子差別撤廃条約に関する第1次レポート」『イタリア図書』10号（1992年10月）40-45頁。
   松浦千誉「形式的平等から実質的平等へ」『婦人通信』1988年4月号，22-25頁，同，5月号，18-21頁。
   松浦千誉「イタリアにおける女性の地位」『日伊文化研究』31号（1993年）31-41頁。
2) 松浦千誉「1865年イタリア民法典における女性の地位」『八戸大学紀要』1号（1982年3月）54-76頁。
   松浦千誉「イタリア近代の家族法」『家族史研究』5号，104頁以下。
   J. カゼッタ=村上義和訳「民法および法の国民的アイデンテイテイ」『イタリア近代法史』（明石書店，1998年）77-81頁。
3) 井口文男「イタリア共和国」樋口・吉田編『解説　世界憲法集』（三省堂，1990年）125-153頁。
4) 松浦千誉「イタリア離婚法の改正について」『家庭裁判月報』41巻6号，1

頁以下。
　　　小池・松浦「イタリア新離婚法」『法学研究』44巻6号，73-97頁。
 5) 松浦千誉「イタリアの家族法」黒木三郎監修『世界の家族法』141-159頁。
　　　松浦千誉「イタリア家族法の改正」『ケース研究』156号（1976年4号）2-19頁。
　　　松浦千誉「イタリアにおける男女平等理念―新家族法に対する世論の紹介」『御茶の水女子大学女性文化資料館報』(1979年) 37-58頁。
　　　松浦千誉「イタリア家族の変容」『ケース研究』199号（1984年1号）26-39頁
　　　松浦千誉「イタリアの新しい家族財産制」『日伊文化研究』15号，29-43頁。
 6) 松浦千誉「イタリア」『欧米における男女機会均等法制』女性職業財団，173-214頁。
 7) 中谷・松浦「イタリア妊娠中絶法」『法学研究』51巻12号，58-73頁。
 8) 森下忠「イタリア刑法典」『法務資料』432号（1977年）。
 9) 松浦千誉「イタリア」『諸外国のアファーマテイブアクション法制』東京女性財団，1996　209-234頁。
10) 清水澄子「イタリア性的暴力に対する規範」『清水澄子事務所政策資料』1，1-12頁。
　　　椎名規子「イタリアにおけるドメステック・バイオレンスの現状と法的課題」『比較法制研究』23号，161-188頁。
11) Presidenza del consiglio dei ministri, Primo rapporto del governo Italiano, Roma 1989, Secondo, Roma, 1993, Terzo 1998.
　　　イヴァンカ・コルティ「女性の人権と女性差別撤廃委員会・イタリアの現状」『国際女性』12号（1998年）118-122頁。
　　　「イタリア―第2次および第3次レポート」『国際女性』12号，49-52頁。
12) Decreto Legislativo 23 maggio 2000, n. 196.
13) Commissione nazionale per la parità e le pari opportunità tra donna e uomo, CEDAW-La Convenzione delle donne, Libreria dello stato, Roma, 2002.

　　　　　　　　　　　　　　　　　　　　　　　　　（松浦　千誉）

第3章 スウェーデン

は じ め に

　スウェーデンでは，女性差別撤廃条約を批准する前の1970年代当初から性別役割分業への疑問を提示しつつ，後述の一人ひとりが「全人的な人間」(A Complete Human Being) をめざしていた。条約批准後は，さらに男女平等への法調整が進められるなかで「実効性ある法制度」とすべくあらゆる分野での見直しをしている。また，女性差別撤廃委員会への政府レポート提出にともない，国内法の調整なども積極的に行われてきた。その際，国内法の調整をとおして，スウェーデンにおけるジェンダー視点の導入がいかにされてきたかを明確にしたい。さらに，国連への貢献，北欧諸国との間での男女平等政策の連携，EUとの関連なども合わせて述べていきたい。

　そのため本章では，スウェーデン女性が，社会的に活動できるようになってからの動きをみながら，女性差別撤廃条約の批准，政府レポートの提出および選択議定書への署名をするなかで，ジェンダー規範やジェンダー構築がいかにされているのかを労働生活と家庭生活に関する法制度から実証する。そのなかでも，仕事と家族的責任を両立することのできる両親休暇・両親手当制度，男女雇用均等法，また，女性に対する暴力への法制化などを中心に考察したい。

1　女性差別撤廃条約の批准と政府レポート

(1) 女性の人権および男女平等への流れ

　スウェーデンにおける女性の人権確立の端緒は，1846年にはじめて働く権利

を認められたことから始まったといわれている。しかし，妻がえた賃金が妻のものと認められるまでには，さらに28年の年月が必要であった。その後の男女平等への歩みは，先ずは女性を保護しながら女性の権利を確立している。だが，1960年代後半の高度経済成長を契機に，女性の就労率が高まるなか，あらゆる分野での男女平等政策が実施されている。

とりわけ保育の社会化は，国連の社会経済委員会へ提出した報告書のなかでも提唱している。この報告書の基礎となった1968年の世論調査「スウェーデン社会における女性の地位」は，そのなかで「女性が家庭の外へ出るためには，家族の世話を愛情と引き離した機能としてとらえ，社会サービスを増やした社会へと変革する必要がある」と保育の社会化を要望している[1]。教育の面では，1969年，指導要領に男女平等が導入されている。税制度の面では，1971年に夫婦合算課税方式から「個人課税方式」に移行している。

また当時は，女性が就労することによって仕事と家庭の調和をいかにするかが課題となった。この時期，スウェーデンも国際的なフェミニズムの潮流を受けて，フェミニストによる女性解放運動とともに，広範な人々を含めて「婦人問題」から，男性も組み入れた「両性の役割論争」へと展開している。この両性論争を背景に，1972年に設置された政府の諮問機関である男女平等委員会は，「過渡期における男女の役割」と題する報告書を提出し，そのなかで職業活動と家族的責任を男女双方で担うという「全人的な人間」の創造が真の男女平等への目標であると述べられた[2]。1974年には，50年ぶりに婚姻法を改正して父母が平等に子どもへの扶養義務を担うこととなり，離婚時の子どもの監護権者の決定も平等となった。同時に，従来の出産手当を「両親手当」と改正して父母双方が出産・育児に携わる機会を制度化している。

その後，1975年の国際婦人年をきっかけとする女性差別撤廃条約，世界行動計画，国際児童年，男女労働者の家族的責任に関するILO156号条約・165号勧告，親休暇・家事休暇に関するEC指令案などの国際的な動きがあった。スウェーデンは，女性が決定権をもつ新妊娠中絶法の制定，両親休暇法の制定，男女平等の地位に関する労使間の協約締結など，こうした国際的な動向を先取り

していた。とくに，国連の女性差別撤廃条約の制定過程では，スウェーデンは女性差別撤廃委員会の設置提案国として活躍し，また，最初の女性差別撤廃委員会の委員には男性のNordenfelt委員が就任していた。2001年からの新しい委員にも，スウェーデンからは男性のMelander委員が選出された。歴代の男性委員2名は，いずれもスウェーデンから選ばれている。
（554頁以下の年表参照）

（2）女性差別撤廃条約の批准および政府レポート

　スウェーデンは，1980年に条約を批准した。その後，1982年に第1次政府レポート（CEDAW/C/5/Add.8），1987年に第2次政府レポート（CEDAW/C/13/Add.6），1990年に第3次政府レポート（CEDAW/C/18/Add.1），1996年に第4次政府レポートおよび2000年に第5次政府レポート（CADAW/C/SWE/4and5）を提出している。また，第5次政府レポートを提出する前年の1999年には，選択議定書に署名をし，2003年4月24日に批准した。

（a）女性差別撤廃条約の批准に関する国内法制度の調整

　ところで，女性差別撤廃条約を批准前後の国内法調整には大きく2つの流れがみられる。1つは，労働生活と家庭生活のなかでジェンダー視点を導入して，男女平等，イデオロギー，労働市場，家族，権利，影響力，社会サービスなどを論じながら，法制度の改正に連動させている流れである。2つには，女性の人権に視点をおいて，法制度化や法改正をしている流れである。この点，詳しくは後述の2，3で述べる。

（b）第1次政府レポートに関する国内法制度の調整

　女性差別撤廃条約を批准した1980年に，「労働生活における男女雇用平等法」（Lag om jämställdhet kvinnor och män i arbetslivet〈SFS1980：412〉，以下，男女雇用平等法という）が制定され，男女平等オンブズマン[3]の設置もされた。この他，義務教育の新カリキュラムの男女平等，出産・育児に関する教育を母親教育から両親教育とするなどの法調整がされている。

（c）第2次政府レポートに関する国内法制度の調整

1977年に締結された男女平等の地位に関する労使間の協約が，1983年に新しい協約内容で締結された。また，経営者（SAF），労働組合（LO），工業・サービス部門の連合組合（PTK）の三者による「開発契約」が結ばれ，その開発努力の目的である主要4項目の1つに「男女平等」はもっとも重要な目的であると定められた[4]。

労働市場省（現在の産業省）[5]は，男女雇用平等法の条件整備とともに，省内に「労働時間問題委員会」「男性の役割を考える委員会」「ワーキンググループ・パパー子ども－職場」などを1983年に設置した。これらの委員会は，男女平等を可能とする労働時間や父親の子どもに対する役割を中心に論議して具体的な提言をしている[6]。その成果として，1990／91年調査「男性と女性の時間使用に関する調査報告書」でほぼ平等となったことが明らかにされている[7]。

なお，平等オンブスマンは，第2次政府レポートで述べた女性にとって身体的に厳しい職種の他に，海運業や株式の仲買いなどの職種に関して平等への積極的措置を引続き促進している。

(d) 第3次政府レポートと1990年代中期の男女平等政策

第1次および第2次政府レポートから大きく飛躍したのが第3次政府レポートである。第2次までの政府レポートでは，スウェーデンが女性に対する差別を禁止しているという一般的な法律上の枠組みと，スウェーデン憲法の関係している条項の記述を含む分野の法律の背景を示したにすぎなかったからである。このレポート提出の準備段階では，当時29名のNGO・女性団体・政党・組合連合・経営者連盟などの代表からなる「平等問題委員会」が，貴重なコメントをしている。

また，第3次政府レポートは，第2次政府レポートを女性差別撤廃委員会に提出直後の1988年6月国会で可決された「1990年代中期の男女平等政策」（Mid-Nineties Policy）を平等のための5カ年行動計画として掲げている。また，男性の育児参加を促進するための「パパ，お家に帰って！」（Pappa Kom Hem！）という毎年趣向をかえて行われるパパ休暇キャンペーンや，女性の政治参加を増進するための「フィフティ・フィフティ」（Femti-Femti）キャ

ンペーンの実施が述べられている。

　男女平等政策への5カ年（1988－93年）行動計画は，従来の平等政策より一段と高い水準の目標にねらいを合わせている[8]。この行動計画は，（1）経済における女性の役割，（2）労働市場における平等，（3）教育における平等，（4）家庭内での平等，（5）女性の影響力の5つの分野からなっている。そして，5年後の1993年までに達成されるべき具体的な目標をあげている。たとえば，男女平等とみなされるのは，どちらかの性が40％をしめている状態であることを前提に，（1）少なくとも10の職業分野で男女のバランスがとれること[9]，（2）男女いずれも，教育や訓練コースで定員の40％を下回らないこと，（3）もっと多くの男性が育児休暇を取得すること，（4）女性の公職にしめる比率を1992年までに30％，95年までに40％に引き上げること[10]，などの積極的措置を明記している[11]。

　一方，第3次政府レポートは，いくつかの重要な領域でまだ欠点があるとしている。1つは職種における性差別（一方の性の片寄り）があること，2つには若者が伝統的な研修プログラムを選択すること，3つには家事および育児をする男性が少ないこと，4つには女性の力と影響が弱いことなどである。そのため，1991年2月に男女雇用平等法の改正案を国会に提出することを追記している。

(e) 第4次政府レポートに関する国内法制度の調整

　第3次政府レポートで明言した男女雇用平等法の改正に関しては，さまざまな角度から評価と提言がされた。結果的には，改正では不十分であるとして新しく法制化されることとなった。とりわけ，あらゆる分野での同質・同等の機会を男女双方に与えられるという「均等」が強調されている[12]。

① 「男女雇用平等法」の評価と提案－EC指令案との調整

　まず初めに，男女雇用平等法の評価がされた。当時のECとの関連では，親休暇・家事休暇に関するEC指令案にしたがって調査研究し，客観的に分析することから始めた。また，EECの法律との関連でも調整を考慮している。ただし，多くの部分でEC指令案よりも上位の内容が規定されていた。とりわ

け，親休暇・介護休暇に関する規定は，他のヨーロッパ諸国の規定より充実していた。スウェーデン国内における同法の評価は，平等オンブズマンにより調査研究されている。これは，1980年から90年までの10年間の見直しのための評価と提案とし，報告書としてまとめられた[13]。

報告書は，（1）使用者に雇用上の「平等プラン」の作成義務，（2）セクシュアル・ハラスメント規定の強化，（3）賃金差別に対する提訴，（4）オンブズマンの監督分野の拡大などについて提案している。とくに，性差別禁止違反の判決の約3分の1が，オンブズマンによって提訴されていたこと，男女雇用平等法では，オンブズマンは中央労働組合組織と経営者連盟間の団体協約については監視できたが，個々の労使間については監視できなかったことを理由に，オンブズマンの権限拡大が主張された。

男女雇用平等法改正の段階で，報告書の内容からみても大幅な改正だけでは平等政策の目標を達成することはできないこと，男性にとっても不平等となっている点を是正しなければならないことなど，問題解決のためには新しい男女機会均等法の制定が必要となった。そのため，1991年「男女機会均等法」（Jämställdhetslag〈SFS1991：433〉，以下，均等法という）が制定され，1992年1月1日に施行された。

② 「均等法」への期待

均等法の制定により，各省庁に対して男女平等への取組みが命ぜられた。当時の男女平等担当局（Jäms）は，1992／93年度で，（1）男女間の賃金格差の是正，（2）私的・公的部門の女性の就労状況の研究への補助金，（3）父親の育児休暇取得を勧めるための補助金，（4）女性に対する暴力への対応策として行動計画などを強化するとした。

また均等法は，労使間の男女平等への協力義務を明記している。使用者に対して，（1）「平等プラン」を毎年作成すること，（2）男女労働者に就労と親であることの調和を容易にすること，（3）積極的措置として，さまざまな職種と職階における男女数を均等化することなどの責務を規定している。さらに，セクシュアル・ハラスメント規定を強化した。オンブズマンには，団体協

約のみならず，10人以下の企業の労使間も直接監視できる権限を定めた。

　平等プランの項目のなかで，とくに賃金の男女格差の是正，父親の育児休暇取得の促進，女性の管理職の増加など，その実績が不十分である場合は，再度，次年度の重点目標として平等プランに提示しなければならない。公共部門の平等プランは，男女平等担当局により検討される。私企業の場合は，無作為に選択された企業の平等プランのみが検討される[14]。同担当局は，各省庁の大臣・事務次官・その他の役職者，大学の総長，司祭などを対象に男女平等セミナーを開催している。このセミナーでは，全体的な男女平等を目標とする教育に重点をおき，みずから男女平等問題を考えてもらうという手法をとっている。セミナーの効果は，1997年の春に「女性の司祭誕生」という形であがっている。

　③国家レベルから地方レベルへの変革

　すでに，第2次政府レポートの女性差別撤廃委員会での審議の際，委員会からの「国家レベルでの平等性の促進」についての示唆を受けていた。当時は，男女平等に関する政府組織として男女平等担当大臣の下に，男女平等担当局，平等問題委員会，平等オンブズマン，男女平等委員会などがあった[15]。1995年1月1日，平等オンブズマンの下に男女平等施策のための「地方エキスパート」が設置され，新たに地方レベルでの平等性の促進も進められた。平等施策の地方エキスパートは，公募制で採用される。採用後は，23県に1名ずつ配置されて男女平等施策を担当する。したがって，エキスパートの身分は地方公務員である。

（f）第5次政府レポートに関する国内法制度の調整

　ジェンダーの視点を導入した1970年代以降かなりの部分が男女平等となり，1994年秋の総選挙後は新閣僚の半分が女性大臣となっている。しかし，第3次政府レポートの女性差別撤廃委員会の審議の際にいわれたように，スウェーデンは女性の権利運動の先駆者ではあるが，その経験からいえることは，男女平等を実現することの困難さと残された問題がまだあるということだ。

　第4次政府レポートの提出以降は，1998年に買春禁止法を制定し，同時に刑法上の女性に対する暴力への罰則規定を厳しくしている。1999年には，「性的

指向に基づく労働生活における差別の禁止に関する法律」が制定され，同時に性的指向に基づく差別に対応するオンブズマンが新たに設置された[16]。なお同年12月10日，選択議定書に署名をしたため，第5次政府レポートのなかで2002年中に批准の手続を終了したいと述べられている。

（3）今後の課題と選択議定書の批准

女性差別撤廃委員会による第4次および第5次政府レポートの審議では，委員会の最終コメントのなかで，いくつかの勧告がされている。たとえば，男女の賃金格差が過去10年間にわたって縮まっていないため積極的な措置をとること，教育および教育訓練におけるジェンダー平等への意識と理解を強化すること，省庁などに女性の役職を増やすこと，私的部門の女性の雇用選択を容易にすること[17]，裁判官・大学教授・外交官などに女性が少ないこと，女性に対する家庭内暴力および売春に関するデータを収集することなどである。そして，可能な限り早い時期に選択議定書の批准がされるよう奨励している。これを受けて，2003年4月に選択議定書は批准された。

2　ジェンダー平等への政策

（1）男性の育児参加への促進

1974年以降，男性の育児参加が可能となったのは，両親休暇や両親手当制度（休暇中の所得補償＝現在，給与の80％）の法制化であった。当時の育児休暇としては，世界ではじめて両親を対象としている。しかも，出産休暇から育児・介護など，「子育ての全過程を両親でともに関わることができる」という法規定が特長となっていた。したがって，休暇日数は両親合計分（単親の場合は両親合計分を取得）となっており，出産前の両親教育にでかけるときから両親で休暇を取得できる。しかし，母親は出産休暇をとるため，両親合計分の休暇日数を先に多く使ってしまう。そのため両親の平等な取得をめざすには，父親に育児休暇をしっかりととってもらおうということになった。

そこで毎年秋になると,関係各省庁,経営者連盟,労働組合などによるパパ休暇キャンペーンが繰り広げられている。法制度の面では,男性の育児参加を容易にするために両親休暇や両親手当制度の改正がされた。改正の主な視点は,父親が育児休暇を取得しやすくすることであった。そのため,(1)勤務時間短縮型の育児休暇の導入[18],(2)職場での意識変革のためのプロジェクト設置,(3)法律で強制的に休暇を取得させるパパ月(いわゆるパパ・クォータ制で法律上の権利であるため母親に譲ることはできない)の導入,(4)父親の取得率が高い介護休暇日数の増加,(5)両親が休暇を同時取得できる事由の増加などが,実施されてきた。また,義務教育のなかで男女平等と育児保障制度の大切さを教育したり(図参照),均等法で「働くことと親であることの調和」を使用者に罰則付きで義務づけたことも休暇取得の後押しとなっている。

その効果として,1996年の父親の育児休暇取得率は31.1％と30％を超え,2002年には41.6％となった。一方,父親が取得した子どもの介護休暇は当初より約40％の取得率を保っている[19]。1995年に導入された30日間のパパ月は,2002年1月1日以降,60日間と倍になった。パパ月の取得率は高く,80％の父親は,子どもが4歳になるまでに平均40日間取得している。いまや,母親が育児休暇を取得したことによる昇格・昇進への課題は,父親の課題となっている[20]。

(2) 北欧諸国の「男女平等政策」における連携関係

男女平等政策は,スウェーデン国内だけにとどまらず北欧全体の問題ととらえている。1987年10月には,アイスランドを含めた北欧5カ国が「男性と平等」と題する北欧セミナーを開催し,男女雇用平等における男性の役割や各国間の相互協力を深めるための討議がされている[21]。

北欧の連携関係は強まって,1995年春に「北欧男性会議」を開催している。この会議では,男性が仕事と家族の関係や男女平等を考え始めたことによって,男性の側から家族的責任を担うための制度政策が主張され,提言されたことが特徴的であった。たとえば,父親としての自覚をもつための「妊産夫休

暇」を法制化すること，男が父親となるための育児休暇制度のあり方を考えること，シングルファザーの問題を研究することなどである。

会議の論議から具体的な提言として，「北欧男性会議に関する北欧平等計画」を採択し，北欧の平等大臣たちは，1995年夏の北京世界女性会議の各国演説のなかで提言を強調することも同意した。また，同年12月の韓国で開かれる国連の専門家会議において，子どもや高齢者の世話に関する男性の役割についての経験を提供できるとしている。さらに，男女平等と男性の役割という視点を継続的に議論するため，国連のメンバーや各種の国連特別部門で広めるべきと主張している[22]。1997年8月，北欧の平等大臣たちは，1997－2000年の男性行動計画を承認した。

(3) 労働市場におけるジェンダー分業

かなりの部分が男女平等となったとはいえ，残された・隠された不平等への視点は厳しくなっている。男女の賃金格差のうち2－8％は，合理的な説明ができない賃金格差であるといわれている。また，医療・福祉サービス部門などに女性が多く，技術・工業部門，管理部門などに男性が多いという性別職業分離＝ジェンダー分業の問題も残されている。

一方，各企業が実施する付加給付の内容や配分についても，男女間に差が存在していた。したがって，賃金と付加給付を合計すれば，男女差はもっと広がることになる[23]。この点を労働市場政策でどのように解決するかという課題が残されており，北欧の労働市場全体の問題ととらえられている[24]。同時に，1995年1月1日からEU加盟国となったため，スウェーデンは，雇用に関するEUガイドラインにそって毎年「雇用行動計画」を提出している。

3　女性の人権確立

(1)「買春禁止法」制定の背景

スウェーデンでは，18歳未満の買春に対しては刑法で罰則を規定していた

が，18歳以上の成人の買春については犯罪とされていなかった。買春が犯罪であるか否かについては，買春禁止法の制定前に20年近い議論があった。買春の犯罪性は，1981年に報告された「売買春白書―その背景と防止措置」（いわゆる81年白書）のなかでも議論されていた。白書の内容は，1970年代後半の急激な売春増加を憂いて調査した結果である。それにもかかわらず，議論の結論は「売春も買春も犯罪とすべきではない」であった。白書は将来展望・対策に欠けると批判された。

　1980-90年代当初まで減少していた売春は，1993年以後，再び増加した。そのため，再度調査委員会が設置され，1995年に「売買春白書」（いわゆる95年白書）が報告された[25]。同白書は，売買春は犯罪であるし，売買春とも刑罰の対象としていた。

　法案では，売春・買春を「犯罪」としたことで論議がされた。その結果，買春のみを犯罪とすべきの意見が多かった。その事由は，売春者には，①経済的に困難な状態の国から来た女性，②経済的問題はないが，麻薬の購入のためとか，幼児期に性的虐待を受けたなど家族関係に問題をかかえた女性たちが多く，彼女たちが売春をしたことからくるダメージに加えて犯罪とされれば，二重のダメージを受けることになるからである。しかも，売春者よりも，収入の大部分を搾取する「ヒモ」の存在のほうが問題であり，関係各省庁や団体などによる法案への意見（レミス制度）も買春を犯罪とすべき，とする意見が多かった。加えて，「買う人がいるので売春が増えるから，買春者を取り締まれば売春も減少する」というマルメ市長の発言もあった。そのため，売買春禁止法ではなく「買春禁止法」となった。

（2）買春禁止法と女性保護政策

　1999年1月1日に施行された買春禁止法は，「金銭と引換えに一時的に性的サービスをえたものは―この行為が，刑法に基づく刑罰で科すことができない場合は―買春に対して，罰金または最高6カ月間の禁固刑に処される。未遂罪は，刑法第23章に基づいて罰せられる。」という二文が規定されているのみで

ある。

　買春禁止法の制定に際して，ジェンダーの視点が導入されたことで，売春者への対応も「補導型」から「援助型」へと改められている。つまり，売春者への対応は，警察やソーシャルワーカーによる夜の巡回，また街娼を対象にリストを作成するなど，「社会サービスの一環」として行っている。

　また，同法の施行は，「女性に対する暴力」の規定を厳しくする刑法改正と同時に行われている[26]。女性への暴力を防止するため，買売春とともに女性への保護政策を打ち出している[27]。女性保護政策への予算は，4,100万クローナ（約6億9,700万円）である。この政策のなかで，売春に関する具体的な施策としては，（1）買売春をなくすため，いわゆるヒモを摘発する警察官の夜の巡回を強化，（2）売春者たちの相談や更生の援助をする専門家の教育，（3）男性の悩みを解決する「男性センター」の充実などである。

おわりに

　スウェーデンの男女平等は，かなりの部分が法制度化によって達成された。しかし，いまだ多くの分野で男女の環境と展望には，男女差が存在している。そのなかで，親として職業生活と家庭生活の両立ができる機会を与えること，子どもや家庭に対する多大な責務を当然とする「男性」を元気づけること，女性が暴力やセクシュアル・ハラスメントに「NO」といえる完全な状態を配慮することなどが，前提条件となってくる。公になっているセクシュアル・ハラスメントの事件数は，1997年が4件，1998年が8件，1999年が16件，2000年が15件と増加しているが，実際の隠された被害数は多いと推定されている[28]。

　男女間の権利義務の平等な配分は，社会におけるジェンダー平等＝ジェンダーフリー達成への前提条件である。北欧5カ国と他のOECD諸国との女性の労働力率を比較すると，5カ国の労働力率が70－80％で，OECD諸国のなかで一番高いカナダの労働力率68％を超えている。こうした成果は，女性の政策決定の場への進出度と重なってくる。ちなみに，2002年現在，世界の女性国会

議員比率のベスト4は，(1)スウェーデンが45.3％，(2)デンマークが38.0％，(3)フィンランドが36.5％，(4)ノルウェーが36.4％で，6位にアイスランドが34.9％と続いている[29]。

21世紀の男女が，基本的な人権を保障する公平で民主的な社会で暮らせるかどうかは，スウェーデン自国の努力だけでは達成できない。北欧諸国との連携関係やEUなどを含めた世界の国々との協同が必要条件となる。その意味で，新しいジェンダー平等論争が提起されている[30]。

注

1) 古橋エツ子「スウェーデンの育児保障制度」『早稲田法学』64巻4号（1989年3月）361頁。
2) 当時スウェーデンは，従来の平等「jämlikhet」の他に，新しい平等「jämställdhet」という言葉が使われるようになっていた。前者の平等は，性・人種・宗教などに関係なくすべて人は平等という，いわゆる法の下の平等を意味している。一方，後者の平等は，男女に生物学的な相違はあっても，家庭生活・労働生活・社会生活において同質・同等の機会を男女双方に与えられるという平等をあらわしている。
3) オンブズマンは，スウェーデン語の委員が語源となっているため，現在もオンブズマンを用いている。ちなみに，ノルウェーはオンブド，英語表記はオンブズパーソンが使われている。
4) Utvecklingsavtal, SAF-LO-PTK (15 april 1982); med överenskommelse om förslagsverksamhet 1985-09-09.
5) 労働市場省は，1999年1月1日から名称が「産業省」に変更された。
6) 労働時間問題委員会の報告書第3号「望ましい労働時間」では，高い賃金よりも労働時間短縮を希望するフルタイムの男女労働者を対象にして「どのような方法で労働時間短縮をしたらよいのか」と問うている。一番多い回答は，「週当りの労働時間短縮」（男性53.6％，女性66.0％）であった。そのなかで，7歳以下の子どもをもつ女性労働者は76.2％と高く，同じく7歳以下の子どもをもつ男性労働者の59.6％を上回っている。

また，労働時間と平等をサブタイトルにした報告書10号「週70時間労働－いかに分け合うか」では，25-44歳の女性労働者の労働時間がもっとも長く，労働生活と家庭生活の合計時間が女性は週74時間で，男性の週65時間より9

時間多いことが指摘されている（1984年調査）。さらに，報告書12号「平等な週労働時間—その可能性と障害」においても，家族的責任を分担するためには，男性の育児休暇取得と労働時間の短縮が強調されている。古橋，前掲論文，（注１），380-381頁。

7) この報告書では，労働生活と家庭生活の合計時間が，男性は週61時間（労働生活41時間＋家庭生活20時間），女性は週60時間（労働生活27時間＋家庭生活33時間）とほぼ平等になっていると報告されている。しかし，家庭生活時間のうち，子どもの世話をした時間は，男性が２時間，女性が５時間といまだ３時間の差が課題であると指摘もされている。詳しくは，田中裕美子「スウェーデンの労働・生活時間調査」『女性労働』19号（1994年）94-100頁を参照されたい。

8) さまざまな平等実現の措置を講ずるため，行動計画には，1988/89年度の間に9,700万クローナ（当時で約25億2,200万円）が割り当てられている。

9) 当時，男女の配分バランスがとれている分野は，４分野のみであった。"Equality Between Men and Women in Sweden", Fact Sheets on Sweden (September 1989), p.4.

10) もし，1992年までに女性の公職に占める比率が30％に達しなかった場合は，政府は法律によって制定するとしている。Ibid., p.4.

11) 古橋エツ子「スウェーデンの平等法」『国際女性' 92』（1992年），101-106頁。

12) 前掲（注２）参照。

13) SOU 1990 : 41, Tio År med Jämställdhetslagen-Utvärdering och Förslag (Betänkande av Jämställdhetsutredningen, 1990).

14) なお，使用者の平等プラン作成義務は，最終歴年末に10人未満の労働者を雇用している使用者には適用されない。古橋エツ子「スウェーデン企業の働く女性」柴山恵美子・藤井治枝・渡辺峻編『各国企業の働く女性たち』（ミネルヴァ書房，2000年）217-219頁。

15) 男女平等担当大臣は，各省の大臣がもち回りしている。男女平等担当局は10名で担当している。現在の平等問題委員会は31の組織代表による諮問機関で，議長は男女平等担当大臣が務めている。平等オンブズマンは１名だが，職員は18名（2002年は25名）いる。男女平等委員会は法律家などで構成されており，オンブズマンの罰金命令や不服申立てを審議する。同上，209頁。

16) 禁止される行為は，直接的な差別のみならず，間接的な差別も禁止されている。本法律は，「労働生活における民族差別に対する措置に関する法律」と「機能障害者の労働生活における差別の禁止に関する法律」と一括審議さ

れ，制定されている。今後，これらの法律は，一本化される可能性も考慮することとされている。木下淑恵「スウェーデン：労働生活における差別禁止法」『ジュリスト』1160号（1999年7月）4頁。
17) 雇用に関する男女平等は，公共部門に比べて私的部門の方が不十分である。とくに私企業の管理職は，2-3％と極端に少なかったため，女性企業家を増やす試みがされている。古橋，前掲論文，（注14）219-220頁。
18) 勤務時間短縮型の育児休暇の場合は，それに合わせた所得補償がされる。たとえば，1日2時間の休暇を取ったときは4日間の休暇で1日分の両親手当を受給できる。使いやすさと所得補償に「タイムバンク」と通称されている。古橋エツ子「児童福祉サービス」丸尾直美・塩野谷祐一編『先進諸国の社会保障⑤　スウェーデン』（東京大学出版会，1999年）300-302頁。
19) Nyman A.H. & Pettersson J.,"Fler är Pappalediga", Välfärd Nr.2(SCB,2003), s.13.子どもの介護は，1976年以降は両親休暇・一時介護両親手当により保障されている。16歳以上の介護は，1989年に施行された「親族等介護有給休暇法」による。ただし，この休暇法は，家族による通常の介護を目的とするのではない。最期の迫った人を親しい身近な人たちが看取る精神的な介護が想定されている。したがって，要介護者の範囲は，家族・親族の他に，家族や親族のいない友人・隣人，お互いに婚姻関係のない同居人・1人住まい（事実婚・同性婚）など広くなっている。
20) Thulin S., "Pappalediga Straffas", Riksdag och Departementet, Nr.13 (2003), s.5.
21) Nord1987 : 17, Männen och Jämställdheten (Nordiska Ministerrådet, 1987).
22) Nord1995 : 26, Towards New Masculinities (Nordic Council of Ministers, 1995). Socialdepartementet jäms, Men on Men (1995).北欧の男性会議については，和田美智代・古橋エツ子「男性からの提言―北欧の男性会議'95」『花園大学社会福祉学部研究紀要』5号（1997年）37-50頁を参照。なお，スウェーデン，デンマーク，ノルウェーの男性の育児参加については，『諸外国における男性の育児参加に関する調査研究』（日本労働研究機構，1998年）を参照されたい。
23) 男性が多い付加給付は，企業の収益・社宅・公用車・株券などである。女性の場合は，商品サービスの割引・昼食給付であるが，男性もほぼ同率の配分を受けている。
　　SOU1997 : 136, Kvinnors och Mäns Löner-Varför så Olika?(1997), s.184.
24) 北欧のジェンダー分業に関しては，『北欧労働市場のジェンダー平等と職業分離』（財団法人女性労働協会，2001年）を参照されたい。

25) SOU1995 : 15, Känshandeln-Betänkande av 1993 Års Prostitutionsutredning (1995).
26) Ds1999 : 36, The Swedish Penal Code (1999).
27) Regeringens proposition1997/98 : 55, Kvinnofrid (1998).
28) JämO, Årsredovisning 2000 (2000), s.23.
29) Riksdag och Departementet, Nr.28 (2002), s.8-9.
30) Fürst, G., Sweden-The Equal Way (Swedish Institute, 1999), pp.96-97.

(古橋エツ子)

【年　表】スウェーデン女性の人権および男女平等にむけての歴史的な経緯

1846　はじめて女性の働く権利が認められた。
1858　25歳以上の未婚の女性は，働く権利に関する承諾年齢に達したとみなす。
1874　妻の賃金は，妻のものとなる。
1886　初の女性労働組合ができる。
1900　年少者・女性工場雇用保護法が制定される。
1909　女子労働者の深夜業が禁止される。
1919　婦人参政権が議会で可決される。
1921　秋の総選挙から婦人参政権が実施され，初の女性国会議員が誕生する。
1927　国公立中学校が女子に開放される。
1935　国民年金法が制定される。
1937　出産の無料化と出産手当，母子保健事業などが制度化される。
1938　人工妊娠中絶が認可される。法定年次有給休暇が2週間となる。
1939　結婚，妊娠，出産を理由とした解雇が禁止される。12週間の出産休暇が法制化される。
1942　性教育が導入される。
1945　出産休暇が6カ月に延長される。
1947　児童手当法が制定される。すべての子どもが手当受給の対象となる。
1951　法定年次有給休暇が3週間となる。
1955　国民健康保険により，すべての産婦に90日間の出産手当が支給される。
1958　女性が，牧師になる権利をえる。
1959　付加年金法が制定される。

第3章　スウェーデン　555

1962　男女同一賃金が国会で決議される。深夜業禁止規定が削除される。
1963　法定年次有給休暇が4週間となる。出産手当が180日間に延長される。男女の賃金比は，100：72.2である。
1964　単親家庭を対象とする児童扶養費立替払法が制定される。
1969　教育庁は，指導要領に男女平等を導入した。子どものいる家庭に住宅手当が支給される。
1971　夫と妻の収入は，夫婦合算課税方式から個人課税方式に移行する。
1972　政府の諮問機関である男女平等委員会が，設置される。同委員会は「過渡期における男女の役割」と題する報告書を提出し，仕事と家族的責任を男女双方で担うことを目標とする。
1974　出産・育児をする親に対して，両親手当が支給される。同時に，従来の出産手当は廃止される。50年ぶりに婚姻法が改正される。父母が平等に子どもへの扶養義務を担うことになる。離婚時の親権者決定も平等となる。
1975　新しい妊娠中絶法が制定される。女性自身が出産か，中絶かを決定する。
1976　両親休暇法が制定される。
1977　男女平等の地位に関する労使間の協約が締結される。
1978　両親休暇法が全面改正され，労働時間短縮型の育児休暇が導入される。法定年次有給休暇が5週間となる。
1980　子どもの病気などを理由とする一時介護両親手当が支給される。子どもの出生時にも，父親のために10日間手当が支給される。出産・育児に関する両親教育が実施される。男女雇用平等法が制定される。義務教育の新カリキュラムは，男女平等なものとなる。「男女平等オンブズマン」が設置される。女性差別撤廃条約を批准する。
1982　女性差別撤廃委員会に第1次政府レポートを提出する。同委員会の第1期委員として男性のNordenfelt委員が選出される。
1983　男女平等の地位に関する労使間の新しい協約が締結される。「男性の役割を考える委員会」が労働市場省に設置される。
1985　男女の賃金比は，100：90となる。
1986　両親手当が大改正される。両親の同時受給の事由が増える。
1987　女性差別撤廃委員会に第2次政府レポートを提出する。北欧5カ国による「男性と平等」と題する北欧セミナーが開催される。
1988　政府は，「1990年代中期に向けての平等政策」を提出する。
1989　親族等介護有給休暇法が制定される。

1990	女性差別撤廃委員会に第3次政府レポートを提出する。
1991	新しく男女機会均等法が制定される。秋の総選挙で，政権が社会民主労働党から保守政党に移る。
1992	平等オンブズマンが，スウェーデン大企業の男女平等に関する状況を調査した「男は男を選ぶ」と題する報告書をまとめる。
1993	労働力率は，男性が83.3％，女性が79.2％とその差が4ポイントとなる。
1994	保守政党による家庭での養育を条件とする養育手当法が施行されたが，秋の総選挙で社会民主労働党が政権復帰したため半年で廃止される。新閣僚22名のうち，半分が女性となる。EU加盟に関する国民投票が行われる。
1995	男女平等施策のための地方エキスパートが設置される。両親休暇に30日間のパパ月が導入される。いわゆるパパ・クォータ制の導入である。北欧の男性会議が開催される。EU加盟国となる。
1996	女性差別撤廃委員会に第4次政府レポートを提出する。児童扶養費立替払法が廃止され，新しく扶養費援助法が施行される。
1997	女性の司祭が誕生する。公共部門の女性登用比率が43％となる。
1998	買春禁止法が制定される。女性への暴力禁止規定が厳しくなる。
1999	性的傾向に基づく労働生活における差別の禁止に関する法律が制定される。同時に「性的傾向に基づく差別に対応するオンブズマン」が設置される。選択議定書の署名をする。
2000	女性差別撤廃委員会に第5次政府レポートを提出する。
2001	スウェーデンが，EU議長を引き継ぐ。男性のMelander委員が女性差別撤廃委員会で選出される。
2002	クォータ制のパパ月が60日間と拡大される。秋の総選挙で，女性国会議員の比率が45.3％となる。各政党内の女性議員の平均比率も，30％から40％台となる。

資料

注：育児と仕事の不平等な負担が，老後の年金受給に影響することを示している。次いで，こうならないために両親休暇・両親手当などの制度があることを説明している。
出所："Inkomst och Hushållsekonomi", Underlangsmaterial med övningsexempel, Halmstad, september 1986, s. 9 och 14.

第4章　フランス

はじめに

　フランスは1789年フランス革命によってフランス人権宣言（正確には人および市民の権利宣言）という金字塔を打ちたてた国である。しかし女性の権利については先進国のなかでも後発といわれている。

　その理由としてはいくつかのことがあげられる。第1に，パリテ論争のなかでも指摘されたが，人権宣言で対象となった「市民」の概念には，納税と公の武力を担うことが必要とされ，女性が対象とはならなかったことである[1]。したがって女性は「市民」とは認知されず，長い間政治の世界からおきざりにされた。第2に，人権宣言が「近代」のメルクマールであるなら同時に1804年ナポレオン民法典もそれとしてあげられるが，第2次世界大戦まで家族関係を支配していたナポレオン民法典のなかの家族のなかの女性の地位のあり方が女性の権利の承認の妨げになった[2]。第3に，フランスで最も大きな影響力をもったキリスト教（カトリック）もまた女性の活躍の妨げとなったのである。これらは，女性のそれぞれ，政治的な面での権利の保障，家族関係における権利の保障，社会的・文化的な面での権利の保障を妨げる結果となった。現在これらの面での女性の権利の充実が叫ばれ，政治的な面ではパリテ（男女同数）の確立，家族関係においては民法典の改正，社会的・文化的な面では，ユニオン・リーブル（いわゆる同棲）の認知，避妊や人工妊娠中絶の承認としてあらわれている。

　したがって，フランスにおける女性の権利が本格的に議論されるのは，1944年,女性の選挙権・被選挙権が明示されて以降であり,いくつかのエポックを経

て今日に至っている。そのエポックと考えられるのは次のような事柄である。

　まず第1に，第2次世界大戦直後の女性の権利の保障である。その1つは既述した女性の選挙権・被選挙権を認めた1944年4月21日オルドナンスで，ド・ゴールの暫定政府により講じられた。これにより1945年4月に選挙が行われ，憲法制定議会に35人の女性議員が選ばれた。今1つは，第4共和制憲法前文に，権利における男女平等が明確化されたことである。そこには，「法律は，あらゆる領域において，男性の権利と平等な権利を女性に対して保障する」と定められた。

　第2に，1968年のいわゆる5月革命の時期があげられる。これを境に，ユニオン・リーブルが社会的に認められ，非嫡出子の出産も増えた。しかしこれは「家族」の崩壊ではなく，新しい家族の出現とでも解すべきものであった。そこから民法典の単なる改正ばかりでなく，こうした新しい家族の権利の保障も問題となっていく。1974年には健康保険による避妊費用の払い戻しが認められ，1975年には人工妊娠中絶を認める法律も成立した。すなわちカトリックの影響でタブー視されていた避妊や人工妊娠中絶が社会的に認められたのである。その影には，「343人宣言」のような大きな女性運動の高まりがあった。

　第3には，女性問題全体の解決を公的機関によってはかる必要性が認識されたことである。1978年には女性問題担当閣外大臣がすえられ，1981年にはミッテラン大統領の下で女性の権利省が生まれた。これにより女性問題があらゆる角度から，検討されるようになったが，同時に女性問題は政権の左派・右派を問わず，取り組むべき課題として認識されていった。

　第4に，残された女性問題として強く意識されたのが政治的代表，すなわち女性の過小代表であった。この点について1990年代に入るとパリテの問題として浮上してくる。女性の代表の確保をいかにするかにつき，クォータ（割当て）制をこえる平等確保の観念として論じられるようになった。1999年7月8日憲法改正によってパリテに関する規定が憲法に導入され（3条5項，4条2項），これを受けて2000年6月6日選挙法の改正が行われた。現在では，パリテの観念を公的・社会的なあらゆる組織に拡げるにはどのようにしたらよいか，

また残された民法上の問題とともに，家庭内パリテの確立が議論されている。

ちなみにフランスの1970年代の女性運動の標語は「私の身体は私のものである」や「一人の男性の2分の1が一人の女性である」，「労働者よ，あなたの靴下を洗うのは誰か」などであった。1990年代には，「教条主義を破壊しよう」「非宗教的な社会的な共和国」「神も支配者もいらない」「自由・パリテ・平等」「女性の権利の後退は民主主義の後退である」[3]などとなってきている。より実質的な権利の確立が問題となっているといえよう。

1　3つの国際機関とフランス

フランスにおいても他のヨーロッパの国々と同様に3つの国際機関が男女平等の進展について大きな役割を果たしている[4]。

第1は当然，国際連合であり，1945年6月26日のサンフランシスコにおいて採択された国連憲章以降，国連は基本権の表明のなかに性に基づくあらゆる差別の禁止を掲げている。当初はまだ家父長制の伝統や差別が多くの国で根強く，民主主義の浸透もほど遠い段階で，民主主義と対を成す権利の平等もまた確立が難しい状況であった。それゆえその表明は歴史的にも大きな意義をもっていた。国連での女性の民事的，政治的，社会的，すなわち人間としての権利の確立のための国際的な基準（最も基本となるのが女性差別撤廃条約であるが）を示すことの，揺るぎない着々とした活動は，世界的な政治文化の刷新ともなり，それぞれ国内における憲法や法律にも影響を与えることとなった。ことに国連での「平等・開発・平和」というテーマでの4つの女性会議（1975年メキシコ，1980年コペンハーゲン，1985年ナイロビ，1995年北京）は他の国際機関や国内の政府に基本的な考え方についての示唆を与えただけでなく，女性の権利に関して世論を喚起することともなった。

第2は，欧州評議会である。欧州評議会は，ヨーロッパの国々の関係を堅固にすることを目的として，1949年に9カ国（フランス，イギリス，ベルギー，オランダ，ルクセンブルグ，デンマーク，アイスランド，イタリア，ノルウ

ェー）からつくられた地域的政府間組織である。1950年に構成国により署名された欧州人権規約において，性に基づく非差別保障を掲げている（14条）。欧州評議会の役割は，民事的，政治的権利の形式的平等が西欧民主主義社会のなかで実現するとともに弱まっていったが，1990年代になって東欧の旧社会主義諸国が加わることによって再び新しい重要な役割を見いだしていった。それは規約のなかに含まれる性に基づく差別の禁止が，民事的な権利の領域に効果的な保障をもたらすことになったからであった。すなわち欧州評議会は権利の効果的なヨーロッパ化を促す存在となったのである。（2002年4月現在，構成国は44カ国である。）

　第3は，1992年2月7日のマーストリヒト条約により欧州連合（EU）となった欧州共同体（EC）である。構成国が限定されていて（2002年で15カ国であるが，25カ国へ拡大する予定である），影響を受ける国は少ないといえるが結束力は堅い。共通市場の建設が大きな目的で，その経済的な性格に応じて，労働法の分野で反差別的な規範を生み出していった。フランス，ドイツ，イタリア，ベネルクス3国による1957年3月25日に署名されたローマ条約はその礎を築いた。共同体の規範は徐々に形式的平等を形成，拡大していった。それは，直接的な性に基づく差別の禁止から間接差別の禁止へ，すなわち，性に言及することがなかったとしても，結果的に働く女性に不利益をもたらす慣行や実際上の事柄の禁止をさすようになり，さらに事実上の平等の獲得のための前提条件となる機会の平等にまで至るものである。

　こうした3つの国際機関の活動は，50年間にわたり，社会的・文化的変化の契機ともなり，要因ともなったが，平等の概念においても極めて重要な影響をもたらした。

　1970年代までは，中心的な目標は，形式的な平等を確立することであった。すなわち男性に保障されているすべての権利への女性のアクセスを可能にすることである。1980年代においては，政治的権利における形式的な平等は世界の多くの国で保障された。民事上の権利における平等は西欧民主主義国家では実現され，社会的権利の平等も保障され始める。さらに機会の平等の概念が，

徐々に形成されてきた。それは，女性のための暫定的な積極的差別（フランスではアファーマティブ・アクションの意味でもちいる）の政策的・立法的措置に基づくものである。また，権利の平等の十分な行使と結びつくものであり，事実上の不平等や法の外にある不利益をのりこえることを許すものである。現在では，経済的，社会的，国内政治・国際政治のすべての決定機関で女性の平等な参加という目標が中心にすえられている。こうしたことからフランスにおいてパリテも実現されてきた。

　女性政策の重要性が認識されるようになり，社会全体に関わる問題であるという認識も広まってきた。女性の権利の促進についての国内政策にこれら3つの国際機関の影響が大きいことは明らかであるが，しかしながら，今日なお，国際的な法的な手段すなわち条約などによって表明された目的と国内法への波及効果との間には大きな隔たりがみられる。そのような隔たりは国際機関の活動に内在する限界によるといわれている。各国政府は国際条約を批准することを避けたり，拒否したり，またはその内容を無にするような留保を表明することもある。各国のそれぞれの憲法にしたがって，国際法の規範が直接に統合されてしまったり，もしくは反対に国際的な道徳的義務の源をなすだけであったりもするが，そのことは，条約の内容や国際的保障の適用を弱体化させるものである[5]。

　そこで，EC／EU法の場合には，欧州裁判所によって，EC／EU法の国内法に対する最高性が認められ，その結果共同体規範が直接効果を有するということとなった[6]。すなわち共同体規範は直接的な方法で構成国とは関係なしに個人的権利を保障することができる。欧州裁判所のこうした直接的効果というものは男女平等に関する条約についてのみでなく，限定的ではあるが，命令についてももたらされることとなった。それでもEC／EU法の活動は十分といえるものではない。というのも，構成国は共同体命令を適用することを強制されてはいないからである。解決策や勧告，計画を無視することもできる。多少の法的な強制力があるといえるにすぎない。

　このようにして，女性の権利に関しては，各国の対応に応じてさまざまな状

況にあるというのが事実である。現代では，女性の権利の推進には，国際規範やそれに伴う国際機関の決定を基準として確立すること，各国政府もこうした規範や決定に対して明示的な対応をすることが実効性の確保として重要といえる。

　フランスのパリテ法の成立をみると，3つの国際機関の果たした役割がよくわかる。フランス政府は女性差別撤廃条約の4条アファーマティブ・アクションの適用にあたるとして国連に報告をしている。但しこのアファーマティブ・アクションにあたるかどうかについては国内においては異論がある。他方欧州評議会は女性の代表を増やすためにクォータ制やパリテに積極的に取り組んでいた。そしてEC／EUではポジティブ・アクション・プログラムを展開していた。こうした動きと相まってヨーロッパ全体でパリテを推進する市民運動も形成されていき，フランスでは法律として結実することとなった[7]。

2　北京世界女性会議とフランス

　1995年の北京での第4回世界女性会議は，1985年のナイロビ将来戦略の実施状況の評価と促進という意味をもっていた。フランス政府も第4回世界女性会議に向けて，『フランスにおける女性——1985年から1995年まで』という報告書をまとめている。

　この報告書は3章からなり，その内容は次のようなものである[8]。
第1章　法上の平等から事実上の平等へ向かったか——進歩したもの，獲得したもの
　1　権利の平等の成就
　　（1）最後に残った法上の差別の撤廃
　　（2）差別的行為の制裁
　　（3）女性の個人的権利の改善
　2　権利の適用と事実上の平等の促進のためにとられた措置
　　（1）教育

（2）団体の活動
　　　（3）女性の権利課の介入
　　　（4）公的介入の際の哲学
　　　（5）女性学研究
　　3　事実における顕著な進展
　　　（1）労働市場へのアクセス
　　　（2）教育や研修へのアクセス
　　　（3）専門職・管理職へのアクセス
　　　（4）健康
第2章　対照的な結果――曖昧性と逆説
　　1　女性に最初に関係する社会的進展
　　　（1）家族形態の多様化
　　　（2）貧困と排斥の進行
　　　（3）移民共同体の統合
　　　（4）開発援助政策における女性の地位
　　2　危うい状態にとどまっている進展部分
　　　（1）雇用に関する部分
　　　（2）教育や研修に関する部分
　　　（3）健康に関する部分
　　3　発展という結果を導き出せなかった社会的・政治的組織
　　　（1）社会的形態と共同体の選択の不適応
　　　（2）伝統的な女性の働く場所と考えられている所以外では，女性は多く投資している
　　　（3）権力の領域は男性に固有の領域としてとどまっている
　　　（4）女性の代表者（議員）のイメージは経済的・社会的生活における女性のイメージとは同様の仕方で発展していない
　　　（5）女性に対する暴力の頑強な存続
第3章　男性・女性からよりよく構成される社会に向けて

1　前提―社会の完全な進展，発達に不可欠な2つの性
　（1）この問題を深く理解するものとして両性の特性を知ること
　（2）社会のために良い結果をもたらす女性の視点からのアプローチを統合すること
　（3）必要な変化を共同体の責任で保障すること
2　与件―危機的状況はリスクも提示しているが新しい機会も与えている
　（1）雇用の危機は労働形態の再編を促している
　（2）政治的危機はルールを再定義する機会を与えることになろう
　（3）新しい社会的均衡の探求は女性のアプローチと活動の再評価を経験する
3　目標―将来の指針は女性と同様に男性にも向けられている
　（1）排斥するかわりに統合する新しい発展の形のために
　（2）生活のさまざまな面を調整する時間の使い方のために
　（3）権力や民主主義の新しい実践のために
　（4）暴力に対する闘いをみずからのものとする活動のために
　（5）こうした問題に敏感になることや行為の変化のために
（原本では第1章，第2章，第3章とあるだけでその他の数字は便宜上訳者がつけた。）

（1）果たされた法上の平等

　この報告書の第1章を中心にこの10年間でフランスにおいて，男女平等，女性の権利の確立のためにどのような動きがあったかを跡づけてみる[9]。まずこの報告書の第1章は「権利の平等の成就」としている。フランスが男女平等について，権利の平等 l'égalité de droits という文言を使うのは，男女平等の憲法上の根拠となる第4共和制憲法前文が「法律は，あらゆる領域において，男性の権利と平等な権利を女性に対して保障する」と定めているからである。
　この点でとくにフランスでは，女性を法的な面で無能としていたナポレオン民法典の存在が問題となった。いくつかの改正が積み重ねられてきたが，この

時期，1985年12月23日法による婚姻における夫婦の地位の平等を定める改正が大きなものである。そこには,「夫婦はそれぞれ，自由に職業をなし，賃金を受取り，婚姻に関する責務を果たしたあとで，それを自由に処分することができる」，また「それぞれ個人の財産を単独で管理し，譲渡することができる」と定められた。本法においてまた，子どもの姓にもう一方の両親の姓（一般的には母親の姓）を通称名として付加することも許された。こうした家族法の進展はしかし，女性差別撤廃条約において，フランスが留保を示すことにもなっている。

親権については，1970年法によって両親の権威 puissance paternelle にかわって，両親の権限 autorité parentale という概念が導入されているが（一般的には父母による親権の共同行使すなわち父母の平等を宣言したとされている），さらに1987年7月22日法によって別居の際の親権の共同行使をたやすくさせる目的をもつ改正法が成立した。

こうした立法は実際のあり方にも影響している。1985年には離婚裁判において85％の訴訟で母親に親権を認めていたが，1990年には52％になり，40％は共同親権の付与を予定している。

1993年1月8日法は，子どもの権利に関するものであるが，すべての子どもに対して（すなわち非嫡出，嫡出を問わず）どのような状況にあろうとも（すなわち婚姻，同棲，別居，離婚であろうとも）共同親権の原則を示している。

この領域においては女性のための積極的差別の段階を立法はすでにのりこえたといえる。家族構成，家族関係の変容や進展にあわせながら，立法では，両親の援助を享受する子どもの権利が強調されている。このことは若干の場合，父親の権利を取り戻させるという方向で作用している。

女性に対する差別的行為の制裁の問題は，刑法にかかわる。

1985年7月25日法は，差別的な策謀に関する制裁を性に基づく，または家族状況に基づく差別にまで拡げている。同法は性に基づく差別についての訴訟において，当事者となる権利能力 faculté を団体に認めている。

1992年7月22日法は差別と，適用される制裁についての明確な定義をしてい

る。とりわけ利益やサービスの供給の拒否，経済活動の行使に対する障害，あるいは雇い入れや解雇についての差別的慣行の場合などを明らかにした。

セクシュアル・ハラスメント（以下セク・ハラとする）の問題は次の2つの法律にかかわる。

1992年7月22日法は，次のような行為を刑事犯罪として罰する。「職務上与えられている権限を濫用する者による，性的な性質を有する行為をえる目的で，命令や脅迫，強制を用いて他者を悩ます行為」。

1992年11月2日法は労働法典に，労働現場での性的な方法による権限の濫用に関する条文をおいた。この改正法は，セク・ハラの犠牲者やセク・ハラ行為の証言者という観点から，上司や雇用主による差別的処遇を妨げることが目的のものである。

女性の個人的権利に関わる改正が，婚姻における女性の立場や家族関係とは関係なく別個に行われている。

フランスのような職業活動に基づく社会保障制度をとる国において，社会保険の適用範囲にない女性は，職業活動をしていないことが理由にしろ，こうした権利にかかわらない活動をしていることが理由にしろ，一般的には夫に依存する被保険者の負担金によるいわば「派生的」な権利しか享受しない。

最近の傾向では，従属的な女性の状況を前提としないようにする社会的進展に応じて，個人的な社会保障に女性がアクセスできるようになった。個人的権利はまた，派生的な権利とするよりも，今日増加傾向にある離婚女性や別居女性あるいは家族を養っている単身女性の状況にも応える点でより良いものといえる。

フランスにおける女性の個人的な社会保険の適用範囲は，女性の職業活動のさまざまな形態の承認を通して，その労働形態の特質をふまえて発展してきた。

女性の多くの職業活動は，職業的地位の確立からもれ，社会保障の範囲からはずれていた。というのも，しばしば女性は，家庭のなかで女性が果たす無報酬の活動の単なる延長ととらえられてきたからである。農業，商業，工業，あ

るいは自由業における活動を夫と協力して行っている女性の仕事もまた同様にとらえられている。

　1982年7月10日法はこうした形態の職業活動を承認した重要な法律である。同法は，社会保険の適用範囲について個人的権利を生み出す元となった。職業上の協力者としての配偶者，労働者としての配偶者，共同経営者としての配偶者の地位を選ぶことを，工業や商業の活動する配偶者に認めるものである。それはまた自由業の配偶者にも拡大されてきている。

　出産手当金[10]の期間の延長が認められ，1986年に56日間となった。

　農業を営む女性に対する個人的な資格での財政援助を始めた。これにより配偶者に協力している女性の場合でもその恩恵を受けることができるようになった。1988年2月23日デクレによる。

　自由業に従事する人々の配偶者に対する個人的な退職年金をみずから積み立てる可能性が認められた。1987年7月30日法および1989年7月24日デクレによる。

　家族経営の企業での活動に付随する事務職等に従事する共同経営者たる配偶者の可能性が認められた。とくに退職年金に関して完全な個人的権利を構成することとなった。1994年2月11日法による。

　職業活動の枠内で医療保険の権利の開始の引下げが行われたが，これは女性に有利に働くものである。なぜなら女性はパートタイム労働に多く従事しているからである。1993年3月27日デクレ以降1カ月60時間労働で1年間の社会保険適用範囲を認められることとなった。

　女性が恩恵を受ける派生的な権利の拡大も考えられている。これは家族形態の変化に即応するものである。

　最初の段階として1978年1月2日法が社会保険加入者と内縁関係にある配偶者に権利保有を認めたことである。

　さらに，離婚や配偶者の死によって共同生活の破綻に直面した女性の保護を改善した。

　未亡人と離婚した女性に1年間保障されていた医療保険および出産保険によ

る給付を受ける権利が同様の状況にある3人の子どもをもつ母親に対しては，期間に関する制限なしとなった。1988年1月5日法および1993年1月27日法による。

共同生活の破綻という離婚の場合，個人的な保険の負担金は，離婚した女性がそれを生活の糧としうるものなら，率先して離婚をすすめたのが相手の配偶者であったときは，その負担とする。1985年7月25日法および1986年3月14日デクレによる。

このような派生的権利の拡大は，派生的権利が多くの場合において徐々に単身女性の利益になるような固有の権利の付与という形になっている。

他方で，家庭にとどまる女性に対する根拠のない権利の付与は，女性が家庭で果たす役割の価値を明示的にせよ，暗示的にせよ承認することになる。

職業活動に基づく社会保障制度においては，家庭にとどまる女性に対する，みずからの職業活動の資格で支払っている女性が恩恵を受けているのに匹敵する社会的保護の保障は，税金や社会的負担でまかなうことを必要とする。

しばしば「母親賃金」ということもいわれるが，女性が育児のために職業活動を中断することを埋合わせる，家族の母親に認められる利益がある。

育児に関する親手当は1985年1月9日法により実施された。これは，3歳以下の子どもを育てるために職業活動を中断もしくは短縮した親のために実施されている。この親手当は1993年には13万5,000人強に支給されているが，そのほとんどが女性である。1994年には月額2,929フランとなっている。この手当を第2子まで拡大することは家族関係の基本法の基本政策の1つにすえられている。

老齢年金に関して母親に認められている法律上有効とされる期間について，1985年に家庭における親の老齢年金は育児親手当およびその他の手当の受益者にまた障害者の世話をする者に，老齢年金に無償で加入することを認めることとなった。この措置も事実上女性に関わる事柄である[11]。

1994年の春に，政府は家族に関する法案を提出した。その法案の改正点は次のようなものである。第1に，職業生活と家族的生活のより良い調和をはかる

こと，とりわけ第2子の誕生からも育児親手当を支給，すべての労働者に育児休暇の権利を与えることである。第2に，幼い子どもの受入れを個人的な支援や地方自治体による支援を拡大することで改善することである。第3に，若い親のいる家庭を助けること，そして，一般家庭の居住状況を改善することである。第4に，多産や養子に伴う困難を考慮することである。第5に社会保障の家族部門の税収を保障することである。

(2) 進められている事実上の平等

フランスでは1995年の時点ですでに法的平等，法のうえでの平等は達成された，と考えられている。しかしこの達成された法的平等の実際の効果については十分ではないと考えられていて，法を知らせること，効果をもたらすようにすること，偏見と闘うこと，行動パターンや旧来からの感情や行動に平等原則の浸透という点で働きかけることが必要だとされている。こうした目標を達成するためには，教育制度や各種団体など，女性の地位の向上に関係する機関や制度全体を見直すことが必要とされている[12]。

たとえば，教育の分野では，教育が男女平等の確立にとって本質的な役割を果たすという確固たる認識に立って，1989年7月10日法，教育の指針を定める法律のなかで，次のように定められている。「小学校，中学校，高等学校および高等教育機関は，労働の知識と方法を伝え，獲得させることに責任をもつ所である。…これらの学校は男女平等を促進させることに寄与する所である。」

1984年以降は，教科書においてもまた教育実践においても性差別主義と闘う新しい措置が講じられている。

教員研修の段階でもこの問題が取りあげられて，教員となるものに認識を深めるように導いている。国レベル・地域レベルでも設置されている教科書選定委員会では，たとえば「パパは本を読み，ママは縫いものをしている」というようなステレオタイプ的な役割分担に基づく表現，性差別主義的表現があれば書きかえさせるようにしている。

1987年以降は，中学校のカリキュラムのなかに正規に女性の権利について学

ぶこと，社会や歴史のなかにおける女性の役割を考えさせることが学習項目として入った。

女性差別撤廃条約について学ぶことも中学校や高等学校の公民教育のカリキュラムのなかに含まれている。

フランスでは1970年代から80年代にかけて女性運動は大きな盛りあがりをみせた。その運動は性の自由，避妊の自由や中絶の自由を要求し，改革も実現した。今日では女性運動と呼ぶよりは，扱っている問題も多岐にわたり，むしろ市民運動としての拡がりをみせている。そのなかで1992年以降いくつかの団体は女性問題をとくに「政治的パリテ」の確立にしぼって運動を展開するようになってきている。「政治的パリテ」とは権力決定機関とくに議会における男女の代表の平等を主張するものである。

1994年に第4回世界女性会議に対する取組みについてCNRS[13]によるアンケートが女性団体に対してなされ，まとめられている。それによって，多くの団体が女性の生活のさまざまな面に同時に興味をもっているということが明らかになった。なかでも女性の政治参画は大きな課題ととらえられている。

　公的生活への女性の参画　62％
　女性に対する暴力への闘い　56％
　経済生活への女性の参加　50％
　貧困と追放に対する闘い　50％
　外国人女性の統合　37％

これらの団体はまた，公的援助を受けるための手続へのアクセスを助けたり，研修会や社会復帰のための講座を組織したりしている。これらの活動は公役務の提供に類似する活動だともいえる。

こうした活動をする団体の財源が問題となるところだが，地方公共団体（財源の61％を依存）もしくは国，さらに国際機関に何らかの財源を求め，パートナーシップをくんでいる。団体の10％近くが，ヨーロッパもしくは国際機関に財源をもっている。女性の権利課は財政的援助を通して女性団体組織全体と密接なパートナーシップをくんでいるが，1993年には5,200万フランをこれらの

団体に拠出した。

女性の権利課は，女性の権利の推進と女性の地位の向上についての行政機関における政策の浸透をはかったり，サポートをしたりもしている。1994年における予算枠は１億4,000万フラン，地方で働く者も含めて240人のスタッフを抱えている。

女性政策を担当する最初の公権力による機関は1965年の女性労働委員会であった。1974年に女性問題閣外省となり，1981年には女性の権利省となった。1988年には女性の権利閣外省となっている。

ここで公的機関が女性の権利や男女平等のために政策をつくり，介入をはかる際の，平等原則の解釈についてふれておかなければならない。「公的介入の哲学」といわれるものである。最近では，女性の視点から，なかなか変らない不平等をなくすために，積極的差別 discrimination positive[14] の概念に基づいて「平等を取り戻すこと rattrapage」の措置を実現することが考えられている。１つは職業上の平等において実施され，もう１つは政治的代表の平等において検討されている。

職業上の平等に関する1983年７月13日法はそのような点で１つの転機を示すものである。同法は妊娠や出産に伴う必要性がないかぎり「女性の保護」という考え方をやめた。

同様に1987年６月19日法は女性の夜間労働の禁止を緩和した。

欧州裁判所は，この夜間労働の禁止について男女間の待遇の平等に関する1976年２月９日命令とフランスの法律は矛盾するものと判示していた。フランスは1992年２月27日女性の夜間労働禁止を定めたILO89号条約を破棄し，妊娠している場合以外の男女の平等な夜間労働を定めたILO171号条約の批准を視野にいれることとなった。これは夜間労働を広く認めることを意味するのではなく，夜間労働に従事する男性であれ，女性であれ，こうした労働者を保護するために労働時間の短縮など労働条件の改善のために雇用主を交渉の席につかせる必要があることを意味している。

職業上の平等に関する1983年法は女性のために暫定的な特別措置を実施する

ことで両性間の均衡を取り戻すことを考えている。

　これは企業に対して，職業上の平等のための計画についての交渉を推奨するものである。この計画は企業内の男女の雇用や研修についての状況を比較したレポートに基づく。レポートは50人以上の労働者を有するすべての企業に義務とされている。

　1989年7月10日法は，職業上の平等を達成するために，2年の猶予期間内に，すべての両性間の差別を生じさせている契約上の規定を失効させるという規定をもりこんだ。

　さらに労働に関する1993年12月20日法は，5年の時限法であるが，職業上の平等についての考え方や行動を発展させるために，法治国家における唯一の方法として，社会的対話を促すという規定をおいている。

　さらにいくつかの雇用や責任ある地位へのアクセスに一層の男女の混合の状況を確保するために若干の国々でとられているクォータという方法がフランスで議論されている。

　フランスでは1982年，市町村議会議員選挙に関する規定を変える選挙法典の改正が試みられた。それは女性の候補者を最小限確保するという目的で，「候補者リストは同一の性の人々の75％以上を含んではならない」と定めるものであった。しかしこの規定は憲法院によって違憲と判断された。

　憲法院の判決は，「その能力にしたがって，かつ，その徳行と才能以外の差別なしに」すべてのフランス人の「すべての位階，地位および公職に」就くことのできる平等原則に基づき（人権宣言6条），これらの「憲法的価値を有する諸原則が選挙人間や被選挙人間でのカテゴリーによるあらゆる区分を認めない」ことを思量して，公職のみならず政治職 fonctions politiques へのアクセスに対しても性に基づくクォータによるアプローチを疑問とするものであった[15]。

　クォータ制はそれでもいくつかの公職への女性のアクセスには用いられていた。そして徐々に，公職への平等なアクセスの原則に対立する差別的な措置だとして，廃止されている。1992年3月3日デクレによって国家警察の現状部門

での女性の採用におけるクォータ制を廃止している。これに対し，軍隊におけるクォータ制は残されている。

　クォータの問題は，現実には女性団体において承認されてきた重要な言葉の意味の変化を考慮して，政治におけるパリテという新しい言葉におきかえられつつある。パリテという言葉はヨーロッパ全体の組織の中でもみられ，そこではさまざまな活動において，構成国に，決定機関における女性の数をふやすようにさせるため働きかけている。

　1995年のこの報告においてはパリテという考え方についてはまだこのような形で述べられているにすぎない。しかしこの後，女性差別撤廃条約4条のアファーマティブ・アクションの承認，北京世界女性会議での決定機関における女性の過小代表の解決の必要性の確認，EC／EUにおけるポジティブ・アクションの推進，ヨーロッパ評議会でのパリテの推進が相まって，フランスにおいて議員職，公職における男女平等の促進という形でパリテが実を結ぶのである。

3　女性差別撤廃条約とフランス

　女性差別撤廃条約は，1979年12月18日国連総会で採択され，1981年9月3日施行されている。国際的にも大きな影響力をもっている条約である。この条約に対してフランスは1984年3月12日に批准している。1999年10月6日に採択された選択議定書に対しては2000年6月9日に批准している。

　この条約の浸透は，女性をめぐる状況を検証し，女性の権利を促進するために1946年に創設された女性の地位委員会の仕事によっている。あらゆる女性差別に対する闘いをめざす国際的な宣言である条約はまた，加盟国が女性と男性との間の権利の平等を，同等の権利の行使を，保障するためにアクション・プログラム（行動計画）を示している。

　この平等のためのアクション・プログラムは，女性をめぐる状況の3つの面をカバーしている。1つは，女性の市民的権利と法的地位に関するもので，それらは7, 8, 9, 10, 11, 13, 14, 15, 16条が扱っている。2つは，女性の性と生殖に

関わる健康についてのもので，それらは5, 6, 10h, 16e 条が扱っている。これは，人身の権利に関する他の条約と比較するとこの条約の独創性ともいえるものである。3つは，男性と女性の間の関係についての文化的な影響力についてのもので5, 10c 条が扱っている。

この条約の実施は13名のエキスパートからなる女性差別撤廃委員会によって統制されている。4年毎に，加盟国は，この委員会に条約の規定をどのように実行し，効果をえたか，採択した措置についてのレポートを提出しなければならない。条約18条に規定された義務を果たすための措置に及ぼす要因および障害を示すことができる。

委員会の年次会議において，委員会のメンバーはそれぞれの国の政府代表と各国レポートを分析し，当事国が新しい措置をとるべき分野を検討する。委員会はまた，女性差別撤廃に関する問題について加盟国に一般勧告もする。

フランスは1984年に批准したので，本来ならば批准の翌年に第1次レポートを，そして4年毎，すなわち第2次レポートは1989年，第3次レポートは1993年，第4次レポートは1997年，第5次レポートは2001年に提出されるはずであった。しかし実際は第1次レポートは1986年，第2次レポートは1992年，第3次・第4次レポート（1993年から99年までの期間）は1999年の結合レポートとして一緒に出されている。第5次レポート（1999年から2002年4月までの期間）は2002年6月に提出された。第3次から第5次のレポートは2003年に委員会で検討される予定である。

女性の権利および平等課では，女性差別撤廃条約の条文にそって，第3次から第5次までのレポートに対し，1993年以降フランスにおいて制定された法律ならびに下された判決にてらして，補足説明を与え，問題点を指摘している。（問題点については原文にしたがい→で示した。）この文書にはフランスが女性差別撤廃条約に対していくつかの条文に留保を示しているが，その理由も理解できるものとなっている[16]。その内容は次のようなものである。

最初の3つの条文は総則的規定である。

1条：差別

本条は差別ということばを定義している。
2条：措置
　性を理由とする差別に対して闘うために，国家に与えられる条文の総体にかかわるものである。

　フランスのレポートは，職業領域における性を理由とする差別に対して闘うフランスの法律上の条文を示している。それは2001年11月16日法である。

　間接差別の概念に関する判例のいくつかの要素がレポートのなかで示されている（1997年）。
→性を理由とする差別という点から判例の網羅的な分析が実現されるべきである。いくつかの判決については，すでに論文のなかで扱われている。とりわけマリー・テレーズ・ランクトンの法律雑誌における論文，フランソワーズ・デクヴェル・デフォッセの『両性の平等』やミッシェル・ミネの『女性と男性の間の差別』がいくつかの判決を例としてあげていることを考えるべきであろう。
3条：人権の保障と基本的自由
　この条文においては，フランスで展開された平等政策を示すことが問題となる。平等政策を実現するための国家の活動の基本や手段の増加など，1999年4月パリ会議で示されている。

　フランスのレポートは，同様に移民女性向けに展開された特別な活動も示している（受入れ，仲裁，職業へのアクセス，多重婚問題など）。
→フランスにおける外国人女性の状況について，DPMに関する情報も紹介すべきであろう。
4条：男女間の平等を促進することをめざす暫定的な措置
　フランスのレポートは次のような法文を示している。職業上の平等に関する1983年7月13日法および2001年5月9日法（中でも公職にかかわる特別規定）。2000年6月6日の政治的パリテに関わる法律。公職の高級官僚採用への男女間の平等なアクセスを促進する2000年3月6日の通達がある。

　1983年法の実施と実施して気づいた障害が1999年のカトリーヌ・ジェニソン

のレポートのなかで分析されている。また1989年のアニー・ジェンテ・ロワゾーの職業上の平等計画を評価する仕事でもあった。2001年5月9日法もまたSDFEやDARESによってなされた仕事において評価されることになるだろう。パリテ法については，評価するのはパリテ委員会の責任である。最後に，公職については，公職の高級官僚採用への女性のアクセスに関する運営委員会が定期的な分析を行っている。さらに，企業委員会や組合，労働裁判所における女性の地位についての検討が行われているところである。

　本条は同様に母性保護にも考慮している。フランスのレポートは1992年の共同体命令をおきかえた1993年，2001年の法律を示している。
→労働上での母性保護に関する判例についてはレポートのなかでふれられてはいない。

5条：定型化の撤廃

　フランスの留保が示されている。

　フランス政府は条約5条bおよび16条dの第1段落は，フランスの諸状況および立法において親権の共同行使とは両親の一方にしか行使を認めないことも含むものとして解釈されるべきではないとする。

5条a

　フランスのレポートのなかでは，とくに教科書の中での定型化，広告のなかでの女性のイメージについての定型化についての検討がみられる。また1998年3月6日の通達は，仕事の名詞の女性の呼び方についてのものである。公職担当大臣はこの通達の適用についての検討を命じた。

5条e

　親権や親子関係の改革に関する，1993年1月8日法や2002年法，ならびにみずからの出自へのアクセスに関する2002年法の規定が示されている。
→男女間の平等という観点から親子関係というテーマについて関係する立法，判例の細かな分析をした方がよい。

6条：売春と女性の売買

　法文（刑事上の扱いや未成年者の売春に関する2002年法）についての情報が

もりこまれている。
→人間の存在とはどういうものであるかについての判例の分析がおそらく補足的な情報として必要であろう。

7条：政治的な公的な生活

　本条においては，2000年6月6日法，2001年5月9日の職業的平等に関する法律，公職や経済的・社会的決定機関における女性と男性の公平な代表性についての措置が網羅的に示されている。

8条：国際的な代表
→本条について情報を与えるのは外務省である。

9条：国籍

　フランスのレポートは1998年3月6日法の紹介をしている。
→国籍（その獲得や伝承）についての判例の分析が検討されるだろう。

10条：教育

　フランスのレポートは，教育における女子の状況の正確な報告をし，教育の課程に女子を統合することを進める条文を報告している。同様に女子に対する暴力にも注意をしている。

11条：雇用と職業上の研修

　本条に対しては，フランスのレポートは，経済的領域での女性の状況について報告している。職業上の平等に関する2001年5月9日法，生活時間の機能的配分を促進する条文や夜間労働，セクシュアル・ハラスメントについての報告もしている。

　女性の権利および平等課では，1992年のセクシュアル・ハラスメントに関わる法律の評価をしている。

12条：健康

　本条においては，フランスのレポートは，避妊，人工妊娠中絶（2001年の新法），エイズ，出生前診断の問題，生命倫理法，性器切除，高齢女性，暴力に言及している。

　性器切除についての判例の分析もされている。

→1992年法以降も，人工妊娠中絶への妨げとなっている刑罰への分析はまったくされていない。

→生命倫理法に関する判例の分析の問題が残っている。

→1991年におけるミッシェル・ボルドーの仕事以降，レイプについての判例の網羅的な分析はない。

13条：社会的・経済的利益

　本条については，フランスのレポートは，異なるテーマを分析している。家族手当（ベビーシッター手当と両親教育手当），女性とスポーツ，団体活動のなかでの女性，女性特有の社会保障財政，女性と文化事業などである。

→「女性と文化」の問題には少ししかふれられていないのでその点は文化担当省に委ねるのがよいであろう。

14条：農村地帯

　フランスの留保が示されている。

　１．フランス政府は14条２項ｃは次のように解釈されるべきだと考えている。個人的な資格で加入の恩恵を受けるためにフランスの法律により要求される家族の条件や職業活動の条件を満たす女性に社会保障の枠内で固有の権利の獲得を保障するものである。

　２．フランス政府は14条２項ｈについては，本項で予定されている物質的実現や無償供与を含むものとして解釈されてはならないと考えている。

　フランス政府は，農村地帯の女性の状況や共同事業者の配偶者の地位（1999年法），雇用や開発の領域における特別研修についての検討やアンケートを示している。

15条：法の前の平等

　本条は原則についての条文である。

16条：婚姻および家族に関する権利

　フランスの留保が示されている。

　フランス政府は５条ｂと16条１項ｄは，フランスの法律が両親の一方にしか行使を認めていない状況での親権の共同行使を含むものとは解釈されないと

している。

　フランス政府は，16条1項gで言及されている家族の姓の選択の権利に関して留保を表明している。

　フランスのレポートは1996年における養子縁組の改革，2002年における父系の姓についての法律，相続に関する改革を示している。

→強制された結婚や一夫多妻に関する判例の分析も必要である。

→同様に，女性の経済的自立の状況という点から協議離婚についての判例の基本要素をとらえることは必要である。

　その他

29条：条約の適用や解釈に関する衝突の解決方法

　フランスの留保が示されている。

　フランス政府は，29条2項にしたがって1項の規定に拘束されないとしている。

　関係行政とともに検討すべきものとして残るのは，解除可能な留保があるかという問題と，海外領土における女性の状況の問題である。

おわりに

　1993年以降の大きな流れとしては，パリテ法の成立と民法の残された問題の解決があるといえるであろう。とりわけパリテ法の成立は既述した北京世界女性会議へ向けての報告書では，その必要性が認識されてはいたが，実現には5年から10年はかかると考えられていた。課題として次のような事柄があげられていた。

　第1に，公的な生活のさまざまな面に女性の地位の促進をはかり，そのための知識を拡げる方法を精緻化すること。第2に，女性を権力に就かせるための教育制度の充実をはかること。第3に，政治権力へ女性のアクセスを促進させること。（ここでは，パリテの導入に妨げとなっている規定を変更することも含む効果的な方法が必要と指摘されていた。）第4に，パリテの目標を尊重さ

せるよう政党に資金提供をする可能性もあること。第5に,議員の兼職制限や分担,ローテーション化なども考えること。第6に,高級官僚や諮問機関への女性の任命を促進すること。第7に,候補者の提案や任命により均衡がはかれるような政府の命令が必要であること。第8に,候補者として選ばれることを可能にする女性の「データバンク」をたちあげること。第9に,権力以外の所にいる女性とのより良い連携をはかること,である[17]。

これらの課題としてあげられたことのいくつかは,たとえば,第3,第4,第5はパリテ法の成立とともに実現されている。すなわちフランスではパリテ法の成立により1つの大きな障害をのりこえたとみることができる。

なおフランスでパリテ法を主導したフランソワーズ・ガスパールは女性の地位委員会44回セッションで次のように語っている[18]。

> 女性差別撤廃条約は平等政策の基本的道具の1つです。この条約は質的な大きな変化をもたらしました。それは機会の平等の宣言から平等の実践へと至るものでした。公的なあらゆる領域で男女の均衡のとれた参加のために立法措置をとることが要請されています。
>
> 男女平等は世界のすべての国にかかわることです。確かにいくつかの国はこの領域で進んでいます。しかしとりわけ北京世界女性会議以降は,社会における女性をめぐる状況の現実が問われているのです。
>
> フランスでは1970年代半ばから法上の男女平等が考えられてきました。しかしながら,事実上の不平等が残っています。これらをどうするか。法律を制定することです。けれどもフランスにおいて,アファーマティブ・アクションの措置を法のなかに取り込むことは大きな論争を呼びおこしました。フランスの普遍主義は,国家以外のいかなる単位,共同体にも属することのない人間を考えるものだというのです。したがってそこにおいては,女性は女性として存在することはもはやできません。形式的な平等が獲得され,憲法や法律のなかに書かれている範囲では女性は人間(=男)ではないのです。
>
> しかしながら,1つの重要な段階が克服されたところであります。…決定におけるパリテは1つの手段であって目的ではありません。パリテは民主主義的要

求を構成し，それだけでは平等をつくり出すものではありません。パリテをめぐる議論においては，不平等がまだまだ存在することがわかりました。ステレオタイプな性差別主義の老人たちがどれ程存在しているかもわかったのです。

このように，ガスパールは普遍主義との対立点を明確にしているが，政権交代の後でこうした女性政策の基盤が果たして同じものとして進むものなのかどうか注目していきたい。

注

1) このことは女性の政治的権利の遅れをもたらしたといわれている。植野妙実子「パリテの成立と実施（1）」中央大学『法学新報』108巻7・8号（2002年）11頁以下参照。
2) ナポレオン民法典第213条は「夫は，妻の保護義務を負い，妻は夫に服従義務を負う」と定めていた。また第214条は「妻は夫とともに居住し，夫が居住するのに，適当と判断するところにはどこにでも夫に従って行く義務がある」と定めていた。第213条は1938年に改正されたが不徹底であった。林瑞枝編『いま女の権利は』（学陽書房，1989年）95頁（奈川節子担当部分）。
3) Ney BENSADON, *Les droits de la femme,* 5e éd., 1999, P.U.F., serie de "Que sais-je?", p.96.
4) Giovanna PROCACCI et Maria Grazia ROSSILI, La Construction de l'égalité-dans l'action des organisations internationales, *in Encyclopédie politique et historique des femmes,* P.U.F., Paris, 1997, pp.827 et s.
5) 日本では，国際法と国内法の関係について，一元論と二元論の対立がある。二元論は相互に独立した法体系とみる説であるが，一元論が通説である。一元論においても，条約にどのような国内法的効力を認めるかは，各国の憲法その他国内法の規定によって定まる。日本国憲法においては，98条2項が国際法の遵守義務を定め，条約の締結には国会の承認が必要（72条3号）で，天皇によって公布もされる（7条1号）ことから，条約は公布によって直ちに国内法的効力を有すると解されている（芦部信喜『憲法学I』（有斐閣，1992年）89頁）。しかし条約の法体系上の地位に関しては，条約優位説，憲法優位説，折衷説のなかで憲法優位説が通説である（芦部信喜，同書，92頁以下）。この点フランスのように，憲法より下位であっても法律と同位なのか，法律より上位なのか，あるいは憲法と同位とみることはできるのかなどの議論はされていない。他方で最高裁判所はいわゆる統治行為論を用いて，

条約を裁判所の審査の対象外とした（最大判昭34・12・16刑集13巻13号3225頁）。この場合，「一見極めて明白に違憲無効である」条約の場合には審査の対象となる可能性があると指摘されてもいるが，現実に「一見極めて明白に違憲無効」な条約が国会で承認される事態がありうるかどうかは疑問である。すなわち条約は司法審査のほぼ対象外とされる。さらに裁判所は全体として，条約を根拠条文としてあげることはなく，条約に言及することは極めて稀である。たとえば女性差別撤廃条約のように条約が政策の指針となっているとみられる場合でも，立法過程や政策決定過程で根拠として明らかにされることはないように思われる。

6) 欧州評議会の場合は，欧州人権保護条約に関し，欧州人権委員会，欧州人権裁判所を配して，効力の確保をはかっている（トーマス・バーゲンソル=小寺初世子訳『国際人権法入門』（東信堂，1999年）67頁以下参照）。EUにおける欧州裁判所では，紛争当事者の一方のみの付託でも裁判は開始され，私人も直接的に救済の申立てができる。EU/EC法は，構成国の国内裁判所において直接適用されるが，国内裁判所がEU/EC法を独自に解釈することは許されず，解釈問題がおきたときは，国内裁判所は裁判手続きを中断して，当該問題を欧州裁判所に付託する先行判決制度をとる（金丸輝男編『ECからEUへ？欧州統合の現在』（創元社，1995年）44頁以下（竹中康之担当部分）参照）。欧州裁判所と構成国の国内裁判所との間に有機的な連携が保たれているとされる由縁である。

7) 植野妙実子「ヨーロッパとパリテ」中央大学『中央評論』241号（2002年秋号）86頁以下参照。

8) Claire AUBIN et Héléne GISSEROT, *Les femmes en France 1985-1995*, La documentation Française, Paris, 1994.

9) *Ibid*., pp.15-26.

10) 出産手当金とは，出産により働くことができなかった期間の収入を補う機能をもつ手当をさし，その間の休業補償をするものである。日本では，健康保険上，分娩の日以前42日から分娩の日後56日までの間労務に服さず報酬を受けることができない場合に，1日につき標準報酬日額の60％に相当する額が出産手当金として支給されている。

11) こうした動向を理解するのに役立つ次のような邦語文献がある。
　　稲本洋之介『フランスの家族法』（東京大学出版会，1985年）。
　　藤井良治『現代フランスの社会保障』（東京大学出版会，1996年）。
　　山崎文夫『フランスの労働法論』（総合労働研究所，1997年）179頁以下。
　　柴山恵美子・他編『各国企業の働く女性たち』（ミネルヴァ書房，2000年）

144頁以下（佐藤清担当部分）。

　　ジェラール・レジエ=植野妙実子訳「フランス法における女性差別撤廃」『フランス私法講演集』（中央大学出版部，1995年）1頁以下。

　　西海真樹・山野目章夫編『今日の家族をめぐる日仏の法的諸問題』（中央大学出版部，2000年）。

　　植野妙実子編『21世紀の女性政策』（中央大学出版部，2001年）。

　　また大津尚志「フランス教育事情」が『日仏教育学会年報』8号に掲載予定である。

12) Claire AUBIN et Héléne GISSEROT, *op.cit.*, pp.20-26.
13) CNRS とは Centre national de la recherche scientifique という研究者の国家組織である。このアンケートの結果は関係する500の団体の回答を基につくられている。
14) 積極的差別はアファーマティブ・アクション，ポジティブ・アクションと同義だといえる。植野妙実子「アファーマティブ・アクションをめぐる問題」『国際人権』11号（2000年）10頁以下参照。
15) 糠塚康江「パリテ？違憲判決をのりこえるための憲法改正と憲法院」『フランスの憲法判例』（信山社，2000年）128頁以下参照。
16) 「1993年以降」ということはすなわち，先の北京世界女性会議のための報告をひきつぐものでもあり，第3次・第4次結合レポートおよび第5次レポートのコメントにもあたる。この文書は次の2名によって書かれている。
　　Sandrine DAUPHIN et Mathilde MENELLE
17) Claire AUBIN et Héléne GISSEROT, *op.cit.*, pp.93 et 94. また次のレポートもある。Conférence de Pékin, *cinq ans aprés*, La documentation française, Paris, 2000.
18) この表明は2000年2月29日に行われている。1992年にフランソワーズ・ガスパール（社会党）らが『権力へ，女性市民たちよ！自由・平等・パリテ』を出版したことによりパリテ運動は拡がった。堀茂樹「パリテ論争」三浦信孝編『普遍性か差異か』（藤原書店，2001年）237頁以下。また鳴子博子「パリテかクォーヌか，普遍主義か差異主義か――ルソー主義から見た政治哲学的考察」中央大学『法学新報』109巻3号（2002年）109頁以下も参照。

Special thanks to Ms. Sandrine Dauphin for accepting my interview and giving me many documents.

（植野妙実子）

第5章 アメリカ合衆国

はじめに

　女性差別撤廃条約に関する各国の比較研究を行おうとする場合，アメリカ合衆国を，なぜ，どのような視角で取り上げるのかが問題となる。合衆国は，人権の保障を目的とする立憲主義の国家として建国された。国連の人権条約の発展に積極的な役割を果たしてきたし，また，1970年代後半以降人権外交というかたちで，国際的な人権擁護を外交の主要目的に掲げてきた[1]。女性の人権に関しても同様である。女性差別撤廃条約の審議過程では積極的な役割を果たしたし[2]，国連の女性会議にも積極的な関与をしてきた[3]。しかし，自国自身の国連の人権条約の批准についてはきわめて消極的であり，自由権規約は遅れて批准しているが，社会権規約は批准しておらず，女性差別撤廃条約の批准もしていない[4]。本共同研究が直接の課題としている女性差別撤廃条約における選択議定書の批准などは，当然問題外の状況である。

　女性差別撤廃条約が170カ国に上る国々によって批准されており，批准していないのは，合衆国の他は，スーダン，イラン，アフガニスタン，ソマリア，朝鮮民主主義人民共和国といった国々であり，合衆国は，いわゆる先進国のなかでは批准していない唯一の国になっている，といったことは，合衆国内でもしばしば語られている。合衆国が「未批准国」として肩を並べるリストには，合衆国が人権侵害を問題としている国々が含まれている。この「奇妙さ」をもたらしているのが，合衆国の外交関係を支配している孤立主義，エリート主義である[5]。合衆国にとって，人権の問題は，合衆国以外の国の問題であるとしばしばいわれる。冷戦崩壊後の唯一の超大国としての自信は，こうした合衆国

の特別なあり方を，今後も維持させるように思える。

　合衆国の特殊なありようは，もちろん日本にとっては，何ら手本になるものでも，追従しうるものでもない。合衆国だけでなく，日本の，女性差別撤廃条約に関する政策決定も遅く，消極的である。合衆国が批准しているかどうかは，日本においても関心事項である。しかし，合衆国に協調して消極的なわけではない[6]。

　それでは，合衆国の女性の人権の現状はどうなのであろうか。女性差別撤廃条約など批准しなくても，国内システムで十分な状況なのであろうか。まだまだジェンダー格差があるとはいえ，日本と比較すれば，合衆国が，女性差別撤廃条約は批准していなくても，画期的にジェンダー平等を実現してきたことは確かである。そのなかで，1970年代以降の女性法曹人口の爆発的な増加は，フェミニストの法創造，法実践を生み出した。もともとアメリカ法学の影響を強く受けている日本の法学では，その影響も大きい。セクシュアル・ハラスメントやドメスティック・バイオレンスといった女性に対する暴力に関する新しい立法や政策においてもそうである。合衆国において，女性差別撤廃条約がどのように議論されてきたのか，あるいはされてこなかったのかを検討することは，合衆国のフェミニストの法創造・法実践の特徴を把握し，日本との比較を行ううえで，意義のあることだと考える。

1　合衆国における女性の現状

(1) 政　　治

　日本において，政策・方針決定を男女がともに行う「男女共同参画」社会の形成が緊急の課題である根拠として引かれるのが，国連開発計画の人間開発指数（HDI），ジェンダー開発指数（GDI），ジェンダー・エンパワーメント指数（GEM）である。日本が9位，11位，31位であるのに対して，合衆国は6位，4位，10位である（2001年）[7]。合衆国も GEM 値の落ち込みが若干見られる。合衆国は，他の上位国と比較して，国会議員の女性比率が高くない。2001

年10月現在，下院14.0％，上院13.0％で，下院順位世界54位であった[8]。2002年11月の中間選挙後の第108議会においてもほとんど変化はない。州知事は，50州中6人（2003年），州議会は，22.4％（2002年），地方政府では，全米100大都市の市長のうち，12名（2001年）であった[9]。

合衆国の議会選挙では，現職の再選率がきわめて高く，激しい政党内の予備選挙で勝ち残った者が党の候補者になる。そのため，女性の政治参画を進めるために，現職が引退する選挙区を早めに探し，女性候補者を発掘し，選挙資金を提供し，選挙方法を教育するといった取り組みが行われてきた。

（2）労　　働

合衆国の労働力人口の構成は，男性53％に対して，女性は47％である。日本は女性40.9％である。合衆国女性の労働力率は60.1％で，男性は74.4％である。日本と比較すると，男性はほとんど変らないが，日本女性は，49.2％であり，合衆国女性の労働力率は著しく高い（2001年）[10]。しかし，子どもの年齢が高いほど女性の労働力率は高くなり，ラッセンによれば，1999年に，末子の年齢が14から17歳の母親の労働力率は78.9％，6歳未満の母親は64.4％，3歳未満の母親は60.7％であった[11]。女性にとって，労働と育児の両立が困難であることが推測される。育児期にある夫婦の育児・家事時間の国際比較によれば，合衆国の夫は育児・家事合計で2.6時間に対して，妻は4.3時間であった。日本は，夫0.6時間，妻5.5時間であった[12]。

企業における意思決定権にも，「ガラスの天井」が存在する。非営利調査団体カタリストの調査によると，合衆国の主要500社で重要な意思決定権をもつ経営幹部のうち，女性は15.7％を占めるにすぎない。しかし，カタリストが調査を始めた1995年と比較すれば，7.0％上昇している[13]。

女性は不安定な働き方をしており，2001年には，パートタイム労働者が女性労働人口の24.6％を占めていたが，男性の場合は10.6％にすぎなかった。女性労働者は男性労働者に比べて所得も低く，2000年には，日本女性に比べれば圧倒的に格差は小さいが，男性の73.3％にすぎなかった[14]。

（3）暴　　力

　女性に対する暴力被害は深刻である。親密なパートナー（現・元配偶者あるいはボーイ／ガールフレンド）による殺人は，1998年の統計で，女性1,320件，人口10万人あたり1.2人に対して，男性は，510件，10万人あたり0.5人にとどまる。単純暴行なども含む暴力行為全体では，女性が10万人あたり756.8に対して，男性は146.2である。ただし，1993年の女性982.0,男性159.8よりは改善している[15]。日本においても，2002年の統計で，配偶者間の殺人197件中の女性被害者は，120件60.9％だが，傷害，暴行では，女性比率は9割を超える[16]。

　12歳以上の女性10万人あたりの強姦発生率は，1992年の100.5をピークに減少し，1999年は76.5となっている[17]。

（4）小　　括

　合衆国における女性の人権および男女平等に向けての歴史的な経緯は，概略，年表に示すような経過である。女性の中絶決定権が憲法上の権利であることを認めた1973年の合衆国最高裁判所判決以来，人工妊娠中絶の自由と規制をめぐって，国内を二分する対立が続いている。また，1960年代，人種的マイノリティーに対して始ったアファーマティブ・アクションは，女性にも拡大されたが，アファーマティブ・アクションをめぐっても，対立が続いている。

　法を通じた社会改革の可能性を開く法律家については，寺尾によれば，1971年に新たに法曹になった人口のうち女性は5％にすぎなかったが，1987年には36％に上昇し，2001年の統計で，法曹人口に占める女性割合は約30％，ロー・スクールの女性学生の割合は49％になっている[18]。日本では，法曹三者で最も女性比率が高い弁護士が10.1％，司法試験合格者の女性比率は90年代にかなり上昇したとはいえ，22.5％にとどまる（2001年）[19]。

【年　表】
1920　女性参政権を保障する，合衆国憲法修正19条
1935　社会保障法，貧困シングルマザー援助する ADC

1962	社会保障法改正，ADCがAFDCに変る
1963	平等賃金法。ベティー・フリーダン『女らしさの神話』
1964	市民権法第7編が雇用における性差別禁止
1966	NOW結成
1967	行政命令11246号が改正され，アファーマティブ・アクションの対象に性差別も含む
1969	カリフォルニア州で，無責離婚法
1971	合衆国最高裁判所，リード判決で，はじめての性差別の違憲判決
1972	合衆国憲法男女同権修正ERA連邦議会通過。雇用機会平等法。教育修正第9編
1973	合衆国最高裁判所，ロー判決で，人工妊娠中絶の権利を認める
1974	ミネソタ州で，シェルター開設
1976	社会保障法を修正し，母体が生命の危険にさらされているなど特定の場合以外，中絶費用を医療扶助の対象から除外。ペンシルベニア州，DV防止法
1977	オレゴン州，DVに対する，義務的逮捕法
1978	妊娠差別禁止法
1979	キャサリン・マッキノン『働く女性のセクシュアル・ハラスメント─性差別の主張』
1980	カーター大統領，女性差別撤廃条約署名
1981	連邦最高裁，初の女性判事オコナー
1982	ERA失効
1985	民主党の女性候補者に資金援助等を行うEMLY'S LIST設立。サーマン事件で，DV被害者に対する保護義務を果たさなかった警察に巨額の損害賠償命ずる連邦地裁判決
1986	合衆国最高裁，環境型セクシュアル・ハラスメントを市民権法第7編違反の性差別と認める
1990	カリフォルニア州，ストーキング禁止法
1991	アニタ・ヒル，クラレンス・トーマスのセクシュアル・ハラスメントを証言
1992	共和党の女性候補者に資金援助等を行うWISH LIST設立。合衆国最高裁，ケーシー事件で，既婚女性の中絶に夫への告知を求めるペンシルベニア州法違憲判決
1993	家族・医療休暇法。連邦最高裁2人目の女性判事ギンズバーグ
1994	女性に対する暴力防止法。OJシンプソン，前妻殺害容疑裁判
1996	社会福祉改革法の「個人責任と労働機会調和法」で，AFDC廃止
2000	女性に対する暴力防止法改正強化

2003 「部分的出生」中絶禁止法

〈参考文献〉
小島妙子『ドメスティック・バイオレンスの法――アメリカ法と日本法の排戦』(信山社, 2002年)
杉本貴代栄『アメリカ社会福祉の女性史』(頸草書房, 2003年)

2 人権条約と合衆国

(1) 経　過

　合衆国の女性差別撤廃条約に対する消極的態度は，人権条約一般に対する消極的態度と共通する点も多いので，まず，国連の人権条約一般に対する合衆国の対応を検討する。

　アメリカ合衆国憲法6条2項は，「(前略) 合衆国の権限に基づいて締結されまた将来締結されるすべての条約は，国の最高法規である。各州の裁判官は，各州の憲法または法律中に反対の定めある場合といえども，これに拘束される」，同条3項は，連邦および州の議員，行政官，司法官が「憲法を支持する義務を負う」と定める。さらに，3条2節1項は，司法権が，「この憲法，合衆国の法律および合衆国の権限に基づいて締結されまた将来締結される条約の下で発生するすべての事件」に及ぶことを定める。これにより，合衆国の批准する条約は，連邦裁判所で適用される。また，2条3節は，大統領が，「法律が忠実に執行されることに留意」すべきことを定めており，「大統領が，米国が当事国となる条約を遵守しあるいは実施する義務を負う」と定める[20]。

　こうした憲法のもと，1950年には，国連憲章を適用して，州法を無効とする州控訴裁判所判決も出された。市民権取得の資格がない外国人の土地所有を制限する外国人土地法に基づく合衆国に在住する日本人に対する土地の没収が争われたフジイ事件で，カリフォルニア州控訴裁判所は，この外国人土地法は，人種又は皮膚の色に基づいて日本人を差別しているから国連憲章に反し執行されえないと判示した[21]。しかし，上告審で，カリフォルニア州最高裁は，国連憲章の人権関係規定は自動執行的ではないとした[22]。この控訴裁判所判決をき

っかけに，合衆国では，冷戦状況のもとで，国内に人種差別問題をかかえる合衆国が人権条約に参加することは危険だとする議論が，有力になった。

1950年代には，ブリッカー上院議員らが，ブリッカー修正と総称される合衆国憲法修正案の成立をめざした[23]。ブリッカー修正は，憲法に抵触する条約を無効とする規定，条約は立法を通してのみ国内法として有効であるという条約をすべて非自動執行的とする規定，その場合の立法は条約が存在しない場合に有効な立法とし，合衆国憲法修正10条によって州に留保された権限が条約締結権によって侵害されることを防ぐ規定からなる。その真の目的には，人権条約の批准を阻止することがあった[24]。ブリッカー修正そのものは成立しなかったが，1953年に，アイゼンハワー政権が，憲法修正を阻止するため，人権条約を批准しないことを約束することになったことが，その後にも影響を与えた[25]。

1970年代半ばになると，人種差別問題の改善，ベトナム戦争の終結によって，人権外交が行われるようになった。1977年10月5日，カーター大統領は，前年の3月に発効していた自由権規約に署名した。カーターは，1978年2月23日，人種差別撤廃条約，社会権規約，米州人権条約とともに，自由権規約を上院に送った。カーターは，1980年，前年に採択された女性差別撤廃条約にも署名した。しかしこの時期，条約批准に必要な上院の同意は何もえられなかった。

1980年代末になって，変化があらわれた。1988年，レーガン大統領が，ジュノサイド条約を批准した。1992年，ブッシュ大統領は自由権規約を批准した。1994年には，クリントン大統領によって拷問禁止条約と人種差別撤廃条約が批准された。

（2）留保，了解，宣言

1990年代の批准には，数多くの，留保（reservation），了解（understanding），宣言（declaration）が付された。合衆国政府が行う「留保」は，国際法上一般に理解されている留保と同じ意味であり，「了解」は，「主として国内法における条約規定の意味を明確にする説明」，「宣言」は，「特定の条約規定の

意味とも国内法上の義務とも関連しない，純粋に国内的関心からされる言及」と説明されている[26]。これらのなかには，18歳以下の犯罪に死刑を科す権利の留保が含まれるなど，さまざまな問題を含んでいる[27]。

　自由権規約に付された留保等のうち，女性差別撤廃条約にも関わる一般的なものとしては，以下のものがある。第1に，表現の自由に関する留保である。規約20条は，戦争宣伝の法律による禁止，差別，敵意または暴力の扇動となる国民的，人種的または宗教的憎悪の唱道の法律による禁止を定める。これに対し，合衆国は，合衆国の憲法と法律によって保護される自由な言論と結社の権利を制限する，立法その他の措置をとる義務を負うものではないと留保する。第2に，連邦制に関する了解である。規約50条は，規約が，いかなる制限または例外もなしに，連邦国家のすべての地域に適用されると規定する。これに対し，連邦政府の管轄事項については連邦政府が条約を実施するが，州政府あるいは地方政府が管轄権を有する事項については，それら権限のある州政府あるいは地方政府が条約を実施するために適切な措置をとるために連邦制度に適切な措置をとるにすぎないとする。第3に，非自動執行性の宣言である。自由権規約の1条から27条を，非自動執行であると宣言した。その意味について，ブッシュ政権は，条約違反を理由として裁判所に私人が訴えることはできないという意味だと説明している[28]。

(3) 小　　括

　合衆国における人権条約の批准を妨げてきた要因として，阿部・今井・藤本[29]は，連邦と州の権限配分論，人権基準の切り下げ論，自国統治への介入警戒論を指摘する。1950年代ブリッカー修正を生み出した市民権運動の脅威，共産主義の脅威はもはや存在しない。しかし，1989年以降も，人権条約の批准によって合衆国の国内法に変化はないという，エリート主義，孤立主義は，変らない[30]。留保，了解，宣言によって，ブリッカー修正の目的は実際には果たされているという評価もある[31]。

　合衆国最高裁判所が，合衆国の批准した人権条約についてどのような判断を

するかが注目される。この点については，国際法を無視した孤立主義を続けているという批判がある[32]。2000年のモリソン判決[33]において，最高裁は，女性に対する暴力防止法が定める私人に対する損害賠償請求権は，州際通商条項および修正14条5項のもとで連邦議会に与えられた権限を逸脱しているとして，無効とした。合衆国議会は立法に際して，この法律が自由権規約を履行する議会の権限の行使だとはいっていない。しかし，行政府は，自由権規約委員会に対して，女性に対する暴力防止法は合衆国の自由権規約上の義務を履行するための立法だと報告していた。国際法学者や人権活動家はブリーフを提出し，自由権規約は，合衆国に対して，はなはだしい形態のジェンダーに基づく差別として，国家と個人の両者によって行われたジェンダーに基づく暴力に対する措置をとることを要求していると主張した[34]。

合衆国最高裁では，近時，モリソン判決に見られるように，州の自治権を尊重し，連邦権限を限定する解釈が定着している。連邦議会の審議の過程で，女性に対する暴力に関する州の対応ではまったく不十分であることが明らかにされたうえで立法されたにもかかわらず，連邦の権限が否定された[35]。

自由権規約等に関する判例の検討を通じて，女性差別撤廃条約は批准されない状況で，合衆国が批准した国際人権条約が女性の人権の保障にとって，どのような国内法としての効力をもったか，またそれに対して学説や女性の人権団体・活動家がどのような主張を行っているのかを網羅的に明らかにする作業は，今後の課題とせざるをえない。

3 女性差別撤廃条約と合衆国

(1) 経　　過

女性差別撤廃条約が国連で議論された1970年代には，合衆国における女性の人権に関する法律も大きく前進した。1972年に合衆国憲法男女同権修正ERAが連邦議会を通過して，各州の批准に回された。1964年市民権法第7編は，1972年雇用機会平等法に改正され，教育機会平等を定める教育修正第9編が成立す

るなど，個別領域の性差別禁止法の整備も進んだ。合衆国憲法の平等保護条項，個別領域の諸立法を使った性差別訴訟も成果をあげていた。そこで確立した，男女双方にジェンダー・ステレオタイプを認めない両面的な性差別の禁止を，女性差別撤廃条約の審議過程で，合衆国は再三主張したが，採用されず，条約は，「女性に対する差別」を撤廃する暫定的なものとなった[36]。ERA は，結局批准に必要な州の承認がえられず，1982年失効した。その後も毎年議会に提出されているが，成立の見込みはない。しかし，いくつかの州憲法には，ERA が盛り込まれた。ERA が失敗した理由には，もちろん男女同権への反対論が強力に主張されたこともある。しかし，1970年代に，既存の憲法・法律によって，ERA に期待されたことがかなり実現されたことも，ERA が不可欠だという主張の根拠を奪った側面は否定できない。

　人権条約に関しては，1976年フォード大統領の時代に，合衆国は，女性の参政権に関する条約（1952年）を批准した。1980年，カーター大統領は，コペンハーゲン世界女性会議で，女性差別撤廃条約に署名し，上院に送った。1994年クリントン大統領は，再び上院に同意を求めた。上院外交委員会は，9月29日，4つの留保，4つの了解，2つの宣言を付して13対5で採択したが，本会議では投票されなかった。2002年7月30日，再び上院外交委員会は，4つの留保，5つの了解，2つの宣言を付して12対7で採択したが，11月20日会期が終了し，自動的に委員会に再委託された。

　1994年と2002年にどのような力が働いて委員会を通過したのかを本章で解明することはできない。ただし，1994年については，前年の世界人権会議などにおける「女性の人権」要求の高揚が背景にあろう。この時期，連邦議会の女性議員もそれまでになく増えていた。1991年，クラレンス・トーマスの合衆国最高裁判所判事任命に関わる上院公聴会で，アニタ・ヒルがセクシュアル・ハラスメントを証言した。全員男性の上院委員会，トーマスの承認と，男性支配の議会の問題が明らかになった。1992年の選挙で，女性議員は格段に増加した。クリントン政権は，批准を支持していた。上院外交委員会のコメントは，ボスニア，ルワンダ，ハイチにおける女性に対する暴力的人権侵害に対して，国際社

会が女性の人権保障のために行動しなければならないことを指摘している[37]。

その後,1994年11月の中間選挙は,民主党の歴史的大敗となり,共和党が上下院で過半数を占めた。1996年,クリントン大統領は再選され,女性差別撤廃条約の批准を支持し続けるが,議会の共和党優位は変らなかった。

2002年,民主党は,上院で50議席を占めていた。条約の上院外交委員会通過に尽力したのは,民主党のバイデン委員長と,委員会唯一の女性委員,民主党のボクサー議員(カリフォルニア州選出)であった。ブッシュ大統領は,批准を支持してはいない。国連人口基金への拠出中止,国際刑事裁判所設立条約への署名撤回など,女性の人権保障に関する国際的な取組みの成果に対して,ブッシュ政権は否定的である。国内政策でも,人工妊娠中絶やアファーマティブ・アクションに対して否定的な立場をとっている。しかし,ブッシュ政権を含めて,アフガニスタン女性の解放に,人権に対する統一的な世界の声が必要であることが声をそろえて語られた[38]。2003年現在,上院外交委員会は,共和党の委員長のもと,承認の動きはなく,最終的に3分の2の賛成が必要な上院全体でも同様である[39]。

(2) 留保,了解,宣告

2002年の委員会採択に付された4つの留保,5つの了解,2つの宣言は,以下のものであった。これらから,批准反対論の根拠が浮かびあがる。女性差別撤廃条約に対する反対論は,人権条約一般に対する反対論を超えて,条約のめざす公私二分論の克服に反対する。

留保の第1は,合衆国は,合衆国憲法や法律によって求められる場合を除いて,私人の行為に関して立法その他の措置をとる義務を負わない,とする。合衆国の憲法や法律は,すべての形態の政府の活動および非政府活動の重要な領域において,広範な差別に対する保護を定めている。しかし,個人のプライバシーや,私的行為における政府の介入からの自由もまた,合衆国の自由で民主的な社会の基本的価値として認められている。合衆国の理解によれば,条約の文言は,とりわけ2,3,5条は,私的行為に対する広範な規制を求めている。

留保の第2は，直接の戦闘に携わることを要求するかもしれないあらゆる軍事組織や地位に女性を配置する義務である。ただし，合衆国法と慣行のもとで，制限なく女性は軍務に就くことができるし，実際，戦闘職を含めてあらゆる合衆国の軍務に就いているとする。

留保の第3は，合衆国の慣行において理解される意味で，コンパラティブ・ワースの原理を定める立法を行う義務である。ただし，合衆国法は実質的に同様の仕事における平等な労働に対する平等な賃金の権利を含む，報酬の領域におけるジェンダー差別を強く禁止しているとする。

留保の第4は，条約11条2項(b)における，給料またはこれに準ずる社会的給付を伴い，かつ従前の雇用関係，先任権および社会保障上の利益の喪失を伴わない出産休暇を導入する義務である。現行の合衆国法は，多くの雇用状況における出産休暇を実質的に保障しているが，有給の出産休暇を要求してはいない。1993年の家族・医療休暇法は，無給の出産休暇を両性に保障しており[40]，それ以上の負担を雇用者に課すことを防ぐ趣旨である。

了解の第1は，自由権規約の連邦制に関する了解と共通する。連邦政府は，連邦の管轄権の及ぶ事項の範囲で条約を履行し，それ以外は州や地方政府によって履行される。州政府や地方政府が管轄する事項については，連邦政府は，必要な場合，条約の実現を確保するために適切な措置をとる。

了解の第2は，自由権規約の表現の自由に関する留保と共通する。ただし，女性差別撤廃条約には，自由権規約20条や，人種差別撤廃条約4条のような，表現の自由の制約条項はない。合衆国憲法および法律は，個人の言論，表現，集会の自由を広範に保障している。したがって，条約の，とりわけ5, 7, 8, 13条のもとで，立法その他の措置によって，合衆国憲法および法律が保障する表現の自由を制限する義務を負わない。公選制の職を占める男女比の不均衡を改めるための女性に対する優遇措置は否定する趣旨である[41]。

了解の第3は，条約12条は，当事国に対して，どの保健サービスが，家族計画，妊娠，分娩，および産後の期間中に適切か，また，いつ無料のサービスが必要かを決定することを認めており，無料の特定のサービス規定を求めるもの

ではない。

　了解の第4は，この条約のいかなる規定も，人工妊娠中絶の権利を反映あるいは創造すると解釈されないし，中絶は，家族計画の手段としていかなる場合にも奨励されないとする。1994年の上院における審議の際に，ヘルムズ議員の主張によって，加えられたものである。

　了解の第5は，女性差別撤廃委員会は当事国による措置を強制する権限をもたないというものであり，1994年にはなかったものである。

　宣言の第1は，条約全体を非自動執行的と宣言しており，自由権規約における宣言に対応する。宣言の第2は，条約29条2項に基づく，同条1項に拘束されない旨の宣言である。この条約の解釈または適用に関する締約国間の紛争に関して国際司法裁判所の管轄権を認めるか否かは，ケースごとの個別の同意による，とする。

（3）批准の意義

　女性差別撤廃条約の批准を，他国の女性たちの人権保障のために，合衆国が，国際社会，とくに女性差別撤廃委員会でリーダーシップを発揮するための手段として支持する立場もある。そのような立場からは，条約の批准によって合衆国が新たに負う義務は，定期的な報告義務だけということになる。しかし，合衆国で自分たちが受けている差別の解消のために，批准を求める立場もある。批准慎重派は，どんなに念入りに留保等を付けたとしても，批准の実質的影響を警戒することになる[42]。

　さまざまな立場の歴史的な展開を含めた広がりおよび内容を，本章では極めて断片的にしか示すことができない。たとえば最近では，弁護士でNOWの会員副会長のテリー・オニールは，女性差別撤廃条約の批准によって，教育，雇用，保健といった広範な領域において女性の権利が向上すると述べている。まず教育の領域では，規格化されたテスト，職業教育，理系教育，セクシュアル・ハラスメント，妊娠・出産した生徒の取扱いなどさまざまな差別があるとする。条約によって，第9編の約束をすべての少女と女性にとって現実のもの

にするために活動する擁護者を，今以上に支えることになるという。労働の分野では，まだ，賃金の格差，昇進の格差があり，条約によって，ジェンダーに中立な基準による職務評価制度の構築が求められ，雇用，先任権，あるいは給付を失うことのない有給の出産休暇や，職場における妊婦の安全規定が要求されるとする。保健の分野では，女性が避妊薬の自己負担を強いられ，医学研究の対象や医療から排除されている現状に対して，平等なアクセスの保障が要求されることになるとする。また，条約は，親密な関係のパートナーからの暴力の主たる原因である，1つの性が他方の性より優れているとか劣っているといった誤った考え方を非難することを求め，男性の優位と女性に対する支配にねらいを定めると述べる[43]。こうした主張の存在は，女性差別撤廃条約が求める広範な差別の撤廃が，合衆国においてもなお課題であることは，他の国々と何ら変らないことを示している。当然，オニールは，議会で議論されている留保・了解・宣言については，否定的である。私的領域への不介入は，オニールの期待する条約の効果を削ぐ。

　歴史的にみると，ハルバースタム゠ディフェイスは，1987年に出版された『女性の法的権利―国際条約はERAの代わりになるか？』[44]のなかで，ERAに代わるものとして，修正1条の結社の自由は留保して，条約を批准すべきだと主張していた。自由権規約批准後の1997年の論文でハルバースタムは[45]，女性差別撤廃条約にとっても，個別の留保以上に問題なのが，自由権規約と同じ非自動執行性の宣言だと述べている。

　ラングレー゠フォックス編の『合衆国における女性の権利―資料による歴史』[46]の最後の資料は，女性差別撤廃条約である。ERA批准には失敗したが，合衆国市民がERAが保障しようとした平等を確保するために利用できるものと位置づけている。

　ゾエルは2000年の著書で，合衆国のフェミニスト組識と，女性の人権侵害に関心のある国際人権法組識の活動家の間にはコミュニケーションがないと述べている。そして，ERAの欠点を解消する女性差別撤廃条約批准の利点を説く。第1は，ERAと異なり，条約は，現実の経験における男女の実際の差異

を否定しないことである。第2は，条約は，公私二分論の境界を貫いていることである。第3は，条約には，ERAのような無制限の憶測の余地がないことである。第4は，条約が社会権規約といっしょに批准されれば，一致しつつある世界の良識に役立つ共通のグローバルなことばを提供することである[47]。

こうした，条約のERAとの異同に関してもまちまちな批准積極論に対して，女性に対する差別だけを取り扱う女性差別撤廃条約は，合衆国憲法の平等保護条項に違反するという主張がある[48]。これは，条約の批准は合衆国憲法および法律で保障された人権を縮減するだけだという批准反対論につながるだろう。

合衆国においては，市民的政治的権利が人権であって，社会的経済的権利との人権の不可分性は認められてこなかった。世界人権宣言はもちろん両者を含んでいるが，これは「宣言」にすぎないから許容された。合衆国は，社会権規約も批准していない。しかし，ドメスティック・バイオレンスの問題は，単なる暴力からの自由の保障や，加害者の逮捕や処罰の保障ではまったく女性の人権保障に不十分なことを示している。保健や，住居，教育，労働の権利の保障と結びつくことで，女性の権利ははじめて保障される[49]。女性の人権の保障には，自由権規約と社会権規約を不可分のものととらえ，さらに両者に共通する公私二分論を克服する女性差別撤廃条約の批准を議論せざるをえない[50]。それはまた，女性差別撤廃条約の批准問題は，今まで合衆国が批准できた人権条約の批准以上の反対論をもたらすことを意味する。

おわりに

合衆国において，国際的な人権条約の批准を妨げる要因として，連邦と州の権限配分の問題は大きい。連邦レベルの人権条約の批准ができないならば，あるいは，批准した条約の履行に問題があるならば，州政府や地方政府が地方的な履行の取組みをどう進めていくのかが課題となる。サンフランシスコ市は，1998年に，女性差別撤廃条約を直接地方の法に組み込んだ[51]。また，条約の批

准を支持する意思をどれだけの州・郡・市が示しているかが，連邦議会での審議に影響するだろう。Women's Institute for Leadership Development (WILD) for Human Rights は，こうした取組みを推進している。

サンフランシスコ市条例は，女性差別撤廃条約の要約を掲げて (SEC.12 k.6.)，条約の基盤をなす諸原則の履行を市の目的と規定する。また，市は，雇用慣行，財源の配分，直接的および間接的サービスの提供を含めたあらゆる領域で，女性に対して差別しないことを保障する (SEC.12k.3.)。そのために，ジェンダー分析を行い，行動計画を作成する (SEC.12k.4 (b))。ジェンダー分析は，サンフランシスコ市女性差別撤廃条約特別専門委員会と女性の地位委員会が作成したガイドラインに基づいて行われる。1999年，最初にジェンダー分析をする2つの部局の1つとして選ばれたのは，公共工事課である。選ばれた理由は，第1に，多量の予算をもつ大きな部局であること，第2に，伝統的に女性の雇用機会がないこと，そして第3に，間接サービスを提供する部局であるからである[52]。間接サービスとは，「街灯のように，一般に社会全体に提供され，特定の個人に対して提供されるものではない。サービスの一般的な性格にもかかわらず，個人やグループに異なった影響を与えうる。たとえば，街灯が不十分だと，性的暴行の対象になるかもしれない女性に特別な害をもたらす[53]。」とガイドラインで定義されている。サンフランシスコ市では，条例を根拠に，ジェンダー主流化の取組みがなされている。

こうした地方における女性差別撤廃条約の履行の方法，その成果と他地域への拡大の可能性が注目される。日本は，女性差別撤廃条約を批准しているが，男女共同参画社会基本法は，あいまいな形でしか女性差別撤廃条約を取り込んでいない[54]。基本法を地域でより前進させるために，男女共同参画条例による女性差別撤廃条約の地方的履行を進めている日本とも共通する課題である。

注

1) 合衆国の人権外交については，有賀貞編『アメリカ外交と人権』((財)日本国際問題研究所，1992年)。

第5章　アメリカ合衆国　*601*

2 ）合衆国の，女性差別撤廃条約の審議過程における関与については，山下泰子『女性差別撤廃条約の研究』（尚学社，1996年）。
3 ）First Lady Hillary Rohdam Clinton, "Remarks to the United Nations Fourth World Conference on Women, Beijing, China", *in* President's Interagency Council on Women, *America's Commitment : Women 2000* (U.S. Department of State), pp.341-345.
4 ）ILO条約についても同様である。林弘子「ジェンダー主流化と性差別禁止法——国際的動向と日本の現状」『ジュリスト』1237号（2000年）81-82頁。
5 ）Zoelle, D. G., *Globalizing Concern for Women's Human Rights : The Failure of the American Model* (St. Martin's Press, 2000), p.2.
6 ）山下，前掲書，（注2），323, 329頁参照。
7 ）内閣府『平成14年版男女共同参画白書』33頁。
8 ）「世界女性国会議員比率ランキング」『女性展望』2002年1月号，13-14頁。ちなみに日本は，下院7.5％，上院15.4％で，下院順位117位であった。
9 ）GENDER GAP, *at* http : //www.gendergap.com/ (as of August 22, 2003) 参照。
10）合衆国については，内閣府編『平成15年版男女共同参画白書』168頁，日本については，内閣府編，前掲白書，（注7），35頁。
11）メリー・M・ラッセン「働く女性の日米比較」『海外労働時報』2002年12月号48頁。U.S. Census Bureau, Statistical Abstract of the United States : 2001, No.578によると，2000年は，14-17歳80.6％，6歳未満62.8％，3歳未満59.0％である。
12）内閣府編，前掲白書，（注7），51頁，第1-3-5図。
13）「女性経営幹部，15.7％」朝日新聞名古屋本社版，2002年11月22日。
14）ラッセン，前掲論文，（注11），同頁。
15）U.S. Census Bureau, *supra* note 11, No.306.
16）内閣府編，前掲白書，（注10），72頁，第1-5-4図。
17）U.S. Census Bureau, *supra* note 11, No.298.
18）寺尾美子「ジェンダー法学が切り拓く地平」『ジュリスト』1237号（2003年）12頁。
19）内閣府，前掲白書，（注7），30頁。
20）ジョーダン・J・パウスト「米国の法としての国際法：傾向及び展望」『アメリカ法』2001-1号，18-19頁。訳文は，樋口陽一・吉田善明編『世界憲法集（第4版）』（三省堂，2001年）による。
21）Fujii v. State, 217 P.2d 481 (1950). 岩沢雄司『条約の国内適用可能性』（有

斐閣，1985年）159頁。
22) Fujii v. State, 38 Cal.2d 718, 242 P.2d 617 (1952). 岩沢，同上書，160頁。
23) ブリッカー修正についての叙述は，小野泉「人権条約と米合衆国憲法：ブリッカー修正を手掛かりにして」『一橋論叢』125巻1号（2001年）51頁に依拠している。
24) 同上，52-53頁。
25) 同上，66頁（注8）。有賀貞「アメリカ外交における人権」有賀編，前掲書，（注1），4-5頁。
26) 宮川成雄「アメリカ法と国際人権規約」『アメリカ法』2001-1号，48頁（注11)。
27) 詳しくは，宮川成雄「自由権規約とアメリカ法」『同志社法学』48巻3号（1996年）178頁参照。
28) Nash, M., "U.S. Practice: Contemporary Practice of the United States Relating to International Law", *American Journal of International Law*, Vol.89 (1985), pp.109-111. 留保，了解，宣言の検討を本格的に行うことは，将来予想される女性差別撤廃条約の批准の評価のために不可欠の作業であるが，本章ではできない。さしあたり，宮川，前掲論文，（注26），非自動執行性に関する判例については，Sloss, D.L., "International Decision: United States v. Duarte-Acero. 296 F.3d 1277, cert. Denied, 123 S.Ct. 573. U.S. Court of Appeals for the Eleventh Circuit, July 12, 2002, *American Journal of International Law*, Vol.97 (2003), p.411, esp. note 39参照。
29) 阿部浩己・今井直・藤本俊明『テキストブック国際人権法（第2版）』（日本評論社，2002年）41-42頁。
30) 合衆国の「特殊な国家」の伝統が，動揺しつつも変化していないことについて，阪口正二郎「表現の自由をめぐる『普通の国家』と『特殊な国家』──合衆国における表現の自由法理の動揺と含意」東京大学社会科学研究所編20世紀システム5『国家の多様性と市場』（東京大学出版会，1998年）13頁以下参照。
31) 小野，前掲論文，（注23），64頁。
32) Davis, M. F., "Lecture: International Human Rights and United States Law; Predictions of a Courtwatcher", *Albany Law Review* Vol.64 (2000), pp.431-433.
33) United States v. Morrison, 120 S.Ct. 1740 (2000).
34) Davis, *supra* note 32, pp.431-433, Paust, J. J., "Essay: Human Rights Purposes of the Violence Against Women Act and International Law's Enhance-

ment of Cogressional Power", *Houston Journal of International Law*, Vol.22 (2000), p.209, Mackinnon, C. A., "The Supreme Court, 1999 Term, Comment : Disputing Male Sovereignty : On United States v. Morrison", *Harvard Law Review*, Vol.114 (2000), pp.135, 166-168.
35）最高裁のこうした連邦議会権限の理解については，ケネス・L・カースト「アメリカ連邦最高裁判所の『新連邦主義』―はたして新しいのか」『比較法学』36巻1号（2002年）219頁，中村民雄「最近の判例：United States v. Morrison」『アメリカ法』2001-1号，190頁参照。中村は，他の人権保護立法への影響を指摘する。
36）山下，前掲書，（注2），94頁。
37）Nash, *supra* note 28, p.106.
38）前田真理子「『テロ後』とフェミニズムの理論―誰のための，何のための解放か」『法律時報』74巻6号（2002年）44頁以下は，2001年9月11日のテロ以降，合衆国において国家フェミニズムが台頭し，「フェミニズムは，他者を軍事的に攻撃するために破壊的な理論として用いられることになった。…国家権力に対する抵抗の論理としてのフェミニズが逸失された」（46頁）とする。
39）See Borst, B., "Struggle Persists over U.S. Ratification of International Treaty on Women's Rights", *Associated Press Worldstream*, March 8, 2003.
40）家族・医療休暇法については，拙稿「国家による家族責任を担う労働者の支援―アメリカ合衆国家族・医療休暇法の一考察」大須賀明編『社会国家の憲法理論』（成文堂，1995年）468頁，梶川敦子「アメリカにおける家族医療休暇法制の現状」『同志社法学』54巻3号（2002年）559頁参照。
41）See Plattner, M., "The Status of Women Under International Human Rights Law and the 1995 UN World Conference on Women, Beijing, China", *Kentucky Law Journal*, Vol.84 (1995), p.1258.
42）Murphy, S. D., ed., "Contemporary Practice of the United States Relating to International Law", *American Journal of International Law*, Vol.96 (2002), pp.956, 972-973.
43）O'Neill, T., "Symposium ; Q : Should the U.S. Seneta Ratify the CEDAW Treaty? ; Yes : It Would Advance Women's Rights in Education, Employment, and Health Care", *Insight on the News*, September 16, 2002.
44）Halberstam, M. & Defeis, E. F., *Women's Legal Rights : International Covenants an Alternative to ERA?* (Transnational Publishers, Inc., 1987), p.97.
　　この本の意義を評価する書評として，Bartholomew, M. E., and Cornell, D., "Book Review : Women and Inequality : Rethinking International Human

Rights: Women's Legal Rights: International Covenants : An Alternative to ERA?", *Cardozo Law Review*, Vol.16 (August 1994), p.153.
45) Halberstam, M., "United States Ratification of the Convention on the Elimination of All Forms of Discrimination Against Women," *George Washington Journal of International Law & Economics* Vol.31 (1997), p.60.
46) Langley, W. E. & Fox, V. C.,eds, *Women's Rights in the United States: A Documentary History* (Greenwood, 1994).
47) Zoelle, D. G., *supra* note 5, p.xi, 38.
48) Copbera, M. J., The Women's Convention and the Equal Protection Clause, *St. Mary's Law Journal*, Vol.26 (1995), p.789.
49) See Thomas, D. Q., "We Are Not the World : U.S. Activism and Human Rights in the Twenty-First Century", *Signs,* Vol.25, No.4 (2000), p.1122.
50) Zoelle, D. G., *supra* note 5, p. 33.
51) San Francisco Administrative Code, ch. 12K, *at* http://www.sfgov.org/cosw/cedaw/sfcedawordinance2000.htm/参照。サンフランシスコの取組みについては，Powell, C., "Dialogic Federalism ; Constitutional Possibilities for Incorporation of Human Rights Law in the United States", *University of Pennsylvania Law Review*, Vol.150 (2001), pp.277-279.
52) CEDAW Task Force, *Gender Analyses Report : An Overview of CEDAW Implementation in the City and County of San Francisco* (December 2001), *at* http://www.sfgo.org/site/cosw_page.asp?id=10869 (as of August 22, 2003)参照。
53) San Francisco CEDAW Task Force/ Commission on the Status of Women, *Guidelines for a Gender Analysis : Human Rights with a Gender Perspective* (July 2000), p.4.
54) 拙稿「男女共同参画社会基本法の成立にみる自治の現在」『憲法問題』12号（2001年）111頁。

（武田万里子）

編著者

山下　泰子（やました・やすこ）（Ⅱ部1章）
　文京学院大学経営学部教授・中央大学法科大学院客員教授，国際女性法学
　中央大学大学院法学研究科博士課程満期退学，法学博士
　［主著］『女性差別撤廃条約の研究』尚学社（1996年）
　　　　『法女性学への招待［新版］』（共著）有斐閣（2000年）

植野　妙実子（うえの・まみこ）（Ⅵ部4章）
　中央大学理工学部教授，憲法・フランス公法
　中央大学大学院法学研究科後期課程満期退学
　［主著］『「共生」時代の憲法』学陽書房（1993年）
　　　　『憲法の基本―人権・平和・男女共生』学陽書房（2000年）

執筆者（執筆順）

阿部　浩己（あべ・こうき）	（Ⅰ部1章）	神奈川大学法科大学院・法学部教授
織田　由紀子（おだ・ゆきこ）	（Ⅰ部2章）	㈶アジア女性交流・研究フォーラム主任研究員
金城　清子（きんじょう・きよこ）	（Ⅰ部3章）	津田塾大学学芸学部国際関係学科教授
川眞田嘉壽子（かわまた・かずこ）	（Ⅰ部4章）	立正大学法学部助教授
谷口　洋幸（たにぐち・ひろゆき）	（Ⅱ部2章）	中央大学大学院法学研究科博士後期課程
渡辺　美穂（わたなべ・みほ）	（Ⅱ部3章）	国際女性の地位協会会員
軽部　恵子（かるべ・けいこ）	（Ⅲ部1章）	桃山学院大学法学部助教授
西立野　園子（にしたての・そのこ）	（Ⅲ部2章）	東京外国語大学外国語学部教授
申　惠丰（しん・へぼん）	（Ⅲ部3章）	青山学院大学法学部助教授
林　陽子（はやし・ようこ）	（Ⅲ部4章）	弁護士・早稲田大学大学院法務研究科教授
山下　由紀子（やました・ゆきこ）	（Ⅲ部5章）	国際女性の地位協会会員
奥山　亜喜子（おくやま・あきこ）	（Ⅳ部1章）	女子美術大学芸術学部助教授
有澤　知子（ありさわ・ともこ）	（Ⅳ部2章）	大阪学院大学法学部助教授
山下　威士（やました・たけし）	（Ⅳ部3章）	新潟大学大学院実務法学研究科長
堀口　悦子（ほりぐち・えつこ）	（Ⅳ部4章）	明治大学情報コミュニケーション学部助教授
中島　通子（なかじま・みちこ）	（Ⅳ部5章）	弁護士
佐伯　富樹（さえき・とみき）	（Ⅴ部1章）	松阪大学・松阪大学短期大学部学長
藤本　俊明（ふじもと・としあき）	（Ⅴ部2章）	神奈川大学法学部非常勤講師
今井　雅子（いまい・まさこ）	（Ⅴ部3章）	東洋大学法学部教授
吉村　祥子（よしむら・さちこ）	（Ⅴ部4章）	広島修道大学法学部助教授
浅倉　むつ子（あさくら・むつこ）	（Ⅴ部5章）	早稲田大学大学院法務研究科教授
橋本　ヒロ子（はしもと・ひろこ）	（Ⅵ部1章）	十文字学園女子大学社会情報学部教授
松浦　千誉（まつうら・ちよ）	（Ⅵ部2章）	拓殖大学政経学部教授
古橋　エツ子（ふるはし・えつこ）	（Ⅵ部3章）	花園大学社会福祉学部教授
武田　万里子（たけだ・まりこ）	（Ⅵ部5章）	金城学院大学現代文化学部教授

フェミニズム国際法学の構築

2004年6月1日　初版第1刷発行

編著者　　山　下　泰　子
　　　　　植　野　妙実子

発行者　　中央大学出版部
代表者　　辰　川　弘　敬

発行所　192-0393　東京都八王子市東中野742-1　中央大学出版部
　　　　電話 0426(74)2351　FAX 0426(74)2354

藤原印刷・渋谷文泉閣／装幀　刀祢宣研

©2004　山下泰子・植野妙実子

ISBN 4-8057-0714-3